제2판

형사특별법

김정환 김슬기

박영사

제2판 머리말

2021년 8월 출간된 형사특별법 초판의 독자들께 감사한 마음을 전합니다. 다른 한편으로 초판을 출간한 지 10개월밖에 지나지 않은 시점에서 개정판(제2판)을 출간하게 되어 미안한 마음도 전합니다.

제2판을 출간하는 이유는, 첫째 초판에서 확인된 오류를 바로잡기 위한 것입니다. 2021학년도 2학기에 대학원에서 형사특별법을 강의하면서 다수의 오류를 발견하였습니다. 대학원 강의는 교수, 변호사, 검사 등의 직업을 가진 대학원생들이 참여하였는데, 이들은 세미나를 하면서 초판 내용에 대한 오류를 적극적으로 지적해 주었습니다. 본서가 좀 더 좋은 교재로 거듭날 수 있도록 도와준 대학원생들에게 감사의 마음을 전합니다.

둘째, 대학원이나 로스쿨 학생들에게 전달해야 할 내용 중 초판에 담지 못했던 내용을 보완하기 위한 것입니다. 수사에 있어서 통신수사의 중요성이 높아진 상황에서 통신수사의 근간이 되는 통신비밀보호법의 내용을 전면 다시 작성하였고, 경제사범과 관련하여 특별한 제재인 취업제한에 대한 설명을 특정경제범죄법의 내용에 추가하였습니다.

셋째, 초판 출간 후 선고된 중요한 판결이나 변경된 법률규정을 반영하기 위한 것입니다. 2022년 5월 중순까지 선고된 중요한 판례를 소개하고자 하였습니다. 앞으로도 사회의 변화에 맞추어 개정되는 법률규정 및 판례, 연구논문도 지면이 과도하게 늘어나지 않는 범위에서 반영하고자 합니다.

제2판의 출간에서도 많은 사람의 도움을 받았습니다. 초판과 마찬가지로 박영사의 조성호 이사님과 김선민 이사님이 적극적으로 도와주었고, 박사과정에 재학 중인 이학철 석사와 김지수 석사가 꼼꼼하게 교정작업을 도와주었습니다. 도와주신 분들에게 감사한 마음을 전합니다.

2022년 5월
김정환

머리말

읽을거리가 넘쳐나는 요즘 세상에 책을 하나 더한다는 것의 의미를 생각하지 않을 수 없다. 더구나 법학을 전공하는 학생들조차 소위 '수험서'로 공부를 하여 '기본서'가 점차 설 곳을 찾기 어려운 상황에서 교과서 형식의 기본서를 하나 더 해야 할 이유에 대해서는 다양한 생각이 교차된다. 그럼에도 법학전문대학원과 법학과에서 형사법교육을 담당하는 두 저자가 『형사특별법』을 집필하자는 결론을 내린 것은 여전히 이러한 책을 필요로 하는 독자가 존재한다는 판단 때문이다.

누구든지 온라인 상에서 몇 번의 검색만으로 판례 원문을 쉽게 찾을 수 있고, 개별 쟁점에 대한 상세한 이론적·실무적 논쟁을 담은 학술자료도 쉽게 접근할 수 있다. 그렇지만 주요 형사특별법을 한곳에 모아 법률 내용의 설명과 분석, 관련 판례의 소개와 평석, 정책적 문제점과 대안을 통일된 체계로 서술한 학술서는 개별 자료들만으로 얻기 어려운 형사특별법 전반에 걸친 통찰을 가능케 하리라 생각한다.

이러한 취지를 고려한다면 법학전문대학원생이 『형사특별법』을 필요로 하는 주된 독자층이 될 것이다. 이에 책의 구성과 서술 방식을 정할 때부터 법학전문대학원생의 입장을 고려하여 현실적 필요성과 가독성을 염두에 두고 원고를 작성하였다. 특정 법률이나 일부 쟁점의 상세한 논의에 집중하기보다는 해당 법률에서의 핵심적 논의가 잘 드러나도록 서술하고자 하였고, 주요 쟁점에 관련된 판례도 2021년 상반기까지 빠짐없이 싣고자 하였다. 읽고 확인해야 할 것 많은 법학전문대학원생에게 『형사특별법』이 또 다른 부담이 아닌 현실적 보탬이 될 수 있다면 그것만으로도 출판의 의미를 찾을 수 있다.

한편 형사특별법에 관한 문제의식을 공유한다는 차원에서 형사법 관련 이론가와 실무가들 역시 이 책의 독자가 될 수 있으리라 생각한다. 중형주의에 따른 형사특별법의 비대화라는 비판과는 별개로, 2020년 기준으로 99만여 명의 형법범과 76만여 명의 특별범이 존재한다는 통계 수치가 보여주듯 형사실무에서 형사특별법의 중요성을 무시할 수 없다. 각 형사특별법의 독자적 존재 의의는 어디에 있는지, 급속한 사회 변화 속에서 형사정책적 방향은 어디를 향하여야 하는지를 생각하는 단초가 될 수 있도록 개별 법률마다 입법 목적과 연혁, 입법적·정책적 제안을 담고자 하였다.

끝으로 쉽지 않은 출판 상황에도 『형사특별법』의 출간을 제안하고 출판될 수 있도록 노력을 아끼지 않은 박영사의 조성호 이사님과 김선민 이사님께 감사의 마음을 전한다.

2021. 7.
저자 일동

법률명 약칭

- 검찰청법
- 경범죄처벌법
- 경찰관 직무집행법
- 고위공직자범죄수사처 설치 및 운영에 관한 법률(약칭: 공수처법)
- 공중화장실 등에 관한 법률(약칭: 공중화장실법)
- 공직선거법
- 교통사고처리 특례법(약칭: 교통사고처리법)
- 국민의 형사재판 참여에 관한 법률(약칭: 국민참여재판법)
- 군사법원법
- 농업기계화 촉진법(약칭: 농업기계화법)
- 도로교통법
- 마약류 관리에 관한 법률(약칭: 마약류관리법)
- 마약류 불법거래 방지에 관한 특례법(약칭: 마약거래방지법)
- 민사소송법
- 법원조직법
- 보호관찰 등에 관한 법률(약칭: 보호관찰법)
- 부정수표 단속법
- 사법경찰관리의 직무를 수행할 자와 그 직무범위에 관한 법률(약칭: 사법경찰직무법)
- 산림자원의 조성 및 관리에 관한 법률(약칭: 산림자원법)
- 성폭력방지 및 피해자보호 등에 관한 법률(약칭: 성폭력방지법)
- 성폭력범죄의 처벌 등에 관한 특례법(약칭: 성폭력처벌법)
- 성폭력범죄자의 성충동 약물치료에 관한 법률(약칭: 성충동약물치료법)
- 소년법
- 소송촉진 등에 관한 특례법(약칭: 소송촉진법)

- 수상에서의 수색·구조 등에 관한 법률(약칭: 수상구조법)
- 스토킹범죄의 처벌 등에 관한 법률(약칭: 스토킹처벌법)
- 아동 · 청소년의 성보호에 관한 법률(약칭: 청소년성보호법)
- 아동학대범죄의 처벌 등에 관한 특례법(약칭: 아동학대처벌법)
- 약식절차 등에서의 전자문서 이용 등에 관한 법률(약칭: 약식전자문서법)
- 여신전문금융업법
- 자동차손해배상 보장법(약칭: 자동차손배법)
- 장애인차별금지 및 권리구제 등에 관한 법률(약칭: 장애인차별금지법)
- 정보통신망 이용촉진 및 정보보호 등에 관한 법률(약칭: 정보통신망법)
- 즉결심판에 관한 절차법(약칭: 즉결심판법)
- 치료감호 등에 관한 법률(약칭: 치료감호법)
- 통신비밀보호법
- 특정강력범죄의 처벌에 관한 특례법(약칭: 특정강력범죄법)
- 특정경제범죄 가중처벌 등에 관한 법률(약칭: 특정경제범죄법)
- 특정범죄 가중처벌 등에 관한 법률(약칭: 특정범죄가중법)
- 특정범죄신고자 등 보호법(약칭: 범죄신고자법)
- 특정 범죄자에 대한 보호관찰 및 전자장치 부착 등에 관한 법률(약칭: 전자장치부착법)
- 폭력행위 등 처벌에 관한 법률(약칭: 폭력행위처벌법)
- 헌법
- 헌법재판소법
- 형법
- 형사보상 및 명예회복에 관한 법률(약칭: 형사보상법)
- 형사소송법
- 형사소송비용 등에 관한 법률(약칭: 형사소송비용법)
- 형의 실효 등에 관한 법률(약칭: 형실효법)
- 형의 집행 및 수용자의 처우에 관한 법률(약칭: 형집행법)
- 회계관계직원 등의 책임에 관한 법률(약칭: 회계직원책임법)

주요 참고문헌 약칭

- 김형준, 음주운전과 형사책임, 2007, 진원사(약칭: 김형준)
- 박상기·신동운·손동권·신양균·오영근·전지연, 형사특별법론, 2009, 한국형사정책연구원(약칭: 박상기·신동운·손동권·신양균·오영근·전지연)
- 박상기·전지연·한상훈, 형사특별법(제3판), 2020, 집현재(약칭: 박상기·전지연·한상훈)
- 박상기·전지연, 형법학(제5판), 2021, 집현재(약칭: 박상기·전지연)
- 손기식, 교통형법(제4판), 2008, 한국사법행정학회(약칭: 손기식)
- 신동운, 형법각론, 2017, 박영사(약칭: 신동운)
- 심희기·전지연·한상훈·김정환·안성조·김슬기·윤지영·박정난, 형사특별법 판례 50선, 2020, 집현재(약칭: 심희기·전지연 외)
- 오영근, 형법총론(제4판), 2018, 박영사(약칭: 오영근)
- 이동희·류부곤, 특별형법(제5판), 2021, 박영사(약칭: 이동희·류부곤)
- 이은모·김정환, 형사소송법(제8판), 2021, 박영사(약칭: 이은모·김정환)
- 이주원, 특별형법(제7판), 2021, 홍문사(약칭: 이주원)
- 장영민 편, 5대 형사특별법 제·개정 자료집, 2009, 한국형사정책연구원(약칭: 장영민)
- 전지연, 사이버범죄론, 2021, 박영사(약칭: 전지연)
- 정형근, 변호사법 주석, 2016, 피엔씨미디어(약칭: 정형근)
- 천진호, 형법총론, 2016, 준커뮤니케이션스(약칭: 천진호)

* 그 외 참고문헌은 논문인용의 방식에 따라 각주에 표시함.

차례

제 2 장　성폭력처벌법 (김슬기)

제 3 장 청소년성보호법 (김슬기)

제4장　도로교통법 (김정환)

제 6 장   특정범죄가중법 (김정환)

제 7 장 특정경제범죄법 (김슬기)

제 8 장   여신전문금융업법 (김슬기)

제 9 장 부정수표단속법 (김슬기)

제10장　정보통신망법 (김슬기)

제11장 통신비밀보호법 (김정환)

제12장 변호사법 (김정환)

폭력행위처벌법

제1장 폭력행위처벌법

제1절 서두

I. 입법목적

연혁

폭력행위처벌법은 일본의 폭력행위등처벌에관한법률을 모범으로 삼았다. 1926년 일본이 동법을 제정한 것은, 1차 세계대전 후 일본에서 사회적·경제적 불안이 널리 퍼져 소위 협박꾼, 도박꾼, 정치깡패, 경제깡패 등이 횡행하고 집단적인 폭행·협박·재물손괴 등이 빈발하며 노동·농민운동 등도 폭력화의 경향을 보이자 이에 대처하기 위함이었으나, 일본은 동법을 자국에서 제정하기에 앞서 '폭력행위 등 처벌에 관한 법률(1926년)을 조선, 대만 및 사할린에 시행하는 건'(1925년)에 의해 식민지역에서 먼저 시행하였는데, 동법은 3.1운동 이후 민족독립 저항행위를 억압하기 위한 수단으로서 도입된 셈이다.[1] 따라서 해방 이후 1953년 우리 형법을 제정할 때 부칙 10조의 '폐지되는 법률' 중 하나로 동법을 적시한 것은 당연한 일이었고, 동법 중 필요한 부분은 형법 각칙에 반영되었다.[2]

폭력행위처벌법은 1961년 군사정부의 국가재건최고회의[3]에서 정부 수립 이후의 정치깡패들에 의한 폭력 등 당시의 사회적 불안을 해소하기 위한 비상입법의

---

1 박상기·신동운·손동권·신양균·오영근·전지연 46면 이하.

2 장영민 1281면.

3 비상 입법기구이었던 국가재건최고회의는 2년 반여 동안에 1,008건의 법률을 만들었는데, 1963년 말을 기준으로 당시까지 한국의 총 법률의 62%에 해당하는 규모이었다(박은정, 왜 법의 지배인가, 2010, 22면).

일환으로 1961. 6. 20. 이 법을 제정·시행하면서 시작된다.[4]

1961년 제정 당시 폭력행위처벌법은 그 입법목적을 "집단적 또는 상습적으로 폭력행위 등을 자행하여 사회질서를 문란하게 하고 사회적 불안을 조성하는 자 등을 처벌함을 목적으로 한다."고 규정하고 있었다. 그런데 이에 따르면 폭력행위를 하였더라도 사회질서의 문란과 사회적 불안을 조성하는 것이 아니라면 폭력행위처벌법을 적용할 수 없다는 해석이 가능해지므로, 법률해석을 명확히 할 수 있도록 1962. 7. 14. 개정에서 '사회질서를 문란하게 하고 사회적 불안을 조성하는' 부분을 삭제하였다.[5]

현재 폭력행위처벌법은 "집단적 또는 상습적으로 폭력행위 등을 범하거나 흉기 또는 그 밖의 위험한 물건을 휴대하여 폭력행위 등을 범한 사람 등을 처벌함을 목적으로 한다"(제1조). 현재의 폭력행위처벌법은 사회방위를 목적으로 하는 특별법이 아니라, 폭력행위에 대하여 행위형태에 중점을 두고 가중 처벌하는 특별법으로 존재하고 있다. 사회질서를 문란하게 하거나 사회적 불안을 조성하는 것은 폭력행위처벌법의 적용요건이 아니다(대법원 2000.9.29. 선고 2000도2953 판결).

Ⅱ. 조문개관

폭력행위처벌법은 총 10개의 조문으로 구성되어 있다.

제1조에는 목적이 규정되어 있고, 제2조부터 제7조까지는 형법각칙의 폭력범죄에 대한 특별규정을 두고 있다. 제2조에는 공동폭행과 누범이, 제3조에는 특수폭행의 누범이, 제4조에는 단체 등의 구성·활동이, 제5조에는 단체 등의 이용·지원이, 제6조에는 미수범이 규정되어 있다. 그리고 제7조에는 예비죄 성격의 우범자가 규정되어 있다.

제8조에는 형법총칙의 정당방위에 대한 특별규정을 두고 있는데, 정당방위의 요건인 침해행위의 현재성이 완화되어 예방적 정당방위가 인정되고 있다.

그 밖에 경찰의 책임과 관련하여, 제9조에는 사법경찰관리의 직무유기가, 제

---

4   폭력행위처벌법을 통해 군사정권을 안정적으로 유지하려는 목적도 있었다(박상기·신동운·손동권·신양균·오영근·전지연 49면).

5   장영민 1283면.

10조에는 사법경찰관리의 행정적 책임이 규정되어 있다.

구분	주요 내용	조항
폭력범죄	공동폭행	제2조 제2항
	누범특례	제2조 제3항
	특수폭력범죄 누범특례	제3조 제4항
폭력범죄단체·집단	구성·가입·활동	제4조
	이용·지원	제5조
우범자	. 위험한 물건의 휴대	제7조
정당방위 특례	예방적 정당방위	제8조
사법경찰관리 책임	직무유기	제9조
	행정적 책임	제10조

제2절   공동폭행과 누범특례

Ⅰ. 법률규정

제2조(폭행 등) ① 삭제

② 2명 이상이 공동하여 다음 각 호의 죄를 범한 사람은 「형법」 각 해당 조항에서 정한 형의 2분의 1까지 가중한다.

    1. 「형법」 제260조제1항(폭행), 제283조제1항(협박), 제319조(주거침입, 퇴거불응) 또는 제366조(재물손괴 등)의 죄

    2. 「형법」 제260조제2항(존속폭행), 제276조제1항(체포, 감금), 제283조제2항(존속협박) 또는 제324조제1항(강요)의 죄

    3. 「형법」 제257조제1항(상해)·제2항(존속상해), 제276조제2항(존속체포, 존속감금) 또는 제350조(공갈)의 죄

③ 이 법(「형법」 각 해당 조항 및 각 해당 조항의 상습범, 특수범, 상습특수범, 각 해당 조항의 상습범의 미수범, 특수범의 미수범, 상습특수범의 미수범을 포함한다)을 위반하여 2회 이상 징역형을 받은 사람이 다시 제2항 각 호에 규정된 죄를 범하여 누범(累犯)으로 처벌할 경우에는 다음 각 호의 구분에 따라 가중처벌한다.

    1. 제2항제1호에 규정된 죄를 범한 사람: 7년 이하의 징역

    2. 제2항제2호에 규정된 죄를 범한 사람: 1년 이상 12년 이하의 징역

    3. 제2항제3호에 규정된 죄를 범한 사람: 2년 이상 20년 이하의 징역

④ 제2항과 제3항의 경우에는 「형법」 제260조제3항 및 제283조제3항을 적용하지 아니한다.

제3조(집단적 폭행 등) ① 삭제

② 삭제

③ 삭제

④ 이 법(「형법」 각 해당 조항 및 각 해당 조항의 상습범, 특수범, 상습특수범, 각 해당 조항의 상습범의 미수범, 특수범의 미수범, 상습특수범의 미수범을 포함한다)을 위반하여 2회 이상 징역형을 받은 사람이 다시 다음 각 호의 죄를 범하여 누범으로 처벌할 경우에는 다음 각 호의 구분에 따라 가중처벌한다.

    1. 「형법」 제261조(특수폭행)(제260조제1항의 죄를 범한 경우에 한정한다), 제284조(특수협박)(제283조제1항의 죄를 범한 경우에 한정한다), 제320조(특수주거침

입) 또는 제369조제1항(특수손괴)의 죄: 1년 이상 12년 이하의 징역
2. 「형법」 제261조(특수폭행)(제260조제2항의 죄를 범한 경우에 한정한다), 제278
조(특수체포, 특수감금)(제276조제1항의 죄를 범한 경우에 한정한다), 제284조
(특수협박)(제283조제2항의 죄를 범한 경우에 한정한다) 또는 제324조제2항(강
요)의 죄: 2년 이상 20년 이하의 징역
3. 「형법」 제258조의2제1항(특수상해), 제278조(특수체포, 특수감금)(제276조제2
항의 죄를 범한 경우에 한정한다) 또는 제350조의2(특수공갈)의 죄: 3년 이상
25년 이하의 징역

제6조(미수범) 제2조, 제3조, 제4조제2항[「형법」 제136조, 제255조, 제314조, 제315조,
제335조, 제337조(강도치상의 죄에 한정한다), 제340조제2항(해상강도치상의 죄에 한
정한다) 또는 제343조의 죄를 범한 경우는 제외한다] 및 제5조의 미수범은 처벌한다.

1. 폭력범죄(폭력행위처벌법 제2조)

폭력범죄를 가중 처벌하기 위한 특별법인 폭력행위처벌법이 적용되는 형법의
범죄는 8가지 유형인데, 구체적으로 ① 폭행·존속폭행(형법 제260조 제1항·제2항),
② 협박·존속협박(형법 제283조 제1항·제2항), ③ 상해·존속상해(형법 제257조 제1
항·제2항), ④ 체포감금·존속체포감금(형법 제276조 제1항·제2항), ⑤ 강요(형법 제
324조), ⑥ 주거침입·퇴거불응(형법 제319조), ⑦ 공갈(형법 제350조), ⑧ 재물손괴
(형법 제366조)가 적용대상이다.[6] 입법자가 폭력의 요소를 포함한 형법의 범죄 중
8가지 유형의 범죄만을 적용대상으로 규정한 이유는 확인되지는 않는다.

폭력행위처벌법의 폭력범죄는 위와 같은 8가지 유형의 범죄에 한정되므로,
폭행치상죄(형법 제262조)는 폭력행위가 수단인 대표적인 범죄임에도 폭력행위처
벌법이 적용되지 않는다(대법원 1981.3.24. 선고 81도415 판결). 한편 공갈죄와 재물
손괴죄는 다른 폭력범죄와 달리 재산범죄에 해당하지만, 공갈죄는 폭행·협박을
수단으로 하고 제정당시 가중적 구성요건이 존재하지 않아서 규정된 것이고, 재
물손괴죄도 피해자에게 폭행·협박의 의미가 있고 가중적 구성요건이 존재하지

---

6 이하에서는 폭력행위처벌법이 적용되는 형법의 범죄를 서술의 편의를 위해서 '폭력범죄'라고 사용
한다.

않아서 규정된 것으로 생각된다.

2. 삭제된 범죄형태

현재 폭력행위처벌법 제2조는 8가지 유형의 폭력범죄의 경우에 행위수단이 2인 이상이 공동으로 한 경우(제2항)와 2회 이상의 징역형 받은 사람의 누범인 경우(제3항)를 가중하여 처벌하고 있다. 과거에는 '야간폭력행위'와 '상습폭력행위'의 경우도 폭력행위처벌법이 규제하는 범죄의 형태이었으나, 현재 두 가지 형태는 폐지되었다.

개정과정

(구)폭력행위처벌법 제2조 제2항에 "야간 또는 2인 이상이 공동하여 제1항에 열거된 죄를 범한 때에는 각 형법 본조에 정한 형의 2분의 1까지 가중한다."고 규정되어 있어서, 폭력범죄가 야간에 행해진 경우도 폭력행위처벌법이 적용되는 형태이었다. 그러나 전기의 발달로 야간에 행해진 폭력범죄를 가중 처벌할 합리적 근거와 현실적 필요성이 크게 줄어들었다. 이에 야간의 행위에 대한 가중처벌규정은 주·야간 구별에 따른 법정형 구분을 폐지한다는 것을 개정이유로 하여 2006.3.24. 삭제되었다.[7]

그 외에 (구)폭력행위처벌법 제2조 제1항에 "상습적으로 다음 각 호의 죄를 범한 사람은 다음의 구분에 따라 처벌한다."고 규정되어 있어서, 폭력범죄가 상습적으로 행해진 경우도 폭력행위처벌법이 적용되는 형태이었다. 그러나 헌법재판소가 형법과 동일한 구성요건을 규정하면서 법정형만 상향한 규정은 형벌체계상의 정당성과 균형을 잃어 헌법의 기본원리에 위배되고 평등의 원칙에 위반된다는 이유로 위헌결정을 내리자[헌법재판소 2015.9.24. 선고 2014헌바154·398, 2015헌가3·9·14·18·20·21·25(병합) 결정], 2016.1.6. 법률개정에서 위헌결정 대상조항 및 이와 유사한 가중처벌 규정이 일괄하여 정비되었고 상습폭력범죄의 가중처벌 규정이 삭제되었다.

---

7 장영민 1355면.

Ⅱ. 공동폭행(제2조 제2항)

제2조(폭행 등) ① 삭제

② 2명 이상이 공동하여 다음 각 호의 죄를 범한 사람은 「형법」 각 해당 조항에서 정한 형의 2분의 1까지 가중한다.

1. 「형법」 제260조제1항(폭행), 제283조제1항(협박), 제319조(주거침입, 퇴거불응) 또는 제366조(재물손괴 등)의 죄

2. 「형법」 제260조제2항(존속폭행), 제276조제1항(체포, 감금), 제283조제2항(존속협박) 또는 제324조제1항(강요)의 죄

3. 「형법」 제257조제1항(상해)·제2항(존속상해), 제276조제2항(존속체포, 존속감금) 또는 제350조(공갈)의 죄

④ 제2항과 제3항의 경우에는 「형법」 제260조제3항 및 제283조제3항을 적용하지 아니한다.

제6조(미수범) 제2조, 제3조, 제4조제2항[「형법」 제136조, 제255조, 제314조, 제315조, 제335조, 제337조(강도치상의 죄에 한정한다), 제340조제2항(해상강도치상의 죄에 한정한다) 또는 제343조의 죄를 범한 경우는 제외한다] 및 제5조의 미수범은 처벌한다.

폭력행위처벌법 제2조 제2항에서는 2명 이상이 공동하여 8가지 폭력범죄를 범한 사람을 형법에서 정한 형의 2분의 1까지 가중하여 처벌하도록 규정하고 있다.

1. 2명 이상의 공동행위

[1] 해석

형법 제30조는 "2인 이상이 공동하여 죄를 범한 때에는 각자를 그 죄의 정범으로 처벌한다"고 공동정범을 규정하고 있다. 형법의 '공동정범'은 구성요건을 실현하는 범행의 정도가 단독정범이 될 수 없는 범행가담자라도 각자가 공동의 범행의사에 따라 공동으로 행위를 수행하였다면(분업적 범죄실행), 전체범행에 대한 행위지배자로서 정범으로 처벌이 가능함(전부책임)을 명시한 것이다.

폭력행위처벌법 제2조 제2항의 공동폭행은 형법의 공동정범에 대한 특별규정

에 해당한다. 그 구성요건은 "2명 이상이 공동하여" 8가지 유형의 폭력범죄를 범하는 것이다. 조문의 문구만 보면 적용되는 범죄만 다를 뿐이고, 2인 이상이 공동하여 범죄를 하는 것은 동일하다. 여기에서 폭력행위처벌법의 공동폭행의 해석에 있어서 '공동하여'의 의미를 형법의 공동정범과 동일하게 해석할 것인지 그보다 제한적으로 해석할 것인지가 문제 된다. 학설은 폭력행위처벌법의 '공동하여'는 형법의 공동정범의 경우보다 범죄실현의 가담 정도가 높은 경우를 의미한다고 하여 형법의 공동정범보다 엄격하게 해석한다.8

이에 대해서 판례는 "2인 이상이 공동하여 폭행의 죄를 범한 때라고 함은 그 수인간에 소위 공범관계가 존재하는 것을 요건으로 하고, 또 수인이 동일 장소에서 동일 기회에 상호 다른 자의 범행을 인식하고 이를 이용하여 범행을 한 경우"라고 본다(대법원 2000.2.25. 선고 99도4305 판결). 즉 판례는 현장성이 요구되는 '합동범설'을 취하고 있다. 폭력행위처벌법이 공동하여 범한 폭력범죄를 형법보다 가중 처벌하도록 규정한 것은 그 범행실현을 위한 가담 정도가 형법의 공동정범의 경우를 초과한 때에 정당화될 수 있으므로, 판례의 해석은 타당하다.

[2] 공동폭행의 공동정범

공동폭행을 현장성이 요구되는 합동범설에 따라 수인이 동일 장소에서 동일 기회에 범행한 것으로 해석할 경우, 범죄를 같이 공모하고 실행행위도 분담하였으나 범행장소에 현존하지 아니한 가담자를 폭력행위처벌법의 공동폭행으로 처벌할 수 있는지가 문제 된다. 형법의 특수절도죄 등에서 합동범의 공동정범을 인정할 수 있는지와 유사한 맥락의 문제이다.

이에 대해서 판례는 "여러 사람이 폭력행위처벌법 제2조에 열거된 죄를 범하기로 공모한 다음 그중 2인 이상이 범행장소에서 범죄를 실행한 경우에는 범행장소에 가지 아니한 자도 같은 법 제2조 제2항에 규정된 죄의 공모공동정범으로 처벌할 수 있다"고 본다(대법원 2007.6.28. 선고 2007도2590 판결). 즉 판례는 폭력행위처벌법의 폭력범죄를 3인 이상이 공모하고 그중 2인 이상이 현장에서 실행한 경우, 현장에 있지 아니한 가담자에게도 폭력행위처벌법의 공동폭행을 인정하는데, 비록 합동범이라는 표현을 사용하지는 않았지만 형법의 합동범과 동일한 법리를 적용하고 있다. 그러나 형법의 범죄를 가중하여 처벌하는 폭력행위처벌법은 범행

---

8 박상기·전지연·한상훈 4면; 이주원 544면.

실현을 위한 가담의 정도가 형법의 공동정범의 경우를 초과한 때에 정당화될 수 있고 그에 따라 '공동하여'의 개념을 현장성이 요구되는 합동범설에 따라 수인이 동일 장소에서 동일 기회에 범행한 것으로 해석한다면, 현장에 존재하지 않는 가담자는 폭력행위처벌법의 공동폭행의 정범으로 보는 것은 타당하지 않다.9 따라서 가담의 형태에 따라 폭력행위처벌법위반죄의 교사범이나 방조범으로 처벌하는 것이 타당하다.

[3] 공동주거침입

공동주거침입행위도 폭력행위처벌법이 적용된다. 이와 관련하여 가정불화로 처와 일시 별거 중인 남편이 그의 부모와 함께 주거지에 들어가려고 하는데 처로부터 집을 돌보아 달라는 부탁을 받은 처제가 출입을 막자 남편과 그의 부모가 함께 출입문에 설치된 잠금장치를 손괴하고 주거지에 출입한 행위가 폭력행위처벌법위반(공동주거침입)죄에 해당하는지가 문제되었다. 대법원은 공동거주자 중 한 사람이 정당한 이유 없이 다른 공동거주자가 공동생활의 장소에 출입하는 것을 금지한 때에 다른 공동거주자가 이에 대항하여 공동생활의 장소에 들어갔더라도 주거침입죄가 성립하지 않고, 그 과정에서 출입을 위한 방편으로 다소간의 물리력을 행사하였더라도 주거침입죄가 성립하지 않는다고 판단하였다(대법원 2021.9.9. 선고 2020도6085 전원합의체 판결).

그 외 대법원은 시사프로그램의 제작진이 구치소장의 허가 없이 구치소에 수용 중인 사람을 취재하기 위하여 접견신청서에 수용자의 지인이라고 기재하고, 반입이 금지된 녹음·녹화기능이 내장된 안경을 착용하고 접견실에 들어가 수용자를 접견하면서 대화 장면과 내용을 촬영하고 녹음한 행위에 대해서 폭력행위처벌법위반(공동주거침입)에 해당하지 않는다고 판단하였다(대법원 2022.4.28. 선고 2020도8030 판결). 그러한 사정을 구치소장이나 교도관이 알았더라면 시사프로그램의 제작진이 녹음·녹화장비를 착용한 채 접견실에 출입하는 것을 승낙하지 않았을 것이지만, 그러한 사정만으로는 사실상의 평온상태를 해치는 행위 태양으로 접견실에 출입하였다고 평가할 수는 없다고 보았다.

---

9 박상기·전지연·한상훈 5면.

2. 죄수

폭행 또는 협박으로 강간한 경우는 강간죄만 성립하고, 그것과 별도로 강간의 수단으로 사용된 폭행·협박이 형법상의 폭행·협박죄 또는 폭력행위처벌법위반죄를 성립시키지 않으며, 강간죄와 폭력행위처벌법위반죄는 법조경합의 관계이다(대법원 2002.5.16. 선고 2002도51 판결).

폭행죄와 업무방해죄는 보호법익이 다르고, 업무방해죄는 전형적으로 사람에 대한 폭행이 수반되어 성립되는 범죄가 아니므로, 피해자에 대한 폭행행위가 동일한 피해자에 대한 업무방해죄의 수단이 되었더라도 폭행행위가 불가벌적 수반행위로서 업무방해죄에 흡수되는 것은 아니다. 따라서 다수의 사람이 공동폭행의 방법으로 택시의 운행업무를 방해한 경우, 공동폭행이라는 1개의 행위가 폭력행위처벌법위반(공동폭행)죄와 업무방해죄에 해당하고 양 죄는 상상적 경합의 관계에 있다(대법원 2012.10.11. 선고 2012도1895 판결).

3. 반의사불벌죄의 적용배제

폭행·존속폭행(형법 제260조 제1항·제2항)과 협박·존속협박(형법 제283조 제1항·제2항)은 반의사불벌죄에 해당하는데(형법 260조 제3항, 제283조 제3항), 폭력행위처벌법 제2조 제4항에서는 공동폭행에 반의사불벌죄의 규정을 적용하지 않도록 명시하고 있다.

Ⅲ. 누범특례(제2조 제3항)

제2조(폭행 등) ③ 이 법(「형법」 각 해당 조항 및 각 해당 조항의 상습범, 특수범, 상습특수범, 각 해당 조항의 상습범의 미수범, 특수범의 미수범, 상습특수범의 미수범을 포함한다)을 위반하여 2회 이상 징역형을 받은 사람이 다시 제2항 각 호에 규정된 죄를 범하여 누범(累犯)으로 처벌할 경우에는 다음 각 호의 구분에 따라 가중처벌한다.
  1. 제2항제1호에 규정된 죄를 범한 사람: 7년 이하의 징역
  2. 제2항제2호에 규정된 죄를 범한 사람: 1년 이상 12년 이하의 징역

3. 제2항제3호에 규정된 죄를 범한 사람: 2년 이상 20년 이하의 징역
④ 제2항과 제3항의 경우에는 「형법」 제260조제3항 및 제283조제3항을 적용하지 아니한다.

제6조(미수범) 제2조, 제3조, 제4조제2항[「형법」 제136조, 제255조, 제314조, 제315조, 제335조, 제337조(강도치상의 죄에 한정한다), 제340조제2항(해상강도치상의 죄에 한정한다) 또는 제343조의 죄를 범한 경우는 제외한다] 및 제5조의 미수범은 처벌한다.

1. 누범(累犯) 일반론(형법 제35조)

[1] 법률규정

제35조(누범) ① 금고(禁錮) 이상의 형을 선고받아 그 집행이 종료되거나 면제된 후 3년 내에 금고 이상에 해당하는 죄를 지은 사람은 누범(累犯)으로 처벌한다.
② 누범의 형은 그 죄에 대하여 정한 형의 장기(長期)의 2배까지 가중한다.

형법 제35조에는 누범의 가중처벌이 규정되어 있다. 이미 형의 집행을 받은 자가 반성하지 않고 다시 범죄를 범한 때에는 책임이 가중되고 행위자의 반사회적 위험성도 커지기 때문에, 형법은 누범자의 행위책임이 가중된 것으로 보고 제35조를 규정하고 있다.

본질

독일 형법에서 상습범 가중처벌과 누범 가중처벌이 모두 폐지되었는데, 현재 누범을 가중하여 처벌하는 것이 일사부재리원칙에 반하는 것인지가 문제 된다. 헌법재판소에 따르면, 누범을 가중 처벌하는 이유는 범죄에 대하여 형벌을 받았음에도 다시 범죄를 행한 것에 있고, 전범(前犯)도 후범(後犯)과 일괄하여 다시 처벌하는 것이 아니므로 일사부재리의 원칙에 반하지 않으며, 누범은 전범에 대한 형벌의 경고적 기능을 무시하고 다시 범죄를 저질렀다는 점에서 비난가능성이 크고, 누범이 증가하고 있다는 현실과 형벌목적에 비추어 합리적 근거 있는 차별로서 평등의 원칙에 반하지 않는다고 한다(헌법재판소 1995.2.23. 선고 93헌바43 결정).

누범규정의 본질을 죄수(罪數)로 보는 견해도 있으나,10 누범에서 이전의 범죄는 심판의 대상이 아니고 형법전에서도 누범을 경합범(형법 제1편 제2장 제5절)과 별도로 규정(형법 제1편 제2장 제4절)하고 있으므로 양형으로 보는 것이 다수설이다. 판례도 누범가중의 사유가 되는 피고인의 전과사실은 양형사유에 불과한 것이라는 입장이다(대법원 1971.12.21. 선고 71도2004 판결).

[2] 누범의 요건

1) 이전의 범죄로 금고 이상의 형을 선고받고 그 집행이 종료되거나 면제

누범이 성립되기 위한 첫 번째 조건은 이전의 범죄행위로 금고 이상의 형을 선고받고 그 집행이 종료되거나 면제되어야 한다는 것이다.

이전의 범죄행위로 벌금형을 선고받은 경우는 누범가중을 할 수 없고, 금고 이상의 형의 선고는 실형의 선고만을 의미하여 집행유예된 형의 선고는 누범가중되지 않는다(대법원 1970.9.22. 선고 70도1627 판결). 한편 실형이 선고된 후 사면이 있었던 경우는 그것이 일반사면이라면 형의 선고의 효력이 상실되므로 누범가중을 할 수 없지만(대법원 1964.3.31. 선고 64도34 판결), 특별사면이라면 형의 집행면제에 해당할 뿐 형의 선고의 효력이 상실되는 것은 아니므로 누범가중을 할 수 있다(대법원 1986.11.11. 선고 86도2004 판결).

선고받은 금고 이상의 형이 집행 종료되거나 면제되어야 한다. 가석방 중인 경우는 형의 집행이 종료된 경우가 아니므로 가석방 기간 중 범한 죄에 대해서는 누범가중을 할 수 없다(대법원 1976.9.14. 선고 76도2071 판결).

2) 3년 이내 금고 이상의 범죄행위

누범이 성립되기 위한 두 번째 조건은 이전의 범죄행위로 선고받은 금고 이상의 형이 집행 종료되거나 면제된 후 3년 이내에 금고 이상에 해당하는 범죄가 행해져야 한다는 것이다.

3년의 기산점은 이전 범죄에 대한 형의 집행을 종료한 날 또는 형집행의 면제를 받은 날이며, 금고 이상에 해당하는 죄를 범한 시기는 실행의 착수 시점을 기준으로 한다. 판례도 3년의 기간 내에 실행의 착수가 있으면 충분하고 그 기간 내에 기수일 필요는 없다고 본다(대법원 2006.4.7. 선고 2005도9858). 같은 이유에서

---

10   오영근 471면.

포괄일죄의 일부 범행이 누범기간 내에 이루어지면 나머지 범행이 누범기간 경과 후에 이루어졌더라도 그 범행 전부가 누범에 해당한다(대법원 2012.3.29. 선고 2011 도14135 판결).

　　법문에서 3년 내에 금고 이상에 해당하는 범죄가 규정된 경우는 법정형에 금고 이상의 형이 규정된 죄를 범한 경우라고 해석하는 것이 일반적이지만, 누범의 해석에 있어서 다수설은 누범가중의 적용범위를 제한하고자 법정형이 아니라 선고형이 금고 이상에 해당하는 경우라고 해석한다. 판례도 금고 이상에 해당하는 죄는 유기금고형이나 유기징역형으로 처단할 경우를 가리키는 것으로서 그 죄에 정한 형 중 선택한 형이 벌금형인 경우는 누범가중을 할 수 없다고 본다(대법원 1982.7.27. 선고 82도1018 판결). 다만 판례는 무기형을 선고하는 경우는 무기형으로만 처벌하고 별도로 누범가중을 할 수 없다고 보고, 무기형을 선택하고 누범가중을 아니한 채 작량감경을 할 수 있다고 본다(대법원 1992.10.13. 선고 92도1428 전원합의체 판결).

[3] 누범의 효과

　　누범의 형은 그 죄에 대하여 정한 형의 장기의 2배까지 가중되는데, 유기징역·금고는 50년을 초과할 수 없다(형법 제42조 단서). 법문에 형의 장기의 가중만이 규정되어 있으므로 형의 단기는 가중되지 않는다(대법원 1969.8.19. 선고 69도1129 판결).

　　판결선고 후 누범인 것이 발각된 때에는 선고한 형의 집행을 종료하거나 그 집행이 면제된 후인 경우를 제외하고 그 선고한 형을 통산하여 다시 형을 정할 수 있다(형법 제36조).

2. 누범특례의 요건

　　폭력행위처벌법 제2조 제3항에서는 폭력행위처벌법(형법의 각 해당 조항 및 각 해당 조항의 상습범, 특수범, 상습특수범, 각 해당 조항의 상습범의 미수범, 특수범의 미수범, 상습특수범의 미수범을 포함)을 위반하여 2회 이상 징역형을 받은 사람이 다시 폭력행위처벌법의 폭력범죄를 범하여 누범으로 처벌할 경우에 가중하여 처벌하도록 규정하고 있다. 1990년 법률개정에서 누범특례가 확대되었는데, 조직폭력사범·상습폭력사범·집단폭력사범 및 흉기사용폭력사범을 엄벌하여 민생치안을 확립하려는 것이 개정이유이었다.[11] 누범특례조항은 폭력행위처벌법의 폭력범죄의 누범에 대한 누범의 특별규정이다.

[1] 폭력행위처벌법 위반으로 2회 이상의 징역형

누범특례의 성립요건을 살펴보면, 첫째, 행위주체가 폭력행위처벌법을 위반(형법 각 해당 조항 및 각 해당 조항의 상습범, 특수범, 상습특수범, 각 해당 조항의 상습범의 미수범, 특수범의 미수범, 상습특수범의 미수범을 포함)하여 2회 이상 징역형을 받은 사람이다.

구체적으로 누범특례가 적용되는 이전의 범죄는 폭력행위처벌법위반의 모든 범죄, 폭력행위처벌법의 폭력범죄, 폭력범죄의 상습범·상습범의 미수범·특수범·특수범의 미수범·상습특수범·상습특수범의 미수범을 의미한다.

2회 이상의 '징역형을 받은 경우'는 이전의 범죄에 대해서 2회 이상의 형이 선고되어 확정된 것을 의미한다.[12] 그런데 이전의 범죄에 대해서 징역형의 집행유예가 선고·확정되어 집행유예기간이 경과한 경우에는 형의 선고는 효력을 잃으므로(형법 제65조), 징역형을 받은 경우에 포함되지 않는다. 또한 형을 받은 수형인이 자격정지 이상의 형을 받지 아니하고 형의 집행을 종료하거나 그 집행이 면제된 날부터 일정 기간(3년을 초과하는 징역은 10년, 3년 이하의 징역은 5년)이 경과하면 그 형은 실효되고 형의 선고에 의한 법적 효과가 소멸하므로(형실효법 제7조), 형이 실효된 후에는 징역형을 받은 경우에 포함되지 않는다. 판례도 집행유예기간이 경과하여 형의 선고가 효력을 잃는 경우와 형실효법에 따라 형이 실효된 경우의 전과는 폭력행위처벌법 제2조 제3항에서 말하는 징역형을 받은 경우라고 할 수 없다고 밝혔다(대법원 2016.6.23. 선고 2016도5032 판결).

[2] 폭력행위처벌법의 폭력범죄의 실행

누범특례가 성립되기 위해서는 둘째, 행위주체(폭력행위처벌법 위반으로 2회 이상의 징역형을 받은 사람)가 폭력행위처벌법의 폭력범죄를 범하여야 한다. 폭력행위처벌법의 폭력범죄는 8가지 유형이고, 구체적으로 ① 폭행·존속폭행(형법 제260조 제1항·제2항), ② 협박·존속협박(형법 제283조 제1항·제2항), ③ 상해·존속상해(형

---

11   장영민 1288면.
12   박상기·전지연·한상훈 6면; 이주원 558면.

법 제257조 제1항·제2항), ④ 체포감금·존속체포감금(형법 제276조 제1항·제2항), ⑤ 강요(형법 제324조), ⑥ 주거침입·퇴거불응(형법 제319조), ⑦ 공갈(형법 제350조), ⑧ 재물손괴(형법 제366조)이다.

8가지 유형의 폭력행위처벌법의 폭력범죄 중 하나의 범죄가 행해지면 충분하고, 누범특례가 성립되기 위한 첫 번째 조건인 폭력행위처벌법 위반으로 2회 이상의 징역형을 받은 이전의 범죄와 동일한 범죄일 필요는 없다.

[3] 누범으로 처벌할 경우

누범특례가 성립되기 위한 세 번째 조건은 폭력행위처벌법 위반으로 2회 이상의 징역형을 받은 사람이 폭력행위처벌법의 폭력범죄를 범하여 누범으로 처벌할 경우라는 것인데, 여기에는 앞서 설명한 형법 제35조의 누범의 일반요건이 적용된다.

따라서 폭력행위처벌법 위반으로 2회 이상의 징역형을 선고받아 그 집행이 종료되거나 면제된 후 3년 내에 금고 이상의 폭력범죄를 범한 경우이어야 한다. 판례도 폭력행위처벌법에 열거된 폭력범죄에 정한 형에 유기금고보다 가벼운 형이 있어 이를 선택함으로써 누범으로 처벌을 할 수 없는 경우에는 누범특례를 적용할 수 없다고 본다(대법원 1997.4.11. 선고 95도1637 판결). 3년의 기산점은 이전 범죄에 대한 형의 집행을 종료한 날 또는 형집행의 면제를 받은 날이며, 금고 이상에 해당하는 죄를 범한 시기는 실행의 착수 시점을 기준으로 한다.

3. 반의사불벌죄의 적용배제

폭행·존속폭행(형법 제260조 제1항·제2항)과 협박·존속협박(형법 제283조 제1항·제2항)은 반의사불벌죄에 해당하는데(형법 제260조 제3항, 제283조 제3항), 폭력행위처벌법 제2조 제4항에서는 누범특례에 있어서도 반의사불벌죄의 규정을 적용하지 않도록 한다.

4. 누범특례의 효과

폭력행위처벌법 위반으로 2회 이상의 징역형을 선고받아 그 집행이 종료되거나 면제된 후 3년 내에 범한 범죄의 종류에 따라 법정형이 달리 규정되어 있다. ① 형법 제260조 제1항(폭행), 제283조 제1항(협박), 제319조(주거침입, 퇴거불응)

또는 제366조(재물손괴 등)의 죄인 경우는 7년 이하의 징역, ② 형법 제260조 제2항(존속폭행), 제276조 제1항(체포, 감금), 제283조 제2항(존속협박) 또는 제324조 제1항(강요)의 죄인 경우는 1년 이상 12년 이하의 징역, ③ 형법 제257조 제1항(상해)·제2항(존속상해), 제276조 제2항(존속체포, 존속감금) 또는 제350조(공갈)의 죄인 경우는 2년 이상 20년 이하의 징역으로 가중 처벌된다.

Ⅳ. 특수폭력범죄의 누범특례[제3조 제4항]

제3조(집단적 폭행 등) ① 삭제

② 삭제

③ 삭제

④ 이 법(「형법」 각 해당 조항 및 각 해당 조항의 상습범, 특수범, 상습특수범, 각 해당 조항의 상습범의 미수범, 특수범의 미수범, 상습특수범의 미수범을 포함한다)을 위반하여 2회 이상 징역형을 받은 사람이 다시 다음 각 호의 죄를 범하여 누범으로 처벌할 경우에는 다음 각 호의 구분에 따라 가중처벌한다.

　1. 「형법」 제261조(특수폭행)(제260조 제1항의 죄를 범한 경우에 한정한다), 제284조(특수협박)(제283조 제1항의 죄를 범한 경우에 한정한다), 제320조(특수주거침입) 또는 제369조 제1항(특수손괴)의 죄: 1년 이상 12년 이하의 징역

　2. 「형법」 제261조(특수폭행)(제260조 제2항의 죄를 범한 경우에 한정한다), 제278조(특수체포, 특수감금)(제276조 제1항의 죄를 범한 경우에 한정한다), 제284조(특수협박)(제283조 제2항의 죄를 범한 경우에 한정한다) 또는 제324조 제2항(강요)의 죄: 2년 이상 20년 이하의 징역

　3. 「형법」 제258조의2 제1항(특수상해), 제278조(특수체포, 특수감금)(제276조 제2항의 죄를 범한 경우에 한정한다) 또는 제350조의2(특수공갈)의 죄: 3년 이상 25년 이하의 징역

제6조(미수범) 제2조, 제3조, 제4조 제2항[「형법」 제136조, 제255조, 제314조, 제315조, 제335조, 제337조(강도치상의 죄에 한정한다), 제340조 제2항(해상강도치상의 죄에 한정한다) 또는 제343조의 죄를 범한 경우는 제외한다] 및 제5조의 미수범은 처벌한다.

1. 제3조의 개정

폭력행위처벌법 제3조 제4항은 특수폭력범죄의 누범특례를 규정하고 있는데 1980년 폭력행위처벌법의 개정에서 신설된 규정이다. 폭력행위처벌법 제3조 제4항은 상습적이고 조직적인 폭력배를 중형으로 엄단하여 장기간 사회에서 격리하여 국민이 안심하고 살 수 있는 사회를 이루고자 입법되었고,[13] 1980년 신설 당시 폭력행위 등으로 3회 이상 징역형을 받은 자이던 요건이 1990년 폭력행위처벌법의 개정에서 폭력행위 등으로 2회 이상 징역형을 받은 자로 완화되었다.

(구)폭력행위처벌법 제3조는 특수한 형태의 폭력범죄를 가중하여 처벌하도록 규정되어 있었다. (구)폭력행위처벌법 제3조 제1항에서는 "단체나 다중의 위력으로써 또는 단체나 집단을 가장하여 위력을 보임으로써 제2조 제1항에 열거된 죄를 범한 자 또는 흉기 기타 위험한 물건을 휴대하여 그 죄를 범한 자는 3년 이상의 유기징역에 처한다."고 하여 특수폭력범죄의 가중처벌을 규정하였고, (구)폭력행위처벌법 제3조 제2항에서는 "야간에 제1항의 죄를 범한 자는 5년 이상의 유기징역에 처한다."고 하여 야간특수폭력범죄의 가중처벌을 규정하였고, (구)폭력행위처벌법 제3조 제3항에서는 "상습적으로 제1항의 죄를 범한 자는 무기 또는 7년 이상의 징역에 처한다."고 하여 상습특수폭력범죄의 가중처벌을 규정하였다.

그런데 전술한 것처럼 헌법재판소는 (구)폭력행위처벌법 제3조 제2항 중 "야간에 흉기 기타 위험한 물건을 휴대하여 형법 제283조 제1항(협박)의 죄를 범한 자" 부분은 헌법에 위반된다고 결정하였고(헌법재판소 2004.12.16. 선고 2003헌가12 결정), 2006년 폭력행위처벌법의 개정에서 야간특수폭력범죄의 가중처벌을 규정한 제3조 제2항이 삭제되었다.

이후 헌법재판소는 다시 (구)폭력행위처벌법 제3조 제1항 중 "흉기 기타 위험한 물건을 휴대하여 형법 제260조 제1항(폭행), 제283조 제1항(협박), 제366조(재물손괴등)의 죄를 범한 자"에 관한 부분은 헌법에 위반된다고 결정하였고[헌법재판소 2015.9.24. 선고 2014헌바154·398, 2015헌가3·9·14·18·20·21·25(병합) 결정], 2016년 폭력행위처벌법의 개정에서 형법과 동일한 구성요건에 대해서 법정형만 상향한 규정은 형벌체계상의 정당성과 균형을 잃어 헌법의 기본원리에 위배되고 평등의 원칙에 위반된다는 헌법재판소 위헌결정의 취지가 존중되어 특수폭력범죄

---

13 장영민 1284면

의 가중처벌을 규정한 제3조 제1항 및 상습특수폭력범죄의 가중처벌을 규정한 제3조 제3항이 삭제되었다.

이와 같은 법률개정을 통해 폭력행위처벌법 제3조에는 특수폭력범죄의 누범특례의 규정만 남게 되었다.

2. 특수폭력범죄의 누범특례의 요건

폭력행위처벌법 제3조 제4항에서는 폭력행위처벌법(형법의 각 해당 조항 및 각 해당 조항의 상습범, 특수범, 상습특수범, 각 해당 조항의 상습범의 미수범, 특수범의 미수범, 상습특수범의 미수범을 포함)을 위반하여 2회 이상 징역형을 받은 사람이 다시 폭력행위처벌법의 특수폭력범죄를 범하여 누범으로 처벌할 경우에 가중하여 처벌하도록 규정하고 있다.

[1] 폭력행위처벌법 위반으로 2회 이상의 징역형

특수폭력범죄의 누범특례가 성립되기 위한 첫 번째 조건은 폭력행위처벌법을 위반(형법 각 해당 조항 및 각 해당 조항의 상습범, 특수범, 상습특수범, 각 해당 조항의 상습범의 미수범, 특수범의 미수범, 상습특수범의 미수범을 포함)하여 2회 이상 징역형을 받은 사람이 행위주체이어야 한다는 것이다. 구체적인 내용은 폭력행위처벌법 제2의 누범특례의 행위주체와 같다.

[2] 폭력행위처벌법의 특수폭력범죄의 실행

특수폭력범죄의 누범특례가 성립되기 위한 두 번째 조건은 행위주체(폭력행위처벌법 위반으로 2회 이상의 징역형을 받은 사람)가 폭력행위처벌법의 특수폭력범죄를 범하여야 한다는 것이다. 폭력행위처벌법의 '특수폭력범죄'는 폭력범죄와 마찬가지로 8가지 유형이고, 구체적으로 ① 특수폭행(형법 제261조), ② 특수협박(형법 제284조), ③ 특수상해(형법 제258조의2 제1항), ④ 특수체포·감금(형법 제278조), ⑤ 특수강요(형법 제324조 제2항), ⑥ 특수주거침입(형법 제320조), ⑦ 특수공갈(형법 제350조의2), ⑧ 특수손괴(형법 제369조 제1항)이다. 아래에서는 특수폭력범죄의 행위태양인 '단체 또는 다중의 위력을 보이'거나 '위험한 물건을 휴대'하는 것의 의미를 다룬다.

1) 단체 또는 다중의 위력을 보임

특수폭력범죄의 첫 번째 유형은 폭력범죄가 단체 또는 다중의 위력을 보이며 행해진 경우를 말한다. '단체'란 공동의 목적을 가진 다수의 자연인이 계속적으로 결합한 조직체를 말하고, '다중'이란 단체를 이루지 못한 다수인의 단순한 집합을 말한다.

'위력을 보인다'는 것은 단체의 일원임을 알리거나 다중이 현존함을 인식시키는 등으로 사람의 의사를 제압할 만한 세력을 상대방에게 인식시키는 것을 말한다. 상대방에게 인식시키면 충분하므로 단체나 다중이 범행현장에 집합해 있을 필요는 없고, 상대방의 의사가 실제로 제압되었는지도 불문한다. 다만, 실제로는 존재하지 않는 단체나 다중이 있다고 상대방을 속이는 경우는 단체나 다중의 위력을 보인 경우라고 할 수 없다.[14]

2) 위험한 물건의 휴대

특수폭력범죄의 두 번째 유형은 위험한 물건을 휴대하여 폭력범죄가 행해진 경우를 말한다. '위험한 물건'이란 사람의 생명·신체에 해를 가하는 데 이용될 수 있는 모든 물건을 말하는데, 위험한 물건인지 여부는 구체적인 사안에서 사회통념에 비추어 그 물건을 사용하면 상대방이나 제3자가 생명·신체에 위험을 느낄 수 있는지에 따라 판단된다(대법원 2010.4.29. 선고 2010도930 판결).

'휴대'란 범죄현장에서 사용할 의도 아래 위험한 물건을 몸에 또는 몸 가까이에 소지하는 것을 말하는 것이고, 자기가 기거하는 장소에 보관하였다는 것만으로는 위험한 물건의 휴대가 아니다(대법원 1992.5.12. 선고 92도381 판결). 또한 범행과는 전혀 무관하게 우연히 위험한 물건을 소지하게 된 경우도 위험한 물건의 휴대가 아니다(대법원 1990.4.24. 선고 90도401 판결). 판례는 '휴대하여'라는 말은 '소지'하는 경우뿐만 아니라 '이용한다'는 뜻도 포함하는 것으로 해석하여 자동차를 이용한 경우도 위험한 물건을 휴대한 경우로 보기도 한다(대법원 1997.5.30. 선고 97도597 판결).

판례가 위험한 물건을 휴대한 경우라고 인정한 경우는, ⓐ 농약을 상대방에

---

14 (구)폭력행위처벌법 제3조 제1항은 '단체나 다중의 위력으로써 또는 단체나 다중을 가장하여 위력을 보임으로써'라고 규정함으로써 존재하지 않는 단체나 다중이 있다고 상대방을 속이는 경우도 특수폭력범죄의 성립을 인정하였으나, 2016.1.6. 동 규정이 삭제되었기 때문에 더 이상 이를 특수폭력범죄로 보지 않게 되었다.

게 먹이려다가 상대방이 완강히 반항하자 그곳에 있던 약 70cm의 당구큐대로 상대방의 무릎과 엉덩이를 수회 때려 상대방에게 약 2주간의 치료를 요하는 타박상을 가한 경우(대법원 2002.9.6. 선고 2002도2812 판결), ⓑ 운전과정에서 발생한 시비로 한차례 다툼이 벌어진 직후 상대방이 계속하여 자신이 운전하던 자동차를 뒤따라온다고 보고 순간적으로 화가 나 상대방에게 겁을 주기 위하여 자동차를 정차한 후 4~5m 후진하여 상대방이 승차하고 있던 자동차와 충돌한 경우(대법원 2010.11.11. 선고 2010도10256 판결)이다.

반면 판례는 ⓒ 이혼 분쟁 과정에서 아들을 승낙 없이 자동차에 태우고 떠나려고 하는 상대방 일행을 급하게 추격하는 과정에서 소형승용차로 중형승용차를 충격한 경우는 충격할 당시 두 차량 모두 막 출발하는 상태로서 차량 속도가 빠르지 않았고 상대방 차량의 손괴의 정도와 상대방 신체의 상해의 정도가 비교적 경미하여 사회통념상 상대방이나 제3자가 생명·신체에 위험을 느꼈다고 보기 어려워 위험한 물건을 휴대하여 행해진 경우가 아니라고 보고(대법원 2009.3.26. 선고 2007도3520 판결), ⓓ 돈을 빌려 달라는 요청에 상대방이 거짓말을 하면서 이를 거부하자 상대방 및 상대방의 친구 등과 함께 자신의 자취방으로 가서 상대방이 거짓말을 하였다는 이유로 길이 50~60cm 정도의 당구큐대로 상대방의 머리 부위를 3~4회, 배 부위를 1회 가량 폭행한 경우는 사회통념상 피해자나 제3자가 생명 또는 신체에 위험성을 느꼈으리라고 보이지는 아니하여 당구큐대를 위험한 물건에 해당하지 않는다고 본다(대법원 2004.5.14. 선고 2004도176 판결).

한편 공범의 경우에는 범행현장을 기준으로 위험한 물건의 휴대여부를 판단한다. 예를 들어 특수주거침입죄(형법 제320조)는 위험한 물건을 휴대하여 사람의 주거나 건조물 등에 침입함으로써 성립하는 범죄이므로, 수인이 흉기를 휴대하여 타인의 건조물에 침입하기로 공모한 후 그중 일부는 밖에서 망을 보고 나머지 일부만이 건조물에 침입한 경우라면 직접 건조물에 들어간 범인을 기준으로 하여 그 범인이 위험한 물건을 휴대하였다고 볼 수 있느냐에 따라 특수주거침입죄의 구성요건해당성이 결정된다(대법원 1994.10.11. 선고 94도1991 판결).

그 외 위험한 물건의 휴대를 '상대방이 인식'하여야 하는지에 대해서 견해의 대립이 있는데, 판례는 상대방이 인식하였을 것까지 요구되지는 않는다(불필요설)고 한다(대법원 2007.3.30. 선고 2007도914 판결). 판례에 따르면 위험한 물건인 자동차를 이용하여 다른 사람의 자동차 2대를 손괴한 경우에 그 자동차의 소유자 등이 실제로 해를 입거나 해를 입을 만한 위치에 있지 아니하였더라도 위험한 물건

의 휴대에 해당된다(대법원 2003.1.24. 선고 2002도5783 판결). 입법론상으로는 단체
나 다중의 위력과 마찬가지로 위험한 물건의 휴대에도 상대방의 인식이 필요하다
는 것은 동감할 수 있으나, 법문이 '위력을 보인다'와 다르게 '휴대한다'라고만 규
정한 상황에서 해석론상 상대방의 인식까지 요구하기는 어렵다.

[3] 누범으로 처벌할 경우

누범특례가 성립되기 위한 세 번째 조건은 폭력행위처벌법 위반으로 2회 이
상의 징역형을 받은 사람이 폭력행위처벌법의 특수폭력범죄를 범하여 누범으로
처벌할 경우라는 것이다. 폭력행위처벌법 위반으로 2회 이상의 징역형을 선고받
아 그 집행이 종료되거나 면제된 후 3년 내에 금고 이상의 특수폭력범죄를 범한
경우이어야 한다.

3. 특수폭력범죄의 누범특례의 효과

폭력행위처벌법(형법 각 해당 조항 및 각 해당 조항의 상습범, 특수범, 상습특수범,
각 해당 조항의 상습범의 미수범, 특수범의 미수범, 상습특수범의 미수범을 포함)을 위반
하여 2회 이상의 징역형을 선고받아 그 집행이 종료되거나 면제된 후 3년 내에
범한 범죄가 ① 형법 제261조(직계존속의 경우를 제외한 특수폭행), 제284조(직계존
속의 경우를 제외한 특수협박), 제320조(특수주거침입) 또는 제369조 제1항(특수손괴)
의 경우는 1년 이상 12년 이하의 징역, ② 형법 제261조(직계존속에 대한 특수폭
행), 제278조(직계존속의 경우를 제외한 특수체포, 특수감금), 제284조(직계존속에 대한
특수협박) 또는 제324조 제2항(강요)의 경우는 2년 이상 20년 이하의 징역, ③ 형
법 제258조의2 제1항(특수상해), 제278조(직계존속에 대한 특수체포, 특수감금) 또는
제350조의2(특수공갈)의 경우는 3년 이상 25년 이하의 징역으로 가중 처벌된다.

V. 관련문제

1. 미수범 처벌(제6조)

폭력행위처벌법 제2조와 제3조의 미수범은 처벌된다(제6조). 미수범의 처벌효

과에 대해서는 규정되어 있지 않으므로, 폭력행위처벌법위반(공동폭행미수)죄에 대해서는 형법총칙에 따라 감경할 수 있다(형법 제8조, 제25조 제2항).[15]

2. 친족상도례의 적용

공갈죄의 경우에는 친족상도례가 적용되는데(형법 제354조, 제328조), 폭력행위처벌법에는 이에 관한 특칙이 없어서 폭력행위처벌법이 적용되는 공동폭행이나 누범특례, 특수누범특례의 형태로 공갈이 행해진 때에 친족상도례가 적용되는지가 문제 된다. 생각건대 폭력행위처벌법이 적용되는 공동폭행이나 누범특례, 특수누범특례의 형태에도 공갈죄의 성질이 변경되지 않으며 친족상도례의 규정을 적용하지 않는다는 명시적 규정도 없으므로, 친족상도례의 규정을 적용하는 것이 타당하다.[16]

과거 폭력범죄가 야간에 행해진 경우도 폭력행위처벌법이 적용되던 시기에, 판례는 공갈죄가 야간에 범하여져 폭력행위처벌법으로 가중 처벌되는 경우도 형법 제354조의 친족상도례는 적용된다고 판단하였다(대법원 1994.5.27. 선고 94도617 판결). 또한 (구)폭력행위처벌법 제3조 제1항에서 특수공갈을 규정했던 시기에, 판례는 흉기 기타 위험한 물건을 휴대하고 공갈죄를 범하여 폭력행위처벌법으로 가중 처벌되는 경우도 형법 제354조의 친족상도례는 적용된다고 판단하였다(대법원 2010.7.29. 선고 2010도5795 판결).

3. 누범규정의 중복적용

판례는 폭력행위처벌법 제3조 제4항에 해당하여 특수누범특례로 처벌하는 때에도 추가적으로 형법 제35조의 누범가중 규정이 적용되고, 동일한 행위에 대한 이중처벌이 아니라고 한다(대법원 2007.8.23. 선고 2007도4913 판결). 이처럼 폭력행위처벌법의 특수누범특례의 경우에 형법총칙의 누범규정이 중복하여 적용된다는 것은 폭력행위처벌법의 특수누범특례가 형법의 구성요건과 별개의 독립적 구성요건이라는 것이다.

---

15   이동희·류부곤 92면.
16   박상기·전지연·한상훈 8면; 이주원 577면.

 그러나 폭력행위처벌법의 입법목적에 보았듯이, 폭력행위처벌법은 사회방위를 목적으로 하는 특별법이 아니라 형법에 규정된 폭력범죄에 대하여 행위형태에 중점을 두고 가중 처벌하는 특별법이다. 형법상 누범가중이 장기형의 2분의 1만 가중하도록 효과를 규정한 것을 폭력행위처벌법에서 특수폭력범죄의 누범의 경우에는 단기형의 가중까지도 규정한 것이다. 일반법에 대비되는 특별법은 특별법의 구성요건이 일반법의 모든 구성요건을 포함하면서 그 밖의 특별한 표지까지 포함한 경우를 뜻하는데, 폭력행위처벌법의 특수폭력범죄의 누범특례의 경우도 형법상 누범의 요건에 특별한 요건이 추가된 형태이다. 특수폭력범죄의 누범특례조항은 형법의 누범규정에 대한 특별규정이고, 폭력행위처벌법 제3조 제4항에 해당하여 특수폭력범죄의 누범특례로 처벌하는 때에는 형법 제35조의 누범가중 규정이 적용되지 않는 것이 타당하다.

 마찬가지로 폭력행위처벌법(형법의 각 해당 조항 및 각 해당 조항의 상습범, 특수범, 상습특수범, 각 해당 조항의 상습범의 미수범, 특수범의 미수범, 상습특수범의 미수범을 포함)을 위반하여 2회 이상 징역형을 받은 사람이 다시 폭력행위처벌법의 폭력범죄를 범하여 누범으로 처벌할 경우에 가중하여 처벌하도록 규정하고 있는 폭력행위처벌법 제2조 제3항도 형법의 누범규정에 대한 특별규정이고, 폭력행위처벌법 제2조 제3항을 적용하는 때에는 형법 제35조의 누범가중 규정이 적용되지 않는 것이 타당하다.

제3절 폭력범죄단체·집단의 구성 등

Ⅰ. 법률규정

제4조(단체 등의 구성·활동) ① 이 법에 규정된 범죄를 목적으로 하는 단체 또는 집단을 구성하거나 그러한 단체 또는 집단에 가입하거나 그 구성원으로 활동한 사람은 다음 각 호의 구분에 따라 처벌한다.

 1. 수괴(首魁): 사형, 무기 또는 10년 이상의 징역

 2. 간부: 무기 또는 7년 이상의 징역

 3. 수괴·간부 외의 사람: 2년 이상의 유기징역

② 제1항의 단체 또는 집단을 구성하거나 그러한 단체 또는 집단에 가입한 사람이 단체 또는 집단의 위력을 과시하거나 단체 또는 집단의 존속·유지를 위하여 다음 각 호의 어느 하나에 해당하는 죄를 범하였을 때에는 그 죄에 대한 형의 장기(長期) 및 단기(短期)의 2분의 1까지 가중한다.

 1. 「형법」에 따른 죄 중 다음 각 목의 죄

   가. 「형법」 제8장 공무방해에 관한 죄 중 제136조(공무집행방해), 제141조(공용서류 등의 무효, 공용물의 파괴)의 죄

   나. 「형법」 제24장 살인의 죄 중 제250조 제1항(살인), 제252조(촉탁, 승낙에 의한 살인 등), 제253조(위계 등에 의한 촉탁살인 등), 제255조(예비, 음모)의 죄

   다. 「형법」 제34장 신용, 업무와 경매에 관한 죄 중 제314조(업무방해), 제315조(경매, 입찰의 방해)의 죄

   라. 「형법」 제38장 절도와 강도의 죄 중 제333조(강도), 제334조(특수강도), 제335조(준강도), 제336조(인질강도), 제337조(강도상해, 치상), 제339조(강도강간), 제340조 제1항(해상강도)·제2항(해상강도상해 또는 치상), 제341조(상습범), 제343조(예비, 음모)의 죄

 2. 제2조 또는 제3조의 죄(「형법」 각 해당 조항의 상습범, 특수범, 상습특수범을 포함한다)

③ 타인에게 제1항의 단체 또는 집단에 가입할 것을 강요하거나 권유한 사람은 2년 이상의 유기징역에 처한다.

④ 제1항의 단체 또는 집단을 구성하거나 그러한 단체 또는 집단에 가입하여 그 단체 또는 집단의 존속·유지를 위하여 금품을 모집한 사람은 3년 이상의 유기징역에 처한다.

제5조(단체 등의 이용·지원) ① 제4조 제1항의 단체 또는 집단을 이용하여 이 법이나 그 밖의 형벌 법규에 규정된 죄를 범하게 한 사람은 그 죄에 대한 형의 장기 및 단기의 2분의 1까지 가중한다.

② 제4조제1항의 단체 또는 집단을 구성하거나 그러한 단체 또는 집단에 가입하지 아니한 사람이 그러한 단체 또는 집단의 구성·유지를 위하여 자금을 제공하였을 때에는 3년 이상의 유기징역에 처한다.

제6조(미수범) 제2조, 제3조, 제4조 제2항[「형법」 제136조, 제255조, 제314조, 제315조, 제335조, 제337조(강도치상의 죄에 한정한다), 제340조 제2항(해상강도치상의 죄에 한정한다) 또는 제343조의 죄를 범한 경우는 제외한다] 및 제5조의 미수범은 처벌한다.

폭력행위처벌법 제4조는 폭력행위처벌법에 규정된 범죄를 목적으로 하는 단체·집단의 구성·활동을 규정하고, 제5조는 그러한 단체·집단의 이용·지원을 규정하고 있다. 이 규정들은 형법 제114조 범죄단체조직죄의 특칙으로서 범죄단체조직죄에 우선하여 적용된다.[17] 폭력행위처벌법에 규정된 범죄를 목적으로 한 경우에는 폭력행위처벌법이 적용되고 그 외의 범죄를 목적으로 한 경우에는 범죄단체조직죄(형법 제114조)가 적용된다.[18]

Ⅱ. 범죄단체조직죄[형법 제114조]

1. 의의

제114조(범죄단체 등의 조직) 사형, 무기 또는 장기 4년 이상의 징역에 해당하는 범죄를 목적으로 하는 단체 또는 집단을 조직하거나 이에 가입 또는 그 구성원으로 활동한 사람은 그 목적한 죄에 정한 형으로 처벌한다. 다만, 형을 감경할 수 있다.

---

17 신동운 56면.

18 박상기·전지연·한상훈 16면.

형법 제114조 범죄단체조직죄는 조직범죄의 위험성에 비추어 범죄실행의 예비단계인 목적범죄의 조직결성 및 이에 대한 가입행위를 처벌하고 있다. 범죄단체조직죄의 법적 성격을 '즉시범'으로 보면, 범죄단체의 조직과 동시에 공소시효가 진행되고, 반면 '계속범'으로 보면, 범죄단체의 해산이나 단체로부터의 탈퇴시점부터 공소시효가 진행된다.

생각건대 제114조에 규정된 행위유형에 따라 법적 성질을 이해하는 것이 타당하다. 범죄단체를 조직하거나 이에 가입한 후 어떠한 활동도 없는 경우에는 조직 또는 가입시점에 공소시효가 진행되는 것이 타당하고, 범죄단체를 조직·가입한 후 그 구성원으로 활동한 경우는 활동이 계속되는 한 공소시효가 진행되지 않을 것이다. 따라서 범죄단체를 조직하거나 이에 가입하는 행위는 조직 또는 가입한 때 바로 성립하는 즉시범으로 보고, 범죄단체활동죄는 활동이 계속되는 한 범죄가 계속되는 계속범으로 보는 것이 타당하다.[19]

2. 장기 4년 이상의 징역의 범죄를 목적으로 하는 단체 또는 집단

범죄단체조직죄는 사형, 무기 또는 장기 4년 이상의 징역에 해당하는 범죄를 목적으로 하는 목적범이다. 법정형에 4년 이상의 징역이 규정된 범죄에는 형법전의 범죄뿐만 아니라 특별법의 범죄도 포함된다. 범죄단체조직죄는 범죄를 목적으로 하는 단체를 조직함으로써 성립하고 이후 목적한 범죄를 실행하였는지는 범죄단체조직죄의 성립에 영향이 없다(대법원 1975.9.23. 선고 75도2321 판결).

'범죄를 목적으로 하는 단체'란 특정 다수인이 일정한 범죄를 수행한다는 공동목적 아래 이루어진 계속적인 결합체로서 그 단체를 주도하는 '최소한의 통솔체계'를 갖추고 있어야 한다(대법원 1985.10.8. 선고 85도1515 판결). 예를 들어, 보이스피싱이라는 사기범죄를 목적으로 구성된 다수인의 계속적인 결합체로서 총책을 중심으로 간부급 조직원들과 상담원들, 현금인출책 등으로 구성되어 내부의 위계질서가 유지되고 조직원의 역할 분담이 이루어지는 최소한의 통솔체계를 갖춘 보이스피싱 조직은 범죄를 목적으로 하는 단체에 해당한다(대법원 2017.10.26. 선고 2017도8600 판결).

'범죄를 목적으로 하는 집단'이란 특정 다수인이 일정한 범죄를 수행한다는

---

19 박상기·전지연 734면.

공동목적 아래 구성원들이 분담된 역할에 따라 행동함으로써 범죄를 반복적으로 실행할 수 있는 조직체계를 갖춘 계속적인 결합체를 의미하는데, 범죄단체에서 요구되는 '최소한의 통솔체계'를 갖추지는 않더라도 범죄의 계획과 실행을 용이하게 할 정도의 조직적 구조를 갖추어야 한다(대법원 2020.8.20. 선고 2019도16263 판결). 예를 들어, 무등록 중고차 매매상사를 운영하면서 피해자들을 기망하여 중고차량을 불법으로 판매해 금원을 편취할 공동목적 아래 구성원들이 대표, 팀장, 출동조, 전화상담원 등 정해진 역할분담에 따라 행동함으로써 사기범행을 반복적으로 실행하는 체계를 갖춘 경우는 범죄를 목적으로 하는 집단에 해당한다(대법원 2020.8.20. 선고 2019도16263 판결).

3. 조직·가입·활동

범죄단체조직죄의 실행행위는 범죄목적의 단체나 집단의 조직, 가입, 활동이다. '조직'은 범죄목적의 단체나 새로운 단체나 집단을 짜서 만드는 것을 말하고, '가입'은 기존의 범죄목적의 단체나 집단에 들어가는 것을 말하고, '활동'은 범죄목적의 단체나 집단의 내부규율·통솔체계에 의한 의사결정에 따라서 행하는 단체·집단의 존속·유지를 위한 적극적인 행위를 말한다.

4. 죄수

범죄단체를 조직 또는 가입한 후 구성원으로서 목적한 범죄실행의 활동한 경우는 범죄단체조직죄 또는 범죄단체가입죄와 범죄단체활동죄가 별도로 성립하지 않고 범죄단체활동죄만 성립한다. 범죄단체활동은 범죄단체의 조직 또는 가입을 전제로 하는데, 입법자가 범죄단체활동을 조직·가입과 구별하여 추가로 처벌하고자 하였다면 이들을 동일한 조항에서 규정하지 않고 별개의 조항으로 규정했을 것이기 때문이다. 판례는 폭력행위처벌법의 경우에 폭력범죄단체를 구성하거나 이에 가입한 자가 나아가 구성원으로 활동하는 경우는 포괄일죄의 관계라고 본다(대법원 2015.9.10. 선고 2015도7081 판결).

범죄단체의 활동이 별도의 구성요건을 충족하는 경우는 추가적으로 범죄가 성립한다. 예를 들어, 사기목적의 범죄단체의 구성원으로서 사기죄를 범한 경우는 범죄단체활동죄 이외에 사기죄가 별도로 성립하고 양 죄는 상상적 경합의 관계에 있다. 범죄단체활동죄와 사기죄는 보호법익을 달리하고 서로 별개의 조문에 규정되어 있으므로 법조경합의 관계에 있지 않고, 범죄단체활동과 사기는 하나의 행위에 의한 것이기 때문이다. 판례 역시 보이스피싱 사기 범죄단체에 가입한 후 사기범죄의 피해자들로부터 돈을 편취하는 등 그 구성원으로서 활동한 경우는 범죄단체활동죄와 사기죄의 상상적 경합의 관계라고 본다(대법원 2017.10.26. 선고 2017도8600 판결).

다만, 범죄단체를 조직하거나 가입할 때 목적한 범죄와 상이한 범죄를 범죄단체의 구성원이 실행한 경우라면 범죄단체조직이나 가입과 별개의 행위로 볼 수 있으므로 범죄단체조직죄 또는 범죄단체가입죄와 그 범죄가 실체적 경합의 관계에 있게 된다(대법원 2020.12.24. 선고 2020도10814 판결 참조).

Ⅲ. 폭력범죄단체·집단의 구성·가입·활동(제4조 제1항)

> 제4조(단체 등의 구성·활동) ① 이 법에 규정된 범죄를 목적으로 하는 단체 또는 집단을 구성하거나 그러한 단체 또는 집단에 가입하거나 그 구성원으로 활동한 사람은 다음 각 호의 구분에 따라 처벌한다.
> 1. 수괴(首魁): 사형, 무기 또는 10년 이상의 징역
> 2. 간부: 무기 또는 7년 이상의 징역
> 3. 수괴·간부 외의 사람: 2년 이상의 유기징역

1. 의의

범죄단체 또는 집단에 의하여 계획적·조직적으로 행하여지는 범죄로 인한 사회적 해악의 정도가 개인의 범죄로 인한 경우보다 훨씬 중대하고, 범죄단체 또는 집단이 존속·유지되는 한 범죄실행 또는 실행의 위험성이 지속되므로, 범죄의 실행 여부를 불문하고 폭력행위처벌법에 규정된 범죄의 예비·음모의 성격을 갖는 범죄단체 또는 집단의 생성과 존립을 막기 위해서 폭력행위처벌법 제4조가 입법되었다(대법원 2015.9.10. 선고 2015도7081 판결).

개정과정

1961년 폭력행위처벌법 제정 당시에는 폭력행위처벌법에 규정된 범죄를 목적으로 하는 단체 또는 집단을 구성한 자만을 처벌하였으나, 1993년 폭력행위처벌법 개정에서 단체 또는 집단에 가입한 자의 처벌도 추가되었고, 제2항부터 제4항까지 신설되었다.[20] 이후 2006년 폭력행위처벌법 개정에서 단체 또는 집단의 구성원으로 활동한 자의 처벌도 추가되었는데, 범죄단체 구성·가입죄는 구성·가입행위와 동시에 성립·완성되고 공소시효가 진행되는 즉시범이어서 범죄단체의 구성원으로 계속 활동 중이라도 한 번 처벌을 받았거나 공소시효가 완성되면 처벌이 불가능한 문제점이 있어서 범죄단체의 구성원으로 활동하는 경우도 처벌할 수 있도록 개정한 것이다.[21]

2. 폭력범죄단체·집단

본죄에서 말하는 범죄단체·집단은 폭력행위처벌법에 규정된 범죄를 목적으로 하는 단체(폭력범죄단체) 또는 집단(폭력범죄집단)이다. 폭력행위처벌법 제2조의 범죄를 목적으로 하는 이상 그 중 어느 범죄를 범하는 것을 목적으로 하는지까지 특정될 필요는 없다(대법원 1991.5.24. 선고 91도551 판결).

[1] 폭력범죄단체

범죄단체조직죄(형법 제114조)에서 살펴보았듯이, '단체'란 특정 다수인이 일정한 범죄를 수행한다는 공동목적 아래 이루어진 계속적인 결합체로서 그 단체를 주도하는 최소한의 통솔체제를 갖추고 있어야 한다. 폭력범죄단체는 합법적인 단체와는 달라 범죄단체의 특성상 단체로서의 계속적인 결집성이 다소 불안정하고 그 통솔체제가 대내외적으로 반드시 명확하지 않은 것처럼 보이더라도 구성원들 간의 관계가 선·후배 혹은 형·아우로 뭉쳐져 그들 특유의 규율에 따른 통솔이 이루어져 단체나 집단으로서의 위력을 발휘하는 경우가 많은 점에 비추어 폭력행위처벌법의 범죄를 한다는 공동의 목적 아래 특정 다수인에 의하여 이루어진 계속적인 결합체로서 그 단체를 주도하거나 내부의 질서를 유지하는 최소한의 통솔체계를 갖추면 충분하고, 폭력행위처벌법의 범죄를 범하는 것을 목적으로 하는 이상 그 중 어느 범죄를 범하는 것을 목적으로 하는지까지 특정될 필요는 없

---

20   박상기·신동운·손동권·신양균·오영근·전지연 124면.

21   장영민 1356면.

다(대법원 1997.10.10. 선고 97도1829 판결). 또한 폭력범죄단체는 그 구성 또는 가입에 있어 반드시 단체의 명칭이나 강령이 명확하게 존재하고 단체 결성식이나 가입식과 같은 특별한 절차가 있어야만 성립되는 것은 아니다(대법원 2007.11.29. 선고 2007도7378 판결).

두목급 이하 조직원들이 상호 역할 분담을 하여 나이에 따라 서열을 철저히 준수하고 "후배는 선배에게 철저히 복종한다. 조직 내부의 일을 외부에 누설하지 않는다. 일정지역에 외부 세력이 들어오지 못하게 한다."는 등의 행동 강령 아래 출입이 규제된 합숙생활 등으로 조직원 상호간의 결속을 강화하면서 재개발 아파트 분양 등 각종 경제적 이익을 폭력적인 방법으로 추구한 경우, 폭력 범죄 등을 목적으로 하는 계속적이고도 조직 내의 통솔 체계를 갖춘 결합체로서 폭력행위처벌법 제4조의 범죄단체에 해당한다(대법원 1995.8.22. 선고 95도1323 판결).

[2] 폭력범죄집단

폭력범죄집단은 폭력행위처벌법에 규정된 범죄의 목적하에 구성원들이 분담된 역할에 따라 행동함으로써 범죄를 반복적으로 실행할 수 있는 조직체계를 갖춘 계속적 결합체를 의미하는데, 범죄단체에서 요구되는 '최소한의 통솔체계'를 갖추지는 않더라도 범죄의 계획과 실행을 용이하게 할 정도의 조직적 구조를 갖추어야 한다. 과거 판례는 폭력범죄집단의 성립에 있어서 계속성을 요구하지 않았지만(대법원 1991.1.15. 선고 90도2301 판결), 2020년 범죄단체조직죄(형법 제114조)의 판례에서는 범죄집단의 성립에 계속성이 필요함을 명시하고 있다(대법원 2020.8.20. 선고 2019도16263 판결 참조).

유원지 등에서 타인의 자가용 유상운송행위를 제지하고 자신들만이 배타적으로 운송행위를 하기 위하여 조직된 A라는 회(會)에 가입한 18명은 자신의 차량에 E마크를 붙이고 일정한 장소에서 도착한 순서대로 승객을 태우고 회원이 아닌 자들이 자신들의 구역 내에서 영업하면 주변에 있는 회원들이 그들을 위협하여 쫓아내는 행위를 하였는데, A회(會)의 임원으로는 회원들이 서로 돌아가면서 맡는 회장과 총무가 각 1인이 있고 회장은 월례회를 주관하고 회원들의 경조사에 A회(會)를 대표하여 참석하고 총무는 회원들로부터 받은 입회비 및 월회비를 회원들 사이의 경조사, 월 1회의 회식비용, 회원들의 교통사고 처리비용으로 지출하는 것을 주된 업무로 하고 있다면 A회(會)는 '친목단체'에 불과할 뿐이지 폭력범죄단체나 집단이 아니다(대법원 1991.12.10. 선고 91도2569 판결).

3. 구성·가입·활동

폭력행위처벌법에 규정된 범죄를 목적으로 하는 단체 또는 집단을 구성하거나 그러한 단체 또는 집단에 가입하거나 그 구성원으로 활동한 경우가 처벌의 대상이다.

[1] 구성

단체나 집단을 구성한다는 것은 조직을 새로이 만드는 것을 말한다. 만약 기존의 범죄단체를 이용하여 새로운 범죄단체를 구성하였다고 하려면, 기존의 범죄단체가 이미 해체·와해된 상태에 있어 그 조직을 재건하거나, 기존의 범죄단체에서 분리되어 나와 별도의 범죄단체를 구성하거나, 현재 활동 중인 범죄단체가 다른 범죄단체를 흡수·통합하여, 기존의 조직이 완전히 변경되어 기존의 범죄단체와 동일성이 없는 별개의 단체로 인정될 수 있어야 한다(대법원 2014.2.13. 선고 2013도12804 판결).

폭력범죄단체구성죄는 폭력행위처벌법에 규정된 범죄를 목적으로 한 단체를 구성함으로써 즉시 성립·완성되는 즉시범이므로 범죄성립과 동시에 공소시효가 진행된다. 따라서 범죄단체를 구성한 일시는 범죄사실을 특정하는 중요한 요건일 뿐만 아니라, 범죄에 대한 공소시효가 완성되었는지를 결정짓는 요소이다(대법원 2005.9.9. 선고 2005도3857 판결).

[2] 가입

단체나 집단에 가입한다는 것은 이미 결성된 단체나 집단에 구성원으로 들어가는 것이다. 폭력범죄단체가입죄는 폭력범죄단체구성죄와 마찬가지로 폭력행위처벌법에 규정된 범죄를 목적으로 한 단체에 가입함으로써 즉시 성립하고 그와 동시에 완성되는 즉시범이다(대법원 1997.10.10. 선고 97도1829 판결).

[3] 활동

폭력범죄단체활동죄는 범죄단체의 구성·가입죄가 즉시범이어서 이에 대한 공소시효가 완성되면 범죄단체 구성원으로 계속 활동하여도 이를 처벌할 수 없다는 불합리한 점을 보완하기 위해서 2006년 법률개정에서 규정된 것이다.

활동이란 범죄단체 또는 집단의 내부 규율·통솔체계에 따른 조직적, 집단적

의사결정에 의하여 행하는 범죄단체 또는 집단의 존속·유지를 지향하는 적극적인 행위로서 그 기여의 정도가 폭력행위처벌법 제4조 제3항·제4항에 규정된 행위에 준하는 것을 의미한다(대법원 2009.9.10. 선고 2008도10177 판결). 다른 폭력조직과의 싸움에 대비하고 조직의 위세를 과시하기 위하여 비상연락체계에 따라 다른 조직원들과 함께 집결하여 대기한 행위는 활동에 해당한다.[22]

다수의 구성원이 관여되었더라도 범죄단체 또는 집단의 존속·유지를 목적으로 하는 조직적·집단적 의사결정에 의한 것이 아니거나, 범죄단체 또는 집단의 수괴나 간부 등 상위 구성원으로부터 모임에 참가하라는 등의 지시나 명령을 소극적으로 받고 이에 단순히 응하는데 그친 경우, 구성원 사이의 사적이고 의례적인 회식이나 경조사 모임 등을 개최하거나 참석하는 경우 등은 '활동'에 해당한다고 볼 수 없다(대법원 2009.9.10. 선고 2008도10177 판결). 예를 들어 범죄단체의 간부급 조직원들이 개최한 회식에 참석한 행위 및 다른 폭력조직의 조직원의 장례식·결혼식 등 각종 행사에 참석하여 하부 조직원들이 행사장에 도열하여 상부 조직원들이 출입할 때 90°로 인사하는 이른바 병풍 역할을 하여 조직의 위세를 과시한 행위는 폭력범죄단체활동에 해당하지 않는다(대법원 2010.1.28. 선고 2009도9484 판결).

4. 처벌

범죄단체조직죄(형법 제114조)는 구성원의 역할을 구분하지 않고 목적한 죄에 정한 형으로 처벌하고, 형의 임의적 감경을 허용한다. 반면 폭력행위처벌법에 규정된 범죄를 목적으로 하는 단체 또는 집단을 구성하거나 그러한 단체 또는 집단에 가입하거나 그 구성원으로 활동한 사람은 역할에 따라 법정형을 달리한다.

수괴(首魁)는 사형, 무기 또는 10년 이상의 징역으로 처벌되는데(제4조 제1항 제1호), 수괴란 범죄단체·집단의 우두머리로 단체·집단의 활동을 지휘·통솔하는 자를 말한다. 2인 이상의 수괴가 역할을 분담하여 활동할 수도 있는데, 범죄단체의 배후에서 모든 조직활동을 지휘하는 사람과 전면에서 단체 구성원의 통솔을 담당하는 사람으로 역할을 분담하고 있는 경우라면 두 사람 모두가 범죄단체의 수괴이다(대법원 2015.5.28. 선고 2014도18006 판결).

----

22 박상기·전지연·한상훈 15면.

간부는 무기 또는 7년 이상의 징역으로 처벌되는데(제4조 제1항 제2호), 간부란 수괴의 지휘 등을 받아 말단 조직원을 지휘·통솔하는 자를 말한다(대법원 2015.5.28. 선고 2014도18006 판결).

수괴·간부 외의 사람은 2년 이상의 유기징역으로 처벌된다(제4조 제1항 제3호).

5. 죄수

폭력범죄단체의 구성이나 가입은 범죄행위의 실행 여부와 관계없이 범죄단체 구성원으로서의 활동을 예정하고 범죄단체 구성원으로서의 활동은 범죄단체의 구성이나 가입을 당연히 전제로 하므로, 양자는 모두 폭력범죄단체의 생성 및 존속·유지를 도모하는 범죄행위에 대한 일련의 예비·음모 과정에 해당한다는 점에서 범의의 단일성과 계속성을 인정할 수 있을 뿐만 아니라 피해법익도 다르지 않다. 폭력범죄단체의 활동이 인정되는 경우 그 단체의 구성이나 가입은 활동에 흡수된다(법조경합). 다만 판례는 범죄단체를 구성하거나 이에 가입한 자가 더 나아가 구성원으로 활동하는 경우는 포괄일죄의 관계로 본다(대법원 2015.9.10. 선고 2015도7081 판결).[23]

한편 폭력행위처벌법 제4조 폭력범죄단체조직죄는 폭력행위처벌법에 규정된 범죄를 목적으로 한 단체 또는 집단을 구성하거나 가입함으로써 즉시 성립하고 그와 동시에 완성되는 즉시범이므로, 피고인이 범죄단체 A에 가입한 이후 별개의 범죄단체 B에 가입하였다는 이유로 추가 기소되더라도 이중처벌금지에 반하지 않는다(대법원 1997.10.10. 선고 97도1829 판결).

----

[23] 원심(서울고등법원 2007.12.13. 선고 2007노1826 판결)은, 폭력행위처벌법 제4조 제1항에 범죄단체 가입행위와 범죄단체 활동행위가 함께 규정되어 있고 그 법정형이 같더라도, 주관적 구성요건인 범의와 객관적 구성요건인 행위 내용에 있어서 명백히 구별되고 범죄단체에 가입하고도 실제 활동에까지는 이르지 않은 경우도 전혀 없지 않은 만큼 범죄단체 활동행위를 범죄단체 가입행위의 필연적인 결과라고 볼 수도 없으며, 범죄단체 구성·가입 후 계속적으로 활동하는 경우를 별도로 처벌하려는 데 범죄단체 활동죄를 신설한 입법 취지가 있으므로, 범죄단체 구성·가입죄와 범죄단체 활동죄는 포괄일죄의 관계가 아니라 '실체적 경합범'의 관계에 있다고 해석하였다. 이에 대해서 대법원은 원심판결을 파기·환송하였다.

Ⅳ. 폭력범죄단체·집단 구성원의 범죄행위[제4조 제2항]

제4조(단체 등의 구성·활동) ② 제1항의 단체 또는 집단을 구성하거나 그러한 단체 또는 집단에 가입한 사람이 단체 또는 집단의 위력을 과시하거나 단체 또는 집단의 존속·유지를 위하여 다음 각 호의 어느 하나에 해당하는 죄를 범하였을 때에는 그 죄에 대한 형의 장기(長期) 및 단기(短期)의 2분의 1까지 가중한다.

1. 「형법」에 따른 죄 중 다음 각 목의 죄
   가. 「형법」 제8장 공무방해에 관한 죄 중 제136조(공무집행방해), 제141조(공용서류 등의 무효, 공용물의 파괴)의 죄
   나. 「형법」 제24장 살인의 죄 중 제250조 제1항(살인), 제252조(촉탁, 승낙에 의한 살인 등), 제253조(위계 등에 의한 촉탁살인 등), 제255조(예비, 음모)의 죄
   다. 「형법」 제34장 신용, 업무와 경매에 관한 죄 중 제314조(업무방해), 제315조(경매, 입찰의 방해)의 죄
   라. 「형법」 제38장 절도와 강도의 죄 중 제333조(강도), 제334조(특수강도), 제335조(준강도), 제336조(인질강도), 제337조(강도상해, 치상), 제339조(강도강간), 제340조 제1항(해상강도)·제2항(해상강도상해 또는 치상), 제341조(상습범), 제343조(예비, 음모)의 죄
2. 제2조 또는 제3조의 죄(「형법」 각 해당 조항의 상습범, 특수범, 상습특수범을 포함한다)

제6조(미수범) 제2조, 제3조, 제4조 제2항[「형법」 제136조, 제255조, 제314조, 제315조, 제335조, 제337조(강도치상의 죄에 한정한다), 제340조 제2항(해상강도치상의 죄에 한정한다) 또는 제343조의 죄를 범한 경우는 제외한다] 및 제5조의 미수범은 처벌한다.

1. 의의

폭력행위처벌법에 규정된 범죄를 목적으로 하는 단체 또는 집단을 구성하거나 그러한 단체 또는 집단에 가입한 사람이 단체 또는 집단의 위력을 과시하거나 단체 또는 집단의 존속·유지를 위하여 5가지 유형의 범죄를 범하였을 때는 그

죄에 대한 형의 장기 및 단기의 2분의 1까지 가중하는데, 5가지 유형의 범죄는 ① 형법 제136조(공무집행방해)·제141조(공용서류 등의 무효, 공용물의 파괴)의 죄, ② 형법 제250조 제1항(살인)·제252조(촉탁, 승낙에 의한 살인 등)·제253조(위계 등에 의한 촉탁살인 등)·제255조(예비, 음모)의 죄, ③ 형법 제314조(업무방해)·제315조(경매, 입찰의 방해)의 죄, ④ 형법 제333조(강도)·제334조(특수강도), 제335조(준강도)·제336조(인질강도)·제337조(강도상해, 치상)·제339조(강도강간)·제340조 제1항(해상강도)·제2항(해상강도상해 또는 치상)·제341조(상습범)·제343조(예비, 음모)의 죄, ⑤ 폭력행위처벌법 제2와 제3조의 죄(형법 각 해당 조항의 상습범, 특수범, 상습특수범을 포함)이다.

폭력행위처벌법 제4조 제2항은 동조 제1항의 활동보다 적극적인 범죄행위를 가중 처벌하는 규정이다.[24] 폭력행위처벌법 제4조 제2항의 범죄는 폭력행위처벌법에 규정된 범죄를 목적으로 하는 단체 또는 집단을 구성하거나 그러한 단체 또는 집단에 가입한 사람만이 행위주체가 될 수 있는 신분범이며,[25] 단체 또는 집단의 위력을 과시하거나 단체 또는 집단의 존속·유지를 위한 목적범이다.[26]

2. 폭력행위처벌법 제4조 제1항과의 관계

폭력행위처벌법 제4조 제2항은 동조 제1항의 활동보다 적극적인 범죄행위를 가중 처벌하는 규정이므로, 폭력행위처벌법 제4조 제2항이 성립하면 폭력범죄단체'활동'죄는 폭력행위처벌법 제4조 제2항에 흡수된다(법조경합).

그런데 폭력행위처벌법 제4조 제2항이 성립할 때 폭력행위처벌법 제4조 제1항 중 폭력범죄단체'구성'죄나 폭력범죄단체'가입'죄와의 관계가 문제된다. 폭력범죄단체구성죄나 폭력범죄단체가입죄는 폭력행위처벌법 제4조 제2항과 포괄일죄의 관계로 보는 견해도 있으나,[27] 폭력범죄단체구성죄나 폭력범죄단체가입죄는 폭력범죄단체활동죄에 흡수되며[28] 폭력범죄단체활동죄는 폭력행위처벌법 제4조 제2항에 흡수되므로, 폭력범죄단체구성죄나 폭력범죄단체가입죄는 폭력행위처벌

---

24 박상기·전지연·한상훈 15면.
25 박상기·전지연·한상훈 15면; 이주원 561면.
26 이주원 561면.
27 박상기·전지연·한상훈 15면.
28 앞의 제1장 제3절 Ⅲ. 5. 참조.

법 제4조 제2항에 흡수된다(법조경합). 다만 포괄일죄로 보든 법조경합의 관계로 보든지 법률효과의 실질적인 차이는 없다.

3. 미수범 처벌

폭력행위처벌법 제4조 제1항에서 규정하고 있는 폭력범죄단체·집단의 구성·가입·활동에 대해서는 미수범을 처벌하지 않으나, 폭력범죄단체·집단의 활동보다 적극적인 범죄행위를 가중처벌하는 폭력행위처벌법 제4조 제2항에 대해서는 범죄행위의 중함으로 인하여 미수범 처벌규정을 두고 있다(제6조). 다만 폭력행위처벌법 제4조 제2항의 대상범죄 중 형법 제136조, 제255조, 제314조, 제315조, 제335조, 제337조(강도치상의 죄에 한정), 제340조 제2항(해상강도치상의 죄에 한정) 또는 제343조의 죄를 범한 경우는 미수범 처벌의 대상에서 제외된다(제6조).

공무집행방해죄(형법 제136조), 업무방해죄(형법 제255조), 경매·입찰방해죄(형법 제315조) 등은 추상적 위험범이고, 강도치상죄 및 해상강도치상죄(형법 제337조 중 강도치상의 죄, 제340조 제2항 중 해상강도치상의 죄)는 결과적 가중범이고, 살인이나 강도에 대한 예비·음모죄(형법 제255조, 제343조)는 실행의 착수 이전에 문제 되는 범죄인 점에서 미수범 규정을 두기에 적절하지 않으므로 미수범 처벌의 대상에서 제외된다. 그런데 준강도죄(제335조)까지 미수범 처벌의 대상에서 제외된 점에는 의문이 있다.

Ⅴ. 폭력범죄단체·집단의 가입강요·권유[제4조 제3항]

제4조(단체 등의 구성·활동) ③ 타인에게 제1항의 단체 또는 집단에 가입할 것을 강요하거나 권유한 사람은 2년 이상의 유기징역에 처한다.

타인에게 폭력행위처벌법에 규정된 범죄를 목적으로 하는 단체 또는 집단에 가입할 것을 강요하거나 권유한 사람은 2년 이상의 유기징역에 처한다.

범죄주체는 제한이 없으므로 단체 또는 집단의 구성원이든 외부인이든 무관하다.29 강요란 상대방의 자유의사에 반하여 가입을 강제로 요구하는 것을 말하고, 권유란 상대방의 자유의사에 가입여부를 맡기면서도 가입을 회유하거나 설득하는 활동을 말한다. 가입을 강요하거나 권유하면 본죄는 성립하고, 상대방이 실제로 가입해야 구성요건에 해당하는 것은 아니다.

Ⅵ. 폭력범죄단체·집단을 위한 금품모집[제4조 제4항]

> **제4조(단체 등의 구성·활동)** ④ 제1항의 단체 또는 집단을 구성하거나 그러한 단체 또는 집단에 가입하여 그 단체 또는 집단의 존속·유지를 위하여 금품을 모집한 사람은 3년 이상의 유기징역에 처한다.

폭력행위처벌법에 규정된 범죄를 목적으로 하는 단체 또는 집단을 구성하거나 그러한 단체 또는 집단에 가입하여 그 단체 또는 집단의 존속·유지를 위하여 금품을 모집한 사람은 3년 이상의 유기징역에 처한다.

범죄주체는 폭력행위처벌법에 규정된 범죄를 목적으로 하는 단체 또는 집단의 구성원만 가능한 신분범이며, 단체 또는 집단의 존속·유지를 위한 목적범이다.30 금품은 돈(자금)과 물품을 말한다.

Ⅶ. 폭력범죄단체·집단의 이용·지원[제5조 제1항]

> **제5조(단체 등의 이용·지원)** ① 제4조 제1항의 단체 또는 집단을 이용하여 이 법이나 그 밖의 형벌 법규에 규정된 죄를 범하게 한 사람은 그 죄에 대한 형의 장기 및 단기의 2분의 1까지 가중한다.

---

29   박상기·전지연·한상훈 15면.
30   이주원 587면.

> **제6조(미수범)** 제2조, 제3조, 제4조 제2항[「형법」 제136조, 제255조, 제314조, 제315조, 제335조, 제337조(강도치상의 죄에 한정한다), 제340조 제2항(해상강도치상의 죄에 한정한다) 또는 제343조의 죄를 범한 경우는 제외한다] 및 제5조의 미수범은 처벌한다.

폭력행위처벌법에 규정된 범죄를 목적으로 하는 단체 또는 집단을 이용하여 폭력행위처벌법이나 그 밖의 형벌 법규에 규정된 죄를 범하게 한 사람은 그 죄에 대한 형의 장기 및 단기의 2분의 1까지 가중한다.

폭력범죄단체·집단을 이용하는 배후자를 가중하여 처벌하는 규정으로서, 범죄주체의 제한을 두고 있지 않으므로, 단체·집단의 내부 구성원이든 외부인이든 모두 범죄의 주체가 가능하다. 단체·집단의 상급자가 하급자를 이용하여 범죄를 범하는 경우는 특수교사·방조로 형의 장기의 2분의 1까지 가중 처벌되는데(형법 제34조 제2항), 폭력행위처벌법 제5조 제1항에서는 형의 장기뿐만 아니라 단기까지 가중하여 처벌하도록 규정한다.

제5조 제1항의 미수범은 처벌한다(제6조).

Ⅷ. 폭력범죄단체·집단에 자금제공[제5조 제2항]

> **제5조(단체 등의 이용·지원)** ② 제4조제1항의 단체 또는 집단을 구성하거나 그러한 단체 또는 집단에 가입하지 아니한 사람이 그러한 단체 또는 집단의 구성·유지를 위하여 자금을 제공하였을 때에는 3년 이상의 유기징역에 처한다.
>
> **제6조(미수범)** 제2조, 제3조, 제4조 제2항[「형법」 제136조, 제255조, 제314조, 제315조, 제335조, 제337조(강도치상의 죄에 한정한다), 제340조 제2항(해상강도치상의 죄에 한정한다) 또는 제343조의 죄를 범한 경우는 제외한다] 및 제5조의 미수범은 처벌한다.

　　폭력행위처벌법에 규정된 범죄를 목적으로 하는 단체 또는 집단을 구성하거나 그러한 단체 또는 집단에 가입하지 아니한 사람이 그러한 단체 또는 집단의 구성·유지를 위하여 자금을 제공하였을 때에는 3년 이상의 유기징역에 처한다.

　　폭력행위처벌법 제5조 제2항은 단체·집단의 구성·유지를 위한 목적범이라는 점에서 폭력범죄단체·집단을 위한 금품모집을 규정한 폭력행위처벌법 제4조 제4항과 동일하지만, 3가지 점에서 차이가 있다. ① 행위의 주체가 폭력범죄단체·집단의 구성원이 아닌 사람이다. ② 폭력행위처벌법 제4조 제4항에서는 돈과 물품을 의미하는 '금품'이 모집의 대상이나, 제5조 제2항에서는 '자금'이 제공의 대상이다. 금품의 개념이 별도로 사용되는 것에 비추어 보면, 물품은 자금에 포함되지 않으나 금전뿐만 아니라 환금성이 높은 금이나 가상화폐 등은 자금에 포함되는 것으로 해석된다. 다만 칼과 같은 물품은 자금에 포함되지 않는데, 폭력범죄단체·집단의 구성·유지를 위하여 칼을 제공한 사람은 폭력행위처벌법 제7조의 우범자로 처벌될 수 있다. ③ 제4조 제4항의 미수범은 처벌하지 않으나, 제5조 제2항의 미수범은 처벌한다(제6조).

제4절   우범자

Ⅰ. 법률규정(제7조)

> 제7조(우범자) 정당한 이유 없이 이 법에 규정된 범죄에 공용(供用)될 우려가 있는 흉기나 그 밖의 위험한 물건을 휴대하거나 제공 또는 알선한 사람은 3년 이하의 징역 또는 300만원 이하의 벌금에 처한다.

　　폭력행위처벌법 제7조의 우범자는 (구)폭력행위처벌법 제3조 제1항에 규정되었던 흉기 등 기타 위험한 물건을 휴대하여 폭력행위처벌법 제2조에 열거된 범죄를 범한 경우에 대한 예비죄의 성격을 가진 범죄이었다.[31] 과거에는 폭력 등으로 10여 차례 처벌을 받은 전력이 있는 사람이 자신과 가족의 생명을 위협하는 폭력배들로부터 자신과 가족을 지키기 위한 자구수단으로 위험한 물건인 사시미칼 1개와 드라이버 1개를 자신이 타고 다니던 승용차 운전석 의자 밑 등에 두고 다녔다면 다른 구체적인 범죄행위가 없더라도 그 휴대행위 자체에 의하여 폭력행위처벌법 제7조에 규정한 죄의 구성요건이 충족되었다(대법원 2007.6.28. 선고 2007도2439 판결).

　　그런데 헌법재판소가 (구)폭력행위처벌법 제3조 제1항 중 "흉기 기타 위험한 물건을 휴대하여 형법 제260조 제1항(폭행), 제283조 제1항(협박), 제366조(재물손괴등)의 죄를 범한 자"에 관한 부분에 대해서 형법과 같은 구성요건을 정하면서도 법정형만 상향한 것은 형벌체계의 정당성과 균형을 잃어 헌법의 기본원리에 위배되고 평등의 원칙에 위반된다는 이유로 위헌으로 결정하였다(헌법재판소 2015.9.24. 선고 2014헌바154·398, 2015헌가3·9·14·18·20·21·25 결정). 헌법재판소의 위헌결정에 따라 위헌결정 대상조항과 이와 유사한 가중처벌 규정을 둔 조항을 정비하기 위하여 2016년 폭력행위처벌법이 개정되었고, 형법상 폭력범죄는 폭력행위처벌법이 정한 별도의 구성요건을 충족하지 않으면 폭력행위처벌법에 따라 처벌할 수 없게 되었다. 이에 따라 판례는 폭력행위처벌법 제7조는 '폭력행위처벌법에 규정된 범죄의 예비죄'로서의 성격을 지니고 있다고 본다(대법원 2017.9.21. 선고

31　박상기·신동운·손동권·신양균·오영근·전지연 139면.

2017도7687 판결).

　　생각건대 헌법재판소가 (구)폭력행위처벌법 제3조 제1항에 대해서 일부위헌
결정을 한 후 2016년 폭력행위처벌법의 개정에서 헌법재판소의 위헌결정의 취지
가 존중되어 특수폭력범죄의 가중처벌을 규정한 제3조 제1항이 삭제되었다면, 본
래 (구)폭력행위처벌법 제3조 제1항에 대한 예비죄의 성격을 가진 제7조 역시 삭
제되는 것이 타당하다. 경범죄처벌법 제3조 제1항 제2호에서 "칼·쇠몽둥이·쇠톱
등 사람의 생명 또는 신체에 중대한 위해를 끼치거나 집이나 그 밖의 건조물에
침입하는 데에 사용될 수 있는 연장이나 기구를 정당한 이유 없이 숨겨서 지니고
다니는 사람은 10만원 이하의 벌금, 구류 또는 과료(科料)의 형으로 처벌"하는 취
지에 비추어 보아도 폭력행위처벌법 제7조는 과잉금지원칙에 반한다.[32]

Ⅱ. 요건

1. 폭력행위처벌법에 규정된 범죄

　　폭력행위처벌법 제7조에 규정된 "이 법에 규정된 범죄"는 '폭력행위처벌법에
규정된 범죄'만을 말한다(대법원 2017.9.21. 선고 2017도7687 판결). 폭력행위처벌법
제7조의 '이 법에 규정된 범죄'에 ① 폭행·존속폭행(형법 제260조 제1항·제2항),
② 협박·존속협박(형법 제283조 제1항·제2항), ③ 상해·존속상해(형법 제257조 제1
항·제2항), ④ 체포감금·존속체포감금(형법 제276조 제1항·제2항), ⑤ 강요(형법 제
324조), ⑥ 주거침입·퇴거불응(형법 제319조), ⑦ 공갈(형법 제350조), ⑧ 재물손괴
(형법 제366조)와 같은 형법상의 폭력범죄까지 포함한다고 해석하는 것은 지나친
확장해석으로 허용될 수 없다(대법원 2018.1.24. 선고 2017도15914 판결).

　　상대방이 사용하던 칼을 빼앗으려 하다가 여의치 않자 자신의 집으로 가서
위험한 물건인 과도(칼날 길이 22cm)를 들고 와 정당한 이유 없이 위험한 물건을
휴대하였을 뿐, 구체적으로 폭력행위처벌법 중 어떠한 범죄에 사용할 의도로 과
도를 소지하였는지에 대해서 검사가 증명하지 아니하였다면 폭력행위처벌법 제7
조의 우범자로 처벌할 수 없다(대법원 2017.9.21. 선고 2017도7687 판결).

32　박상기·신동운·손동권·신양균·오영근·전지연 140면.

2. 공용(供用)될 우려가 있는 흉기나 그 밖의 위험한 물건

'흉기나 그 밖의 위험한 물건'은 앞서 폭력행위처벌법 제3조 제4항에 대해서 설명하였던 내용과 같다.[33]

'범죄에 공용될 우려'는 행위자 및 물건 등의 형상이 통상적이지 않고 범죄에 사용될 가능성이 객관적으로 보이는 경우를 말한다.

3. 휴대·제공·알선

'휴대'란 범죄현장에서 사용할 의도 아래 위험한 물건을 몸에 또는 몸 가까이에 소지하는 것을 말한다(대법원 2017.9.21. 선고 2017도7687 판결). 따라서 장칼 2개등의 위험한 물건들을 아파트에 보관하였다는 것만으로는 위험한 물건의 휴대라고 할 수 없다(대법원 1990.11.13. 선고 90도2170 판결).

'제공'은 타인이 사용할 수 있도록 건네주는 것을 말하고, '알선'은 타인이 휴대 또는 제공할 수 있도록 주선하는 것을 말한다.

4. 정당한 이유 없이

휴대한 흉기나 그 밖의 위험한 물건이 폭력행위처벌법에 규정된 범죄에 공용될 정당한 이유가 없어야 한다. 휴대가 정당한 이유가 없는 것으로서 범죄에 공용될 객관적 우려가 있는지가 우범자의 성립에 있어서 핵심이다.[34]

'정당한 이유 없이'란 위험한 물건 등을 본래의 용도대로 사용할 의사가 없음을 말한다.[35] 정당한 이유 없이 폭력행위처벌법에 규정된 범죄에 공용될 우려가 있는 흉기를 휴대하고 있었다면 다른 구체적인 범죄행위가 없더라도 그 휴대행위 자체에 의하여 우범자의 구성요건을 충족하는 것이지만, 흉기나 그 밖의 위험한 물건을 소지하고 있다는 사실만으로 폭력행위처벌법에 규정된 범죄에 공용될 우려가 있는 것으로 추정된다고 볼 수는 없다(대법원 2018.6.19. 선고 2018도5191 판결).

---

33   앞의 제1장 제2절 Ⅳ. 2. (2) 2) 참조.

34   이주원 590면.

35   박상기·전지연·한상훈 18면.

　　피고인이 폭력행위처벌법에 규정된 범죄에 공용될 우려가 있는 흉기나 그 밖의 위험한 물건을 휴대하였다는 점은 검사가 증명하여야 한다(대법원 2018.6.19. 선고 2018도5191 판결).

제5절　정당방위의 특례(폭력행위처벌법 제8조)

I. 법률규정

> **제8조(정당방위 등)** ① 이 법에 규정된 죄를 범한 사람이 흉기나 그 밖의 위험한 물건 등으로 사람에게 위해(危害)를 가하거나 가하려 할 때 이를 예방하거나 방위(防衛)하기 위하여 한 행위는 벌하지 아니한다.
> ② 제1항의 경우에 방위행위가 그 정도를 초과한 때에는 그 형을 감경한다.
> ③ 제2항의 경우에 그 행위가 야간이나 그 밖의 불안한 상태에서 공포·경악·흥분 또는 당황으로 인한 행위인 때에는 벌하지 아니한다.

　　폭력행위처벌법 제8조는 형법의 정당방위(형법 제21조)에 대한 특별규정이다. 폭력행위처벌법 제8조 제1항은 폭력행위처벌법위반죄에 대한 정당방위로서 위법성조각사유를 규정하고 있고, 제8조 제2항과 제3항은 폭력행위처벌법위반죄에 대한 과잉방위를 규정하고 있다.

　　형법 제21조에 정당방위가 규정되어 있는데, 제1항은 정당방위를, 제2항은 형을 임의적으로 감면할 수 있는 과잉방위(형벌감면적 과잉방위)를, 제3항은 범죄가 되지 않는 경우(불가벌적 과잉방위)를 규정하고 있다. 형법 제21조 제2항은 동조 제1항의 방위행위의 정도가 초과한 경우의 과잉방위를 규정하고 있는데, 동조 제3항은 제2항을 전제로 하므로 제3항도 과잉방위를 규정한 것이다.

　　법률효과를 보면, 형법 제21조 제1항의 경우는 위법성의 조각으로 범죄가 성립되지 않고, 제2항의 경우는 범죄가 성립되나 다만 현재의 부당한 침해라는 정당방위상황에서 범죄가 발생한 것이므로 임의적 감면사유이고, 제3항의 경우는 정당방위상황에서 행위자의 특수한 심리적 요인으로 책임이 면하여 범죄가 성립되지 않는다.

> **형법 제21조(정당방위)** ① 현재의 부당한 침해로부터 자기 또는 타인의 법익(法益)을 방위하기 위하여 한 행위는 상당한 이유가 있는 경우에는 벌하지 아니한다.

② 방위행위가 그 정도를 초과한 경우에는 정황(情況)에 따라 그 형을 감경하거나 면제할 수 있다.
③ 제2항의 경우에 야간이나 그 밖의 불안한 상태에서 공포를 느끼거나 경악(驚愕)하거나 흥분하거나 당황하였기 때문에 그 행위를 하였을 때에는 벌하지 아니한다.

Ⅱ. 폭력행위처벌법 위반죄에 대한 정당방위[제8조 제1항]

1. 방위상황

폭력행위처벌법 제8조의 정당방위가 인정되기 위해서는 폭력행위처벌법에 규정된 죄를 범한 사람이 흉기나 그 밖의 위험한 물건 등으로 사람에게 위해(危害)를 가하거나 가하려 해야 한다.

[1] 침해

방위자에 대한 침해행위는 폭력행위처벌법에 규정된 범죄를 범한 경우이다. 2016년 폭력행위처벌법의 개정으로 폭력행위처벌법 제2조 제1항, 제3조 제1항·제3항 등이 삭제되어 방위자에 대한 침해행위의 범위가 줄어들었다.

[2] 흉기나 그 밖의 위험한 물건 등으로 위해

폭력행위처벌법에 규정된 범죄를 범한 사람이 흉기나 그 밖의 위험한 물건 등으로 사람에게 위해를 하는 경우이다. 흉기나 그 밖의 위험한 물건은 앞서 폭력행위처벌법 제3조 제4항에 대해서 설명하였던 내용과 같다.[36]

그런데 폭력행위처벌법에 규정된 범죄를 범한 사람이 단체나 다중의 위력을 보이면서 사람에게 위해를 가하는 경우가 방위상황에 포함되는지가 문제될 수 있다. 법문에 "흉기나 그 밖의 위험한 물건 등으로"라고 규정되어 있어서, 특히 "등으로"라는 문구에서 특수폭력범죄의 두 가지 유형인 '흉기나 그 밖의 위험한 물건을 이용하는 경우'와 '단체나 다중의 위력을 보이는 경우'가 포함되는 것으로

---

36 앞의 제1장 제2절 Ⅳ. 2. (2) 2) 참조.

해석할 여지가 있기 때문이다.

그러나 단체나 다중의 위력을 보이면서 사람에게 위해를 가하는 경우는 다음과 같은 이유에서 제8조의 방위상황에 포함되지 않는다고 해석하는 것이 타당하다. 첫째, 문언에서 '단체나 다중의 위력을 보이는 경우'를 명시적으로 규정하지 않았다. 둘째, 정당방위의 본질을 생각해 보면, 정당방위는 남용의 소지가 크므로 정당방위의 역사는 그 적용 제한의 역사라고 할 수 있고, 그렇다면 정당방위의 성립범위를 해석으로 확장하는 것은 정당방위의 본질에 부합하지 않는다.

[3] 현재성 완화

특히 폭력행위처벌법 제8조 제1항에는 폭력행위처벌법에 규정된 죄를 범한 사람이 흉기나 그 밖의 위험한 물건으로 사람에게 위해를 가하려 할 때 이를 예방하기 위한 행위도 가능하다고 하여, 형법상 정당방위의 현재성 요건이 완화되어 있다. 예방적 정당방위란 장래에 예상되는 침해를 지금 예방하지 않으면 후에는 방위가 불가능하거나 현저하게 곤란해지는 경우에 침해가 예상되는 자에 대하여 미리 행하는 방위행위를 말하는데,[37] 형법에서는 금지된 예방적 정당방위가 폭력행위처벌법에서는 허용되고 있다. 폭력행위처벌법에 규정된 죄를 범하려는 사람으로부터 피해자를 보호하기 위해서 정당방위의 침해의 현재성 요건이 완화되었다.

문언상으로는 위험한 물건으로 위해를 가하거나 가하려 할 때 예방을 위해 행위를 할 수 있다고 규정되어서 단순한 사전적 예방이라기보다 실제로 침해가 있거나 임박한 경우를 말한다고 할 수도 있지만, 예방이라는 용어를 사용한 이상 현재성에 얽매일 필요가 없으므로 정당방위와 과잉방위의 적용범위가 넓어질 우려가 있다.[38]

2. 방위행위의 상당성

형법 제21조 제1항의 정당방위는 현재의 부당한 침해를 방위하기 위한 상당한 방위행위를 말하는 것으로 '침해의 현재성'과 '방위행위의 상당성'이 정당방위

---

37 이강민, 과잉방위의 효과와 적용범위에 관한 연구, 2011, 이화여자대학교 박사학위논문, 72면.
38 정현미, 과잉방위의 효과와 적용범위, 한국 형사법학의 신전개-지송이재상교수정년기념논문집, 2008, 221면.

의 핵심 요건이다. 반면 폭력행위처벌법 제8조 제1항의 폭력행위처벌법위반의 범죄에 대한 정당방위는 위에서 설명되었듯이 침해의 현재성이 요구되지 않는다.

그 외에 폭력행위처벌법위반의 범죄에 대한 정당방위는 방위행위의 상당성도 법문에 규정되어 있지 않다. 그러나 폭력행위처벌법 제8조 제2항에서 그 정도를 초과한 경우를 과잉방위로 규정하고 있으므로, 제1항의 정당방위는 상당성을 초과하지 아니하는 범위 내에서 인정된다고 본다.[39]

Ⅲ. 폭력행위처벌법위반의 범죄에 대한 과잉방위

1. 형벌감경적 과잉방위(제8조 제2항)

폭력행위처벌법에 규정된 죄를 범한 사람이 흉기나 그 밖의 위험한 물건 등으로 사람에게 위해(危害)를 가하거나 가하려 할 때 이를 예방하거나 방위하기 위하여 한 행위가 그 정도를 초과한 때에는 그 형을 감경한다(제8조 제2항).

형법 제21조 제2항의 과잉방위는 임의적 감면으로 법률효과를 규정했는데, 폭력행위처벌법 제8조 제2항의 과잉방위는 필요적 감경으로 규정했다. 이것은 폭력행위처벌법의 정당방위상황의 특수성(흉기 기타 위험한 물건 등으로 사람에게 위해)을 고려한 것으로 판단된다.[40]

폭력행위처벌법 제8조 제2항에서는 형법총칙의 정당방위규정을 완화하여 형의 임의적 감경이 아니라 필요적 감경으로 규정한 것이므로, 형의 면제가 규정되지 않았더라도 형의 임의적 면제도 가능하다는 견해가 있다.[41] 그러나 폭력행위처벌법 제8조는 형법의 정당방위(형법 제21조)에 대한 특별규정이고, 형법 제8조 단서에 따르면 형법총칙은 타 법령에 특별한 규정이 있으면 적용하지 않는다는 점을 고려하면 해석상 형법의 과잉방위규정은 적용되지 않는다고 보는 것이 타당하다. 실제로 형법 제21조 제2항의 형벌감경적 과잉방위가 인정되는 경우라도, 형법 제21조 제3항에 불가벌적 혹은 면책적 과잉방위가 규정되어 있으므로 형의

---

39   박상기·전지연·한상훈 19면.

40   박상기·신동운·손동권·신양균·오영근·전지연 147면.

41   이형국, 형법상 위법성 관련조문과 그 체계적 정비방안, 2006, 한국형사정책연구원, 67면; 이강민, 과잉방위의 효과와 적용범위에 관한 연구, 2011, 이화여자대학교 박사학위논문, 78면.

감경이 인정될 뿐 형의 면제가 인정되기는 어렵다.

2. 불가벌적(면책적) 과잉방위(제8조 제3항)

폭력행위처벌법에 규정된 죄를 범한 사람이 흉기나 그 밖의 위험한 물건 등으로 사람에게 위해를 가하거나 가하려 할 때 이를 예방하거나 방위하기 위하여 정도를 초과한 행위가 야간이나 그 밖의 불안한 상태에서 공포·경악·흥분 또는 당황으로 인한 때에는 벌하지 아니한다(제8조 제3항).

폭력행위처벌법 제8조 제3항과 형법 제21조 제3항은 "행위가 야간이나 그 밖의 불안한 상태에서 공포·경악·흥분 또는 당황으로 인한 때"라는 요건을 제시하고 있는데, 이것은 행위자의 심리적 상태를 고려하여 책임이 조각되는 것을 규정한 것이다.

제6절   사법경찰관리의 직무유기

> **제9조(사법경찰관리의 직무유기)** ① 사법경찰관리(司法警察官吏)로서 이 법에 규정된
> 죄를 범한 사람을 수사하지 아니하거나 범인을 알면서 체포하지 아니하거나 수사상 정
> 보를 누설하여 범인의 도주를 용이하게 한 사람은 1년 이상의 유기징역에 처한다.
> ② 뇌물을 수수(收受), 요구 또는 약속하고 제1항의 죄를 범한 사람은 2년 이상의 유
> 기징역에 처한다.

　　폭력행위처벌법 제9조 제1항은 사법경찰관리가 폭력행위처벌법에 규정된 죄
를 범한 사람에 대해서 ① 수사하지 않거나 ② 알면서 체포하지 않거나 ③ 정보
를 누설하는 방식으로 그의 도주를 용이하게 한 경우를 가중하여 처벌하고 있다.
형법의 직무유기죄(형법 제122조), 공무상비밀누설죄(형법 제127조) 등에 대한 특별
규정이다.

　　그리고 폭력행위처벌법 제9조 제2항은 뇌물을 수수, 요구 또는 약속하고 제9
조 제1항의 죄를 범한 사람을 가중하여 처벌하고 있다. 형법의 수뢰후부정처사죄
(형법 제131조)에 대한 특별규정이다.

　　폭력행위처벌법 제9조는 수사기관 중 사법경찰관리만을 범죄주체로 규정한
점이나 사법경찰관리의 직무유기 등과 관련하여 폭력행위처벌법에 규정된 범죄를
살인 등의 범죄보다 더 중하게 다루는 점 등에서 비판을 받고 있으며,[42] 입법적
개선이 필요하다.

42　박상기·신동운·손동권·신양균·오영근·전지연 152면.

성폭력처벌법

제2장　성폭력처벌법

제1절　서두

Ⅰ. 입법목적

> **연혁**

1991년 30세 여성이 9세 때 자신을 성폭행한 가해자를 살해한 사건에 이어 1992년 20대 여성이 12년간 자신을 성폭행한 의붓아버지를 살해한 사건이 결정적인 계기가 되어 1994.1.5. 「성폭력범죄의 처벌 및 피해자보호 등에 관한 법률(법률 제4702호, 1994.4.1. 시행, 이하 성폭력특별법)」이 제정되었다. 이 법률은 친족관계에 의한 강간·추행(제7조)을 비친고죄로, 통신매체 이용 음란행위(제14조)와 공중밀집장소에서의 추행(제13조)을 친고죄로 규정(제15조)하는 등 성폭력범죄에 대한 처벌규정을 신설하거나 강화하는 한편 성폭력범죄에 대한 심리를 비공개로 할 수 있도록 하는 등(제22조) 사법처리절차에서의 특례를 규정하였다. 또한 이 법률은 성폭력피해상담소 및 성폭력피해자보호시설을 설치하고 운영할 수 있도록 근거를 마련하였다(제3장).

이후 총 16회의 개정(타법개정 포함)을 거친 이 법률은 성폭력범죄의 처벌에 관한 특례와 범죄피해자 보호에 관한 사항을 함께 규정하고 있어 각 사항에 대한 효율적 대처에 한계가 있다고 평가되자 성폭력범죄의 처벌에 관한 사항만을 분리하여 2010.4.15. 「성폭력범죄의 처벌등에 관한 특례법(법률 제4702호, 이하 성폭력처벌법)」을 제정하게 되었다. 이 법률은 13세 미만의 미성년자에 대한 처벌을 강화하고(제7조), 음주 또는 약물로 인한 심신장애 상태에서 성폭력범죄를 범한 자에게 형을 감경하는 「형법」 규정을 배제할 수 있도록 하였으며(제19조), 디엔에이 증거 등 과학적 증거가 있는 경우 공소시효를 10년 연장하는 규정(제20조 제2항) 등을 신설하였다. 이후 2022년 5월까지 총 24차례의 개정(타법개정 포함)이 이루어졌는데 대표적인 개정 내역을 살펴보면 ① 2011.4.7. 개정 법률(법률 제10567호)은 성폭력범죄를 범한 사람에게 유죄판결을 선고하는 경우 수강명령 또는 성폭력 치료프로그램의 이수명령을 병과할 수 있도록 규정하였고(제16조 제2항), ② 같은 해인 2011.11.17. 개정 법률(법률 제11088호)은 성폭력범죄로부터 보호가 필요한 장애인과 13세 미만 자[1]에 대한 범죄를 유형화하여 처벌을 강화(제6조, 제7조)하는 한편 13세 미만 자 및 장애인에 대하여 강간 또는 준강간의 죄를 범한 경우에 공소시효의 적용을 배제하도록 하였고(제20조 제3항), ③ 2012.12.18. 전부개정 법률(법률 제11556호, 시행 2013.12.19.)은 성범죄 전반의 친고죄 조항을 삭제하고(제15조 삭제), 강제추행, 준강제추행의 죄 등으로 공소시효의 적용 배제 대상 범죄를 확대하며(제21조) 성폭력범죄 피해자에 대한 조력을 위하여 변호인을 선임할 수 있도록 하고(제27조) 진술조력인 제도를 마련하는 등(제35조부터 제39조) 전면적인 정비가 이루어졌다. ④ 2017.12.12. 개정 법률(법률 제15156호)은 성적 목적을 위한 침입 금지 대상인 공공장소의 범위를 확대하였고(제12조), ⑤ 2018.12.18. 개정 법률(법률 제15977호)은 자신의 신체를 촬영한 영상을 의사에 반하여 유포한 경우도 처벌할 수 있도록 구성요건을 수정하는 한편 유포의 객체에 사람의 신체를 촬영한 촬영물의 복제물(복제물의 복제물 포함)을 포함시키는 등 소위 디지털 성범죄에 관한 규정(제14조)을 개정하였다. ⑥ 큰 사회적 파장을 일으킨 소위 N번방 사태가 계기가 되어 입법적 조치가 이루어진 2020.5.19. 개정 법률(법률 제17264호)은 카메라 등을 이용한 촬영과 그 촬영물 또는 복제물의 반포의 법정형을 상향하고, 자신의 신체를 직접 촬영한 경우도 그 촬영물을 촬영대상자의 의사에 반하여 반포 등을 한 사람은 처벌된다는 점을 명확히 규정하는 한편(제14조 제1항부터 제3항까지), 불법 성적 촬영물 등을 소지·구입·저장 또는 시청한 자를 처벌하는 규정(제14조 제4항)과 성적 욕망 또는 수치심을 유발할 수 있는 촬영물 등을 이용하여 사람을 협박 또는 강요한 자를 처벌하는 규정(제14조의3)을 신설하였다.

성폭력처벌법은 성폭력범죄의 처벌 및 그 절차에 관한 특례를 규정함으로써 성폭력범죄 피해자의 생명과 신체의 안전을 보장하고 건강한 사회질서의 확립에 이바지함을 입법목적으로 하는 법률이다(제1조). 제정 배경과 입법 연혁에서 알 수 있듯이 그동안 이 법률은 성폭력범죄에 관한 구성요건의 신설, 보완 및 처벌의 강화와 함께 범죄 및 피해자의 특수성을 고려한 형사사법절차에서의 제도 마련을 통하여 성폭력범죄의 심각성과 피해자 보호의 필요성에 관한 사회적 인식을 제고하였다고

---

1 당시 법률은 '13세 미만의 여자' 및 '장애가 있는 여자'로 규정되어 있었으나 2012.12.18. 전부개정 법률(법률 제11556호, 시행 2013.12.19.)은 '여자'를 '사람'으로 변경하였다.

평가할 수 있다. 그러나 다른 한편으로는 성폭력특별법의 제정부터 고려하면 30년이 다 되어가는 기간 동안 성폭력범죄에 관한 처벌과 절차는 특별법이 오히려 기본법으로 기능하는 예외적인 상황을 지속시켜 온 것도 사실이다. 더구나 또 다른 특별법인 청소년성보호법까지 더해져 법률 적용의 예외로 인한 혼란은 더욱 가중되고 있다. 개별 법률의 차원이 아닌 「형법」을 포함한 성폭력범죄에 관한 특별법 전반을 아우르는 입법적인 정비가 필요하다는 의견이 계속 제기되는 이유이다.

Ⅱ. 조문개관

성폭력처벌법은 총 4개의 장, 61개 조문으로 구성되어 있다. 제1장은 총칙, 제3장은 신상정보 등록, 제4장은 관련 벌칙 및 과태료에 관한 규정으로 성폭력범죄의 처벌 및 절차에 관한 특례는 제2장에 규정되어 있다.

제2장 중 성폭력범죄의 개별 구성요건은 제3조에서 제14조의3까지 규정되어 있다. 제3조는 특수강도, 주거침입, 절도죄 등의 범죄와 강간 등 범죄의 결합범을, 제4조는 흉기 휴대 또는 2인 이상이 합동하여 강간 등을 범한 특수범의 형태를 규정하고 있다.

제5조부터 제7조까지는 행위 객체의 특수성으로 인하여 불법성이 가중되는 강간 등의 범죄를 규정하고 있는데 제5조는 친족관계인 사람을, 제6조는 장애인을, 제7조는 13세 미만의 미성년자를 대상으로 하는 범죄이다.

제8조와 제9조는 강간 등 상해·치상과 강간 등 살인·치사의 죄로 강간 등 범죄의 결합범과 결과적 가중범에 관한 규정이다.

제10조는 「형법」이 업무 등 위력에 의한 간음(제303조 제1항)과 피구금자에 대한 간음(제303조 제2항)만 규정하고 추행에 관한 처벌을 규정하지 않은 입법상 불비를 보완하기 위한 규정이다.

그 밖에도 제11조는 공중 밀집 장소에서의 추행을, 제12조는 성적 목적을 위한 다중이용장소침입행위를, 제13조는 통신매체를 이용한 음란행위를, 제14조는 카메라 등을 이용한 촬영행위를 성폭력범죄로 규정하고 있다. 특히 최근에는 소위 디지털 성범죄라고 불리는 제14조의 적용 범위 확대와 처벌 강화가 사회적 쟁점이 되면서 허위영상물 등의 반포와 촬영물 등을 이용한 협박·강요의 범죄가 각각 제14조의2와 제14조의3으로 추가되었다.

　　제3조부터 제14조의3까지의 범죄 중 일부 범죄는 미수와 예비·음모까지도 처벌 대상이 되는데 제15조는 미수범을, 제15조의2는 예비·음모를 규정하고 있다.

　　처벌의 특례와 관련해서는 제16조 형벌과 수강명령의 병과, 제20조 「형법」상 소위 음주감경에 대한 임의적 배제가 대표적이다.

　　한편, 성폭력처벌법은 성폭력범죄와 관련한 절차에 대해서도 다양한 특례규정을 두고 있다. 대표적으로 제18조는 고소제한에 대한 예외를, 제21조는 공소시효에 관한 특례를, 제27조는 성폭력범죄 피해자에 대한 변호사선임의 특례를, 제30조는 영상물의 촬영·보존에 관한 특례를, 제31조는 심리 비공개의 특례를, 제41조는 증거보전의 특례를 규정하고 있다.

구분	주요 내용	조항
처벌에 관한 특례	특수강도강간 등	제3조
	특수강간 등	제4조
	친족관계에 의한 강간 등	제5조
	장애인에 대한 강간·강제추행 등	제6조
	13세 미만에 대한 강간·강제추행 등	제7조
	강간 등 상해·치상 / 살인·치사	제8조, 제9조
	업무상 위력 등에 의한 추행	제10조
	공중 밀집 장소에서의 추행	제11조
	성적 목적을 위한 다중이용장소 침입행위	제12조
	통신매체를 이용한 음란행위	제13조
	카메라 등을 이용한 촬영 / 허위영상물 등의 반포 / 촬영물 등을 이용한 협박·강요	제14조, 제14조의2, 제14조의3
	미수범 / 예비·음모	제15조. 제15조의2
	형벌과 수강명령 등의 병과	제16조
	형법상 감경규정에 관한 특례	제20조
절차에 관한 특례	고소제한에 대한 예외	제18조
	형법상 감경규정에 관한 특례	제20조
	성폭력범죄 피해자에 대한 변호사 선임의 특례	제27조
	영상물의 촬영·보존	제30조
	심리의 비공개	제31조
	신뢰관계에 있는 사람의 동석	제34조
	진술조력인의 절차 참여	제36조, 제37조
	증거보전의 특례	제41조

Ⅲ. 관련 문제 - 특정강력범죄법과의 관계

1. 특정강력범죄에 해당하는 성폭력범죄

특정강력범죄법은 일정한 범죄를 '특정강력범죄'로 보아 이에 대한 처벌과 절차에 관한 특례를 규정하고 있는데 여기에 일부 성폭력범죄가 포함된다.

> **특정강력범죄법 제2조(적용 범위)** ① 이 법에서 "특정강력범죄"란 다음 각 호의 어느 하나에 해당하는 죄를 말한다.
>
> 3. 「형법」 제2편제32장 강간과 추행의 죄 중 제301조(강간등 상해·치상), 제301조의2(강간등 살인·치사)의 죄 및 흉기나 그 밖의 위험한 물건을 휴대하거나 2명 이상이 합동하여 범한 제297조(강간), 제297조의2(유사강간), 제298조(강제추행), 제299조(준강간·준강제추행), 제300조(미수범) 및 제305조(미성년자에 대한 간음, 추행)의 죄
> 4. 「형법」 제2편제32장 강간과 추행의 죄, 「성폭력범죄의 처벌 등에 관한 특례법」 제3조부터 제10조까지 및 제15조(제13조의 미수범은 제외한다)의 죄 또는 「아동·청소년의 성보호에 관한 법률」 제13조의 죄로 두 번 이상 실형을 선고받은 사람이 범한 「형법」 제297조, 제297조의2, 제298조부터 제300조까지, 제305조 및 「아동·청소년의 성보호에 관한 법률」 제13조의 죄

우선, 특정강력범죄법 제2조 제1항 제3호는 강간등의 결합범 및 결과적 가중범(형법 제301조, 제301조의2)과 흉기 기타 위험한 물건을 휴대하거나 2인 이상이 합동하는 소위 특수범 형태의 강간 등의 범죄를 특정강력범죄로 본다.

다음으로 특정강력범죄법 제2조 제1항 제4호는 성폭력범죄로 2회 이상 실형을 받은 사람이 다시 범한 일정한 성폭력범죄를 특정강력범죄로 규정한다. 2회 이상 실형 요건이 적용되는 범죄에는 형법 제2편 제32장의 강간과 추행의 죄 전체와 함께 성폭력처벌법 제3조부터 제10조까지의 죄와 그 미수범, 그리고 청소년성보호법 제13조의 아동·청소년의 성을 사는 행위가 포함된다. 성폭력특별법이 규정한 구성요건 중 특정강력범죄에서 제외되는 범죄는 공중밀집장소추행(제11조), 성적 목적 다중이용장소침입(제12조), 통신매체이용음란행위(제13조), 카메라등 촬영(제14조), 허위영상물 등의 반포(제14조의2), 촬영물 등을 이용한 협박·강요(제14조의3)이다. 앞의 특정한 범죄로 2회 이상의 실형을 받은 사람이 형법상 강간(제297조),

유사강간(제297조의2), 강제추행(제298조), 준강간, 준유사강간, 준강제추행(제299조) 및 그 미수범과 미성년자에 대한 간음(제305조), 청소년성보호법의 아동·청소년의 성을 사는 행위(제13조)를 한 경우에는 특정강력범죄를 범한 것으로 인정된다. 이 규정은 사회보호법의 보호감호제도 폐지에 따른 치안에 대한 불안감을 해소하고 사회질서를 유지하기 위한 취지에서 2005년 법률 개정시 특정강력범죄처벌법에 추가된 것이다. 이는 2회 이상의 실형을 선고받은 성폭력범죄자에 대한 소위 쓰리아웃제도의 도입이라 할 수 있다.

2. 특정강력범죄법에 의한 특례

[1] 특정강력범죄에 대한 처벌상 특례

> **특정강력범죄법 제3조(누범의 형)** 특정강력범죄로 형(刑)을 선고받고 그 집행이 끝나거나 면제된 후 3년 이내에 다시 특정강력범죄를 범한 경우(「형법」 제337조의 죄 및 그 미수(未遂)의 죄를 범하여 「특정범죄 가중처벌 등에 관한 법률」 제5조의5에 따라 가중처벌되는 경우는 제외한다)에는 그 죄에 대하여 정하여진 형의 장기(長期) 및 단기(短期)의 2배까지 가중한다.
>
> **제4조(소년에 대한 형)** ① 특정강력범죄를 범한 당시 18세 미만인 소년을 사형 또는 무기형에 처하여야 할 때에는 「소년법」 제59조에도 불구하고 그 형을 20년의 유기징역으로 한다.
> ② 특정강력범죄를 범한 소년에 대하여 부정기형(不定期刑)을 선고할 때에는 「소년법」 제60조제1항 단서에도 불구하고 장기는 15년, 단기는 7년을 초과하지 못한다.
>
> **제5조(집행유예의 결격기간)** 특정강력범죄로 형을 선고받고 그 집행이 끝나거나 면제된 후 10년이 지나지 아니한 사람이 다시 특정강력범죄를 범한 경우에는 형의 집행을 유예하지 못한다.

특정강력범죄로 인정되면 특정강력범죄법이 정한 처벌상, 절차상의 특례규정이 적용된다. 우선, 특정강력범죄를 범하여 형의 선고를 받고 집행을 종료하거나 면제받은 후 3년 이내에 다시 특정강력범죄(형법상 강도상해치상(제337조) 및 그 미수로 특정범죄가중법 제5조의5가 적용되는 경우는 제외)2를 범한 누범의 경우, 형법상

---

2 헌법재판소는 누범의 후범인 특정강력범죄를 범한 경우에 '형법 제337조의 죄 또는 그 미수죄를

누범과 달리 형의 장기뿐만 아니라 단기도 2배 가중된다(제3조). 이에 대하여 제3조 누범 규정이 책임과 형벌의 비례를 요구하는 책임원칙에 위반되는지가 계속하여 문제 되었으나 헌법재판소는 제3조 누범의 후범으로 ① 성폭력특별법 제12조, 제5조 제1항의 야간주거침입강간미수죄를 범한 때 ② 제6조 제1항의 흉기휴대강간죄를 범한 때 ③ 제9조 제1항의 야간주거침입강제추행치상죄를 범한 때 ④ 제5조 제2항의 특수강도강간죄를 범한 때 및 ⑤ 제12조, 제5조 제2항의 특수강도강간미수죄를 범한 때(헌법재판소 2010.2.25. 선고 2008헌가20 결정)와 ⑥ 제9조 제1항, 제6조 제1항의 흉기휴대강간치상죄를 범한 때에 장기와 단기의 2배를 가중하도록 한 해당 규정은 가중처벌되는 범죄의 죄질과 비난가능성의 정도를 고려할 때 형벌체계상 정당성과 균형성을 상실하였다고 볼 수 없다고 판시하였다(헌법재판소 2010.9.30. 선고 2009헌바116 결정).

또한 특정강력범죄를 범한 소년에 대하여 선고할 사형·무기형은 20년의 유기징역으로 완화되는데(제4조 제1항) 이는 소년법이 정한 15년의 유기징역형보다 가중된 것이다(소년법 제59조). 그리고 특정강력범죄를 범한 소년에게 부과되는 부정기형의 상한은 장기 15년, 단기 7년으로(제4조 제2항) 역시 소년법이 정한 장기 10년, 단기 5년에 비하여 가중된 형태이다(소년법 제60조).

특정강력범죄법 제5조에 의하여 특정강력범죄를 범한 사람의 집행유예 결격기간은 특정강력범죄로 형을 선고받고 그 집행이 끝나거나 면제된 후 10년으로 형법이 정한 결격기간 3년보다 가중된 기간이다(형법 제62조).

범하여 특정범죄가중법 제5조의5에 의하여 가중처벌되는 때'를 포함하게 되면 사실상 그 형의 하한이 형법상 유기징역형의 원칙적 상한인 징역 15년보다 더 높게 되어 형벌체계상 지나치게 과중한 형벌을 부과하여 책임원칙에 반할 뿐 아니라 강도상해·치상죄보다 더 무겁게 처벌받아야 할 강간치사죄, 강도치사죄 및 해상강도상해·치상죄 등을 자의적으로 동일하게 취급하는 결과를 야기하여 평등원칙에도 반한다고 판시하였다(헌법재판소 2008.12.26. 선고 2007헌가10,16 결정). 이 결정으로 인하여 후범에서 '형법 제337조의 죄 및 그 미수의 죄를 범하여 특정범죄가중법 제5조의5에 따라 가중처벌되는 경우는 제외' 하도록 하는 입법적 조치가 이루어졌다.

[2] 제22조에 의한 절차상 특례

> **제22조(「특정강력범죄의 처벌에 관한 특례법」의 준용)** 성폭력범죄에 대한 처벌절차에
> 는 「특정강력범죄의 처벌에 관한 특례법」 제7조(증인에 대한 신변안전조치), 제8조(출
> 판물 게재 등으로부터의 피해자 보호), 제9조(소송 진행의 협의), 제12조(간이공판절차
> 의 결정) 및 제13조(판결선고)를 준용한다.

　　성폭력처벌법은 성폭력범죄가 특정강력범죄에 해당하는 경우가 아니라도 특
정강력범죄법의 증인에 대한 신변안전조치(제7조), 출판물 게재 등으로부터의 피
해자 보호(제8조), 소송 진행의 협의(제9조), 간이공판절차의 결정(제12조), 판결선
고(제13조)를 준용하도록 규정하고 있다(제22조).

　　그러나 현행 법률하에서는 특정강력범죄법을 준용하도록 하는 이 규정의 특
별한 의의를 찾기 어렵다. 제7조나 제8조의 규정은 1999. 8. 31. 제정되어 2000.
6. 1. 시행된 범죄신고자법이 '특정범죄'에 특정강력범죄의 처벌에 관한 특례법
제2조의 범죄를 전부 포함시키고 제8조에서 인적사항의 공개금지를, 제13조에서
신변안전조치를 규정하고 있어서 사실상 사문화되었다는 평가를 받고 있다.[3] 또
한 제9조나 제12조, 제13조는 특정강력범죄사건에 대한 신속한 절차의 진행을 위
하여 마련된 규정이지만 2007년 형사소송법이 전면 개정되면서 공판준비절차의
강화, 간이공판절차의 확대, 즉일선고의 원칙이 형사소송법의 원칙적 규정으로 편
입되었기에 더 이상 독자적 규범력을 갖지 못한다고 할 수 있다.[4]

3　박상기·신동운·손동권·신양균·오영근·전지연, 586면, 588면.
4　박상기·신동운·손동권·신양균·오영근·전지연, 600면, 608면, 611면.

제2절 성폭력범죄의 처벌에 관한 특례

Ⅰ. 성폭력범죄의 정의[제2조]

제2조(정의) ① 이 법에서 "성폭력범죄"란 다음 각 호의 어느 하나에 해당하는 죄를 말한다.

1. 「형법」제2편제22장 성풍속에 관한 죄 중 제242조(음행매개), 제243조(음화반포등), 제244조(음화제조등) 및 제245조(공연음란)의 죄
2. 「형법」제2편제31장 약취(略取), 유인(誘引) 및 인신매매의 죄 중 추행, 간음 또는 성매매와 성적 착취를 목적으로 범한 제288조 또는 추행, 간음 또는 성매매와 성적 착취를 목적으로 범한 제289조, 제290조(추행, 간음 또는 성매매와 성적 착취를 목적으로 제288조 또는 추행, 간음 또는 성매매와 성적 착취를 목적으로 제289조의 죄를 범하여 약취, 유인, 매매된 사람을 상해하거나 상해에 이르게 한 경우에 한정한다), 제291조(추행, 간음 또는 성매매와 성적 착취를 목적으로 제288조 또는 추행, 간음 또는 성매매와 성적 착취를 목적으로 제289조의 죄를 범하여 약취, 유인, 매매된 사람을 살해하거나 사망에 이르게 한 경우에 한정한다), 제292조[추행, 간음 또는 성매매와 성적 착취를 목적으로 한 제288조 또는 추행, 간음 또는 성매매와 성적 착취를 목적으로 한 제289조의 죄로 약취, 유인, 매매된 사람을 수수(授受) 또는 은닉한 죄, 추행, 간음 또는 성매매와 성적 착취를 목적으로 한 제288조 또는 추행, 간음 또는 성매매와 성적 착취를 목적으로 한 제289조의 죄를 범할 목적으로 사람을 모집, 운송, 전달한 경우에 한정한다] 및 제294조(추행, 간음 또는 성매매와 성적 착취를 목적으로 범한 제288조의 미수범 또는 추행, 간음 또는 성매매와 성적 착취를 목적으로 범한 제289조의 미수범, 추행, 간음 또는 성매매와 성적 착취를 목적으로 제288조 또는 추행, 간음 또는 성매매와 성적 착취를 목적으로 제289조의 죄를 범하여 발생한 제290조제1항의 미수범 또는 추행, 간음 또는 성매매와 성적 착취를 목적으로 제288조 또는 추행, 간음 또는 성매매와 성적 착취를 목적으로 제289조의 죄를 범하여 발생한 제291조제1항의 미수범 및 제292조제1항의 미수범 중 추행, 간음 또는 성매매와 성적 착취를 목적으로 약취, 유인, 매매된 사람을 수수, 은닉한 죄의 미수범으로 한정한다)의 죄
3. 「형법」제2편제32장 강간과 추행의 죄 중 제297조(강간), 제297조의2(유사강

> 간), 제298조(강제추행), 제299조(준강간, 준강제추행), 제300조(미수범), 제
> 301조(강간등 상해·치상), 제301조의2(강간등 살인·치사), 제302조(미성년자
> 등에 대한 간음), 제303조(업무상위력등에 의한 간음) 및 제305조(미성년자에
> 대한 간음, 추행)의 죄
> 　4. 「형법」 제339조(강도강간)의 죄 및 제342조(제339조의 미수범으로 한정한다)
> 　　의 죄
> 　5. 이 법 제3조(특수강도강간 등)부터 제15조(미수범)까지의 죄
> ② 제1항 각 호의 범죄로서 다른 법률에 따라 가중처벌되는 죄는 성폭력범죄로 본다.

　　성폭력처벌법은 제2조 제1항에서 이 법률의 처벌과 절차에 관한 특례가 적용
되는 '성폭력범죄'를 열거하고 있다. 기본적으로 개인의 성적 자기결정권을 보호
법익으로 하는 범죄유형이지만 동조 제1항 제1호는 형법상 성풍속에 관한 범죄까
지를 포함한다. 또한 성폭력처벌법이 규정한 제3조부터 제15조까지의 모든 개별
구성요건은 성폭력범죄에 해당한다.

　　제2조 제2항은 제1항의 범죄가 다른 법률에 따라 가중되는 경우에도 성폭력
범죄로 본다고 규정하고 있다. 예를 들어 군형법상의 군인등강제추행죄(제92조의3)
가 여기에 해당한다(대법원 2014.12.24. 선고 2014도731 판결).

Ⅱ. 특수강도강간 등[제3조]

> 제3조(특수강도강간 등) ① 「형법」 제319조제1항(주거침입), 제330조(야간주거침입절
> 도), 제331조(특수절도) 또는 제342조(미수범. 다만, 제330조 및 제331조의 미수범으
> 로 한정한다)의 죄를 범한 사람이 같은 법 제297조(강간)부터 제299조(준강간, 준강제
> 추행)까지의 죄를 범한 경우에는 무기징역 또는 7년 이상의 징역에 처한다.
> ② 「형법」 제334조(특수강도) 또는 제342조(미수범. 다만, 제334조의 미수범으로 한
> 정한다)의 죄를 범한 사람이 같은 법 제297조(강간)부터 제299조(준강간, 준강제추행)
> 까지의 죄를 범한 경우에는 사형, 무기징역 또는 10년 이상의 징역에 처한다.

1. 주거침입강간 등(제1항)

[1] 의의

성폭력처벌법 제3조 제1항은 형법 제319조 제1항(주거침입), 제330조(야간주거침입절도), 제331조(특수절도), 제342조(야간주거침입절도미수 및 특수절도미수)를 범한 사람이 형법 제297조(강간)부터 제299조(준강간, 준강제추행)까지의 성폭력범죄를 범한 때에 성립되는 범죄이다. 특정범죄에 수반하여 발생한 성폭력범죄의 중대한 법익침해를 고려하여 결합범의 형태로 가중 처벌하는 것에 규정의 의의가 있다.

[2] 요건

제3조 제1항의 주체는 주거침입, 야간주거침입절도, 특수절도를 범한 자와 야간주거침입절도 및 특수절도의 미수범이다. 명시적으로 주체가 되는 미수범의 범위를 한정하였기 때문에 주거침입의 미수범은 제외된다. 판례는 주거침입강제추행죄 및 주거침입강간죄 등을 주거침입죄를 범한 후에 사람을 강간하는 등의 행위를 하여야 하는 일종의 신분범으로 보고, 강간죄 등을 범한 자가 그 피해자의 주거에 침입한 경우는 이에 해당하지 않고 강간죄 등과 주거침입죄 등의 실체적 경합범으로 본다(대법원 2021.8.12. 선고 2020도17796 판결).

이와 관련하여 야간에 주거에 침입하여 재물을 절취하고 피해자의 항거불능 상태를 이용하여 추행하려다가 미수에 그쳤으나 사실은 피해자가 사망한 상태였던 사안에서 대법원은 피고인이 주거에 침입할 당시 피해자는 이미 사망한 상태로 피고인이 위 주거에 있던 재물을 가지고 나올 때까지 사망 이후 얼마나 시간이 경과 되었는지도 분명하지 않아 상속인 등 타인의 점유를 인정하지 않은 종전 판례(대법원 2012.4.26. 선고 2010도6334 판결)와 같이 타인의 점유를 인정할 수 없다고 보았다. 따라서 야간주거침입절도죄는 성립되지 않으므로 야간주거침입절도 후 준강제추행의 미수 역시 인정될 수 없다고 판시하였다(대법원 2013.7.11. 선고 2013도5355 판결). 다만 이 경우, 주거침입죄와 함께 대상의 착오로 인한 준강제추행의 불능미수죄는 인정할 수 있을 것이다.

제3조 제1항의 행위는 강간, 유사강간, 강제추행 및 준강간·준유사강간·준강제추행으로 그 내용은 형법의 강간 및 강제추행의 죄의 내용과 동일하다.

[3] 처벌

제3조 제1항을 범한 자는 무기징역 또는 7년 이상의 징역에 처한다. 주거침입 등의 행위와 결합된 성폭력범죄가 강제추행, 유사강간, 강간 등으로 유형별 불법성에 차이가 있음에도 동일한 법정형을 규정하였다는 점과 그 결과 특히 강제추행죄의 형벌 가중이 과도하다는 점이 문제로 지적되었다.[5]

이에 대하여 헌법재판소는 '주거침입강제추행죄'라는 구성요건을 별도로 신설한 것은 필요하고도 바람직한 입법조치라고 보면서 비교적 중한 법정형을 정한 것 역시 수긍할 만한 합리적인 이유가 있어 책임과 형벌 간의 비례원칙을 위반하는 것은 아니라고 보았다. 또한 주거침입강제추행죄의 구체적인 사건에서 법관이 집행유예도 선고할 수 있으므로 법관의 양형을 통하여 그 불법의 정도에 알맞은 구체적 타당성을 도모할 수 있어 현저히 형벌체계상의 정당성이나 균형성을 상실하여 평등원칙에 위반된다고 할 수 없다고 판시하였다. 다만, 2015년의 헌법소원 사건에서는 5인이 한정위헌의견을 밝혔으나 정족수 미달로 해당 규정이 헌법에 위반되지 않는다는 그동안의 결정(헌법재판소 2013.7.25. 선고 2012헌바320 결정)을 그대로 유지하였다(헌법재판소 2015.10.21. 선고 2015헌바166 결정).

[4] 관련 문제 - 공소장 변경

제3조 제1항의 주거침입에 의한 강간미수죄와 주거침입에 의한 강제추행죄는 동일한 조문에 규정되어 법정형이 같다. 그러나 주거침입에 의한 강간미수의 경우에는 형법 제25조 제2항에 의한 미수감경을 할 수 있어 법원의 감경 여부에 따라 처단형의 하한에 차이가 발생할 수 있다. 따라서 법원이 주거침입강간미수의 공소사실을 공소장 변경 없이 직권으로 주거침입강제추행죄로 인정하여 미수 감경의 가능성을 배제하는 것은 피고인의 방어권 행사에 실질적인 불이익을 초래할 염려가 있어 위법하다(대법원 2008.9.11. 선고 2008도2409 판결).

---

5   박상기·신동운·손동권·신양균·오영근·전지연 672면.

2. 특수강도강간 등(제2항)

[1] 의의

성폭력처벌법 제3조 제2항은 형법 제334조(특수강도) 또는 제342조(특수강도의 미수범)를 범한 사람이 형법 제297조(강간)부터 제299조(준강간, 준강제추행)까지의 성폭력범죄를 범한 경우 성립되는 범죄이다. 형법은 제339조에서 일반 강도가 강간을 한 경우 무기징역 또는 10년 이상의 징역에 처하는 처벌 규정을 두고 있는데 불법성이 더 가중된 형태의 특수강도범이 주체가 된 경우에는 강간에 대해서는 사형이 가능하도록 형을 가중하고 강간 이외의 성폭력범죄를 저지른 경우에도 이와 동일한 법정형으로 가중 처벌하는 것에 규정의 취지가 있다.

[2] 요건

제3조 제2항의 주체는 특수강도를 범한 자와 그 미수범이다. 법률이 준강도(형법 제335조)를 주체에 포함시키지 않았기 때문에 특수범의 표지를 갖춘 특수강도의 준강도라 하더라도 본 죄의 주체에 해당하지 않는다.

제3조 제2항의 행위 역시 강간, 유사강간, 강제추행 및 준강간·준유사강간·준강제추행이다.

한편 구성요건적 행위가 주체의 신분을 얻기 전에 이루어진 경우, 즉, 주체의 요건이 되는 범죄와 행위에 해당하는 범죄의 선후가 바뀐 경우는 본 죄가 아니라 각 범죄의 경합범이 성립한다. 그런데 강간 등을 범하던 도중 특수강도의 범의가 생겨 강도행위를 하고 다시 강간 등을 계속하였다면 특수강도행위를 한 시점부터는 이 죄의 주체가 되었으므로 제3조 제2항 범죄가 성립된다고 볼 수 있다. 판례 역시 야간에 주거에 침입하여 드라이버를 들이대며 협박하여 피해자의 반항을 억압한 상태에서 강간행위의 실행 도중 범행현장에 있던 피해자 소유의 핸드백을 가져간 행위는 포괄하여 특수강도강간죄가 성립된다고 판시하였다(대법원 2010.12.9. 선고 2010도9630 판결).

[3] 처벌

제3조 제2항을 범한 자는 사형, 무기징역 또는 10년 이상의 징역에 처한다. 형법상 불법성이 가중된 존속살해죄(제250조 제2항)보다 법정형이 더 중하다는 점

에서 지나치게 과도한 형벌가중이라는 비판이 계속되었다. 특히 제3조 제1항과 마찬가지로 강제추행의 죄에 대해서까지 이렇게 중한 법정형을 적용하는 것에 대한 문제 제기가 있었다.

이에 대하여 헌법재판소는 특수강도가 피해자를 강제추행한 경우의 비난가능성이 피해자를 강간한 경우에 비하여 반드시 가볍다고 단정할 수 없으며 오히려 구체적인 추행행위의 태양에 따라서는 강간의 경우보다도 더 무거운 처벌을 하여야 할 필요도 있다고 보았다. 또한 별도의 법률상 감경사유가 없는 한 집행유예의 선고를 할 수 없도록 법정형을 정하였다고 하여 그것이 곧 법관의 양형결정권을 침해하였다거나 법관독립의 원칙에 위배된다고 할 수 없고 나아가 법관에 의한 재판을 받을 권리를 침해하는 것이라고도 할 수 없다는 입장을 밝혔다(헌법재판소 2001.11.29. 선고 2001헌가16 결정).

[4] 관련 문제 - 공소장 변경

법원은 피고인의 방어권 행사에 실질적 불이익이 없는 경우에 공소장 변경 없이도 축소사실을 인정할 수 있다. 따라서 제3조 제2항 특수강도강간미수의 공소사실에 대하여 법원은 검사의 공소장 기재 적용법조에 구애되지 않고 직권으로 특수강도죄를 인정할 수 있다(대법원 1996.6.28. 선고 96도1232 판결).

Ⅲ. 특수강간 등[제4조]

> **제4조(특수강간 등)** ① 흉기나 그 밖의 위험한 물건을 지닌 채 또는 2명 이상이 합동하여 「형법」 제297조(강간)의 죄를 범한 사람은 무기징역 또는 7년 이상의 징역에 처한다.
> ② 제1항의 방법으로 「형법」 제298조(강제추행)의 죄를 범한 사람은 5년 이상의 유기징역에 처한다.
> ③ 제1항의 방법으로 「형법」 제299조(준강간, 준강제추행)의 죄를 범한 사람은 제1항 또는 제2항의 예에 따라 처벌한다.

1. 의의

형법은 흉기를 휴대하거나 2인 이상이 합동하여 범행을 저질러 불법성이 가
중된 경우, 특수절도(제331조 제2항), 특수강도(제334조 제2항) 등과 같이 기본범죄
보다 형을 가중하는 특수범 규정을 두고 있다. 그러나 강간 등의 범죄에 대하여는
형법이 별도의 특수범 규정을 두지 않아 이를 성폭력처벌법이 규정하고 있다. 성
폭력처벌법 제4조에서는 흉기나 그 밖의 위험한 물건을 지닌 채 또는 2명 이상이
합동하여 강간·강제추행·준강간·준강제추행을 범한 경우를 가중하여 처벌하도
록 규정하고 있다. 다만 유사강간을 범한 경우는 제4조에 포함되어 있지 않은데,
입법의 흠결로 보완이 필요하다.

2016. 1. 6. 개정된 형법은 폭력행위처벌법 일부 규정에 대한 헌법재판소의
위헌결정에 따라 특수상해죄(제258조의2)와 특수공갈죄(제350조의2)를 형법으로 편
입하였다. 비록 헌법재판소가 위헌결정을 한 것은 아니지만 형벌체계상의 정당성
과 균형성을 도모하는 측면에서 성폭력처벌법 제4조의 규정 역시 형법으로 편입
하는 것이 타당하다고 생각된다.

2. 위험한 물건의 휴대 및 2명 이상의 합동

'위험한 물건의 휴대'의 의미는 형법 및 폭력행위처벌법과 동일하다.[6] 따라서
강간에 사용하기 위하여 위험한 물건을 몸에 지녔으나 실제 범행에서는 이를 사
용하지 않았고 피해자 역시 이를 인식하지 못한 경우라 하더라도 특수강간죄가
성립한다(대법원 2004.6.11. 선고 2004도2018 판결).

또한 '2명 이상이 합동하여'의 의미 역시 형법에서와 동일하게 이해된다. 즉,
주관적 요건으로서의 공모와 객관적 요건으로서의 실행행위의 분담이 있어야 하
고, 그 실행행위는 시간적 및 장소적 협동관계에 있다고 볼 수 있어야 한다. 대법
원은 2명 이상의 피고인이 비록 특정한 1명씩의 피해자만 강간하거나 강간하려고
하였다 하더라도, 사전의 모의에 따라 강간할 목적으로 피해자들을 유인한 다음
곧바로 암묵적인 합의에 따라 각자 마음에 드는 피해자들을 데리고 불과 100m
이내의 거리에 있는 곳으로 흩어져 동시 또는 순차적으로 피해자들을 각각 강간

---

6 제1장 제2절 Ⅳ. 2. (2) 2) 참조

한 사안에서 각 강간의 실행행위도 시간적으로나 장소적으로 협동관계에 있었다고 보아, 본 죄의 성립을 인정하였다(대법원 2004.8.20. 선고 2004도2870 판결).

IV. 친족관계에 의한 강간 등[제5조]

> **제5조(친족관계에 의한 강간 등)** ① 친족관계인 사람이 폭행 또는 협박으로 사람을 강간한 경우에는 7년 이상의 유기징역에 처한다.
> ② 친족관계인 사람이 폭행 또는 협박으로 사람을 강제추행한 경우에는 5년 이상의 유기징역에 처한다.
> ③ 친족관계인 사람이 사람에 대하여 「형법」 제299조(준강간, 준강제추행)의 죄를 범한 경우에는 제1항 또는 제2항의 예에 따라 처벌한다.
> ④ 제1항부터 제3항까지의 친족의 범위는 4촌 이내의 혈족·인척과 동거하는 친족으로 한다.
> ⑤ 제1항부터 제3항까지의 친족은 사실상의 관계에 의한 친족을 포함한다.

1. 의의

친족관계에 의한 강간 등의 죄는 친족에 의하여 이루어지는 성폭력범죄를 가중처벌하기 위하여 (구)성폭력특별법 제정 당시부터 비친고죄로 도입된 규정이다. 그리고 (구)성폭력특별법 중 범죄의 처벌에 관한 부분만으로 분리하여 제정된 성폭력처벌법은 친족관계에 의한 강간죄의 징역형을 기존 5년 이상에서 7년 이상으로, 강제추행죄의 징역형을 3년 이상에서 5년 이상으로 상향하여 규정하였다.

이 죄의 보호법익은 기본적으로 개인의 성적 자기결정권이지만 친족관계에 있는 사람의 범죄를 가중한다는 측면에서는 친족관계와 건전한 성풍속도 포함된다고 볼 수 있다.[7]

---

7 박상기·신동운·손동권·신양균·오영근·전지연, 688면. 이주원, 446면.

2. 친족의 범위

성폭력특별법은 제정 당시 행위 객체를 '존속등 연장의 친족'이라고 규정하면서 그 범위를 '4촌 이내의 혈족'으로 한정하였다. 이후 1997. 8. 22. 개정 성폭력특별법은 "존속등 연장"을 삭제하고 "4촌 이내의 혈족과 2촌 이내의 인척"으로 범위를 확대하면서 사실상의 관계에 의한 친족을 포함시키도록 하였다. 제정 성폭력처벌법은 여기에 인척의 범위를 확장하여 '4촌 이내의 혈족 및 인척'으로 규정하였고 2012. 12. 18. 전부 개정 법률은 다시 '동거하는 친족'을 추가하여 친족의 범위는 현재와 같이 '4촌 이내의 혈족·인척과 동거하는 친족(사실상의 친족 포함)'으로 정리되었다.

친족의 범위에 '배우자'가 명시되어 있지 않은데, 이에 대하여 배우자는 포함되지 않는다는 입장[8]과 '동거하는 친족'에 해당하여 포함된다는 입장[9]이 대립한다. 생각건대 제5조는 친족관계에 의한 강간 등의 죄를 가중 처벌하는 구성요건으로 성적 관계를 전제로 하는 부부관계의 특수성을 고려한다면 배우자에 의한 강간 등의 범죄가 성립하는 경우라도 일반적으로 불법성이 반드시 가중된다고 보기는 어려워 입법적으로 대상에서 배제한 것으로 이해하는 것이 타당해 보인다.

친족의 범위에는 사실상의 친족이 포함된다. 예를 들어 피해자 생모의 동의를 얻어 피해자를 입양할 의사로 데려왔으나 자신의 처의 동의 없이 피해자를 자신과 처 사이의 친생자로 출생신고를 한 자는 친생자출생신고 후에는 제5조 제4항의 '친족'에 해당하고[10] 친생자출생신고 전에도 제5조 제5항의 '사실상의 관계에 의한 친족'에 해당되므로 피해자에 대한 성폭력범죄는 제5조에 의하여 가중처벌 된다(대법원 2006.1.12. 선고 2005도8427 판결).

----

8 이주원, 460면.

9 박상기·전지연·한상훈, 200면.

10 처가 있는 사람이 혼자만의 의사로 부부 쌍방 명의의 입양신고를 하여 수리된 경우, (처와 양자가 될 자 사이에서는 입양의 일반요건 중 하나인 당사자 간의 입양합의가 없으므로 입양이 무효가 되는 것이지만) 처가 있는 사람과 양자가 될 자 사이에서는 입양의 일반요건을 모두 갖추었어도 부부 공동입양의 요건을 갖추지 못하였으므로 처가 그 입양의 취소를 청구할 수 있다. 그러나 취소가 이루어지지 않는 한 처가 있는 사람과 양자 사이의 입양은 유효하게 존속하는 것이고, 당사자가 양친자관계를 창설할 의사로 친생자출생신고를 하고 거기에 입양의 실질적 요건이 모두 구비되어 있다면, 그 형식에 다소 잘못이 있더라도 입양의 효력이 발생하고 양친자관계는 파양으로 해소될 수 있는 점을 제외하고는 법률적으로 친생자관계와 똑같은 내용을 갖게 된다. 따라서 이 경우의 허위의 친생자출생신고는 법률상의 친자관계인 양친자관계를 공시하는 입양신고의 기능을 발휘하게 된다.

Ⅴ. 장애인에 대한 강간 등[제6조]

제6조(장애인에 대한 강간·강제추행 등) ① 신체적인 또는 정신적인 장애가 있는 사람에 대하여 「형법」 제297조(강간)의 죄를 범한 사람은 무기징역 또는 7년 이상의 징역에 처한다.

② 신체적인 또는 정신적인 장애가 있는 사람에 대하여 폭행이나 협박으로 다음 각 호의 어느 하나에 해당하는 행위를 한 사람은 5년 이상의 유기징역에 처한다.

   1. 구강·항문 등 신체(성기는 제외한다)의 내부에 성기를 넣는 행위

   2. 성기·항문에 손가락 등 신체(성기는 제외한다)의 일부나 도구를 넣는 행위

③ 신체적인 또는 정신적인 장애가 있는 사람에 대하여 「형법」 제298조(강제추행)의 죄를 범한 사람은 3년 이상의 유기징역 또는 3천만원 이상 5천만원 이하의 벌금에 처한다.

④ 신체적인 또는 정신적인 장애로 항거불능 또는 항거곤란 상태에 있음을 이용하여 사람을 간음하거나 추행한 사람은 제1항부터 제3항까지의 예에 따라 처벌한다.

⑤ 위계(僞計) 또는 위력(威力)으로써 신체적인 또는 정신적인 장애가 있는 사람을 간음한 사람은 5년 이상의 유기징역에 처한다.

⑥ 위계 또는 위력으로써 신체적인 또는 정신적인 장애가 있는 사람을 추행한 사람은 1년 이상의 유기징역 또는 1천만원 이상 3천만원 이하의 벌금에 처한다.

⑦ 장애인의 보호, 교육 등을 목적으로 하는 시설의 장 또는 종사자가 보호, 감독의 대상인 장애인에 대하여 제1항부터 제6항까지의 죄를 범한 경우에는 그 죄에 정한 형의 2분의 1까지 가중한다.

---

1. 의의

제6조는 신체적인 또는 정신적인 장애가 있는 사람에 대한 강간, 유사강간, 강제추행, 위계·위력에 의한 간음·추행을 가중 처벌하는 규정이다. 이 규정은 성폭력에 대한 인지능력, 항거능력, 대처능력 등이 비장애인보다 낮은 장애인을 보호하기 위한 취지에서 이루어진 것이다.

제6조 제1항부터 제3항, 제5항부터 제6항의 구성요건은 범죄 객체가 신체적인 또는 정신적인 장애인이라는 점을 제외하면 형법 제297조부터 제298조, 제302조의 규정과 그 내용이 동일하다.

한편 제6조 제4항과 관련하여 2010년 성폭력처벌법 제정 당시에는 신체적인 또는 정신적인 장애로 '항거불능'인 상태에 있음을 이용하여 여자를 간음하거나 추행하는 행위가 처벌 대상으로 규정되었으나 2012. 12. 18. 법률개정을 통하여 신체적인 또는 정신적인 장애로 항거불능 외에 '항거곤란'인 상태에 있는 사람까지 포함하게 되었다. 이하에서는 형법 제299조와 구성요건상의 일부 차이를 보이는 제6조 제4항을 검토하도록 한다.

2. 요건

[1] 항거불능 또는 항거곤란의 상태

준강간, 준강제추행에 관한 형법 제299조는 '심신상실'과 함께 '항거불능'과의 상태를 규정하고 있는데 판례는 '심신상실'이란 정신기능의 장애로 인하여 성적 행위에 대한 정상적인 판단능력이 없는 상태를 의미하고 '항거불능'은 심신상실 이외의 원인으로 심리적 또는 물리적으로 반항이 절대적으로 불가능하거나 현저히 곤란한 경우로 정의한다(대법원 2021.2.4. 선고 2018도9781 판결). 그러나 제6조 제4항의 죄는 신체적인 또는 정신적인 장애인을 객체로 하는 구성요건인데 정신기능의 장애로 심신상실인 사람에 대해서 제6조 제1항부터 제3항이 적용되므로, '항거불능'의 상태만을 규정한 것으로 이해된다. 또한 형법 제302조의 위계 또는 위력에 의한 '심신미약자'에 대한 간음, 추행과 비교하였을 때 항거불능의 상태는 심신미약보다는 더 좁은 의미로 해석된다.

신체적인 또는 정신적인 장애로 인한 '항거곤란'은 '항거불능'의 상태에 이르지는 않았으나 신체적인 또는 정신적인 장애로 인하여 자유로운 성적 자기결정권이 온전하게 행사되지 못할 상황을 의미하는 것으로 이해된다.

[2] 신체적인 또는 정신적인 장애로 인한

장애인차별금지법 제2조는 장애를 '신체적·정신적 손상 또는 기능상실이 장기간에 걸쳐 개인의 일상 또는 사회생활에 상당한 제약을 초래하는 상태'라고 규정하고, 그러한 장애가 있는 사람을 장애인이라고 정의한다. 성폭력처벌법 제6조에서 규정하는 '신체적인 또는 정신적인 장애가 있는 사람' 역시 동일한 개념으로 이해할 수 있다. 그리고 장애와 관련된 피해자의 상태는 개인별로 그 모습과 정도에 차이가 있으므로 성폭력처벌법 제6조의 신체적인 장애를 판단함에 있어서는 해당 피해자의 상태가 충분히 고려되어야 한다. 최근 대법원은 오른쪽 다리와 오른쪽 눈의 기능이 손상되어 일상생활이나 사회생활에 상당한 제약을 받는 자에 대한 강간미수 등이 문제된 사안에서, 신체적인 장애를 판단함에 있어서는 해당 피해자의 상태가 충분히 고려되어야 하고 비장애인의 시각과 기준에서 피해자의 상태를 판단하여 장애가 없다고 쉽게 단정해서는 안 된다고 판시하였다(대법원 2021.2.25. 선고 2016도4404, 2016전도49 판결).

신체적인 또는 정신적인 장애로 인한 항거불능의 상태에 있다는 것은 신체장애 또는 정신장애 그 자체로 항거불능의 상태에 있는 경우뿐 아니라 신체장애 또는 정신장애가 주된 원인이 되어 심리적 또는 물리적으로 반항이 불가능하거나 현저히 곤란한 상태에 이른 경우를 포함한다(대법원 2013.4.11. 선고 2012도12714 판결). 그중 정신장애가 주된 원인이 되어 항거불능인 상태에 있었는지 여부를 판단할 때는 피해자의 정신장애의 정도뿐 아니라 피해자와 가해자의 신분을 비롯한 관계, 주변의 상황이나 환경, 가해자의 행위 내용과 방법, 피해자의 인식과 반응의 내용 등을 종합적으로 검토할 필요가 있다(대법원 2013.4.11. 선고 2012도12714 판결). 장애인복지법에 따른 장애인 등록을 하지 않았다거나 그 등록 기준을 충족하지 못하더라도 여기에 해당할 수 있다(대법원 2021.10.28. 선고 2021도9051 판결).

제6조는 장애인의 성적 자기결정권을 보호법익으로 하므로, 피해자가 지적 장애등급을 받은 장애인이더라도 지적 장애 외에 성적 자기결정권을 행사하지 못할 정도의 정신장애를 가지고 있다는 점이 인정되어야 한다. 대법원은 정신지체 장애 3급, 사회연령 만 7세 8개월 정도, 사회지수는 그보다 낮은 48.94에 불과하고 사회적 지능이나 성숙도가 상당한 정도로 지체되어 대인관계나 의사소통에 중대한 어려움을 겪어온 피해자에 대한 사건에서 비록 추행의 경위에 관하여 상세히 진술하는 등 어느 정도의 지적 능력을 인정할 수 있더라도 정신적 장애로 인하여 성적 요구에 대한 거부 의사를 분명하게 표시하지 못하거나 적극적 저항행위를 할 수 없었던 것으로 인정하였다(대법원 2014.2.13. 선고 2011도6907 판결). 또한 정신지체를 가진 장애인으로 지적 능력이 4~8세에 불과하고 특히 비일상적인 문제 상황에서 자신의 의사를 분명하게 표현하고 이를 해결하는 능력이 뚜렷하게 낮은 피해자에 대해서도 정신적인 장애가 주된 원인이 되어 거부 또는 저항의사를 실행하는 것이 불가능하거나 현저하게 곤란한 상태에 있었다고 인정하였다(대법원 2007.7.27. 선고 2005도2994 판결). 반면 정신지체장애 1급의 장애가 있기는

하나 7~8세 정도의 지능이 있고 성적인 자기결정을 할 능력이 있기는 하였으나 다만 그 능력이 미약한 상태에 있었던 데 불과한 것으로 보이는 피해자에 대하여는 항거불능의 상태를 부정한 바 있다(대법원 2004.5.27. 선고 2004도1449 판결).

Ⅵ. 13세 미만의 미성년자에 대한 강간 등(제7조)

제7조(13세 미만의 미성년자에 대한 강간, 강제추행 등) ① 13세 미만의 사람에 대하여 「형법」 제297조(강간)의 죄를 범한 사람은 무기징역 또는 10년 이상의 징역에 처한다.
② 13세 미만의 사람에 대하여 폭행이나 협박으로 다음 각 호의 어느 하나에 해당하는 행위를 한 사람은 7년 이상의 유기징역에 처한다.
   1. 구강·항문 등 신체(성기는 제외한다)의 내부에 성기를 넣는 행위
   2. 성기·항문에 손가락 등 신체(성기는 제외한다)의 일부나 도구를 넣는 행위
③ 13세 미만의 사람에 대하여 「형법」 제298조(강제추행)의 죄를 범한 사람은 5년 이상의 유기징역에 처한다.
④ 13세 미만의 사람에 대하여 「형법」 제299조(준강간, 준강제추행)의 죄를 범한 사람은 제1항부터 제3항까지의 예에 따라 처벌한다.
⑤ 위계 또는 위력으로써 13세 미만의 사람을 간음하거나 추행한 사람은 제1항부터 제3항까지의 예에 따라 처벌한다.

1. 의의

제7조는 13세 미만의 자를 대상으로 한 강간(제297조), 유사강간(제297조의2), 강제추행(제298조). 준강간 등(제299조), 미성년자 간음 등(제302조)의 범죄를 가중처벌하는 규정이다. 성장 단계를 고려하였을 때 13세 미만 미성년자의 건강한 성적 발달은 절대적으로 보호될 필요가 있음을 고려한 구성요건이다. 보호법익은 13세 미만의 아동이 외부로부터의 부적절한 성적 자극이나 물리력의 행사가 없는 상태에서 심리적 장애 없이 성적 정체성 및 가치관을 형성할 권익이라 할 수 있다(대법원 2009.9.24. 선고 2009도2576 판결).

청소년성보호법 역시 제7조에서 19세 미만의 아동·청소년을 대상으로 한 동일한 구성요건을 규정하고 있는데 대상 연령과 법정형을 비교할 때 성폭력처벌법 제7조가 청소년성보호법 제7조의 특별법이라 할 수 있다.

2. 행위

[1] 강간, 유사강간, 강제추행, 준간강·준유사강간·준강제추행(제1항, 제2항, 제3항, 제4항)

제7조의 행위태양은 강간(제1항), 유사강간(제2항), 강제추행(제3항), 준강간·준유사강간·준강제추행(제4항)으로 각 구성요건적 행위는 형법과 동일하다.

형법

> **제297조(강간)** 폭행 또는 협박으로 사람을 강간한 자는 3년 이상의 유기징역에 처한다.
>
> **제297조의2(유사강간)** 폭행 또는 협박으로 사람에 대하여 구강, 항문 등 신체(성기는 제외한다)의 내부에 성기를 넣거나 성기, 항문에 손가락 등 신체(성기는 제외한다)의 일부 또는 도구를 넣는 행위를 한 사람은 2년 이상의 유기징역에 처한다.
>
> **제298조(강제추행)** 폭행 또는 협박으로 사람에 대하여 추행을 한 자는 10년 이하의 징역 또는 1천500만원 이하의 벌금에 처한다.
>
> **제299조(준강간, 준강제추행)** 사람의 심신상실 또는 항거불능의 상태를 이용하여 간음 또는 추행을 한 자는 제297조, 제297조의2 및 제298조의 예에 의한다.

[2] 위계 또는 위력에 의한 추행

'위계'란 행위자의 행위목적을 달성하기 위하여 피해자에게 오인, 착각, 부지를 일으키게 하여 이를 이용하는 것을 의미한다. 그런데 이러한 오인, 착각, 부지가 간음행위 자체에 대한 것만으로 한정되는지 아니면 간음행위 이외의 다른 조건에 대한 것도 포함될 수 있는지 논란이 있었다. 이와 관련하여 성폭력처벌법과 동일한 내용의 청소년성보호법상 위계에 의한 간음(제7조 제5항)이 문제된 사안에서 대법원은 입장을 변경하여 피해자가 오인, 착각, 부지에 빠지게 되는 대상은 간음행위 자체일 수도 있고, 간음행위에 이르게 된 동기나 간음행위와 결부된 금전적·비금전적 대가와 같은 요소일 수도 있다고 판시하였다(대법원 2020.8.27. 선고 2015도9436 전원합의체 판결).[11]

'위력'이란 피해자의 성적 자유의사를 제압하기에 충분한 세력으로서 유형적이든 무형적이든 묻지 않으며, 폭행·협박뿐 아니라 행위자의 사회적·경제적·정치적인 지위나 권세를 이용하는 것도 가능하다. 그리고 위력으로써 추행한 것인지 여부는 피해자에 대하여 이루어진 구체적인 행위의 경위 및 태양, 행사한 세력의 내용과 정도 내지 이용한 행위자의 지위나 권세의 종류, 피해자의 연령, 행위자와 피해자의 이전부터의 관계, 피해자에게 주는 위압감 및 성적 자유의사에 대한 침해의 정도, 범행 당시의 정황 등 여러 사정을 종합적으로 고려하여 판단하여야 한다(대법원 2013.1.16. 선고 2011도7164, 2011전도124 판결).

또한 '추행'이란 객관적으로 피해자와 같은 처지에 있는 일반적·평균적인 사람에게 성적 수치심이나 혐오감을 일으키게 하고 선량한 성적 도덕관념에 반하는 행위로서 구체적인 피해자를 대상으로 하여 피해자의 성적 자유를 침해하는 것을 의미한다. 이에 해당하는지는 피해자의 의사, 성별, 연령, 행위자와 피해자의 관계, 그 행위에 이르게 된 경위, 피해자에 대하여 이루어진 구체적 행위태양, 주위의 객관적 상황과 그 시대의 성적 도덕관념 등을 종합적으로 고려하여 판단하여야 한다(대법원 2012.3.29. 선고 2012도936 판결).

이러한 종합적 판단에 따라 대법원은 아파트 엘리베이터 내에 11세 미성년자와 단둘이 타게 되자 성기를 꺼내어 잡고 여러 방향으로 움직이다가 이를 보고 놀란 피해자 쪽으로 가까이 다가간 사안에서 비록 신체에 대한 직접적인 접촉을 하지 아니하였고 엘리베이터가 멈춘 후 피해자가 이러한 상황에서 바로 벗어날 수 있었다고 하더라도 위와 같은 행위는 피해자의 성적 자유의사를 제압하기에 충분한 세력에 의하여 추행행위에 나아간 것으로서 위력에 의한 추행에 해당한다고 판단하였다(대법원 2013.1.16. 선고 2011도7164, 2011전도124 판결).

3. 고의

제7조의 범죄는 고의범이므로 범죄의 성립이 인정되려면 피해자가 13세 미만

---

11 이에 대해서는 제3장 제2절 II. 2. (2) 1) 참조.

의 사람임을 인식하였을 것이 요구된다. 또한 제8조가 신체적 또는 정신적으로 미숙한 단계인 13세 미만 미성년자의 정상적인 성적 발달을 특별히 보호하기 위한 규정이기는 하지만 이것이 곧 13세 미만의 사람이라는 사실에 대한 행위자의 고의에 대한 검사의 입증책임을 완화시키는 사유가 되지는 못한다. 따라서 피고인이 피해자가 13세 미만인 사실을 몰랐다고 고의를 부인하는 경우는 다른 범죄와 마찬가지로 검사가 상당한 관련성이 있는 간접사실 또는 정황사실에 의하여 이를 입증하여야 한다(대법원 2012.8.30. 선고 2012도7377 판결).

제7조의 범죄가 성립하기 위하여 고의 이외에 성욕을 자극, 흥분, 만족시키려는 주관적 동기나 목적이 요구되지는 않는다(대법원 2009.9.24. 선고 2009도2576 판결). 대법원은 초등학교 기간제 교사가 다른 학생들이 지켜보는 가운데 건강검진을 받으러 온 학생의 옷 속으로 손을 넣어 배와 가슴 등의 신체 부위를 만진 사안에서 비록 성욕을 자극·흥분·만족시키려는 주관적 동기나 목적이 없었더라도 객관적으로 일반인에게 성적 수치심이나 혐오감을 불러일으키고 선량한 성적 도덕관념에 반하는 행위라고 평가할 수 있고 그로 인하여 피해 학생의 심리적 성장 및 성적 정체성의 형성에 부정적 영향을 미쳤다고 판단되므로 위력에 의한 추행에 해당한다고 보았다(대법원 2009.9.24. 선고 2009도2576 판결).

Ⅶ. 강간 등 상해·치상(제8조), 강간 등 살인·치사(제9조)

제8조(강간 등 상해·치상) ① 제3조제1항, 제4조, 제6조, 제7조 또는 제15조(제3조제1항, 제4조, 제6조 또는 제7조의 미수범으로 한정한다)의 죄를 범한 사람이 다른 사람을 상해하거나 상해에 이르게 한 때에는 무기징역 또는 10년 이상의 징역에 처한다.
② 제5조 또는 제15조(제5조의 미수범으로 한정한다)의 죄를 범한 사람이 다른 사람을 상해하거나 상해에 이르게 한 때에는 무기징역 또는 7년 이상의 징역에 처한다.

제9조(강간 등 살인·치사) ① 제3조부터 제7조까지, 제15조(제3조부터 제7조까지의 미수범으로 한정한다)의 죄 또는 「형법」제297조(강간), 제297조의2(유사강간) 및 제298조(강제추행)부터 제300조(미수범)까지의 죄를 범한 사람이 다른 사람을 살해한 때에는 사형 또는 무기징역에 처한다.

② 제4조, 제5조 또는 제15조(제4조 또는 제5조의 미수범으로 한정한다)의 죄를 범한 사람이 다른 사람을 사망에 이르게 한 때에는 무기징역 또는 10년 이상의 징역에 처한다.
③ 제6조, 제7조 또는 제15조(제6조 또는 제7조의 미수범으로 한정한다)의 죄를 범한 사람이 다른 사람을 사망에 이르게 한 때에는 사형, 무기징역 또는 10년 이상의 징역에 처한다.

제15조(미수범) 제3조부터 제9조까지, 제14조, 제14조의2 및 제14조의3의 미수범은 처벌한다.

1. 의의

제8조는 이 법이 정한 일정한 성폭력범죄를 범한 사람이 사람을 상해하거나 상해에 이르게 한 때 성립되는 성폭력범죄의 결합범과 결과적 가중범의 유형이다. 법률은 행위객체를 '다른 사람'이라고 표현하고 있으나 이는 성폭력범죄의 피해자로 해석하여야 한다. 제8조 제1항과 제2항은 기본범죄로 각각 다른 범죄를 규정하고 있을 뿐 결합범과 결과적 가중범을 동일 조문에서 동일한 법정형으로 규정하고 있다는 점은 동일하다.

제9조는 이 법과 형법의 일정한 성폭력범죄를 범한 사람이 사람을 살해하거나 사망에 이르게 한 때 성립되는 결합범(제1항)과 결과적 가중범(제2항·제3항)이다.

2. 유형

[1] 상해·치상의 경우

첫 번째 유형은 주거침입강간등(제3조 제1항), 특수강간등(제4조, 제15조), 장애인에 대한 강간등(제6조), 13세 미만자에 대한 강간등(제7조)을 범한 사람 및 그 미수범이 상해하거나 상해의 결과를 발생시킨 경우로 무기징역 또는 10년 이상의 징역형이 부과된다(제8조 제1항). 이러한 일률적인 법정형의 상향은 구체적 범죄의 행위 태양에 형벌이 비례하지 않을 수 있는 가능성을 야기한다.

예를 들어 제8조 제1항은 주거침입강제추행죄의 미수범이 상해에 이르게 된 경우에도 적용되는데 헌법재판소는 이에 대하여 주거침입강제추행죄는 주거에서 성적 자기결정권이 침해당하는 결함범을 무겁게 처벌하고자 하는 형사정책적 취지에서 규정된 범죄로 설사 강제추행이 미수에 그쳤더라도 그 과정에서 피해자가 상해를 입게 되었다면 신체의 안정성을 해쳤다는 점에서 그 죄질과 범정이 매우 무겁고 비난가능성이 높아 제8조 제1항의 가중된 법정형으로 처벌하여도 책임과 형벌 간의 비례원칙을 위반하였다고 볼 수 없다고 판시하였다(헌법재판소 2021.5.27. 선고 2018헌바497 결정).

두 번째 유형은 친족관계에 의한 강간등(제5조)을 범한 사람 및 그 미수범이 상해하거나 상해의 결과를 발생시킨 경우로 무기징역 또는 7년 이상의 징역형이 부과된다(제8조 제2항).

제3조 제2항의 특수강도강간등의 범죄를 범한 사람이 상해하거나 상해의 결과를 발생시킨 경우는 가중처벌 대상에서 제외되어 있는데 이 경우는 이미 법정형이 사형, 무기징역 또는 10년 이상으로 이미 제8조 제1항과 동일하게 가중되어 있기 때문으로 이해된다.[12]

[2] 살해·치사의 경우

제9조는 제8조와 달리 고의에 의한 살인과 과실에 의한 치사의 죄를 항을 달리하여 규정하고 있다.

우선, 살인의 유형은 특수강도강간등(제3조), 특수강간등(제4조), 친족관계에 의한 강간 등(제5조), 장애인에 대한 강간 등(제6조), 13세 미만자에 대한 강간등(제7조)와 그 미수범 및 형법상 강간(제297조), 제297조의2(유사강간), 강제추행(제298조)을 범한 사람 및 그 미수범이 살인을 한 경우로 법정형은 사형 또는 무기징역으로 규정되어 있다(제9조 제1항).

다음으로 치사의 첫 번째 유형은 특수강간등(제4조), 친족관계에 의한 강간등(제5조)을 범한 사람 및 그 미수범이 사망의 결과를 발생시킨 경우로 법정형은 무기징역 또는 10년 이상의 징역형으로 규정되어 있다(제9조 제2항). 치사의 두 번째 유형은 장애인에 대한 강간등(제6조), 13세 미만자에 대한 강간등(제7조)을 범한 사람 및 그 미수범이 사망의 결과를 발생시킨 경우인데 첫 번째 유형의 법정형에 사형이 추가되어 있다(제9조 제3항).

사망을 야기하는 기본범죄에는 특수강도강간등이 제외되어 있는데 그 이유는

----

12   이주원, 462면.

상해·치상의 경우와 동일하게 이미 법정형이 높게 설정되어 더 이상의 가중이 필요 없기 때문으로 이해된다.

3. 미수범

제8조와 제9조 범죄 중 상해나 살인과 같은 고의범의 경우에는 제15조에 의하여 미수범을 처벌하는 데에는 별다른 문제가 없다. 그러나 치상이나 치사의 결과적 가중범의 경우에는 미수범 처벌 규정이 어떤 의미를 갖는지 문제될 수 있다.

이에 대하여 결과적 가중범의 미수범을 부정하고 기본 범죄가 미수인 경우에도 결과적 가중범을 인정하는 일관된 판례의 태도에 대하여 기본범죄의 기수와 미수를 동일하게 가중하여 처벌하는 것이 적절하지 않다는 근거에서 결과적 가중범의 미수 성립을 인정하는 견해가 있다.13 그러나 미수범 처벌 규정은 같은 조에 규정된 고의범, 즉, 상해와 살인의 경우에만 적용된다고 해석하는 것이 타당하다. 판례도 위험한 물건인 전자충격기를 사용하여 강간을 시도하다가 미수에 그치고, 피해자에게 약 2주간의 치료를 요하는 안면부 좌상 등의 상해를 입힌 사안에서 특수강간치상죄가 성립하며 그 미수죄가 성립하는 것은 아니라고 보았다(대법원 2008.4.24. 선고 2007도10058 판결).

Ⅷ. 업무상 위력 등에 의한 추행[제10조]

제10조(업무상 위력 등에 의한 추행) ① 업무, 고용이나 그 밖의 관계로 인하여 자기의 보호, 감독을 받는 사람에 대하여 위계 또는 위력으로 추행한 사람은 3년 이하의 징역 또는 1천500만원 이하의 벌금에 처한다.
② 법률에 따라 구금된 사람을 감호하는 사람이 그 사람을 추행한 때에는 5년 이하의 징역 또는 2천만원 이하의 벌금에 처한다.

---

13 김혜정, 결과적 가중범의 미수에 관한 소고, 법학논총 제19권 제1호, 조선대학교 법학연구원, 2012, 409면.

1. 의의

형법은 제303조 제1항에서 업무상 위력 등에 의한 간음을, 제2항에서 피구금 자에 대한 간음을 처벌하는 규정을 두고 있다. 업무, 고용 그 밖의 관계나 구금 상태로 인하여 온전한 성적 자기결정권의 행사가 보장되지 않는 사람을 보호할 필요성은 간음의 경우뿐 아니라 추행의 경우에도 마찬가지라는 점에서 처벌의 흠 결을 메꾸기 위하여 성폭력처벌법에 처벌규정을 둔 것이다. 입법론적으로는 형법 전으로 편입될 필요가 있는 규정이라 하겠다.

2. 요건

[1] 업무, 고용이나 그 밖의 관계로 인하여 자기의 보호, 감독을 받는 사람

'업무, 고용이나 그 밖의 관계'는 대표적으로 업무 관련 계약이나 정식 고용 관계에 의하여 발생할 수 있다. 병원 응급실에서 당직근무를 하는 의사와 입원 환 자의 관계나(대법원 2005.7.14. 선고 2003도7107 판결) 유치원 원장과 유치원 교사들 간의 관계(대법원 1998.1.23. 선고 97도2506 판결), 회사 과장과 신입사원의 관계(대 법원 2020.5.14. 선고 2019도9872 판결) 등이 그 예이다.

이러한 관계는 사실상 보호·감독의 상황에 의해서도 발생하며 채용 절차에 서 영향력을 미칠 수 있는 경우에도 형성될 수 있다. 예를 들어 아르바이트 구인 광고를 보고 연락한 구인자와의 관계에서 채용권한을 가지고 있는 편의점 업주는 그 지위를 이용하여 자유의사를 제압할 수 있는 사람에 해당한다(대법원 2020.7.9. 선고 2020도5646 판결).

[2] 위계 또는 위력에 의한 추행

'위계'란 행위자의 행위목적을 달성하기 위하여 피해자에게 오인, 착각, 부지 를 일으키게 하여 이를 이용하는 것을 말한다. 예를 들어 가벼운 교통사고로 입원 한 피해자를 진료를 가장하여 음부 근처를 수회 누른 행위는 위계에 의한 추행에 해당한다(대법원 2005.7.14. 선고 2003도7107 판결).

그리고 '위력'이란 피해자의 자유의사를 제압하기에 충분한 힘을 말하고, 유 형적이든 무형적이든 묻지 않고 폭행·협박뿐만 아니라 사회적·경제적·정치적인 지위나 권세를 이용하는 것도 가능하며, 현실적으로 피해자의 자유의사가 제압될 필요는 없다. 위력으로써 추행하였는지는 행사한 유형력의 내용과 정도, 행위자의 지위나 권세의 종류, 피해자의 연령, 행위자와 피해자의 관계, 그 행위에 이르게 된 경위, 구체적인 행위 모습, 범행 당시의 정황 등 여러 사정을 종합적으로 고려하여 판단하여야 한다. 대법원은 도지사와 수행비서 사이의 업무상 위력에 의한 간음 및 추행이 문제된 사안에서 법원이 성폭행이나 성희롱 사건의 심리를 할 때는 그 사건이 발생한 맥락에서 성차별 문제를 이해하고 양성평등을 실현할 수 있도록 '성인지감수성'을 잃지 않도록 유의하여야 한다(양성평등기본법 제5조 제1항 참조)고 강조하면서 피해자가 범행 전후에 보인 일부 언행 등을 성범죄 피해자라면 보일 수 없는 행동이라고 함부로 판단하거나 그러한 사정을 들어 피해자의 피해진술의 신빙성을 배척할 수는 없다고 보면서 해당 도지사의 지위나 권세는 피해자의 자유의사를 제압하기에 충분한 무형적 세력에 해당한다고 판시하였다(대법원 2019.9.9. 선고 2019도2562 판결).

한편 '추행'이란 객관적으로 일반인에게 성적 수치심이나 혐오감을 일으키게 하고 선량한 성적 도덕관념에 반하는 모든 행위를 말한다. 위력의 행사 자체가 곧 추행행위로 인정될 수 있다. 따라서 직장상사가 손으로 신입직원의 머리카락을 비비고 뒤쪽에서 손가락으로 어깨를 톡톡 두드리고 이에 놀란 신입직원이 쳐다보면 혀로 입술을 핥거나 "앙, 앙"과 같은 소리를 낸 경우, 직장상사라는 지위를 이용한 위력의 행사임과 동시에 성적 자유를 침해하는 추행이 인정된다(대법원 2020.5.14. 선고 2019도9872 판결). 그런데 '추행'은 폭행, 협박을 수단으로 하는 '강제추행'과 개념적으로 구별되는 것으로 강제추행이 되기 위해서는 '피해자의 항거를 곤란하게 할 정도'가 요구된다는 학계의 다수의견에 대하여 판례는 소위 기습추행과 관련하여 그 입장을 완전히 달리한다.[14] 즉, 추행행위와 동시에 저질러지는 폭행행위는 반드시 상대방의 의사를 억압할 정도의 것임을 요하지 않고 상대방의 의사에 반하는 유형력의 행사가 있기만 하면 그 힘의 대소강약을 불문한다는 태도(대법원 2020.3.26. 선고 2019도15994 판결)를 일관하기 때문에 판례에 따르면 위력에 의한 추행과 기습추행으로서의 강제추행이 사실상 중복되는 영역이 생기게 된다.[15]

---

14 류부곤, 강제추행죄가 성립하기 위한 강제추행의 요건, 형사법연구 제28권 제4호, 한국형사법학회, 2016, 135면.

15 이에 대하여 위력에 의한 추행은 판례가 인정하는 기습추행의 요건을 갖추지 못한 경미한 정도의 추행에 대하여 성립된다고 설명하는 입장은 이주원, 468면.

IX. 공중 밀집 장소에서의 추행(제11조)

> **제11조(공중 밀집 장소에서의 추행)** 대중교통수단, 공연·집회 장소, 그 밖에 공중(公衆)이 밀집하는 장소에서 사람을 추행한 사람은 3년 이하의 징역 또는 3천만원 이하의 벌금에 처한다.

1. 의의

공중밀집장소추행죄는 폭행·협박을 이용하여 추행한 경우(강제추행죄) 또는 심신상실·항거불능을 이용하여 추행한 경우(준강제추행죄) 외에, 폭행·협박·위력 등의 수단을 사용하지 않고 공중이 밀집하는 장소에서 추행한 경우를 처벌하는 규정이다. 즉 강제추행죄나 준강제추행죄의 적용이 없을 때에 보충적으로 적용되는 구성요건이고, 제정당시부터 강제추행죄의 법정형(10년 이하의 징역 또는 1천500만원 이하의 벌금)에 비해서 경하게 규정되었다(제정시 1년 이하의 징역 또는 300만원 이하의 벌금이 2020. 4. 29. 1년 이하의 징역 또는 1천만원 이하의 벌금으로 개정).

2. 요건

'공중이 밀집하는 장소'란 공중의 이용에 상시 제공되거나 개방된 상태에 놓여 있는 장소를 의미한다. 제11조가 공중이 '밀집한' 장소가 아닌 '밀집하는' 장소로 규정하고 있고, 법문이 제시한 예시가 대중교통수단, 공연·집회 장소 등 다양한 형태인 점을 고려하면 현실적으로 사람들이 빽빽이 들어서 있어 상호 간의 신체적 접촉이 이루어지고 있는 곳일 필요는 없다. 입법과정에서도 이러한 이유로 밀집한 장소가 밀집하는 장소로 문구가 변경되었다. 따라서 찜질방 수면실과 같이 공중이 밀집할 수 있는 장소라면 사람이 드문 상황에서 추행이 이루어졌더라도 제11조의 성립을 인정할 수 있다(대법원 2009.10.29. 선고 2009도5704 판결).[16] 이

---

16 본래 찜질방 수면실 내에서 잠을 자고 있던 피해자에게 추행을 한 것이라면, 피해자의 심신상실 또는 항거불능의 상태를 이용하여 추행한 것이므로 준강제추행죄가 적용된다. 본 사안에서 검사는 피고인을 준강제추행죄로 기소하였고 제1심법원도 준강제추행죄를 인정하였다. 그러나 항소심(대구고등법원 2009.6.11. 선고 2009노36 판결)에서 피해자가 잠에서 깨어 이른바 비몽사몽 상태에

에 대하여 판례에 의하면 공중밀집장소의 범위가 지나치게 확대되어 죄형법정주의에 반할 소지가 있다고 지적하면서 입법적으로 공중밀집장소의 범위를 명확히 할 필요가 있다는 입법론도 제기된다.[17]

제11조의 행위태양은 '추행'이다. 대중교통 등 공중이 밀집하는 장소의 일반적 특성을 이용한 것으로 폭행·협박을 필요로 하지 않는다. 이와 관련하여 범죄의사 없는 우연한 신체 접촉만으로 형사처벌의 우려가 발생할 수 있다는 주장에 대하여 헌법재판소는 공중밀집장소는 피해자와의 접근이 용이하고 추행장소가 공개되어 있어 폭행·협박의 수단 없이도 쉽게 추행행위가 발생할 수 있고, 공중밀집장소추행은 예상치 못하게 일어날 수 있어 방어가 어렵고 추행장소가 공개되어 있어 추행의 정도와 상관없이 피해자에게 강한 불쾌감과 수치심을 주므로 유형력이 수반되지 않은 경우라도 비난 가능성이 높으며 제11조는 법정형의 하한을 두지 않아 법관이 개별 사건마다 행위자의 책임에 상응하는 형을 선고할 수 있으므로 과잉금지원칙에 위반되지 아니한다고 판시하였다(헌법재판소 2021.3.25. 선고 2019헌바413 결정).

3. 기수

제11조는 미수범 처벌 규정(제15조)이 적용되지 않으므로 미수범을 처벌할 수 없다. 추행행위가 기수에 이르기 위해서는 객관적으로 일반인에게 성적 수치심이나 혐오감을 일으키게 할 만한 행위로서 선량한 성적 도덕관념에 반하는 행위를 실행하여야 한다. 그러나 기수가 되기 위하여 행위자의 행위로 말미암아 대상자가 성적 수치심이나 혐오감을 반드시 실제로 느껴야 할 필요는 없다. 따라서 지하철 내에서 등 뒤에 밀착하여 무릎을 굽힌 후 성기를 엉덩이 부분에 붙이고 앞으로 내밀었으나 정작 피해자는 피고인의 추행 사실을 몰랐던 경우라도 공중밀집장소에서의 추행죄는 기수에 이른 것으로 보아야 한다(대법원 2020.6.25. 선고 2015도7102 판결).

있어 심신상실 내지 항거불능상태에 있지 않았다는 피고인의 주장으로 인하여 피해자의 심신상실 또는 항거불능의 상태가 논란이 되자, 검사는 공중밀집장소추행죄로 공소장의 변경을 신청하였고 항소심의 심판대상이 변경되었다(심희기·전지연 외 105면).

17 정영훈, 준강제추행에 있어서 '준강제'의 의미 및 공중밀집장소추행에 있어서 '공중밀집장소'의 의미, 판례연구 제29집 제2호, 서울지방변호사회, 2016, 280~281면.

Ⅹ. 성적 목적을 위한 다중이용장소 침입행위[제12조]

> **제12조(성적 목적을 위한 다중이용장소 침입행위)** 자기의 성적 욕망을 만족시킬 목적으로 화장실, 목욕장·목욕실 또는 발한실(發汗室), 모유수유시설, 탈의실 등 불특정 다수가 이용하는 다중이용장소에 침입하거나 같은 장소에서 퇴거의 요구를 받고 응하지 아니하는 사람은 1년 이하의 징역 또는 1천만원 이하의 벌금에 처한다.

1. 의의

성적 욕망을 만족시킬 목적으로 공중화장실, 목욕장 등 불특정 다수가 이용하는 다중이용장소에 침입하거나 퇴거의 요구를 받고 응하지 않은 때 성립하는 구성요건이다.

2012. 12. 18. 법률 개정시 신설된 범죄로 도입 당시에는 다중이용장소의 범위가 공중화장실법 제2조 제1호부터 제5호까지에 따른 공중화장실 등 및 공중위생관리법 제2조 제1항 제3호에 따른 목욕장업의 목욕장 등 대통령령으로 정하는 공공장소'로 제한되어 있었으나 2017. 12. 12. 법률 개정을 통하여 현재와 같이 '불특정 다수가 이용하는 다중이용장소' 일반으로 변경되었다.

2. 요건

제12조의 적용 대상인 장소는 화장실, 목욕장·목욕실 또는 발한실, 모유수유시설, 탈의실 등 불특정 다수가 이용하는 다중이용장소이다. 2017년 개정 전 법률은 공중화장실법에 따른 공중화장실과 같이 각종 행정 법률의 조문을 인용하여 공공장소를 적용 대상으로 규정하였으나 주점 화장실에 침입하여 피해자가 용변을 보는 모습을 엿본 사건에서 판례가 주점 화장실은 해당 법률에 따른 공중화장실에 해당하지 않는다는 이유로 무죄를 선고하며 논란이 되자 오히려 이러한 규정방식이 적용 대상을 불분명하게 만든다고 보아 입법적 조치를 통하여 현재와 같이 일반적인 다중이용장소를 적용 대상으로 규정하게 된 것이다.

제12조의 행위는 다중이용장소를 침입하거나 퇴거의 요구를 받고 응하지 않

는 것이다. 주거의 평온을 보호법익으로 하는 형법상 주거침입죄나 퇴거불응죄(제319조)와 달리 출입에 동의하거나 퇴거 요구를 행하는 주체는 본 죄의 다중이용장소를 사용하는 자라고 보아야 할 것이다.

제12조는 자기의 성적 욕망을 만족시킬 목적을 요하는 목적범이다. 따라서 고의가 있다 하더라도 성적 욕망을 만족시킬 이외의 사유로 다중이용장소를 침입한 자에게는 본 죄가 성립하지 않는다.

3. 기수

제12조 역시 미수범 처벌 규정(제15조)이 적용되지 않으므로 미수범을 처벌할 수 없다. 이러한 점에서 미수범을 처벌하는 형법상 주거침입죄 및 퇴거불응죄와 차이가 있다. 따라서 일반적인 주거침입죄에서 미수로 처벌되는 행위 태양의 경우, 예를 들어 성적 목적을 가지고 이성 전용의 공중화장실 문을 당긴다거나 탈의시설에 들어가고자 하는 과정에서 저지당한 경우는 본 죄로는 처벌이 불가능하다.

XI. 통신매체를 이용한 음란행위[제13조]

> **제13조(통신매체를 이용한 음란행위)** 자기 또는 다른 사람의 성적 욕망을 유발하거나 만족시킬 목적으로 전화, 우편, 컴퓨터, 그 밖의 통신매체를 통하여 성적 수치심이나 혐오감을 일으키는 말, 음향, 글, 그림, 영상 또는 물건을 상대방에게 도달하게 한 사람은 2년 이하의 징역 또는 2천만원 이하의 벌금에 처한다.

1. 의의

제13조는 자기 또는 다른 사람의 성적 욕망을 유발하거나 만족시킬 목적으로 전화, 우편, 컴퓨터 그 밖의 통신매체를 통하여 성적 수치심이나 혐오감을 일으키는 말, 음향, 글, 그림, 영상 또는 물건을 상대방에게 도달하게 한 때 성립하는 범죄이다. '성적 자기결정권에 반하여 성적 수치심을 일으키는 그림 등을 개인의 의사에 반하여 접하지 않을 권리'를 보장하기 위한 구성요건으로 그 보호법익은 성

적 자기결정권과 일반적 인격권의 보호, 사회의 건전한 성풍속의 확립이라고 할 수 있다(대법원 2017.6.8. 선고 2016도21389 판결).

한편 정보통신망법에도 정보통신망을 이용한 음란한 부호·문언·음향·화상 또는 영상의 배포 등에 관한 유사한 구성요건이 존재한다(제74조 제1항 제2호).[18] 정보통신망법의 구성요건은 전달 방식이 정보통신망의 이용으로 제한된다는 점과 행위태양이 특정인에게 도달하게 하는 것이 아니라 배포, 판매, 임대, 공공연한 전시라는 점에서 차이가 있다.

또한 전달하는 화상 또는 영상이 청소년성보호법상의 '아동·청소년성착취물'에 해당한다면 청소년성보호법이 정한 별도의 처벌규정이 적용될 수 있다(제11조 제3항).[19] 청소년성보호법의 구성요건은 대상이 아동·청소년성착취물이라는 점과 행위태양이 특정인에게 도달하게 하는 것이 아니라 배포·제공·배포·제공 목적의 광고·소개, 공연한 전시·상영이라는 점에서 차이가 있다.

> **정보통신망법**
>
> **제74조(벌칙)** ① 다음 각 호의 어느 하나에 해당하는 자는 1년 이하의 징역 또는 1천만원 이하의 벌금에 처한다.
>   2. 제44조의7제1항제1호를 위반하여 음란한 부호·문언·음향·화상 또는 영상을 배포·판매·임대하거나 공공연하게 전시한 자

> **청소년성보호법**
>
> **제11조(아동·청소년성착취물의 제작·배포 등)** ③ 아동·청소년성착취물을 배포·제공하거나 이를 목적으로 광고·소개하거나 공연히 전시 또는 상영한 자는 3년 이상의 징역에 처한다.

2. 요건

[1] 통신매체이용

제13조의 범죄가 성립하기 위해서는 전화, 우편, 컴퓨터, 그 밖의 통신매체를 이용할 것이 요구된다. 통신매체를 이용하지 않고 '직접' 상대방에게 말, 글, 물건

---

18   제10장 제5절 참조.
19   제3장 제2절 Ⅵ 참조.

등을 도달하게 하는 행위까지 제13조로 처벌할 수 있다고 보는 것은 법문의 가능한 의미의 범위를 벗어난 해석이 된다. 예를 들어 6회에 걸쳐 성적 수치심 등을 일으키는 내용의 편지를 작성하여 이를 옆집 출입문에 끼워 넣은 행위는 통신매체 이용 음란행위로 처벌할 수 없다(대법원 2016.3.10. 선고 2015도17847 판결).

[2] 성적 수치심이나 혐오감을 일으키는 말, 음향, 글, 그림, 영상 또는 물건

상대방에게 도달하게 되는 대상은 성적 수치심이나 혐오감을 일으키는 말, 음향, 글, 그림, 영상 또는 물건이다. 여기에서 '성적 수치심이나 혐오감을 일으키는'이라는 의미가 '음란'과 동일한 개념인지 또는 더 넓은 범주의 개념인지의 해석이 문제된다. 이에 대하여 헌법재판소는 제13조의 조문명이 '통신매체를 이용한 음란행위'이고, '성적 수치심이나 혐오감을 일으키는 말, 음향, 글, 그림, 영상 또는 물건을 상대방에게 도달하게 하는 행위'를 음란행위라고 규정하고 있는 점을 아울러 고려하면, 수범자로서는 이 규정이 금지하고 있는 성적 수치심이나 혐오감을 일으키는 표현의 판단기준 또는 해석기준이 '음란'이라는 개념으로부터 도출되어야 함을 문언상 알 수 있다고 판시하였다(헌법재판소 2016.3.31. 선고 2014헌바397 결정). 유사한 구성요건인 정보통신망법 제74조 제1항 제2호가 '음란한'이라는 수식어를 규정하고 있는 점을 고려할 때에 타당한 해석이라고 판단된다.

[3] 상대방에게 도달

성적 수치심을 일으키는 그림 등을 '상대방에게 도달'하게 하여야 하는데 여기에는 상대방이 성적 수치심을 일으키는 그림 등을 직접 접하게 하는 경우뿐만 아니라 이를 인식할 수 있는 상태에 두는 것도 포함된다. 따라서 상대방에게 성적 수치심을 일으키는 그림 등이 담겨 있는 웹페이지 등에 대한 인터넷 링크를 보내는 경우, 이 행위에 의하여 대상 그림 등을 상대방이 인식할 수 있는 상태가 되어 실질에 있어서 이를 직접 전달하는 것과 다를 바 없다고 평가되므로 제13조의 구성요건을 충족한다고 볼 수 있다(대법원 2017.6.8. 선고 2016도21389 판결).

[4] 목적

제13조는 자기 또는 다른 사람의 성적 욕망을 유발하거나 만족시킬 목적을 필요로 하는 목적범이다. 이러한 목적이 있는지는 피고인과 피해자의 관계, 행위의 동기와 경위, 행위의 수단과 방법, 행위의 내용과 태양, 상대방의 성격과 범위

등 여러 사정을 종합하여 사회통념에 비추어 합리적으로 판단하여야 한다.

'성적 욕망'에는 성행위나 성관계를 직접적인 목적이나 전제로 하는 욕망뿐만 아니라 상대방을 성적으로 비하하거나 조롱하는 등 상대방에게 성적 수치심을 줌으로써 자신의 심리적 만족을 얻고자 하는 욕망도 포함된다. 이러한 '성적 욕망'이 상대방에 대한 분노감과 결합되어 있더라도 성적 욕망으로서의 성격을 잃지 않는다. 예를 들어 연인관계를 정리한 후 상대방의 성기를 비하, 조롱하며 성적인 매력이 없다는 내용의 문자메시지를 반복하여 보냈다면 이는 상대방으로 하여금 성적 수치심을 느끼게 하여 자신이 받은 것과 같은 상처를 주고 동시에 자신의 손상된 성적 자존심을 회복하고자 하는 심리에서 비롯된 것으로 이러한 심리적 욕망 역시 성적 욕망에 포함된다고 할 수 있다(대법원 2018.9.13. 선고 2018도9775 판결).

3. 기수

제13조 역시 미수범 처벌 규정(제15조)이 적용되지 않으므로 미수범을 처벌할 수 없다. 이때 기수시기는 성적 수치심을 일으키는 그림 등이 상대방에게 도달하게 한 때로 여기에는 인식가능한 상태에 두는 것까지 포함된다. 따라서 통신매체 등을 이용한 발송은 있었으나 외부의 장애로 인하여 상대방에게 도달하거나 인식가능한 상태가 되지 않았다면 이러한 행위는 처벌이 불가능하다.

XII. 카메라 등을 이용한 촬영[제14조], 허위영상물 등의 반포[제14조 의2], 촬영물 등을 이용한 협박·강요[제14조의3]

제14조(카메라 등을 이용한 촬영) ① 카메라나 그 밖에 이와 유사한 기능을 갖춘 기계장치를 이용하여 성적 욕망 또는 수치심을 유발할 수 있는 사람의 신체를 촬영대상자의 의사에 반하여 촬영한 자는 7년 이하의 징역 또는 5천만원 이하의 벌금에 처한다.
② 제1항에 따른 촬영물 또는 복제물(복제물의 복제물을 포함한다. 이하 이 조에서 같다)을 반포·판매·임대·제공 또는 공공연하게 전시·상영(이하 "반포등"이라 한다)한 자 또는 제1항의 촬영이 촬영 당시에는 촬영대상자의 의사에 반하지 아니한 경우(자신의 신체를 직접 촬영한 경우를 포함한다)에도 사후에 그 촬영물 또는 복제물을 촬영대

상자의 의사에 반하여 반포등을 한 자는 7년 이하의 징역 또는 5천만원 이하의 벌금에 처한다.

③ 영리를 목적으로 촬영대상자의 의사에 반하여 「정보통신망 이용촉진 및 정보보호 등에 관한 법률」 제2조제1항제1호의 정보통신망(이하 "정보통신망"이라 한다)을 이용하여 제2항의 죄를 범한 자는 3년 이상의 유기징역에 처한다.

④ 제1항 또는 제2항의 촬영물 또는 복제물을 소지·구입·저장 또는 시청한 자는 3년 이하의 징역 또는 3천만원 이하의 벌금에 처한다.

⑤ 상습으로 제1항부터 제3항까지의 죄를 범한 때에는 그 죄에 정한 형의 2분의 1까지 가중한다.

제14조의2(허위영상물 등의 반포등) ① 반포등을 할 목적으로 사람의 얼굴·신체 또는 음성을 대상으로 한 촬영물·영상물 또는 음성물(이하 이 조에서 "영상물등"이라 한다)을 영상물등의 대상자의 의사에 반하여 성적 욕망 또는 수치심을 유발할 수 있는 형태로 편집·합성 또는 가공(이하 이 조에서 "편집등"이라 한다)한 자는 5년 이하의 징역 또는 5천만원 이하의 벌금에 처한다.

② 제1항에 따른 편집물·합성물·가공물(이하 이 항에서 "편집물등"이라 한다) 또는 복제물(복제물의 복제물을 포함한다. 이하 이 항에서 같다)을 반포등을 한 자 또는 제1항의 편집등을 할 당시에는 영상물등의 대상자의 의사에 반하지 아니한 경우에도 사후에 그 편집물등 또는 복제물을 영상물등의 대상자의 의사에 반하여 반포등을 한 자는 5년 이하의 징역 또는 5천만원 이하의 벌금에 처한다.

③ 영리를 목적으로 영상물등의 대상자의 의사에 반하여 정보통신망을 이용하여 제2항의 죄를 범한 자는 7년 이하의 징역에 처한다.

④ 상습으로 제1항부터 제3항까지의 죄를 범한 때에는 그 죄에 정한 형의 2분의 1까지 가중한다.

제14조의3(촬영물 등을 이용한 협박·강요) ① 성적 욕망 또는 수치심을 유발할 수 있는 촬영물 또는 복제물(복제물의 복제물을 포함한다)을 이용하여 사람을 협박한 자는 1년 이상의 유기징역에 처한다.

② 제1항에 따른 협박으로 사람의 권리행사를 방해하거나 의무 없는 일을 하게 한 자는 3년 이상의 유기징역에 처한다.

③ 상습으로 제1항 및 제2항의 죄를 범한 경우에는 그 죄에 정한 형의 2분의 1까지 가중한다.

1. 의의

제14조는 흔히 '디지털 성범죄'[20]라고 불리는 카메라 등을 이용한 불법촬영 및 불법반포를 처벌하기 위한 구성요건이다.

제1항은 불법촬영에 관한 구성요건으로 카메라나 그 밖에 이와 유사한 기능을 갖춘 기계장치를 이용하여 성적 욕망 또는 수치심을 유발할 수 있는 사람의 신체를 촬영대상자의 의사에 반하여 촬영한 경우에 성립된다. 이 죄의 보호법익은 성적 자기결정권과 함께 성적인 신체적 부위를 함부로 촬영 당하거나 공표되지 아니하며 영리적으로 이용되지 아니할 권리인 성적 신체권이라 할 수 있다.[21]

제2항과 제3항은 촬영물의 불법반포에 관한 구성요건으로 불법촬영된 영상물의 반포·판매·임대·제공 또는 공공연한 전시·상영뿐 아니라, 동의하에 촬영된 영상물의 의사에 반한 반포 등도 포함되며(제2항), 영리 목적의 정보통신망을 이용한 불법반포의 경우에는 형이 가중된다(제3항).

과거 법률에서 지적된 문제점과 법률 개정

2018.12.18. 개정 이전 제14조 규정에 따른 판례의 태도로 인하여 야기된 문제점에 대해서는 2018.12.18. 법률 개정(법률 제15977호) 및 2020.5.19. 법률 개정(법률 제17264호, 시행 2020.11.20.)으로 다음과 같이 입법적으로 해결되었다.

과 거(2018.12.18. 개정 전)	문제점 및 개정 내용
제14조(카메라 등을 이용한 촬영) ① 카메라나 그 밖에 이와 유사한 기능을 갖춘 기계장치를 이용하여 성적 욕망 또는 수치심을 유발할 수 있는 <u>다른 사람의 신체</u>를 그 의사에 반하여 촬영하거나 <u>그 촬영물</u>을 반포·판매·임대·제공 또	• **문제점** — 촬영의 대상이 '다른 사람의 신체'에 한정되어 있고 반포의 대상이 '그 촬영물'로 규정되어 있어 '<u>자기 자신의 신체</u>'를 촬영한 경우나 '<u>신체를 촬영한 촬영물</u>'을 다시 촬영

---

20 '디지털 성범죄'라는 용어는 2017년 정부가 '디지털 성범죄(몰래카메라 등) 피해방지 종합대책'을 발표한 이후 공식적인 용어처럼 사용되고 있다. 이 종합대책에 따르면 디지털 성범죄는 성폭력처벌법 제14조가 규제하고 있는 카메라 등을 이용한 불법촬영과 그 촬영영물의 불법유포를 일컫는 것이었다. 그러나 최근 청소년성보호법이 제25조의2를 신설하면서 법률 규정에 '디지털 성범죄'라는 표현을 사용하였는데 그 대상이 성폭력처벌법 제14조가 아닌 청소년성보호법의 아동·청소년성착취물 관련 범죄(제11조)와 정보통신망을 이용한 아동·청소년과의 성착취 목적 대화(제15조의2), 아동·청소년을 대상으로 한 성폭력처벌법 제14조 제2항과 제3항의 범죄를 포괄하는 개념이어서 용어상의 정리가 필요하다.

21 구회근(집필대표 박재윤), 주석형법 형법각론(4) (제4판), 한국사법행정학회, 2006, 366면.

과 거(2018.12.18. 개정 전)	문제점 및 개정 내용
는 공공연하게 전시·상영한 자는 5년 이하의 징역 또는 1천만원 이하의 벌금에 처한다.	한 경우는 처벌이 불가하였음 • **개정** ⇒ 제1항 촬영의 대상을 '<u>사람의 신체</u>'로 변경하고 제2항 반포의 대상에 촬영물 외에 <u>복제물(복제물의 복제물 포함)</u>을 추가함 ⇒ 제2항 반포의 대상인 촬영물에 '<u>자신의 신체를 직접 촬영한 경우를 포함한다</u>'는 내용을 명문으로 규정함
② 제1항의 촬영이 촬영 당시에는 촬영대상자의 의사에 반하지 아니하는 경우에도 사후에 그 의사에 반하여 촬영물을 반포·판매·임대·제공 또는 공공연하게 전시·상영한 자는 <u>3년 이하의 징역 또는 500만원 이하의 벌금</u>에 처한다.	• **문제점** ― 의사에 반하여 촬영한 촬영물의 반포와 동의 하에 촬영한 촬영물의 의사에 반하는 반포는 • **개정** ⇒ 양 자의 법정형을 7년 이하의 징역 또는 5천만원 이하의 벌금으로 동일하게 상향함

따라서 합의하에 성관계를 촬영한 동영상 파일 중 일부 장면을 찍은 사진을 타인의 휴대전화로 발송한 경우 '다른 사람의 신체'를 직접 촬영한 촬영물이 아니라는 이유로 제14조 제2항의 범죄성립을 부정한 판례(대법원 2018.8.30. 선고 2017도3443 판결) 및 동일한 취지의 판결들은 이상과 같은 법률의 개정으로 그 결론이 달라질 것으로 예상된다.

한편 2020. 3. 24. 개정 법률은 딥페이크 등 기술의 발달로 실제 사람을 대상으로 한 촬영물이 아니라도 대상자의 의사에 반하여 성적 욕망 또는 수치심을 유발할 수 있는 영상물이 불법촬영물과 동일한 정도의 피해를 야기한다는 그동안의 지적을 반영하여 허위영상물을 대상으로 하는 구성요건을 신설하였다(제14조의2).

이후 2020. 5. 19. 개정 법률은 불법 성적 촬영물의 소지·구입·저장·시청에 대한 처벌규정(제14조 제4항)과 함께 촬영물을 이용한 협박·강요에 대한 처벌규정(제14조의3)을 신설하였다.

2. 불법촬영(제14조 제1항)

[1] 객체

제14조 제1항의 객체는 성적 욕망 또는 수치심을 유발할 수 있는 사람의 신체이다. 촬영한 부위가 '성적 욕망 또는 수치심을 유발할 수 있는 다른 사람의 신체'에 해당하는지는, 객관적으로 피해자와 같은 성별, 연령대의 일반적이고도 평균적인 사람들의 입장에서 성적 욕망 또는 수치심을 유발할 수 있는 신체에 해당되는지를 고려함과 아울러, 당해 피해자의 옷차림, 노출의 정도 등은 물론, 촬영자의 의도와 촬영에 이르게 된 경위, 촬영장소와 촬영 각도 및 촬영 거리, 촬영된 원판의 이미지, 특정 신체부위의 부각 여부 등을 종합적으로 고려하여 구체적·개별적·상대적으로 결정하여야 한다(대법원 2008.9.25. 선고 2008도7007 판결 참조).

이와 관련하여 판례는 ① 버스 안에서 휴대폰의 카메라 촬영기능을 이용하여 레깅스를 입고 있는 여성의 엉덩이 부위 등 하반신을 약 8초간 동영상으로 촬영한 경우(대법원 2020.12.24. 선고 2019도16258 판결), ② 화장실에서 재래식 변기를 이용하여 용변을 보기 직전의 무릎 아래 맨 다리 부분과 용변을 본 직후의 무릎 아래 맨 다리 부분을 촬영한 경우(대법원 2014.7.24. 선고 2014도6309 판결), ③ 피해자의 등 부위를 3회에 걸쳐 촬영한 경우(대법원 2014.2.27. 선고 2013도8619 판결), ④ 야간에 버스 안에서 휴대폰 카메라로 옆 좌석에 앉은 여성의 치마 밑으로 드러난 허벅다리 부분을 촬영한 경우(대법원 2008.9.25. 선고 2008도7007 판결), ⑤ 지하철 환승 에스컬레이터 내에서 카메라폰으로 피해자의 치마 속 신체 부위를 동영상 촬영한 경우(대법원 2011.6.9. 선고 2010도10677 판결) 등은 성적 욕망 또는 수치심을 유발할 수 있는 신체를 촬영한 것으로 보았다.

반면 엘리베이터에 탑승하는 여자를 따라가 가슴을 중심으로 한 상반신 부분을 촬영하였으나 외부로 노출된 신체 부위가 없고 특별히 가슴 부위를 강조하거나 가슴의 윤곽선이 드러나 있지 않은 경우는 성적 욕망 또는 수치심을 유발할 수 있는 신체에 해당하지 않는다고 보았고(대법원 2016.1.14. 선고 2015도16851 판결), 여성의 엉덩이를 부각하여 촬영한 경우는 성적 수치심을 유발할 수 있다고 볼 여지가 있으나 특별히 엉덩이를 부각하지 않고 일상복인 청바지를 입은 여성의 뒷모습 전신을 어느 정도 떨어진 거리에서 촬영한 경우는 카메라등이용촬영죄 성립을 단정하기 어렵다고 보았다(대법원 2022.3.17. 선고 2021도13203 판결).

이에 대하여 '성적 욕망 또는 수치심의 유발'이라는 추상적 개념 대신 장소나 신체에 대한 제한을 통하여 보다 명확한 대상의 규정이 필요하다는 입법론도 제기되고 있다.[22]

[2] 행위

제14조 제1항의 행위는 성적 욕망 또는 수치심을 유발할 수 있는 사람의 신체를 촬영대상자의 의사에 반하여 카메라 등으로 촬영하는 것이다. 카메라 등에는 수동카메라나 디지털카메라, 휴대폰 카메라 외에도 이와 유사한 기능을 가진 캠코더, 영사기 등이 포함될 수 있다. '촬영'이란 카메라나 그 밖에 이와 유사한 기능을 갖춘 기계장치 속에 들어 있는 필름이나 저장장치에 피사체에 대한 영상정보를 입력하는 행위를 의미한다.

범인이 피해자를 촬영하기 위하여 육안 또는 캠코더의 줌 기능을 이용하여 피해자가 있는지를 탐색하다가 피해자를 발견하지 못하고 촬영을 포기한 경우는 촬영을 위한 준비행위에 불과하여 성폭력처벌법위반(카메라등이용촬영)죄의 실행에 착수한 것으로 볼 수 없는 반면, 범인이 카메라 기능이 설치된 휴대전화를 피해자의 치마 밑으로 들이밀거나 피해자가 용변을 보고 있는 화장실 칸 밑 공간 사이로 집어넣는 등 카메라 등 이용 촬영 범행에 밀접한 행위를 개시한 경우는 성폭력처벌법위반(카메라등이용촬영)죄의 실행에 착수하였다고 볼 수 있다(대법원 2021.3.25. 선고 2021도749 판결). 또한 편의점에서 카메라 기능이 설치된 휴대전화를 손에 쥔 채 치마를 입은 피해자들을 향해 쪼그려 앉아 피해자의 치마 안쪽을 비추는 등 행위를 한 것도 성폭력처벌법위반(카메라등이용촬영)죄의 실행에 착수한 것으로 볼 수 있다(대법원 2021.8.12. 선고 2021도7035 판결).

[3] 기수

제15조에 의하면 제14조 제1항의 미수범도 처벌된다. 불법촬영행위는 카메라 기타 이와 유사한 기능을 갖춘 기계장치 속에 들어 있는 필름이나 저장장치에 피사체에 대한 영상정보가 입력됨으로써 기수에 이르는 것으로 보아야 한다. 그리고 촬영된 영상정보가 사용자 등에 의해 전자파일 등의 형태로 저장되기 전이라도 일단

---

22 이승준, 성폭법상 카메라등 이용촬영죄에서의 구성요건 해석 문제, 형사판례연구 제17권, 한국형사판례연구회, 2009, 585면.

촬영이 시작되면 곧바로 촬영된 피사체의 영상정보가 기계장치 내 RAM(Random Access Memory) 등 주기억장치에 입력되어 임시 저장되었다가 이후 저장명령이 내려지면 기계장치 내 보조기억장치 등에 저장되는 방식을 취하는 기기의 경우, 일단 촬영이 이루어졌다면 일정한 시간이 경과하여 영상정보가 기계장치 내 주기억장치 등에 입력됨으로써 기수에 이르게 된다. 따라서 이와 같은 기기로 촬영된 영상정보가 전자파일 등의 형태로 영구 저장되지 않은 채 사용자에 의해 강제 종료되었더라도 제14조 제1항 위반의 미수범이 아닌 기수범이 성립한다(대법원 2011.6.9. 선고 2010도10677 판결).

3. 불법반포(제14조 제2항)

[1] 취지

제14조 제1항의 촬영행위뿐만 아니라 촬영물을 반포·판매·임대·제공 또는 공공연하게 전시·상영하는 행위까지 처벌하는 것은 해당 촬영물이 인터넷 등 정보통신망을 통하여 급속도로 광범위하게 유포됨으로써 피해자에게 엄청난 피해와 고통을 초래할 수 있다는 사회적 폐해를 감안할 때, 촬영물의 불법반포행위의 죄책이나 비난가능성이 촬영행위보다 작다고 볼 수 없기 때문이다(대법원 2018.8.1. 선고 2018도1481 판결).

[2] 객체

제14조 제2항의 불법반포는 제14조 제1항에 의하여 촬영된 불법촬영물을 반포하는 경우와 제14조 제1항에 해당하지 않는 촬영물을 촬영대상자의 의사에 반하여 반포하는 경우를 모두 포함한다. 법률의 개정으로 인하여 후자의 행위는 자신의 신체를 촬영한 소위 셀프 촬영물도 그 대상이 된다. 따라서 촬영물을 반포·판매·임대 또는 공연히 전시·상영한 자는 반드시 촬영물을 촬영한 자와 동일인이어야 하는 것은 아니므로, 행위의 대상이 되는 촬영물은 누가 촬영한 것인지를 묻지 않는다(대법원 2016.10.13. 선고 2016도6172 판결).

[3] 행위

불법반포의 구체적인 행위태양에는 반포·판매·임대·제공 또는 공공연한 전시·상영이 포함된다. '반포'는 불특정 또는 다수인에게 무상으로 교부하는 것을 말하고, 계속적·반복적으로 전달하여 불특정 또는 다수인에게 반포하려는 의사가 있다면 특정한 1인 또는 소수의 사람에게 교부하는 것도 반포에 해당할 수 있다.

'제공'은 반포에 이르지 않는 무상 교부행위로서 반포할 의사 없이 '특정한 1인 또는 소수의 사람'에게 무상으로 교부하는 것을 의미한다. 예를 들어 피해자가 다른 사람을 만나는 것에 화가 나서 자신과 피해자의 관계를 분명히 알려 더 이상 피해자를 만나지 못하게 할 의도로 촬영물을 휴대전화로 전송한 경우, 불특정 또는 다수인에게 교부하거나 전달할 의사가 있다고 보기는 어려워 촬영물의 '반포'에는 해당하지 않으며 '제공'에 해당할 수 있을 뿐이다(대법원 2016.12.27. 선고 2016도16676 판결). 또한 제공에서 말하는 '특정한 1인'에 촬영의 대상이 된 피해자 본인은 포함되지 않으므로 동의 없이 타인의 신체를 촬영한 사진을 피해자의 휴대전화로 전송한 경우는 제14조 제1항의 죄와 별도로 제14조 제2항의 죄가 성립할 수 없다(대법원 2018.8.1. 선고 2018도1481 판결).

4. 영리목적 정보통신망 이용 불법반포(제14조 제3항)

제14조 제3항의 죄는 영리를 목적으로 촬영대상자의 의사에 반하여 정보통신망을 이용하여 제2항의 죄를 범한 경우를 가중 처벌하는 규정이다. 영리 목적으로 불법촬영물 업로드하여 막대한 이익을 챙기는 웹하드 업체 등을 강력하게 처벌하기 위한 정책적 취지에서 2018. 12. 18. 개정 법률에서는 선택형으로 규정된 벌금형이 삭제되었다.

5. 불법소지(제14조 제4항)

제14조 제4항은 불법촬영물을 단순 소지·구입·저장 또는 시청하는 행위를 처벌하는 규정이다. 단순한 소지행위 등을 처벌하는 것은 불법촬영물의 수요 자체를 차단함으로써 불법촬영물의 공급행위를 규제하고자 하며, 청소년성보호법이 아동·청소년성착취물임을 알면서 이를 소지, 시청한 자를 처벌하는 규정을 둔 것과 같은 맥락이다(제11조 제5항).

이에 대하여 소위 '텔레그램 n번방', '박사방' 사건 등이 커다란 사회적 이슈가 되면서 이루어진 대중 영합주의에 의한 과잉입법으로 아동성착취물과 성인에

대한 불법촬영물을 동일한 시각에서 바라보는 것에는 문제가 있다는 비판도 제기
된다.[23]

6. 허위영상물 편집 및 불법반포(제14조의2)

제14조의2는 이른바 딥페이크 기술을 이용한 허위영상물의 편집(제1항)과 허
위영상물의 불법반포(제2항), 영리목적으로 촬영대상자의 의사에 반하여 이루어지
는 정보통신망을 이용한 불법반포(제3항), 이상과 같은 행위의 상습범(제4항)을 처
벌하는 규정이다. 불법촬영물 대신 허위영상물이 대상이 된다는 점을 제외하면
구성요건의 구조와 내용은 제14조와 동일하다.

허위영상물은 실제 개인의 존재나 행위에 대한 촬영물이 아니기 때문에 불법
촬영죄에서와 같이 성적 신체권을 보호법익으로 보기 곤란한 측면이 있어 제14조
의2의 보호법익을 무엇으로 볼 것인지가 쟁점이 된다. 편집물의 대상이 개인의
성적 자기결정권 이외에도 일반인의 입장에서는 이것을 진실로 오인할 가능성이
크다는 점에서 개인의 명예권을 포함한 인격권 역시 보호법익으로 보는 것이 타
당할 것이다.

7. 촬영물 등을 이용한 협박·강요(제14조의3)

제14조의3은 성적 욕망 또는 수치심을 유발할 수 있는 촬영물 또는 복제물을
이용한 협박(제1항), 강요(제2항) 및 같은 행위의 상습범(제3항)을 처벌하는 구성요
건이다. 2020. 5. 19. 개정 법률이 신설한 조항으로 텔레그램을 이용한 성착취 사
건 등으로 인한 피해 발생을 미연에 방지하기 위한 취지로 도입되었다.

일반적인 협박이나 강요의 경우, 고지된 해악인 범죄(예를 들어, 살해의 위협을
하는 경우, 살인죄)가 보호하는 법익의 침해는 실제 그 행위의 실행 여부에 의하여
좌우되지만, 촬영물 등을 이용한 협박·강요의 경우, 촬영물 등의 이용이라는 행
위태양만으로도 침해된 성적 자기결정권을 지속적·반복적으로 침해하는 효과가
있어 별도의 범죄로 규정한 것으로 이해된다.

---

23 이흔재, 디지털 성범죄로서 카메라등 이용촬영죄의 문제점에 대한 비판적 고찰, 법학논총 제33권
제3호, 2021, 331면.

XIII. 미수범(제15조), 예비·음모(제15조의2)

> **제15조(미수범)** 제3조부터 제9조까지, 제14조, 제14조의2 및 제14조의3의 미수범은 처벌한다.
>
> **제15조의2(예비, 음모)** 제3조부터 제7조까지의 죄를 범할 목적으로 예비 또는 음모한 사람은 3년 이하의 징역에 처한다.

제15조는 일부 성폭력범죄의 미수범을 처벌하는 규정이며 제15조의2는 예비·음모까지 처벌하는 규정이다.

제15조의2는 제3조부터 제7조까지의 범죄의 예비·음모를 처벌한다고 규정하고 있지만 제8조와 제9조 역시 제3조부터 제7조까지의 범죄를 포함하는 결합범 및 결과적 가중범 규정으로 예비·음모가 처벌된다.

	§3	§4	§5	§6	§7	§8	§9	§10	§11	§12	§13	§14, §14의2,3
특강법	§3-9의 미수범 포함											
미수												
예비												

제14조, 제14조의2, 제14조의 3을 제외하면 예비와 미수의 처벌범위가 같아지는데, 여기에는 주거침입강제추행(제3조 제1항), 특수강제추행(제4조 제2항) 등과 같이 행위태양이 강제추행인 경우까지 모두 포함된다는 점에서 다른 범죄와의 균형성을 고려하였을 때 가벌성의 지나친 확장이라고 생각된다.

XIV. 형벌과 수강명령의 병과(제16조)

제16조(형벌과 수강명령 등의 병과) ① 법원이 성폭력범죄를 범한 사람에 대하여 형의 선고를 유예하는 경우에는 1년 동안 보호관찰을 받을 것을 명할 수 있다. 다만, 성폭력범죄를 범한 「소년법」 제2조에 따른 소년에 대하여 형의 선고를 유예하는 경우에는 반드시 보호관찰을 명하여야 한다.

② 법원이 성폭력범죄를 범한 사람에 대하여 유죄판결(선고유예는 제외한다)을 선고하거나 약식명령을 고지하는 경우에는 500시간의 범위에서 재범예방에 필요한 수강명령 또는 성폭력 치료프로그램의 이수명령(이하 "이수명령"이라 한다)을 병과하여야 한다. 다만, 수강명령 또는 이수명령을 부과할 수 없는 특별한 사정이 있는 경우에는 그러하지 아니하다.

③ 성폭력범죄를 범한 자에 대하여 제2항의 수강명령은 형의 집행을 유예할 경우에 그 집행유예기간 내에서 병과하고, 이수명령은 벌금 이상의 형을 선고하거나 약식명령을 고지할 경우에 병과한다. 다만, 이수명령은 성폭력범죄자가 「전자장치 부착 등에 관한 법률」 제9조의2제1항제4호에 따른 이수명령을 부과받은 경우에는 병과하지 아니한다.

④ 법원이 성폭력범죄를 범한 사람에 대하여 형의 집행을 유예하는 경우에는 제2항에 따른 수강명령 외에 그 집행유예기간 내에서 보호관찰 또는 사회봉사 중 하나 이상의 처분을 병과할 수 있다.

⑤ 제2항에 따른 수강명령 또는 이수명령은 형의 집행을 유예할 경우에는 그 집행유예기간 내에, 벌금형을 선고하거나 약식명령을 고지할 경우에는 형 확정일부터 6개월 이내에, 징역형 이상의 실형(實刑)을 선고할 경우에는 형기 내에 각각 집행한다. 다만, 수강명령 또는 이수명령은 성폭력범죄를 범한 사람이 「아동·청소년의 성보호에 관한 법률」 제21조에 따른 수강명령 또는 이수명령을 부과받은 경우에는 병과하지 아니한다.

⑥ 제2항에 따른 수강명령 또는 이수명령이 벌금형 또는 형의 집행유예와 병과된 경우에는 보호관찰소의 장이 집행하고, 징역형 이상의 실형과 병과된 경우에는 교정시설의 장이 집행한다. 다만, 징역형 이상의 실형과 병과된 이수명령을 모두 이행하기 전에 석방 또는 가석방되거나 미결구금일수 산입 등의 사유로 형을 집행할 수 없게 된 경우에는 보호관찰소의 장이 남은 이수명령을 집행한다.

⑦ 제2항에 따른 수강명령 또는 이수명령은 다음 각 호의 내용으로 한다.

　1. 일탈적 이상행동의 진단·상담
　2. 성에 대한 건전한 이해를 위한 교육

> 3. 그 밖에 성폭력범죄를 범한 사람의 재범예방을 위하여 필요한 사항
> ⑧ 성폭력범죄를 범한 사람으로서 형의 집행 중에 가석방된 사람은 가석방기간 동안 보호관찰을 받는다. 다만, 가석방을 허가한 행정관청이 보호관찰을 할 필요가 없다고 인정한 경우에는 그러하지 아니하다.
> ⑨ 보호관찰, 사회봉사, 수강명령 및 이수명령에 관하여 이 법에서 규정한 사항 외의 사항에 대하여는 「보호관찰 등에 관한 법률」을 준용한다.

형법은 형의 선고를 유예하는 경우 재범방지를 위하여 보호관찰을 명할 수 있으며 이때 보호관찰기간을 1년으로 규정하고 있다(제59조의2). 성폭력처벌법 제16조 제1항은 이외에 성폭력범죄를 범한 소년에 대해서는 선고유예시 필요적으로 보호관찰을 명하도록 규정하고 있다(제16조 제1항).

또한 성폭력처벌법 제16조 제2항은 성폭력범죄를 범한 자에게 유죄판결을 선고하거나 약식명령을 고지하는 경우 500시간의 범위에서 필요적으로 수강명령 또는 성폭력 치료프로그램의 이수명령을 병과하도록 규정하고 있다. 형법이 집행유예를 선고하는 경우 200시간의 범위에서 임의적으로 수강명령을 부과할 수 있는 것과 비교된다(보호관찰법 제59조 제1항).

한편 성폭력범죄를 범한 자가 집행유예를 받는 경우 수강명령 이외에도 보호관찰 또는 사회봉사 중 하나 이상을 병과할 수 있다는 점은 형법과 다르지 않다(제59조 제3항, 형법 제62조의2 제1항).

사회 내 처우에 부과되는 일반적인 수강명령 또는 이수명령과 달리 성폭력범죄에 대한 수강명령 또는 이수명령은 실형을 선고할 경우에도 부과되는데 이때에는 형기 내에 교정시설의 장이 명령을 집행하게 된다(제21조 제5항·제6항).

이러한 수강명령 또는 이수명령의 성격에 대하여 대법원은 이른바 범죄인에 대한 사회내 처우의 한 유형으로서 형벌 그 자체가 아니라 보안처분의 성격을 가지는 것이지만, 성폭력 치료프로그램의 의무적 이수를 받도록 함으로써 실질적으로는 신체적 자유를 제한하는 것이 된다는 입장이다. 따라서 제1심이 약식명령과 동일한 벌금형을 선고하면서 성폭력 치료프로그램의 이수명령을 병과하는 것은 불이익한 변경으로 허용되지 않는다고 보았다(대법원 2015.9.15. 선고 2015도11362 판결).

XV. 형법상 감경규정에 관한 특례[제20조]

> 제20조(「형법」상 감경규정에 관한 특례) 음주 또는 약물로 인한 심신장애 상태에서 성폭력범죄(제2조제1항제1호의 죄는 제외한다)를 범한 때에는 「형법」 제10조제1항·제2항 및 제11조를 적용하지 아니할 수 있다.

음주 또는 약물로 인한 심신장애 상태에서 범한 성폭력범죄에 대해서는 심신상실자(형법 제10조 제1항)의 책임을 인정하거나 심신미약자(형법 제10조 제2항)와 청각 및 언어장애인의 형을 감경하지 않을 수 있다. 형법 제10조 제3항의 원인이 자유로운 행위가 원인설정시의 예견가능성을 전제로 제10조 제1항과 제2항을 적용하지 않는 '행위-책임 동시존재원칙'의 예외를 인정하는데 반하여, 성폭력처벌법 제20조는 해당 범죄가 성폭력범죄라는 이유만으로 제10조 제1항과 제2항은 물론 제11조까지 임의적으로 적용을 배제할 수 있다는 점에서 차이가 있다. 다른 중범죄와의 형평성 문제와 함께 특별한 논거 없이 행위-책임 동시존재원칙의 예외를 인정하여 책임주의 위반의 문제가 있다고 판단된다.

제3절   성폭력범죄의 절차에 관한 특례

Ⅰ. 고소 제한에 대한 예외[제18조]

> 제18조(고소 제한에 대한 예외) 성폭력범죄에 대하여는 「형사소송법」 제224조(고소의 제한) 및 「군사법원법」 제266조에도 불구하고 자기 또는 배우자의 직계존속을 고소할 수 있다.

형사소송법과 군사법원법은 전통적인 가정의 질서를 유지·보호하기 위한 정책적 고려에서 자기 또는 배우자의 직계존속을 고소하지 못하도록 규정하고 있는데(형사소송법 제224조, 군사법원법 제266조) 성폭력처벌법은 이에 대한 예외를 규정하고 있다. 가족 내에서 이루어지는 성폭력범죄가 은폐되고 그 폐해가 더욱 심각해지는 주요 원인 중 하나가 고소의 제한 때문이라는 분석에 근거한 입법이다. 2012.12.18. 전부 개정 법률이 친고죄 조항을 삭제한 이후에 이 규정의 독자적 의미는 축소되었지만, 불기소처분에 대한 불복수단인 재정신청(형사소송법 제260조)을 이용할 수 있는 고소한 자로서의 의미가 있다.

Ⅱ. 공소시효에 관한 특례[제21조]

> 제21조(공소시효에 관한 특례) ① 미성년자에 대한 성폭력범죄의 공소시효는 「형사소송법」 제252조제1항 및 「군사법원법」 제294조제1항에도 불구하고 해당 성폭력범죄로 피해를 당한 미성년자가 성년에 달한 날부터 진행한다.
> ② 제2조제3호 및 제4호의 죄와 제3조부터 제9조까지의 죄는 디엔에이(DNA)증거 등 그 죄를 증명할 수 있는 과학적인 증거가 있는 때에는 공소시효가 10년 연장된다.
> ③ 13세 미만의 사람 및 신체적인 또는 정신적인 장애가 있는 사람에 대하여 다음 각 호의 죄를 범한 경우에는 제1항과 제2항에도 불구하고 「형사소송법」 제249조부터 제253조까지 및 「군사법원법」 제291조부터 제295조까지에 규정된 공소시효를 적용하지 아니한다.

1. 「형법」 제297조(강간), 제298조(강제추행), 제299조(준강간, 준강제추행), 제301조(강간등 상해·치상), 제301조의2(강간등 살인·치사) 또는 제305조(미성년자에 대한 간음, 추행)의 죄

2. 제6조제2항, 제7조제2항 및 제5항, 제8조, 제9조의 죄

3. 「아동·청소년의 성보호에 관한 법률」 제9조 또는 제10조의 죄

④ 다음 각 호의 죄를 범한 경우에는 제1항과 제2항에도 불구하고 「형사소송법」 제249조부터 제253조까지 및 「군사법원법」 제291조부터 제295조까지에 규정된 공소시효를 적용하지 아니한다.

1. 「형법」 제301조의2(강간등 살인·치사)의 죄(강간등 살인에 한정한다)

2. 제9조제1항의 죄

3. 「아동·청소년의 성보호에 관한 법률」 제10조제1항의 죄

4. 「군형법」 제92조의8의 죄(강간 등 살인에 한정한다)

1. 공소시효 기산점의 특례

일반적으로 공소시효는 범죄행위가 '종료'한 때로부터 진행하지만(형사소송법 제252조 제1항) 미성년자를 대상으로 하는 성폭력범죄는 피해 미성년자가 '성년에 달한 날'부터 기산한다(제21조 제1항). 피해 미성년자가 성년이 되기 전에 공소시효가 완성되어 사실상 처벌이 불가능하게 되는 것을 막기 위하여 피해 미성년자가 성년이 될 때까지 시효의 진행을 정지시키는 데에 그 취지가 있다.

2. 공소시효 기간 연장의 특례

디엔에이(DNA)증거 등 범죄를 증명할 수 있는 과학적인 증거가 있는 일정한 성폭력범죄에 대해서는 시효기간이 10년 연장된다. 공소시효의 중요한 존재 근거 중 하나가 시간의 흐름에 따른 증거의 멸실과 증명력의 감소인데 디엔에이 증거 등이 있는 경우라면 이러한 위험성이 상당 부분 제거되기 때문이다.

공소시효 기간 연장 특례의 적용을 받는 범죄에는 ① 형법상 강간(제297조), 유사강간(제297조의2), 강제추행(제298조), 준강간, 준강제추행(제299조) 및 각 미수범(제300조), 강간등 상해·치상(제301조), 강간등 살인·치사(제301조의2), 미성년자

등에 대한 간음(제302조), 업무상 위력등에 의한 간음(제303조), 미성년자에 대한 간음·추행(제305조), 강도강간(제339조)와 그 미수범(제342조)과 ② 성폭력처벌법상의 특수강도강간 등(제3조), 특수강간 등(제4조), 친족관계에 의한 강간 등(제5조), 장애인에 대한 강간 등(제6조), 13세 미만의 미성년자에 대한 강간 등(제7조), 강간 등 상해·치상(제8조), 강간 등 살인·치사가 해당한다.

3. 공소시효 배제의 특례

공소시효가 배제되는 범죄는 크게 ① 13세 미만인 사람과 신체적 또는 정신적 장애가 있는 사람을 대상으로 한 일부 성폭력범죄와 ② 살인이 포함된 성폭력범죄로 나누어 볼 수 있다.

①의 범죄에는 형법 제297조(강간), 제298조(강제추행), 제299조(준강간, 준강제추행), 제301조(강간등 상해·치상), 제301조의2(강간등 치사) 또는 제305조(미성년자에 대한 간음, 추행)의 죄와 청소년성보호법 제9조(강간 등 상해·치상), 제10조(강간 등 살인·치사)의 죄, 그리고 성폭력처벌법 제6조제2항(장애인에 대한 유사강간), 제7조제2항(13세 미만의 사람에 대한 유사강간)·제5항(위계·위력에 의한 13세 미만의 사람 간음·추행), 제8조(강간 등 상해·치상), 제9조(강간 등 살인·치사)가 포함된다. 제305조(미성년자에 대한 간음·추행)의 죄는 2020.5.19. 개정 법률에서 추가된 범죄이다.

②의 범죄에는 형법 제301조의2(강간등 살인), 성폭력처벌법의 강간살인(제9조제1항), 청소년성보호법 강간등 살인(제10조 제1항), 군형법의 강간 등 살인(제92조의8)이 해당된다.

4. 특례규정의 소급 적용의 문제

제정 성폭력처벌법은 미성년자에 대한 성폭력범죄와 관련한 공소시효 정지·연장조항을 신설하면서(제20조 제1항, 제2항, 현행 제21조 제1항, 제2항) 그 부칙 제3조에서 "이 법 시행 전 행하여진 성폭력범죄로 아직 공소시효가 완성되지 아니한 것에 대하여도 제20조를 적용한다."고 규정하였다. 반면, 2011.11.17. 개정된 법률은 13세 미만의 여자에 대한 형법 제297조(강간) 또는 제299조(준강간, 준강제추행 중 준강간에 한정)의 죄를 범한 경우에는 공소시효를 적용하지 아니하는 공소시효 배제조항을 신설하면서(제20조 제3항, 현행 제21조 제3항) 이에 대하여는 경과규정을 두지 아니하였다.

　　이와 관련하여 대법원은 피고인에게 불리한 내용의 공소시효 배제조항을 신설하면서 신법을 적용하도록 하는 경과규정을 두지 않은 경우, 그 공소시효 배제조항의 시적 적용 범위에 관하여 보편타당한 일반원칙이 존재하는 것은 아니라고 전제하면서 적법절차원칙과 소급금지원칙을 명시한 헌법 제12조 제1항과 제13조 제1항의 정신을 바탕으로 법적 안정성과 신뢰보호원칙을 포함한 법치주의 이념을 훼손하지 않도록 신중히 판단하여야 한다고 판시하였다. 결국 대법원은 2007. 12. 21. 개정된 형사소송법(법률 제8730호)이 종전의 공소시효 기간을 연장하면서 그 부칙 제3조에서 "이 법 시행 전에 범한 죄에 대하여는 종전의 규정을 적용한다."고 한 규정을 근거로 소급적용에 관한 명시적인 경과규정이 없는 성폭력처벌법 제20조 제3항을 소급하여 적용할 수 없다고 보았다(대법원 2015.5.28. 선고 2015도1362 판결).[24]

Ⅲ. 성폭력범죄 피해자에 대한 변호사 선임의 특례

제27조(성폭력범죄 피해자에 대한 변호사 선임의 특례) ① 성폭력범죄의 피해자 및 그 법정대리인(이하 "피해자등"이라 한다)은 형사절차상 입을 수 있는 피해를 방어하고 법률적 조력을 보장하기 위하여 변호사를 선임할 수 있다.
② 제1항에 따른 변호사는 검사 또는 사법경찰관의 피해자등에 대한 조사에 참여하여 의견을 진술할 수 있다. 다만, 조사 도중에는 검사 또는 사법경찰관의 승인을 받아 의견을 진술할 수 있다.
③ 제1항에 따른 변호사는 피의자에 대한 구속 전 피의자심문, 증거보전절차, 공판준비기일 및 공판절차에 출석하여 의견을 진술할 수 있다. 이 경우 필요한 절차에 관한 구

24　한편 공소시효 정지의 특례조항을 신설하면서 소급적용에 관한 명시적인 경과규정을 두지 않은 아동학대처벌법 제34조 제1항의 소급 적용에 관해서 대법원은 규정의 문언과 취지, 아동학대처벌법의 입법 목적, 공소시효를 정지하는 특례조항의 신설·소급에 관한 법리를 근거로 법률 시행일인 2014. 9. 29. 당시 범죄행위가 종료되었으나 아직 공소시효가 완성되지 않은 아동학대범죄에 대해서도 적용된다고 판시하였다. 판례는 여기에서 공소시효 배제의 소급 적용에 관한 대법원 2015.5.28. 선고 2015도1362, 2015전도19 판결을 언급하면서 이 판례는 공소시효의 적용을 영구적으로 배제하는 것이 아닌 공소시효의 진행을 장래에 향하여 정지시키는 아동학대처벌법의 제34조 제1항에 대한 해석과 적용에 방해되지 않는다고 확인하였다(대법원 2021.2.25. 선고 2020도3694 판결).

체적 사항은 대법원규칙으로 정한다.

④ 제1항에 따른 변호사는 증거보전 후 관계 서류나 증거물, 소송계속 중의 관계 서류나 증거물을 열람하거나 등사할 수 있다.

⑤ 제1항에 따른 변호사는 형사절차에서 피해자등의 대리가 허용될 수 있는 모든 소송행위에 대한 포괄적인 대리권을 가진다.

⑥ 검사는 피해자에게 변호사가 없는 경우 국선변호사를 선정하여 형사절차에서 피해자의 권익을 보호할 수 있다.

성폭력범죄의 피해자 및 그 법정대리인은 형사절차상 입을 수 있는 피해를 방어하고 법률적 조력을 보장하기 위하여 변호사를 선임할 수 있다(제27조 제1항). 수사절차와 공판절차에서 피해자가 입게 되는 피해를 방어하고 법률적 조력을 보장하기 위하여 인정된 제도이다.

또한 피해자에게 변호사가 없는 경우 국선변호사를 선정하여 형사절차에서 피해자의 권익을 보호할 수 있다(제27조 제6항).[25] 검사가 피해자 보호를 위하여 국선변호사를 선정한다는 점에서 법원이 피의자·피고인의 방어권 보호를 위하여 선정하는 통상의 국선변호인과는 구별된다.

Ⅳ. 영상물의 촬영·보존

제30조(영상물의 촬영·보존 등) ① 성폭력범죄의 피해자가 19세 미만이거나 신체적인 또는 정신적인 장애로 사물을 변별하거나 의사를 결정할 능력이 미약한 경우에는 피해자의 진술 내용과 조사 과정을 비디오녹화기 등 영상물 녹화장치로 촬영·보존하여야 한다. 〈'19세 미만 성폭력범죄 피해자에 관한 부분'은 헌법재판소 2021.12.23. 선고 2018헌바524 결정에서 위헌 선고〉.

② 제1항에 따른 영상물 녹화는 피해자 또는 법정대리인이 이를 원하지 아니하는 의사를 표시한 경우에는 촬영을 하여서는 아니 된다. 다만, 가해자가 친권자 중 일방인 경

25　청소년성보호법 제30조 제2항 및 아동학대처벌법 제16조 제6항에도 피해자에 대한 국선변호사제도가 규정되어 있다.

우는 그러하지 아니하다.

③ 제1항에 따른 영상물 녹화는 조사의 개시부터 종료까지의 전 과정 및 객관적 정황을 녹화하여야 하고, 녹화가 완료된 때에는 지체 없이 그 원본을 피해자 또는 변호사 앞에서 봉인하고 피해자로 하여금 기명날인 또는 서명하게 하여야 한다.

④ 검사 또는 사법경찰관은 피해자가 제1항의 녹화장소에 도착한 시각, 녹화를 시작하고 마친 시각, 그 밖에 녹화과정의 진행경과를 확인하기 위하여 필요한 사항을 조서 또는 별도의 서면에 기록한 후 수사기록에 편철하여야 한다.

⑤ 검사 또는 사법경찰관은 피해자 또는 법정대리인이 신청하는 경우에는 영상물 촬영과정에서 작성한 조서의 사본을 신청인에게 발급하거나 영상물을 재생하여 시청하게 하여야 한다.

⑥ 제1항에 따라 촬영한 영상물에 수록된 피해자의 진술은 공판준비기일 또는 공판기일에 피해자나 조사 과정에 동석하였던 신뢰관계에 있는 사람 또는 진술조력인의 진술에 의하여 그 성립의 진정함이 인정된 경우에 증거로 할 수 있다.

⑦ 누구든지 제1항에 따라 촬영한 영상물을 수사 및 재판의 용도 외에 다른 목적으로 사용하여서는 아니 된다.

　　검사 또는 사법경찰관은 참고인의 동의를 얻어 참고인의 진술을 영상녹화할 수 있다(형사소송법 제221조 제1항). 그러나 성폭력범죄의 피해자인 참고인이 신체적·정신적 장애로 심신이 미약한 경우에는 피해자가 명시적인 불원 의사를 표시하지 않는 한 영상물을 녹화하여야 한다(제30조 제1항·제2항). 다만, 가해자가 친권자 중 일방인 경우는 불원의 의사가 있더라도 영상녹화를 해야 한다(제30조 제2항 단서).

　　현행 형사소송법은 참고인조사 과정에서 작성된 영상녹화물의 사용을 진술조서의 실질적 진정성립을 증명하거나 참고인의 기억을 환기시키기 위한 것으로 한정하고 있어 원칙적으로 공소사실을 직접 증명할 수 있는 본증으로 사용할 수 없다(대법원 2014.7.10. 선고 2012도5041 판결). 그러나 성폭력범죄의 피해자가 신체적인 또는 정신적인 장애로 사물을 변별하거나 의사를 결정할 능력이 미약한 경우에는 촬영된 영상물에 수록된 피해자의 진술은 공판준비기일 또는 공판기일에 피해자 또는 조사과정에 동석하였던 신뢰관계인이나 진술조력인의 진술에 의하여 그 성립의 진정함이 인정된 때에 본증으로 사용할 수 있다는 점에서 영상녹화물의 증거사용에 관한 중요한 예외라고 할 수 있다(제30조 제6항). 이것은 신체적·정신적 장애자가 증언과정 등에서 받을 수 있는 2차 피해를 막기 위한 것이다.

기존의 성폭력처벌법 제30조 제1항에서는 성폭력범죄의 피해자가 19세 미만인 경우도 영상녹화물의 증거사용에 관한 예외를 인정하였는데, 헌법재판소는 '제1항에 따라 촬영한 영상물에 수록된 피해자의 진술' 중 '19세 미만 성폭력범죄 피해자에 관한 부분'을 위헌으로 결정하였다(헌법재판소 2021.12.23. 선고 2018헌바524 결정). 위헌 결정의 이유는 첫째, 미성년 피해자의 2차 피해를 방지하는 것이 중요하더라도, 피해자 진술의 영상녹화물에 대해서 피해자 등의 진술만으로 증거능력을 인정하는 것은 공정한 재판을 받을 권리의 핵심적 내용인 피고인의 반대신문권을 중대하게 제한하는 것이며, 둘째, 미성년 피해자의 2차 피해를 방지할 수 있는 여러 대안(수사의 초기 단계에서 증거보전절차의 적극적 실시, 비디오 등 중계장치에 의한 증인신문 등)이 존재한다는 것이다.

V. 신뢰관계에 있는 사람의 동석

제34조(신뢰관계에 있는 사람의 동석) ① 법원은 제3조부터 제8조까지, 제10조 및 제15조(제9조의 미수범은 제외한다)의 범죄의 피해자를 증인으로 신문하는 경우에 검사, 피해자 또는 법정대리인이 신청할 때에는 재판에 지장을 줄 우려가 있는 등 부득이한 경우가 아니면 피해자와 신뢰관계에 있는 사람을 동석하게 하여야 한다.
② 제1항은 수사기관이 같은 항의 피해자를 조사하는 경우에 관하여 준용한다.
③ 제1항 및 제2항의 경우 법원과 수사기관은 피해자와 신뢰관계에 있는 사람이 피해자에게 불리하거나 피해자가 원하지 아니하는 경우에는 동석하게 하여서는 아니 된다.

일반적으로 피해자를 증인으로 신문하는 경우 증인의 연령, 심신의 상태, 그 밖의 사정을 고려할 때 증인이 현저하게 불안 또는 긴장을 느낄 우려가 있다고 법원이 인정하는 때에는 직권 또는 피해자·법정대리인·검사의 신청에 따라 임의로 피해자와 신뢰관계에 있는 자를 동석하게 할 수 있다(형사소송법 제163조의2 제1항). 그러나 증인이 성폭력처벌법상 특수강도강간 등(제3조), 특수강간 등(제4조), 친족관계에 의한 강간 등(제5조), 장애인에 대한 강간 등(제6조), 13세 미만의 미성년자에 대한 강간 등(제7조), 강간 등 상해·치상(제8조)과 각 범죄의 미수범의 피해자로서 검사, 피해자 또는 법정대리인이 신청하는 경우에는 부득이한 사유가 없다면 필요적으로 피해자와 신뢰관계 있는 사람을 동석하게 하여야 한다(제34조 제1항). 신뢰관계인의 동석이 요구되는 것은 수사기관에서의 조사에서도 마찬가지이다(제34조 제2항). 다만, 신뢰관계에 있는 사람이 피해자에게 불리하거나 피해자가 원하지 않는 경우에는 동석하게 하여서는 안 된다(제34조 제3항).

Ⅵ. 진술조력인의 절차 참여

제36조(진술조력인의 수사과정 참여) ① 검사 또는 사법경찰관은 성폭력범죄의 피해자가 13세 미만의 아동이거나 신체적인 또는 정신적인 장애로 의사소통이나 의사표현에 어려움이 있는 경우 원활한 조사를 위하여 직권이나 피해자, 그 법정대리인 또는 변호사의 신청에 따라 진술조력인으로 하여금 조사과정에 참여하여 의사소통을 중개하거나 보조하게 할 수 있다. 다만, 피해자 또는 그 법정대리인이 이를 원하지 아니하는 의사를 표시한 경우에는 그러하지 아니하다.
② 검사 또는 사법경찰관은 제1항의 피해자를 조사하기 전에 피해자, 법정대리인 또는 변호사에게 진술조력인에 의한 의사소통 중개나 보조를 신청할 수 있음을 고지하여야 한다.
③ 진술조력인은 조사 전에 피해자를 면담하여 진술조력인 조력 필요성에 관하여 평가한 의견을 수사기관에 제출할 수 있다.
④ 제1항에 따라 조사과정에 참여한 진술조력인은 피해자의 의사소통이나 표현 능력, 특성 등에 관한 의견을 수사기관이나 법원에 제출할 수 있다.
⑤ 제1항부터 제4항까지의 규정은 검증에 관하여 준용한다.
⑥ 그 밖에 진술조력인의 수사절차 참여에 관한 절차와 방법 등 필요한 사항은 법무부령으로 정한다.

제37조(진술조력인의 재판과정 참여) ① 법원은 성폭력범죄의 피해자가 13세 미만 아동이거나 신체적인 또는 정신적인 장애로 의사소통이나 의사표현에 어려움이 있는 경우 원활한 증인 신문을 위하여 직권 또는 검사, 피해자, 그 법정대리인 및 변호사의 신청에 의한 결정으로 진술조력인으로 하여금 증인 신문에 참여하여 중개하거나 보조하

게 할 수 있다.

② 법원은 증인이 제1항에 해당하는 경우에는 신문 전에 피해자, 법정대리인 및 변호사에게 진술조력인에 의한 의사소통 중개나 보조를 신청할 수 있음을 고지하여야 한다.

③ 진술조력인의 소송절차 참여에 관한 구체적 절차와 방법은 대법원규칙으로 정한다.

성폭력범죄의 피해자가 13세 미만의 아동이거나 신체적인 또는 정신적인 장애로 의사소통이나 의사표현에 어려움이 있는 경우, 원활한 조사 및 증인심문을 위하여 법원의 직권이나 변호사, 피해자, 그 법정대리인 및 변호사의 신청에 의한 결정으로 진술조력인을 절차에 참여시킬 수 있다. 진술조력인은 정신건강의학, 심리학, 사회복지학, 교육학 등 아동·장애인의 심리나 의사소통 관련 전문지식이 있거나 관련 분야에서 상당 기간 종사한 사람으로 법무부장관이 정하는 교육을 이수하여야 한다(제35조 제2항).

VII. 증거보전의 특례

제41조(증거보전의 특례) ① 피해자나 그 법정대리인 또는 경찰은 피해자가 공판기일에 출석하여 증언하는 것에 현저히 곤란한 사정이 있을 때에는 그 사유를 소명하여 제30조에 따라 촬영된 영상물 또는 그 밖의 다른 증거에 대하여 해당 성폭력범죄를 수사하는 검사에게 「형사소송법」 제184조(증거보전의 청구와 그 절차) 제1항에 따른 증거보전의 청구를 할 것을 요청할 수 있다. 이 경우 피해자가 16세 미만이거나 신체적인 또는 정신적인 장애로 사물을 변별하거나 의사를 결정할 능력이 미약한 경우에는 공판기일에 출석하여 증언하는 것에 현저히 곤란한 사정이 있는 것으로 본다.

② 제1항의 요청을 받은 검사는 그 요청이 타당하다고 인정할 때에는 증거보전의 청구를 할 수 있다.

증거보전이란 미리 증거를 보전하지 아니하면 그 증거를 사용하기 곤란한 사정이 있는 경우에 검사·피의자·피고인 또는 변호인이 판사에게 압수·수색·검증·증인신문 또는 감정을 청구하여 그 결과를 보전하여 두는 제도를 말한다(형사소송법 제184조). 증거보전은 수사절차나 제1회 공판기일 이전의 공판절차에서 이해관계인의 청구에 의하여 판사가 미리 증거를 수집·보전하거나 증거조사를 하여 그 결과를 보전하는 제도로서, 본래 피의자나 피고인에게 유리한 증거를 확보하기 위한 수단으로서 중요한 의미가 있다.[26]

그런데 성폭력범죄의 피해자나 그 법정대리인 또는 경찰은 피해자가 공판기일에 출석하여 증언하는 것에 '현저히 곤란한 사정'이 있는 경우 영상녹화물 또는 다른 증거물에 대하여 검사에게 형사소송법 제184조 제1항에 따른 증거보전의 청구를 할 것을 요청할 수 있다(제42조 제1항). 피해자가 16세 미만이거나 신체적인 또는 정신적인 장애가 있는 경우에는 현저히 곤란한 사정이 있는 것으로 본다(제42조 제2항).

---

26   이은모·김정환 354면.

청소년성보호법

제1절　서두

Ⅰ. 입법목적

연혁

2000.2.3. 「청소년의성보호에관한법률」(법률 제6261호, 시행 2000.7.1.)은 청소년의 성을 사는 행위와 성매매를 조장하는 중간매개행위, 청소년을 대상으로 한 성폭력행위를 강력하게 처벌하고(제2장) 성매매와 성폭력행위의 대상이 된 청소년을 보호·구제하는 장치를 마련하여(제3장) 청소년의 인권을 보장하고 건전한 사회구성원으로 복귀할 수 있도록 하는 한편 청소년을 대상으로 하는 성매매 및 성폭력 행위자의 신상을 공개함으로써(제4장) 범죄예방효과를 강화하기 위하여 제정되었다. 법률 제정 이후 아동·청소년 대상 성범죄에 대한 사회적 인식의 변화와 이에 따른 아동·청소년에 대한 강화된 성보호에 관한 필요성을 반영하여 비교적 잦은 개정이 이루어져서 2022년 5월까지 총 49차례(타법개정 포함) 개정되었다.

법률명을 「아동·청소년의 성보호에 관한 법률」(청소년성보호법)로 변경한 2009.6.9. 전부 개정부터의 주요 개정 내용은 다음과 같다.

2009.6.9. 전부개정 법률(법률 제9765호, 시행 2010.1.1.)은 '청소년'뿐만 아니라 '아동' 역시도 법률의 보호대상임을 강조하면서 법률명을 변경하였는데 이 개정에서 아동·청소년 대상의 유사성교 행위 및 성매수 유인행위(제10조 제2항)와 성범죄 피해자 및 보호자에 대한 합의 강요행위의 처벌규정(제17조)이 신설되었다.

다음 해 2010.4.15. 개정된 법률(법률 제10260호)은 성폭력처벌법의 개정과 유사한 맥락에서 「형법」상 감경조항의 임의적 배제(제7조의2)와 함께 진술녹화제도·증거보전의 특례·신뢰관계 있는 자의 동석제도 등(제18조의2부터 제18조의4) 절차상 특례규정을 신설하였다.

그리고 2012.12.18.에는 다시 한번 전부 개정이 이루어졌는데 전부개정 법률(법률 제11572호, 시행 2013.6.19.)은 아동·청소년이용음란물의 범위를 제한하고(제2조 제5호), 아동·청소년에 대한 강간 등의 법정형을 상향하였으며(제7조), 음주·약물로 인한 감경 배제 규정의 적용 대상(제19조)과 공소시효의 적용 배제대상(제20조)을 각각 확대하는 등 전면적으로 규정을 정비하였다.

이후 2019.1.15.개정 법률(제16275호, 시행 2019.7.16.)은 13세 이상 16세 미만인 아동·청소년의 궁박한 상태를 이용한 간음·추행죄를 신설하였고 2020.6.2. 개정 법률(법률 제17338호)은 아동·청소년 음란물을 아동·청소년 성착취물로 명칭을 변경하였다.

그리고 2021.3.23. 개정 법률(법률 제17972호, 시행 2021.9.24.)은 소위 'N번방' 사건을 계기로 아동·청소년대상의 소위 '온라인 그루밍'을 범죄행위로 규정하면서(제15조의2), 아동·청소년대상 디지털 성범죄의 사전 예방 및 증거자료 확보를 위하여 신분비공개 및 신분위장 수사가 가능한 수사상 특례 규정(제25조의2부터 제25조의9까지)을 신설하였다.

청소년성보호법은 아동·청소년대상 성범죄의 처벌과 절차에 관한 특례를 규정하고 피해아동·청소년을 위한 구제 및 지원 절차를 마련하며 아동·청소년대상 성범죄자를 체계적으로 관리함으로써 아동·청소년을 성범죄로부터 보호하고 아동·청소년이 건강한 사회구성원으로 성장할 수 있도록 하는 것을 입법의 목적으로 명시하고 있다(제1조).

청소년성보호법은 제1장 총칙, 제2장 아동·청소년대상 성범죄의 처벌과 절차에 관한 특례 외에도 제3장 아동·청소년대상 성범죄의 신고·응급조치와 피해아동·청소년의 보호·지원, 제4장 성범죄로 유죄판결이 확정된 자의 신상정보 공개와 취업제한, 제5장 보호관찰, 제6장 벌칙을 규정하고 있다.

범죄 대상이 아동·청소년이라는 점을 제외하면 처벌과 절차의 특례 내용이 성폭력처벌법과 상당 부분 중복될 뿐 아니라 13세 미만을 대상으로 하는 강간 등의 경우에는 오히려 성폭력처벌법이 특별법 지위에 있는 등 두 법률의 적용에 혼란이 야기될 수 있다는 점에서 성폭력범죄 전반에 걸친 통합적 정비의 필요성이 꾸준히 제기되고 있다.

Ⅱ. 조문개관

청소년성보호법은 총 78개의 조문(3개의 삭제 조문 제외)으로 구성되어 있다. 장별로는 제1장 총칙, 제2장 아동·청소년대상 성범죄의 처벌과 절차에 관한 특례, 제3장 아동·청소년대상 성범죄의 신고·응급조치와 피해아동·청소년의 보호·지원, 제4장 성범죄로 유죄판결이 확정된 자의 신상정보 공개와 취업제한, 제5장 보호관찰, 제6장 벌칙으로 구분된다.

제2장의 제7조부터 제15조의2까지는 '아동·청소년 대상 성범죄'를 규정하고 있는데 이 중 제7조부터 제10조까지가 '아동·청소년 대상 성폭력범죄'에 해당한다(제2조 제2호, 제3호). 여기에는 아동·청소년에 대한 강간·유사강간·강제추행 등(제7조), 장애인인 아동·청소년에 대한 간음·추행(제8조), 13세 이상 16세 미만 아동·청소년에 대한 간음·추행(제8조의2), 강간 등 상해·치상죄(제9조), 강간 등 살인·치사죄(제10조)가 포함된다.

그리고 아동·청소년대상 성폭력범죄가 아닌 성범죄에는 아동·청소년성착취물의 제작·배포(제11조), 아동·청소년 매매행위(제12조), 아동·청소년의 성을 사는 행위(제13조), 아동·청소년에 대한 강요행위(제14조), 알선영업행위(제15조), 아동·청소년에 대한 성착취 목적 대화(제15조의2)가 포함된다.

한편 제16조의 피해자 또는 보호자를 상대로 한 합의 강요행위는 아동·청소년 대상 성범죄에서 제외되는데 이 범죄의 1차적인 보호법익은 성적 자기결정권이 아닌 일반적 의사결정의 자유이고, 강요대상자가 보호자인 경우는 아동·청소년을 직접 대상으로 하는 범죄도 아니기 때문이다.

제18조는 아동·청소년대상 성범죄의 신고의무를 지는 자의 아동·청소년대상 성범죄를 가중 처벌하는 규정이다. 제19조는 '아동·청소년대상 성폭력범죄'에 대한 형법상 감경규정 배제의 특례를, 제21조는 형벌과 수강명령의 병과에 관한 내용을 규정하고 있다.

절차상 특례로는 공소시효의 특례(제20조), 영상물의 촬영·보존(제26조), 증거보전의 특례(제27조), 신뢰관계에 있는 사람의 동석(제28조), 서류·증거물의 열람·등사(제29조), 피해아동·청소년에 대한 변호사선임의 특례(제30조) 등 성폭력처벌법과 유사한 내용이 다수 규정되어 있다.

또한 2021년 신설된 제25조의2부터 제25조의9는 아동·청소년 대상 디지털성범죄와 관련하여 사법경찰관리가 신분을 감추거나 위장하여 수사할 수 있는 수사

방법에 관한 특례를 규정하고 있다.

구분			주요 내용	조항
처벌에 관한 특례	아동·청소년 대상 성범죄	성폭력 범죄	아동·청소년에 대한 강간, 강제추행 등 / 예비·음모	제7조, 제7조의2
			장애인인 아동·청소년에 대한 간음 등	제8조
			13세 이상 16세 미만 아동·청소년에 대한 간음 등	제8조의2
			강간 등 상해·치상 / 살인·치사	제9조, 제10조
		성폭력 범죄 아닌 성범죄	아동·청소년성착취물의 제작·배포	제11조
			아동·청소년 매매행위	제12조
			아동·청소년의 성을 사는 행위	제13조
			아동·청소년에 대한 강요행위	제14조
			알선영업행위 등	제15조
			아동·청소년에 대한 성착취 목적 대화 등	제15조의2
	관련 범죄		피해자 등에 대한 강요행위	제16조
	기타		신고의무자의 성범죄에 대한 가중처벌	제17조
			「형법」상 감경규정에 관한 특례	제19조
			형벌과 수강명령 등의 병과	제21조
절차에 관한 특례			공소시효에 관한 특례	제20조
			아동·청소년대상 디지털 성범죄의 수사 특례 등	제25조의2부터 제25조의9
			영상물의 촬영·보존 등	제26조
			증거보전의 특례	제27조
			신뢰관계 있는 사람의 동석	제28조
			서류·증거물의 열람·등사	제29조
			피해아동·청소년 등에 대한 변호사선임의 특례	제30조

제2절   아동·청소년 대상 성범죄의 처벌에 관한 특례

Ⅰ. 관련 용어의 정의[제2조]

> **제2조(정의)** 이 법에서 사용하는 용어의 뜻은 다음과 같다.
>   1. "아동·청소년"이란 19세 미만의 자를 말한다. 다만, 19세에 도달하는 연도의 1월 1일을 맞이한 자는 제외한다.
>   2. "아동·청소년대상 성범죄"란 다음 각 목의 어느 하나에 해당하는 죄를 말한다.
>   가. 제7조부터 제15조까지의 죄
>   나. 아동·청소년에 대한 「성폭력범죄의 처벌 등에 관한 특례법」 제3조부터 제15조까지의 죄
>   다. 아동·청소년에 대한 「형법」 제297조, 제297조의2 및 제298조부터 제301조까지, 제301조의2, 제302조, 제303조, 제305조, 제339조 및 제342조(제339조의 미수범에 한정한다)의 죄
>   라. 아동·청소년에 대한 「아동복지법」 제17조제2호의 죄
>   3. "아동·청소년대상 성폭력범죄"란 아동·청소년대상 성범죄에서 제11조부터 제15조까지의 죄를 제외한 죄를 말한다.

1. 아동·청소년(제1호)

청소년성보호법은 '아동'과 '청소년'을 연령에 따라 구분하지 않고 아동·청소년을 통칭하여 19세 미만의 자로 정의하면서 다만 19세에 도달하는 연도의 1월 1일을 맞이한 자를 제외한다.[1]

유의할 점은 아동·청소년이라 하더라도 13세 미만인 자에 대한 강간, 유사강간, 강제추행 등의 범죄는 성폭력처벌법 제7조가 우선 적용된다는 점이다.

---

[1] 참고로 청소년을 유해한 환경으로부터 보호·구제함으로써 청소년이 건전한 인격체로 성장할 수 있도록 함을 목적으로 하는 「청소년보호법」에서는 연(年) 나이를 사용한다. 청소년보호법 제2조 제1호에서는 "'청소년'이란 만 19세 미만인 사람을 말한다. 다만, 만 19세가 되는 해의 1월 1일을 맞이한 사람은 제외한다."고 규정하고 있다.

2. 아동·청소년 대상 성범죄와 성폭력범죄(제2호, 제3호)

청소년성보호법은 제2조 제2호와 제3호에서 아동·청소년대상 성범죄와 성폭력범죄를 구분하여 정의하고 있다.

우선, '아동·청소년대상 성범죄'는 ① 이 법 제7조부터 제15조까지의 범죄 ② 아동·청소년에 대한 성폭력처벌법 제3조부터 제15조까지의 죄 ③ 아동·청소년에 대한 형법상 강간(제297조), 유사강간(제297조의2), 강제추행(제298조). 준강간 등(제299조), 미성년자 간음 등(제302조), 미성년자의제강간(제305조), 강도강간(제339조) 및 그 미수범 ④ 아동·청소년에 대한 아동복지법 제17조 제2호의 죄이다.

다음으로 아동·청소년대상 성폭력범죄는 위의 범죄에서 이 법 제11조에서 제15조까지의 죄를 제외한 나머지 죄를 말한다. 제외되는 범죄는 아동·청소년성착취물의 제작·배포(제11조), 아동·청소년 매매행위(제12조), 아동·청소년의 성을 사는 행위(제13조), 아동·청소년에 대한 강요행위(제14조), 알선영업행위(제15조)이다.

이와 관련하여 아동·청소년을 직접 피해자로 하는 성범죄 중 폭력적이지 않은 범죄는 있을 수 없다는 관점에서 이러한 용어의 구분이 적절하지 않다는 지적이 있을 수 있다. 그럼에도 법률이 이를 구별한 것은 다음과 같이 아동·청소년대상 성폭력범죄에만 적용되는 특례가 있기 때문이다.

	처벌 및 절차상 특례	
아동·청소년 대상 성범죄 전체	• 공소시효 기산점의 특례(제20조 제1항) • 형벌과 수강명령 등의 병과(제21조) • 영상물의 촬영·보존(제26조) • 증거보전의 특례(제27조) • 신뢰관계 있는 사람의 동석(제28조) • 서류·증거물의 열람·등사(제29조) • 피해아동·청소년 등에 대한 변호사선임의 특례(제30조) 등	
아동·청소년 대상 성폭력범죄	「형법」상 감경규정에 관한 특례(제19조)	

Ⅱ. 아동·청소년에 대한 강간·강제추행[제7조, 제7조의2]

제7조(아동·청소년에 대한 강간·강제추행 등) ① 폭행 또는 협박으로 아동·청소년을 강간한 사람은 무기징역 또는 5년 이상의 유기징역에 처한다.

② 아동·청소년에 대하여 폭행이나 협박으로 다음 각 호의 어느 하나에 해당하는 행위를 한 자는 5년 이상의 유기징역에 처한다.

   1. 구강·항문 등 신체(성기는 제외한다)의 내부에 성기를 넣는 행위

   2. 성기·항문에 손가락 등 신체(성기는 제외한다)의 일부나 도구를 넣는 행위

③ 아동·청소년에 대하여 「형법」 제298조의 죄를 범한 자는 2년 이상의 유기징역 또는 1천만원 이상 3천만원 이하의 벌금에 처한다.

④ 아동·청소년에 대하여 「형법」 제299조의 죄를 범한 자는 제1항부터 제3항까지의 예에 따른다.

⑤ 위계(僞計) 또는 위력으로써 아동·청소년을 간음하거나 아동·청소년을 추행한 자는 제1항부터 제3항까지의 예에 따른다.

⑥ 제1항부터 제5항까지의 미수범은 처벌한다.

제7조의2(예비, 음모) 제7조의 죄를 범할 목적으로 예비 또는 음모한 사람은 3년 이하의 징역에 처한다.

1. 의의

    청소년성보호법 제7조와 성폭력처벌법 제7조는 범행 대상이 각각 19세 미만인 사람과 13세 미만인 사람이라는 점을 제외하면 동일한 구성요건을 규정하고 있으며 법정형은 후자가 더 중하다. 따라서 청소년성보호법 제7조 제1항부터 제5항은 형법상 강간(제297조), 유사강간(제297조의2), 강제추행(제298조). 준강간 등(제299조), 미성년자 간음 등(제302조)에 대한 특별법이지만, 범행 대상이 13세 미만 경우에는 성폭력처벌법 제7조 제1항부터 제5항이 청소년성보호법에 대한 특별법이 된다.

2. 행위

[1] 강간, 유사강간, 강제추행, 준간강·준유사강간(제1항, 제2항, 제3항, 제4항)

제7조의 행위태양은 강간(제1항), 유사강간(제2항), 강제추행(제3항), 준강간·준유사강간·준강제추행(제4항)으로 성폭력처벌법 제7조와 동일하며 그 개념은 형법의 강간과 추행의 죄에 관한 내용과 동일하다.

형법

> **제297조(강간)** 폭행 또는 협박으로 사람을 강간한 자는 3년 이상의 유기징역에 처한다.
>
> **제297조의2(유사강간)** 폭행 또는 협박으로 사람에 대하여 구강, 항문 등 신체(성기는 제외한다)의 내부에 성기를 넣거나 성기, 항문에 손가락 등 신체(성기는 제외한다)의 일부 또는 도구를 넣는 행위를 한 사람은 2년 이상의 유기징역에 처한다.
>
> **제298조(강제추행)** 폭행 또는 협박으로 사람에 대하여 추행을 한 자는 10년 이하의 징역 또는 1천500만원 이하의 벌금에 처한다.
>
> **제299조(준강간, 준강제추행)** 사람의 심신상실 또는 항거불능의 상태를 이용하여 간음 또는 추행을 한 자는 제297조, 제297조의2 및 제298조의 예에 의한다.

[2] 위계·위력에 의한 간음, 추행(제5항)

1) 위계의 의미

'위계'란 행위자의 행위목적을 달성하기 위하여 피해자에게 오인, 착각, 부지를 일으키게 하여 이를 이용하는 것을 의미한다. 그런데 이러한 오인, 착각, 부지가 간음행위 자체에 대한 것만으로 한정되는지, 아니면 간음행위 이외의 다른 조건에 대한 것도 포함되는지에 대한 논란이 있었다. 전자의 입장이었던 과거 대법원의 태도(대법원 2001.12.24. 선고 2001도5074 판결 등)에 대하여 아동·청소년의 성적 자기결정권 보호라는 입법 취지를 제대로 살리지 못한다는 비판이 꾸준히 제기되었다.[2]

---

2 이덕인, 위계에 의한 아동·청소년 간음죄에서의 '위계'의 의미, 형사법연구 제28권 제4호, 한국형사법학회 2016, 273면.

이에 대법원은 최근 입장을 변경하여 피해자가 오인, 착각, 부지에 빠지게
되는 대상은 간음행위 자체일 수도 있고, 간음행위에 이르게 된 동기나 간음행위
와 결부된 금전적·비금전적 대가와 같은 요소일 수도 있다고 판시하였다(대법원
2020.8.27. 선고 2015도9436 전원합의체 판결). 다만 아동·청소년 대상 위계에 의한
간음과 추행의 법정형이 강간과 강제추행과 같다는 점을 고려할 때 판례의 변화
로 인하여 위계의 인정 범위가 지나치게 확대되는 것은 바람직하지 않을 것이다.
이에 대법원은 행위자의 위계적 언동이 존재하였다는 사정만으로 위계에 의한 간
음죄가 성립하는 것은 아니고 위계적 언동의 내용 중에 피해자가 성행위를 결심
하게 된 중요한 동기를 이룰 만한 사정이 포함되어 있어 피해자의 자발적인 성적
자기결정권의 행사가 없었다고 평가할 수 있어야 한다고 인정범위를 제한하였다.
이러한 관점에서 폰 채팅 애플리케이션을 통하여 알게 된 14세의 피해자에게 자
신을 '고등학교 2학년인 갑'이라고 거짓으로 소개하고 채팅을 통해 교제하던 중
자신을 스토킹하는 여성 때문에 힘들다며 그 여성을 떼어내려면 자신의 선배와
성관계를 하여야 한다는 취지로 피해자에게 이야기하고, 헤어지는 것이 두려워
제안을 승낙한 피해자를 마치 자신의 선배인 것처럼 행세하여 간음한 자는 본 조
의 위계에 의한 간음죄로 처벌받는다고 판단하였다.

생각건대 아동·청소년의 성적 자기결정권에 대한 두터운 보호필요성과 행위
태양과 형벌의 균형성이라는 두 측면을 모두 고려할 때 위계의 대상을 확대하면
서도 일정 범위로 제한한 판례의 태도는 타당하며, 향후 판례의 축적을 통하여 성
행위를 결심하게 된 '중요한 동기'의 구체적 기준에 대한 검토가 이루어져야 할
것이다.

2) 위력의 의미

'위력'이란 피해자의 자유의사를 제압하기에 충분한 세력을 의미한다. 유형적
이든 무형적이든 묻지 않으므로 폭행·협박은 물론 행위자의 사회적·경제적·정
치적인 지위나 권세를 이용하는 것도 가능하다(대법원 2007.8.23. 선고 2007도4818
판결 등). 위력으로 간음 또는 추행한 것인지는 행사한 유형력의 내용과 정도, 이
용한 행위자의 지위나 권세의 종류, 피해자의 연령, 행위자와 피해자의 이전부터
의 관계, 그 행위에 이르게 된 경위, 구체적인 행위 태양, 범행 당시의 정황 등 제
반 사정을 종합적으로 고려하여 판단하여야 한다(대법원 2007.8.23. 선고 2007도
4818 판결 등). 예를 들어 판례는 체구가 큰 성인 남자가 피해자의 거부 의사에도

불구하고 성행위를 위하여 피해자의 몸 위로 올라갔으나 그 밖의 별다른 유형력이 행사되지 않은 경우에도 위력이 행사된 것으로 보았다(대법원 2008.7.24. 선고 2008도4069 판결).

3. 고의

제7조에 해당하는 모든 범죄는 고의범이므로 범행 대상이 아동·청소년이라는 사실은 당연히 고의의 인식대상이다. 따라서 성인으로 오인하여 아동·청소년을 대상으로 제7조에 해당하는 행위를 한 경우는 형법의 해당 규정에 따라 처벌된다(형법 제15조).

다만, 판례는 범행대상이 아동·청소년이라는 점에 대한 인식 없이 범한 제7조의 죄라 하더라도 이 법률에 따라 성폭력 치료프로그램의 이수명령을 병과하고(제21조) 등록정보 공개를 명할 수 있는(제49조)3 '아동·청소년 대상 성범죄(제2조 제2호)'에는 해당할 수 있다고 보았다(대법원 2011.12.8. 선고 2011도8163 판결). 형벌 부과의 대상인 범죄 성립 문제가 아니라 보안처분 부과의 대상인 범죄 인정 문제라는 측면에서 이와 같이 판시한 것으로 이해된다.

4. 미수(제6항)와 예비·음모(제7조의2)

제7조 각 항의 모든 범죄는 미수범과 함께 예비·음모를 처벌한다. 아동·청소년의 성적 자기결정권을 사전적으로 보호하고자 하는 취지에서 처벌의 범위를 예비·음모까지 확장한 것이다. 그러나 예비·음모의 실행행위는 무정형 무한정의 행위여서 부당한 처벌범위 확장의 위험성을 내포하고 있다는 점을 고려하면 범죄유형을 구별하지 않고 강제추행은 물론 위계·위력에 의한 추행까지 동일하게 예비·음모를 처벌하도록 한 태도는 재검토가 필요해 보인다.

---

3 당시 법률(제33조 제2항)에 의하여 대법원은 '법원이 등록대상자라는 사실과 신상정보 제출 의무가 있음을 알려 줄 수 있는'이라고 표현하였다.

Ⅲ. 장애인인 아동·청소년에 대한 간음 등[제8조]

> **제8조(장애인인 아동·청소년에 대한 간음 등)** ① 19세 이상의 사람이 13세 이상의 장애 아동·청소년(「장애인복지법」 제2조제1항에 따른 장애인으로서 신체적인 또는 정신적인 장애로 사물을 변별하거나 의사를 결정할 능력이 미약한 아동·청소년을 말한다. 이하 같다)을 간음하거나 13세 이상의 장애 아동·청소년으로 하여금 다른 사람을 간음하게 하는 경우에는 3년 이상의 유기징역에 처한다.
> ② 19세 이상의 사람이 13세 이상의 장애 아동·청소년을 추행한 경우 또는 13세 이상의 장애 아동·청소년으로 하여금 다른 사람을 추행하게 하는 경우에는 10년 이하의 징역 또는 1천500만원 이하의 벌금에 처한다.

제8조의 주체는 19세 이상인 사람으로 제한되는데 13세 이상 19세 미만의 또래 간 성행위를 처벌 대상에서 배제하려는 의도로 볼 수 있다. 그러나 비장애인인 아동·청소년의 악의적인 이용가능성을 염두에 둔다면 연령 제한을 두지 않는 것이 성적 학대나 착취로부터 장애 아동·청소년을 보호하려는 입법 취지에 더 부합한 태도로 생각된다.

한편 제8조의 객체는 13세 이상의 아동·청소년인 동시에 신체적 또는 정신적 장애로 사물을 변별하거나 의사를 결정할 능력이 미약한 장애인(「장애인복지법」 제2조 제1항에 따른 장애인)이다. 사물변별능력이나 의사결정능력이 미약한지 여부는 전문가의 의견뿐 아니라 아동·청소년의 평소 언행에 관한 제3자의 진술 등 객관적 증거, 해당 범죄와 관련한 아동·청소년의 언행 및 사건의 경위 등 여러 사정을 종합하여 판단할 수 있는데, 이때 해당 연령의 아동·청소년이 통상 갖추고 있는 능력에 비하여 어느 정도 낮은 수준으로서 그로 인하여 성적 자기결정권을 행사할 능력이 부족하다고 판단되면 충분하다(대법원 2015.3.20. 선고 2014도17346 판결).

제8조의 행위 태양은 폭행·협박이나 위계·위력 등을 수반하지 않은 간음과 추행행위, 그리고 타인을 간음하거나 추행하게 하는 교사행위이다. 이 경우 장애인인 아동·청소년에 대한 교사행위는 피교사자의 범죄행위에 대한 형법총칙의 교사범이 아닌 제8조 각 항이 정한 범죄의 정범으로 처벌받게 된다.

Ⅳ. 13세 이상 16세 미만 아동·청소년에 대한 간음 등[제8조의2]

제8조의2(13세 이상 16세 미만 아동·청소년에 대한 간음 등) ① 19세 이상의 사람이 13세 이상 16세 미만인 아동·청소년(제8조에 따른 장애 아동·청소년으로서 16세 미만인 자는 제외한다. 이하 이 조에서 같다)의 궁박(窮迫)한 상태를 이용하여 해당 아동·청소년을 간음하거나 해당 아동·청소년으로 하여금 다른 사람을 간음하게 하는 경우에는 3년 이상의 유기징역에 처한다.
② 19세 이상의 사람이 13세 이상 16세 미만인 아동·청소년의 궁박한 상태를 이용하여 해당 아동·청소년을 추행한 경우 또는 해당 아동·청소년으로 하여금 다른 사람을 추행하게 하는 경우에는 10년 이하의 징역 또는 5천만원 이하의 벌금에 처한다.

　　과거 형법은 13세 미만의 아동·청소년을 대상으로 한 간음행위만을 처벌하고 있었는데 13세 이상이라 하더라도 16세 미만인 아동·청소년의 경우에는 성적 행위에 대한 분별력이 완성되었다고 보기 어렵고, 특히 자신에게 궁박한 사정이 있는 경우에는 책임 있는 의사결정이 더욱 제약된다고 할 수 있다. 이러한 점을 반영하여 2019. 1. 15. 개정된 청소년성보호법(법률 제16275호)은 13세 이상 16세 미만의 아동·청소년을 대상으로 하는 제8조의2를 신설하였다.
　　한편 2020. 5. 19. 개정된 형법(법률 제17265호)은 과거 13세이던 미성년자 의제강간죄의 피해자 연령 기준을 사실상 16세로 상향하되 행위자의 연령은 19세 이상으로 제한하는 내용의 제305조 제2항을 신설하였다. 그 결과 현행 두 법률은 아동·청소년의 성보호와 관련하여 보호 대상을 13세 미만인 자와 13세 이상 16세 미만인 자, 16세 이상 19세 미만인 자의 세 유형으로 나누어 차등적으로 취급하게 되었다. 그런데 13세 이상 16세 미만의 아동·청소년에 대한 간음·추행에 관해서는 청소년성보호법 제8조의2와 형법 제305조 제2항이 '궁박한 상태'의 이용에 대해서만 구성요건을 달리하면서 법정형은 동일하게 규정하고 있다. 기본법인 형법의 개정이 이루어진 상황에서 적용상의 혼란을 야기하는 청소년성보호법 제8조의2는 삭제하는 것이 타당해 보인다.

피해자의 연령	13세 미만	13세 이상 16세 미만	16세 이상 19세 미만
청소년 성보호법		19세 이상인 자의 '궁박한 상태'를 이용한 간음· 추행(제8조의2)	간음·추행 처벌 규정 없음
형법	간음·추행 (제305조 제1항)	19세 이상인 자의 간음·추행 (제305조 제2항)	

V. 강간 등 상해·치상[제9조], 살인·치사[제10조]

> 제9조(강간 등 상해·치상) 제7조의 죄를 범한 사람이 다른 사람을 상해하거나 상해에 이르게 한 때에는 무기징역 또는 7년 이상의 징역에 처한다.
>
> 제10조(강간 등 살인·치사) ① 제7조의 죄를 범한 사람이 다른 사람을 살해한 때에는 사형 또는 무기징역에 처한다.
> ② 제7조의 죄를 범한 사람이 다른 사람을 사망에 이르게 한 때에는 사형, 무기징역 또는 10년 이상의 징역에 처한다.

제9조는 이 법 제7조의 죄를 범한 사람이 다른 사람을 상해하거나 상해에 이르게 한때 성립되는 결합범과 결과적 가중범이다. 법률은 행위객체를 '다른 사람'이라고 표현하고 있으나 이는 제7조의 범행 대상인 아동·청소년을 의미하는 것으로 보아야 한다. 결합범과 결과적 가중범을 하나의 조문에서 동일한 법정형으로 규정하고 있는데 구체적 사안에서는 범죄와 형벌의 비례성을 상실하는 문제가 나타날 수 있다. 아동·청소년 대상 강제추행치상죄까지 '무기징역 또는 7년 이상'이라는 법정형이 적용되는 것이 그 예이다.

제10조 역시 이 법 제7조의 죄를 범한 사람이 다른 사람을 살해하거나 사망에 이르게 한 경우를 처벌하는 규정이다. 제9조와 달리 고의의 결합범과 결과적 가중범을 항을 구별하여 각각 차등적인 법정형으로 규정하고 있다.

Ⅵ. 아동·청소년성착취물의 제작·배포 등[제11조]

제2조(정의) 이 법에서 사용하는 용어의 뜻은 다음과 같다

5. "아동·청소년성착취물"이란 아동·청소년 또는 아동·청소년으로 명백하게 인식될 수 있는 사람이나 표현물이 등장하여 제4호의 어느 하나에 해당하는 행위를 하거나 그 밖의 성적 행위를 하는 내용을 표현하는 것으로서 필름·비디오물·게임물 또는 컴퓨터나 그 밖의 통신매체를 통한 화상·영상 등의 형태로 된 것을 말한다.

제11조(아동·청소년성착취물의 제작·배포 등) ① 아동·청소년성착취물을 제작·수입 또는 수출한 자는 무기징역 또는 5년 이상의 유기징역에 처한다.
② 영리를 목적으로 아동·청소년성착취물을 판매·대여·배포·제공하거나 이를 목적으로 소지·운반·광고·소개하거나 공연히 전시 또는 상영한 자는 5년 이상의 징역에 처한다.
③ 아동·청소년성착취물을 배포·제공하거나 이를 목적으로 광고·소개하거나 공연히 전시 또는 상영한 자는 3년 이상의 징역에 처한다.
④ 아동·청소년성착취물을 제작할 것이라는 정황을 알면서 아동·청소년을 아동·청소년성착취물의 제작자에게 알선한 자는 3년 이상의 징역에 처한다.
⑤ 아동·청소년성착취물을 구입하거나 아동·청소년성착취물임을 알면서 이를 소지·시청한 자는 1년 이상의 징역에 처한다.
⑥ 제1항의 미수범은 처벌한다.
⑦ 상습적으로 제1항의 죄를 범한 자는 그 죄에 대하여 정하는 형의 2분의 1까지 가중한다.

1. 객체

'아동·청소년성착취물'은 아동·청소년 또는 아동·청소년으로 명백하게 인식될 수 있는 사람이나 표현물이 등장하여 아동·청소년의 성을 사는 행위를 하거나 그 밖의 성적 행위를 하는 내용을 표현하는 것으로서 필름·비디오물·게임물 또는 컴퓨터나 그 밖의 통신매체를 통한 화상·영상 등의 형태로 된 것을 말한다 (제2조 제5호). 2020. 6. 2. 개정 법률(법률 제17338호) 전까지는 '아동·청소년 이용

음란물'이라는 용어가 사용되었으나 이 용어가 아동·청소년에 대한 성착취 및 성학대의 본질을 분명 드러내지 못한다는 비판을 반영하여 변경된 것이다. 따라서 아동·청소년이 스스로 성적인 행위를 영상물로 촬영하거나 촬영에 동의하거나 외관상 착취나 학대의 요소가 없어 보이더라도, 정의 규정을 충족한다면 그 자체로 아동·청소년성착취물로 보아야 할 것이다.

한편 법률 제정 당시에는 성착취물의 등장 대상이 '(아동)청소년'으로 한정되어 있었으나 2011. 9. 15. 개정 법률(법률 제11047호, 시행 2012.3.16.)이 '아동·청소년으로 인식될 수 있는 사람이나 표현물'을 추가하여 범위를 확대하였다. 그리고 2012. 12. 18. 개정 법률(법률 제11572호, 시행 2013.6.19)은 다시 아동·청소년으로 '명백하게' 인식될 수 사람이나 표현물로 그 범위를 한정하였다. 실제 아동·청소년뿐 아니라 아동·청소년으로 명백하게 인식될 수 있는 사람이나 표현물까지 객체에 포함시킨 취지는 아동·청소년이 성적 행위를 하는 것으로 묘사된 표현물이 아동·청소년의 성에 대한 왜곡된 인식과 비정상적 태도를 형성하게 만들 수 있어 아동·청소년을 잠재적인 성범죄로부터 보호하고 이에 대한 사회적 경고를 하려는 데에 있다(헌법재판소 2015.6.25. 선고 2013헌가17·24, 2013헌바85(병합) 결정).

2. 행위

제11조 제1항은 아동·청소년성착취물을 '제작·수입 또는 수출'하는 행위를 처벌한다. 여기서 '제작'이란 영상물을 직접 촬영하는 행위뿐 아니라 이를 기획하여 다른 사람으로 하여금 촬영하게 하거나 만드는 과정에서 구체적인 지시를 하는 행위를 포함한다(대법원 2018.9.13. 선고 2018도9340 판결). 헌법재판소 역시 제작의 의미를 객관적으로 아동·청소년성착취물을 촬영하여 재생이 가능한 형태로 저장할 것을 전체적으로 기획하고 구체적인 지시를 하는 등의 행위로 보면서, 아동·청소년성착취물에 해당하는 한 피해자인 아동·청소년의 동의 여부나 영리목적 여부를 불문함은 물론 해당 영상을 직접 촬영하거나 기기에 저장할 것을 요하지도 않는다고 해석하였다(헌법재판소 2019.12.27. 선고 2018헌바46 결정). 따라서 아동·청소년이 스스로 자신을 대상으로 음란물을 촬영하였는데 이러한 촬영이 누군가의 구체적인 지시에 의하여 이루어진 것이라면 그 지시자의 행위는 '제작'에 해당된다(대법원 2021.3.25. 선고 2020도18285 판결).

제11조 제2항은 영리 목적으로 아동·청소년성착취물을 판매·대여·배포·제

공하거나 소지·운반·광고·소개하거나 공연히 전시 또는 상영하는 행위를 처벌한다. 그리고 제3항은 이 중 배포·제공 행위, 광고·소개 행위, 공연히 전시 또는 상영하는 행위를 영리 목적 없이 하는 경우에 적용된다.

한편 제11조 제4항은 아동·청소년성착취물을 제작할 것이라는 정황을 알면서 아동·청소년을 제작자에게 알선하는 행위를 처벌한다. 제작범죄에 대한 공범적 성격의 범죄를 별도의 구성요건화한 규정이다.

끝으로 제11조 제5항은 아동·청소년성착취물을 소지·시청하는 행위를 처벌하는 규정이다. 대법원은 아동·청소년에게 아동·청소년성착취물을 제작하게 한 후 그 파일을 전송받아 보관한 경우, 제11조 제5항의 아동·청소년성착취물 소지죄는 동조 제1항의 아동·청소년성착취물 제작죄에 흡수된다고 판시하였다(대법원 2021.7.8. 선고 2021도2993 판결).

3. 기수

제11조의 범죄 중 제1항의 제작·수입·수출죄만 미수범 처벌 규정이 있으므로 제2항 이하의 나머지 범죄는 미수범을 처벌하지 않는다(제6항).

촬영을 마쳐 재생이 가능한 형태로 저장이 된 때에 제작은 기수에 이르고 반드시 피고인이 그와 같이 제작된 아동·청소년이용음란물을 재생하거나 피고인의 기기로 재생할 수 있는 상태에 이르러야만 하는 것은 아니다(대법원 2018.9.13. 선고 2018도9340 판결). 따라서, 피고인이 직접 촬영행위를 하지 않았더라도 아동·청소년으로 하여금 스스로 자신을 대상으로 하는 음란물을 촬영하게 한 행위는 제작에 해당한다(대법원 2021.3.25. 선고 2020도18285 판결).

4. 위법성

아동·청소년성착취물이 아동·청소년의 동의하에 촬영한 것이라거나 사적인 소지·보관을 1차적 목적으로 제작되었다고 하여 아동·청소년성착취물의 제작에 해당하지 않는 것은 아니다. 그러나 예외적으로 이러한 제작행위가 헌법상 보장되는 인격권, 행복추구권 또는 사생활의 자유 등을 이루는 사적인 생활 영역에서 사리분별력 있는 사람의 자기결정권의 정당한 행사에 해당한다고 볼 수 있는 경우가 있다. 이때 위법성 배제 판단과 관련하여 아동·청소년은 성적 가치관과 판단능력이 충분히 형성되지 아니하여 성적 자기결정권을 행사하고 자신을 보호할 능력이 부족한 경우가 대부분임을 감안하면 제작행위의 위법성 인정 여부는 아동·청소년의 나이와 지적·사회적 능력, 제작의 목적과 동기 및 경위, 촬영 과정에서 강제력이나 위계 혹은 대가가 결부되었는지 여부, 아동·청소년의 동의나 관여가 자발적이고 진지하게 이루어졌는지, 아동·청소년과 영상 등에 등장하는 다른 인물과의 관계, 영상 등에 표현된 성적 행위의 내용과 태양 등을 종합적으로 고려하여 신중하게 판단되어야 할 것이다(대법원 2015.2.12. 선고 2014도11501, 2014전도197 판결).

Ⅶ. 아동·청소년 매매행위(제12조)

> **제12조(아동·청소년 매매행위)** ① 아동·청소년의 성을 사는 행위 또는 아동·청소년성착취물을 제작하는 행위의 대상이 될 것을 알면서 아동·청소년을 매매 또는 국외에 이송하거나 국외에 거주하는 아동·청소년을 국내에 이송한 자는 무기징역 또는 5년 이상의 징역에 처한다.
> ② 제1항의 미수범은 처벌한다.

　제12조는 아동·청소년의 성을 사는 행위 또는 아동·청소년성착취물을 제작하는 행위의 대상이 될 것을 알면서 아동·청소년을 매매하거나 국외 이송하거나 국외 거주 아동·청소년을 국내로 이송하는 행위를 처벌하는 규정이다.

　형법 제289조는 사람을 매매하는 행위와 매매된 사람을 국외 이송하는 행위를 처벌한다. 이 중 아동·청소년을 대상으로 한 해당 범죄는 강력한 국제적인 공동 대응이 특히 강조되는 대표적인 중범죄임을 고려하여 청소년성보호법 제12조가 이에 대한 가중처벌 규정을 둔 것이다.

Ⅷ. 아동·청소년의 성을 사는 행위[제13조]

제2조(정의) 이 법에서 사용하는 용어의 뜻은 다음과 같다.

4. "아동·청소년의 성을 사는 행위"란 아동·청소년, 아동·청소년의 성(性)을 사는 행위를 알선한 자 또는 아동·청소년을 실질적으로 보호·감독하는 자 등에게 금품이나 그 밖의 재산상 이익, 직무·편의제공 등 대가를 제공하거나 약속하고 다음 각 목의 어느 하나에 해당하는 행위를 아동·청소년을 대상으로 하거나 아동·청소년으로 하여금 하게 하는 것을 말한다.

가. 성교 행위

나. 구강·항문 등 신체의 일부나 도구를 이용한 유사 성교 행위

다. 신체의 전부 또는 일부를 접촉·노출하는 행위로서 일반인의 성적 수치심이나 혐오감을 일으키는 행위

라. 자위 행위

제13조(아동·청소년의 성을 사는 행위 등) ① 아동·청소년의 성을 사는 행위를 한 자는 1년 이상 10년 이하의 징역 또는 2천만원 이상 5천만원 이하의 벌금에 처한다.

② 아동·청소년의 성을 사기 위하여 아동·청소년을 유인하거나 성을 팔도록 권유한 자는 1년 이하의 징역 또는 1천만원 이하의 벌금에 처한다.

③ 16세 미만의 아동·청소년 및 장애 아동·청소년을 대상으로 제1항 또는 제2항의 죄를 범한 경우에는 그 죄에 정한 형의 2분의 1까지 가중처벌한다.

제13조 제1항은 아동·청소년의 성을 사는 행위를 처벌하는 규정이다. '아동·청소년의 성을 사는 행위'란 ① 일정한 대가 지불을 전제로 ② 아동·청소년을 대상으로 하여 ③ 성적인 행위를 하거나 하게 하는 것을 의미한다(제2조 제4호). 여기에서 일정한 대가 지불은 재산상 이익이나 직무·편의를 실제 제공하거나 약속하는 것을 의미하며 그 상대방은 이러한 행위를 알선한 자 또는 아동·청소년의 실질적 보호·감독자 등이 된다. 또한 '아동·청소년을 대상으로 한다'는 의미는 아동·청소년을 성적 행위의 대상자로 하는 경우와 아동·청소년으로 하여금 성적 행위를 하도록 만드는 경우 모두를 포함한다. 성적인 행위는 성교행위뿐 아니라 유사성교행위와 신체의 전부 또는 일부 노출행위, 자위행위를 말한다.

제13조 제2항은 아동·청소년의 성을 사기 위하여 아동·청소년을 유인하거나

성을 팔도록 권유하는 행위를 처벌하는 규정이다. 대법원은 이 규정의 문언 및 체계, 입법 취지를 고려하여 아동·청소년이 이미 성매매의 의사를 가지고 상대방을 찾고 있었던 경우라도 '성을 팔도록 권유하는 행위'라고 보았다(대법원 2011.11.10. 선고 2011도3934 판결).

제13조 제3항은 2020. 5. 19. 법률 개정시 추가된 것으로 제1항과 제2항의 범죄 대상 아동·청소년이 16세 미만이거나 장애 아동·청소년인 경우를 가중 처벌하도록 하는 규정이다.

Ⅸ. 아동·청소년에 대한 강요행위[제14조]

제14조(아동·청소년에 대한 강요행위 등) ① 다음 각 호의 어느 하나에 해당하는 자는 5년 이상의 유기징역에 처한다.
  1. 폭행이나 협박으로 아동·청소년으로 하여금 아동·청소년의 성을 사는 행위의 상대방이 되게 한 자
  2. 선불금(先拂金), 그 밖의 채무를 이용하는 등의 방법으로 아동·청소년을 곤경에 빠뜨리거나 위계 또는 위력으로 아동·청소년으로 하여금 아동·청소년의 성을 사는 행위의 상대방이 되게 한 자
  3. 업무·고용이나 그 밖의 관계로 자신의 보호 또는 감독을 받는 것을 이용하여 아동·청소년으로 하여금 아동·청소년의 성을 사는 행위의 상대방이 되게 한 자
  4. 영업으로 아동·청소년을 아동·청소년의 성을 사는 행위의 상대방이 되도록 유인·권유한 자
② 제1항제1호부터 제3호까지의 죄를 범한 자가 그 대가의 전부 또는 일부를 받거나 이를 요구 또는 약속한 때에는 7년 이상의 유기징역에 처한다.
③ 아동·청소년의 성을 사는 행위의 상대방이 되도록 유인·권유한 자는 7년 이하의 징역 또는 5천만원 이하의 벌금에 처한다.
④ 제1항과 제2항의 미수범은 처벌한다.

제14조 제1항은 아동·청소년에게 각종 압박 수단을 행사하여 아동·청소년으로 하여금 성을 사는 행위의 상대방이 되도록 하는 행위를 처벌하는 규정이다. 아

동·청소년으로 하여금 성을 사는 행위의 상대방이 되도록 하는 구체적인 방법에는 폭행 및 협박(제1호), 선불금 그 밖의 채무의 이용과 위계 또는 위력(제2호), 업무·고용이나 그 밖의 관계에 의한 보호 또는 감독관계의 이용(제3호), 영업을 통한 유인·권유(제4호)가 있다.

또한 제14조 제2항은 전항의 제1호부터 제3호까지의 강요행위를 통하여 아동·청소년의 성을 사는 행위의 대가를 수수, 요구, 약속한 때에 적용된다.

그리고 제14조 제3항은 아동·청소년에게 성을 팔도록(성을 사는 행위의 상대방이 되도록) 유인, 권유하는 행위를 처벌하는 규정이다. 제13조 제2항이 행위자가 직접 아동·청소년의 성을 사기 위하여 유인, 권유하는 경우에 적용된다면 제14조 제3항은 행위자가 성적 행위의 직접 상대방이 아니면서 아동·청소년에게 성매수의 상대방이 되도록 유인, 권유하는 경우에 적용된다.

X. 알선영업행위[제15조]

제15조(알선영업행위 등) ① 다음 각 호의 어느 하나에 해당하는 자는 7년 이상의 유기징역에 처한다.
1. 아동·청소년의 성을 사는 행위의 장소를 제공하는 행위를 업으로 하는 자
2. 아동·청소년의 성을 사는 행위를 알선하거나 정보통신망(「정보통신망 이용촉진 및 정보보호 등에 관한 법률」 제2조제1항제1호의 정보통신망을 말한다. 이하 같다)에서 알선정보를 제공하는 행위를 업으로 하는 자
3. 제1호 또는 제2호의 범죄에 사용되는 사실을 알면서 자금·토지 또는 건물을 제공한 자
4. 영업으로 아동·청소년의 성을 사는 행위의 장소를 제공·알선하는 업소에 아동·청소년을 고용하도록 한 자
② 다음 각 호의 어느 하나에 해당하는 자는 7년 이하의 징역 또는 5천만원 이하의 벌금에 처한다.
1. 영업으로 아동·청소년의 성을 사는 행위를 하도록 유인·권유 또는 강요한 자
2. 아동·청소년의 성을 사는 행위의 장소를 제공한 자
3. 아동·청소년의 성을 사는 행위를 알선하거나 정보통신망에서 알선정보를 제공

> 한 자
> 4. 영업으로 제2호 또는 제3호의 행위를 약속한 자
> ③ 아동·청소년의 성을 사는 행위를 하도록 유인·권유 또는 강요한 자는 5년 이하의 징역 또는 3천만원 이하의 벌금에 처한다.

제15조는 아동·청소년의 성을 사는 행위를 위한 장소 제공(제1항 제1호, 제2항 제2호), 아동·청소년의 성을 사는 행위의 알선 및 정보통신망에서의 알선정보 제공(제1항 제2호, 제2항 제3호), 아동·청소년의 성을 사는 행위의 유인, 권유, 강요(제2항 제1호, 제3항) 등과 같이 아동·청소년의 성을 사는 행위를 용이하게 하는 각종 행위를 처벌하는 규정이다. 영업인지 여부에 따라 제15조의 주요 내용을 정리하면 다음과 같다.

행위 유형	영업으로 하는 경우	영업이 아닌 경우
장소 제공	제15조 제1항 제1호	제15조 제2항 제2호
성매수 알선 및 정보통신망에서 알선정보 제공	제15조 제1항 제2호	제15조 제2항 제3호
성매수 유인·권유·강요	제15조 제2항 제1호	제15조 제3항

이 중 아동·청소년의 성을 사는 행위의 알선을 업으로 하는 청소년성보호법 제15조 제1항 제2호 위반죄가 성립하기 위해서는 영업자인 행위자는 아동·청소년을 알선의 대상으로 삼아 알선한다는 것을 인식하여야 하지만 알선행위로 아동·청소년의 성을 사는 행위를 한 사람까지 성매수의 상대방이 아동·청소년임을 인식해야 하는 것은 아니다(대법원 2016.2.18. 선고 2015도15664 판결).

XI. 아동·청소년에 대한 성착취 목적 대화(제15조의2)

제15조의2(아동·청소년에 대한 성착취 목적 대화 등) ① 19세 이상의 사람이 성적 착취를 목적으로 정보통신망을 통하여 아동·청소년에게 다음 각 호의 어느 하나에 해당하는 행위를 한 경우에는 3년 이하의 징역 또는 3천만원 이하의 벌금에 처한다.
  1. 성적 욕망이나 수치심 또는 혐오감을 유발할 수 있는 대화를 지속적 또는 반복적으로 하거나 그러한 대화에 지속적 또는 반복적으로 참여시키는 행위
  2. 제2조제4호 각 목의 어느 하나에 해당하는 행위를 하도록 유인·권유하는 행위
② 19세 이상의 사람이 정보통신망을 통하여 16세 미만인 아동·청소년에게 제1항 각 호의 어느 하나에 해당하는 행위를 한 경우 제1항과 동일한 형으로 처벌한다.

제15조의2는 2021. 3. 23. 개정(법률 제17972호, 시행 2021.9.24.)에서 19세 이상자에 의한 소위 '온라인 그루밍'을 처벌하기 위하여 신설된 규정이다. 제15조의2 제1항은 19세 이상의 사람이 아동·청소년의 성적 착취를 목적으로 정보통신망에서 ① 성적 욕망이나 수치심·혐오감을 유발하는 대화를 지속·반복하거나 지속·반복적으로 참여시키는 행위(제15조의2 제1항 제1호)와 ② 제2조 제4호 각목의 행위(성교행위, 유사성교행위, 신체의 전부 또는 일부 노출행위, 자위행위)를 하도록 유인·권유하는 행위를 범죄로 규정한다.

한편 제2항은 성적 착취의 목적이 없더라도 19세 이상의 사람이 16세 미만의 아동·청소년을 대상으로 전항 각 호의 행위를 한 경우에도 전항과 동일한 형으로 처벌하는 규정이다.

XII. 피해자 등에 대한 강요행위(제16조)

제16조(피해자 등에 대한 강요행위) 폭행이나 협박으로 아동·청소년대상 성범죄의 피해자 또는 「아동복지법」 제3조제3호에 따른 보호자를 상대로 합의를 강요한 자는 7년 이하의 유기징역에 처한다.

제16조는 폭행·협박으로 아동·청소년 성범죄의 피해자 및 보호자에게 합의를 강요하는 행위를 처벌하는 규정이다. 아동·청소년 성범죄 피해자를 대상으로 한 범죄이기는 하지만 직접적인 보호법익은 피해자 측의 의사결정 및 의사실현의 자유이므로 이 범죄 자체가 아동·청소년 성범죄인 것은 아니다. 따라서 청소년성보호법이 규정하고 있는 각종 특례규정의 적용 대상에서는 제외된다.

XⅢ. 신고의무자의 성범죄에 대한 가중처벌[제18조]

> 제18조(신고의무자의 성범죄에 대한 가중처벌) 제34조제2항 각 호의 기관·시설 또는 단체의 장과 그 종사자가 자기의 보호·감독 또는 진료를 받는 아동·청소년을 대상으로 성범죄를 범한 경우에는 그 죄에 정한 형의 2분의 1까지 가중처벌한다.

청소년성보호법 제34조 제2항은 유치원, 초·중·고등학교, 의료기관, 아동복지시설, 장애인복지시설, 어린이집, 학원·교습소, 성매매피해상담소, 한부모가족복지시설, 가정폭력피해자 보호시설, 성폭력피해자보호시설, 청소년활동시설, 청소년쉼터, 학교 밖 청소년 지원센터, 청소년 보호·재활센터, 체육단체, 대중문화예술기획업소 등의 기관이나 시설 또는 단체의 장과 종사자에게 아동·청소년 대상 성범죄에 관한 신고의무를 부과하였다. 이러한 신고의무자가 아동·청소년 대상 성범죄를 범한 경우는 해당 범죄에서 정한 형의 2분의 1까지 가중 처벌된다.

XⅣ. 형법상 감경규정에 관한 특례[제19조]

> 제19조(「형법」상 감경규정에 관한 특례) 음주 또는 약물로 인한 심신장애 상태에서 아동·청소년대상 성폭력범죄를 범한 때에는 「형법」 제10조제1항·제2항 및 제11조를 적용하지 아니할 수 있다.

성폭력처벌법과 동일하게 음주 또는 약물로 인한 심신장애 상태에서 범한 아동·청소년대상 성폭력범죄에 대해서는 심신상실자(형법 제10조 제1항)의 책임을 인정하거나 심신미약자(형법 제10조 제2항)와 청각 및 언어장애인의 형을 감경하지 않을 수 있다. 특례의 적용 대상은 아동·청소년대상 성폭력범죄이므로 이 법 제7조부터 제10조까지의 범죄를 제외한 범죄[아동·청소년성착취물의 제작·배포(제11조), 아동·청소년 매매행위(제12조), 아동·청소년의 성을 사는 행위(제13조), 아동·청소년에 대한 강요행위(제14조), 알선영업행위(제15조)]를 저지른 경우는 특례가 적용되지 않는다.

XIV. 형벌과 수강명령 등의 병과(제21조)

제21조(형벌과 수강명령 등의 병과) ① 법원은 아동·청소년대상 성범죄를 범한 「소년법」 제2조의 소년에 대하여 형의 선고를 유예하는 경우에는 반드시 보호관찰을 명하여야 한다.

② 법원은 아동·청소년대상 성범죄를 범한 자에 대하여 유죄판결을 선고하거나 약식명령을 고지하는 경우에는 500시간의 범위에서 재범예방에 필요한 수강명령 또는 성폭력 치료프로그램의 이수명령(이하 "이수명령"이라 한다)을 병과(併科)하여야 한다. 다만, 수강명령 또는 이수명령을 부과할 수 없는 특별한 사정이 있는 경우에는 그러하지 아니하다.

③ 아동·청소년대상 성범죄를 범한 자에 대하여 제2항의 수강명령은 형의 집행을 유예할 경우에 그 집행유예기간 내에서 병과하고, 이수명령은 벌금 이상의 형을 선고하거나 약식명령을 고지할 경우에 병과한다. 다만, 이수명령은 아동·청소년대상 성범죄자가 「전자장치 부착 등에 관한 법률」 제9조의2제1항제4호에 따른 성폭력 치료 프로그램의 이수명령을 부과받은 경우에는 병과하지 아니한다.

④ 법원이 아동·청소년대상 성범죄를 범한 사람에 대하여 형의 집행을 유예하는 경우에는 제2항에 따른 수강명령 외에 그 집행유예기간 내에서 보호관찰 또는 사회봉사 중 하나 이상의 처분을 병과할 수 있다.

⑤ 제2항에 따른 수강명령 또는 이수명령은 형의 집행을 유예할 경우에는 그 집행유예기간 내에, 벌금형을 선고할 경우에는 형 확정일부터 6개월 이내에, 징역형 이상의 실형(實刑)을 선고할 경우에는 형기 내에 각각 집행한다. 다만, 수강명령 또는 이수명령

은 아동·청소년대상 성범죄를 범한 사람이 「성폭력범죄의 처벌 등에 관한 특례법」 제16조에 따른 수강명령 또는 이수명령을 부과받은 경우에는 병과하지 아니한다.

⑥ 제2항에 따른 수강명령 또는 이수명령이 형의 집행유예 또는 벌금형과 병과된 경우에는 보호관찰소의 장이 집행하고, 징역형 이상의 실형과 병과된 경우에는 교정시설의 장이 집행한다. 다만, 징역형 이상의 실형과 병과된 수강명령 또는 이수명령을 모두 이행하기 전에 석방 또는 가석방되거나 미결구금일수 산입 등의 사유로 형을 집행할 수 없게 된 경우에는 보호관찰소의 장이 남은 수강명령 또는 이수명령을 집행한다.

⑦ 제2항에 따른 수강명령 또는 이수명령은 다음 각 호의 내용으로 한다.

1. 일탈적 이상행동의 진단·상담
2. 성에 대한 건전한 이해를 위한 교육
3. 그 밖에 성범죄를 범한 사람의 재범예방을 위하여 필요한 사항

⑧ 보호관찰소의 장 또는 교정시설의 장은 제2항에 따른 수강명령 또는 이수명령 집행의 전부 또는 일부를 여성가족부장관에게 위탁할 수 있다.

⑨ 보호관찰, 사회봉사, 수강명령 및 이수명령에 관하여 이 법에 규정한 사항 외의 사항에 대하여는 「보호관찰 등에 관한 법률」을 준용한다.

청소년성보호법은 아동·청소년대상 성범죄를 범한 소년에 대한 선고유예시 형법이 임의적 보호관찰을 명한 것(제59조)과 달리 필요적으로 보호관찰을 명하도록 규정하고 있다(제21조 제1항).

또한 청소년성보호법은 아동·청소년대상 성범죄를 범한 자에게 유죄판결을 선고하거나 약식명령을 고지하는 경우 500시간의 범위에서 필요적으로 수강명령 또는 성폭력 치료프로그램의 이수명령을 병과 하도록 규정하여 형법이 규정한 200시간(제62조의2, 보호관찰법 제59조 제2항)보다 장기의 수강명령 또는 성폭력 치료프로그램의 이수명령이 가능하도록 하고 있다(제21조 제2항). 아동·청소년대상 성범죄를 범한 자가 집행유예를 받는 경우 수강명령 이외에도 보호관찰 또는 사회봉사 중 하나 이상을 병과할 수 있다는 점은 형법과 다르지 않다(제21조 제4항, 형법 제62조의2 제1항).

사회 내 처우에 부과되는 일반적인 수강명령 또는 이수명령과 달리 아동·청소년 대상 성범죄자에 대한 수강명령 또는 이수명령은 실형을 선고할 경우도 부과되는데 이때에는 형기 내에 교정시설의 장이 집행하게 된다(제21조 제5항, 제6항).

제3절   아동·청소년대상 성범죄의 절차에 관한 특례

아동·청소년대상 성범죄의 절차에 적용되는 특례는 성폭력처벌법의 내용과 대부분 유사하다.

Ⅰ. 공소시효에 관한 특례[제20조]

제20조(공소시효에 관한 특례) ① 아동·청소년대상 성범죄의 공소시효는 「형사소송법」 제252조제1항에도 불구하고 해당 성범죄로 피해를 당한 아동·청소년이 성년에 달한 날부터 진행한다.

② 제7조의 죄는 디엔에이(DNA)증거 등 그 죄를 증명할 수 있는 과학적인 증거가 있는 때에는 공소시효가 10년 연장된다.

③ 13세 미만의 사람 및 신체적인 또는 정신적인 장애가 있는 사람에 대하여 다음 각 호의 죄를 범한 경우에는 제1항과 제2항에도 불구하고 「형사소송법」 제249조부터 제253조까지 및 「군사법원법」 제291조부터 제295조까지에 규정된 공소시효를 적용하지 아니한다.

1. 「형법」 제297조(강간), 제298조(강제추행), 제299조(준강간, 준강제추행), 제301조(강간등 상해·치상), 제301조의2(강간등 살인·치사) 또는 제305조(미성년자에 대한 간음, 추행)의 죄
2. 제9조 및 제10조의 죄
3. 「성폭력범죄의 처벌 등에 관한 특례법」 제6조제2항, 제7조제2항·제5항, 제8조, 제9조의 죄

④ 다음 각 호의 죄를 범한 경우에는 제1항과 제2항에도 불구하고 「형사소송법」 제249조부터 제253조까지 및 「군사법원법」 제291조부터 제295조까지에 규정된 공소시효를 적용하지 아니한다.

1. 「형법」 제301조의2(강간등 살인·치사)의 죄(강간등 살인에 한정한다)
2. 제10조제1항 및 제11조제1항의 죄
3. 「성폭력범죄의 처벌 등에 관한 특례법」 제9조제1항의 죄

1. 공소시효 기산점의 특례

일반적으로 공소시효는 범죄행위가 종료한 때로부터 진행하지만(형사소송법 제252조 제1항) 아동·청소년대상 성범죄는 해당 피해 아동·청소년이 성년에 달한 날부터 기산한다(제20조 제1항). 이는 피해 아동·청소년이 성년이 되기 전에 공소시효가 완성되어 사실상 처벌이 불가능하게 되는 것을 막기 위하여 피해 아동·청소년이 성년이 될 때까지 시효의 진행을 정지시키는 데에 그 취지가 있다.

2. 공소시효 기간 연장의 특례

시효기간은 해당 범죄의 법정형을 기준으로 하는데 디엔에이(DNA)증거 등 그 죄를 증명할 수 있는 과학적인 증거가 있는 청소년성보호법 제7조의 범죄에 대해서는 시효기간이 10년 연장된다. 디엔에이 증거 등이 남게 되는 강간, 유사강간, 강제추행, 준강간·준유사강간·준강제추행, 위계·위력에 의한 간음·추행이 제7조의 범죄에 해당한다.

3. 공소시효 배제의 특례

공소시효가 배제되는 범죄는 크게 ① 13세 미만인 사람과 신체적 또는 정신적 장애가 있는 사람을 대상으로 한 일부 범죄와 ② 살인이 포함된 성폭력 범죄, 그리고 ③ 아동·청소년성착취물 관련 일부 범죄로 구분할 수 있다.

①의 범죄에는 형법 제297조(강간), 제298조(강제추행), 제299조(준강간, 준강제추행), 제301조(강간등 상해·치상), 제301조의2(강간등 치사) 또는 제305조(미성년자에 대한 간음, 추행)의 죄와 청소년성보호법 제9조(강간 등 상해·치상), 제10조(강간 등 살인·치사)의 죄, 그리고 성폭력처벌법 제6조 제2항(장애인에 대한 유사강간), 제7조 제2항(13세 미만의 사람에 대한 유사강간)·제5항(위계·위력에 의한 13세 미만의 사람 간음·추행), 제8조(강간 등 상해·치상), 제9조(강간 등 살인·치사)가 포함된다.

②의 범죄에는 형법 제301조의2(강간등 살인), 청소년성보호법 제10조 제1항(강간등 살인)이 해당한다. 형법 제301조의2의 강간 등 살인의 경우에는 제20조 제4항에 의하여 대상을 불문하고 배제 대상이 되지만 강간 등 치사의 경우에는 제20조 제3항 제1호에 의하여 13세 미만의 사람 및 신체적인 또는 정신적인 장애가

있는 사람을 대상으로 한 경우에만 배제 대상이 된다.

③의 범죄에는 청소년성보호법 제11조 제1항(아동·청소년성착취물의 제작·수입·수출)이 해당한다. 2021. 3. 23. 법률 개정을 통하여 공소시효 배제 대상에 추가되었다. 개정 전에 행해진 범죄로 아직 공소시효가 완성되지 아니한 경우에도 공소시효는 부칙 규정에 따라 배제된다(부칙 제2조).

Ⅱ. 아동·청소년 대상 디지털 성범죄의 수사 특례[제25조의2 등]

제25조의2(아동·청소년대상 디지털 성범죄의 수사 특례) ① 사법경찰관리는 다음 각 호의 어느 하나에 해당하는 범죄(이하 "디지털 성범죄"라 한다)에 대하여 신분을 비공개하고 범죄현장(정보통신망을 포함한다) 또는 범인으로 추정되는 자들에게 접근하여 범죄행위의 증거 및 자료 등을 수집(이하 "신분비공개수사"라 한다)할 수 있다.
  1. 제11조 및 제15조의2의 죄
  2. 아동·청소년에 대한 「성폭력범죄의 처벌 등에 관한 특례법」 제14조제2항 및 제3항의 죄
② 사법경찰관리는 디지털 성범죄를 계획 또는 실행하고 있거나 실행하였다고 의심할 만한 충분한 이유가 있고, 다른 방법으로는 그 범죄의 실행을 저지하거나 범인의 체포 또는 증거의 수집이 어려운 경우에 한정하여 수사 목적을 달성하기 위하여 부득이한 때에는 다음 각 호의 행위(이하 "신분위장수사"라 한다)를 할 수 있다.
  1. 신분을 위장하기 위한 문서, 도화 및 전자기록 등의 작성, 변경 또는 행사
  2. 위장 신분을 사용한 계약·거래
  3. 아동·청소년성착취물 또는 「성폭력범죄의 처벌 등에 관한 특례법」 제14조제2항의 촬영물 또는 복제물(복제물의 복제물을 포함한다)의 소지, 판매 또는 광고
③ 제1항에 따른 수사의 방법 등에 필요한 사항은 대통령령으로 정한다.

제25조의3(아동·청소년대상 디지털 성범죄 수사 특례의 절차) ① 사법경찰관리가 신분비공개수사를 진행하고자 할 때에는 사전에 상급 경찰관서 수사부서의 장의 승인을 받아야 한다. 이 경우 그 수사기간은 3개월을 초과할 수 없다.
② 제1항에 따른 승인의 절차 및 방법 등에 필요한 사항은 대통령령으로 정한다.
③ 사법경찰관리는 신분위장수사를 하려는 경우에는 검사에게 신분위장수사에 대한 허

가를 신청하고, 검사는 법원에 그 허가를 청구한다.

④ 제3항의 신청은 필요한 신분위장수사의 종류·목적·대상·범위·기간·장소·방법 및 해당 신분위장수사가 제25조의2제2항의 요건을 충족하는 사유 등의 신청사유를 기재한 서면으로 하여야 하며, 신청사유에 대한 소명자료를 첨부하여야 한다.

⑤ 법원은 제3항의 신청이 이유 있다고 인정하는 경우에는 신분위장수사를 허가하고, 이를 증명하는 서류(이하 "허가서"라 한다)를 신청인에게 발부한다.

⑥ 허가서에는 신분위장수사의 종류·목적·대상·범위·기간·장소·방법 등을 특정하여 기재하여야 한다.

⑦ 신분위장수사의 기간은 3개월을 초과할 수 없으며, 그 수사기간 중 수사의 목적이 달성되었을 경우에는 즉시 종료하여야 한다.

⑧ 제7항에도 불구하고 제25조의2제2항의 요건이 존속하여 그 수사기간을 연장할 필요가 있는 경우에는 사법경찰관리는 소명자료를 첨부하여 3개월의 범위에서 수사기간의 연장을 검사에게 신청하고, 검사는 법원에 그 연장을 청구한다. 이 경우 신분위장수사의 총 기간은 1년을 초과할 수 없다.

제25조의4(아동·청소년대상 디지털 성범죄에 대한 긴급 신분위장수사) ① 사법경찰관리는 제25조의2제2항의 요건을 구비하고, 제25조의3제3항부터 제8항까지에 따른 절차를 거칠 수 없는 긴급을 요하는 때에는 법원의 허가 없이 신분위장수사를 할 수 있다.

② 사법경찰관리는 제1항에 따른 신분위장수사 개시 후 지체 없이 검사에게 허가를 신청하여야 하고, 사법경찰관리는 48시간 이내에 법원의 허가를 받지 못한 때에는 즉시 신분위장수사를 중지하여야 한다.

③ 제1항 및 제2항에 따른 신분위장수사 기간에 대해서는 제25조의3제7항 및 제8항을 준용한다.

1. 도입 취지

2021. 3. 23. 개정 법률(법률 제17972호, 2021.9.24. 시행)은 명문으로 신분비공개수사 및 신문위장수사를 허용하는 수사 특례규정을 최초로 마련하였다. 소위 N번방 사건과 같이 폐쇄된 가상공간에서 이루어지는 아동·청소년 대상 디지털 성범죄의 효율적 수사를 위한 제도 도입이라 할 수 있다.

오랫동안 수사실무에서 잠입수사의 법제화 필요성이 제기되어 왔고 독일, 프랑스 등은 이미 오래 전부터 이러한 제도를 운영하여 수사성과를 거두고 있으며, 특히 온라인상의 아동·청소년대상 성범죄에 관한 실질적 수사력 향상을 기대할 수 있다는 점에서 이번 입법은 긍정적 측면이 있다. 다만, 전 국민적 공분을 산 특정 사건으로 인하여 충분한 숙고의 기회를 갖지 못한 채 일부 아동·청소년대상 범죄만을 대상으로 새로운 수사제도가 구상되었다는 점은 문제로 지적된다.

2. 신분비공개수사

[1] 의의

신분비공개수사란 신분을 비공개한 상태에서 정보통신망 등의 범죄현장과 혐의자에게 접근하여 범죄의 증거 및 자료를 수집하는 것이다(제25조의2 제1항). 일종의 사이버 순찰의 성격을 가지고 있어 다음 살펴볼 신분위장수사에 비하면 절차적 요건이나 통제 장치가 완화되어 있다.

[2] 수사 대상(아동·청소년대상 디지털 성범죄)

청소년성보호법에서 '아동·청소년 대상 디지털 성범죄'란 청소년성보호법 제11조(아동·청소년성착취물의 제작·배포 등)와 제15조의2(아동·청소년에 대한 성착취 목적 대화), 아동·청소년에 대한 성폭력처벌법 제14조 제2항(촬영물의 불법반포) 및 제3항(영리 목적 정보통신망을 이용한 불법반포)의 범죄를 의미한다(제25조의2 제1항).

'디지털 성범죄'라는 용어는 그동안 국가기관 등이 성폭력처벌법 제14조가 규정한 불법촬영과 불법반포를 모두 일컫는 말로 사용해 온 관계로 향후 용어 사용의 혼선이 예상된다. 범행 대상이 아동·청소년인지 여부에 따라 범죄의 유형과 범위가 달라지는 것은 바람직하지 않으므로 용어에 대한 정리가 필요해 보인다.

[3] 수사절차 및 통제 수단

사법경찰관리가 신분비공개수사를 진행하고자 할 때는 사전에 상급 경찰관서 수사부서의 장의 승인을 받아야 하며 수사 기간은 3개월을 초과할 수 없다(제25조의3 제1항).

신분비공개수사의 진행에 대해서는 법원의 사법적 통제를 받지는 않지만, 수사 종료시 국가수사본부장이 국가경찰위원회에 관련 자료를 보고하고 국회 소관상임위원회에 관련 자료를 반기별로 보고하도록 되어 있다(제25조의6).

3. 신분위장수사

[1] 의의

신분위장수사란 사법경찰관리가 아동·청소년대상 디지털 성범죄 수사를 위하여 신분을 위장하기 위한 문서, 도화 및 전자기록 등을 작성, 변경, 행사하거나 위장 신분을 사용하여 계약이나 거래를 맺거나 아동·청소년성착취물 또는 성폭력처벌법 제14조 제2항의 촬영물이나 복제물을 소지, 판매, 광고하는 행위를 말한다(제25조의2 제2항). 신분비공개수사가 소극적으로 신분을 감춘 디지털 순찰에 그쳤다면 신분위장수사는 적극적으로 위장 신분을 활용하는 잠입수사라 할 수 있다.

[2] 요건

신분위장수사는 수사기관이 위계를 사용한 수사라는 점에서 수사의 신의칙을 침해할 위험을 내포하고 있으므로 엄격한 요건 아래에서 허용되어야 한다.

우선, 수사 대상은 아동·청소년대상 디지털 성범죄로 제한된다. 신분위장수사 법제화에 관한 필요성은 마약범죄, 조직범죄 등에서 예전부터 제기되어 왔고 유사한 제도를 먼저 도입한 독일에서는 대상범죄를 마약류, 무기거래 등의 중범죄로 한정하고 있다는 점을 고려하면 신분위장수사의 대상 범죄의 범위에 대한 면밀한 검토가 이루어져야 할 것이다.

다음으로 디지털 성범죄를 계획 또는 실행하고 있거나 실행하였다고 의심할 만한 충분한 이유가 있어야 한다. 이는 대인적 강제처분에서 요하는 정도의 범죄 혐의로 수사기관의 주관적 혐의가 아닌 객관적 혐의가 인정되어야 한다.

또한 다른 방법으로는 범죄의 실행 저지나 범인의 체포 또는 증거의 수집이 곤란한 경우여야 한다(보충성 요건). 신분위장수사는 원칙적이고 일반적인 수사방법이 아니라 특정한 범죄에 한정된 밀행적 수사방법이기 때문에 다른 방법으로 수사 목적을 달성할 수 있다면 그 방법이 우선되어야 하기 때문이다.

[3] 수사 절차 및 통제 수단

신분비공개수사와 달리 신분위장수사는 법원에 의한 사법적 통제를 받는다.

신분위장수사를 하려는 사법경찰관리는 검사에게 신분위장수사에 대한 허가를 신청하여야 하고 신청을 받은 검사는 법원에 허가를 청구하여야 한다(제25조의3 제2항). 신청이 이유 있다고 인정되면 법원은 신분위장수사의 종류·목적·대상·범위·기간·장소·방법 등을 특정하여 허가장을 발부한다(제25조의3 제5항, 제6항). 신분위장수사의 기간은 3개월을 초과할 수 없으나 수사기간의 연장이 필요한 경우 다시 법원의 허가를 얻어 3개월의 범위 내에서 연장할 수 있다(제25조의3 제7항, 제8항). 수사를 연장하는 경우도 신분위장수사의 전체 기간은 1년을 초과할 수 없다(제25조의3 제8항).

한편 신분비공개수사의 요건은 구비되었으나 법원의 허가를 구할 수 없는 긴급한 사유가 있는 때에는 법원의 허가 없이 신분위장수사를 개시할 수 있지만(제25조의4 제1항), 개시 후 지체없이 검사에게 허가를 신청하여야 하고, 48시간 이내에 법원의 허가를 받지 못한 때에는 즉시 신분위장수사를 중지하여야 한다(제25조의4 제2항).

Ⅲ. 영상물의 촬영·보존

제26조(영상물의 촬영·보존 등) ① 아동·청소년대상 성범죄 피해자의 진술내용과 조사과정은 비디오녹화기 등 영상물 녹화장치로 촬영·보존하여야 한다.

② 제1항에 따른 영상물 녹화는 피해자 또는 법정대리인이 이를 원하지 아니하는 의사를 표시한 때에는 촬영을 하여서는 아니 된다. 다만, 가해자가 친권자 중 일방인 경우는 그러하지 아니하다.

③ 제1항에 따른 영상물 녹화는 조사의 개시부터 종료까지의 전 과정 및 객관적 정황을 녹화하여야 하고, 녹화가 완료된 때에는 지체 없이 그 원본을 피해자 또는 변호사 앞에서 봉인하고 피해자로 하여금 기명날인 또는 서명하게 하여야 한다.

④ 검사 또는 사법경찰관은 피해자가 제1항의 녹화장소에 도착한 시각, 녹화를 시작하고 마친 시각, 그 밖에 녹화과정의 진행경과를 확인하기 위하여 필요한 사항을 조서 또는 별도의 서면에 기록한 후 수사기록에 편철하여야 한다.

⑤ 검사 또는 사법경찰관은 피해자 또는 법정대리인이 신청하는 경우에는 영상물 촬영과정에서 작성한 조서의 사본을 신청인에게 교부하거나 영상물을 재생하여 시청하게

하여야 한다.

⑥ 제1항부터 제4항까지의 절차에 따라 촬영한 영상물에 수록된 피해자의 진술은 공판준비기일 또는 공판기일에 피해자 또는 조사과정에 동석하였던 신뢰관계에 있는 자의 진술에 의하여 그 성립의 진정함이 인정된 때에는 증거로 할 수 있다.

⑦ 누구든지 제1항에 따라 촬영한 영상물을 수사 및 재판의 용도 외에 다른 목적으로 사용하여서는 아니 된다.

검사 또는 사법경찰관은 참고인의 동의를 얻어 참고인진술을 영상녹화할 수 있다(형사소송법 제221조 제1항). 그러나 참고인이 아동·청소년대상 성범죄 피해자인 경우는 피해자가 명시적인 불원 의사를 표시하지 않는 한 영상물을 녹화하여야 한다(제26조 제1항, 제2항). 다만, 가해자가 친권자 중 일방인 경우는 불원 의사가 있더라도 영상녹화를 하여야 한다(제26조 제2항 단서).

또한 대법원은 참고인조사 과정에서 작성된 영상녹화물을 본증으로 사용하는 것을 인정하지 않지만 영상녹화물에 기록된 아동·청소년대상 성범죄 피해자의 진술은 공판준비기일 또는 공판기일에 피해자 또는 조사과정에 동석하였던 신뢰관계인의 진술에 의하여 그 성립의 진정함이 인정된 때에 본증으로 사용할 수 있다는 점은 성폭력처벌법에서 살펴본 바와 같다(제26조 제6항).

성폭력처벌법 제30조 제6항의 '제1항에 따라 촬영한 영상물에 수록된 피해자의 진술' 중 '19세 미만 성폭력범죄 피해자에 관한 부분'은 공정한 재판을 받을 권리의 핵심적 내용인 피고인의 반대신문권을 중대하게 제한하여 위헌으로 결정되었는데(헌법재판소 2021.12.23. 선고 2018헌바524 결정), 청소년성보호법 제26조 제6항은 성폭력처벌법 제30조 제6항과 동일한 내용을 규정하고 있으므로 헌법재판소 위헌 결정과 마찬가지로 과잉금지원칙에 위반될 수 있다(대법원 2022.4.14. 선고 2021도14530 판결).

Ⅳ. 증거보전의 특례[제27조]

> **제27조(증거보전의 특례)** ① 아동·청소년대상 성범죄의 피해자, 그 법정대리인 또는
> 경찰은 피해자가 공판기일에 출석하여 증언하는 것에 현저히 곤란한 사정이 있을 때에
> 는 그 사유를 소명하여 제26조에 따라 촬영된 영상물 또는 그 밖의 다른 증거물에 대
> 하여 해당 성범죄를 수사하는 검사에게 「형사소송법」 제184조제1항에 따른 증거보전
> 의 청구를 할 것을 요청할 수 있다.
> ② 제1항의 요청을 받은 검사는 그 요청이 상당한 이유가 있다고 인정하는 때에는 증
> 거보전의 청구를 하여야 한다.

　　아동·청소년대상 성범죄의 피해자, 그 법정대리인 또는 경찰은 피해자가 공
판기일에 출석하여 증언하는 것에 현저히 곤란한 사정이 있는 경우 영상녹화물
또는 다른 증거물에 대하여 검사에게 형사소송법 제184조 제1항에 따른 증거보전
의 청구를 할 것을 요청할 수 있다(제27조).

Ⅴ. 신뢰관계 있는 사람의 동석[제28조]

> **제28조(신뢰관계에 있는 사람의 동석)** ① 법원은 아동·청소년대상 성범죄의 피해자를
> 증인으로 신문하는 경우에 검사, 피해자 또는 법정대리인이 신청하는 경우에는 재판에
> 지장을 줄 우려가 있는 등 부득이한 경우가 아니면 피해자와 신뢰관계에 있는 사람을
> 동석하게 하여야 한다.
> ② 제1항은 수사기관이 제1항의 피해자를 조사하는 경우에 관하여 준용한다.
> ③ 제1항 및 제2항의 경우 법원과 수사기관은 피해자와 신뢰관계에 있는 사람이 피해
> 자에게 불리하거나 피해자가 원하지 아니하는 경우에는 동석하게 하여서는 아니 된다.

　　형사소송절차에서 신뢰관계 있는 사람의 동석은 원칙적으로 임의적이지만(형사
소송법 제163조의2 제1항), 증인이 아동·청소년대상 성범죄의 피해자인 경우는 검사,
피해자 또는 법정대리인이 신청하는 경우, 부득이한 사유가 없다면 피해자와 신뢰

관계 있는 사람을 필요적으로 동석하게 하여야 한다(제28조 제1항). 신뢰관계인의
동석이 요구되는 것은 수사기관에서의 조사에서도 마찬가지이다(제28조 제2항).
다만, 신뢰관계에 있는 사람이 피해자에게 불리하거나 피해자가 원하지 않는 경
우에서는 동석하게 하여서는 안 된다(제28조 제3항).

Ⅵ. 피해아동·청소년 등에 대한 변호사선임의 특례[제30조]

> 제30조(피해아동·청소년 등에 대한 변호사선임의 특례) ① 아동·청소년대상 성범죄의
> 피해자 및 그 법정대리인은 형사절차상 입을 수 있는 피해를 방어하고 법률적 조력을
> 보장하기 위하여 변호사를 선임할 수 있다.
> ② 제1항에 따른 변호사에 관하여는 「성폭력범죄의 처벌 등에 관한 특례법」 제27조제
> 2항부터 제6항까지를 준용한다.

성폭력처벌법과 마찬가지로 아동·청소년대상 성범죄의 피해자는 변호사를
선임할 수 있으며(제30조 제1항), 피해자에게 변호사가 없는 경우 국선변호사를 선
정하여 형사절차에서 피해자의 권익을 보호할 수 있다(제30조 제2항, 성폭력처벌법
제27조 제6항).

제 **4** 장

도로교통법

제1절　입법목적과 개념

Ⅰ. 입법목적

1. 자동차 운행의 3요소와 관련 법률

자동차의 운행을 위해서는 '자동차', '운전자', '도로'라는 3가지 요소가 필요하고, 각 요소에 관하여 법률이 규정되어 있다. 자동차의 운행으로 인한 위험과 장해를 방지하고 제거하여 국민이 안전하고 편리하게 이용할 수 있도록 관련 법률들이 존재한다.

[1] 자동차관리법

자동차 운행의 3요소 중 '자동차'와 관련해서는 「자동차관리법」이 있는데, 이 법은 자동차의 등록, 안전기준, 자기인증, 제작결함 시정, 점검, 정비, 검사 및 자동차관리사업 등에 관한 사항을 정하고 있다. 「자동차관리법」에서는 "원동기에 의하여 육상에서 이동할 목적으로 제작한 용구 또는 이에 견인되어 육상을 이동할 목적으로 제작한 용구"를 '자동차'라고 하면서(제2조 제1호), 별도로 "운전자 또는 승객의 조작 없이 자동차 스스로 운행이 가능한 자동차"를 '자율주행자동차'라고 정의한다(제2조 제1호의3).

「자동차관리법」은 2015. 8. 11. 법률개정을 통해 자율주행자동차의 개념을 정의하고, 자율주행자동차를 시험·연구 목적으로 운행할 수 있도록 임시운행 허가제도를 신설하였다. 「자동차관리법」 제27조에 자동차를 등록하지 아니하고 일시적으로 운행하는 임시운행의 허가에 관하여 규정되어 있다.

[2] 도로교통법

자동차 운행의 3요소 중 '운전자'와 관련해서는 「도로교통법」이 있는데, 교통안전시설의 종류·설치·관리기준, 운전면허제도, 운전자의 각종 의무 등에 관해 정하고 있다. 「도로교통법」은 본래 인간인 운전자를 전제로 하여 음주운전의 금지나 무면허운전의 금지 등에 관하여 규율하고 있는데, 2021. 10. 19. 법률개정을 통해 자율주행시스템과 자율주행자동차의 정의규정을 신설하고, 자율주행자동차 운전자의 준수사항과 그 위반에 대한 처벌 근거를 마련하여 자율주행자동차에도 「도로교통법」이 적용되도록 하였다.

'자율주행자동차'의 개념은 「자동차관리법」의 개념을 준용하고(제2조 제18호의3), '자율주행시스템'은 「자율주행자동차 상용화 촉진 및 지원에 관한 법률」 제2조 제1항 제2호에 따른 자율주행시스템을 말하는데 그 종류는 완전 자율주행시스템, 부분 자율주행시스템 등 행정안전부령으로 정하는 바에 따라 세분한다(제2조 제18호의2). 본래 자동차 운전자는 운전 중에 휴대전화를 사용할 수 없고, 운전자가 운전 중 볼 수 있는 위치에 방송 등 영상물을 수신하거나 재생하는 장치의 영상이 표시되지 않도록 하여야 하는데(제49조 제1항 제10호부터 제11호의2), 운전자가 자율주행시스템을 사용하여 운전하는 때에는 휴대전화의 사용이나 영상물의 시청이 가능하다(제50조의2 제2항).

[3] 도로법

자동차 운행의 3요소 중 '도로'와 관련해서는 「도로법」이 있는데, 도로의 시설기준, 도로의 관리·보전·비용 부담 등에 관해 정하고 있다. 자율주행자동차는 도로의 신호기, 교통표지 등 도로시설을 자동으로 인식하고 운행하게 되는데, 자칫 도로의 차선을 인식하지 못하거나 신호기를 잘못 이해한 경우는 큰 사고로 이어질 수 있으므로, 자율주행자동차의 운행을 위한 도로 자체 설치기준의 재정립이 필요한 상황이다.

2. 도로교통법의 입법목적

연혁

1961.12.31. 도로교통법이 제정되면서 일제강점기의 의용법령인 조선도로취체규칙, 조선자동차취체규칙 제4장·제5장, 조선자동차취체규칙시행세칙, 제거·도보자의통행규칙, 택시업취체령 및 전거취체규칙은 폐지되었다. 단순히 경찰단속법적 성격의 법률이 아니라 모든 국민의 교통질서와 안전을 유지하기 위해서 도로교통의 기본적인 규칙을 정한 법률임을 명백하게 하려고 명칭을 '조선도로취체규칙'에서 '도로교통법'으로 변경하였다.[1]

도로교통법은 "도로에서 발생하는 모든 교통상의 위해를 방지하여 교통의 안전을 확보"하려는 목적에서 1961. 12. 31. 제정되어 1962. 1. 20.부터 시행되었다. 제정 이후 도로교통법은 2022년 5월까지 100여 차례 개정되었는데, 법률의 목적도 지금은 "도로에서 일어나는 교통상의 모든 위험과 장해를 방지하고 제거하여 안전하고 원활한 교통을 확보"라고 하여(제1조), '교통의 안전'에서 '원활한 교통'으로 확대되었다. 제정 당시 80개의 조문이었던 것이 현재 170여 개의 조문으로 확대되었다.

도로교통법은 제1장 총칙, 제2장 보행자의 통행방법, 제3장 차마 및 노면전차의 통행방법 등, 제4장 운전자 및 고용주 등의 의무, 제5장 고속도로 및 자동차전용도로에서의 특례, 제6장 도로의 사용, 제7장 교통안전교육, 제8장 운전면허, 제9장 국제운전면허증, 제10장 자동차운전학원, 제11장 도로교통공단, 제12장 보칙, 제13장 벌칙, 제14장 범칙행위의 처리에 관한 특례로 구성되어 있다. 이처럼 도로교통법은 도로교통의 안전확보를 위한 광범위한 의무규정과 행정청의 규제를 중심으로 하는 행정법규라고 할 수 있는데, 이를 위반하면 형사처벌 또는 행정처벌을 부과하고 있다. 이 중 형사처벌의 대상이 되는 의무위반행위는 형사특별법의 대상이 되는데, 이것은 빈번하게 발생하고 사회적 관심도 높다.

형사처벌의 도로교통법 위반죄 중 주요한 것은 도로에서 차의 운전과 관련된 범죄인데, 아래에서는 도로교통법의 기본개념과 도로교통법 위반죄 중 무면허운전, 음주운전, 음주측정거부, 사고후미조치, 과실재물손괴 등을 중심으로 설명한다.

---

1 손기식 58면.

Ⅱ. 기본개념

도로교통법에서 형사처벌의 대상이 되는 주요한 범죄는 '도로'에서 '차'의 '운전'과 관련된 행위인데, 도로, 차, 운전의 개념은 다음과 같다.

1. 도로

> **제2조(정의)** 이 법에서 사용하는 용어의 뜻은 다음과 같다.
> 1. "도로"란 다음 각 목에 해당하는 곳을 말한다.
>   가. 「도로법」에 따른 도로
>   나. 「유료도로법」에 따른 유료도로
>   다. 「농어촌도로 정비법」에 따른 농어촌도로
>   라. 그 밖에 현실적으로 불특정 다수의 사람 또는 차마(車馬)가 통행할 수 있도록 공개된 장소로서 안전하고 원활한 교통을 확보할 필요가 있는 장소

〔1〕 법률규정

도로교통법에서 사용되는 도로는 '현실적으로 불특정 다수의 사람·차마(車馬)가 통행할 수 있도록 공개된 장소로서 안전하고 원활한 교통을 확보할 필요가 있는 장소'를 말하고, 그 대표적인 예시가 도로법·유료도로법·농어촌도로 정비법에 따른 도로이다(제2조 제1호).

도로법

> **제2조(정의)** 이 법에서 사용하는 용어의 뜻은 다음과 같다.
> 1. "도로"란 차도, 보도(步道), 자전거도로, 측도(側道), 터널, 교량, 육교 등 대통령령으로 정하는 시설로 구성된 것으로서 제10조에 열거된 것을 말하며, 도로의 부속물을 포함한다.
>
> **제10조(도로의 종류와 등급)** 도로의 종류는 다음 각 호와 같고, 그 등급은 다음 각 호에 열거한 순서와 같다.
> 1. 고속국도(고속국도의 지선 포함)

2. 일반국도(일반국도의 지선 포함)

3. 특별시도(特別市道)·광역시도(廣域市道)

4. 지방도   5. 시도

6. 군도   7. 구도

유료도로법

제2조(정의) 이 법에서 사용하는 용어의 뜻은 다음과 같다.

2. "유료도로"란 다음 각 목의 도로를 말한다.

가. 이 법에 따라 통행료 또는 사용료를 받는 도로

나. 「사회기반시설에 대한 민간투자법」 제26조에 따라 통행료 또는 사용료를 받는 도로(이하 "민자도로"라 한다)

농어촌도로 정비법

제2조(농어촌도로의 정의) ① 이 법에서 "농어촌도로"란 「도로법」에 규정되지 아니한 도로(읍 또는 면 지역의 도로만 해당한다)로서 농어촌지역 주민의 교통 편익과 생산·유통활동 등에 공용(共用)되는 공로(公路) 중 제4조 및 제6조에 따라 고시된 도로를 말한다.

② 농어촌도로(이하 "도로"라 한다)에는 대통령령으로 정하는 것으로서 도로의 효용(效用)을 다하게 하는 시설 또는 인공구조물을 포함한다.

제4조(도로의 종류 및 시설기준 등) ① 이 법에서 도로는 면도(面道), 이도(里道) 및 농도(農道)로 구분한다.

② 제1항에 따른 도로의 종류별 기능은 다음 각 호와 같다.

1. 면도: 「도로법」 제10조 제6호에 따른 군도(郡道) 및 그 상위 등급의 도로(이하 "군도 이상의 도로"라 한다)와 연결되는 읍·면 지역의 기간(基幹)도로

2. 이도: 군도 이상의 도로 및 면도와 갈라져 마을 간이나 주요 산업단지 등과 연결되는 도로

3. 농도: 경작지 등과 연결되어 농어민의 생산활동에 직접 공용되는 도로

③ 도로의 구조 및 시설기준에 관하여 필요한 사항은 행정안전부령으로 정한다.

농어촌도로 정비법 시행령 제2조(도로의 시설물 또는 공작물) 법 제2조 제2항에서 "대통령령으로 정하는 것"이란 다음 각 호의 시설 또는 공작물을 말한다.

1. 터널, 교량, 도선장 등 도로와 하나가 되어 그 효용을 다하게 하는 시설

2. 옹벽, 암거(땅속 또는 구조물 속 도랑), 용·배수관, 길도랑(측구) 및 그 밖에 이와 유사한 공작물

[2] 도로의 인정여부

도로교통법의 도로는 농도 등 도로의 형태를 불문하고 ⓐ '통행성', ⓑ '공개성', ⓒ '공공성'의 요건을 갖추면 인정된다.

도로교통법 제2조 제1호에 의하면, 도로는 도로법·유료도로법·농어촌도로정비법에 따른 도로를 포함하여 '현실적으로 불특정 다수의 사람·차마(車馬)가 통행할 수 있도록 공개된 장소로서 안전하고 원활한 교통을 확보할 필요가 있는 장소'를 말한다. 이러한 개념은 2005년 이전 사용되던 개념인 '일반교통에 사용되는 모든 곳'을 구체화한 것인데, '일반교통에 사용되는 모든 곳'은 현실적으로 불특정의 사람이나 차량의 통행을 위하여 공개된 장소로서 교통질서 유지 등을 목적으로 하는 일반 교통경찰권이 미치는 공공성이 있는 곳을 의미하고, 특정인들 또는 그들과 관련된 특정한 용건이 있는 자들만이 사용할 수 있고 자주적으로 관리되는 장소는 포함되지 않는다(대법원 2010.9.9. 선고 2010도6579 판결). 가스충전소 내 가스주입구역은 가스충전 등의 용무가 있는 특정인들 또는 그들과 관련된 특정한 용건이 있는 사람들만이 사용할 수 있는 가스충전소 시설물의 일부로 그 운영자에 의하여 자주적으로 관리되는 곳이지, 불특정의 사람이나 차량의 통행을 위하여 공개된 장소가 아니므로 도로에 해당하지 않는다(대법원 2005.12.22. 선고 2005도7293 판결). 반면 민박집을 경영하는 개인이 사비를 들여 개설한 민박집 앞의 교통로라도 현실적으로 불특정 다수의 사람 또는 차량의 통행을 위하여 공개되었다면 도로에 해당하고(대법원 1998.3.27. 선고 97누20755 판결), 주택가의 막다른 골목길도 도로에 해당한다(대법원 1993.6.22. 선고 93도828 판결).

아파트단지 내 지하 주차장에서 도로교통법 위반죄의 성립여부가 문제될 경우에 아파트단지와 주차장의 규모와 형태, 아파트단지나 주차장에 차단 시설의 설치 여부, 경비원 등에 의한 출입 통제 여부, 외부인의 주차장 이용의 가능 여부 등에 따라서 도로에 해당하는지가 결정되므로, 이에 대한 검토 없이 바로 도로를 인정하는 것은 위법하다(대법원 2017.12.28. 선고 2017도17762 판결). '통행성', '공개성', '공공성'의 기준에 따라 도로의 인정여부가 문제되는 구체적인 경우를 살펴보면 다음과 같다.

1) 아파트단지 내 통행로

아파트단지 내 건물 사이의 통로 한쪽에 그은 주차구획선 밖의 통로가 일반교통에 사용되는 곳으로서 도로에 해당하는지는 아파트의 관리 및 이용 상황에 비추어 그 부분이 현실적으로 불특정 다수의 사람이나 차량의 통행을 위하여 공개된 장소로서 교통질서유지 등을 목적으로 하는 일반경찰권이 미치는 곳으로 볼 것인 가 혹은 특정인들 또는 그들과 관련된 특정한 용건이 있는 자들만이 사용할 수 있 고 자주적으로 관리되는 장소인지에 따라 결정할 것이다(대법원 2005.1.14. 선고 2004도6779 판결). 아파트단지 내 건물과 건물 사이의 'ㄷ'자 공간 안에 주차구획선 을 그어 차량이 주차할 수 있는 주차구역의 통로 부분은 그 곳에 차량을 주차하기 위한 통로에 불과할 뿐 현실적으로 불특정 다수의 사람이나 차량의 통행로로 사용 되는 것이 아니라면 도로라고 할 수 없다(대법원 2005.1.14. 선고 2004도6779 판결).

반면 아파트단지 내 통행로가 그 주변에 상가 등이 밀집되어 있어 주차를 위 한 외부차량의 출입이 잦았고, 아파트 관리소에서는 정문과 후문에 외부차량 출 입금지 표지만 설치하여 놓았을 뿐 차단기를 설치하거나 아파트 경비원 등으로 출입을 통제하도록 하지 아니하여 출입통제가 이루어지지 아니하였다면, 도로에 해당한다(대법원 2004.6.25. 선고 2002도6710 판결).

2) 주차장

불특정 다수의 사람·차마가 통행하는 곳이 아닌 주차장은 도로에 해당하지 않는다. 따라서 주차장의 주차구획선 내의 '주차구역'은 도로교통법상의 도로라고 볼 수 없고, 다만 주차구획선 밖의 '통로'는 공개성 여부에 따라 도로의 인정여부 가 달라진다.

예를 들어, ⓐ 나이트클럽을 출입하는 사람들을 위한 작은 주차장은 도로교 통법상의 도로라 할 수 없다(대법원 1992.4.14. 선고 92도448 판결). ⓑ 대형건물의 부설주차장이더라도 그곳이 불특정 다수의 사람이나 차량 등의 통행을 위하여 공 개된 장소라고 인정할 수 없다면 도로라고 볼 수 없다(대법원 1992.10.9. 선고 92도 1662 판결). ⓒ 병원 구내의 통로 중의 한쪽에 주차구획선을 그어 주차할 수 있는 주차구역을 만들고 그 나머지 부분은 사람이나 차량의 통행에 사용하고 있는 경 우라면, 주차구획선 외의 통로부분은 도로에 해당하지만 주차구획선 내의 주차구 역은 도로에 해당하지 않는다(대법원 1994.1.25. 선고 93도1574 판결).

반면, ⓓ 지역 일대의 주차난 해소 및 그로 인한 교통체증해소라는 공익적 목적을 위해서 구청에서 설치한 공영주차장의 경우에 주차장 양쪽 면이 일반도로 와 접해 있고 4개의 출입구에서 양쪽 도로로 출입할 수 있고, 상주하는 관리인 및 출입차단장치가 없이 무료로 운영되고 있어 불특정 다수의 사람이 수시로 이용할 수 있었다면 도로에 해당한다(대법원 2005.9.15. 선고 2005도3781 판결). ⓔ 시청 내 광장주차장도 시청관리자의 용인 아래 불특정 다수의 사람과 차량이 통행하는 곳 이며 그곳을 통행하는 차량 등에 대하여 충분한 통제가 이루어지지 않았다면 도 로에 해당한다(대법원 1992.9.22. 선고 92도1777 판결).

3) 대학교 구내 도로

대학 구내 도로의 경우에 심야 시간에만 정문을 닫고 그 외에는 항상 개방하기 때문에 별다른 통제 없이 누구나 차량으로 통행하고 있었다면, 불특정 다수의 사람 이나 차량의 통행을 위하여 공개된 장소로서 도로로 볼 수 있다(대법원 2006.1.13. 선고 2005도6986 판결).

그러나 대학교가 담으로 둘러싸여 있어서 정·후문의 출입구 이외에는 외부 로부터의 출입이 수월하지 않고, 구내 공간이 비좁아 정숙한 면학분위기 조성 및 주차질서의 확립을 위하여 정·후문에서 엄격한 통제하에 교직원 외 일반인과 학 생들의 차량출입을 통제하면서 용무가 없는 일반인이나 중·고등학생의 보행출입 도 통제하고 있다면, 도로로 볼 수 없다(대법원 1996.10.25. 선고 96도1848 판결).

[3] 도로 외에 대한 예외적 적용

주요한 도로교통법 위반죄는 '도로에서 차의 운전'과 관련된 행위로서 원칙적 으로 도로가 아닌 곳에서는 도로교통법 위반죄가 성립되지 않는다. 공개성·공공 성이 인정되지 않는 아파트 통행로나 주차장은 도로가 아니어서 도로교통법 위반 (음주운전)죄가 성립되지 않았다. 이러한 문제점으로 2010년 도로교통법이 개정되 어 제2조 제26호 도로의 예외가 규정되었다.

① 음주운전행위(제44조 제1항, 제148조의2 제1항), ② 음주측정거부행위(제44조 제2항, 제148조의2 제2항), ③ 약물운전행위(제45조, 제148조의2 제4항), ④ 사고후미 조치행위(제54조, 제148조), ⑤ 주·정차된 차의 손괴 후 인적사항 미제공행위(제 156조 제10호)에 대해서는 행해진 장소가 도로가 아니어도 차의 운전이 인정되면 도로교통법이 적용된다.

도로교통법 제2조 제26호에서는 이와 같은 5가지 유형의 위반행위에 대해서 만 도로의 예외를 인정하고 있으므로, 그 외의 경우(무면허 운전행위 등)는 도로에 서 차의 운전한 경우만 도로교통법이 적용된다. 예를 들어, 자동차운전면허를 받 지 않고 아파트단지 안에 있는 지하주차장 약 50m 구간에서 승용차를 운전하여 도로교통법 위반(무면허운전)죄의 성립이 다투어진 경우, 주차장이 아파트 주민이나 그와 관련된 용건이 있는 사람만 이용할 수 있고 경비원 등이 자체적으로 관리한다면 도로에 해당하지 않고 도로교통법에서 금지하는 무면허운전에 해당하지 않는다(대법원 2017.12.28. 선고 2017도17762 판결).

2. 차

[1] 법률규정

제2조(정의) 이 법에서 사용하는 용어의 뜻은 다음과 같다.

17. "차마"란 다음 각 목의 차와 우마를 말한다.
   가. "차"란 다음의 어느 하나에 해당하는 것을 말한다.
      1) 자동차   2) 건설기계   3) 원동기장치자전거   4) 자전거
      5) 사람 또는 가축의 힘이나 그 밖의 동력(動力)으로 도로에서 운전되는 것.
         다만, 철길이나 가설(架設)된 선을 이용하여 운전되는 것, 유모차와 행정
         안전부령으로 정하는 보행보조용 의자차는 제외한다.
   나. "우마"란 교통이나 운수(運輸)에 사용되는 가축을 말한다.
17의2. "노면전차"란 「도시철도법」 제2조 제2호에 따른 노면전차로서 도로에서 궤도를 이용하여 운행되는 차를 말한다.
18. "자동차"란 철길이나 가설된 선을 이용하지 아니하고 원동기를 사용하여 운전되는 차(견인되는 자동차도 자동차의 일부로 본다)로서 다음 각 목의 차를 말한다.
   가. 「자동차관리법」 제3조에 따른 다음의 자동차. 다만, 원동기장치자전거는 제외한다.
      1) 승용자동차 2) 승합자동차 3) 화물자동차 4) 특수자동차 5) 이륜자동차
   나. 「건설기계관리법」 제26조 제1항 단서에 따른 건설기계
19. "원동기장치자전거"란 다음 각 목의 어느 하나에 해당하는 차를 말한다.
   가. 「자동차관리법」 제3조에 따른 이륜자동차 가운데 배기량 125시시 이하(전기를 동력으로 하는 경우에는 최고정격출력 11킬로와트 이하)의 이륜자동차
   나. 그 밖에 배기량 125시시 이하(전기를 동력으로 하는 경우에는 최고정격출력 11킬로와트 이하)의 원동기를 단 차(「자전거 이용 활성화에 관한 법률」 제2조 제1호의2에 따른 전기자전거는 제외한다)
19의2. "개인형 이동장치"란 제19호 나목의 원동기장치자전거 중 시속 25킬로미터

이상으로 운행할 경우 전동기가 작동하지 아니하고 차체 중량이 30킬로그램 미만인 것으로서 행정안전부령으로 정하는 것을 말한다.
20. "자전거"란 「자전거 이용 활성화에 관한 법률」 제2조 제1호 및 제1호의2에 따른 자전거 및 전기자전거를 말한다.
21. "자동차등"이란 자동차와 원동기장치자전거를 말한다.

[2] 개념

'자동차'에는 승용자동차, 승합자동차, 화물자동차, 특수자동차, 125cc 초과 이륜자동차 및 건설기계관리법의 건설기계조종사면허가 필요한 건설기계(덤프트럭, 콘크리트믹서트럭 등)가 포함되고, 견인되는 자동차도 자동차의 일부로 본다(제2조 제18호). '원동기장치자전거'에는 125cc 이하 이륜자동차 등이 포함된다(제2조 제19호).

자동차와 원동기장치자전거를 '자동차등'이라고 하는데(제2조 제21호), 무면허운전이나 음주운전 등의 대상은 자동차등으로 제한된다. 자동차관리법 시행령 제2조 제2호는 자동차에서 제외되는 것 중 하나로 '농업기계화법에 따른 농업기계'를 규정하고 있는데, 농업기계화법에 따른 농업기계'를 운전한 사람에게는 도로교통법의 무면허운전 처벌규정이 적용되지 않는다(대법원 2021.9.30. 선고 2017도13182 판결).

'차'는 자동차와 원동기장치자전거뿐만 아니라, (원동기장치 없는) 자전거와 사람·가축의 힘이나 그 밖의 동력으로 도로에서 운전되는 것을 말한다(제2조 제17호). 우마차, 경운기, 손수레 등도 차에 포함된다. 농업기계인 경운기를 밭갈이, 양수, 탈곡, 운반에 더 효율적으로 개조한 속칭 딸딸이가 기능상 불가피하게 도로상을 이동하는 경우가 있는데, 자동차에는 속하지 않지만 '차'에는 해당한다(대법원 1987.3.24. 선고 85도1979 판결). 차는 사고후미조치나 과실재물손괴 등의 대상이다.

'노면전차'란 도로에서 궤도를 이용하여 운행되는 차를 말하는데(제2조 제17의2호), 사고후미조치나 과실재물손괴 등의 대상이다.

그러나 철길이나 가설(架設)된 선을 이용하여 운전되는 것, 유모차와 보행보조용 의자차는 도로교통법의 '차'에서 제외된다(제2조 제17호 가목 단서). 예를 들어 기차, 전동차, 케이블카 등은 차에 해당하지 않는다.

관련규정

건설기계관리법 제26조(건설기계조종사면허) ① 건설기계를 조종하려는 사람은 시장·군수 또는 구청장에게 건설기계조종사면허를 받아야 한다. 다만, 국토교통부령으로 정하는 건설기계를 조종하려는 사람은 「도로교통법」 제80조에 따른 운전면허를 받아야 한다.

건설기계관리법 시행규칙 제73조(건설기계조종사면허의 특례) ① 법 제26조 제1항단서의 규정에 의하여 「도로교통법」 제80조의 규정에 의한 운전면허를 받아 조종하여야 하는 건설기계의 종류는 다음 각호와 같다.

1. 덤프트럭   2. 아스팔트살포기   3. 노상안정기
4. 콘크리트믹서트럭   5. 콘크리트펌프   6. 천공기(트럭적재식)
7. 특수건설기계중 국토교통부장관이 지정하는 건설기계

도시철도법 제2조(정의) 이 법에서 사용하는 용어의 뜻은 다음과 같다.

2. "도시철도"란 도시교통의 원활한 소통을 위하여 도시교통권역에서 건설·운영하는 철도·모노레일·노면전차(路面電車)·선형유도전동기(線形誘導電動機)·자기부상열차(磁氣浮上列車) 등 궤도(軌道)에 의한 교통시설 및 교통수단을 말한다.

3. 운전

[1] 법률규정

제2조(정의) 이 법에서 사용하는 용어의 뜻은 다음과 같다.

24. "주차"란 운전자가 승객을 기다리거나 화물을 싣거나 차가 고장 나거나 그 밖의 사유로 차를 계속 정지 상태에 두는 것 또는 운전자가 차에서 떠나서 즉시 그 차를 운전할 수 없는 상태에 두는 것을 말한다.

25. "정차"란 운전자가 5분을 초과하지 아니하고 차를 정지시키는 것으로서 주차 외의 정지 상태를 말한다.

26. "운전"이란 도로(제44조·제45조·제54조 제1항·제148조·제148조의2 및 제156조 제10호의 경우에는 도로 외의 곳을 포함한다)에서 차마 또는 노면전차를 그 본래의 사용방법에 따라 사용하는 것(조종을 포함한다)을 말한다.

[2] 운전의 고의

운전이란 차마 또는 노면전차를 본래의 사용방법에 따라 사용(조종)하는 것을 말한다(제2조 제26호). 운전이란 고의의 운전행위만을 의미하므로,[2] 실수로 기어 등 자동차의 발진에 필요한 장치를 건드려 원동기의 추진력에 의하여 자동차가 움직이거나 불안전한 주차상태·도로여건 등으로 자동차가 움직이게 된 경우는 운전에 해당하지 않는다(대법원 2004.4.23. 선고 2004도1109 판결). 자동차를 절취할 생각으로 자동차에 들어가 이것저것 만지다가 사이드브레이크를 풀게 되었는데 시동이 걸리지 않은 상태에서 자동차가 내리막길을 약 10m 전진하다가 가로수를 들이받고 멈춘 경우는 자동차의 운전에 해당하지 않고, 절도의 미수가 성립할 뿐이다(대법원 1994.9.9. 선고 94도1522 판결).

[3] 운전의 착수시기

운전의 착수시기와 관련하여 차를 발진시킬 목적으로 엔진의 시동을 켠 경우(엔진시동설) 또는 차가 발진·이동한 경우(발진설) 등이 운전의 착수시기라고 주장되기도 한다. 그러나 엔진시동설에 의하면 라디오 등을 켜기 위해서 차량의 시동을 켜는 경우까지 운전이라고 보게 되는 단점이 있고, 발진설에 의하면 경운기 등을 시동을 켜고 사용하더라도 이동하지 않는 경우는 운전이라고 보지 않게 되는 단점이 있다. 따라서 시동 및 발진조작의 완료가 있는 시점을 운전의 착수시기로 보는 것(발진조작완료설)이 차의 본래의 용법에 따라 사용할 수 있는 시점이라는 점에서 타당하다.[3]

판례도 발진조작완료설의 입장이다. 자동차를 '그 본래의 사용방법'에 따라 사용하였다고 하기 위해서는 단지 엔진을 시동시켰다는 것만으로는 부족하고 이른바 발진조작의 완료를 요구하는데, 통상 자동차 엔진을 시동시키고 기어를 조작하며 제동장치를 해제하는 등 일련의 조치를 하면 발진조작을 완료하였다고 할 것이지만, 애초부터 자동차가 고장이나 결함 등의 원인으로 객관적으로 발진할 수 없었던 상태에 있었던 경우라면 그와 같이 볼 수는 없다는 것이 판례의 입장이다(대법원 2021.1.14. 선고 2017도10815 판결).

---

2 박상기·전지연·한상훈 253면.

3 이주원 21면.

[4] 운전의 종료시기

차의 본래의 용법에 따라 사용하지 않는 시점이 운전의 종료시기이다. 운전 중 차의 시동이 켜진 상태에서 일시정지나 주정차과정의 운전은 운전 중에 해당하고, 차의 시동이 꺼지고 주차된 경우는 운전이 종료된 것임이 분명하다. 주차한 후 화물을 싣거나 내리는 경우도 운전으로 볼 수 없다.[4]

그런데 차의 시동을 끄고 일시 정차한 상태를 운전으로 볼 수 있는지가 문제된다. 판례는 민사사건에서 자동차의 운전 중 고장으로 일시 정차한 상태에서 추돌되어 사고가 발생한 경우를 운전 중의 사고로 보고 있다(대법원 1994.4.12. 선고 94다200 판결).

생각건대 도로교통법 위반죄의 성립과 관련해서는 차의 시동이 꺼진 시점에 운전이 종료된다고 보면 된다. 차의 시동 종료 이후에 발생하는 사고 등에 대한 민사상 손해배상 등의 문제와 달리, 도로교통법 위반죄는 운전 중에 발생한 행위를 대상으로 하고 있기 때문이다.

[5] 교통과 구별

도로교통법 '운전'은 교통사고처리법 및 특정범죄가중법 등에서 사용되는 '교통'의 개념과 다르다. 교통이란 '차량을 운전하는 행위 및 그와 동일하게 평가할 수 있을 정도로 밀접하게 관련된 행위'로서 도로교통법의 운전은 교통에 포함되지만, 반대로 운전에는 해당하지 않으나 교통에 해당하는 경우도 있다. 예를 들어 사람이 자동차를 끄는 행위나 시동을 걸지 않은 상태에서의 타력주행, 그리고 주차상태 등은 운전에는 해당하지 않지만, 운전과 동일하게 평가할 수 있을 정도의 밀접하게 관련된 행위로서 교통에 해당한다.[5]

특정범죄가중법위반(도주차량)죄가 성립하기 위해서는 '차량의 교통으로' 형법 제268조(업무상과실·중과실 치사상)의 범죄가 발생한 경우인데, 도로교통법이 정하는 도로에서의 교통사고로 제한되지는 않는다.[6] 판례도 도로변에 자동차를 주차한 후 하차하기 위하여 운전석 문을 열다가 후방에서 진행하여 오던 자전거의 핸들 부분을 운전석 문으로 충격하여 자전거 운전자를 넘어뜨려 상해를 입히고도

---

4 이주원 25면.
5 심희기·전지연 외 138면.
6 박상기·전지연·한상훈 69면.

아무런 구호조치 없이 현장에서 이탈한 행위 역시 특정범죄가중법 위반(도주차량) 죄를 인정하였다(대법원 2010.4.29. 선고 2010도1920 판결).

제2절 무면허운전(제154조, 제152조, 제80조)

Ⅰ. 법률규정

제152조(벌칙) 다음 각 호의 어느 하나에 해당하는 사람은 1년 이하의 징역이나 300 만원 이하의 벌금에 처한다.

  1. 제43조를 위반하여 제80조에 따른 운전면허(원동기장치자전거면허는 제외한다. 이하 이 조에서 같다)를 받지 아니하거나(운전면허의 효력이 정지된 경우를 포함한다) 또는 제96조에 따른 국제운전면허증을 받지 아니하고(운전이 금지된 경우와 유효기간이 지난 경우를 포함한다) 자동차를 운전한 사람

제154조(벌칙) 다음 각 호의 어느 하나에 해당하는 사람은 30만원 이하의 벌금이나 구류에 처한다.

  2. 제43조를 위반하여 제80조에 따른 원동기장치자전거를 운전할 수 있는 운전면 허를 받지 아니하거나(원동기장치자전거를 운전할 수 있는 운전면허의 효력이 정지된 경우를 포함한다) 국제운전면허증 중 원동기장치자전거를 운전할 수 있는 것으로 기재된 국제운전면허증을 발급받지 아니하고(운전이 금지된 경우와 유효기간이 지난 경우를 포함한다) 원동기장치자전거를 운전한 사람(다만, 개인형 이동장치를 운전하는 경우는 제외한다)

제43조(무면허운전 등의 금지) 누구든지 제80조에 따라 시·도경찰청장으로부터 운전 면허를 받지 아니하거나 운전면허의 효력이 정지된 경우에는 자동차등을 운전하여서는 아니 된다.

제80조(운전면허) ① 자동차등을 운전하려는 사람은 시·도경찰청장으로부터 운전면허 를 받아야 한다. …

    자동차등(자동차와 원동기장치자전거)를 운전하려는 사람은 시·도경찰청장으로 부터 운전면허를 받아야 하고(제80조 제1항), 운전면허가 없거나 정지된 상태로 운전을 하면 자동차의 경우에는 1년 이하의 징역이나 300만 원 이하의 벌금으로 처벌되고(제152조 제1호) 원동기장치자전거의 경우에는 30만 원 이하의 벌금이나 구류로 처벌된다(제154조 제2호).

Ⅱ. 성립요건

무면허운전이란 ① 운전면허가 없는 경우, ② 운전면허의 효력이 정지·취소된 경우, ③ 면허종별에 따른 운전가능차종을 위반하여 도로에서 자동차 또는 원동기장치자전거를 운전한 경우를 말한다. 음주운전 등 일정한 경우에 예외적으로 도로 외의 곳에서 운전한 경우를 운전에 포함한다고 명시하고 있는데, 무면허운전에 관해서는 이러한 예외를 규정하고 있지 않으므로 도로가 아닌 곳에서 운전면허 없이 운전한 경우는 무면허운전에 해당하지 않는다(대법원 2017.12.28. 선고 2017도17762 판결).

1. 운전면허

[1] 운전면허의 종류

운전이란 차마 또는 노면전차를 본래의 사용방법에 따라 사용(조종)하는 것인데, 지방경찰청장은 운전을 할 수 있는 차의 종류를 기준으로 운전면허의 범위를 구분하고 관리한다(제80조 제2항). 운전면허의 종류는 다음과 같다.

운전면허의 종류

도로교통법 제80조 제2항

1. 제1종 운전면허	2. 제2종 운전면허	3. 연습운전면허
가. 대형면허	가. 보통면허	가. 제1종 보통연습면허
나. 보통면허	나. 소형면허	나. 제2종 보통연습면허
다. 소형면허	다. 원동기장치자전거 면허	
라. 특수면허		
1) 대형견인차면허		
2) 소형견인차면허		
3) 구난차면허		

[2] 운전면허의 효력

1) 운전면허의 효력발생시기

운전면허의 효력은 본인 또는 대리인이 운전면허증을 발급받은 때부터 발생하는데(제85조 제5항), '발급받은 때'가 ⓐ 면허증을 수령한 때(실제교부시)를 의미하는 것인지 아니면 ⓑ 면허증을 수령할 수 있는 때(교부가능시)를 의미하는 것인지가 문제 된다.

생각건대 도로교통법 제85조 제5항에서 운전면허증을 수령한 때라고 규정하지 않고 발급받은 때라고 규정된 것은 운전면허증의 수령 가능할 때부터 운전면허의 효력이 발생한다는 취지로 해석된다(교부가능시). 판례도 운전면허의 효력은 운전면허증을 현실적으로 수령해야 발생하는 것은 아니고, 운전면허증이 작성권자에 의하여 작성되어 그 신청인이 이를 수령할 수 있는 상태가 되면 발생하고 이 경우 운전면허신청인이 운전면허증을 수령할 수 있는 상태는 운전면허증에 기재된 교부일자를 기준으로 결정한다(대법원 1989.5.9. 선고 87도2070 판결).

'국제운전면허증'을 발급받은 사람은 국내에 입국한 날부터 1년 동안만 국제운전면허증으로 자동차등을 운전할 수 있는데(제96조 제1항), '국내에 입국한 날'은 출입국관리법에 따라 적법한 입국심사절차를 거쳐 입국한 날을 의미하고, 적법한 입국심사절차를 거치지 아니하고 불법으로 입국한 경우는 국제운전면허증을 소지하고 있더라도 도로교통법 제96조 제1항이 예외적으로 허용하는 국제운전면허증에 의한 운전을 한 경우로 볼 수 없다(대법원 2017.10.31. 선고 2017도9230 판결).

2) 운전면허의 효력소멸시기

도로교통법 위반(무면허운전)죄의 성립여부가 다투어지는 경우는 주로 면허를 발급받았으나 그 효력이 정지된 경우이고, 운전면허의 효력의 소멸여부가 구성요건 해당성을 판단하는 중요한 관건이다.7 시·도경찰청장은 운전면허의 '정지·취소처분'을 하려면 처분을 하기 전에 미리 당사자에게 처분 내용과 의견제출 기한 등을 통지하여야 하며, 처분할 때는 처분의 이유와 행정심판을 제기할 수 있는 기간 등을 통지하여야 한다(제93조 제4항). 운전면허의 정지·취소처분이 적법하게 통지되면 운전면허증의 반납 여부와 상관없이 정지의 효력이 발생한다(대법원 1993.4.13. 선고 92도2309 판결).

7　심희기·전지연 외 157면.

　　그러나 운전면허 정지·취소처분이 적법하게 통지되지 않으면 취소처분은 무효이고 자동차운전도 무면허운전에 해당하지 않는다(대법원 1992.3.27. 선고 92도67 판결). 운전면허의 취소처분을 받았으나 나중에 취소처분이 행정쟁송절차에 의하여 취소되었다면, 취소처분은 소급하여 효력을 잃게 되므로 운전면허의 취소처분을 받은 후 자동차를 운전하였더라도 무면허운전에 해당하지 않는다(대법원 1999.2.5. 선고 98도4239 판결). 또한 자동차운전면허 취소처분을 받은 사람이 자동차를 운전하였으나 운전면허 취소처분의 원인이 된 교통사고 또는 법규 위반에 대하여 범죄사실의 증명이 없어 무죄판결이 확정된 경우, 그 취소처분이 취소되지 않았더라도 도로교통법에 규정된 무면허운전의 죄로 처벌할 수 없다(대법원 2021.9.16. 선고 2019도11826 판결).

2. 고의

　　도로교통법위반(무면허운전)죄는 운전자가 유효한 운전면허가 없음을 알면서 자동차 또는 원동기장치자전거를 운전한 경우만 성립한다(대법원 2004.12.10. 선고 2004도6480 판결). 운전면허 취소처분의 통지에 갈음하는 적법한 공고를 거쳤더라도 그것만으로 운전자가 면허가 취소된 사실을 알게 되었다고 단정할 수는 없으며, 이 경우 운전자가 그러한 사정을 알았는지는 각각의 사안에서 면허취소의 사유와 취소사유가 된 위법행위의 경중, 같은 사유로 면허취소를 당한 전력의 유무, 면허취소처분 통지를 받지 못한 이유, 면허취소 후 문제된 운전행위까지의 기간의 장단, 운전자가 면허를 보유하는 동안 관련 법령이나 제도가 어떻게 변동하였는지 등을 참작하여 구체적·개별적으로 판단하여야 한다(대법원 2004.12.10. 선고 2004도6480 판결). 운전면허증 앞면에 적성검사기간이 기재되어 있고, 뒷면 하단에 경고 문구가 있다는 점만으로 운전자가 정기적성검사 미필로 면허가 취소된 사실을 미필적으로나마 인식하였다고 추단할 수는 없다(대법원 2004.12.10. 선고 2004도6480 판결).

　　그러나 이미 적성검사 미필로 면허가 취소된 전력이 있는 사람이 면허증에 기재된 유효기간이 5년 이상 지나도록 적성검사를 받지 아니한 채 자동차를 운전하였다면, 비록 적성검사 미필로 인한 운전면허 취소사실이 통지되지 아니하고 공고되었더라도 운전면허의 취소사실을 알고 있었다고 보아야 한다(대법원 2002.10.22. 선고 2002도4203 판결).

Ⅲ. 자수범과 공범

자수범의 경우는 직접 구성요건을 실현하지 않는 사람은 공동정범이 될 수 없고, 타인을 도구로 이용하는 간접정범이 인정되지 않는다. 자수범은 행위자의 신체가 구성요건의 실현도구로 이용되어야 하는 범죄 등에서 인정되는데, 대표적으로 도로교통법위반(음주운전)죄는 음주상태인 신체가 이용되어야 하는 경우로서 자수범에 해당한다.[8]

도로교통법위반(무면허운전)죄는 도로교통법위반(음주운전)죄와 마찬가지로 자수범으로 보고 무면허인 상태로 직접 도로에서 운전을 한 사람만이 정범이 될 수 있다고 보는 것이 타당하다(자수범설). 도로교통법 제56조 제2항에 의하면 "고용주등은 제43조부터 제45조까지의 규정에 따라 운전을 하여서는 아니 되는 운전자가 자동차등 또는 노면전차를 운전하는 것을 알고도 말리지 아니하거나 그러한 운전자에게 자동차등 또는 노면전차를 운전하도록 시켜서는 아니 된다."고 규정되어 있고, 이를 위반하면 형사처벌이 부과된다(제152조 제2호, 제154조 제5호). 이것은 도로교통법에서 무면허운전(제43조), 음주운전(제44조), 과로·질병·약물운전(제45조)의 법적 성격을 모두 자수범으로 보고, 이러한 3가지 유형의 위반행위를 시킨 간접정범 형태의 고용주에 대한 처벌의 흠결을 보완하기 위한 것으로서 간접정범의 형태를 독립적 구성요건으로 규정한 것이라고 할 수 있다.

자수범의 경우에 교사범이나 방조범의 성립은 가능하므로, 운전면허가 없거나 정지된 사람 등에게 운전을 시킨 사람에게는 도로교통법위반(무면허운전)죄의 교사범이 성립되고, 그러한 사람의 운전을 도운 사람에게는 도로교통법위반(무면허운전)죄의 방조범이 성립한다.

Ⅳ. 죄수

1. 계속범

계속범이란 구성요건 해당행위가 위법상태를 초래할 뿐만 아니라 구성요건상 위법상태가 기수 이후에도 일정한 기간 유지되는 범죄유형인데, 계속범은 구성요건

---

8 박상기·전지연 54면.

을 실현하여 위법상태를 야기하고 이를 계속하는 것이 구성요건 1개를 실현시키는 것이므로 하나의 죄로 취급한다.[9] 무면허운전은 무면허인 상태로 운전이 착수되면 성립하고(기수), 이러한 위법상태가 운전이 종료될 때까지 유지되는 '계속범'이다.

예를 들어 무면허운전 중 교통사고가 발생하였더라도 이를 인지하지 못하는 등의 이유로 그대로 계속 운전하였다면 1개의 도로교통법 위반(무면허운전)죄가 성립하게 된다. 반면 무면허운전 중 교통사고가 발생하여 자동차에서 하차하여 상황을 처리한 후 다시 운전하였다면, 하차행위로 운전은 일단 종료된 것이므로 2개의 도로교통법위반(무면허운전)죄가 성립하고 실체적 경합의 관계이다.

판례는 도로교통법위반(무면허운전)죄를 계속범이라고 명시적으로 밝히지는 않았지만, 운전의 종료를 기준으로 범죄의 성립을 판단하고 있다. 판례에 따르면, 운전을 시작하여 다음 날까지 일련의 과정에서 계속 운전한 경우와 같이 특별한 경우를 제외하고는 사회통념상 운전한 날을 기준으로 운전한 날마다 1개의 운전행위가 있다고 보는 것이 상당하여 운전한 날마다 무면허운전으로 인한 도로교통법 위반의 1죄가 성립한다고 보고, 계속 무면허운전을 할 의사를 가지고 여러 날에 걸쳐 무면허운전을 반복하였더라도 이를 포괄하여 일죄로 볼 수는 없다고 한다(대법원 2002.7.23. 선고 2001도6281 판결).

2. 다른 죄와의 관계

무면허인 사람이 음주 상태로 운전한 경우는 도로교통법위반(무면허운전)죄와 도로교통법위반(음주운전)죄가 성립한다. 양 죄는 하나의 행위에 의한 것이므로 상상적 경합의 관계이다. 판례도 이에 대해서 다음과 같이 법리적으로 적합하게 설명한다. "형법 제40조(상상적 경합)는 1개의 행위가 수 개 구성요건에 해당하여 수죄로 경합하더라도 처벌상 1죄로 취급하는데, 여기서 말하는 1개의 행위란 법적 평가를 떠나 사회관념상 행위가 사물자연의 상태로서 1개로 평가되는 것을 말하므로, 무면허인데다가 술에 취한 상태에서 오토바이를 운전한 것은 이러한 관점에서 분명히 1개의 운전행위이고 이 행위에 의하여 도로교통법의 무면허운전죄와 음주운전죄의 각 죄에 동시에 해당하는 것이니 두 죄는 상상적 경합의 관계에 있다"(대법원 1987.2.24. 선고 86도2731 판결).

---

9   박상기·전지연 329면.

제3절 음주운전·음주측정불응·약물운전

Ⅰ. 음주운전[제148조의2 제1항·제3항, 제156조, 제44조]

1. 법률규정

제148조의2(벌칙) ① 제44조 제1항 또는 제2항을 2회 이상 위반한 사람(자동차등 또는 노면전차를 운전한 사람으로 한정한다. 다만, 개인형 이동장치를 운전하는 경우는 제외한다. 이하 이 조에서 같다)은 2년 이상 5년 이하의 징역이나 1천만원 이상 2천만원 이하의 벌금에 처한다.

③ 제44조 제1항을 위반하여 술에 취한 상태에서 자동차등 또는 노면전차를 운전한 사람은 다음 각 호의 구분에 따라 처벌한다.

　　1. 혈중알코올농도가 0.2퍼센트 이상인 사람은 2년 이상 5년 이하의 징역이나 1천만원 이상 2천만원 이하의 벌금

　　2. 혈중알코올농도가 0.08퍼센트 이상 0.2퍼센트 미만인 사람은 1년 이상 2년 이하의 징역이나 500만원 이상 1천만원 이하의 벌금

　　3. 혈중알코올농도가 0.03퍼센트 이상 0.08퍼센트 미만인 사람은 1년 이하의 징역이나 500만원 이하의 벌금

제156조(벌칙) 다음 각 호의 어느 하나에 해당하는 사람은 20만원 이하의 벌금이나 구류 또는 과료(科料)에 처한다.

　　11. 제44조 제1항을 위반하여 술에 취한 상태에서 자전거등을 운전한 사람

제44조(술에 취한 상태에서의 운전 금지) ① 누구든지 술에 취한 상태에서 자동차등(「건설기계관리법」 제26조 제1항 단서에 따른 건설기계 외의 건설기계를 포함한다. 이하 이 조, 제45조, 제47조, 제93조 제1항 제1호부터 제4호까지 및 제148조의2에서 같다), 노면전차 또는 자전거를 운전하여서는 아니 된다.

② 경찰공무원은 교통의 안전과 위험방지를 위하여 필요하다고 인정하거나 제1항을 위반하여 술에 취한 상태에서 자동차등, 노면전차 또는 자전거를 운전하였다고 인정할 만한 상당한 이유가 있는 경우에는 운전자가 술에 취하였는지를 호흡조사로 측정할 수 있다. 이 경우 운전자는 경찰공무원의 측정에 응하여야 한다.

③ 제2항에 따른 측정 결과에 불복하는 운전자에 대하여는 그 운전자의 동의를 받아

> 혈액 채취 등의 방법으로 다시 측정할 수 있다.
>
> ④ 제1항에 따라 운전이 금지되는 술에 취한 상태의 기준은 운전자의 혈중알코올농도
> 가 0.03퍼센트 이상인 경우로 한다.

자동차등(자동차, 원동기장치자전거), 건설기계, 노면전차를 혈중알코올농도 0.03% 이상인 상태에서 운전하면 혈중알코올농도를 기준으로 구분되어 처벌된다. 혈중알코올농도가 0.03% 이상 0.08% 미만인 사람은 1년 이하의 징역이나 500만 원 이하의 벌금, 0.08% 이상 0.2% 미만인 사람은 1년 이상 2년 이하의 징역이나 500만 원 이상 1천만 원 이하의 벌금, 0.2% 이상인 사람은 2년 이상 5년 이하의 징역이나 1천만 원 이상 2천만 원 이하의 벌금으로 처벌된다(제44조, 제148조의2 제3항). 이러한 위반행위를 2회 이상 한 사람은 2년 이상 5년 이하의 징역이나 1천만 원 이상 2천만 원 이하의 벌금으로 처벌된다(제44조, 제148조의2 제1항). 자전거를 혈중알코올농도 0.03% 이상인 상태에서 운전하면 20만 원 이하의 벌금이나 구류 또는 과료로 처벌된다(제44조, 제156조).

도로교통법 위반(음주운전)죄는 '음주운전죄'라고 부르는데, 이는 주취상태의 운전자가 직접 범해야 하는 자수범이다.[10] 자수범의 경우는 타인을 도구로 이용하는 간접정범이 성립하지 않으며, 직접 구성요건을 실현하지 않는 사람은 공동정범이 될 수 없다. 다만 자수범에 대해서도 교사범이나 방조범은 성립할 수 있다.

2. 성립요건

[1] 적용대상인 차와 도로

혈중알코올농도 0.03% 이상인 상태에서 자동차, 원동기장치자전거, 건설기계, 노면전차, 자전거를 운전하면 도로교통법의 음주운전에 해당한다. 건설기계관리법의 건설기계조종사면허가 필요한 건설기계(덤프트럭, 콘크리트믹서트럭 등)는 자동차에 포함되고 그렇지 않은 건설기계는 자동차에 포함되지 않는데(제2조 제18호), 건설기계조종사면허가 필요하지 않은 건설기계의 음주운전 등을 처벌하기 위해서 1997년 법률개정으로 건설기계조종사면허가 필요하지 않은 건설기계도 음주운전

---

10   박상기·전지연 51면.

의 대상에 포함되었다(제44조 제1항). 건설기계조종사면허가 필요하지 않은 건설기계는 음주운전(제44조 제1항) 외에 음주측정 불응(제44조 제2항) 및 과로·약물운전(제45조)의 경우에도 규제대상에 포함된다.

　주요한 도로교통법 위반죄는 도로에서 차의 운전과 관련된 행위로서 도로가 아닌 곳에서는 도로교통법 위반죄가 성립하지 않는다. 예를 들어 아파트 통행로나 주차장이 공개성·공공성이 인정되지 않는 곳이라면, 도로가 아니어서 음주운전죄가 성립되지 않았는데, 이러한 문제점으로 2010년 도로교통법이 개정되어 음주운전의 경우에 행해진 장소가 도로가 아니어도 차의 운전이 인정되면 도로교통법이 적용된다(제2조 제26호).

[2] 음주

　도로교통법은 운전자의 실질적 안전운전 적합성 여부를 판단하는 방식이 아니라 다툼의 여지가 적은 일정기준치의 방식을 채택하여 운전이 금지되는 술에 취한 상태를 판단하고 있다. 그 기준은 혈중알코올농도 0.03%이다(제44조 제2항). 도로교통법위반(음주운전)죄는 혈중알코올농도가 구성요건이므로, 혈중알코올농도는 특정이 되어야 하며 엄격한 증명의 대상이다.[11]

　과거에는 운전이 금지되는 술에 취한 상태의 기준은 혈중알코올농도 0.05%이었는데, 음주운전으로 인한 사회적 피해가 증가하고 있는 상황에서 위반행위의 중대성에 비해 처벌이 가볍다는 지적이 있자 2018. 12. 24. 법률개정으로 운전이 금지되는 혈중알코올농도 기준, 법정형 수준, 운전면허 취소 등 행정처분 수준이 강화되고 운전면허 취소 시 재취득이 제한되는 기간이 연장되었다. 60kg의 체중인 남자를 기준으로 할 때 소주(25°)의 경우는 1.77잔(106㎖), 맥주(4°)의 경우는 2.22컵(443㎖), 위스키(41°)의 경우는 1.08잔(65㎖)을 마시고 30분이 지나면 (구)도로교통법에서 음주운전의 기준이었던 혈중알코올농도 0.05%의 상태에 도달한다.[12]

3. 혈중알코올농도의 측정방법

　혈중알코올농도의 측정은 먼저 호흡조사의 방식을 사용하고(제44조 제2항), 호

11　이주원 45면.
12　김형준 35면.

흡조사의 측정 결과에 불복하는 경우는 혈액 채취 등의 방식을 사용한다(제44조 제3항). 호흡조사나 혈액검사를 할 수 없는 경우에는 위드마크 공식에 의한 측정 방법이 있다.

[1] 호흡조사(제44조 제2항)

도로교통법 제44조 제2항에 따라 경찰관이 운전자가 술에 취하였는지를 알아보기 위하여 실시하는 측정은 '음주측정기'에 의한 호흡 조사인데, 이는 간접적인 조사방법으로 장에서 흡수되어 혈액 중에 용해된 알코올이 폐를 통과하면서 증발하여 호흡공기로 배출되는 것을 호흡측정기로 측정하는 방식이다. 경찰관의 호흡 측정은 음주운전을 제지하지 아니하고 방치하여 초래될 도로교통의 안전에 대한 침해·위험을 미리 방지할 필요성(교통안전과 위험방지의 필요성)이 있는 때에만 음주운전의 혐의가 있는 운전자에 대하여 요구할 수 있는 예방적인 행정행위일 뿐 이미 발생한 도로교통의 범죄행위에 대한 수사를 위한 음주 측정 권한이 경찰관에게 부여된 것은 아니다(대법원 1993.5.27. 선고 92도3402 판결).

호흡측정기에 의한 혈중알코올농도의 측정은 최종 음주의 시점으로부터 상당한 시간이 지나지 아니하였거나, 트림, 구토, 치아보철, 구강청정제 사용 등으로 인하여 입 안에 남아 있는 알코올, 알코올 성분이 있는 구강 내 타액, 상처부위의 혈액 등이 폐에서 배출된 호흡공기와 함께 측정될 경우는 실제 혈중알코올의 농도보다 수치가 높게 나타나는 수가 있어, 피측정자가 물로 입 안 헹구기를 하지 아니한 상태에서 한 호흡측정기에 의한 혈중알코올농도의 측정 결과만으로는 혈중알코올농도를 단정할 수 없고, 오히려 호흡측정기에 의한 측정수치가 혈중알코올농도보다 높을 수 있다는 의심을 배제할 수 없다(대법원 2010.6.24. 선고 2009도1856 판결). 호흡측정기에 의한 혈중알코올농도의 측정에 있어서 음주측정기나 운전자의 구강 내에 남아 있는 잔류 알코올로 인하여 잘못된 결과가 나오지 않도록 미리 필요한 조치를 하는 등 측정 결과의 정확성과 객관성이 담보될 수 있는 공정한 방법과 절차에 따라 이루어져야 하고, 만약 결과가 이러한 방법과 절차에 의하여 얻어진 것이 아니라면 이를 쉽사리 유죄의 증거로 삼아서는 안 된다(대법원 2006.5.26. 선고 2005도7528 판결). 예를 들어 만성 치주염을 앓고 있고 여러 개의 치아보철물이 있는 상태에서 음주 종료 후 4시간 정도 지난 시점에서 물로 입 안을 헹구지 아니한 채 호흡측정기로 측정한 혈중알코올농도 수치가 0.05%로 나타난 증거만으로는 혈중알코올농도 0.05% 이상의 술에 취한 상태에서 자동차를 운전하였다고 인정하기는 부족하다(대법원 2010.6.24. 선고 2009도1856 판결).

경찰관은 음주 여부나 음주 정도를 측정하는 경우 합리적으로 필요한 한도 내에서 측정 방법이나 측정 횟수에 관하여 어느 정도 재량을 갖고, 경찰관은 운전자의 음주 여부나 음주 정도를 확인하기 위하여 운전자에게 음주측정기를 제시하면서 호흡을 불어넣도록 요구하는 것 이외에도 사전절차로서 음주측정기에 의한 측정과 밀접한 관련이 있는 검사 방법인 '음주감지기'에 의한 시험도 요구할 수 있다(대법원 2018.12.13. 선고 2017도12949 판결).

[2] 혈액검사(제44조 제3항)

호흡조사에 따른 측정 결과에 불복하는 운전자에 대해서는 운전자의 동의를 받아 혈액 채취 등의 방법으로 다시 측정할 수 있다(제44조 제3항). 도로교통법 제44조 제2항에 따른 호흡측정이 이루어진 경우라면 운전자의 불복이 없는 한 다시 음주측정을 하는 것은 원칙적으로 허용되지 아니하고, 호흡측정 방식에 따라 혈중알코올농도를 측정한 경찰관은 특별한 사정이 없는 한 혈액채취의 방법을 통하여 혈중알코올농도를 다시 측정할 수 있다는 취지를 운전자에게 고지할 의무도 없다(대법원 2017.9.21. 선고 2017도661 판결).

다만 도로교통법 제44조 제3항은 음주운전 혐의가 있는 운전자에게 혈액 채취 등의 방법에 의한 재측정을 통하여 호흡측정의 오류로 인한 불이익을 구제받을 기회를 보장하는데 취지가 있으므로, 음주운전에 대한 수사방법으로서의 혈액 채취에 의한 측정의 방법을 운전자가 호흡측정 결과에 불복하는 경우에만 한정하여 허용하려는 취지의 규정이라고 해석할 수는 없다. 호흡측정 당시의 구체적 상황에 비추어 호흡측정기의 오작동 등으로 인하여 호흡측정 결과에 오류가 있다고 인정할 만한 객관적이고 합리적인 사정이 있는 경우라면, 경찰관이 음주운전 혐의를 제대로 밝히기 위하여 운전자의 자발적인 동의를 얻어 혈액 채취에 의한 측정의 방법으로 다시 음주측정을 할 수 있다(대법원 2015.7.9. 선고 2014도16051 판결).

혈액 채취에 대한 동의는 운전자 본인의 동의이어야 한다. 미성년자인 운전자의 혈액채취가 필요한 경우에도 운전자에게 의사능력이 있다면 운전자 본인만이 혈액채취에 관한 유효한 동의를 할 수 있고, 운전자에게 의사능력이 없는 경우에도 명문의 규정이 없는 이상 법정대리인이 운전자를 대리하여 동의할 수는 없다(대법원 2014.11.13. 선고 2013도1228 판결).

경찰관이 운전자의 자발적인 동의를 얻어 혈액 채취에 의한 측정의 방법으로 다시 음주 측정을 하는 경우, 호흡 측정에 응한 운전자가 재차 혈액 채취에 응할 의무는 없으므로 운전자의 혈액 채취에 대한 동의의 임의성을 담보하기 위해서 경찰관은 미리 운전자에게 혈액 채취를 거부할 수 있음을 알려주었거나 운전자가 언제든지 자유로이 혈액 채취에 응하지 아니할 수 있었음이 인정되는 등 운전자의 자발적인 의사에 의하여 혈액 채취가 이루어졌다는 것이 객관적인 사정으로 명백한 경우에 혈액 채취에 의한 측정의 적법성이 인정된다(대법원 2015.7.9. 선고 2014도16051 판결).

다만 경찰관은 혈액 채취에 대한 피채취자의 동의 여부와 관계없이 범죄 증거를 수집할 목적으로 법원으로부터 압수영장 또는 감정처분허가장을 받아 혈액을 채취할 수 있다(대법원 2012.11.15. 선고 2011도15258 판결). 만약 음주운전 중 교통사고를 낸 운전자가 의식불명인 상태라서 호흡 조사로 음주 측정이 불가능하고 혈액 채취에 대한 동의도 받을 수 없을 뿐만 아니라 법원으로부터 혈액 채취에 대한 사전 압수영장이나 감정처분허가장을 발부받을 시간적 여유도 없는 긴급한 상황이라면, 운전자에게 음주로 인한 냄새가 강하게 나는 등 범죄의 증적이 현저한 준현행범인의 요건(형사소송법 제211조 제2항 제3호)이 있고 교통사고 발생 시각으로부터 사회통념상 범행 직후라고 볼 수 있는 시간 내인 경우는 사고현장으로부터 곧바로 후송된 병원 응급실 등의 장소는 영장주의의 예외가 인정되는 범행 직후의 범죄장소(형사소송법 제216조 제3항)에 준하는 것으로 보고 혈액을 영장 없이 채취한 후 사후에 지체없이 압수영장을 받으면 된다는 것이 판례의 입장이다(대법원 2012.11.15. 선고 2011도15258 판결).

호흡측정기에 의한 음주측정치와 혈액검사에 의한 음주측정치가 다른 경우에 어느 음주측정치를 신뢰할 것인지는 자유심증주의에 따라 법관의 자유판단의 문제이나, 호흡측정기에 의한 측정결과의 정확성과 신뢰성에 문제가 있을 수 있다는 사정을 고려하면 혈액의 채취·검사과정에서 인위적인 조작이나 관계자의 잘못이 개입되는 등 혈액채취에 의한 검사결과를 믿지 못할 특별한 사정이 없는 한 혈액검사에 의한 음주측정치가 호흡측정기에 의한 음주측정치보다 측정 당시의 혈중알코올농도에 더 근접한 음주측정치라고 보는 것이 경험칙에 부합한다(대법원 2004.2.13. 선고 2003도6905 판결).

[3] 위드마크(Widmark) 공식

1) 의의

운전의 종료 시점에 운전자의 호흡이나 혈액 등 표본을 검사하여 혈중알코올농도의 측정을 할 수 없었던 상황에서 사후적으로 운전 시점의 혈중알코올농도를 추정하는 방법으로 스웨덴의 과학자 위드마크가 고안한 위드마크 공식이 사용된다. 위드마크 공식에 의한 역추산 방식은 특정 운전 시점으로부터 일정한 시간이 지난 후에 측정한 혈중알코올농도를 기초로 하여 시간당 혈중알코올의 분해소멸에 따른 감소치에 따라 계산된 운전 시점 이후의 혈중알코올 분해량을 가산하여 운전 시점의 혈중알코올농도를 추정하여 계산하는 방법이다.

위드마크 공식은 운전자가 음주한 상태에서 운전한 사실이 있는지에 대한 경험법칙에 의한 증거수집 방법에 불과하므로, 경찰관이 운전자에게 위드마크 공식의 존재 및 호흡측정에 의한 혈중알코올농도가 음주운전 처벌기준 수치에 미달하였더라도 위드마크 공식에 의한 역추산 방식에 의하여 운전 당시의 혈중알코올농도를 산출한 결과가 음주운전 처벌기준 수치 이상이 될 가능성이 있다는 취지를 미리 고지할 의무는 없다(대법원 2017.9.21. 선고 2017도661 판결).

2) 증명력

위드마크 공식에 따라 혈중알코올농도를 계산할 때 피검사자의 평소 음주정도, 체질, 음주속도, 음주 후 신체활동의 정도 등 다양한 요소들이 시간당 혈중알코올의 감소치에 영향을 미칠 수 있다. 그 시간당 감소치는 대체로 0.03%에서 0.008% 사이라는 것이 신빙성 있는 통계자료에 의하여 인정되므로, 실무상 운전 시점 이후의 혈중알코올 분해량을 가산할 때 피검사자에게 가장 유리하게 시간당 0.008%의 수치를 적용하여 산출된 결과는 특별한 사정이 없는 한 운전 당시의 혈중알코올농도를 증명하는 자료로서 증명력이 인정되고 있다(대법원 2005.2.25. 선고 2004도8387 판결).

다만 위드마크 공식에 의한 혈중알코올농도는 추정치에 불과하므로 그에 대한 증명력 인정에 있어서는 주의가 요구된다. 위드마크 공식을 사용해 피고인이 마신 술의 양을 기초로 피고인의 운전 당시 혈중알코올농도를 추산할 때 혈중알코올농도의 감소기에 운전이 이루어진 것으로 인정되는 경우는 피고인에게 가장 유리한 음주 시작 시점부터 곧바로 생리작용에 의하여 분해소멸이 시작되는 것으로 보아야 하고, 이와 다르게 음주 개시 후 특정 시점부터 알코올의 분해소멸이 시작된다고 인정하려면 알코올의 분해소멸이 시작되는 시점이 다르다는 점에 관한 과학적 증명 또는 객관적인 반대 증거가 있거나 음주 시작 시점부터 알코올의 분해소멸이 시작된다고 보는 것이 그렇지 않은 경우보다 피고인에게 불이익하게 작용되는 특별한 사정이 있어야 한다(대법원 2022.5.12. 선고 2021도14074 판결). 특히 위드마크 공식에 의하여 산출한 혈중알코올농도가 도로교통법이 허용하는 혈중알코올농도를 상당히 초과하는 것이 아니고 근소하게 초과하는 정도에 불과하다면 산출된 수치에 따라 범죄의 구성요건 사실을 인정함에 더욱 신중하게 판단하여야 한다(대법원 2005.7.4. 선고 2005도3298 판결). 예를 들어, 음주운전이 인정되는 최저 혈중알코올농도가 0.05%이었을 때 위드마크 공식에 따른 혈중알코올농도 계산치가 0.0518%인 경우(대법원 2005.7.4. 선고 2005도3298 판결)나 0.051%인 경우(대법원 2005.7.28. 선고 2005도3904 판결)는 혈중알코올농도가 처벌기준치를 초과하였으리라고 단정할 수 없다.

4. 2회 이상 음주운전(제148조의2)

[1] 의의

도로교통법 제44조 제1항(음주운전)이나 제2항(음주측정거부)을 2회 이상 위반한 운전자는 2년 이상 5년 이하의 징역이나 1천만 원 이상 2천만 원 이하의 벌금으로 무겁게 처벌된다(제148조의2 제1항). 이것은 음주운전 금지규정을 반복적으로 위반하는 사람의 반규범적 속성, 즉 교통법규에 대한 준법정신이나 안전의식의 현저한 부족 등을 양형에 반영하여 반복된 음주운전의 처벌을 강화하고, 음주운전으로 발생할 국민의 생명·신체에 대한 위험을 예방하며 교통질서를 확립하기 위한 것이다(대법원 2018.11.15. 선고 2018도11378 판결).

과거에는 3회 이상의 경우를 가중 처벌하였는데, 법률개정으로 2회 이상으로 변경되어 2019. 6. 25.부터 도로교통법 제44조 제1항(음주운전)이나 제2항(음주측정거부)을 위반한 2번째부터 도로교통법 제148조의2 제1항이 적용된다. 특히 도로교통법 제148조의2 제1항은 술에 취한 상태에서의 운전 금지를 2회 이상 위반한 경우라고 규정하지 않고 "제44조 제1항 또는 제2항을 2회 이상 위반한 사람"이라고 규정하고 있는데, 도로교통법 제44조에 술에 취한 상태에서의 운전 금지가 규정되어 시행된 것은 2006. 6. 1.이므로 과거의 음주운전은 2006. 6. 1. 이후의 경우

만을 의미하였다.13

그런데 2021. 11. 25. 헌법재판소는 도로교통법 제148조의2 제1항 중 '제44조 제1항을 2회 이상 위반한 사람'에 관한 부분을 가중요건이 되는 과거 위반행위와 처벌대상이 되는 재범 음주운전 사이에 아무런 시간적 제한을 두지 않고 있기에 위헌으로 결정하였다[헌법재판소 2021.11.25. 선고 2019헌바446, 2020헌가17, 2021헌바77(병합) 결정]. 범죄 전력이 있음에도 다시 범행하여 가중된 행위책임을 인정할 수 있다고 하더라도, 전범을 이유로 아무런 시간적 제한 없이 무제한 후범을 가중처벌하는 예는 찾아보기 어렵고, 공소시효나 형의 실효를 인정하는 취지에도 부합하지 않는다는 논거로 위헌이 결정되었다. 음주운전 위반행위의 전범과 후범 간에 시간적 제한을 두는 법률개정이 이루어질 전망이다.

[2] 2회 이상

음주운전으로 발생할 타인의 생명·신체에 대한 위험을 예방하기 위해서 음주운전에 대한 무거운 처벌을 규정한 취지에 맞게 도로교통법 제148조의2 제1항은 해석·적용되어야 한다. '도로교통법 제44조 제1항 또는 2항을 2회 이상 위반한 사람'은 문언 그대로 2회 이상 음주운전 금지규정을 위반하여 음주운전을 하였던 사실이 인정되는 사람으로 해석되고, 그에 대한 형의 선고나 유죄의 확정판결 등이 있어야 하는 것은 아니다(대법원 2018.11.15. 선고 2018도11378 판결). 형실효법에 따라 형이 실효되었거나 사면법에 따라 형 선고의 효력이 상실된 음주운전의 전과도 '도로교통법 제44조 제1항을 2회 이상 위반한' 사실에 포함된다(대법원 2012.11.29. 선고 2012도10269 판결). 비록 소년의 보호처분은 소년의 장래 신상에 어떠한 영향도 미치지 아니하지만(소년법 제32조 제6항), 음주운전의 경우는 소년 시절에 음주운전으로 소년보호처분을 받은 경우도 '도로교통법 제44조 제1항을 2회 이상 위반한' 사실에 포함된다(대법원 2018.12.27. 선고 2018도6870 판결). 도로교통법 제44조 제1항 또는 2항을 2회 이상 위반한 것은 구성요건이므로 검사에게 증명책임이 있다(대법원 2018.11.15. 선고 2018도11378 판결).

---

13 2006. 6. 1. 이전에는 음주운전의 금지는 도로교통법 제41조(주취중 운전금지)에 규정되어 시행되었다. 2018년 개정된 도로교통법 부칙에 도로교통법 제148조의2 제1항에 관한 위반행위의 횟수를 산정하는 기산점을 두지 않았지만, 개정된 도로교통법 시행 이후의 음주운전이나 음주측정불응만 그 위반행위에 포함되는 것은 아니고 개정된 도로교통법이 시행된 2019. 6. 25. 이전에 (구)도로교통법 제44조 제1항 또는 제2항을 위반한 전과도 포함되었다(대법원 2020.8.20. 선고 2020도7154 판결).

5. 자수범과 공범

자수범은 행위자의 신체가 구성요건실현의 도구로 이용되어야 하는 범죄인 경우 등에서 인정되는데, 도로교통법위반(음주운전)죄는 음주상태인 신체가 이용되어야 하는 경우로서 자수범에 해당한다.[14] 도로교통법위반(음주운전)죄의 법적 성격을 자수범으로 이해하면서도 공동정범은 성립 가능하다고 보는 견해가 있으나,[15] 자수범의 경우에 타인을 도구로 이용하는 간접정범이 인정되지 않을 뿐만 아니라 직접 구성요건을 실현하지 않는 사람은 공동정범이 될 수도 없다.

자수범의 경우에 교사범이나 방조범의 성립은 가능하므로, 음주상태인 사람에게 운전을 시킨 사람에게는 도로교통법위반(음주운전)죄의 교사범이 성립하고, 그러한 사람의 운전을 도운 사람에게는 도로교통법위반(음주운전)죄의 방조범이 성립한다.

6. 죄수

[1] 계속범

음주운전은 음주 상태로 운전을 착수하면 성립하고(기수), 이러한 위법상태가 운전이 종료될 때까지 유지되는 '계속범'이다. 예를 들어 음주운전 중 교통사고가 발생하였더라도 이를 인지하지 못하는 등의 사유로 그대로 계속 운전하였다면 1개의 도로교통법위반(음주운전)죄가 성립하게 된다. 반면 음주운전 중 교통사고가 발생하여 자동차에서 하차하여 상황을 처리한 후 다시 운전하였다면, 하차행위로 운전은 일단 종료된 것이므로 2개의 도로교통법 위반(음주운전)죄가 실체적 경합의 관계로 성립한다.

판례는 도로교통법위반(음주운전)죄를 계속범이라고 명시적으로 밝히고 있지는 않으나, 포괄일죄로 인정하여 계속범과 유사한 법적효과를 인정하고 있다. 일정한 혈중알코올농도 이상 음주의 상태로 같은 차량을 일정기간 계속하여 운전하다가 1회 음주측정을 받았다면 음주운전 행위는 동일 죄명에 해당하는 연속된 행위로서 단일하고 계속된 범의하에 일정기간 계속하여 행하고 그 피해법익도 동일

---

14 박상기·전지연 54면.

15 이주원 57면.

하므로 포괄일죄에 해당한다고 본다(대법원 2007.7.26. 선고 2007도4404 판결). 그리고 음주상태로 자동차를 운전하다가 제1차 사고를 내고 정차하지 않고 그대로 진행하여 제2차 사고를 낸 후 음주측정을 받아 도로교통법위반(음주운전)죄로 약식명령을 받아 확정되었다면, 그 후 제1차 사고 당시의 음주운전으로 공소가 제기되더라도 약식명령이 확정된 도로교통법위반(음주운전)죄와 동일한 사실로 공소가 제기되어 확정된 약식명령의 일사부재리효력이 인정되므로 면소판결을 하게 된다(대법원 2007.7.26. 선고 2007도4404 판결).

[2] 다른 죄와의 관계

1) 무면허운전죄와의 관계

무면허인 사람이 음주 상태로 운전한 경우는 도로교통법위반(무면허운전)죄와 도로교통법위반(음주운전)죄가 성립하고, 양 죄는 하나의 행위에 의한 것이므로 상상적 경합의 관계이다(대법원 1987.2.24. 선고 86도2731 판결).

2) 위험운전치사상죄와의 관계

음주 상태에서 운전 중 사고로 사람을 상해에 이르게 한 경우는 도로교통법위반(음주운전)죄와 특정범죄가중법위반(위험운전치상)죄가 성립한다. 특정범죄가중법 제5조의11 위험운전치사상죄의 법적 성격은 도로교통법위반(음주운전)죄와 업무상과실치사상죄의 결합범이고, 도로교통법위반(음주운전)죄는 특정범죄가중법위반(위험운전치상)죄에 법조경합으로 흡수되는 것으로 보는 것이 타당하다. 다만 판례는 위험운전치사상죄를 단순히 업무상과실치사상죄의 특별규정으로 이해하여, 도로교통법위반(음주운전)죄와 특정범죄가중법위반(위험운전치상)죄의 실체적 경합 관계라고 본다(대법원 2008.11.13. 선고 2008도7143 판결).

3) 음주측정불응죄와의 관계

음주 상태에서 운전 중 음주운전 단속 중인 경찰관의 음주측정에 불응한 경우는 도로교통법위반(음주운전)죄와 도로교통법위반(음주측정거부)죄가 성립한다. 이때 음주운전은 이미 이루어진 도로교통안전의 침해만을 문제 삼는 것이지만 음주측정거부는 기왕의 도로교통안전의 침해는 물론 향후의 도로교통안전 확보와 위험예방을 함께 문제 삼는 것이고, 또한 음주운전은 일정 기준 이상으로 술에 취한 사람이 행위의 주체이지만 음주측정거부는 술에 취한 상태에서 자동차 등을 운전하였다고 인정할 만한 상당한 이유가 있는 사람이 행위의 주체이어서, 양자가 반드시 동일한 법익을 침해하는 것이라거나 음주운전의 불법과 책임내용이 일반적으로 음주측정거부의 그것에 포섭되는 것이라고는 단정할 수 없다. 따라서 도로교통법위반(음주운전)죄와 도로교통법위반(음주측정거부)죄는 실체적 경합의 관계이다(대법원 2004.11.12. 선고 2004도5257 판결).

Ⅱ. 음주측정 불응[제148조의2 제2항, 제44조]

1. 법률규정

제148조의2(벌칙) ① 제44조 제1항 또는 제2항을 2회 이상 위반한 사람(자동차등 또는 노면전차를 운전한 사람으로 한정한다. 다만, 개인형 이동장치를 운전하는 경우는 제외한다. 이하 이 조에서 같다)은 2년 이상 5년 이하의 징역이나 1천만원 이상 2천만원 이하의 벌금에 처한다.
② 술에 취한 상태에 있다고 인정할 만한 상당한 이유가 있는 사람으로서 제44조 제2항에 따른 경찰공무원의 측정에 응하지 아니하는 사람(자동차등 또는 노면전차를 운전하는 사람으로 한정한다)은 1년 이상 5년 이하의 징역이나 500만원 이상 2천만원 이하의 벌금에 처한다.

제44조(술에 취한 상태에서의 운전 금지) ② 경찰공무원은 교통의 안전과 위험방지를 위하여 필요하다고 인정하거나 제1항을 위반하여 술에 취한 상태에서 자동차등, 노면전차 또는 자전거를 운전하였다고 인정할 만한 상당한 이유가 있는 경우에는 운전자가 술에 취하였는지를 호흡조사로 측정할 수 있다. 이 경우 운전자는 경찰공무원의 측정에 응하여야 한다.

음주운전 방지를 위해서 필수적으로 요청되는 음주측정을 어떤 방식으로 할 것인지는 음주문화, 필요한 의료시설·법집행장치의 구비정도, 측정방법의 편이성 및 정확성, 국민의 정서 등 여러 가지 요소들을 고려하여 합리적으로 결정한다(헌법재판소 1997.3.27. 선고 96헌가11 결정).[16] 한국의 경우 경찰관은 교통안전과 위

----

16 헌법재판소는 음주측정불응죄의 필요성과 관련하여 이미 발생한 해악이 아니라 발생할 수 있는 위

험방지를 위하여 필요한 경우 또는 술에 취한 상태에서 운전하였다고 인정할 수 있는 상당한 경우에 운전자를 호흡조사로 측정할 수 있는데, 자동차등·노면전차·자전거의 운전자는 이러한 호흡조사에 응하여야 하고(제44조 제2항), 응하지 않는 경우는 1년 이상 5년 이하의 징역 또는 500만 원 이상 2천만 원 이하의 벌금에 처한다(제148조의2 제2항). 도로교통법위반(음주측정거부)죄는 진정부작위범이다. 적용대상인 차와 도로는 음주운전의 경우와 같다. 즉, 건설기계조종사면허가 필요하지 않은 건설기계도 도로교통법위반(음주측정거부)죄의 대상에 포함되고(제44조 제1항), 행해진 장소가 도로가 아니어도 차의 운전이 인정되면 적용된다(제2조 제26호).

경찰관의 호흡 측정과 그에 대한 운전자의 의무규정은 1980. 12. 31. 법률개정을 통해서 신설되었다. 당시 급증하는 교통량에 대처하여 운전자와 보행자에 대한 도로교통의 업무 및 주의사항을 신설·보완하였는데, 고속도로에서 안전벨트의 착용의무 등과 함께 경찰관이 운전자의 음주 여부를 측정할 수 있는 규정이 신설되었다. 음주측정거부는 이미 이루어진 도로교통안전의 침해만을 문제 삼는 음주운전과 달리 기왕의 도로교통안전의 침해는 물론 향후의 도로교통안전 확보와 위험 예방을 함께 문제 삼는 것이다(대법원 2004.11.12. 선고 2004도5257 판결).

이와 같은 경찰관의 음주측정에 대해서 운전자에게 의무를 부과하는 것은 헌법 제12조 제2항의 '진술거부권'에 반한다는 반론이 제기되었다. 이에 대해서 대법원은 진술거부권에서 '진술'은 생각, 지식 또는 경험을 정신작용의 일환인 언어를 통하여 표출하는 것을 의미하는데, '음주측정'은 호흡측정기에 입을 대고 호흡을 불어 넣음으로써 신체의 물리적·사실적 상태를 그대로 드러내는 행위에 불과하여 진술로 볼 수 없으므로, 도로교통법 제44조 제2항은 자기부죄금지의 원칙을 규정한 헌법 제12조 제2항에 위반되는 것은 아니라고 판단하였다(대법원 2009.9.24. 선고 2009도7924 판결).

한편 이러한 위반행위를 2회 이상 한 사람은 2년 이상 5년 이하의 징역이나 1천만 원 이상 2천만 원 이하의 벌금으로 처벌된다(제148조의2 제1항).

확률적 해악(리스크, Risiko)을 절실한 공익상의 요청으로 보고 있다.

2. 성립요건

[1] 2가지 상당한 이유

1) 법률의 문언과 취지

도로교통법 제44조 제2항에 의하면, 경찰관이 "교통의 안전과 위험방지를 위하여 필요하다고 인정하거나 … 술에 취한 상태에서 … 운전하였다고 인정할 만한 상당한 이유가 있는 경우"에 호흡 조사를 할 수 있다고 하여, 경찰관이 호흡 조사를 할 수 있는 상당한 이유가 2가지 규정되어 있다: '교통안전과 위험방지의 필요성' 및 '술에 취한 상태의 운전'이다.

경찰관이 호흡 조사를 하기 위해서는 두 가지 상당한 이유가 모두 요구되는 것인지, 택일하여 한 가지만 존재하면 충분한 것인지가 다투어진다. 법문에는 "… 인정하거나 …인정할 만한"이라고 규정되어 있으므로 어느 한 가지 상황이 인정되면 충분한 것으로 해석되는 반면, 도로교통의 안전에 대한 침해와 위험을 미리 예방하기 위해서 입법된 도로교통법 제44조 제2항의 취지를 고려하면 단순히 술에 취한 상태의 운전이라는 요건의 충족만으로는 불충분하다고 해석할 수도 있기 때문이다.

2) 상반된 판례

이와 관련하여 대법원 판례는 상반되는 해석을 제시하고 있어 실무상 음주측정불응죄의 해석·적용이 불명확하다. ⓐ 대법원 1999.12.28. 선고 99도2899 판결에서는 도로교통법 제44조 제2항과 제148조의2 제1항 제2호의 해석상 "교통안전과 위험방지를 위하여 필요한 경우가 아니라고 하더라도 음주측정 요구 당시의 객관적 사정을 종합하여 볼 때 운전자가 술에 취한 상태에서 자동차 등을 운전하였다고 인정할 만한 상당한 이유가 있고 운전자의 음주운전 여부를 확인하기 위하여 필요한 경우에는 사후의 음주측정에 의하여 음주운전 여부를 확인할 수 없음이 명백하지 않는 한 경찰공무원은 당해 운전자에 대하여 음주측정을 요구할 수 있고, 당해 운전자가 이에 불응한 경우에는 위 법 소정의 음주측정불응죄가 성립"한다고 한다.

반면 ⓑ 대법원 1993.5.27. 선고 92도3402 판결에서는 도로교통법 제44조 제2항에서 규정하는 경찰관의 음주측정은 "음주운전을 제지하지 아니하고 방치할 경우에 초래될 도로교통의 안전에 대한 침해 또는 위험을 미리 방지하기 위한 필요성 즉, '교통안전과 위험방지의 필요성'이 있을 때에 한하여 그 음주운전의 혐의가 있는 운전자에 대하여 요구할 수 있는 예방적인 행정행위일 뿐, 그 조항에 의하여 경찰관에게 이미 발생한 도로교통상의 범죄행위에 대한 수사를 위한 음주측정권한이 부여된 것이라고는 볼 수 없으므로, 이러한 범죄수사를 위한 경찰관의 음주측정 요구에 불응한 경우에는 다른 증거에 의하여 음주운전죄로 처벌할 수 있음은 별론으로 하고 같은 법 제107조의2 제2호(현재 제148조의2 제1항 제2호) 소정의 음주측정불응죄는 성립하지 아니한다"고 한다.17

3) 소결

생각건대, 법률의 해석·적용의 출발점은 법문이다. 문언의 가능한 의미를 벗어나 피고인에게 불리한 방향으로 해석하는 것은 죄형법정주의에 반한다. 법률을 해석할 때 입법 취지와 목적, 제·개정 연혁, 법질서 전체와의 조화, 다른 법령과의 관계 등을 고려하는 체계적·논리적 해석 방법을 사용할 수 있지만, 문언 자체가 비교적 명확한 개념으로 구성되어 있다면 원칙적으로 이러한 해석 방법은 활용할 필요가 없거나 제한될 수밖에 없다(대법원 2017.12.21. 선고 2015도8335 판결). 도로교통법 제44조 제2항에서는 법문에 명확하게 경찰관이 호흡조사로 측정할 수 있는 상당한 이유를 택일적으로 규정하고 있다. 따라서 '교통안전과 위험방지의 필요성' 또는 '술에 취한 상태의 운전' 중 하나가 인정될 만큼 상당하다면 경찰관은 호흡 조사를 할 수 있고, 운전자는 이에 응해야 한다고 해석된다.

그러나 2가지 상당한 이유의 법적 성격은 같지 않다. '교통안전과 위험방지의 필요성'은 경찰 행정작용의 성격이지만, '술에 취한 상태의 운전'은 경찰 행정작용의 성격과 경찰 사법작용의 성격을 동시에 존재한다. 즉 '술에 취한 상태의 운전'은 음주운전죄에 대한 수사의 측면에 존재한다.

[2] 교통안전과 위험방지의 필요성

경찰관이 호흡조사를 할 수 있는 첫 번째 상당한 이유는 교통안전과 위험방지의 필요성이다(제44조 제2항). 교통안전과 위험방지의 필요성은 운전자의 운전으로 인하여 발생될 구체적인 위험성을 뜻하고, 이것은 음주 측정을 요구받았을 당시에 존재하여야 한다.

17　같은 취지의 대법원 2006.11.9. 선고 2004도8404 판결.

운전자가 운전을 종료하여 자동차를 음주한 상태로 운전하지 아니할 것임이 명백한 경우, 예를 들어 자신의 집 앞에 주차한 후 걸어오다가 신고를 받고 출동한 경찰관에게 연행되어 파출소에서 음주 측정을 요구받은 경우는, 비록 음주운전의 직후에 있었다는 점에서 운전자가 도로교통법상 음주운전죄의 현행범이더라도 운전으로 인한 교통안전과 위험방지의 필요성이 없으므로, 운전자가 경찰관의 호흡 조사에 불응하더라도 음주측정불응죄는 성립하지 않는다(대법원 1993.5.27. 선고 92도3402 판결). 다만 이러한 경우라도 경찰관이 호흡조사를 할 수 있는 두 번째 상당한 이유인 술에 취한 상태에서 운전하였다고 인정할 만한 상당한 이유가 있었다면 운전자의 음주측정불응죄는 성립할 수 있다.

[3] 술에 취한 상태의 운전

운전자가 술에 취한 상태에서 운전하였다고 인정할 만한 상당한 이유가 있다면 경찰관은 호흡조사로 운전자의 음주여부를 측정할 수 있다. 도로교통법에서 술에 취한 상태는 혈중알코올농도 0.03% 이상인 경우이지만(제44조 제4항), 음주측정불응의 구성요건에 해당하기 위해서는 운전자가 반드시 혈중알코올농도 0.03% 이상의 상태에 있어야 하는 것은 아니고 혈중알코올농도 0.03% 이상의 상태에 있다고 인정할 만한 상당한 이유가 있으면 된다.

술에 취한 상태에 있다고 인정할 만한 상당한 이유가 있는지는 음주측정 요구 당시 개별 운전자의 외관·태도·운전 행태 등 객관적 사정을 종합하여 판단한다(대법원 2004.10.14. 선고 2004도5249 판결). 음주측정에 불응하였다는 사실만으로 상당한 이유가 인정되는 것은 아니며, 술에 취한 상태에 있다고 인정할 만한 상당한 이유는 구성요건요소이므로 엄격한 증명의 대상이다.[18] 음주측정 요구 당시 상당한 이유가 있다고 인정되는 이상, 운전자가 반드시 도로교통법위반(음주운전)죄로 처벌되는 음주수치인 혈중알코올농도 0.03% 이상의 상태에 있어야 하는 것은 아니다(대법원 2004.10.15. 선고 2004도4789 판결).

예를 들어, ⓐ 음주운전 신고를 받은 경찰관이 운전자의 차량을 발견하고 운전석 쪽으로 다가가 창문을 내릴 것과 차량을 도로 우측 가장자리로 이동시킬 것을 요청하였으나, 운전자가 이에 불응한 채 차량을 10~15m 정도 2~3회에 걸쳐 조금씩 진행하다 멈추는 것을 반복하였고, 경찰관이 운전석의 손잡이를 잡아당기

---

18   이주원 71면.

면서 하차할 것을 요구하는 순간 운전자가 갑자기 차량을 급히 출발시키면서 5m 정도 진행하여 도주를 시도하던 중 순찰차량에 의해 진로가 막히자 도로 우측에 정차하게 되었다면, 운전자가 술에 취한 상태에서 자동차를 운전하였다고 인정할 만한 상당한 이유가 인정된다(대법원 2017.6.15. 선고 2017도5115 판결).

반면 ⓑ 경찰관이 음주감지기에 의한 시험을 요구하였을 당시 운전자가 이미 운전을 종료한 지 약 2시간이 지났고 운전자가 운전하여 사건 현장에 도착한 이후 일행들과 40분 이상 편의점 앞 탁자에 앉아있었고 탁자 위에 술병들이 놓여 있었다면, 운전자가 운전을 마친 이후 사건 현장에서 비로소 술을 마셨을 가능성도 없지 않았던 점 등을 종합적으로 고려할 때 운전자가 술에 취한 상태에서 자동차를 운전하였다고 인정할 만한 상당한 이유가 있다고 보기는 어렵다(대법원 2017.6.8. 선고 2016도16121 판결).

[4] 경찰관의 측정 요구

1) 측정 방법

도로교통법 제44조 제2항에 따라 경찰관이 운전자가 술에 취하였는지를 알아보기 위하여 실시하는 측정은 호흡을 채취하여 주취의 정도를 객관적으로 환산하는 측정 방법, 즉 '음주측정기'에 의한 측정이다(대법원 2017.6.8. 선고 2016도16121 판결). 경찰관은 음주 여부나 주취 정도를 측정하는 경우 합리적으로 필요한 한도 내에서 그 측정 방법이나 측정 횟수에 관하여 어느 정도 재량이 있으므로, 경찰관은 운전자에게 음주측정기를 제시하면서 호흡을 불어넣을 것을 요구하는 것 이외에도 그 사전절차로서 음주측정기에 의한 측정과 밀접한 관련이 있는 검사 방법인 '음주감지기'에 의한 시험도 요구할 수 있는데, 음주감지기의 시험 결과에 따라 음주측정기에 의한 측정이 예정되어 있고 운전자가 그러한 사정을 인식하였음에도 음주감지기에 의한 시험을 거부한 것도 음주측정기에 의한 측정에 응할 의사가 없음을 객관적으로 명백하게 나타낸 것으로 볼 수 있다(대법원 2018.12.13. 선고 2017도12949 판결).

그러나 도로교통법 제44조 제3항에 규정된 '혈액 채취' 등의 방법은 호흡조사의 측정 결과에 불복할 때 사용되는 것이고, 운전자의 동의를 얻어야 할 수 있는 것으로서 운전자는 혈액채취에 응할 의무가 없다. 혈액채취의 불응은 형사처벌의 대상이 아니다.

2) 적법한 측정 요구

경찰관의 측정 요구는 적법하여야 한다. 교통안전과 위험방지의 필요성이 없음에도 음주운전을 하였다고 인정할 만한 상당한 이유가 있다는 이유만으로 이루어지는 음주 측정은 경찰 행정작용이 아니라 이미 행하여진 음주운전이라는 범죄행위에 대한 증거수집을 위한 수사절차를 의미하는 것이고, 도로교통법의 규정들이 음주 측정을 위한 강제처분의 근거가 될 수 없다(대법원 2006.11.9. 선고 2004도8404 판결). 즉 이러한 경우는 도로교통법의 음주운전죄에 대한 증거수집이고, 증거수집으로서 음주 측정을 하기 위하여 운전자를 강제로 연행하기 위해서는 수사상의 강제처분에 관한 형사소송법상의 절차에 따라야 하고, 이러한 절차를 무시한 채 이루어진 강제연행은 위법한 체포에 해당한다(대법원 2012.12.13. 선고 2012도11162 판결).

이와 같은 위법한 체포 상태에서 음주측정 요구가 이루어진 경우, 음주측정 요구를 위한 위법한 체포와 그에 이어진 음주측정 요구는 음주운전이라는 범죄행위에 대한 증거수집을 위하여 연속하여 이루어진 것으로서 일련의 과정을 전체적으로 보아 위법한 음주측정요구가 있었던 것으로 볼 수밖에 없고, 운전자가 음주운전을 하였다고 인정할 만한 상당한 이유가 있더라도 운전자에게 경찰관의 위법한 음주측정 요구에 대해서까지 응할 의무는 없고 위법한 음주측정을 강제하는 것은 부당하므로, 운전자가 그에 불응하였다고 하여 도로교통법위반(음주측정거부)죄로 처벌할 수 없다(대법원 2015.9.24. 선고 2015도7096 판결).

또한 신고를 받고 출동한 경찰관이 음주감지기에 의한 확인을 요구하였으나 응하지 아니하고 임의동행도 거부하자 운전자를 도로교통법위반(음주운전)죄의 현행범으로 체포하여 지구대로 데리고 가 음주측정을 요구한 경우, 운전자가 도로교통법위반(음주운전)죄를 저지른 범인임이 명백하다고 쉽게 속단하기 어렵고 현장에서 도망하거나 증거를 인멸하려 하였다고 단정하기도 어려워 경찰관이 운전자를 현행범으로 체포한 것 자체가 위법하면, 위법한 체포상태에서 이루어진 경찰관의 음주측정 요구도 당연히 위법하고 그러한 음주 측정을 거부한 운전자에게 도로교통법위반(음주측정거부)죄는 성립하지 않는다(대법원 2017.4.7. 선고 2016도19907 판결).

그러나 체포가 적법하게 이루어진 이후에 호흡 측정의 요구가 있다면 운전자는 이에 응해야 한다. 예를 들어 경찰관이 음주측정을 요구할 당시 식당 주인과 종업원이 운전자의 음주행위 및 취중행위로 볼 수밖에 없는 각종 소란행위나 음주 후 화물차 운전행위 등을 목격하였다고 진술하였고, 음주측정을 요구한 경찰관이 조사 당시 운전자의 외관, 태도 등에서 취기를 느낄 수 있었다면, 운전자가 귀가하여 잠을 자고 있다가 운전행위를 종료한 후 약 5시간의 경과 후 연행되었더라도 판례는 운전자가 술에 취한 상태에서 운전하였다고 인정할 만한 상당한 이유가 있으므로 경찰관은 운전자에게 음주측정을 요구할 수 있고 운전자가 이에 불응하면 음주측정불응죄가 성립한다고 본다(대법원 2001.8.24. 선고 2000도6026 판결).

3) 보호조치와 측정요구

경찰관은 술에 취한 상태로 인하여 자기 또는 타인의 생명·신체·재산에 위해를 미칠 우려가 있는 사람을 발견하였을 때 경찰관서에 보호하는 등 적절한 조치를 할 수 있다(경찰관 직무집행법 제4조 제1항 제1호). 이러한 피구호자에 대한 보호조치는 경찰 행정상 즉시강제에 해당하므로, 그 조치가 불가피한 최소한도 내에서만 행사되도록 요건을 신중하고 엄격하게 해석하여야 한다.

보호조치의 대상인 '술에 취한 상태'란 피구호자가 술에 '만취'하여 정상적인 판단능력이나 의사능력을 상실할 정도에 이른 것을 말하고, 가족 등에게 피구호자를 인계할 수 있다면 특별한 사정이 없는 한 피구호자를 경찰관서에서 보호하는 것은 허용되지 않는다(대법원 2012.12.13. 선고 2012도11162 판결). 경찰관 직무집행법 제4조 제1항 제1호의 보호조치 요건이 갖추어지지 않았음에도, 경찰관이 실제로는 피의자를 범죄수사를 목적으로 경찰관 직무집행법의 피구호자로 삼아 그의 의사에 반하여 경찰관서에 데려간 행위는 현행범체포나 임의동행 등의 적법요건을 갖추었다고 볼 사정이 없다면, 위법한 체포에 해당한다(대법원 2012.12.13. 선고 2012도11162 판결).

교통안전과 위험방지의 필요성이 있다면, 경찰관 직무집행법 제4조 제1호에 따라 '보호조치' 된 운전자에 대하여 경찰관이 음주측정을 요구하였다는 이유만으로 그 음주측정 요구가 당연히 위법하다거나 그 보호조치가 당연히 종료된 것으로 볼 수는 없다. 예를 들어, ⓐ 도로에서 차량에 시동을 켠 채로 그대로 정차하여 운전석에 잠들어 있다가 신고를 받고 출동하여 자신을 깨우는 경찰관에게 욕설하며 경찰관을 폭행한 운전자가 혈색이 붉고 말을 할 때 혀가 심하게 꼬이고 비틀거리며 걷고 술 냄새도 나는 등 술에 취한 것으로 보이자, 경찰관이 보호조치 대상자로 보아 순찰차에 태운 뒤 지구대로 데려왔으며, 운전자가 지구대에 도착한 직후부터 22분 동안 경찰관들이 운전자에게 3회에 걸쳐 음주측정을 요구하였으나 운전자가 이에 불응하였다면, 피고인에 대한 보호조치가 경찰관 직무집행법을 위반한 것에 기인하여 음주측정 요구가 이루어졌다는 등의 특별한 사정이 없는 한, 음주측정불응죄에 해당한다(대법원 2012.2.9. 선고 2011도4328 판결).

그러나 ⓑ 운전자가 경찰의 음주단속에 불응하고 도주하였다가 경찰관에게 검거되어 지구대로 보호조치 된 후 2회에 걸쳐 음주측정요구를 거부하였는데, 당시 운전자가 술에 취한 상태이기는 하였으나 술에 만취하여 정상적인 판단능력이나 의사능력을 상실할 정도는 아니었고, 경찰관이 운전자에 대하여 보호조치를 하고자 하였다면 당시 옆에 있었던 운전자의 처에게 운전자를 인계하였어야 함에도 운전자의 처의 의사에 반하여 운전자를 지구대로 데려갔다면, 적법한 보호조치라고 할 수 없고 경찰관이 운전자를 지구대로 데려간 행위는 위법한 체포에 해당한다. 이처럼 위법한 체포 상태에서 이루어진 경찰관의 음주측정요구는 위법하고 운전자가 그에 불응하더라도 도로교통법위반(음주측정거부)죄로 처벌할 수 없다(대법원 2012.12.13. 선고 2012도11162 판결).

경찰관 직무집행법

제4조(보호조치 등) ① 경찰관은 수상한 행동이나 그 밖의 주위 사정을 합리적으로 판단해 볼 때 다음 각 호의 어느 하나에 해당하는 것이 명백하고 응급구호가 필요하다고 믿을 만한 상당한 이유가 있는 사람(이하 "구호대상자"라 한다)을 발견하였을 때에는 보건의료기관이나 공공구호기관에 긴급구호를 요청하거나 경찰관서에 보호하는 등 적절한 조치를 할 수 있다.

1. 정신착란을 일으키거나 술에 취하여 자신 또는 다른 사람의 생명·신체·재산에 위해를 끼칠 우려가 있는 사람
2. 자살을 시도하는 사람
3. 미아, 병자, 부상자 등으로서 적당한 보호자가 없으며 응급구호가 필요하다고 인정되는 사람. 다만, 본인이 구호를 거절하는 경우는 제외한다.

③ 경찰관은 제1항의 조치를 하는 경우에 구호대상자가 휴대하고 있는 무기·흉기 등 위험을 일으킬 수 있는 것으로 인정되는 물건을 경찰관서에 임시로 영치(領置)하여 놓을 수 있다.

⑦ 제1항에 따라 구호대상자를 경찰관서에서 보호하는 기간은 24시간을 초과할 수 없고, 제3항에 따라 물건을 경찰관서에 임시로 영치하는 기간은 10일을 초과할 수 없다.

[5] 측정 불응

도로교통법 제148조의2 제1항 제2호의 "경찰공무원의 측정에 응하지 아니한 사람"이란 전체적인 사건의 경과에 비추어 술에 취한 상태에 있다고 인정할 만한 상당한 이유가 있는 운전자가 음주측정에 응할 의사가 없음이 객관적으로 명백하다고 인정되는 때를 의미한다(대법원 2018.12.13. 선고 2017도12949 판결). 특별한 이유 없이 호흡측정기에 의한 측정에 불응하는 운전자에게 경찰관이 혈액채취에 의한 측정방법이 있음을 고지하고 그 선택 여부를 물어야 할 의무가 있는 것은 아니다(대법원 2002.10.25. 선고 2002도4220 판결).

술에 취한 상태에 있다고 인정할 만한 상당한 이유가 있는 운전자가 호흡측정기에 숨을 내쉬는 시늉만 하는 등으로 음주측정을 소극적으로 거부하는 경우는, 그와 같은 소극적 거부행위가 일정 시간 계속 반복되어 운전자의 측정불응의사가 객관적으로 명백하다고 인정되는 때에 음주측정불응죄가 성립한다(대법원 2015.12.24. 선고 2013도8481 판결). 운전자가 경찰관의 1차 측정에만 불응하였을 뿐 곧이어 이어진 2차 측정에 응한 경우와 같이 측정거부가 일시적인 것에 불과하다면 음주측정불응죄가 성립하지 않는다(대법원 2015.12.24. 선고 2013도8481 판결).

운전자가 처음부터 호흡측정기에 의한 측정의 방법을 불신하면서 혈액채취에 의한 측정을 요구한 경우는 호흡측정기에 의한 측정의 절차를 생략하고 바로 혈액채취에 의한 측정을 하여야 한다(대법원 2002.10.25. 선고 2002도4220 판결). 또한 운전자의 신체 이상 등의 사유로 호흡측정기에 의한 측정이 불가능하거나 심히 곤란한 경우에까지 호흡 측정을 요구할 수는 없으며, 이와 같은 상황이라면 경찰관은 호흡측정기에 의한 측정의 절차를 생략하고 운전자의 동의를 얻거나 판사로부터 영장을 발부받아 혈액채취에 의한 측정을 하여야 한다(대법원 2006.1.13. 선고 2005도7125 판결).

그러나 운전자의 신체 이상이 있거나 운전자가 혈액채취를 요구하였음에도 불구하고, 경찰관이 호흡측정기에 의한 음주측정을 요구하여 운전자가 음주측정 수치가 나타날 정도로 숨을 불어넣지 못하여 호흡측정기에 의한 음주측정이 제대로 되지 아니한 때에는 음주측정에 불응한 것으로 볼 수 없다. 예를 들어, ⓐ 운전자가 교통사고로 약 8주간의 치료를 요하는 좌쇄골 분쇄골절·다발성 늑골 골절·흉골 골절 등의 상해를 입고, 깊은 호흡을 하게 되면 골절편의 움직임으로 인해 심한 통증이 유발되는 경우(대법원 2006.1.13. 선고 2005도7125 판결), ⓑ 척추장애로 지체장애 3급인 운전자가 정상인에 비하여 폐활량이 약 26.9%에 불과하고 1초간 노력성 호기량은 약 33.5%에 불과한데, 음주측정기가 작동하기 위해서는 최소 1.25ℓ의 호흡유량이 필요하나 운전자의 폐활량은 0.71ℓ에 불과한 경우(대법원 2010.7.15. 선고 2010도2935 판결), ⓒ 운전자가 오른쪽 안면 신경마비의 후유증으로 호흡측정기에 의한 음주측정이 심히 곤란한 상태인 경우(울산지방법원 2018.8.30. 선고 2018노593 판결) 등에서는 호흡측정기에 의한 측정에 불응한 행위를 음주측정 불응죄로 처벌할 수 없다.

3. 죄수

음주 상태에서 운전 중 음주운전 단속 중인 경찰관의 음주측정에 불응한 경우는 도로교통법위반(음주운전)죄와 도로교통법위반(음주측정거부)죄가 성립한다. 양 죄는 실체적 경합의 관계이다(대법원 2004.11.12. 선고 2004도5257 판결).

Ⅲ. 약물운전 및 과로·질병운전

1. 약물운전(제148조의2 제4항, 제45조)

제148조의2(벌칙) ④ 제45조를 위반하여 약물로 인하여 정상적으로 운전하지 못할 우려가 있는 상태에서 자동차등 또는 노면전차를 운전한 사람은 3년 이하의 징역이나 1천만원 이하의 벌금에 처한다.

제45조(과로한 때 등의 운전 금지) 자동차등(개인형 이동장치는 제외한다) 또는 노면전차의 운전자는 제44조에 따른 술에 취한 상태 외에 과로, 질병 또는 약물(마약, 대마 및 향정신성의약품과 그 밖에 행정안전부령으로 정하는 것을 말한다. 이하 같다)의 영향과 그 밖의 사유로 정상적으로 운전하지 못할 우려가 있는 상태에서 자동차등 또는 노면전차를 운전하여서는 아니 된다.

약물로 인하여 정상적으로 운전하지 못할 우려가 있는 상태에서 자동차등[자동차와 원동기장치자전거(개인형 이동장치 제외)] 또는 노면전차를 운전한 사람은 3년 이하의 징역이나 1천만 원 이하의 벌금으로 처벌된다(제148조의2 제4항). 약물이란 마약, 대마, 향정신성약품, 화학물질관리법 시행령 제11조에 따른 환각물질(톨루엔·초산에틸·메틸알코올, 이러한 물질이 들어 있는 시너·접착제·풍선류·도료, 부탄가스. 아산화질소)을 말한다(도로교통법 시행규칙 제28조).

도로교통법 제45조는 '약물의 영향과 그 밖의 사유로 정상적으로 운전하지 못할 우려가 있는 상태에서 운전의 금지'를 규정하고 있으므로, 정상적으로 운전하지 못할 우려도 증명되어야 하는지가 다투어졌다. 운전자가 필로폰 투약의 증상이 나타나는 통상적인 수량을 투약하고 근접한 시간 내에 운전한 경우, 약물을 투약한 상태에서 운전하였다고 바로 약물운전죄로 처벌할 수 있는 것은 아니고 그로 인하여 정상적으로 운전하지 못할 우려가 있는 상태에서 자동차 등을 운전한 경우에만 처벌할 수 있다는 하급심판결(부산지방법원 2010.8.12. 선고 2010노1720 판결)이 있었다. 그러나 대법원은 이 판결의 상고심에서 도로교통법의 약물운전죄는 '위험범'으로서 약물 등의 영향으로 인하여 정상적으로 운전하지 못할 우려가 있는 상태에서 운전하면 바로 성립하고, 현실적으로 정상적으로 운전하지 못할 상태에 이르러야만 하는 것은 아니며, 운전자가 필로폰 투약의 증상이 나타나는 통상적인 수량을 투약하고 근접한 시간 내에 운전하였다면 자동차를 운전할 당시 증상이 없더라도 도로교통법 위반죄가 성립한다고 하면서 원심판결을 파기·환송하였다(대법원 2010.12.23. 선고 2010도11272 판결).

적용대상인 차와 도로는 음주운전의 경우와 같다. 즉, 건설기계조종사면허가 필요하지 않은 건설기계도 대상에 포함되고(제44조 제1항), 행해진 장소가 도로가 아니어도 차의 운전이 인정되면 적용된다(제2조 제26호).

2. 과로·질병운전(제154조 제3호, 제45조)

제154조(벌칙) 다음 각 호의 어느 하나에 해당하는 사람은 30만원 이하의 벌금이나 구류에 처한다.

　3. 제45조를 위반하여 과로·질병으로 인하여 정상적으로 운전하지 못할 우려가 있는 상태에서 자동차등 또는 노면전차를 운전한 사람(다만, 개인형 이동장치를 운전하는 경우는 제외한다)

> **제45조(과로한 때 등의 운전 금지)** 자동차등(개인형 이동장치는 제외한다) 또는 노면전차의 운전자는 제44조에 따른 술에 취한 상태 외에 과로, 질병 또는 약물(마약, 대마 및 향정신성의약품과 그 밖에 행정안전부령으로 정하는 것을 말한다. 이하 같다)의 영향과 그 밖의 사유로 정상적으로 운전하지 못할 우려가 있는 상태에서 자동차등 또는 노면전차를 운전하여서는 아니 된다.

  과로·질병으로 인하여 정상적으로 운전하지 못할 우려가 있는 상태에서 자동차등[자동차와 원동기장치자전거(개인형 이동장치 제외)] 또는 노면전차를 운전한 사람은 30만 원 이하의 벌금이나 구류로 처벌된다(제154조 제3호). 적용대상인 차와 도로는 음주운전의 경우와 같고, 행해진 장소가 도로가 아니어도 차의 운전이 인정되면 적용된다(제2조 제26호).

  판례는 도로교통법 제45조의 성격을 '위험범'으로서 약물 등의 영향으로 인하여 정상적으로 운전하지 못할 우려가 있는 상태에서 운전하면 바로 성립하고, 현실적으로 정상적으로 운전하지 못할 상태에 이르러야만 하는 것은 아니라고 해석한다(대법원 2010.12.23. 선고 2010도11272 판결).

제4절 업무상과실·중과실 재물손괴(제151조)

I. 법률규정

> **제151조(벌칙)** 차 또는 노면전차의 운전자가 업무상 필요한 주의를 게을리하거나 중대한 과실로 다른 사람의 건조물이나 그 밖의 재물을 손괴한 경우에는 2년 이하의 금고나 500만원 이하의 벌금에 처한다.
>
> **교통사고처리법 제3조(처벌의 특례)** ② 차의 교통으로 제1항의 죄 중 업무상과실치상죄(業務上過失致傷罪) 또는 중과실치상죄(重過失致傷罪)와 「도로교통법」 제151조의 죄를 범한 운전자에 대하여는 피해자의 명시적인 의사에 반하여 공소(公訴)를 제기할 수 없다.
>
> **교통사고처리법 제4조(보험 등에 가입된 경우의 특례)** ① 교통사고를 일으킨 차가 「보험업법」 제4조, 제126조, 제127조 및 제128조, 「여객자동차 운수사업법」 제60조, 제61조 또는 「화물자동차 운수사업법」 제51조에 따른 보험 또는 공제에 가입된 경우에는 제3조 제2항 본문에 규정된 죄를 범한 차의 운전자에 대하여 공소를 제기할 수 없다.

　　과실범은 정상의 주의를 태만하여 죄의 성립요소인 사실을 인식하지 못한 경우인데(형법 제14조), 이때 정상의 주의를 태만한 것은 결과발생에 대한 예견가능성이 있었음에도 적절한 결과회피행위를 하지 않음으로써 결과가 발생한 경우이다.[19] 형법은 손괴죄에 대한 과실범의 처벌을 규정하지 않고 있으나, 도로교통법은 운전자의 업무상과실·중과실 손괴죄를 규정하여 2년 이하의 금고 또는 500만원 이하의 벌금으로 처벌하고 있다(제151조).

　　도로교통법의 업무상과실·중과실 손괴죄는 안전하고 원활한 도로교통을 확보하기 위해서 규정된 것이고(제1조), 타인의 재산을 보호하는 것이 주목적은 아니다. 이것은 반의사불벌죄이고(교통사고처리법 제3조 제2항), 보험이나 공제에 가입된 경우는 공소를 제기할 수 없다(교통사고처리법 제4조 제1항). 이에 대한 예외규정은 없다.

19　박상기·전지연 183면.

Ⅱ. 성립요건

1. 타인의 건조물이나 재물의 손괴

도로교통법의 업무상과실·중과실 손괴죄는 '결과범'으로서 타인의 건조물이나 재물의 손괴의 결과가 발생하여야 한다. 결과범에서는 결과와 행위 사이에 인과관계가 인정되어야 하므로, 도로교통법의 업무상과실·중과실 손괴죄에서도 업무상 또는 중대한 과실과 손괴 사이에 인과관계가 필요하다.

'손괴'는 재물 등의 전부 또는 일부에 유형력을 가하여 재물 등을 본래의 용도에 사용할 수 없도록 하거나 효용을 감소시키는 것을 말한다. '건조물'은 토지에 정착되어 벽과 기둥, 천장으로 구성되어 사람이 기거하거나 출입할 수 있는 장소인데,[20] 주거침입죄(형법 제319조 제1항)와 달리 사람의 관리 여부와 무관하다. '재물'은 소유권의 대상이 되는 타인의 물건을 말하는 것으로 경제적 가치의 유무와 무관하다.

원래 형법에서는 고의가 아닌 과실로 재물을 손괴한 경우를 처벌하지 않고 있으나 도로운송에 즈음하여 차량운행과 관련 없는 제3자의 재물을 보호하려는 입법 취지에서 도로교통법에 업무상과실·중과실 손괴죄를 둔 것이므로, 피해대상인 '그 밖의 재물' 중에는 범행의 수단 또는 도구로 제공된 차량 자체는 포함되지 않는다(대법원 2007.3.15. 선고 2007도291 판결). 도로교통법의 업무상과실 재물손괴죄는 차량이 운전자의 소유와 관계없이 운전자가 운전한 차량을 제외한 다른 사람의 건조물이나 그 밖의 재물을 업무상 또는 중대한 과실로 손괴한 경우를 말하는 것이다. 예를 들어, 절취한 승용차를 운전하고 가다가 운전미숙 등으로 운전하던 절취한 차량을 손괴 하더라도 도로교통법의 업무상과실·중과실 손괴죄가 성립하지 않는다(대법원 1986.10.14. 선고 86도1387 판결).

2. 업무상과실 또는 중대한 과실

형법에서 업무상과실과 중대한 과실을 처벌하는 경우는 실화죄(형법 제171조), 교통방해죄(형법 제189조), 과실치사상죄(형법 제268조), 과실장물취득죄(형법 제364

---

20   신동운 773면.

조)인데, 이중 과실장물취득죄(제364조)의 경우는 도로교통법 제151조와 마찬가지로 일반과실(경과실)에 대해서는 처벌하지 않고 업무상과실과 중과실의 경우만을 처벌하며, 그 외의 규정들은 일반과실범의 처벌에 대해서 가중하여 처벌한다.

　'업무상과실'은 업무상 요구되는 주의의무를 다하지 않는 경우이고, 업무가 계속적·반복적으로 실행되기 때문에 행위자에게 결과발생에 대한 예견가능성이 높다고 평가된다.[21] 예를 들어, 운전자가 정지선과 횡단보도가 없는 사거리 교차로의 신호등이 황색 등화로 바뀐 상태에서 교차로에 진입하였다가 운전자 차량의 진행방향 오른쪽에서 왼쪽으로 주행하던 견인차량을 들이받은 경우, 당시 교차로의 도로 정비 작업이 마무리되지 않아 정지선과 횡단보도가 설치되지 않았더라도 운전자가 교차로 신호가 황색으로 바뀌었음을 인식하고서도 정지하지 않은 채 교차로 내에 진입한 것은 신호를 위반한 것으로서 업무상과실이 인정된다(대법원 2018.12.27. 선고 2018도14262 판결). '중대한 과실'은 통상의 과실에 비해 주의의무를 현저하게 태만한 경우로서 행위자에게 가중된 불법과 책임이 존재하는 경우이다.

Ⅲ. 죄수와 소송조건

1. 죄수

[1] 업무상과실·중과실 치사상죄(형법 제268조)와의 관계

　운전자가 운전 중 주의의무를 위반하여 교통사고를 범하면 타인의 재물을 손괴할 뿐만 아니라 타인을 사상에 이르게 하는 경우가 빈번하다. 이때 도로교통법의 업무상과실·중과실 손괴죄와 교통사고처리법 위반(치사·상)죄가 성립하고 두 죄는 하나의 행위로 발생한 것이므로 상상적 경합의 관계이다. 다만 차량이 종합보험이나 공제에 가입된 경우는 도로교통법의 업무상과실·중과실 손괴죄는 공소가 제기되지 않는다.

21　박상기·전지연 185면.

[2] 위험운전치사상죄(특정범죄가중법 제5조의11)와의 관계

음주 또는 약물의 영향으로 정상적인 운전이 곤란한 상태에서 자동차를 운전하여 사람을 상해에 이르게 함과 동시에 다른 사람의 재물을 손괴한 때에는 특정범죄가중처벌법위반(위험운전치상)죄 외에 도로교통법의 업무상과실·중과실 손괴죄가 성립하고, 두 죄는 1개의 운전행위로 인한 것으로서 상상적 경합의 관계에 있다(대법원 2010.1.14, 선고 2009도10845 판결).

한편 무면허인 운전자가 음주 상태에서 운전하여 사람을 상해에 이르게 함과 동시에 다른 사람의 재물을 손괴한 경우라면, 판례는 도로교통법위반(무면허운전)죄, 도로교통법위반(음주운전)죄, 특정범죄가중법위반(위험운전치상)죄, 도로교통법의 업무상과실·중과실 손괴죄가 성립하고 4개의 범죄는 상상적 경합의 관계라고 본다(대법원 2010.1.14, 선고 2009도10845 판결).[22]

[3] 사고후미조치죄(제148조)와의 관계

도로교통법위반(사고후미조치)죄는 사람의 사상, 물건의 손괴가 있다는 것에 대한 인식이 있을 것을 필요로 하는 고의범이며, 과실범인 도로교통법의 업무상과실·중과실 손괴죄와 보호법익, 주체, 행위 등 구성요건이 전혀 다르다. 운전자가 업무상과실 또는 중과실에 의하여 재물을 손괴하고, 도로교통법 제54조 제1항 소정의 필요한 조치를 하지 않는다면, 도로교통법 제151조의 죄 이외에 도로교통법 제148조의 죄가 성립하고 두 죄는 실체적 경합의 관계이다(대법원 2017.9.7. 선고 2017도9689 판결).

2. 반의사불벌죄

교통사고처리법 제3조 제2항은 도로교통법의 업무상과실·중과실 손괴죄를 반의사불벌죄로 규정하고 있다. 고소권자의 처벌불원 의사표시나 처벌희망 의사표시의 철회는 제1심판결 선고 전까지 가능하고(형사소송법 제232조 제3항), 처벌불원의 의사표시가 있다면 수사단계에서는 공소권 없음의 불기소처분을 하게 되고

---

22 이와 같은 판례는 법리적으로 타당하다. 다만 이와 모순되는 판례가 존재하는데, 도로교통법 위반(음주운전)죄는 특정범죄가중법 위반(위험운전치사상)죄와 입법 취지, 보호법익 및 적용영역을 달리하는 별개의 범죄로서 양 죄가 모두 성립하고 실체적 경합의 관계라고 보는 판례(대법원 2008.11.13. 선고 2008도7143 판결)가 있다. 이에 대해서는 제6장 제3절 Ⅲ. 4. (1) 참조.

공소가 제기되었다면 공소기각판결을 하게 된다.

고소권자의 처벌불원 의사표시와 관계없이, 업무상과실 재물손괴를 범한 운전자의 차량이 종합보험 또는 공제에 가입되었다면, 공소를 제기할 수 없다(교통사고처리법 제4조 제1항).

다만 자동차보유자는 책임보험등(자동차의 운행으로 다른 사람이 사망하거나 부상한 경우에 피해자에게 대통령령으로 정하는 금액을 지급할 책임을 지는 책임보험이나 책임공제)에 가입하는 것 외에, 자동차의 운행으로 다른 사람의 재물이 멸실되거나 훼손된 경우는 피해자에게 사고 1건당 2천만 원의 범위에서 사고로 인하여 피해자에게 발생한 손해액을 지급할 책임을 지는 보험이나 공제에 가입하여야 한다(자동차손배법 제5조 제2항, 자동차손배법 시행령 제3조 제3항). 이와 같은 의무보험으로 인하여, 실무상 대물 피해액이 2천만 원 이하인 경우는 불입건 처리된다.[23]

제5절   사고후 미조치 및 미신고

Ⅰ. 사고후 미조치[제148조, 제156조, 제54조 제1항]

1. 법률규정

> **제148조(벌칙)** 제54조 제1항에 따른 교통사고 발생 시의 조치를 하지 아니한 사람(주·정차된 차만 손괴한 것이 분명한 경우에 제54조 제1항 제2호에 따라 피해자에게 인적 사항을 제공하지 아니한 사람은 제외한다)은 5년 이하의 징역이나 1천500만원 이하의 벌금에 처한다.
>
> **제156조(벌칙)** 다음 각 호의 어느 하나에 해당하는 사람은 20만원 이하의 벌금이나 구류 또는 과료(科料)에 처한다.
>   10. 주·정차된 차만 손괴한 것이 분명한 경우에 제54조 제1항 제2호에 따라 피해자에게 인적 사항을 제공하지 아니한 사람
>
> **제54조(사고발생 시의 조치)** ① 차 또는 노면전차의 운전 등 교통으로 인하여 사람을 사상하거나 물건을 손괴(이하 "교통사고"라 한다)한 경우에는 그 차 또는 노면전차의 운전자나 그 밖의 승무원(이하 "운전자등"이라 한다)은 즉시 정차하여 다음 각 호의 조치를 하여야 한다.
>   1. 사상자를 구호하는 등 필요한 조치
>   2. 피해자에게 인적 사항(성명·전화번호·주소 등을 말한다. 이하 제148조 및 제156조 제10호에서 같다) 제공

　　차·노면전차의 운전자 또는 승무원은 교통사고(운전교통으로 사람을 사상하거나 물건을 손괴)를 일으킨 경우 즉시 정차하여 사상자를 구호하는 조치와 피해자에게 인적 사항을 제공하여야 한다(제54조 제1항). 이러한 조치와 의무를 하지 않는 경우는 5년 이하의 징역이나 1천5백만 원 이하의 벌금에 처한다(제148조). 다만 주·정차된 차의 손괴만을 한 경우는 피해자에게 인적 사항을 제공하지 않으면, 20만 원 이하의 벌금이나 구류·과료로 처벌된다(제156조 제10호).

　　도로교통법 제148조와 제54조 제1항의 취지는 도로에서 일어나는 교통상의 위험과 장해를 방지·제거하여 안전하고 원활한 교통을 확보하기 위한 것이지 피

해자의 피해를 복구하기 위한 것은 아니다(대법원 2020.2.6. 선고 2019도3225 판결). 교통상의 위험과 장해를 방지·제거하여 안전하고 원활한 교통을 확보할 필요가 없는 경우에는 도로교통법의 사고후미조치죄가 성립하지 않는다. 실무상 교통상의 위험과 장해가 발생되는 경우는 가해 자동차나 피해 자동차의 손괴로 인해 파편물이 도로에 떨어지거나 가해 자동차의 도주운전과 피해 자동차의 추격운전이 있는 경우가 대부분이라고 한다.[24]

도로교통법의 사고후미조치죄는 교통사고 중 대인사고와 대물사고 모두를 포함하는데, 자동차와 원동기장치자전거의 대인사고의 경우에 사고운전자가 도로교통법 제54조 제1항의 조치를 하지 않고 도주한 때에는 특정범죄가중법 제5조의3이 특별규정으로 적용된다.[25] 따라서 실제로 도로교통법 제148조는 대물사고 후 도주한 운전자의 처벌에 실질적인 의미가 있다.

2. 성립요건

[1] 주체

도로교통법 제54조 제1항의 사고조치의무는 음주운전죄 등과 마찬가지로 도로가 아니어도 차의 운전이 인정되면 적용된다(제2조 제26호). '차'는 자동차와 원동기장치자전거뿐만 아니라, (원동기장치 없는) 자전거와 사람·가축의 힘이나 그 밖의 동력으로 도로에서 운전되는 것을 말한다(제2조 제17호). 우마차, 경운기 등도 차에 포함된다.

도로 또는 도로 외에서 교통으로 인하여 사람을 사상하거나 물건을 손괴한 차 또는 노면전차의 '운전자'와 '승무원'이 도로교통법위반(사고후미조치)죄의 주체이다(제54조 제1항). 교통사고 차량의 운전자 이외에 조수나 안내원 등도 주체에 포함되지만, 단순 동승자는 주체에 포함되지 않는다.[26] 특정범죄가중법 제5조의3(도주차량 운전자의 가중처벌)에서 행위주체를 사고운전자로 제한하는 것과 구별된다. 다만 동승자가 교통사고 후 아무런 조치를 하지 아니한 채 운전자와 공모하여

---

24 지창구, 도로교통법상 물건손괴 후 미조치죄의 성립요건, 인터넷 법률신문, 2016.2.1.자(https://www. lawtimes.co.kr/Legal-News/Legal-News-View?serial=138911).

25 제6장 제3절 참조.

26 박상기·전지연·한상훈 260면; 이주원 93면.

운전자 대신 차를 몰고 현장을 이탈하였다면, 비록 동승자의 형사상 책임은 가담 이후의 범행에 국한되므로 동승자를 특정범죄가중법위반(도주차량)죄의 공동정범으로 처벌할 수는 없지만 도로교통법위반(사고후미조치)죄의 공동정범으로는 처벌할 수 있다(대구지방법원 2007.3.28. 선고 2006노2898 판결).

도로교통법 제54조 제1항은 교통사고 차량의 운전자나 승무원의 교통사고 발생에 대한 '과실'을 전제로 하지 않는다. 따라서 교통사고 발생차량의 운전자나 승무원은 자신들에게 사고에 대한 과실의 유무와 관계없이 사상자를 구호하는 조치와 피해자에게 인적 사항을 제공하는 의무가 부과된다.

이와 관련해서 고의로 교통사고를 발생시킨 운전자나 승무원에게도 사고조치의 의무가 발생하는지가 문제된다. 차량을 상해나 살인 등의 범죄의 도구로만 이용한 경우는 교통사고 해당성을 부정하는 견해(부정설)와 인식있는 과실의 경우와 고의의 경우는 의지적 요소에 차이가 있을 뿐 인지적 요소는 차이가 없으므로 교통사고 해당성을 인정하는 견해(긍정설)가 대립한다.[27]

생각건대, 도로교통법 제148조와 제54조 제1항의 입법취지를 고려하면 주의의무위반이 없거나 고의로 교통사고를 발생시킨 운전자 모두 도로교통법위반(사고후미조치)죄의 주체라고 보는 것이 타당하다(긍정설). 도로교통법 제54조는 도로에서 일어나는 교통상의 위험과 장해를 방지·제거하여 안전하고 원활한 교통을 확보하기 위해서 피해자의 구호, 교통질서의 회복 등에 관하여 적절한 조치를 신속하게 취하도록 입법된 것이기 때문이다.

판례도 도로교통법 제54조 제1항, 제2항이 규정한 교통사고 발생 시의 구호조치의무 및 신고의무는, 교통사고의 결과가 피해자의 구호 및 교통질서의 회복을 위한 조치가 필요한 상황인 이상 교통사고를 발생시킨 당해 차량의 운전자에게 그 사고 발생에 있어서 고의·과실 혹은 유책·위법과 관계없이 부과된 의무라고 해석하고, 당해 사고의 발생에 귀책사유가 없는 경우에도 의무가 있다고 본다(대법원 2015.10.15. 선고 2015도12451 판결).

[2] 사고조치[28]

도로교통법 제54조 제1항에 의한 사고발생 시의 조치로서 ① 즉시 정차, ②

---

27   심희기·전지연 외 142면 참조.
28   상세한 내용은 제6장 제3절 I. 2. (3) 참조.

사상자 구호 등 필요한 조치, ③ 인적사항의 제공이 요구된다. 사고운전자가 취하여야 할 조치는 사고의 내용과 피해의 정도 등 구체적 상황에 따라 적절히 강구되어야 하며 그 정도는 건전한 양식에 비추어 통상 요구되는 정도의 조치를 말한다(대법원 2014.2.27. 선고 2013도15885 판결). 다만 주·정차된 차만 손괴한 것이 분명한 경우라면 피해자에게 인적 사항을 제공하지 않은 운전자나 동승자는 도로교통법 제148조의 적용 범위에서 제외되고 도로교통법 제156조 제10호만 적용된다.

1) 즉시 정차

사고운전자의 즉시정차의무는 도로교통법 제54조 제1항의 가장 기초적인 의무이다. 즉시정차의무는 곧바로 정차할 경우 부수적으로 교통의 위험이 초래되는 등의 사정이 없는 한 즉시 정차하여야 할 의무를 말한다(대법원 2006.9.28. 선고 2006도3441 판결).

2) 구호 조치

사고운전자는 사고 내용과 피해 정도 등 구체적 상황에 따라 건전한 양식에 비추어 통상 요구되는 정도의 조치를 하여야 한다. 반드시 사고운전자 본인이 구호조치를 직접 할 필요는 없고, 자신의 지배에 있는 사람을 통하여 구호조치를 하거나 현장을 이탈하기 전에 타인이 먼저 구호조치를 하여도 무방하다(대법원 2005.12.9. 선고 2005도5981 판결). 운전자가 대물사고 후 사고현장을 떠날 당시 교통상의 위험과 장애를 방지·제거하여 원활한 교통을 확보하기 위한 조치가 필요하지 않은 상황이었다면 구호조치의 필요성은 없다.29

예를 들어, ⓐ 횡단보도 앞에서 신호대기 중이던 피해차량을 뒤에서 충돌하여 뒷범퍼 좌측 모서리 부위가 약간 긁히면서 도장이 벗겨진 정도의 손괴가 발생하였는데, 운전자는 사고 이후 피해자에게 자신의 이름과 전화번호를 알려주었고 피해자도 운전자에게 돈을 송금하여 달라면서 자신의 은행계좌를 알려준 후 사고 장소 바로 옆에 병원이 있음에도 불구하고 차를 운전하여 사고현장을 떠났다면, 운전자가 실제로 피해자를 구호하거나 나아가 교통상의 위험과 장해를 방지·제거하여 안전하고 원활한 교통을 확보하기 위한 조치를 하여야 할 필요가 있었다고 보기는 어려우므로, 운전자를 도로교통법위반(사고후미조치)죄로 처벌할 수는 없다(대법원 2002.6.28. 선고 2002도2001 판결). ⓑ 운전자가 안전벨트를 고쳐 매다가 브

---

29 박상기·전지연·한상훈 258면.

레이크에서 발이 떨어지게 되어 차량이 앞으로 진행하면서 피해자의 차량을 추돌하였고 피해자에게 요치 2주의 경추부 등 염좌 진단을 받고 4일 정도 통원치료를 받게 하였고 피해자의 차량 뒷 범퍼가 안으로 약간 밀려들어 간 사고의 경우, 운전자가 사고 직후 차에서 내려 피해자에게 사과하였고 피해자는 허리가 아프다고 말하기는 하였으나 "크게 아프지는 않고 범퍼만 고쳐 달라."는 취지의 말을 하면서 운전자의 차량번호를 적었으며, 피고인은 아프거나 이상이 있으면 전화하라면서 평소 알고 지내던 타인의 전화번호를 적어 주었고 그 후 뒤의 차량들이 경적을 울리자 운전자와 피해자 모두 각자의 차를 운전하여 현장을 떠났다면, 비록 운전자가 피해자에게 타인의 전화번호를 적어 주면서 별다른 설명을 하지 않았고 차량 명의가 자기 앞으로 되어 있지 않다는 사정도 말해주지 않음으로써 추후 운전자의 신원확인을 어렵게 만들었더라도, 운전자가 피해자를 구호하거나 교통상의 위험과 장해를 방지·제거하여 안전하고 원활한 교통을 확보하기 위한 조치를 하여야 할 필요가 있었다고 보기 어렵다(대법원 2005.9.30. 선고 2005도4383 판결).

그러나 ⓒ 피해 정도가 경미하고 교통사고 후 운전자가 피해 상태를 확인한 후 피해변제로 금원을 지급하려고 하였으나 피해자가 이를 거절하면서 사고신고하자고 하였는데도 운전자가 인적 사항이나 연락처를 알려주지 아니한 채 그대로 가버렸다면 구호조치를 다하였다고 볼 수 없다(대법원 1993.11.26. 선고 93도2346 판결). ⓓ 신고의무와 구호조치의무는 별개의 의무이기 때문에, 타인에게 신고를 부탁하고 현장을 이탈한 것도 구호조치의 의무를 다한 것이 아니다(대법원 2002.5.24. 선고 2000도1731 판결).

주의할 것은 도로교통법 제54조 제1항에는 교통사고로 인한 피해자의 생명, 신체의 안전 등을 보호하기 위하여 '사고피해자'에 대한 구호조치(인적사항 제공 포함)만 규정된 점이다. '경찰관서'에 대한 사고신고 의무는 별도로 제54조 제2항에 규정되어 있고, 이에 대한 위반의 처벌은 도로교통법 제154조 제4호에 규정되어 있다.

3) 인적 사항 제공(신원고지의무)

사고운전자는 구호조치 이외에 피해자에게 인적 사항을 제공하여야 한다. 신원고지의무가 존재하는 것은 사고운전자가 자신의 인적 사항이나 연락처를 알려주지 않은 채 사고 후 즉시 차량을 운전하여 현장을 벗어나면, 도주의 운전 자체뿐만 아니라 이를 제지하거나 뒤쫓아 갈 것으로 예상되는 피해자의 추격 운전으로 추가적인 교통상의 위험과 장애가 야기될 수 있기 때문이다(대법원 2019.7.11. 선고 2017도15651 판결 참조).

과거에는 구호 등 필요한 조치에 '신원고지의무'가 명시되어 있지 않아서 이의 포함여부에 대한 견해의 대립이 있었는데, 2016. 12. 2. 법률개정으로 피해자에게 인적 사항의 제공의무를 규정한 도로교통법 제54조 제1항 제2호가 신설되었다. 피해자뿐 아니라 경찰관 등 교통사고와 관계있는 사람에게 사고운전자의 신원을 밝히는 것도 인적 사항 제공에 해당한다(대법원 2004.10.28. 선고 2004도5227 판결).

[3] 주관적 구성요건

도로교통법위반(사고후미조치)죄가 성립하기 위해서는 운전자가 사람을 사상하거나 물건을 손괴한 것에 대한 인식이 필요하다. 즉 운전자가 차의 교통으로 인하여 사람을 사상하거나 물건을 손괴한 운전자 및 그 밖의 승무원으로서 사람을 사상하거나 물건을 손괴한 사실을 인식할 것을 필요로 하는 고의범에 해당한다(대법원 1999.11.12. 선고 99도3140 판결).

3. 죄수

[1] 특정범죄가중법위반(도주치사·상)죄와의 관계

운전자가 교통으로 '사람'을 사상하고 구호조치 등을 하지 않고 도주한 경우는 도로교통법의 사고후미조치죄(제148조)와 특정범죄가중법의 도주치사·상죄(제5조의3)가 성립한다. 이때 특정범죄가중법 제5조의3은 업무상과실 치사상죄와 유기죄 및 도로교통법위반(사고후미조치)죄의 결합범을 규정한 것이므로, 도로교통법위반(사고후미조치)죄는 특정범죄가중법위반(도주치사·상)죄에 법조경합으로 흡수된다.[30]

[2] 업무상과실·중과실 손괴죄와의 관계

운전자가 업무상과실로 '재물'을 손괴하고, 도로교통법 제54조 제1항 소정의 필요한 조치를 안 한다면, 도로교통법 업무상과실·중과실 손괴죄 이외에 도로교

---

30 제6장 제3절 I. 2. (7) 2) 참조.

통법위반(사고후미조치)죄가 성립하고 두 죄는 별개의 행위로서 실체적 경합의 관계이다(대법원 2017.9.7. 선고 2017도9689 판결).

[3] 특정범죄가중법위반(도주치사·상)죄 및 업무상과실·중과실 손괴죄와의 관계

운전자가 교통사고로 '사람'의 사상과 '재물'의 손괴를 일으킨 후 구호조치 등을 하지 않고 도주한 경우는 특정범죄가중법위반(도주치사·상)죄, 도로교통법의 업무상과실·중과실 손괴죄, 도로교통법위반(사고후미조치)죄가 성립한다. 업무상과실·중과실 손괴죄와 도로교통법위반(사고후미조치)죄는 실체적 경합의 관계이나, 특정범죄가중법위반(도주치사·상)죄가 업무상과실 재물손괴죄와 하나의 행위로서 상상적 경합의 관계이고 도로교통법위반(사고후미조치)죄와도 하나의 행위로서 상상적 경합의 관계이므로, 업무상과실·중과실 손괴죄와 도로교통법위반(사고후미조치)죄는 특정범죄가중법위반(도주치사·상)죄에 연결되어 3개의 범죄가 연결효과에 의한 상상적 경합의 관계이다.

다만 판례는 특정범죄가중법위반(도주치사·상)죄와 도로교통법위반(사고후미조치)죄는 1개의 행위가 수개의 죄에 해당하는 상상적 경합범의 관계라고 보지만(대법원 1993.5.11. 선고 93도49 판결), 특정범죄가중법위반(도주치사·상)죄와 도로교통법 업무상과실·중과실 손괴죄는 실체적 경합의 관계로 본다(대법원 1996.4.12. 선고 95도2312 판결).

Ⅱ. 사고후 미신고[제154조 제4호, 제54조]

1. 법률규정

> 제154조(벌칙) 다음 각 호의 어느 하나에 해당하는 사람은 30만원 이하의 벌금이나 구류에 처한다.
>   4. 제54조 제2항에 따른 사고발생 시 조치상황 등의 신고를 하지 아니한 사람
>
> 제54조(사고발생 시의 조치) ① 차 또는 노면전차의 운전 등 교통으로 인하여 사람을

사상하거나 물건을 손괴(이하 "교통사고"라 한다)한 경우에는 그 차 또는 노면전차의 운전자나 그 밖의 승무원(이하 "운전자등"이라 한다)은 즉시 정차하여 다음 각 호의 조치를 하여야 한다.

 ...

② 제1항의 경우 그 차 또는 노면전차의 운전자등은 경찰공무원이 현장에 있을 때에는 그 경찰공무원에게, 경찰공무원이 현장에 없을 때에는 가장 가까운 국가경찰관서(지구대, 파출소 및 출장소를 포함한다. 이하 같다)에 다음 각 호의 사항을 지체 없이 신고하여야 한다. 다만, 차 또는 노면전차만 손괴된 것이 분명하고 도로에서의 위험방지와 원활한 소통을 위하여 필요한 조치를 한 경우에는 그러하지 아니하다.

　1. 사고가 일어난 곳
　2. 사상자 수 및 부상 정도
　3. 손괴한 물건 및 손괴 정도
　4. 그 밖의 조치사항 등

　　차·노면전차의 운전자 또는 승무원은 교통사고를 일으킨 경우, 경찰관이나 경찰관서에 사고를 신고하여야 한다(제54조 제2항). 신고하지 않는 경우는 30만 원 이하의 벌금이나 구류로 처벌된다(제154조 제4호). 도로교통법 제54조 제2항의 신고의무는, 교통사고가 발생한 때에 지체없이 경찰관 또는 경찰관서에 알려서 피해자의 구호, 교통질서의 회복 등에 관한 적절한 조치를 하여 도로상의 소통장해를 제거하고 피해의 확대를 방지하여 교통질서의 유지 및 안전을 도모하는 데 입법의 취지가 있다(대법원 2014.2.27. 선고 2013도15500 판결).

　　도로교통법 제54조 제2항과 제154조 제4호에 규정된 운전자등의 신고의무가 진술거부권에 반하는 것인지가 문제되었는데, 헌법재판소는 피해자의 구호 및 교통질서의 회복을 위한 조치가 필요한 범위 내에서 교통사고의 객관적 내용만을 신고하도록 한 것으로 해석하고 형사책임과 관련되는 사항에는 적용되지 아니하는 것으로 해석하는 한 헌법에 위반되지 않는다고 보았다(헌법재판소 1990.8.27. 선고 89헌가118 결정).

2. 성립요건

[1] 주체

도로교통법 제54조 제2항의 신고의무는 교통사고를 발생시킨 당해 차량의 운전자와 승무원에게 그 사고발생에 있어서의 귀책사유의 유무와 관계없이 부과된 의무이다(대법원 1981.6.23. 선고 80도3320 판결).

[2] 신고의무의 상황

도로교통법 제54조 제2항의 입법취지와 헌법에서 보장된 진술거부권에 비추어 볼 때, 신고의무는 교통사고를 일으킨 모든 경우에 항상 요구되는 것이 아니라, 사고의 규모나 당시의 구체적인 상황에 따라 피해자의 구호 및 교통질서의 회복을 위하여 당사자의 개인적인 조치를 넘어 '경찰관의 조직적 조치가 필요한 상황'에서만 요구된다(대법원 1991.6.25. 선고 91도1013 판결). 운전자와 승무원은 차 또는 노면전차만 손괴된 것이 분명하고 도로에서의 위험방지와 원활한 소통을 위하여 필요한 조치를 한 경우에는 신고의무가 없으나, 그 외의 경우는 경찰관에게 사고가 일어난 곳, 사상자 수 및 부상 정도, 손괴한 물건 및 손괴 정도, 그 밖의 조치사항 등을 신고하여야 한다.

예를 들어, 교통량이 많지 않은 23:30경 횡단보도를 건너던 피해자 2명을 치어 중상을 입히는 교통사고를 일으켰으나, 사고 직후 피해자들을 병원으로 데려간 운전자에게 신고의 의무가 없다(대법원 1991.6.25. 선고 91도1013 판결). 운전자가 승용차를 운전하여 아파트 주차장에서 후진하다가 부주의하게 그곳에 주차되어 있던 타인의 승용차 왼쪽 앞 펜더 부분을 들이받아 수리비 227만 원 상당이 들도록 손괴하고도 가까운 경찰관서에 신고조치를 하지 않은 경우는 도로교통법의 사고후미신고죄가 성립하지 않는다(대법원 2014.2.27. 선고 2013도15500 판결).

3. 죄수

[1] 특정범죄가중법위반(도주치사·상)죄와의 관계

운전자가 교통으로 '사람'을 사상하고 신고하지 않고 도주한 경우는 도로교통법의 사고후미신고죄(제154조)와 특정범죄가중법의 도주치사·상죄(제5조의3)가 성립한다. 판례는 두 죄는 모두 교통사고 이후의 작위의무위반에 대한 것으로서 각 구성요건에서 본 행위의 태양, 시간적, 장소적 연관성 등을 종합하여 실체적 경합의 관계라고 보며, 양 범죄사실의 기초가 되는 사회적 사실관계도 상이하여 도로교통법의 미신고죄에 대하여 약식명령이 확정되었더라도 기판력이 특정범죄가중법위반(도주치사·상)죄에 미치지 않는다고 본다(대법원 1992.11.13. 선고 92도1749 판결). 그러나 두 죄는 하나의 행위에 의한 것이므로 상상적 경합의 관계로 보는 것이 타당하다.

[2] 특정범죄가중법위반(도주치사·상)죄 및 업무상과실·중과실 손괴죄와의 관계

운전자가 교통사고로 '사람'의 사상과 '재물'의 손괴를 일으킨 후 구호조치 및 사고신고를 하지 않고 도주한 경우는 특정범죄가중법위반(도주치사·상)죄, 도로교통법 업무상과실·중과실 손괴죄, 도로교통법위반(사고후미조치)죄, 도로교통법 사고후미신고죄가 성립한다. 업무상과실·중과실 손괴죄와 도로교통법 위반(사고후미조치)죄 및 도로교통법 사고후미신고죄는 특정범죄가중법위반(도주치사·상)죄에 연결되어 4개의 범죄가 연결효과에 의한 상상적 경합의 관계이다.

[3] 도로교통법위반(사고후미조치)죄와의 관계

운전자가 교통사고 후 조치의무와 신고의무를 모두 이행하지 않는다면 도로교통법 제54조 제1항의 사고후미조치죄와 제2항의 사고후미신고죄가 성립한다. 이때 두 죄를 실체적 경합의 관계로 보는 견해가 있으나,31 상상적 경합의 관계로 보는 것이 타당하다. 피해자에 대한 구호조치와 경찰관에 대한 신고는 행위태양이 다르므로 일죄인 법조경합의 관계로 볼 수 없다. 수 죄인 상상적 경합과 실체적 경합을 구분하는 기준은 행위의 단일성인데, 운전자가 조치의무를 이행하지 않은 하나의 부작위 행위가 있는 것이므로 상상적 경합의 관계이다.

---

31 이주원 106면.

제6절   기타

Ⅰ. 공동 위험행위[제150조 제1호, 제46조]

> **제150조(벌칙)** 다음 각 호의 어느 하나에 해당하는 사람은 2년 이하의 징역이나 500만원 이하의 벌금에 처한다.
>
> 1. 제46조 제1항 또는 제2항을 위반하여 공동 위험행위를 하거나 주도한 사람
>
> **제46조(공동 위험행위의 금지)** ① 자동차등(개인형 이동장치는 제외한다. 이하 이 조에서 같다)의 운전자는 도로에서 2명 이상이 공동으로 2대 이상의 자동차등을 정당한 사유 없이 앞뒤로 또는 좌우로 줄지어 통행하면서 다른 사람에게 위해(危害)를 끼치거나 교통상의 위험을 발생하게 하여서는 아니 된다.
> ② 자동차등의 동승자는 제1항에 따른 공동 위험행위를 주도하여서는 아니 된다.

　　자동차와 원동기장치차전거(개인형 이동장치 제외)의 운전자는 도로에서 2명 이상이 공동으로 2대 이상의 자동차와 원동기장치차전거를 정당한 사유 없이 앞뒤로 또는 좌우로 줄지어 통행하면서 다른 사람에게 위해를 끼치거나 교통상의 위험을 발생하게 하여서는 안 되고(제46조 제1항), 이를 위반하면 2년 이하의 징역이나 500만 원 이하의 벌금으로 처벌된다(제150조 제1호). 2인 이상인 자동차 등의 운전자가 함께 2대 이상의 자동차 등으로 위험행위 등을 하는 경우는 단독으로 한 경우에 비해서 다른 사람에 대한 위해나 교통상의 위험이 증가할 수 있고 집단심리에 의해 그 위해나 위험의 정도도 가중될 수 있기에 공동 위험행위가 금지된다(대법원 2007.7.12. 선고 2006도5993 판결).

　　공동 위험행위는 정당한 사유 없이 앞뒤로 또는 좌우로 줄을 지어 통행하면서 신호위반, 통행구분 위반, 속도제한 위반, 안전거리확보 위반, 급제동 및 급발진, 앞지르기금지 위반, 안전운전의무 위반 등의 행위를 하여 다른 사람에게 위해를 주거나 교통상의 위험을 발생하게 하는 경우이다(대법원 2007.7.12. 선고 2006도5993 판결). 공동 위험행위는 2명 이상이 공동으로 범행에 가담하는 것이 구성요건의 내용을 이루기 때문에 행위자의 고의의 내용으로서 '공동의사'가 필요한데, 이때 공동의사는 반드시 위반행위에 관계된 운전자 전부의 의사 연락이 필요한 것은 아니

고 다른 사람에게 위해를 끼치거나 교통상의 위험을 발생하게 하는 것과 같은 사태의 발생을 예견하고 그 행위에 가담할 의사로 충분하며, 공동의사는 사전 공모뿐 아니라 현장에서의 공모도 포함된다(대법원 2021.10.14. 선고 2018도10327 판결).

이러한 공동 위험행위를 주도한 동승자도 운전자와 같이 2년 이하의 징역이나 500만 원 이하의 벌금으로 처벌된다(제46조 제2항, 제150조 제1호). 도로교통법의 공동 위험행위죄가 직접 운전행위를 한 운전자만 성립할 수 있는 자수범이어서(제46조 제1항), 공동 위험행위를 주도한 동승자를 공동정범이나 간접정범으로 처벌하지 못하는 흠결을 보완하기 위해서 도로교통법 제46조 제2항이 존재한다.

Ⅱ. 신호 또는 지시 위반[제156조 제1호, 제5조]

제156조(벌칙) 다음 각 호의 어느 하나에 해당하는 사람은 20만원 이하의 벌금이나 구류 또는 과료(科料)에 처한다.

1. 제5조, … 위반한 차마 또는 노면전차의 운전자

제5조(신호 또는 지시에 따를 의무) ① 도로를 통행하는 보행자, 차마 또는 노면전차의 운전자는 교통안전시설이 표시하는 신호 또는 지시와 다음 각 호의 어느 하나에 해당하는 사람이 하는 신호 또는 지시를 따라야 한다.

1. 교통정리를 하는 경찰공무원(의무경찰을 포함한다. 이하 같다) 및 제주특별자치도의 자치경찰공무원(이하 "자치경찰공무원"이라 한다)
2. 경찰공무원(자치경찰공무원을 포함한다. 이하 같다)을 보조하는 사람으로서 대통령령으로 정하는 사람(이하 "경찰보조자"라 한다)

② 도로를 통행하는 보행자, 차마 또는 노면전차의 운전자는 제1항에 따른 교통안전시설이 표시하는 신호 또는 지시와 교통정리를 하는 경찰공무원 또는 경찰보조자(이하 "경찰공무원등"이라 한다)의 신호 또는 지시가 서로 다른 경우에는 경찰공무원등의 신호 또는 지시에 따라야 한다.

도로를 통행하는 보행자, 차마 또는 노면전차의 운전자는 교통안전시설이 표시하는 신호·지시와 교통정리를 하는 경찰공무원(의무경찰을 포함)·제주특별자치도의 자치경찰공무원·경찰보조자(모범운전자 등)가 하는 신호·지시를 따라야 하고

(제5조), 이를 위반하면 20만 원 이하의 벌금이나 구류 또는 과료로 처벌된다(제156조 제1호).

교차로에 녹색, 황색 및 적색의 삼색 등화만이 나오는 신호기가 설치되어 있고 달리 비보호좌회전 표시나 유턴을 허용하는 표시가 없다면 차마의 좌회전 또는 유턴은 원칙적으로 허용되지 않는다. 이와 같은 교차로에서 적색 등화 시점에 정지선에 정지하지 않고 좌회전 또는 유턴하여 진행하였다면, 특별한 사정이 없는 한 도로교통법 제5조에 위반한 경우이다(대법원 1996.5.31. 선고 95도3093 판결).

Ⅲ. 난폭운전(제151조의2 제1호, 제46조의3)

제151조의2(벌칙) 다음 각 호의 어느 하나에 해당하는 사람은 1년 이하의 징역이나 500만원 이하의 벌금에 처한다.

　1. 제46조의3을 위반하여 자동차등을 난폭운전한 사람

제46조의3(난폭운전 금지) 자동차등(개인형 이동장치는 제외한다)의 운전자는 다음 각 호 중 둘 이상의 행위를 연달아 하거나, 하나의 행위를 지속 또는 반복하여 다른 사람에게 위협 또는 위해를 가하거나 교통상의 위험을 발생하게 하여서는 아니 된다.

　1. 제5조에 따른 신호 또는 지시 위반
　2. 제13조 제3항에 따른 중앙선 침범
　3. 제17조 제3항에 따른 속도의 위반
　4. 제18조 제1항에 따른 횡단·유턴·후진 금지 위반
　5. 제19조에 따른 안전거리 미확보, 진로변경 금지 위반, 급제동 금지 위반
　6. 제21조 제1항·제3항 및 제4항에 따른 앞지르기 방법 또는 앞지르기의 방해금지 위반
　7. 제49조 제1항 제8호에 따른 정당한 사유 없는 소음 발생
　8. 제60조 제2항에 따른 고속도로에서의 앞지르기 방법 위반
　9. 제62조에 따른 고속도로등에서의 횡단·유턴·후진 금지 위반

자동차와 원동기장치차전거(개인형 이동장치 제외)의 운전자는 신호·지시 위반, 중앙선 침범, 속도위반, 횡단·유턴·후진 금지 위반, 안전거리 미확보, 진로변

경 금지 위반, 급제동 금지 위반, 앞지르기의 방해금지 위반, 정당한 사유 없는 소음 발생, 고속도로에서의 앞지르기 방법 위반, 고속도로 등에서의 횡단·유턴· 후진 금지 위반의 행위를 연달아서 하거나 그중 하나의 행위를 지속 또는 반복하여, 다른 사람에게 위협·위해를 가하거나 교통상의 위험을 발생하게 하여서는 안 되고(제46조의3), 이를 위반하면 1년 이하의 징역이나 500만 원 이하의 벌금으로 처벌된다(제151조의2 제1호).

다른 사람에게 위협·위해를 가하거나 교통상의 위험이 발생해야 성립하는 구체적 위험범이다.[32] 운전자가 제한속도 시속 100㎞를 초과하여 7분간 지속하여 과속 운전하였고 앞차와의 안전거리를 충분히 확보하지 않거나 방향지시등을 켜지 않은 채 차선을 여러 차례 변경하여 다른 차량의 정상적인 통행에 다소 장애를 초래하였더라도, 그로 인하여 다른 차량이 급제동하거나 급격히 주행 방향을 변경하는 등의 상황은 발생하지 않았고 위반행위에 내재 된 추상적인 위험을 넘어 도로의 교통상황에 구체적인 위험이 초래되었다고 보이지 않는다면, 구체적이고 상당한 교통상 위험이 발생하였다고 단정하기 어려워 도로교통법위반죄는 성립하지 않는다(창원지방법원 2019.6.20. 선고 2019노287 판결).

Ⅳ. 운전면허증 제시 불응[제155조, 제92조]

제155조(벌칙) 제92조 제2항을 위반하여 경찰공무원의 운전면허증등의 제시 요구나 운전자 확인을 위한 진술 요구에 따르지 아니한 사람은 20만원 이하의 벌금 또는 구류에 처한다.

제92조(운전면허증 휴대 및 제시 등의 의무) ① 자동차등을 운전할 때에는 다음 각 호의 어느 하나에 해당하는 운전면허증 등을 지니고 있어야 한다.
  1. 운전면허증, 제96조 제1항에 따른 국제운전면허증이나 「건설기계관리법」에 따른 건설기계조종사면허증(이하 "운전면허증등"이라 한다)
  2. 운전면허증등을 갈음하는 다음 각 목의 증명서
     가. 제91조에 따른 임시운전증명서

---

[32] 박상기·전지연·한상훈 276면.

> 나. 제138조에 따른 범칙금 납부통고서 또는 출석지시서
> 다. 제143조 제1항에 따른 출석고지서
> ② 운전자는 운전 중에 교통안전이나 교통질서 유지를 위하여 경찰공무원이 제1항에
> 따른 운전면허증등 또는 이를 갈음하는 증명서를 제시할 것을 요구하거나 운전자의 신
> 원 및 운전면허 확인을 위한 질문을 할 때에는 이에 응하여야 한다.

자동차와 원동기장치차전거의 운전자는 운전 중 교통안전이나 교통질서 유지를 위하여 경찰관이 운전면허증을 제시할 것을 요구하거나 운전자의 신원 및 운전면허 확인을 위한 질문을 할 때는 이에 응하여야 하고(제92조 제2항), 이에 위반하면 20만 원 이하의 벌금이나 구류로 처벌된다(제155조).

도로교통법 제92조 제2항에 의하면 경찰관은 도로교통법 위반의 혐의와 관계없이 자동차 등의 운전자에게 운전면허증 등의 제시를 요구할 수 있고 요구를 받은 운전자는 이에 응할 의무가 있고, 운전자가 도로교통법을 위반하지 아니하였다고 하여 운전면허증 등의 제시 의무를 면할 수 있는 것은 아니다(대법원 2007.1.12. 선고 2006도7891 판결).

Ⅴ. 정차 및 주차의 금지[제156조 제1호, 제32조]

제156조(벌칙) 다음 각 호의 어느 하나에 해당하는 사람은 20만원 이하의 벌금이나 구류 또는 과료(科料)에 처한다.

　1. … 제32조, … 을 위반한 차마 또는 노면전차의 운전자

제32조(정차 및 주차의 금지) 모든 차의 운전자는 다음 각 호의 어느 하나에 해당하는 곳에서는 차를 정차하거나 주차하여서는 아니 된다. 다만, 이 법이나 이 법에 따른 명령 또는 경찰공무원의 지시를 따르는 경우와 위험방지를 위하여 일시정지하는 경우에는 그러하지 아니하다.

　1. 교차로·횡단보도·건널목이나 보도와 차도가 구분된 도로의 보도(「주차장법」에 따라 차도와 보도에 걸쳐서 설치된 노상주차장은 제외한다)

2. 교차로의 가장자리나 도로의 모퉁이로부터 5미터 이내인 곳
3. 안전지대가 설치된 도로에서는 그 안전지대의 사방으로부터 각각 10미터 이내인 곳
4. 버스여객자동차의 정류지(停留地)임을 표시하는 기둥이나 표지판 또는 선이 설치된 곳으로부터 10미터 이내인 곳. 다만, 버스여객자동차의 운전자가 그 버스여객자동차의 운행시간 중에 운행노선에 따르는 정류장에서 승객을 태우거나 내리기 위하여 차를 정차하거나 주차하는 경우에는 그러하지 아니하다.
5. 건널목의 가장자리 또는 횡단보도로부터 10미터 이내인 곳
6. 다음 각 목의 곳으로부터 5미터 이내인 곳
　가. 「소방기본법」 제10조에 따른 소방용수시설 또는 비상소화장치가 설치된 곳
　나. 「화재예방, 소방시설 설치·유지 및 안전관리에 관한 법률」 제2조제1항제1호에 따른 소방시설로서 대통령령으로 정하는 시설이 설치된 곳
7. 시·도경찰청장이 도로에서의 위험을 방지하고 교통의 안전과 원활한 소통을 확보하기 위하여 필요하다고 인정하여 지정한 곳
8. 시장등이 제12조제1항에 따라 지정한 어린이 보호구역

　모든 차의 운전자는 위험방지를 위하여 일시 정지하는 경우 등을 제외하고 정차 및 주차의 금지구역(어린이 보호구역, 횡단보도, 보도, 버스정류소 등)에 정차하거나 주차하면, 20만 원 이하의 벌금이나 구류 또는 과료로 처벌된다(제156조 제1호, 제32조). 그러나 주·정차 금지구역 위반에 대해서 형사처벌을 할 수 있도록 한 것은 대도시 중심의 생활형태인 한국사회의 현실에 부합하지 않고 다수의 국민을 전과자로 만들 수 있으므로, 형사처벌의 대상에서 삭제하고 과태료만 부과하는 것이 바람직하다.

　도로교통법 제32조 제4호는 '버스여객자동차의 정류지임을 표시하는 기둥이나 표지판 또는 선이 설치된 곳으로부터 10미터 이내인 곳'에는 차를 정차하거나 주차하여서는 아니 된다고 규정하고 있는데, 이 규정은 대중교통수단인 버스의 정류소 근처에 다른 차량이 주차나 정차를 함으로써 버스를 이용하는 승객에게 발생할 수 있는 불편이나 위험을 방지하고 이를 통하여 버스가 원활하게 운행할 수 있도록 하는 것이 입법목적이다. 문언상으로 '버스여객자동차의 정류지'라고만 표현하고 있을 뿐 이를 '유상으로 운행되는 버스여객자동차의 정류지'로 한정하고

있지 않으며, 입법목적에 비추어 보더라도 유상으로 운행되는 버스여객자동차와 무상으로 운행되는 버스여객자동차를 달리 취급할 이유가 없으므로, 특별한 사정이 없는 한 무상으로 운행되는 버스여객자동차의 정류지임을 표시하는 기둥이나 표지판 또는 선이 설치된 곳으로부터 10m 이내인 곳에 차를 주·정차하는 것도 금지조항을 위반한 것이다(대법원 2017.6.29. 선고 2015도12137 판결).

제5장　　교통사고처리법

제1절　입법목적과 개념

연혁

교통사고처리법은 원래 '교통사고운전자처벌등에관한특례법'안으로 정부에서 제출되었는데, 급증하는 자가운전화 추세에 효과적으로 부응하기 위해서 교통사고운전자에 대한 처벌과 그 피해에 관한 처리절차를 간소화함으로써 국민생활의 편익을 도모함이 정부의 법률안 제안이유이었다.[1] 법사위원회 심사에서 법률명칭이 '교통사고처리특례법'안으로 수정되어, 1981.12.31. 제정되어 1982.1.1.부터 시행되고 있다.

Ⅰ. 입법목적

1982. 1. 1. 시행된 교통사고처리법은 자동차의 운전이 국민생활의 기본요소로 되어가는 현실에 부응하여 교통사고를 일으킨 운전자에 대한 형사처벌 등의 특례를 정함으로써 교통사고로 인한 피해의 신속한 회복을 촉진하고 국민생활의 편익을 증진하려는 목적에서 제정되었다. 현재 교통사고처리법의 목적도 "업무상과실(業務上過失) 또는 중대한 과실로 교통사고를 일으킨 운전자에 관한 형사처벌 등의 특례를 정함으로써 교통사고로 인한 피해의 신속한 회복을 촉진하고 국민생활의 편익을 증진함을 목적으로 한다."고 규정되어 있다(제1조). 이에 비추어 보면, 교통사고처리법의 실질적 의미는 업무상과실·중과실 치사상죄(형법 제268조)와 업무상과실·중과실 재물손괴의 도로교통법 위반죄에 관한 특칙을 규정함에

1　손기식 253면.

있다. 따라서 교통사고처리법은 운전자의 '과실'이 인정되지 않는 교통사고에는 적용되지 않으며, '고의'로 교통사고를 발생시킨 경우도 적용되지 않는다.

교통사고처리법은 제정 당시부터 2022년 5월까지 14차례 개정되었는데, 제정 당시부터 지금까지 6개의 조항으로 구성되어 있다. 제1조(목적), 제2조(정의), 제3조(처벌의 특례), 제4조(보험 등에 가입된 경우의 특례), 제5조(벌칙), 제6조(양벌규정)으로 구성되어 있다.

교통사고처리법의 핵심 규정은 제3조인데, 제1항에서는 차의 운전자가 교통사고로 업무상과실·중과실 치사상죄(형법 제268조)를 범한 경우의 처벌을 규정하면서 제2항에서는 '치사'의 경우를 제외한 '업무상과실·중과실 치상' 및 '업무상과실·중과실 재물손괴'의 경우에 대한 처벌의 특례를 규정하고 있다. 즉 제3조 제2항에서는 '업무상과실·중과실 치상' 및 '업무상과실·중과실 재물손괴'의 경우를 반의사불벌죄로 규정하고 있다. 다만 업무상과실·중과실 치상의 경우 중 반의사불벌죄로 보지 않는 경우를 제3조 제2항의 단서로 규정하고 있다. 제4조 제1항은 차가 손해배상금 전액을 보상하는 보험이나 공제에 가입된 경우를 원칙적으로 처벌불원의 의사표시로 간주하여 공소를 제기하지 못하도록 규정하고 있고, 제4조 제1항 단서에서 제3조 제2항의 단서의 경우(반의사불벌죄로 보지 않는 경우)와 중상해의 경우를 처벌불원 의사표시의 간주에서 제외하고 있다.

Ⅱ. 기본개념

교통사고처리법은 차의 운전자가 교통사고를 일으킨 때에 적용되는 업무상과실·중과실 치사상죄(형법 제268조)와 업무상과실·중과실 재물손괴의 도로교통법위반죄에 관한 특칙을 규정한 것인데, 이때 '차의 운전자'와 '교통사고'의 개념은 다음과 같다.

1. 차의 운전자

[1] 차

> **제2조(정의)** 이 법에서 사용하는 용어의 뜻은 다음과 같다.
> 1. "차"란 「도로교통법」제2조 제17호 가목에 따른 차(車)와 「건설기계관리법」제2조 제1항 제1호에 따른 건설기계를 말한다.

차란 도로교통법의 '차'와 건설기계관리법의 '건설기계'를 말한다. '차'는 자동차와 원동기장치자전거뿐만 아니라, (원동기장치 없는) 자전거와 사람·가축의 힘이나 그 밖의 동력으로 도로에서 운전되는 것을 말한다(도로교통법 제2조 제17호 가목).[2] 견인되는 자동차도 자동차의 일부로 보고(도로교통법 제2조 제18호), 우마차·경운기·손수레[3] 등도 차에 포함된다. 그러나 철길이나 가설(架設)된 선을 이용하여 운전되는 것, 유모차와 보행보조용 의자차는 도로교통법의 '차'에서 제외된다(도로교통법 제2조 제17호 가목 단서). 기차, 전동차, 케이블카 등은 차에 해당하지 않는다.

'건설기계'는 건설공사에 사용할 수 있는 기계로서 건설기계관리법 시행령에 규정된 불도저, 굴착기, 덤프트럭 등 27가지의 건설기계를 말한다.

도로교통법

> **제2조(정의)** 이 법에서 사용하는 용어의 뜻은 다음과 같다.
> 17. "차마"란 다음 각 목의 차와 우마를 말한다.
>   가. "차"란 다음의 어느 하나에 해당하는 것을 말한다.
>   1) 자동차   2) 건설기계   3) 원동기장치자전거   4) 자전거
>   5) 사람 또는 가축의 힘이나 그 밖의 동력(動力)으로 도로에서 운전되

---

2 상세한 설명은 제4장 제1절 II. 2. 참조.

3 손수레는 사람의 힘으로 도로에서 운전되는 것으로서 '차'에 해당하고 이를 끌고 가는 행위를 차의 운전행위로 볼 수 있는데, 반면 손수레를 끌고 가는 사람이 횡단보도를 통행할 때는 걸어서 횡단보도를 통행하는 일반인과 마찬가지로 보행자로서의 보호조치를 받아야 할 것이므로 손수레를 끌고 횡단보도를 건너는 사람은 교통사고처리법과 도로교통법의 '보행자'에 해당한다(대법원 1990.10.16. 선고 90도761 판결).

는 것. 다만, 철길이나 가설(架設)된 선을 이용하여 운전되는 것, 유
모차와 행정안전부령으로 정하는 보행보조용 의자차는 제외한다.

건설기계관리법

제2조(정의 등) ① 이 법에서 사용하는 용어의 뜻은 다음과 같다.

  1. "건설기계"란 건설공사에 사용할 수 있는 기계로서 대통령령으로 정하는
     것을 말한다.

건설기계관리법 시행령 제2조(건설기계의 범위) 「건설기계관리법」 제2조 제1항
제1호에 따른 건설기계는 별표 1과 같다.

건설기계관리법 시행령 [별표1] 건설기계의 범위		
1. 불도저	2. 굴착기	3. 로더
4. 지게차	5. 스크레이퍼	6. 덤프트럭
7. 기중기	8. 모터그레이더	9. 롤러
10. 노상안정기	11. 콘크리트뱃칭플랜트	12. 콘크리트피니셔
13. 콘크리트살포기	14. 콘크리트믹서트럭	15. 콘크리트펌프
16. 아스팔트믹싱플랜트	17. 아스팔트피니셔	18. 아스팔트살포기
19. 골재살포기	20. 쇄석기	21. 공기압축기
22. 천공기	23. 항타 및 항발기	24. 자갈채취기
25. 준설선	26. 특수건설기계	27. 타워크레인

[2] 차의 운전

1) 운전

차의 '운전'이란 차를 본래의 사용방법에 따라 사용(조종)하는 것을 말하는데
(도로교통법 제2조 제26호),[4] 자전거를 타고 가는 행위는 전형적인 차의 운전이고
손수레를 끌고 가는 행위도 차의 운전행위이다(대법원 1990.10.16. 선고 90도761 판
결). 운전이란 고의의 운전행위만을 의미하므로,[5] 실수로 기어 등 자동차의 발진
에 필요한 장치를 건드려 원동기의 추진력에 의하여 자동차가 움직이거나 불안전
한 주차상태·도로여건 등으로 자동차가 움직이게 된 경우는 자동차의 운전에 해
당하지 않는다(대법원 2004.4.23. 선고 2004도1109 판결). 이처럼 차를 본래의 사용방

---

4 상세한 설명은 제4장 제1절 II. 3. 참조.
5 박상기·전지연·한상훈 253면.

법에 따라 사용(조종)하는 사람이 차의 운전자이다.

2) 운전장소의 무제한

차의 운전이 '도로'에서의 운전만을 의미하는 것인지가 문제 되는데, 차는 도로교통법에 따른 차를 의미하므로(제2조 제1호) 차의 운전도 도로에서의 운전만을 의미한다고 해석하는 견해가 있다.6 그러나 도로교통법의 입법목적과 교통사고처리법의 입법목적이 다르고, 교통사고처리법은 운전자가 차의 교통으로 사람을 사상하거나 물건을 손괴한 경우에 적용되도록 규정되었을 뿐 적용되는 장소를 제한하는 규정은 존재하지 않는다. 따라서 교통사고처리법에서 운전은 도로에서의 운전으로 제한되지 않는다.7

판례도 교통사고처리법의 교통사고는 도로교통법에서 정하는 도로에서 발생한 교통사고의 경우에만 적용되는 것이 아니라고 본다(대법원 1996.10.25. 선고 96도1848 판결). 예를 들어 연탄제조공장 내의 작업장에서 발생한 교통사고에도 교통사고처리법이 적용된다(대법원 1988.5.24. 선고 88도255 판결).

[3] 운전자

교통사고처리법의 적용대상은 차의 운전자이다(제3조). 운전자 이외의 동승자는 적용대상이 아니다. 예를 들어, 운전자가 운전한 트럭에 동승하여 오리의 상하차 업무를 담당하는 작업팀장이 오리농장 내 공터에서 트럭 적재함의 오리케이지에 상차하는 작업을 하면서 트럭이 경사진 곳에 정차하였음에도 트럭을 안전한 장소로 이동하게 하거나 오리케이지를 고정하는 줄이 풀어지지 않도록 필요한 조치를 하지 아니한 채 작업을 진행하여 대인사고가 발생하였더라도, 운전자와 달리 작업팀장은 운전자라고 볼 수 없어 교통사고처리법이 적용되지 않고, 작업팀장으로서 담당하는 업무에 따른 주의의무의 위반으로 업무상과실치상죄(형법 제268조)의 책임을 지게 된다(대법원 2017.5.31. 선고 2016도21034 판결).

만약 작업팀장이 트럭 운전자와 공동하여 교통사고로 인하여 형법 제268조의 죄를 범하였다고 인정된다면, 이때는 교통사고처리법 제3조 제1항에 해당하는 죄로서 사고트럭이 교통사고처리법 제4조 제1항에서 정한 보험에 가입한 경우는 작업팀장과 트럭 운전자 모두에 대해서 공소를 제기할 수 없다. 판례는 전문적인 운

---

6   손기식, 교통사고처리특례법의 물적·장소적 적용범위, 형사판례연구 제2권, 1994, 371면.

7   박상기·전지연·한상훈 283면; 이주원 122면.

전교습자가 조수석에 탑승하여 차량운행에 관해 모든 지시를 하는 경우와 같이 주도적 지위에 있었던 동승자는 운전자로서 운행 중에 야기된 사고에 대하여 과실범(업무상과실치사상)의 공동정범의 책임을 물을 수 있다고 한다(대법원 1984.3.13. 선고 82도3136 판결).

2. 교통사고

> 제2조(정의) 이 법에서 사용하는 용어의 뜻은 다음과 같다.
> 2. "교통사고"란 차의 교통으로 인하여 사람을 사상(死傷)하거나 물건을 손괴(損壞)하는 것을 말한다.

[1] 교통사고

'교통사고'란 차의 교통으로 사람을 사상하거나 물건을 손괴하는 것을 말한다(제2조 제2호). 사람의 사상이 발생한 대인사고뿐만 아니라 재물의 손괴가 발생한 대물사고도 교통사고에 포함된다. 이 점은 도로교통법위반(사고후미조치)죄와 같고, 대인사고만을 대상으로 하는 특정범죄가중법위반(도주치사·상)죄와 다르다.

[2] 차의 교통

교통사고의 전제조건인 '차의 교통'은 차를 본래의 사용방법에 따라 사용(조종)하는 차의 운전행위 및 그와 동일하게 평가할 수 있을 정도로 밀접하게 관련된 행위를 모두 포함한다(대법원 2017.5.31. 선고 2016도21034 판결).

1) 차의 교통으로 인정되는 경우

차의 운전과 밀접하게 관련되어 차의 교통으로 인정되는 경우는 다음과 같다. 자전거를 끌고 가거나 고장이 난 차를 밀고 가는 등의 경우(유사운전행위), 관성에 따른 타력(惰力)에 의해 차가 이동하는 경우(타력주행), 운전의 전·후단계인 차의 주정차상태 등은 차의 교통으로 인정된다.[8] 또한 운전자나 승객의 승·하차의 경우도 차의 교통으로 인정된다.[9]

---

8 이주원 122면.
9 이주원 124면.

예를 들어, ⓐ 우측으로 굽어지면서 1차선이 2차선으로 넓어지기 시작하는 도로의 가장자리에 밤중에 화물차를 '주차'하면서 미등과 차폭등을 켜 두지 않아 피해자가 오토바이를 운전하여 진행하다가 주차된 화물차 좌측 후사경을 들이받게 된 경우(대법원 1996.12.20. 선고 96도2030 판결), ⓑ 가시거리가 약 5~6m에 불과한 야간에 가로등이 설치되어 있지 않고 차량의 통행이 빈번한 편도 2차선의 도로에 적재한 원목 끝부분이 적재함으로부터 약 3~6m 돌출된 트럭을 비상등만 켜놓은 채 '정차'한 경우(대법원 1987.2.10. 선고 86도2514 판결), ⓒ 도로변에 차량을 주차하고 시동을 완전히 끄고 상당한 시간이 경과한 후 운전석 문을 열다가 후방에서 자전거를 타고 직진하는 피해자를 넘어지게 하여 상해를 입게 한 경우(대법원 2010.4.29. 선고 2010도1920 판결)는 차의 교통으로 인정된다.

2) 차의 교통으로 인정되지 않는 경우

사람 또는 물건의 운송 여부와 관계없이 자동차를 그 용법에 따라 사용하거나 관리하는 것이란 개념인 '운행'(자동차손배법 제2조 제2호)과 '교통'은 다르다. '교통'은 원칙적으로 사람 또는 물건의 이동이나 운송을 전제로 하는 개념으로서 '운행'보다 제한적으로 해석된다(대법원 2009.7.9. 선고 2009도2390 판결).

예를 들어, ⓓ 차가 정차한 상태에서 화물의 상·하역행위 중 화물로 인해 발생한 사고는 차의 교통으로 인한 사고에 해당하지 않는데, 자신이 운영하는 식료품 가게 앞에서 화물차의 적재함에 실려 있던 토마토 상자를 하역하여 가게 안으로 운반하던 중 화물차에 적재되어 있던 토마토 상자 일부가 가게 앞을 지나가던 피해자의 머리 위로 떨어져 골절상을 입게 한 경우는 차의 교통으로 인정되지 않는다(대법원 2009.7.9. 선고 2009도2390 판결). ⓔ 그 외에 판례는 운전자가 차의 시동을 끄고 열쇠를 끼워놓은 채 초등학교 6학년인 11세의 아들을 조수석에 남겨두고 차에서 내려온 사이에 아들이 차의 시동을 켜 가속페달을 밟아 발생한 사고의 경우에 운전자인 아버지의 과실에 대해서 차의 교통으로 인한 교통사고처리법을 적용하지 않고 형법 제268조(업무상과실·중과실 치사상)를 적용하였다(대법원 1986.7.8. 선고 86도1048 판결).

제2절   처벌의 특례(반의사불벌죄)

Ⅰ. 반의사불벌죄

1. 법률규정

> **제3조(처벌의 특례)** ① 차의 운전자가 교통사고로 인하여 「형법」 제268조의 죄를 범한 경우에는 5년 이하의 금고 또는 2천만원 이하의 벌금에 처한다.
> ② 차의 교통으로 제1항의 죄 중 업무상과실치상죄(業務上過失致傷罪) 또는 중과실치상죄(重過失致傷罪)와 「도로교통법」 제151조의 죄를 범한 운전자에 대하여는 피해자의 명시적인 의사에 반하여 공소(公訴)를 제기할 수 없다. 다만, … 경우에는 그러하지 아니하다.

　　형법 제266조부터 제268조까지 과실치사상의 죄가 규정되어 있다. 과실로 사람의 신체를 상해에 이르게 하여 '과실치상죄'를 범한 사람은 500만 원 이하의 벌금, 구류 또는 과료에 처하고(형법 제266조 제1항), 이는 반의사불벌죄이다(형법 제266조 제2항). 반면 업무상과실·중과실로 사람을 사망이나 상해에 이르게 하여 '업무상과실·중과실 치사상죄'를 범한 사람은 5년 이하의 금고 또는 2천만 원 이하의 벌금에 처하는데, 이는 반의사불벌죄가 아니다(형법 제268조). '과실치사죄'도 반의사불벌죄가 아니다(형법 제267조).

> **형법**
>
> **제266조(과실치상)** ① 과실로 인하여 사람의 신체를 상해에 이르게 한 자는 500만원 이하의 벌금, 구류 또는 과료에 처한다.
> ② 제1항의 죄는 피해자의 명시한 의사에 반하여 공소를 제기할 수 없다.
>
> **제267조(과실치사)** 과실로 인하여 사람을 사망에 이르게 한 자는 2년 이하의 금고 또는 700만원 이하의 벌금에 처한다.
>
> **제268조(업무상과실·중과실 치사상)** 업무상과실 또는 중대한 과실로 사람을 사망이나 상해에 이르게 한 자는 5년 이하의 금고 또는 2천만원 이하의 벌금에 처한다.

교통사고처리법 제3조는 이와 같은 형법 제268조 업무상과실·중과실 치사상죄에 대한 특칙을 규정하고 있다.[10] 차의 운전자가 교통사고로 인하여 형법 제268조 업무상과실·중과실 치사상죄를 범한 경우는 형법 제268조와 마찬가지로 5년 이하의 금고 또는 2천만 원 이하의 벌금에 처하는데(제3조 제1항), 업무상과실·중과실 '치상'의 경우에 대해서 특칙을 규정하여 원칙적으로 반의사불벌죄로 하고 있다(제3조 제2항 본문). 또한 도로교통법 제151조 업무상과실·중과실 재물손괴도 반의사불벌죄로 처벌하고 있다(제3조 제2항 본문).

주의할 점은 교통사고로 사람을 '사망'시킨 경우는 교통사고처리법에 반의사불벌죄의 특례가 존재하지 않는다는 것이다. 비록 교통사고처리법 제3조 제1항은 교통사고로 피해자가 사망한 경우까지 포함하지만, 형법 제268조 업무상과실 치사죄와 동일한 법정형으로 처벌하며 이에 대한 반의사불벌죄의 특칙은 존재하지 않는다.

2. 적용요건

교통사고처리법 제3조는 차의 운전자가 업무상과실 또는 중과실로 대인 또는 대물 교통사고를 일으킨 때에 적용된다. 운전자 아닌 동승자 등은 적용되지 않으므로, 운전자 아닌 사람은 형법 제266조부터 제268조가 적용된다.

반의사불벌죄는 피해자의 고소가 없더라도 수사기관의 인지로 수사가 개시되고 공소가 제기될 수 있지만, 현실적으로는 대부분 피해자의 고소로 수사가 개시된다.[11] 반의사불벌죄에 있어서 피해자가 처벌을 희망하지 아니하는 의사표시 또는 그 처벌을 희망하는 의사표시의 철회는 피해자의 진실한 의사가 명백하고 믿을 수 있는 방법으로 표명되어야 한다(대법원 2010.11.11. 선고 2010도11550, 2010전도83 판결). 예를 들어, 술에 취하여 지나가는 차량을 손을 들어 세우다가 사고를 당한 피해자가 1차 참고인 조사에서 "운전수가 누군지 모르는데 서로 운이 나쁜 일로 생긴 것이므로 처벌까지는 원치 않습니다."라고 답변을 한 후 2차 참고인 조

---

10 일반과실범 중 교통사고에 관한 처벌의 특례를 인정한 교통사고처리법으로 인하여 교통사고로 인한 과실범과 그 외의 과실범이 균형을 잃고 있으며, 형법의 개정이 아니라 특별법의 제정을 취하여 형법 제268조 과실범 구성요건을 공허하게 만들었다는 점에서 형법체계의 문제가 있다고 비판된다(손기식, 교통사고처리특례법의 물적·장소적 적용범위, 형사판례연구 제2권, 1994, 377면).

11 이은모·김정환 184면.

사에서 "만일 보상을 해 주지 않는다면 처벌을 원합니다"라고 진술하였다면, 운전자의 처벌을 원하지 않는다고 했던 피해자의 처음 진술은 운전자에 대한 처벌을 원하지 않는다는 명백한 의사로 볼 수 없다(대법원 1986.9.23. 선고 84도473 판결).

3. 효과

반의사불벌죄에서 처벌불원의 의사표시나 처벌을 원하는 의사표시의 철회는 제1심 판결선고 전까지 할 수 있고(형사소송법 제232조 제1항·제3항), 처벌불원의 의사표시를 한 사람은 다시 처벌을 원하는 의사표시를 할 수 없다(형사소송법 제232조 제2항·제3항). 반의사불벌죄의 경우에 처벌불원의 의사표시가 존재하면, 사법경찰관은 공소권없음의 불송치 결정을 하여야 하고(경찰수사규칙 제108조 제1항), 공소가 제기된 후에는 법원이 공소기각의 판결을 하여야 한다(형사소송법 제327조 제2호·제6호).

법원은 교통사고처리법 위반의 경우에 처벌불원의 의사표시가 존재하면 공소기각의 판결을 하는 것이 원칙이지만, 예외적으로 사건의 실체에 관한 심리가 이미 완료되어 운전자가 교통사고처리법위반죄를 범하였다고 인정되지 않는다면, 법원이 피고인의 이익을 위하여 교통사고처리법 위반의 공소사실에 대하여 무죄의 실체판결을 선고하더라도 위법이 아니라는 것이 판례의 입장이다(대법원 2015.5.14. 선고 2012도11431 판결).

4. 죄수

[1] 특정범죄가중법위반(도주치사·상)죄와의 관계

특정범죄가중법 제5조의3(도주차량 운전자의 가중처벌)[12]은 업무상과실치사상죄와 유기죄 및 도로교통법위반(사고후미조치)죄의 결합범을 규정한 것이므로, 교통사고처리법위반죄는 법조경합의 관계로 특정범죄가중법위반(도주치사·상)죄에 흡수된다.

---

12   상세한 내용은 제6장 제3절 ㅣ 2. (7) 2) 참조.

〔2〕 특정범죄가중법위반(위험운전치사상)죄와의 관계

특정범죄가중법 제5조의11(위험운전치사상)의 법적 성격은 도로교통법 제148조 제3항(음주운전)·제4항(약물운전) 위반죄와 업무상과실 치사상죄의 결합범이고, 도로교통법 위반(음주·약물운전)죄와 교통사고처리법위반(치사·상)죄는 특정범죄가중법 위반(위험운전치사상)죄에 법조경합으로 흡수되는 것으로 보는 것이 타당하다.

다만 판례도 교통사고처리법위반(치사·상)죄가 특정범죄가중법위반(위험운전치사상)죄에 흡수되어 별죄를 구성하지 않는다고 보지만(대법원 2008.12.11. 선고 2008도9182 판결), 도로교통법위반(음주운전)죄는 특정범죄가중법위반(위험운전치사상)죄와 입법 취지, 보호법익 및 적용영역을 달리하는 별개의 범죄로서 양 죄가 모두 성립하고 실체적 경합의 관계라고 한다(대법원 2008.11.13. 선고 2008도7143 판결).

〔3〕 도로교통법의 업무상과실·중과실 재물손괴죄와의 관계

업무상과실·중과실로 교통사고를 범하여 상해뿐만 아니라 재물의 손괴도 발생시킨 경우는 교통사고처리법위반(치상)죄와 도로교통법의 업무상과실재물손괴죄가 성립하고 두 죄는 하나의 행위로 발생한 것이므로 상상적 경합의 관계이다.

Ⅱ. 처벌불원 의사표시의 간주

1. 법률규정

제4조(보험 등에 가입된 경우의 특례) ① 교통사고를 일으킨 차가 「보험업법」 제4조, 제126조, 제127조 및 제128조, 「여객자동차 운수사업법」 제60조, 제61조 또는 「화물자동차 운수사업법」 제51조에 따른 보험 또는 공제에 가입된 경우에는 제3조 제2항 본문에 규정된 죄를 범한 차의 운전자에 대하여 공소를 제기할 수 없다. 다만, 다음 각 호의 어느 하나에 해당하는 경우에는 그러하지 아니하다.

1. 제3조 제2항 단서에 해당하는 경우
2. 피해자가 신체의 상해로 인하여 생명에 대한 위험이 발생하거나 불구(不具)가 되거나 불치(不治) 또는 난치(難治)의 질병이 생긴 경우
3. 보험계약 또는 공제계약이 무효로 되거나 해지되거나 계약상의 면책 규정 등으

로 인하여 보험회사, 공제조합 또는 공제사업자의 보험금 또는 공제금 지급의무
가 없어진 경우
② 제1항에서 "보험 또는 공제"란 교통사고의 경우 「보험업법」에 따른 보험회사나 「여
객자동차 운수사업법」 또는 「화물자동차 운수사업법」에 따른 공제조합 또는 공제사업
자가 인가된 보험약관 또는 승인된 공제약관에 따라 피보험자와 피해자 간 또는 공제
조합원과 피해자 간의 손해배상에 관한 합의 여부와 상관없이 피보험자나 공제조합원
을 갈음하여 피해자의 치료비에 관하여는 통상비용의 전액을, 그 밖의 손해에 관하여는
보험약관이나 공제약관으로 정한 지급기준금액을 대통령령으로 정하는 바에 따라 우선
지급하되, 종국적으로는 확정판결이나 그 밖에 이에 준하는 집행권원(執行權原)상 피보
험자 또는 공제조합원의 교통사고로 인한 손해배상금 전액을 보상하는 보험 또는 공제
를 말한다.
③ 제1항의 보험 또는 공제에 가입된 사실은 보험회사, 공제조합 또는 공제사업자가
제2항의 취지를 적은 서면에 의하여 증명되어야 한다.

차의 운전자가 교통사고로 인하여 형법 제268조 업무상과실·중과실 치상죄
를 범하거나 도로교통법 제151조 업무상과실·중과실 재물손괴죄를 범한 때에 교
통사고를 일으킨 차가 교통사고로 인한 '손해배상금 전액을 보상'하는 보험 또는
공제에 가입되었다면, 교통사고를 일으킨 차의 운전자에 대하여 공소를 제기할
수 없다(제4조 제1항·제2항). 즉 교통사고처리법 제3조 제2항에 따라 반의사불벌의
특칙이 적용되는 경우는 손해배상금 전액 보상의 보험이나 공제의 가입이 처벌불
원의 의사표시로 간주된다.
　이것은 자동차 수의 증가와 자가운전 확대에 즈음하여 운전자들의 종합보
험 가입을 유도하여 교통사고 피해자의 손해를 신속하고 적절하게 구제하고, 교통
사고로 인한 전과자 양산을 방지하기 위해서 존재한다[헌법재판소 2009.2.26. 선고
2005헌마764, 2008헌마118(병합)].

2. 처벌불원 의사표시의 적용요건

처벌불원의 의사표시로 간주되는 보험이나 공제는 피보험자·공제조합원의
교통사고로 인한 손해배상금 전액을 보상하는 보험·공제를 말한다(제4조 제2항).

교통사고처리법 제4조 제1항은 교통사고를 일으킨 '차'가 손해배상금 전액을 보상하는 보험이나 공제에 가입된 경우를 규정하고 있는데, 교통사고로 인한 피해의 신속한 회복을 촉진하고 국민생활의 편익을 증진한다는 입법의 취지에 비추어 보면, 교통사고를 일으킨 '차'가 손해배상금 전액을 보상하는 보험이나 공제에 가입된 경우뿐만 아니라 '차의 운전자'가 차의 운행과 관련하여 피해자에게 손해배상금 전액의 신속·확실한 보상의 권리가 주어지는 보험 등에 가입한 것도 반의사불벌죄의 특례가 적용되는 경우이다(대법원 2012.10.25. 선고 2011도6273 판결).

　　이것은 특히 자전거의 운전자가 교통사고를 일으킨 때에 의미가 있다. 예를 들어, 자전거의 운전자가 운전 중 전방 주시를 게을리하여 피해자를 들이받아 상해를 입게 한 경우에 자전거는 보험에 가입되지 않았으나 운전자가 별도로 '일상생활 중 우연한 사고로 타인의 신체장애 및 재물손해에 대해서 부담하는 법률상 배상책임액을 1억 원 한도 내에서 전액 배상'하는 내용의 종합보험에 가입했다면, 운전자가 가입한 보험의 보상한도금액이 1억 원에 불과하여 1억 원을 초과하는 손해가 발생한 경우 피해자는 위 보험에 의하여 보상을 받을 수 없으므로, 이러한 형태의 보험은 피보험자의 교통사고로 인한 손해배상금의 전액보상을 요건으로 하는 교통사고처리법 제4조 제1항, 제2항에서 의미하는 보험 등에 해당하지는 않는다(대법원 2012.10.25. 선고 2011도6273 판결).

　　손해배상금 전액을 보상하는 보험 또는 공제에 가입된 사실은 보험회사, 공제조합 또는 공제사업자가 손해배상금 전액을 보상하는 취지를 적은 서면에 의하여 증명되어야 한다(제4조 제3항).

3. 처벌불원 의사표시의 불인정

[1] 교통사고처리법 제4조 제1항 단서

　　교통사고를 일으킨 차가 교통사고로 인한 손해배상금 전액을 보상하는 보험 또는 공제에 가입되었더라도, ① 제3조 제2항 단서에 해당하는 경우(12가지 반의사불벌죄의 특례 부적용 사유), ② 피해자가 중상해(생명에 대한 위험의 발생 또는 불구, 불치·난치의 질병)를 입은 경우, ③ 보험계약 또는 공제계약의 무효·해지·계약상의 면책 규정 등으로 보험회사, 공제조합 또는 공제사업자의 보험금 또는 공제금 지급의무가 없어진 경우는 공소를 제기할 수 없다(제4조 제1항 단서).

[2] 피해자의 중상해

특히 피해자가 '중상해'를 입은 경우를 주의해야 한다. 교통사고처리법 제4조 제1항 제2호(피해자가 중상해를 입은 경우)는 2010. 1. 25. 법률개정에서 신설되었는데, 교통사고를 일으킨 차가 종합보험 등에 가입된 경우는 교통사고로 피해자가 중상해에 이르게 된 때에도 공소를 제기할 수 없도록 규정한 (구)교통사고처리법 제4조 제1항에 대하여 헌법재판소가 재판절차 진술권 및 중상해자와 사망자 사이의 평등권을 침해한다는 이유로 위헌결정[헌법재판소 2009.2.26. 선고 2005헌마764, 2008헌마118(병합) 결정][13]을 함에 따라 법률이 개정되었다. 이에 피해자가 중상해를 입은 경우는 교통사고를 일으킨 차가 교통사고로 인한 손해배상금 전액을 보상하는 보험 또는 공제에 가입되었더라도 처벌불원의 의사표시가 존재하는 것으로 간주 되지 않는다(제4조 제1항 제2호).

그러나 차의 운전자가 교통사고로 피해자에게 중상해를 입혔더라도 교통사고처리법 제3조 제2항에 의하여 반의사불벌죄인 교통사고처리법위반(치상)죄가 성립하는 점에는 변화가 없다. 교통사고로 중상해를 입은 피해자가 운전자에 대한 처벌불원의 의사표시를 하게 되면 운전자는 교통사고처리법위반(치상)죄로 처벌되지 않는다(대전지방법원 2010.11.15. 선고 2009고단1947 판결).

교통사고처리법 제4조 제1항 제2호(중상해)의 유형은 3가지이다. ① 첫째, '생명에 대한 위험의 발생'인데, 이것은 사람의 생명 유지에 필요한 주요 장기에 대한 중대한 손상이 있는 경우이다. ② 둘째, '불구'인 경우인데, 이것은 생명 유지와 직접적인 연관성이 낮은 신체의 중요 부분이 완전히 손실되거나 중대하게 변형된 경우로서 실명한 경우, 청력을 잃은 경우, 혀의 절단으로 말을 못 하게 된 경우, 생식기능을 잃게 된 경우 등이다. ③ 셋째, 불치·난치의 질병인 경우인데, 이것은 사고 후유증으로 인한 중증 정신장애 등 완치 가능성이 없거나 희박한 중대한 질병을 말한다.

---

13 교통사고 피해자가 신체의 상해로 인하여 생명에 대한 위험이 발생하거나 불구 또는 불치나 난치의 질병에 이르게 된 경우, 즉 중상해를 입은 경우(형법 제258조 제1항 및 제2항 참조), 사고발생 경위, 피해자의 특이성(노약자 등)과 사고발생에 관련된 피해자의 과실 유무 및 정도 등을 살펴 가해자에 대하여 정식 기소 이외에도 약식기소 또는 기소유예 등 다양한 처분이 가능하고 정식 기소된 경우는 피해자의 재판절차진술권을 행사할 수 있게 하여야 함에도, (구)교통사고처리법 제4조 제1항에서 가해차량이 종합보험 등에 가입하였다는 이유로 (구)교통사고처리법 제3조 제2항 단서에 해당하지 않는 한 무조건 면책되도록 한 것은 기본권침해의 최소성에 위반된다.

제3절 처벌 특례(반의사불벌죄)의 예외

Ⅰ. 법률규정

제3조(처벌의 특례) ② 차의 교통으로 … 업무상과실치상죄(業務上過失致傷罪) 또는 중과실치상죄(重過失致傷罪)와 「도로교통법」 제151조의 죄를 범한 운전자에 대하여는 피해자의 명시적인 의사에 반하여 공소(公訴)를 제기할 수 없다. 다만, 차의 운전자가 제1항의 죄 중 업무상과실치상죄 또는 중과실치상죄를 범하고도 피해자를 구호(救護)하는 등 「도로교통법」 제54조 제1항에 따른 조치를 하지 아니하고 도주하거나 피해자를 사고 장소로부터 옮겨 유기(遺棄)하고 도주한 경우, 같은 죄를 범하고 「도로교통법」 제44조 제2항을 위반하여 음주측정 요구에 따르지 아니한 경우(운전자가 채혈 측정을 요청하거나 동의한 경우는 제외한다)와 다음 각 호의 어느 하나에 해당하는 행위로 인하여 같은 죄를 범한 경우에는 그러하지 아니하다.

1. 「도로교통법」 제5조에 따른 신호기가 표시하는 신호 또는 교통정리를 하는 경찰공무원등의 신호를 위반하거나 통행금지 또는 일시정지를 내용으로 하는 안전표지가 표시하는 지시를 위반하여 운전한 경우
2. 「도로교통법」 제13제 3항을 위반하여 중앙선을 침범하거나 같은 법 제62조를 위반하여 횡단, 유턴 또는 후진한 경우
3. 「도로교통법」 제17조 제1항 또는 제2항에 따른 제한속도를 시속 20킬로미터 초과하여 운전한 경우
4. 「도로교통법」 제21조 제1항, 제22조, 제23조에 따른 앞지르기의 방법·금지시기·금지장소 또는 끼어들기의 금지를 위반하거나 같은 법 제60조제2항에 따른 고속도로에서의 앞지르기 방법을 위반하여 운전한 경우
5. 「도로교통법」 제24조에 따른 철길건널목 통과방법을 위반하여 운전한 경우
6. 「도로교통법」 제27조 제1항에 따른 횡단보도에서의 보행자 보호의무를 위반하여 운전한 경우
7. 「도로교통법」 제43조, 「건설기계관리법」 제26조 또는 「도로교통법」 제96조를 위반하여 운전면허 또는 건설기계조종사면허를 받지 아니하거나 국제운전면허증을 소지하지 아니하고 운전한 경우. 이 경우 운전면허 또는 건설기계조종사면허의 효력이 정지 중이거나 운전의 금지 중인 때에는 운전면허 또는 건설기계조종사면허를 받지 아니하거나 국제운전면허증을 소지하지 아니한 것으로 본다.

8. 「도로교통법」 제44조 제1항을 위반하여 술에 취한 상태에서 운전을 하거나 같은 법 제45조를 위반하여 약물의 영향으로 정상적으로 운전하지 못할 우려가 있는 상태에서 운전한 경우

9. 「도로교통법」 제13조 제1항을 위반하여 보도(步道)가 설치된 도로의 보도를 침범하거나 같은 법 제13조 제2항에 따른 보도 횡단방법을 위반하여 운전한 경우

10. 「도로교통법」 제39조 제3항에 따른 승객의 추락 방지의무를 위반하여 운전한 경우

11. 「도로교통법」 제12조 제3항에 따른 어린이 보호구역에서 같은 조 제1항에 따른 조치를 준수하고 어린이의 안전에 유의하면서 운전하여야 할 의무를 위반하여 어린이의 신체를 상해(傷害)에 이르게 한 경우

12. 「도로교통법」 제39조 제4항을 위반하여 자동차의 화물이 떨어지지 아니하도록 필요한 조치를 하지 아니하고 운전한 경우

차의 운전자가 교통사고로 형법 제268조 업무상과실·중과실 치상을 범하거나 도로교통법 제151조 업무상과실·중과실 재물손괴를 범한 경우는 원칙적으로 '반의사불벌죄'로서 피해자의 명시적인 의사에 반하여 공소를 제기할 수 없다(제3조 제2항 본문). 교통사고를 일으킨 차가 교통사고로 인한 손해배상금 전액을 보상하는 보험 또는 공제에 가입되었다면 교통사고를 일으킨 차의 운전자에 대하여 공소를 제기할 수 없다(제4조 제1항·제2항).

도로교통법 제151조 업무상과실·중과실 재물손괴를 범한 경우는 반의사불벌죄의 예외가 없으나, 형법 제268조 업무상과실·중과실 치상죄를 범한 경우는 반의사불벌죄의 특례가 적용되지 않는 많은 예외가 교통사고처리법 제3조 제2항 단서에 규정되어 있다. 첫째, 사고 후 구호조치 없이 도주한 경우와 음주측정을 거부한 경우가 있고, 둘째, 그 외 반의사불벌죄의 12개 예외 사유가 있다.

Ⅱ. 도주차량과 음주측정거부

차의 교통으로 업무상과실·중과실 치상죄를 범한 운전자가 ① 도로교통법 제54조 제1항에 따른 조치를 하지 아니하고(사고후 미조치) 도주하거나 피해자를

사고 장소로부터 옮겨 유기하고 도주한 경우(특정범죄가중법 제5조의3 도주치사·상
죄의 행위) 또는 ② 도로교통법 제44조 제2항을 위반하여 음주측정 요구에 따르지
아니한 경우(음주측정불응)는 교통사고처리법 제3조 제2항 본문, 제4조 제1항 본문
의 각 규정에 의한 처벌의 특례가 적용되지 않고, 피해자의 명시적인 의사에 반하
여 공소를 제기할 수 있다(제3조 제2항 단서). 이러한 경우는 교통사고를 일으킨
차가 교통사고로 인한 손해배상금 전액을 보상하는 보험 또는 공제에 가입되었더
라도 공소를 제기할 수 있다(제4조 제1항 제1호).

연혁

음주측정거부는 2010.1.25. 법률개정을 통해서 반의사불벌죄의 예외 사유로 신설되
었다. 그 이전에는 만약 차의 교통으로 업무상과실·중과실 치상죄를 범한 운전자
에 대해서 피해자가 처벌불원의 의사표시를 하면, 교통사고 야기자가 술에 취한 상
태에서 자동차 등을 운전하였다고 인정할 만한 상당한 이유가 있음에도 경찰관의
음주측정요구에 불응할 경우 음주운전 교통사고로 처벌할 수 없고 도로교통법 위반
(음주측정거부)죄로 가볍게 처벌할 수밖에 없었다. 이것은 국가의 법집행에 끝까지
불응한 사람이 가벼운 처벌을 받는 불합리한 결과를 초래하므로, 교통사고를 야기
한 음주측정 거부자를 음주운전 사고의 운전자와 동일하게 처벌함으로써 법집행의
형평성을 도모하기 위해서 차의 운전자가 업무상과실·중과실 치상죄를 범하고 음
주측정요구에 불응하는 경우는 검사가 공소를 제기할 수 있도록 하였다.

Ⅲ. 12개 예외 사유

1. 법적 성격

[1] 제한적 열거규정

교통사고처리법 제3조 제2항 단서 제1호부터 12호까지 차의 교통으로 업무상
과실치상죄 또는 중과실치상죄를 범한 운전자에 대해서 피해자의 처벌불원의 의
사표시와 관계없이 공소제기가 가능한 12개 예외 사유(도로교통법 위반행위)가 규
정되어 있다. 차의 교통으로 업무상과실·중과실 치상죄를 범한 운전자에게 반의
사불벌죄의 특례를 인정하지 않는 12개 예외 사유는 죄형법정주의 원칙에 비추어

제한적 열거규정으로 이해되고, 12개 예외 사유를 유추하여 해석·적용할 수 없다. 유추해석금지의 원칙은 모든 형벌법규의 구성요건과 가벌성에 관한 규정에 적용되기 때문이다.

위법성조각사유나 책임조각사유, 형면제 사유와 같은 처벌조각사유, 친고죄나 반의사불벌죄의 피해자의 처벌의사와 같은 소추조건의 적용범위를 제한시키도록 유추해석하면, 행위자의 가벌성의 범위가 확대되어 행위자에게 불리하게 된다. 이것은 구성요건을 유추해석하는 것과 같은 결과가 초래되므로 죄형법정주의의 파생원칙인 유추해석금지의 원칙에 반하여 허용되지 않는다(대법원 2010.9.30. 선고 2008도4762 판결).

[2] 공소제기의 조건

교통사고처리법 제3조 제2항 단서에 규정된 12개 예외 사유는 신호위반이나 음주운전과 같은 운전자의 비난가능성이 높은 행위의 유형을 열거한 것인데, 12개 예외 사유를 행한 것 자체를 교통사고처리법으로 처벌하기 위해서 규정한 것이 아니다. 교통사고와 관련된 교통사고처리법위반죄의 구성요건은 동법 제3조 제1항이고, 동조 제2항은 본문에서 반의사불벌죄의 소추조건을 규정하고 있고 단서에서 반의사불벌죄의 소추조건이 적용되지 않는 조건을 규정하고 있다. 따라서 12개 예외 사유는 '공소제기의 조건'이다.[14]

판례도 12개 예외 사유를 공소제기의 조건으로 본다. 교통사고로 업무상과실·중과실 치상죄를 범한 운전자에 대하여 피해자의 명시한 의사에 반하여 공소를 제기할 수 있는 교통사고처리법 제3조 제2항 단서 각호의 예외 사유는 교통사고처리법 제3조 제1항 위반죄의 구성요건요소가 아니라 그 공소제기의 조건에 관한 사유이므로, 각 예외 사유가 경합하더라도 하나의 교통사고처리법 위반죄가 성립할 뿐이고 각 예외 사유마다 별개의 죄가 성립하는 것이 아니다(대법원 2011.7.28. 선고 2011도3630 판결).

공소제기의 조건은 소송조건으로서 소송조건이 결여되면 형식재판으로 소송을 종결하게 된다. 예를 들어, 운전자가 신호를 위반하여 차량을 운행함으로써 사람을 상해에 이르게 한 교통사고로 교통사고처리법 제3조 제2항 단서 제1호의 사유가 있다고 하여 교통사고처리법위반(치상)죄로 공소가 제기되었지만, 공판절차

---

14   박상기·전지연·한상훈 293면; 이주원 143면.

에서의 운전자가 신호를 위반하여 차량을 운행한 사실이 없다는 점이 밝혀지고 운전자의 차량이 교통사고처리법 제4조 제1항 본문의 자동차종합보험에 가입되어 있었다면, 법원은 교통사고에 대하여 운전자에게 아무런 업무상 주의의무위반이 없다는 점이 증명되었더라도 바로 무죄를 선고하지 않고 공소제기 절차가 법률의 규정에 위반하여 무효이므로 공소기각의 판결(형사소송법 제327조 제2호)을 선고하여야 한다(대법원 2004.11.26. 선고 2004도4693 판결).

2. 예외 사유인 도로교통법 위반행위에 대한 고의의 필요성 여부

교통사고처리법 제3조 제1항 위반죄는 과실범인데, 이러한 구성요건의 공소제기의 조건인 12개 예외 사유(도로교통법 위반행위)를 고의로 한 경우로 제한할 것인지 과실로 한 경우까지 포함할 것인지가 문제 된다. 예를 들어, 차의 교통으로 업무상과실·중과실 치상죄를 범한 운전자가 과실로 도로교통법을 위반하여 중앙선을 침범하여 교통사고를 범한 경우(제3조 제2항 단서 제2호)를 반의사불벌죄로 볼 것인지가 문제된다.

① 예외 사유인 12개 도로교통법 위반행위가 과실로 행해진 경우는 교통사고처리법 제3조 제2항 단서의 예외 사유에 해당되지 않는다는 '고의설'이 있다. 형법은 원칙상 고의범을 처벌대상으로 하고 과실범은 특별한 규정이 있는 경우에만 처벌하는 것이며, 교통사고처리법 제3조 제2항 단서 각호의 규정형식이 도로교통법 위반죄가 성립하는 경우를 전제로 하기 때문이라고 한다.[15] 고의설에 의하면 차의 교통으로 업무상과실·중과실 치상죄를 범한 운전자가 과실로 도로교통법을 위반하여 중앙선을 침범하여 교통사고를 범한 경우는 반의사불벌죄인 경우가 된다.

② 예외 사유인 12개 도로교통법 위반행위가 고의에 의한 경우뿐 아니라 과실에 의한 경우도 교통사고처리법 제3조 제2항 단서의 예외 사유에 해당된다는 '과실포함설'이 있다. 과속운전이나 음주운전 등의 행위는 과실에 의해서도 행해질 수 있고 이러한 행위가 과실에 의해 이루어졌더라도 그로 인하여 치상의 결과가 발생한 점에서 과실을 포함하는 것이 타당하고,[16] 운전자에게 도로교통법 위반의 고의를 요구하는 것은 과실범인 교통사고처리법위반죄에 부합되지 않는다고

---

15 손기식 265면.
16 박상기·전지연·한상훈 294면.

한다.[17]

생각건대, '과실포함설'이 타당하다. 첫째, 법조문을 보더라도 교통사고처리법 제3조 제2항 단서 각 호는 '도로교통법 위반행위'를 전제하고 있을 뿐이지 '도로교통법 위반죄의 성립'을 전제로 하지 않는다. 예를 들어, 교통사고처리법 제3조 제2항 단서 제8호는 "도로교통법 제44조 제1항을 위반하여 술에 취한 상태에서 운전을 하거나"라고 하고 있을 뿐 이를 위반한 경우의 형사처벌 규정인 도로교통법 제148조의2까지 전제로 하지는 않는다. 둘째, 교통사고처리법에 처벌의 특례(반의사불벌죄)를 규정하면서 동시에 예외를 규정한 취지는 운전자가 예외 사유로 규정한 도로교통법의 12개 의무를 엄격하게 지키라는 의미이기 때문이다. 교통사고처리법은 일상생활에서 자동차의 운전이 필수적으로 되었음을 고려하여 교통사고로 인한 피해의 신속한 회복을 촉진하기 위하여 운전자에게 피해자와 합의나 종합보험 등의 가입을 유도하도록 형사처벌의 특례(반의사불벌죄)를 규정하되, 교통신호 위반 등의 경우에는 그러한 특례의 예외로 인정함으로써 운전자에게 운전 시 교통신호 준수 등을 지켜야 할 중대한 의무로 정한 것이다(대법원 2021.2.4. 선고 2020두41429 판결).

판례도 '과실포함설'의 입장이고, 예외 사유인 12개 도로교통법 위반행위가 운전자에게 고의뿐만 아니라 과실도 인정될 수 없는 상황에서 발생한 경우라야 교통사고처리법 제3조 제2항 단서의 예외 사유로 볼 수 없다고 한다. 비록 과거의 일부 판례는 중앙선침범의 경우에서 "교통사고처리법 제3조 제2항 단서 제2호 전단의 차선이 설치된 도로의 중앙선을 침범하였을 때라 함은 고의로 중앙선을 침범하여 차량을 운전하는 경우를 말하는 것"이라고 하기도 했으나(대법원 1986.3.11. 선고 86도56 판결), 그 이후의 판례들은 과실로 중앙선을 넘은 경우에도 중앙선침범을 인정하고 있다.[18] 교통사고처리법 제3조 제2항 단서 제2호의 도로교통법 제13조 제3항에 위반하여 중앙선을 침범한 경우는 중앙선을 침범하여 계속 운행한 행위로 교통사고를 발생케 하였거나 부득이한 사유가 없는데도 중앙선을 침범하여 교통사고를 발생케 한 경우를 의미하는 것이므로, 운행 당시 객관적인 여건이 긴박하여 운전자가 부득이 중앙선을 침범할 수밖에 없었다면 그로 인하여 중앙선을 넘어선 지점에서 교통사고를 일으켰더라도 교통사고처리법 제3조 제2항 단서

---

17 이주원 146면.

18 심희기·전지연 외 165면.

의 예외 규정에 해당하지 않는다고 본다(대법원 1986.9.9. 선고 86도1142 판결).

3. 도로에서 발생한 교통사고로 제한되는지 여부

교통사고처리법의 적용범위는 도로에서 발생한 교통사고로 제한되지 않지만 도로교통법의 적용범위는 도로에서의 교통에 제한된다. 이와 관련하여 교통사고 처리법 제3조 제2항 단서 각호는 도로에서 발생한 교통사고에 대해서만 적용되는 것인지가 문제 된다.

교통사고처리법 제3조 제2항 단서 각호의 규정형식에 따라 구분하여 해석하는 견해가 있다.[19] 예를 들어, 제1호는 "제5조에 따른 … 위반"이라고 규정되어 있지만 제2호는 "제13조 제3항을 위반"이라고 표현된 점을 중시하여, 전자는 도로교통법 위반을 전제하는 것이 아니라 단순히 도로교통법의 규정을 수용하는 것에 불과하여 도로에서 발생한 교통사고에 한정되지 않고, 후자는 도로교통법 위반을 전제로 하므로 도로교통법에서 적용범위를 도로로 제한하는 경우는 도로에서 발생한 교통사고로 한정된다는 것이다.

그러나 교통사고처리법 제3조 제2항 단서 각 호의 12가지 예외 사유는 개별 규정된 도로교통법 위반을 전제[20]하는 것으로서 도로교통법의 해석·적용에 따르는 것이 타당하다. 법문에서 "도로교통법 제○조를 위반하여 운전한 경우"라고 규정하지 않고 "도로교통법 제○조에 따른 …를 위반하여 운전한 경우"라고 규정하였다는 점만으로 후자의 경우를 도로교통법의 해석·적용에 따르지 않고 독자적으로 해석·적용해야 할 논거라고 보기는 어렵다. 도로교통법의 위반행위가 도로뿐만 아니라 그 외의 장소까지 포함되어야 할 필요성은 도로교통법 제2조 제26호에서 도로의 예외가 규정되었듯이 도로교통법의 개정을 통해서 해결되고 있다.

19　이주원 148면.

20　다만 도로교통법의 벌칙규정까지 전제된 것은 아니므로 도로교통법 위반죄가 성립하는 것을 전제하는 것은 아니다.

4. 12개의 개별적 예외 사유

[1] 신호 또는 안전표지 위반의 사고(제3조 제2항 제1호)

1) 법률규정

제3조(처벌의 특례) ② … 다음 각 호의 어느 하나에 해당하는 행위로 인하여 같은 죄를 범한 경우에는 그러하지 아니하다.
  1. 「도로교통법」제5조에 따른 신호기가 표시하는 신호 또는 교통정리를 하는 경찰공무원등의 신호를 위반하거나 통행금지 또는 일시정지를 내용으로 하는 안전표지가 표시하는 지시를 위반하여 운전한 경우

도로교통법 제5조(신호 또는 지시에 따를 의무) ① 도로를 통행하는 보행자, 차마 또는 노면전차의 운전자는 교통안전시설이 표시하는 신호 또는 지시와 다음 각 호의 어느 하나에 해당하는 사람이 하는 신호 또는 지시를 따라야 한다.
  1. 교통정리를 하는 경찰공무원(의무경찰을 포함한다. 이하 같다) 및 제주특별자치도의 자치경찰공무원(이하 "자치경찰공무원"이라 한다)
  2. 경찰공무원(자치경찰공무원을 포함한다. 이하 같다)을 보조하는 사람으로서 대통령령으로 정하는 사람(이하 "경찰보조자"라 한다)
② 도로를 통행하는 보행자, 차마 또는 노면전차의 운전자는 제1항에 따른 교통안전시설이 표시하는 신호 또는 지시와 교통정리를 하는 경찰공무원 또는 경찰보조자(이하 "경찰공무원등"이라 한다)의 신호 또는 지시가 서로 다른 경우에는 경찰공무원등의 신호 또는 지시에 따라야 한다.

첫 번째 예외 사유는 신호를 위반(신호기가 표시하는 신호 또는 교통정리를 하는 경찰공무원등의 신호를 위반)하거나 안전표지(통행금지 또는 일시정지를 내용으로 하는 안전표지가 표시하는 지시)를 위반하여 운전한 경우이다(제3조 제2항 단서 제1호). 이러한 의무를 위반한 교통사고로 업무상과실·중과실 치상죄를 범한 경우는 교통사고처리법 제3조 제2항 본문, 제4조 제1항 본문의 각 규정에 의한 처벌의 특례가 적용되지 않는다. 피해자가 처벌을 원하지 않거나 교통사고를 일으킨 차가 자동차 종합보험 등에 가입된 경우라도 공소를 제기할 수 있다.

이것은 일상생활에서 자동차 운전이 필수적으로 되었음을 고려하여 운전자에게 피해자와 합의나 종합보험 등의 가입을 유도함으로써 교통사고로 인한 피해의

신속한 회복을 촉진하기 위하여 차의 교통으로 업무상과실 치상죄 등을 범한 운전자에 대하여 피해자와 합의나 종합보험 등의 가입이 있는 경우 공소를 제기하지 않는 형사처벌의 특례를 부여하되, 교통신호 위반 등의 경우에는 그러한 특례의 예외로 인정함으로써 교통신호 준수 등을 운전시 지켜야 할 중대한 의무로 정한 것이다(대법원 2021.2.4. 선고 2020두41429 판결).

2) 성립요건

'신호기'란 도로교통에서 문자·기호 또는 등화(燈火)를 사용하여 진행·정지·방향전환·주의 등의 신호를 표시하기 위하여 사람이나 전기의 힘으로 조작하는 장치를 말하는데(도로교통법 제2조 제15호), 교통사고처리법 제3조 제2항 단서 제1호에서 '신호기가 표시하는 신호를 위반하여 운전한 경우'란 신호위반행위가 교통사고 발생의 직접적인 원인이 된 경우를 말한다(대법원 2012.3.15. 선고 2011도17117 판결). 예를 들어, 운전자의 택시가 차량 신호등이 적색 등화임에도 횡단보도 앞 정지선 직전에 정지하지 않고 상당한 속도로 정지선을 넘어 횡단보도에 진입하였고, 횡단보도에 들어선 이후 차량 신호등이 녹색 등화로 바뀌자 교차로로 계속 직진하여 교차로에 진입하자마자 교차로를 거의 통과하였던 피해자의 승용차 오른쪽 뒤 문짝 부분을 운전자의 택시 앞 범퍼 부분으로 충돌한 경우는, 운전자가 적색 등화에 따라 정지선 직전에 정지하였더라면 교통사고는 발생하지 않았을 것임이 분명하여 운전자의 신호위반행위가 교통사고 발생의 직접적인 원인이 된다(대법원 2012.3.15. 선고 2011도17117 판결).

교통사고처리법 제3조 제2항 단서 제1호의 '신호위반'으로 인한 업무상과실 치상죄가 성립하는 구체적인 경우를 보면, ⓐ 교차로와 연접한 횡단보도에 차량보조등은 설치되지 않았으나 보행등이 녹색이고 교차로의 차량신호등은 적색인 상황에서 자동차 운전자가 횡단보도를 통과하여 교차로를 우회하다가 신호에 따라 진행하던 자전거를 들이받아 자전거 운전자에게 상해를 입힌 경우(대법원 2011.7.28. 선고 2009도8222 판결), ⓑ 교차로에 녹색, 황색 및 적색의 삼색 등화만이 나오는 신호기가 설치되어 있고 비보호좌회전 표시나 유턴을 허용하는 표시가 없다면 차마의 좌회전 또는 유턴은 원칙적으로 허용되지 않으므로, 삼색 등화만이 나오는 신호기가 설치된 교차로에서 적색 등화시에 좌회전 또는 유턴하여 진행한 것은 특별한 사정이 없는 한 도로교통법 제5조의 신호기의 신호에 위반하여 운전한 경우이다(대법원 1996.5.31. 선고 95도3093 판결).

　'안전표지'란 교통안전에 필요한 주의·규제·지시 등을 표시하는 표지판이나 도로의 바닥에 표시하는 기호·문자 또는 선 등을 말하는데(도로교통법 제2조 제16호), 안전표지 위반의 구체적인 판례를 보면, ⓒ 일방통행 도로를 역행하여 차를 운전한 것은 특별한 다른 사정이 없는 한 교통사고처리법 제3조 제2항 단서 제1호의 통행의 금지를 내용으로 하는 안전표지가 표시하는 지시에 위반하여 운전한 경우이다(대법원 1993.11.9. 선고 93도2562 판결). 그러나 ⓓ 교차로에서의 진로변경을 금지하는 내용의 안전표지가 개별적으로 설치되어 있지 않은 상황에서 운전자가 교차로에서 진로변경을 시도하다가 교통사고를 일으켰다면, 교차로 진입 직전에 설치된 백색실선은 교차로에서의 진로변경을 금지하는 내용의 안전표지로 볼 수 없으므로 교통사고처리 특례법 제3조 제2항 단서 제1호의 '통행금지'를 내용으로 하는 안전표지가 표시하는 지시를 위반하여 운전한 경우가 아니다(대법원 2015.11.12. 선고 2015도3107 판결).

3) 긴급자동차의 경우

　긴급차동차는 소방차, 구급차, 혈액 공급차량, 도로교통법 시행령에서 정하는 자동차(예를 들어, 경찰용 자동차 중 범죄수사·교통단속·그 밖의 긴급한 경찰업무 수행에 사용되는 자동차 등)를 말하는데(도로교통법 제2조 제22호), 긴급자동차는 '긴급하고 부득이한 경우' 정지하지 않는 등 우선 통행할 수 있고(도로교통법 제29조), 도로교통법의 의무에 대한 특례가 인정된다(도로교통법 제30조).

　그러나 긴급자동차의 우선 통행과 특례를 규정한 도로교통법 제29조와 제30조가 긴급자동차의 운전자에 대하여 도로교통법의 의무규정을 모두 면제하지는 않는다. 긴급자동차의 운전자가 긴급하고 부득이한 사유로 정지하지 않는 경우라도 도로교통법 제29조 제3항에 따라 교통안전에 특히 주의하면서 통행하여야 하므로, 만약 진행 방향에 사람이 보행하고 있거나 자동차가 교차 진행하는 경우는 당연히 정지하여야 한다(대법원 2012.3.15. 선고 2011도17117 판결).

도로교통법

제29조(긴급자동차의 우선 통행) ① 긴급자동차는 제13조 제3항에도 불구하고 긴급하고 부득이한 경우에는 도로의 중앙이나 좌측 부분을 통행할 수 있다.
② 긴급자동차는 이 법이나 이 법에 따른 명령에 따라 정지하여야 하는 경우에도 불구하고 긴급하고 부득이한 경우에는 정지하지 아니할 수 있다.

③ 긴급자동차의 운전자는 제1항이나 제2항의 경우에 교통안전에 특히 주의하면서 통행하여야 한다.

④ 교차로나 그 부근에서 긴급자동차가 접근하는 경우에는 차마와 노면전차의 운전자는 교차로를 피하여 일시정지하여야 한다.

⑤ 모든 차와 노면전차의 운전자는 제4항에 따른 곳 외의 곳에서 긴급자동차가 접근한 경우에는 긴급자동차가 우선통행할 수 있도록 진로를 양보하여야 한다.

제30조(긴급자동차에 대한 특례) 긴급자동차에 대하여는 다음 각 호의 사항을 적용하지 아니한다. 다만, 제4호부터 제12호까지의 사항은 긴급자동차 중 제2조 제22호 가목부터 다목까지의 자동차와 대통령령으로 정하는 경찰용 자동차에 대해서만 적용하지 아니한다.

1. 제17조에 따른 자동차등의 속도 제한. 다만, 제17조에 따라 긴급자동차에 대하여 속도를 제한한 경우에는 같은 조의 규정을 적용한다.
2. 제22조에 따른 앞지르기의 금지
3. 제23조에 따른 끼어들기의 금지
4. 제5조에 따른 신호위반
5. 제13조 제1항에 따른 보도침범
6. 제13조 제3항에 따른 중앙선 침범
7. 제18조에 따른 횡단 등의 금지
8. 제19조에 따른 안전거리 확보 등
9. 제21조 제1항에 따른 앞지르기 방법 등
10. 제32조에 따른 정차 및 주차의 금지
11. 제33조에 따른 주차금지
12. 제66조에 따른 고장 등의 조치

[2] 중앙선침범 등의 사고(제3조 제2항 제2호)

1) 법률규정

제3조(처벌의 특례) ② … 다음 각 호의 어느 하나에 해당하는 행위로 인하여 같은 죄를 범한 경우에는 그러하지 아니하다.

2. 「도로교통법」 제13조 제3항을 위반하여 중앙선을 침범하거나 같은 법 제62조를 위반하여 횡단, 유턴 또는 후진한 경우

> **도로교통법 제13조(차마의 통행)** ③ 차마의 운전자는 도로(보도와 차도가 구분된 도로에서는 차도를 말한다)의 중앙(중앙선이 설치되어 있는 경우에는 그 중앙선을 말한다. 이하 같다) 우측 부분을 통행하여야 한다.
>
> **도로교통법 제62조(횡단 등의 금지)** 자동차의 운전자는 그 차를 운전하여 고속도로등을 횡단하거나 유턴 또는 후진하여서는 아니 된다. 다만, 긴급자동차 또는 도로의 보수·유지 등의 작업을 하는 자동차 가운데 고속도로등에서의 위험을 방지·제거하거나 교통사고에 대한 응급조치작업을 위한 자동차로서 그 목적을 위하여 반드시 필요한 경우에는 그러하지 아니하다.

두 번째 예외 사유는 중앙선을 침범하거나 고속도로등을 횡단·유턴·후진하여 운전한 경우이다(제3조 제2항 단서 제2호). 운전자는 중앙선의 우측 부분을 통행하여야 하고(도로교통법 제13조 제3항), 고속도로등을 횡단하거나 유턴 또는 후진하여 운전하지 않아야 하는데(도로교통법 제62조), 이러한 의무를 위반한 교통사고로 업무상과실·중과실 치상죄를 범한 경우는 반의사불벌죄의 특례가 인정되지 않는다.

중앙선 침범행위를 예외 사유의 하나로 규정한 것은 반대차선을 운행 중인 운전자의 신뢰에 크게 어긋날 뿐 아니라 교통사고의 위험성이 큰 행위로서 이를 경과실 운전사고와 구별하려는 취지이다(대법원 1990.6.26. 선고 90도296 판결). 다만 중앙선침범의 행위를 예외 사유로 규정하고 있는 이유 중의 하나가 반대차선을 운행 중인 운전자의 신뢰를 보호하려는 것이더라도 중앙선침범의 사고는 반대차선 차량 운전자의 신뢰와 어긋난 운행으로 사고를 일으킨 경우에만 적용하는 것은 아니다(대법원 2007.5.31. 선고 2007도2330 판결).

2) 중앙선침범

① 중앙선의 존재

'중앙선'이란 차마의 통행 방향을 명확하게 구분하기 위하여 도로에 황색 실선·황색 점선 등의 안전표지로 표시한 선 또는 중앙분리대나 울타리 등으로 설치한 시설물을 말한다(도로교통법 제2조 제5호). 건설회사가 고속도로 건설공사와 관련하여 지방도의 확장공사를 위하여 우회도로를 개설하면서 기존의 도로와 우회도로가 연결되는 부분에 설치한 황색 점선은 도로교통법상 설치권한이 있는 사람이나 그 위임을 받은 사람이 설치한 것이 아니므로 교통사고처리법 제3조 제2항 단서 제2호에서 규정하는 중앙선이라고 할 수 없다(대법원 2003.6.27. 선고 2003도 1895 판결).

중앙선이 그어져 있지 않은 교차로의 사고는 중앙선침범의 사고가 아니다(대 법원 1984.3.27. 선고 84도182 판결). 그리고 황색 실선이나 황색 점선으로 된 중앙 선이 설치된 도로의 어느 구역에서 좌회전이나 유턴이 허용되어 중앙선이 백색 점선으로 표시된 지점에서 좌회전이나 유턴이 허용되는 신호 상황 등 안전표지에 따라 좌회전이나 유턴을 하기 위하여 중앙선을 넘어 운행하다가 반대편 차로를 운행하는 차량과 충돌한 교통사고는 교통사고처리법에서 규정한 중앙선침범의 사 고가 아니다(대법원 2017.1.25. 선고 2016도18941 판결).

② 중앙선의 침범

교통사고처리법 제3조 제2항 단서 제2호 전단이 규정하는 '중앙선침범'은 교 통사고의 발생지점이 중앙선을 넘어선 모든 경우가 아니라 '부득이한 사유가 없 이', 즉 고의 또는 과실로 중앙선을 침범하여 교통사고를 유발한 경우를 의미한다.

'황색실선'의 중앙선일 경우 교통사고의 발생지점이 중앙선을 넘어선 모든 경 우를 말하는 것이 아니라 중앙선을 침범하여 계속적 침범운행을 한 행위로 인하 여 교통사고를 발생케 하였거나 계속적 침범운행은 아니었더라도 부득이한 사유 가 없는데도 중앙선을 침범하여 교통사고를 발생케 한 경우를 뜻하는 것이다(대법 원 1987.7.7. 선고 86도2597 판결). '황색점선'인 중앙선의 경우에 있어서는 그 차선 의 성질상 운행당시의 객관적인 여건이 장애물을 피해 가야 하는 등 중앙선을 넘 을 필요가 있어 반대방향의 교통에 주의하면서 그 선을 넘어가는 경우는 차선에 따른 운행에 해당하지만, 그와 같은 월선의 필요성도 없고 반대방향의 교통에 주 의를 기울이지도 아니한 채 중앙선을 넘어 운행하는 것은 도로교통법 제13조 제3 항에 위반하여 차선이 설치된 도로의 중앙선을 침범한 사고에 해당한다(대법원 1987.7.7. 선고 86도2597 판결).

③ 부득이한 사유

중앙선침범이 인정되지 않는 '부득이한 사유'라 함은 진행차로에 나타난 장애 물을 피하기 위한 다른 적절한 조치를 할 겨를이 없었거나 자기 차로를 지켜 운 행하려고 하였지만, 운전자가 지배할 수 없는 외부적 여건으로 말미암아 어쩔 수 없이 중앙선을 침범하는 등 중앙선침범 자체에는 운전자를 비난할 수 없는 객관 적 사정이 있는 경우를 말한다(대법원 1998.7.28. 선고 98도832 판결). 이처럼 부득이

한 사유의 존재는 운전자의 주관적 입장에서 판단하지 않고 평균적 일반인의 객관적 입장에서 판단된다.[21]

중앙선침범의 부득이한 사유가 문제 되는 대표적인 사례는 눈길·빗길에 미끄러지면 중앙선을 침범하는 경우 또는 도로 위의 장애물을 피하기 위한 행위의 결과로 중앙선을 넘게 되는 경우이다. 구체적 사안에 따라 다르지만, 판례는 일반적으로 과속이나 신호위반과 같은 특별한 과실 없이 정상운행을 하던 중 '눈길'이나 '빗길'에 미끄러지는 경우라면 부득이한 사유를 인정하는 편이다.[22] 예를 들어, 제한속도의 범위 내에서 운행하던 운전자가 비가 내려 노면이 미끄러운 상태의 편도 1차선의 도로에서 우회전하다가 전방에 정차하고 있는 버스를 발견하고 급제동을 하였으나 빗길 때문에 미끄러져 버스를 피할 다른 적절한 조치를 할 수 없는 상황에서 중앙선을 침범한 경우는 부득이한 사유가 인정된다(대법원 1990.5.8. 선고 90도606 판결).

그러나 단순히 빙판길 사고라 하여 운전자가 지배할 수 없는 외부적 여건으로 말미암은 것이라고 단정되지는 않는다. 판례에 따르면, 사고지점이 평탄한 편도 2차로의 직선로로서 사고지점의 노면만이 국지적으로 얼어 있었던 것이 아니라 그 지역 일대의 노면이 광범위하게 얼어 있었고, 사고지점은 제한속도가 시속 40km 지점으로서 노면이 얼어 있는 상황에서 평상시 제한속도의 반 이하로 줄여 운행하여야 함에도(도로교통법 시행규칙 제19조 제2항 제2호 나목) 운전자가 이러한 사정에 유의하지 아니한 채 시속 30km 정도로 과속한 잘못과 얼어붙은 노면에서 운전을 제대로 하지 못한 과실로 중앙선을 침범한 것은 부득이한 사유로 인정되지 않는다(대법원 1997.5.23. 선고 95도1232 판결).

한편 '장애물'을 피하다가 중앙선을 침범한 경우에 판례는 피하고자 하는 대상을 운행상의 장애물로 볼 것인지, 장애물로 본다면 다른 적절한 조치를 할 가능성이 없었는지를 검토한다.[23] 대체로 판례는 진행차선 상에 주차된 차량(대법원 1991.1.15. 선고 90도1918 판결)이나 도로를 횡단하는 보행자(대법원 1991.10.11. 선고 91도1783 판결) 등은 운행에 지장을 주는 장애물이라고 본다.

예를 들어, ⓐ 시속 약 30km의 속력으로 좌회전을 할 무렵 우측차선 중앙에

---

21   심희기·전지연 외 165면.
22   심희기·전지연 외 165면.
23   심희기·전지연 외 165면.

어린이 한 명이 도로를 횡단하고 있는 것을 발견하고 이 어린이를 피하려고 핸들을 급좌회전함으로써 중앙선을 침범한 경우는 부득이한 사유가 인정된다(대법원 1985.3.12. 선고 84도2651 판결). ⓑ 편도 2차선 도로 중 2차선으로 진행하다가 앞서가던 대형화물차를 추월하기 위하여 1차선으로 진입하는데 승합차가 중앙선을 침범하여 운전자의 진행차선으로 돌진하여 오고, 우측에는 대형화물차가 진행 중이어서 그 진행차선에서는 이를 피할 다른 방법이 없어 불가피하게 핸들을 좌측으로 틀고 진행하면서 중앙선을 넘은 경우도 부득이한 사유가 인정된다(대법원 1994.9.27. 선고 94도1629 판결).

그러나 ⓒ 비가 내리는 날 포장도로를 운행하는 차량이 전방에 고인 빗물을 피하려고 차선을 변경하다가 차가 빗길에 미끄러지면서 중앙선을 침범한 경우는 고인 빗물이 차량운행에 지장을 주는 장애물이라고 할 수 없고, 설사 장애물이라 하더라도 이를 피하기 위한 다른 적절한 조치를 할 겨를이 없었다고도 할 수 없으며, 또 빗길이더라도 과속상태에서 핸들을 급히 돌리지 않는 한 단순한 차선변경에 의하여서는 차량이 운전자의 의사에 반하여 그 진로를 이탈할 정도로 미끄러질 수 없으므로 중앙선침범이 운전자가 지배할 수 없는 외부적 여건으로 말미암아 어쩔 수 없었던 것이라고 보지 않는다(대법원 1988.3.22. 선고 87도2171 판결).

④ 사고의 직접적 원인

교통사고처리법 제3조 제2항 단서 제2호의 '중앙선을 침범한 경우'는 교통사고가 도로의 중앙선을 침범하여 운전한 행위로 인해 일어난 경우, 즉 중앙선침범이 교통사고 발생의 직접적인 원인이 된 경우이다(대법원 1991.12.10. 선고 91도1319 판결). 중앙선침범이 교통사고 발생의 직접적인 원인이 된 이상 사고장소가 중앙선을 넘어선 반대차선이어야 할 필요는 없다(대법원 1998.7.28. 선고 98도832 판결). 운전자가 중앙선을 침범하였더라도 중앙선침범보다 사고발생에 직접적인 다른 원인이 존재하면, 중앙선침범은 사고의 직접적 원인이 아니다.

예를 들어, 판례는 ⓐ 도로의 우측차선을 따라 운행하다가 횡단보행자를 피하려고 좌측으로 핸들을 꺾었으나 중앙선을 넘은 지점에서 피해자를 충격한 사고가 발생한 경우(대법원 1984.3.27. 선고 84도193 판결), ⓑ 트럭을 운전하여 편도 1차선 도로를 시속 약 76km로 진행하던 중 전방 50m 정도에서 도로 중앙부분으로 자전거를 타고 가는 피해자를 발견하고 이를 추월하고자 경적을 울리면서 중앙선을 침범하여 30여m 진행하다가 위 자전거를 추월할 무렵 피해자가 전방 좌측에 나 있는 길쪽으로 좌회전하여 들어오는 바람에 도로 중앙선을 넘은 지점에서 피해자를 충격한 경우(대법원 1990.4.10. 선고 89도2218 판결)는 운전자의 중앙선침범이 교통사고 발생의 직접적인 원인이 된 경우가 아니라고 본다.

반면 ⓒ 트럭운전사가 진행방향에 정차 중인 버스를 추월하기 위하여 황색실선인 중앙선을 침범하여 운행중 마주오던 카고트럭과의 충돌을 피하기 위하여 급정거 조치를 취하면서 핸들을 오른쪽으로 꺾어 원래의 자기차선으로 들어왔으나 주행탄력으로 계속 진행하면 도로 옆의 인가를 덮칠 염려가 있었고 게다가 급회전으로 인하여 차체가 불안정해져서 그 균형을 바로잡기 위하여 다시 핸들을 왼쪽으로 꺾는 바람에 자기차선의 앞에서 막 출발하려는 버스를 충격하여 발생한 교통사고는, 트럭운전사의 운행상 과실(중앙선침범)을 직접적인 원인으로 하여 발생한 것이라고 본다(대법원 1990.9.25. 선고 90도536 판결).

3) 후진

도로교통법 제62조에는 고속도로등을 횡단하거나 유턴 또는 후진하여 운전하지 않도록 규정되어 있는데, 이러한 의무를 위반한 경우는 반의사불벌죄의 특례가 인정되지 않는다(제3조 제2항 단서 제2호 후문). '고속도로등'은 자동차의 고속운행에만 사용하기 위하여 지정된 고속도로(도로교통법 제2조 제3호) 또는 자동차만 다닐 수 있도록 설치된 자동차전용도로(도로교통법 제2조 제2호)를 말하므로(도로교통법 제57조), 일반도로에서 후진 등으로 교통사고가 발생한 경우는 반의사불벌죄의 특례가 인정된다.

판례도 일반도로에서 후진하는 행위는 도로교통법 제62조의 규정을 위반하여 횡단·유턴 또는 후진한 경우에 포함되지 않을 뿐만 아니라, 교통사고처리법 제3조 제2항 단서 제2호가 고속도로등에서 후진한 경우를 중앙선침범과 별도로 열거하고 있는 취지에 비추어 볼 때 중앙선의 우측 차로 내에서 후진하는 행위는 동법 제3조 제2항 단서 제2호 전단의 '도로교통법 제13조 제3항의 규정을 위반하여 중앙선을 침범한 경우'에도 포함되지 않는다고 해석한다(대법원 2012.3.15. 선고 2010도3436 판결).

[3] 제한속도 초과 사고(제3조 제2항 제3호)

제3조(처벌의 특례) ② … 다음 각 호의 어느 하나에 해당하는 행위로 인하여 같은 죄를 범한 경우에는 그러하지 아니하다.

3. 「도로교통법」 제17조 제1항 또는 제2항에 따른 제한속도를 시속 20킬로미터 초과하여 운전한 경우

도로교통법 제17조(자동차등과 노면전차의 속도) ① 자동차등(개인형 이동장치는 제외한다. 이하 이 조에서 같다)과 노면전차의 도로 통행 속도는 행정안전부령으로 정한다. ② 경찰청장이나 시·도경찰청장은 도로에서 일어나는 위험을 방지하고 교통의 안전과 원활한 소통을 확보하기 위하여 필요하다고 인정하는 경우에는 다음 각 호의 구분에 따라 구역이나 구간을 지정하여 제1항에 따라 정한 속도를 제한할 수 있다.

1. 경찰청장: 고속도로
2. 시·도경찰청장: 고속도로를 제외한 도로

도로교통법 시행규칙

세 번째 예외 사유는 제한속도를 시속 20㎞ 초과하여 운전한 경우이다(제3조 제2항 단서 제3호). 운전자는 도심의 일반도로에서는 시속 50㎞ 이내, 자동차전용도로에서는 시속 90㎞ 이내, 편도 2차로 이상의 고속도로에서는 시속 100㎞ 이내로 운전하여야 하는데(도로교통법 시행규칙 제19조 제1항), 이러한 제한속도를 시속 20㎞ 초과하여 위반한 교통사고로 업무상과실·중과실 치상죄를 범한 경우는 교통사고처리법 제3조 제2항 본문, 제4조 제1항 본문의 각 규정에 의한 처벌의 특례가 적용되지 않는다.

도로교통법 시행규칙

제19조(자동차등과 노면전차의 속도) ① 법 제17조 제1항에 따른 자동차등(개인형 이동장치는 제외한다. 이하 이 조에서 같다)과 노면전차의 도로 통행 속도는 다음 각 호와 같다.

1. 일반도로(고속도로 및 자동차전용도로 외의 모든 도로를 말한다)
   가. 「국토의 계획 및 이용에 관한 법률」 제36조 제1항 제1호 가목부터 다목까지의 규정에 따른 주거지역·상업지역 및 공업지역의 일반도로에서는 매시 50킬로미터 이내. 다만, 시·도경찰청장이 원활한 소통을 위하

여 특히 필요하다고 인정하여 지정한 노선 또는 구간에서는 매시 60킬
로미터 이내

나. 가목 외의 일반도로에서는 매시 60킬로미터 이내. 다만, 편도 2차로 이
상의 도로에서는 매시 80킬로미터 이내

2. 자동차전용도로에서의 최고속도는 매시 90킬로미터, 최저속도는 매시 30킬
로미터

3. 고속도로

가. 편도 1차로 고속도로에서의 최고속도는 매시 80킬로미터, 최저속도는
매시 50킬로미터

나. 편도 2차로 이상 고속도로에서의 최고속도는 매시 100킬로미터[화물자
동차(적재중량 1.5톤을 초과하는 경우에 한한다. 이하 이 호에서 같다)·
특수자동차·위험물운반자동차(별표 9 (주) 6에 따른 위험물 등을 운반
하는 자동차를 말한다. 이하 이 호에서 같다) 및 건설기계의 최고속도
는 매시 80킬로미터], 최저속도는 매시 50킬로미터

다. 나목에 불구하고 편도 2차로 이상의 고속도로로서 경찰청장이 고속도로
의 원활한 소통을 위하여 특히 필요하다고 인정하여 지정·고시한 노선
또는 구간의 최고속도는 매시 120킬로미터(화물자동차·특수자동차·위
험물운반자동차 및 건설기계의 최고속도는 매시 90킬로미터) 이내, 최
저속도는 매시 50킬로미터

② 비·안개·눈 등으로 인한 악천후 시에는 제1항에 불구하고 다음 각 호의 기준
에 의하여 감속운행하여야 한다. 다만, 경찰청장 또는 시·도경찰청장이 별표 6 I.
제1호 타목에 따른 가변형 속도제한표지로 최고속도를 정한 경우에는 이에 따라
야 하며, 가변형 속도제한표지로 정한 최고속도와 그 밖의 안전표지로 정한 최고
속도가 다를 때에는 가변형 속도제한표지에 따라야 한다.

1. 최고속도의 100분의 20을 줄인 속도로 운행하여야 하는 경우

가. 비가 내려 노면이 젖어있는 경우

나. 눈이 20밀리미터 미만 쌓인 경우

2. 최고속도의 100분의 50을 줄인 속도로 운행하여야 하는 경우

가. 폭우·폭설·안개 등으로 가시거리가 100미터 이내인 경우

나. 노면이 얼어 붙은 경우

다. 눈이 20밀리미터 이상 쌓인 경우

[4] 앞지르기 등 사고(제3조 제2항 제4호)

제3조(처벌의 특례) ② … 다음 각 호의 어느 하나에 해당하는 행위로 인하여 같은 죄를 범한 경우에는 그러하지 아니하다.

　4. 「도로교통법」 제21조 제1항, 제22조, 제23조에 따른 앞지르기의 방법·금지시기·금지장소 또는 끼어들기의 금지를 위반하거나 같은 법 제60조 제2항에 따른 고속도로에서의 앞지르기 방법을 위반하여 운전한 경우

도로교통법 제21조(앞지르기 방법 등) ① 모든 차의 운전자는 다른 차를 앞지르려면 앞차의 좌측으로 통행하여야 한다.

도로교통법 제22조(앞지르기 금지의 시기 및 장소) ① 모든 차의 운전자는 다음 각 호의 어느 하나에 해당하는 경우에는 앞차를 앞지르지 못한다.

　1. 앞차의 좌측에 다른 차가 앞차와 나란히 가고 있는 경우

　2. 앞차가 다른 차를 앞지르고 있거나 앞지르려고 하는 경우

② 모든 차의 운전자는 다음 각 호의 어느 하나에 해당하는 다른 차를 앞지르지 못한다.

　1. 이 법이나 이 법에 따른 명령에 따라 정지하거나 서행하고 있는 차

　2. 경찰공무원의 지시에 따라 정지하거나 서행하고 있는 차

　3. 위험을 방지하기 위하여 정지하거나 서행하고 있는 차

③ 모든 차의 운전자는 다음 각 호의 어느 하나에 해당하는 곳에서는 다른 차를 앞지르지 못한다.

　1. 교차로

　2. 터널 안

　3. 다리 위

　4. 도로의 구부러진 곳, 비탈길의 고갯마루 부근 또는 가파른 비탈길의 내리막 등 시·도경찰청장이 도로에서의 위험을 방지하고 교통의 안전과 원활한 소통을 확보하기 위하여 필요하다고 인정하는 곳으로서 안전표지로 지정한 곳

도로교통법 제23조(끼어들기의 금지) 모든 차의 운전자는 제22조 제2항 각 호의 어느 하나에 해당하는 다른 차 앞으로 끼어들지 못한다.

도로교통법 제60조(갓길 통행금지 등) ② 자동차의 운전자는 고속도로에서 다른 차를 앞지르려면 방향지시기, 등화 또는 경음기를 사용하여 행정안전부령으로 정하는 차로로 안전하게 통행하여야 한다.

네 번째 예외 사유는 앞지르기의 방법·금지시기·금지장소 또는 끼어들기의 금지를 위반하여 운전한 경우이다(제3조 제2항 단서 제4호). 운전자는 다른 차를 앞지르려면 앞차의 좌측으로 통행하여야 하고(도로교통법 제21조 제1항), 앞차의 좌측에 다른 차가 앞차와 나란히 가고 있는 경우·앞차가 다른 차를 앞지르고 있거나 앞지르려고 하는 경우·교차로나 터널 안 또는 다리 위 등에서는 앞지르지 못한다(도로교통법 제22조 제1항·제3항). 이러한 의무를 위반한 교통사고로 업무상과실·중과실 치상죄를 범한 경우는 교통사고처리법 제3조 제2항 본문, 제4조 제1항 본문의 각 규정에 의한 처벌의 특례가 적용되지 않는다.

도로교통법에 따라 앞지르기가 금지된 장소에서는 앞차가 진로를 양보하였더라도 앞지르기가 허용되지 않고(대법원 2005.1.27. 선고 2004도8062 판결), 1차선에는 택시등 다른 차량들이 계속하여 진행 중이던 편도 2차선의 경사진 오르막길에서 2차선을 따라 시속 약 30㎞의 속도로 주행 중인 트럭 운전자가 트럭과 인도 사이의 1m 정도의 좁은 틈으로 추월하려고 하는 오토바이를 발견하였더라도 트럭 운전자에게 오토바이를 추월시키기 위하여 트럭을 일시 정차하거나 오토바이보다 속력을 더 내어 다른 차량이 계속하여 진행해오는 1차선 쪽으로 그 진로를 양보할 주의의무는 없다(대법원 1985.3.12. 선고 84도864 판결).

[5] 철길건널목 사고(제3조 제2항 제5호)

제3조(처벌의 특례) ② … 다음 각 호의 어느 하나에 해당하는 행위로 인하여 같은 죄를 범한 경우에는 그러하지 아니하다.
　5. 「도로교통법」 제24조에 따른 철길건널목 통과방법을 위반하여 운전한 경우

도로교통법 제24조(철길 건널목의 통과) ① 모든 차 또는 노면전차의 운전자는 철길건널목(이하 "건널목"이라 한다)을 통과하려는 경우에는 건널목 앞에서 일시정지하여 안전한지 확인한 후에 통과하여야 한다. 다만, 신호기 등이 표시하는 신호에 따르는 경우에는 정지하지 아니하고 통과할 수 있다.
② 모든 차 또는 노면전차의 운전자는 건널목의 차단기가 내려져 있거나 내려지려고 하는 경우 또는 건널목의 경보기가 울리고 있는 동안에는 그 건널목으로 들어가서는 아니 된다.
③ 모든 차 또는 노면전차의 운전자는 건널목을 통과하다가 고장 등의 사유로 건널목 안에서 차 또는 노면전차를 운행할 수 없게 된 경우에는 즉시 승객을 대피시키고 비상

신호기 등을 사용하거나 그 밖의 방법으로 철도공무원이나 경찰공무원에게 그 사실을 알려야 한다.

　　다섯 번째 예외 사유는 철길건널목 통과방법을 위반하여 운전한 경우이다 (제3조 제2항 단서 제5호). 운전자는 철길건널목을 통과하려는 경우에는 건널목 앞에서 일시 정지하여 안전한지 확인한 후에 통과하여야 하고(도로교통법 제24조 제1항), 건널목의 차단기가 내려져 있거나 내려지려고 하는 경우 또는 건널목의 경보기가 울리고 있는 동안에는 그 건널목으로 들어가서는 안 되고(도로교통법 제24조 제2항), 건널목 안에서 차를 운행할 수 없게 된 경우에는 즉시 승객을 대피시키고 비상신호기 등을 사용하거나 그 밖의 방법으로 철도공무원이나 경찰공무원에게 그 사실을 알려야 한다(도로교통법 제24조 제3항). 이러한 의무를 위반한 교통사고로 업무상과실·중과실 치상죄를 범한 경우는 교통사고처리법 제3조 제2항 본문, 제4조 제1항 본문의 각 규정에 의한 처벌의 특례가 적용되지 않는다.

　　철도건널목 통과방법을 위반한 차가 기차 등 궤도차와 충돌한 교통사고의 경우뿐만 아니라 일반차량이나 보행자를 충격한 교통사고에도 적용된다.[24] 운전자가 주의의무를 게을리하여 철길건널목을 그대로 건너는 바람에 자동차가 열차의 좌측 모서리와 충돌하여 20여m쯤 열차 진행방향으로 끌려가면서 튕겨 나갔고 피해자는 타고 가던 자전거에서 내려 위 자동차 왼쪽에서 열차가 지나가기를 기다리고 있다가 위 충돌사고로 놀라 넘어져 상처를 입었다면, 판례는 자동차와 피해자가 직접 충돌하지 않았더라도 운전자의 과실과 피해자가 입은 상처 사이의 인과관계를 긍정한다(대법원 1989.9.12. 선고 89도866 판결).

[6] 횡단보도 사고(제3조 제2항 제6호)

1) 법률규정

제3조(처벌의 특례) ② … 다음 각 호의 어느 하나에 해당하는 행위로 인하여 같은 죄를 범한 경우에는 그러하지 아니하다.

24　이주원 217면.

6. 「도로교통법」 제27조 제1항에 따른 횡단보도에서의 보행자 보호의무를 위반하
   여 운전한 경우

도로교통법 제27조(보행자의 보호) ① 모든 차 또는 노면전차의 운전자는 보행자(제13
조의2제6항에 따라 자전거등에서 내려서 자전거등을 끌거나 들고 통행하는 자전거등의
운전자를 포함한다)가 횡단보도를 통행하고 있을 때에는 보행자의 횡단을 방해하거나
위험을 주지 아니하도록 그 횡단보도 앞(정지선이 설치되어 있는 곳에서는 그 정지선을
말한다)에서 일시정지하여야 한다.

여섯 번째 예외 사유는 횡단보도에서의 보행자 보호의무를 위반하여 운전한
경우이다(제3조 제2항 단서 제6호). 운전자는 보행자가 횡단보도를 통행하고 있을
때 보행자의 횡단을 방해하거나 위험을 주지 아니하도록 그 횡단보도 앞에서 일
시 정지하여야 하는데(도로교통법 제27조 제1항), 이러한 의무를 위반한 교통사고로
업무상과실·중과실 치상죄를 범한 경우는 교통사고처리법 제3조 제2항 본문, 제4
조 제1항 본문의 각 규정에 의한 처벌의 특례가 적용되지 않는다. 횡단보도를 통
행하는 보행자의 안전을 도모하기 위한 규정이다.[25] 횡단보도사고는 전체 교통사
고에서 차지하는 비중이 크고, 12개 예외 사유 중 가장 빈발하는 사고유형이라고
한다.[26]

2) 성립요건

① 횡단보도

횡단보도란 보행자가 도로를 횡단할 수 있도록 안전표시로 표시한 도로의 부
분을 말한다(도로교통법 제2조 제12호). 횡단보도에는 '횡단보도표시'(포장도로의 바
닥에 설치하여 횡단보도임을 표시하는 것) 및 '횡단보도표지판'(횡단보도를 설치한 도로
양측에 설치하여 보행자가 횡단보도로 통행할 것을 지시하는 것)을 설치하여야 한다(도
로교통법 시행규칙 제11조 제1호). 횡단보도표지판은 횡단보행자용 신호기로 대체될
수 있다(도로교통법 시행규칙 제11조 제2호).

시·도경찰청장이 설치한 '횡단보도표시'와 함께 설치된 횡단보행자용 신호기

---

25 박상기·전지연·한상훈 301면; 이주원 196면.

26 이주원 196면.

가 고장이 나서 신호등의 등화가 하루쯤 점멸되지 않는 상태이더라도 교통사고처리법 제3조 제2항 단서 제6호의 횡단보도로 인정되며(대법원 1990.2.9. 선고 89도1696 판결), 횡단보도표지판이나 횡단보행자용 신호기가 설치되어 있지는 않으나 도로의 바닥에 페인트로 '횡단보도표시'를 하여 놓은 곳으로서 운전자가 운행하는 차선 쪽은 횡단보도인 점을 식별할 수 있을 만큼 그 표시가 되어 있는 곳에서 발생한 교통사고는 운행하는 반대의 차선 쪽이 거의 지워진 상태이더라도 도로교통법에 따른 횡단보도에서 일어난 것으로 인정된다(대법원 1990.8.10. 선고 90도1116 판결).

횡단보도의 보행등이 적색으로 바뀌면 횡단보도로서의 성격이 상실된다(대법원 1997.10.10. 선고 97도1835 판결).

② 보행자의 통행

도로교통법

> **제27조(보행자의 보호)** ① 모든 차 또는 노면전차의 운전자는 보행자(제13조의2 제6항에 따라 자전거등에서 내려서 자전거등을 끌거나 들고 통행하는 자전거등의 운전자를 포함한다)가 횡단보도를 통행하고 있을 때에는 보행자의 횡단을 방해하거나 위험을 주지 아니하도록 그 횡단보도 앞(정지선이 설치되어 있는 곳에서는 그 정지선을 말한다)에서 일시정지하여야 한다.

도로교통법 제27조 제1항은 횡단보도를 통행하는 보행자(자전거등에서 내려서 자전거등을 끌거나 들고 통행하는 자전거등의 운전자를 포함)를 보호하는 규정이다. 손수레를 끌고 횡단보도를 건너는 사람도 교통사고처리법 제3조 제2항 제6호에서 규정한 보행자에 해당한다(대법원 1990.10.16. 선고 90도761 판결). 보행신호등의 녹색등화의 점멸신호 전에 횡단을 시작하였는지와 관계없이 보행신호등의 녹색등화가 점멸하고 있는 동안에 횡단보도를 통행하는 모든 보행자는 도로교통법에서 정한 횡단보도에서의 보호의무의 대상인 보행자이다(대법원 2009.5.14. 선고 2007도9598 판결).

차의 운전자가 도로교통법 제27조 제1항에 따른 횡단보도에서의 보행자에 대한 보호의무를 위반하고 이로 인하여 상해의 결과가 발생하면 횡단보도 보행자에 대한 운전자의 업무상 주의의무 위반행위와 상해의 결과 사이에 직접적인 원인관계가 존재하는 한 상해가 횡단보도 보행자 아닌 제3자에게 발생한 경우, 예를 들어 자동차를 운전하다 횡단보도를 걷던 보행자를 들이받아 그 충격으로 그 보행자가 부축하면서 횡단보도 밖에서 동행하던 다른 보행자가 밀려 넘어져 상해를 입은 경우에도 교통사고처리법 제3조 제2항 단서 제6호에 해당한다(대법원 2011.4.28. 선고 2009도12671 판결).

보행자가 횡단보도를 통행하고 있는 때란 사람이 횡단보도에 있는 모든 경우를 의미하는 것이 아니라 도로를 횡단할 의사로 횡단보도를 통행하고 있는 경우에 한정되므로 피해자가 사고 당시 횡단보도에 엎드려 있었다면 횡단보도를 통행하고 있었다고 할 수 없고 그러한 피해자에 대해서는 횡단보도상의 보행자 보호의무가 없다(대법원 1993.8.13. 선고 93도1118 판결). 또한 피해자가 보행신호등의 녹색등화가 점멸되고 있는 상태에서 횡단보도를 횡단하기 시작하여 횡단을 완료하기 전에 보행신호등이 적색등화로 변경된 후 차량신호등의 녹색등화에 따라서 직진하던 차량에 충격된 경우라면, 피해자는 신호기가 설치된 횡단보도에서 녹색등화의 점멸신호에 위반하여 횡단보도를 통행하고 있었던 것이어서 횡단보도를 통행중인 보행자라고 보기는 어려우므로, 도로교통법의 보행자 보호의무를 위반한 잘못은 인정되지 않는다(대법원 2001.10.09. 선고 2001도2939 판결). 이때 운전자에게 사고발생 방지에 관한 업무상 주의의무위반의 과실까지 부정되는 것은 아니다.

도로교통법 제27조 제1항의 입법취지는 차를 운전하여 횡단보도를 지나는 운전자의 보행자에 대한 주의의무를 강화하여 횡단보도를 통행하는 보행자의 생명·신체의 안전을 두텁게 보호하려는 데 있으므로, 운전자는 보행자보다 먼저 횡단보행자용 신호기가 설치되지 않은 횡단보도에 진입한 경우도 보행자의 횡단을 방해하지 않거나 통행에 위험을 초래하지 않을 상황이 아니고서는 차를 일시 정지하는 등으로 보행자의 통행이 방해되지 않도록 할 의무가 있다(대법원 2020.12.24. 선고 2020도8675 판결). 다만 자동차가 횡단보도에 먼저 진입한 경우로서 그대로 진행하더라도 보행자의 횡단을 방해하거나 통행에 아무런 위험을 초래하지 아니할 상황이라면 그대로 진행할 수 있다(대법원 2017.3.15. 선고 2016도17442 판결). 횡단보행자용 신호기가 설치되지 않은 횡단보도를 횡단하는 보행자에 대해서도 마찬가지로 적용된다(대법원 2020.12.24. 선고 2020도8675 판결).

[7] 무면허운전 사고(제3조 제2항 제7호)

제3조(처벌의 특례) ② ··· 다음 각 호의 어느 하나에 해당하는 행위로 인하여 같은 죄를 범한 경우에는 그러하지 아니하다.

7. 「도로교통법」 제43조, 「건설기계관리법」 제26조 또는 「도로교통법」 제96조를 위반하여 운전면허 또는 건설기계조종사면허를 받지 아니하거나 국제운전면허증을 소지하지 아니하고 운전한 경우. 이 경우 운전면허 또는 건설기계조종사면허의 효력이 정지 중이거나 운전의 금지 중인 때에는 운전면허 또는 건설기계조종사면허를 받지 아니하거나 국제운전면허증을 소지하지 아니한 것으로 본다.

도로교통법 제43조(무면허운전 등의 금지) 누구든지 제80조에 따라 시·도경찰청장으로부터 운전면허를 받지 아니하거나 운전면허의 효력이 정지된 경우에는 자동차등을 운전하여서는 아니 된다.

도로교통법 제96조(국제운전면허증에 의한 자동차등의 운전) ① 외국의 권한 있는 기관에서 다음 각 호의 어느 하나에 해당하는 협약, 협정 또는 약정에 따른 운전면허증(이하 "국제운전면허증"이라 한다)을 발급받은 사람은 제80조 제1항에도 불구하고 국내에 입국한 날부터 1년 동안만 그 국제운전면허증으로 자동차등을 운전할 수 있다. ···

건설기계관리법 제26조(건설기계조종사면허) ① 건설기계를 조종하려는 사람은 시장·군수 또는 구청장에게 건설기계조종사면허를 받아야 한다. 다만, 국토교통부령으로 정하는 건설기계를 조종하려는 사람은 「도로교통법」 제80조에 따른 운전면허를 받아야 한다.
② 제1항 본문에 따른 건설기계조종사면허는 국토교통부령으로 정하는 바에 따라 건설기계의 종류별로 받아야 한다.
③ 제1항 본문에 따른 건설기계조종사면허를 받으려는 사람은 「국가기술자격법」에 따른 해당 분야의 기술자격을 취득하고 적성검사에 합격하여야 한다.
④ 국토교통부령으로 정하는 소형 건설기계의 건설기계조종사면허의 경우에는 시·도지사가 지정한 교육기관에서 실시하는 소형 건설기계의 조종에 관한 교육과정의 이수로 제3항의 「국가기술자격법」에 따른 기술자격의 취득을 대신할 수 있다.
⑤ 건설기계조종사면허증의 발급, 적성검사의 기준, 그 밖에 건설기계조종사면허에 필요한 사항은 국토교통부령으로 정한다.

일곱 번째 예외 사유는 무면허인 상태에서 운전한 경우이다(제3조 제2항 단서 제7호). 운전면허를 받지 아니하거나 운전면허의 효력이 정지된 경우에는 자동차 등을 운전하여서는 안 되는데(도로교통법 제43조 제1항),[27] 이러한 의무를 위반한 교통사고로 업무상과실·중과실 치상죄를 범한 경우는 교통사고처리법 제3조 제2항 본문, 제4조 제1항 본문의 각 규정에 의한 처벌의 특례가 적용되지 않는다.

무면허운전이란 ① 운전면허가 없는 경우, ② 운전면허의 효력이 정지·취소된 경우, ③ 면허종별에 따른 운전가능차종을 위반하여 도로에서 자동차 또는 원동기장치자전거를 운전한 경우를 말한다. 무면허운전의 피해자는 보행자나 상대방 차량의 탑승자에 한정되지 않고 운전자가 운전하는 차의 탑승자도 피해자에 포함된다(대법원 1986.2.11. 선고 85도2544 판결).

[8] 음주운전 및 약물운전 사고(제3조 제2항 제8호)

제3조(처벌의 특례) ② … 다음 각 호의 어느 하나에 해당하는 행위로 인하여 같은 죄를 범한 경우에는 그러하지 아니하다.

8. 「도로교통법」 제44조 제1항을 위반하여 술에 취한 상태에서 운전을 하거나 같은 법 제45조를 위반하여 약물의 영향으로 정상적으로 운전하지 못할 우려가 있는 상태에서 운전한 경우

도로교통법 제44조(술에 취한 상태에서의 운전 금지) ① 누구든지 술에 취한 상태에서 자동차등(「건설기계관리법」 제26조제1항 단서에 따른 건설기계 외의 건설기계를 포함한다. 이하 이 조, 제45조, 제47조, 제93조제1항제1호부터 제4호까지 및 제148조의2에서 같다), 노면전차 또는 자전거를 운전하여서는 아니 된다.

도로교통법 제45조(과로한 때 등의 운전 금지) 자동차등(개인형 이동장치는 제외한다) 또는 노면전차의 운전자는 제44조에 따른 술에 취한 상태 외에 과로, 질병 또는 약물(마약, 대마 및 향정신성의약품과 그 밖에 행정안전부령으로 정하는 것을 말한다. 이하 같다)의 영향과 그 밖의 사유로 정상적으로 운전하지 못할 우려가 있는 상태에서 자동차등 또는 노면전차를 운전하여서는 아니 된다.

---

27   무면허운전에 대해서는 제4장 제2절 참조.

　　여덟 번째 예외 사유는 술에 취한 상태에서 운전한 경우와 약물의 영향으로 정상적으로 운전하지 못할 우려가 있는 상태에서 운전한 경우이다(제3조 제2항 단서 제8호). 술에 취한 상태에서 자동차등, 노면전차 또는 자전거를 운전하여서는 안 되고(도로교통법 제44조 제1항),[28] 약물의 영향으로 정상적으로 운전하지 못할 우려가 있는 상태에서 자동차등 또는 노면전차를 운전하여서는 안 되는데(도로교통법 제45조),[29] 이러한 의무를 위반한 교통사고로 업무상과실·중과실 치상죄를 범한 경우는 교통사고처리법 제3조 제2항 본문, 제4조 제1항 본문의 각 규정에 의한 처벌의 특례가 적용되지 않는다.

　　주의할 점은 도로교통법 제45조는 약물뿐만 아니라 과로나 질병의 영향으로 정상적으로 운전하지 못할 우려가 있는 상태에서도 운전을 금지하고 있는데, 이 중 반의사불벌죄가 적용되지 않는 경우는 '약물운전'인 경우만이라는 점이다. 2010년 도로교통법의 개정으로 음주운전과 약물운전의 경우에는 운전의 장소가 도로가 아니어도 차의 운전이 인정되면 도로교통법이 적용된다(도로교통법 제2조 제26호).

[9] 보도침범 사고(제3조 제2항 제9호)

제3조(처벌의 특례) ② … 다음 각 호의 어느 하나에 해당하는 행위로 인하여 같은 죄를 범한 경우에는 그러하지 아니하다.

　9. 「도로교통법」 제13조 제1항을 위반하여 보도(步道)가 설치된 도로의 보도를 침범하거나 같은 법 제13조 제2항에 따른 보도 횡단방법을 위반하여 운전한 경우

도로교통법 제13조(차마의 통행) ① 차마의 운전자는 보도와 차도가 구분된 도로에서는 차도로 통행하여야 한다. 다만, 도로 외의 곳으로 출입할 때에는 보도를 횡단하여 통행할 수 있다.
② 제1항 단서의 경우 차마의 운전자는 보도를 횡단하기 직전에 일시정지하여 좌측과 우측 부분 등을 살핀 후 보행자의 통행을 방해하지 아니하도록 횡단하여야 한다.

28　음주운전에 대해서는 제4장 제3절 Ⅰ 참조.
29　약물운전에 대해서는 제4장 제3절 Ⅲ 참조.

아홉 번째 예외 사유는 보도를 침범하거나 보도 횡단방법을 위반하여 운전한 경우이다(제3조 제2항 단서 제9호). 차마의 운전자는 보도와 차도가 구분된 도로에서는 차도로 통행하여야 하고(도로교통법 제13조 제1항), 건물이나 주유소 등을 출입하는 경우처럼 도로 외의 곳으로 출입할 때는 보도를 횡단하기 직전에 일시정지하여 좌측과 우측 부분 등을 살핀 후 보행자의 통행을 방해하지 아니하도록 횡단하여야 한다(도로교통법 제13조 제2항). 이러한 의무를 위반한 교통사고로 업무상과실·중과실 치상죄를 범한 경우는 교통사고처리법 제3조 제2항 본문, 제4조 제1항 본문의 각 규정에 의한 처벌의 특례가 적용되지 않는다. 이 규정은 인도돌진사고가 교통사고처리법 제3조 제2항 단서 제1호 안전표지 위반에 해당하지 않는다는 논란이 있자, 이를 입법적으로 해결하기 위해서 1993. 6. 11. 법률개정으로 신설되었다.[30]

보도는 연석선, 안전표지나 그와 비슷한 인공구조물로 경계를 표시하여 보행자(유모차와 행정안전부령으로 정하는 보행보조용 의자차를 포함)가 통행할 수 있도록 한 도로의 부분을 말하므로(도로교통법 제2조 제10호), '갓길'이나 '길가장자리'(보도와 차도가 구분되지 아니한 도로에서 보행자의 안전을 확보하기 위하여 안전표지 등으로 경계를 표시한 도로의 가장자리 부분)는 보도에 해당하지 않는다.

교통사고처리법 제3조 제2항 단서 제9호의 예외는 보행자를 보호하기 위한 것이므로 보호대상은 보행자에 한정되고, 자전거를 타고 가는 사람은 운전자로서 보호대상이 아니다.[31]

[10] 승객 추락방지의무 위반 사고(제3조 제2항 제10호)

제3조(처벌의 특례) ② … 다음 각 호의 어느 하나에 해당하는 행위로 인하여 같은 죄를 범한 경우에는 그러하지 아니하다.

　10. 「도로교통법」 제39조 제3항에 따른 승객의 추락 방지의무를 위반하여 운전한 경우

도로교통법 제39조(승차 또는 적재의 방법과 제한) ③ 모든 차 또는 노면전차의 운전자는 운전 중 타고 있는 사람 또는 타고 내리는 사람이 떨어지지 아니하도록 하기 위하여 문을 정확히 여닫는 등 필요한 조치를 하여야 한다.

30　이주원 217면.
31　이주원 219면.

열 번째 예외 사유는 승객의 추락 방지의무를 위반하여 운전한 경우이다(제3조 제2항 단서 제10호). 모든 차 또는 노면전차의 운전자는 운전 중 타고 있는 사람이나 타고 내리는 사람이 떨어지지 않도록 문을 정확히 여닫는 등 필요한 조치를 하여야 하는데(도로교통법 제39조 제3항), 이러한 의무를 위반한 교통사고로 업무상 과실·중과실 치상죄를 범한 경우는 교통사고처리법 제3조 제2항 본문, 제4조 제1항 본문의 각 규정에 의한 처벌의 특례가 적용되지 않는다.

'승객의 추락방지의무'는 방지의무가 주된 것이든 부수적이든 사람의 운송에 제공하는 차의 운전자가 그 승객에 대하여 부담하는 의무이다(대법원 2000.2.22. 선고 99도3716 판결). 적용대상인 승객이란 '타고 있는 사람'과 '타고 내리는 사람'인데(도로교통법 제39조 제3항), 15톤 화물차의 적재함에서 철근 적재 작업하던 사람은 승객에 해당하지 않는다(대법원 2000.2.22. 선고 99도3716 판결).

판례에 의하면 도로교통법 제35조 제2항에 의한 승객의 추락방지의무를 위반하여 운전한 경우는 차의 운전자가 문을 여닫는 과정에서 발생한 일체의 주의의무를 위반한 경우를 의미하는 것은 아니므로, '승객이 차에서 내려 도로상에 발을 딛고 선 뒤에 일어난 사고'는 승객의 추락방지의무를 위반하여 운전함으로써 일어난 사고에 해당하지 아니한다고 한다(대법원 1997.6.13. 선고 96도3266 판결). 종아리까지 내려오는 긴 치마를 입은 시내버스 탑승객이 버스정류장에 이르러 뒷문을 통하여 하차한 다음 인도로 올라서다가 치맛자락이 버스 출입문에서 채 빠져나오기 전에 시내버스 운전자가 출입문을 닫아버려 치맛자락이 차체와 출입문 사이에 끼게 되어 피해자가 손으로 치마를 잡고 빼보려다가 안 되자 차체를 두드리면서 문을 열 것을 요구하였으나, 시내버스 운전자가 이를 듣지 못한 채 버스를 그대로 출발시켜 피해자의 치마가 찢어지면서 인도 위로 넘어진 경우라도 시내버스 운전자가 추락방지의무를 위반한 경우가 아니라는 것이다(대법원 1997.6.13. 선고 96도3266 판결).

그러나 판례의 해석은 타당하지 않다. 판례는 도로교통법 제39조 제3항의 발이 도로상에 딛고 선 때부터 '내리는 사람(승객)'이 아니라고 보는데, 신체 및 신체에 결합된 물체(의복, 가방 등)가 차의 밖으로 모두 하차한 때부터 '내리는 사람(승객)'이 아니라고 보는 것이 일반인의 상식에 부합한다. 이렇게 해석하여 위와 같은 승객의 하차 시에 발생하는 사고를 교통사고처리법 특례의 예외로 인정하고 운전자에게 추락방지의무를 중시하게 하는 것이 법률의 취지에도 부합한다.

[11] 어린이 보호구역 사고(제3조 제2항 제11호)

제3조(처벌의 특례) ② ⋯ 다음 각 호의 어느 하나에 해당하는 행위로 인하여 같은 죄를 범한 경우에는 그러하지 아니하다.

　11. 「도로교통법」 제12조 제3항에 따른 어린이 보호구역에서 같은 조 제1항에 따른 조치를 준수하고 어린이의 안전에 유의하면서 운전하여야 할 의무를 위반하여 어린이의 신체를 상해(傷害)에 이르게 한 경우

도로교통법 제12조(어린이 보호구역의 지정 및 관리) ① 시장등은 교통사고의 위험으로부터 어린이를 보호하기 위하여 필요하다고 인정하는 경우에는 다음 각 호의 어느 하나에 해당하는 시설의 주변도로 가운데 일정 구간을 어린이 보호구역으로 지정하여 자동차등과 노면전차의 통행속도를 시속 30킬로미터 이내로 제한할 수 있다.

　1. 「유아교육법」 제2조에 따른 유치원, 「초ㆍ중등교육법」 제38조 및 제55조에 따른 초등학교 또는 특수학교

　2. 「영유아보육법」 제10조에 따른 어린이집 가운데 행정안전부령으로 정하는 어린이집

　3. 「학원의 설립ㆍ운영 및 과외교습에 관한 법률」 제2조에 따른 학원 가운데 행정안전부령으로 정하는 학원

　4. 「초ㆍ중등교육법」 제60조의2 또는 제60조의3에 따른 외국인학교 또는 대안학교, 「제주특별자치도 설치 및 국제자유도시 조성을 위한 특별법」 제223조에 따른 국제학교 및 「경제자유구역 및 제주국제자유도시의 외국교육기관 설립ㆍ운영에 관한 특별법」 제2조 제2호에 따른 외국교육기관 중 유치원ㆍ초등학교 교과과정이 있는 학교

③ 차마 또는 노면전차의 운전자는 어린이 보호구역에서 제1항에 따른 조치를 준수하고 어린이의 안전에 유의하면서 운행하여야 한다.

　열한 번째 예외 사유는 어린이 보호구역에서 어린이의 안전에 유의하면서 운전하여야 할 의무를 위반하여 어린이의 신체를 상해에 이르게 한 경우이다(제3조 제2항 단서 제11호). 어린이 보호구역에서 운전자는 통행속도를 시속 30㎞ 이내로 준수하면서 운행하여야 하는데(도로교통법 제12조 제1항ㆍ제3항), 이러한 의무를 위반한 교통사고로 업무상과실ㆍ중과실 치상죄를 범한 경우는 교통사고처리법 제3조 제2항 본문, 제4조 제1항 본문의 각 규정에 의한 처벌의 특례가 적용되지 않

는다. 적용대상인 어린이는 13세 미만의 사람을 말한다(도로교통법 제2조 제23호).

⑿ 화물 낙하 사고(제3조 제2항 제12호)

제3조(처벌의 특례) ② … 다음 각 호의 어느 하나에 해당하는 행위로 인하여 같은 죄를 범한 경우에는 그러하지 아니하다.

　12. 「도로교통법」 제39조 제4항을 위반하여 자동차의 화물이 떨어지지 아니하도록 필요한 조치를 하지 아니하고 운전한 경우

도로교통법 제39조(승차 또는 적재의 방법과 제한) ④ 모든 차의 운전자는 운전 중 실은 화물이 떨어지지 아니하도록 덮개를 씌우거나 묶는 등 확실하게 고정될 수 있도록 필요한 조치를 하여야 한다.

　열두 번째 예외 사유는 자동차의 화물이 떨어지지 아니하도록 필요한 조치를 하지 아니하고 운전한 경우이다(제3조 제2항 단서 제12호). 도로교통법 제39조 제4항에는 운전자는 운전 중 실은 화물이 떨어지지 아니하도록 덮개를 씌우거나 묶는 등 확실하게 고정될 수 있도록 필요한 조치를 하도록 규정되어 있는데, 이러한 의무를 위반한 교통사고로 업무상과실·중과실 치상죄를 범한 경우는 교통사고처리법 제3조 제2항 본문, 제4조 제1항 본문의 각 규정에 의한 처벌의 특례가 적용되지 않는다. 적용대상이 '자동차'에 제한되는 점에 주의하여야 한다.[32]

> **연혁**
> 이 규정은 2016.12.2. 법률개정을 통해 신설되어 2017.12.3.부터 시행되고 있다. 도로교통법에서 운전 중 자동차의 화물낙하를 방지하는 조치를 하도록 규정하고 있음에도 불구하고, 자동차의 낙화물 발생건수는 고속도로에서만 연간 20만 건 이상이고, 이러한 낙화물은 다수의 교통사고의 원인이 되어 국민의 생명과 재산의 피해를 발생시키고 있는 상황에서 자동차의 화물이 떨어지지 아니하도록 필요한 조치를 하지 아니하고 운전하여 업무상과실·중과실 치상죄를 범한 경우는 피해자의 의사에 상관없이 공소를 제기할 수 있도록 하여 가해자에 대한 처벌을 강화하려는 것이 입법의 이유이다.

32　자동차의 개념에 대해서는 제4장 제1절 Ⅱ 2. 참조.

[13] 범칙금 납부와 교통사고처리법 위반죄의 관계

교통사고처리법에 따른 반의사불벌죄의 특례 적용을 배제하는 도로교통법 위반행위의 대부분(어린이 보호구역 사고를 제외)이 범칙행위에 포함되어 있다. '범칙행위'는 도로교통법 제156조 각호 또는 제157조 각호의 죄에 해당하는 위반행위를 말하는데(도로교통법 제162조 제1항), 도로교통법 제156조에는 제5조(신호 또는 지시에 따를 의무), 제13조(차마의 통행) 제1항부터 제3항(고속도로, 자동차전용도로, 중앙분리대가 있는 도로에서 고의로 위반하여 운전한 사람은 제외), 제17조(자동차등과 노면전차의 속도) 제3항, 제21조(앞지르기 방법 등) 제1항, 제22조(앞지르기 금지의 시기 및 장소), 제23조(끼어들기 금지), 제24조(철도건널목의 통과), 제27조(보행자의 보호), 제39조(승차 또는 적재의 방법과 제한) 제4항, 제43조(무면허운전 등의 금지), 제44조(술에 취한 상태에서의 운전 금지) 제1항과 제2항 등의 위반행위가 범칙행위에 포함된다(도로교통법 제156조). 범칙행위는 처리의 특례가 인정되어, 범칙행위에 대한 경찰서장의 범칙금 납부통고처분에 따라 범칙금을 납부하면 범칙행위에 대해서 다시 벌 받지 않는다(도로교통법 제164조 제3항).

이와 관련해서 범칙행위에 대해서 범칙금을 납부한 운전자를 다시 교통사고처리법위반(치상)죄로 처벌하는 것이 이중처벌인지가 문제되는데, 도로교통법 위반행위 자체와 도로교통법의 의무를 위반한 교통사고로 발생한 업무상과실·중과실 치상죄는 동일한 행위에 의한 범죄라고 평가할 수는 없다. 따라서 교통사고처리법 제3조 제2항 단서 각호의 예외 사유에 해당하는 신호위반 등의 범칙행위로 교통사고를 일으킨 사람이 통고처분을 받아 범칙금의 납부를 하였더라도, 업무상과실·중과실 치상죄에 대하여 교통사고처리법 제3조 제1항 위반죄로 처벌하는 것은 이중처벌에 해당하지는 않는다(대법원 2007.4.12. 선고 2006도4322 판결).

제 **6** 장
특정범죄가중법

제6장　특정범죄가중법

제1절　서두

Ⅰ. 입법목적

연혁

특정범죄가중법의 모체는 '특정범죄처벌에 관한 임시특례법'이다. 특정범죄처벌에 관한 임시특례법은 5·16 군사쿠데타 초기 국가재건과업의 수행이라는 명목하에 절도·강도·사기·중요시설손괴 또는 도주·수뢰·무고 등의 특정범죄를 가중 처벌하기 위해 1961.7.1. 제정되었다.[1] 1965.5.25. 대법원은, 개정헌법의 시행(1963.12.17.) 후에는 국가재건과업의 수행 중이라고 볼 수 없으므로 특정범죄처벌에 관한 임시특례법 제2조(가중례)는 적용할 수 없다고 판결하였다(대법원 1965.5.25. 선고 65도 276 판결). '특정범죄처벌에 관한 임시특례법'을 적용할 수 없게 되자 정부는 이를 대체할 법률의 제정이 필요하게 되었고, 다른 한편으로 당시 사회악의 제거와 한·일 국교정상화 등에 따른 민족주체성의 확립에 노력하겠다는 정부공약의 실천을 위한 입법 역시 요구되었다.[2] 이에 공무원의 기강을 확립하고, 밀수·산림도벌·탈세·통화위조 등 국민경제의 발전을 저해하는 경제사범을 근절하고, 마약 등 국민보건 상의 병폐를 강력하게 단속하기 위하여 피해액 또는 범죄의 내용에 따라 가중 처벌하는 특정범죄가중법이 1966.2.23. 제정되었다. 법률 초안에서는 유효기간을 3년으로 정한 한시법으로 제정하려고 하였으나, 유효기간이 한정되지 않고 제정되었다.[3] 특정범죄가중법은 1966년 제정 이후 사회적 배경에 따라 특정범죄의 범위가 확대되어, 미성년자의 약취·유인범죄(1973년 제5조의2), 교통관련 범죄(1973년 제5조

1　장영민 47면.

2　박상기·신동운·손동권·신양균·오영근·전지연 180면.

3　이동희·류부곤 105면.

의3, 2007년 제5조의10, 2007년 제5조의11, 2015년 제5조의12), 보복범죄(1990년 제5조의9) 등이 추가되었다.

반면 형법과 동일한 구성요건에 대해서 법정형만 높게 규정한 (구)특정범죄가중법 제10조(통화위조의 가중처벌)는 헌법재판소에서 형벌체계상의 균형을 잃어 평등원칙에 위반된다는 이유로 위헌결정[헌법재판소 2014.11.27. 선고 2014헌바224, 2014헌가11(병합) 결정] 되어 2016년 삭제되었고, (구)특정범죄가중법 제5조의4 제1항과 제4항도 같은 이유로 헌법재판소가 위헌결정[헌법재판소 2015.2.26. 선고 2014헌가16·19·23(병합) 결정]을 하여 2016년 삭제되었다.

또한 특정범죄가중법 제11조(마약사범 등의 가중처벌)도 마약류관리법의 구성요건을 그대로 규정하면서 법정형만을 상향하여 규정하고 있었는데, 2014년 헌법재판소는 형사특별법으로서 갖추어야 할 형벌체계상의 정당성과 균형을 잃은 것이 명백하므로 인간의 존엄성과 가치를 보장하는 헌법의 기본원리에 위반되고 그 내용도 평등원칙에 위반된다고 결정하였다(헌법재판소 2014.4.24. 선고 2011헌바2 결정). 이에 특정범죄가중법 제11조는 2016.1.6. 법률개정을 통해 마약 및 향정신성의약품 등의 가액을 가중적 구성요건 표지로 하여 가중처벌하고 있다.

특정범죄가중법은 1966. 2. 23. 제정되어 동년 3. 26. 시행되었는데, 당시 "형법·관세법·조세범처벌법·산림법·임산물단속에관한법률 및 마약법에 규정된 특정범죄에 대한 가중처벌등을 규정함으로써 건전한 사회질서의 유지와 국민경제의 발전에 기여함"이 목적이라고 밝혔다(구 특정범죄가중법 제1조). 제정 당시 16개의 조문으로 구성되었던 특정범죄가중법은 2022년 5월까지 38차례에 걸쳐 개정되었다.

현재 특정범죄가중법은 2011년 지방세기본법이 특정범죄의 대상에 추가되어 그 입법목적을 "「형법」, 「관세법」, 「조세범 처벌법」, 「지방세기본법」, 「산림자원의 조성 및 관리에 관한 법률」 및 「마약류관리에 관한 법률」에 규정된 특정범죄에 대한 가중처벌 등을 규정함으로써 건전한 사회질서의 유지와 국민경제의 발전에 이바지함을 목적으로 한다"고 제시하고 있으며(제1조), 27개의 조문으로 구성되어 있다.

Ⅱ. 조문개관

특정범죄가중법은 총 27개의 조문으로 구성되어 있는데, 특정범죄가중법의 구성요건은 크게 4가지 유형으로 구분할 수 있다.

첫째, 형법에 규정된 범죄를 대상으로 피해액과 행위방식 등으로 인해 가중하는 규정들이 있다. 뇌물죄의 가중처벌(제2조, 제3조, 제4조), 체포·감금 등의 가중처벌(제4조의2), 공무상 비밀누설의 가중처벌(제4조의3), 횡령·배임의 가중처벌(제5조), 미성년자 약취·유인죄의 가중처벌(제5조의2), 상습 강도·절도죄 등의 가중처벌(제5조의4), 강도상해·강도강간 재범의 가중처벌(제5조의5) 보복범죄의 가중처벌(제5조의9), 무고죄의 가중처벌(제14조), 직무유기죄의 가중처벌(제15조)이 존재한다.

둘째, 교통관련 범죄에 대해 가중하는 규정들이 있다. 도주차량 운전자의 가중처벌(제5조의3), 도주선박의 선장 또는 승무원에 대한 가중처벌(제5조의12), 운행 중인 자동차 운전자에 대한 폭행 등의 가중처벌(제5조의10), 위험운전치사상(제5조의11), 어린이 보호구역에서 어린이 치사상의 가중처벌(제5조의13)이 존재한다.

셋째, 특별법에 규정된 범죄를 대상으로 피해액과 행위방식 등으로 인해 가중하는 규정들이 있다. 관세법 위반행위의 가중처벌(제6조, 제7조), 조세포탈의 가중처벌(제8조, 제8조의2), 산림자원법 위반행위의 가중처벌(제9조), 마약류관리법 위반행위의 가중처벌(제11조)이 존재한다.

그 외 외국인을 위한 탈법행위(제12조)가 존재하고, 처벌의 특례로 필요적 몰수(제13조)가, 절차의 특례로 소추에 관한 특례(제16조)가 존재한다.

구분	주요 내용	조항
형법의 범죄에 대한 가중처벌	뇌물죄의 가중처벌	제2조부터 제4조
	체포·감금 등의 가중처벌	제4조의2
	공무상 비밀누설의 가중처벌	제4조의3
	횡령·배임의 가중처벌	제5조
	미성년자 약취·유인죄의 가중처벌	제5조의2
	상습 강도·절도죄의 가중처벌	제5조의4
	강도상해·강도강간 재범의 가중처벌	제5조의5
	보복범죄의 가중처벌	제5조의9
	무고죄의 가중처벌	제14조
	직무유기죄의 가중처벌	제15조

구분	주요 내용	조항
교통관련 범죄에 대한 가중처벌	도주차량 운전자의 가중처벌	제5조의3
	도주선박의 선장·승무원에 대한 가중처벌	제5조의12
	운전자에 대한 폭행 등의 가중처벌	제5조의10
	위험운전 치사상	제5조의11
	어린이 보호구역에서 치사상의 가중처벌	제5조의13
특별법의 범죄에 대한 가중처벌	관세법 위반행위의 가중처벌	제6조, 제7조
	조세포탈의 가중처벌	제8조, 제8조의2
	산림자원법 위반행위의 가중처벌	제9조
	마약류관리법 위반행위의 가중처벌	제11조
기타	외국인을 위한 탈법행위	제12조
	필요적 몰수	제13조
	소추에 관한 특례	제16조

제2절 형법의 범죄에 대한 가중처벌

Ⅰ. 뇌물죄의 가중처벌[제2조, 제3조, 제4조]

1. 뇌물죄 적용대상의 확대(제4조)

> **제4조(뇌물죄 적용대상의 확대)** ① 다음 각 호의 어느 하나에 해당하는 기관 또는 단체로서 대통령령으로 정하는 기관 또는 단체의 간부직원은 「형법」 제129조부터 제132조까지의 규정을 적용할 때에는 공무원으로 본다.
> 1. 국가 또는 지방자치단체가 직접 또는 간접으로 자본금의 2분의 1 이상을 출자하였거나 출연금·보조금 등 그 재정지원의 규모가 그 기관 또는 단체 기본재산의 2분의 1 이상인 기관 또는 단체
> 2. 국민경제 및 산업에 중대한 영향을 미치고 있고 업무의 공공성(公共性)이 현저하여 국가 또는 지방자치단체가 법령에서 정하는 바에 따라 지도·감독하거나 주주권의 행사 등을 통하여 중요 사업의 결정 및 임원의 임면(任免) 등 운영 전반에 관하여 실질적인 지배력을 행사하고 있는 기관 또는 단체
> ② 제1항의 간부직원의 범위는 제1항의 기관 또는 단체의 설립목적, 자산, 직원의 규모 및 해당 직원의 구체적인 업무 등을 고려하여 대통령령으로 정한다.

[1] 의의

형법 제129조(수뢰, 사전수뢰), 제130조(제3자뇌물제공), 제131조(수뢰후 부정처사, 사후수뢰), 제132조(알선수뢰)는 공무원 또는 중재인만이 범죄의 주체가 될 수 있는 진정신분범이다. 직무의 공정성과 청렴성을 확보하기 위해서 공무원에 대해서 뇌물죄로 처벌하고 있다.

한편 공무원이 아닌 일반인에 대해서는 부정한 청탁을 전제로 배임수재죄(형법 제357조)가 적용된다. 그런데 특정한 공익상의 이유로 정부가 소유·지배하거나 국가정책 및 국민생활에 중대한 영향을 미치는 사업을 담당하는 기업인 정부관리기업체의 업무는 그 수행에 있어 고도의 투명성과 공정성이 요구되므로 특정범죄가중법 제4조는 직무와 관련한 수재행위에 대해 부정한 청탁이나 배임행위가 있었는지와 상관없이 형사처벌을 할 수 있도록 뇌물죄의 적용에 있어서는 정부관리

기업체의 간부직원을 공무원으로 의제하는 특칙을 두었다.[4]

특정범죄가중법 제4조는 특정범죄가중법 제2조의 뇌물죄의 가중처벌이 적용되는 경우에만 적용되는 것이고 형법상 뇌물죄에 해당되는 경우는 적용되지 않는다고 주장하는 경우가 있다. 그러나 이에 대해서 판례는 특정범죄가중법 제4조는 특정범죄가중법 제2조의 적용을 전제하는 규정이 아니라 형법 제129조부터 제132조의 적용에 있어서 뇌물죄의 적용대상을 원래 공무원이 아닌 정부관리기업체의 간부직원에게도 확대 적용하는 것이라고 밝혔다(대법원 1990.9.28. 선고 90도1092 판결; 대법원 1999.8.20. 선고 99도1557 판결). 특정범죄가중법 제4조에는 동법 제2조의 적용을 전제로 하는 문구가 없을 뿐만 아니라, 정부관리기업체의 특성을 고려한 입법취지를 보더라도 특정범죄가중법 제4조는 형법 제129조부터 제132조의 뇌물죄의 적용대상을 정부관리기업체의 간부직원까지 확대하여 직접 적용하는 규정으로 해석되는바, 판례의 해석은 타당하다.

[2] 공무원 의제 범위

특정범죄가중법 시행령

제1조(목적) 이 영은 「특정범죄 가중처벌 등에 관한 법률」 제4조에 따라 뇌물죄가 적용되는 기관 또는 단체 및 간부직원의 범위를 규정함을 목적으로 한다.

제2조(기관 또는 단체의 범위) 「특정범죄 가중처벌 등에 관한 법률」 제4조 제1항에 따른 기관 또는 단체의 범위는 다음과 같다.

1. 한국은행	2. 한국산업은행	3. 중소기업은행
4. 한국조폐공사	5. 한국수출입은행	6. 신용보증기금
7. 기술보증기금	8. 금융감독원	9. 한국거래소
10. 한국소비자원	11. 한국국제협력단	12. 한국소방산업기술원
13. 국립공원공단	14. 한국마사회	15. 한국농수산식품유통공사
16. 한국농어촌공사	17. 한국전력공사	18. 대한석탄공사
19. 대한무역투자진흥공사	20. 한국광물자원공사	21. 한국전기안전공사
22. 한국지역난방공사	23. 한국가스공사	24. 한국가스안전공사

---

4   박상기·신동운·손동권·신양균·오영근·전지연 231면.

25. 한국에너지공단   26. 중소벤처기업진흥공단   27. 한국석유공사
28. 한국방송통신전파진흥원   29. 한국환경공단   30. 국민건강보험공단
31. 근로복지공단   32. 한국산업인력공단   33. 한국토지주택공사
34. 한국수자원공사   35. 한국도로공사   36. 한국관광공사
37. 「한국부동산원법」에 따른 한국부동산원
38. 인천국제공항공사   39. 한국공항공사   40. 국가철도공단
41. 한국방송공사   42. 농업협동조합중앙회 및 그 회원조합
43. 수산업협동조합중앙회 및 그 회원조합
44. 산림조합중앙회 및 그 회원조합
45. 「항만공사법」에 따른 항만공사
46. 「한국철도공사법」에 따른 한국철도공사

제3조(간부직원의 범위) 법 제4조 제2항에 따른 기관 또는 단체의 간부직원의 범위는 다음 각 호와 같다. 다만, 다른 법령에 따라 공무원 또는 공무원에 준하는 신분을 가지는 경우에는 그 법령의 적용을 배제하지 아니한다.

1. 제2조 제1호부터 제40호까지, 제45호 및 제46호의 기관 또는 단체와 농업협동조합중앙회, 수산업협동조합중앙회 및 산림조합중앙회의 임원과 과장대리급(과장대리급제가 없는 기관 또는 단체는 과장급) 이상의 직원
2. 한국방송공사, 지역농업협동조합, 지역축산업협동조합, 품목별·업종별협동조합 및 품목조합연합회(「농업협동조합법」에 따라 설립된 것을 말한다), 지구별수산업협동조합, 업종별수산업협동조합, 수산물가공수산업협동조합, 지역산림조합 및 품목별·업종별산림조합의 임원

뇌물죄의 적용대상인 공무원으로 의제되는 정부관리기업체의 범위와 그 간부직원의 범위가 특정범죄가중법 제4조의 핵심인데, 정부관리기업체의 기본적 요건만 법률에 규정되어 있고 구체적인 범위는 모두 대통령령에 위임되어 있다. 즉, 형법 제129조부터 제132조가 적용되는 '정부관리기업체'는 ① 국가 또는 지방자치단체가 직접 또는 간접으로 자본금의 2분의 1 이상을 출자하였거나 출연금·보조금 등 그 재정지원의 규모가 그 기관 또는 단체 기본재산의 2분의 1 이상인 기관 또는 단체와 ② 국민경제 및 산업에 중대한 영향을 미치고 있고 업무의 공공성이 현저하여 국가 또는 지방자치단체가 법령에서 정하는 바에 따라 지도·감독

하거나 주주권의 행사 등을 통하여 중요 사업의 결정 및 임원의 임면 등 운영 전반에 관하여 실질적인 지배력을 행사하고 있는 기관 또는 단체를 말하는데, 그 구체적인 범위는 대통령령에 위임되어 있다(제4조 제1항). 또한 정부관리기업체의 '간부직원'의 범위도 대통령령에 위임되어 있다(제4조 제2항). '특정범죄가중법 시행령'이 이를 위해 존재한다.

1) 기관 또는 단체

특정범죄가중법 시행령 제2조에서는 한국은행부터 한국철도공사까지 46개의 기관·단체를 특정범죄가중법 제4조 제1항의 기관·단체로 규정하고 있다. 특히 특정범죄가중법 제4조 제1항 제2호에서는 "국민경제 및 산업에 중대한 영향을 미치고 있고 업무의 공공성이 현저하여 국가 또는 지방자치단체가 법령에서 정하는 바에 따라 지도·감독하거나 주주권의 행사 등을 통하여 중요 사업의 결정 및 임원의 임면 등 운영 전반에 관하여 실질적인 지배력을 행사하고 있는 기관 또는 단체"라고 규정하고 있어 시행령에 규정된 기관·단체가 모범의 위임범위를 벗어난 것인지가 다투어질 수 있다.[5]

예를 들어, 농업협동조합중앙회는 농업협동조합법·조세특례제한법·공직자윤리법 등의 내용 및 취지에 비추어 보면 국민경제 및 산업에 중대한 영향을 미치고 있고 업무의 공공성이 현저한 기업체에 해당하고, 농림축산식품부장관 또는 금융감독위원회가 농업협동조합중앙회의 운영 전반에 관하여 광범위하고 다양한 방법으로 지도·감독을 하고 있으므로, 특정범죄가중법 시행령 제2조가 농업협동조합중앙회를 정부관리기업체의 하나로 규정한 것은 위임입법의 한계를 벗어나지 않아 위헌·위법이 아니다(대법원 2007.11.30. 선고 2007도6556 판결).

2) 간부직원

특정범죄가중법 시행령 제3조에서는 특정범죄가중법 제4조 제2항의 기관·단체의 간부직원의 범위를 규정하고 있다. 첫째, 한국방송공사, 지역농업협동조합, 지역축산업협동조합, 품목별·업종별협동조합 및 품목조합연합회, 지구별수산업협동조합, 업종별수산업협동조합, 수산물가공수산업협동조합, 지역산림조합 및 품목별·업종별산림조합의 경우는 '임원'이 간부직원에 해당하는데(특정범죄가중법 시행령 제3조 제2호), 임원은 기업체의 의사결정을 담당하는 사장, 이사 또는 감사를

---

5   심희기·전지연 외 8면 참조

말한다.6 둘째, 농업협동조합중앙회, 수산업협동조합중앙회 및 산림조합중앙회를 포함한 그 외의 기관·단체의 경우에는 임원과 '과장대리급(과장대리급제가 없는 기관·단체는 과장급) 이상의 직원'이 간부직원에 해당한다(특정범죄가중법 시행령 제3조 제1호). 과장대리급 또는 과장급 이상의 직원은 직급을 기준으로 하여 과장대리 또는 과장과 동급이거나 그 이상의 직원을 말하는 것으로서 현실적으로 과장이나 과장대리의 직위를 가지고 있어야 할 필요는 없다(대법원 1992.8.14. 선고 91도3191 판결).

예를 들어, 한국전력공사의 일반직원급에 재직하면서 과장대리의 일을 맡은 사람은 정부관리기업체의 간부직원이 아니어서 뇌물수수죄의 주체가 될 수 없지만(대법원 1993.12.28. 선고 93도2164 판결), 한국전기통신공사 일반직 3급 직원은 한국전기통신공사 직제규정시행세칙에서 편제상 직위가 부여되지 않은 일반직 3급 직원을 과장으로 호칭하도록 하고 있고 산하 현업기관에서 일반직 3급 직원을 과장으로 보하도록 규정하고 있으므로, 한국전기통신공사 일반직 3급 직원은 비록 과장의 직위를 가지고 있지 않더라도 과장과 동급의 직급에 있는 것이어서 뇌물수수죄(형법 제129조 제1항)의 주체가 될 수 있다(대법원 1992.8.14. 선고 91도3191 판결). 그 외 한국방송공사의 부사장·편성본부장·TV제작본부장은 특정범죄가중법 시행령에서 규정하는 한국방송공사의 '임원'에 해당하여 뇌물죄의 주체가 된다(대법원 2009.10.29. 선고 2009도7569 판결).

3) 다른 법령에서 공무원으로 의제되는 경우

특정범죄가중법 시행령 제3조 단서에서는 "다른 법령에 따라 공무원 또는 공무원에 준하는 신분을 가지는 경우에는 그 법령의 적용을 배제하지 아니한다"고 규정하고 있다. 특정범죄가중법 제4조가 적용되는 기관·단체의 간부직원이 아닌 일반직원의 경우나 특정범죄가중법 제4조가 적용되지 않는 기관·단체의 직원도 다른 법령에서 뇌물죄가 적용되는 공무원으로 의제 한다면, 뇌물죄가 성립하게 되고 뇌물액에 따라 특정범죄가중법 제2조가 적용될 수 있다.

예를 들어 지방공기업법 제83조에서는 "공사와 공단의 임직원은 형법 제129조부터 제132조까지의 규정을 적용할 때에는 공무원으로 본다"고 규정하고 있으므로, 뇌물죄로 처벌되는 지방공사와 지방공단의 직원을 특정범죄가중법 제4조

6　박상기·전지연·한상훈 49면.

제1항의 간부직원으로 한정하여 해석하지는 않는다(대법원 2002.7.26. 선고 2001도6721 판결). 그 외 도시정비법 제134조에서는 "추진위원장·조합임원·청산인·전문조합관리인 및 정비사업전문관리업자의 대표자(법인인 경우에는 임원을 말한다)·직원 및 위탁지원자는 형법 제129조부터 제132조까지의 규정을 적용할 때에는 공무원으로 본다"고 규정하고 있으므로, 공무원으로 의제되는 조합의 임원이 8,800만 원의 뇌물을 수수한 경우에는 특정범죄가중법 제2조 제1항에 의하여 가중처벌된다(대법원 2010.12.23. 선고 2010도13584 판결).

[3] 공동참여자

1) 공범

특정범죄가중법 제4조에 따라 정부관리기업체의 간부직원은 형법 제129조부터 제132조의 뇌물죄의 신분이 인정된다. 따라서 정부관리기업체의 과장대리급 이상이 아닌 직원도 다른 과장대리급 이상인 직원의 범행에 가담한다면 뇌물수수죄의 공동정범이 성립될 수 있다(대법원 1992.8.14. 선고 91도3191 판결).

2) 뇌물공여죄

공무원에게 뇌물을 공여한 사람에 대한 처벌이 형법 제133조 제1항에 규정되어 있는데, 특정범죄가중법에는 정부관리기업체의 간부직원에게 뇌물을 공여한 사람에 대한 처벌규정이 별도로 존재하지 않는다. 이에 정부관리기업체의 간부직원에게 뇌물을 공여한 사람도 형법 제133조 제1항을 적용하여 처벌할 수 있는지가 다투어진다.

생각건대 특별법인 특정범죄가중법은 엄격하게 해석·적용되어야 하므로, 명시적인 규정이 존재하는 영역에 대해서만 특정범죄가중법이 적용되어야 한다. 비록 정부관리기업체의 간부직원에게 뇌물을 공여한 사람에 대한 처벌이 필요하더라도, 특정범죄가중법 제4조가 형법 제129조부터 제132조까지의 규정만을 대상으로 규정할 뿐 형법 제133조는 규정하지 않고 있으므로 정부관리기업체의 간부직원에게 뇌물을 공여한 사람은 처벌할 수 없다. 이에 대한 처벌의 필요성은 특정범죄가중법의 개정을 통해서 해결하는 것이 타당하다.

그러나 판례는, 특정범죄가중법 제4조는 형법 제129조부터 제132조의 뇌물죄를 전제로 하는 규정이므로 형법 제129조부터 제132조의 공무원에는 정부관리기업체의 간부직원이 포함되는 것이고 정부관리기업체의 간부직원에게 뇌물을 공여

한 사람은 공무원에게 뇌물을 공여한 경우와 같이 뇌물공여죄가 성립한다고 본다
(대법원 1971.11.23. 선고 71도1786 판결).

2. 뇌물죄의 가중처벌(제2조)

제2조(뇌물죄의 가중처벌) ① 「형법」제129조·제130조 또는 제132조에 규정된 죄를 범한 사람은 그 수수(收受)·요구 또는 약속한 뇌물의 가액(價額)(이하 이 조에서 "수뢰액"이라 한다)에 따라 다음 각 호와 같이 가중처벌한다.
  1. 수뢰액이 1억원 이상인 경우에는 무기 또는 10년 이상의 징역에 처한다.
  2. 수뢰액이 5천만원 이상 1억원 미만인 경우에는 7년 이상의 유기징역에 처한다.
  3. 수뢰액이 3천만원 이상 5천만원 미만인 경우에는 5년 이상의 유기징역에 처한다.
② 「형법」제129조·제130조 또는 제132조에 규정된 죄를 범한 사람은 그 죄에 대하여 정한 형(제1항의 경우를 포함한다)에 수뢰액의 2배 이상 5배 이하의 벌금을 병과(倂科)한다.

[1] 의의

특정범죄가중법 제2조에는 형법 제129조(수뢰·사전수뢰), 제130조(제3자뇌물제공), 제132조(알선수뢰)를 범한 사람의 수뢰액이 일정액 이상인 경우를 가중 처벌하도록 규정하고 있다. 범죄의 형태는 형법의 구성요건과 동일하고, 다만 수뢰액을 양형의 요소가 아니라 구성요건으로 규정하고 있다.

수뢰액이 3천만 원 이상 5천만 원 미만의 경우는 5년 이상의 유기징역, 5천만 원 이상 1억 원 미만의 경우는 7년 이상의 유기징역, 1억 원 이상의 경우는 무기 또는 10년 이상의 징역에 처한다(제1항). 그리고 수뢰액의 2배 이상 5배 이하의 벌금이 징역형에 병과된다(제2항).

한편 고위공직자가 특정범죄가중법 제2조 위반죄를 범한 경우는 공수처법에 따라 공수처검사가 수사를 하게 된다(공수처법 제2조 제3호 가목, 제23조).

공수처법

제2조(정의) 이 법에서 사용하는 용어의 정의는 다음과 같다.

1. "고위공직자"란 다음 각 목의 어느 하나의 직(職)에 재직 중인 사람 또는 그 직에서 퇴직한 사람을 말한다. 다만, 장성급 장교는 현역을 면한 이후도 포함된다.

　가. 대통령　　　　　　　　나. 국회의장 및 국회의원

　다. 대법원장 및 대법관　　　라. 헌법재판소장 및 헌법재판관

　마. 국무총리와 국무총리비서실 소속의 정무직공무원

　바. 중앙선거관리위원회의 정무직공무원

　사. 「공공감사에 관한 법률」 제2조 제2호에 따른 중앙행정기관의 정무직공무원

　아. 대통령비서실·국가안보실·대통령경호처·국가정보원 소속의 3급 이상 공무원

　자. 국회사무처, 국회도서관, 국회예산정책처, 국회입법조사처의 정무직공무원

　차. 대법원장비서실, 사법정책연구원, 법원공무원교육원, 헌법재판소사무처의 정무직공무원

　카. 검찰총장

　타. 특별시장·광역시장·특별자치시장·도지사·특별자치도지사 및 교육감

　파. 판사 및 검사　　　　　하. 경무관 이상 경찰공무원

　거. 장성급 장교　　　　　너. 금융감독원 원장·부원장·감사

　더. 감사원·국세청·공정거래위원회·금융위원회 소속의 3급 이상 공무원

3. "고위공직자범죄"란 고위공직자로 재직 중에 본인 또는 본인의 가족이 범한 다음 각 목의 어느 하나에 해당하는 죄를 말한다. 다만, 가족의 경우에는 고위공직자의 직무와 관련하여 범한 죄에 한정한다.

　가. 「형법」 제122조부터 제133조까지의 죄(다른 법률에 따라 가중처벌되는 경우를 포함한다)

[2] 행위주체

특정범죄가중법에서 가중 처벌되는 뇌물죄는 형법 제129조(수뢰·사전수뢰), 제130조(제3자뇌물제공), 제132조(알선수뢰)이다. 형법 제129조(수뢰·사전수뢰), 제130조(제3자뇌물제공), 제132조(알선수뢰)를 범한 공무원이나 중재인이 행위의 주체이다. 그리고 특정범죄가중법 제4조에 해당하는 정부관리기업체의 간부직원도 형

법 제129조·제130조·제132조가 적용되므로 특정범죄가중법위반(뇌물)죄가 성립 될 수 있다.

그런데 특정범죄가중법 제2조 제1항에는 형법 제131조(수뢰후 부정처사, 사후 수뢰)의 죄를 범한 사람에 대해서 가중 처벌하는 명시적 규정이 없으므로, 공무 원·중재인·정부관리기업체의 간부직원이 형법 제131조(수뢰후 부정처사, 사후수뢰) 의 죄를 범한 경우도 특정범죄가중법 제2조(뇌물죄의 가중처벌)에 포함되는지가 다 투어진다.

생각건대 형법 제131조가 형법 제129조·제130조의 구성요건해당성을 전제로 하는지에 따라 판단하는 것이 타당하다. 형법 제131조 제1항(수뢰후 부정처사)과 제2항(사후수뢰)의 죄는 형법 제129조나 제130조의 죄를 범한 것을 전제로 하므로 특정범죄가중법에 따른 뇌물죄의 가중처벌에 포함된다. 판례도 형법 제131조 제1항 의 죄를 범한 사람을 특정범죄가중법 제2조 제1항에서 규정한 형법 제129조, 제 130조에 규정된 죄를 범한 사람으로 본다(대법원 2004.3.26. 선고 2003도8077 판결). 그러나 형법 제131조 제3항(퇴직후수뢰)은 과거 공무원 또는 중재인이었던 자가 범하는 것으로 현재 공무원 또는 중재인이 범하는 형법 제129조나 제130조와 구 별되므로, 특정범죄가중법에 따른 뇌물죄의 가중처벌에 포함되지 않는다.7 판례도 현재 특정범죄가중법 제4조에 해당하는 정부관리기업체의 간부직원이 과거 공무 원으로 재직 중의 직무에 관하여 금품을 수수한 경우는 수뢰액에 고액이더라도 특정범죄가중법에 따른 뇌물죄의 가중처벌이 적용되지 않고 형법의 사후수뢰죄가 적용된다고 본다(대법원 1984.8.14. 선고 84도1139 판결).

[3] 행위

1) 뇌물의 개념

뇌물이란 직무에 관한 부당한 이익을 말하는데, 뇌물의 내용인 이익은 금전, 물품 기타의 재산적 이익뿐만 아니라 사람의 수요·욕망을 충족시키기에 족한 모 든 유형·무형의 이익을 포함하므로, 군대에서 진급 평정권자가 진급대상자로 하 여금 자신의 은행대출금채무에 연대보증을 하게 한 것도 뇌물에 포함되고(대법원 2001.1.5. 선고 2000도4714 판결), 제공된 것이 성적 욕구의 충족인 경우도 포함되고 (대법원 2014.1.29. 선고 2013도13937 판결), 공무원이 투기적 사업에 참여할 기회를

---

7   이주원 279면.

받은 것도 실제 사업 참여로 이득을 얻었는지와 무관하게 뇌물에 포함된다(대법원 2002.11.26. 선고 2002도3539 판결).

다만 비재산적 이익은 그것이 사람의 수요·욕망을 충족시키기에 적합하다는 객관적인 평가가 가능해야 한다. 따라서 단순히 주관적인 명예욕이나 허영심을 만족시키는 정도에 그치는 비재산적 이익은 뇌물성을 객관적으로 평가할 수 없고 몰수·추징도 불가능하므로 뇌물이라고 볼 수 없다.[8]

2) 뇌물의 수수

뇌물의 수수는 뇌물을 영득의사로 취득하는 것을 말한다. 뇌물수수자가 뇌물 공여자에 대한 내부관계에서 물건에 대한 실질적인 사용·처분권을 취득하였으나 뇌물수수 사실을 은닉하거나 뇌물공여자가 계속 그 물건에 대한 비용 등을 부담하기 위하여 소유권 이전의 형식적 요건을 유보한 것은 뇌물수수자와 뇌물공여자 사이에서는 소유권을 이전받은 경우와 다르지 않으므로 그 물건을 뇌물로 수수한 것이다(대법원 2019.8.29. 선고 2018도2738 전원합의체 판결). 뇌물이 공여자와 수뢰자 사이에 직접 수수될 필요는 없으므로(대법원 2008.6.12. 선고 2006도8568 판결), 뇌물 공여자가 뇌물수수자가 제공한 명단의 대상자들에게 택배를 이용하여 뇌물수수자의 명의로 새우젓을 선물발송 한 것도 뇌물수수라고 인정된다(대법원 2020.9.24. 선고 2017도12389 판결).

일단 영득의사로 뇌물을 수령하면 나중에 수령한 것을 반환하더라도 뇌물죄는 성립하므로 영득의사의 존부를 판단하는 기준이 문제인데, 판례에 의하면 영득의사가 있는지를 판단할 때는 뇌물의 교부를 받은 경위, 뇌물을 반환할 기회가 충분히 있었는데도 반환하지 아니하였는지, 뇌물을 반환하게 된 경위 등을 고려하여야 한다(대법원 2013.11.28. 선고 2013도9003 판결). 예를 들어, 뇌물인지 모르고 수수하였다가 뇌물임을 알고 즉시 반환하거나, 증뢰자가 일방적으로 뇌물을 두고 가서 후일 기회를 보아 반환할 의사로 어쩔 수 없이 일시 보관하다가 반환한 경우는 영득의사가 인정되지 않아 뇌물수수가 인정되지 않는다(대법원 2013.11.28. 선고 2013도9003 판결). 금전을 불우이웃돕기 성금이나 연극제에 전달할 의사로 받은 경우도 영득의사가 없으므로 뇌물의 수수가 인정되지 않는다(대법원 2010.4.15. 선고 2009도11146 판결).

----

8   박상기·전지연·한상훈 27면.

그러나 금품을 수수한 장소가 공개된 장소이고 수수한 금품을 부하직원들을 위하여 모두 소비하더라도, 영득의사가 부정되지는 않는다(대법원 1996.6.14. 선고 96도865 판결). 공여자로부터 부탁과 함께 사례 명목으로 교부받은 자기앞수표를 약 2주일 후 반환하여 주었더라도, 일단 수표를 자신의 은행계좌에 예치시켰다가 그 뒤 동료직원들에게 공여자에 대하여 탐문해 본 결과 믿을 수 없다고 하므로 후환을 염려하여 반환한 것도 뇌물수수의 고의가 인정된다(대법원 1984.4.10. 선고 83도1499 판결).

한편 금전의 제공이 관례에 좇은 것이더라도 그러한 사유만으로 금전의 수수가 죄가 되지 않는 것으로 오인한 데에 정당한 이유가 있다고 볼 수는 없다(대법원 1995.6.30. 선고 94도1017 판결).

3) 요구·약속

뇌물의 요구는 자진하여 뇌물의 공여를 청구하는 것이고, 뇌물의 약속은 당사자 사이에 존재하는 뇌물수수의 합의를 말한다. 뇌물의 수수가 없더라도 요구·약속이 있으면 뇌물요구·약속죄는 성립하고, 뇌물의 요구나 약속은 뇌물수수의 전(前) 단계를 이루는 행위로서 뇌물을 요구하거나 약속하고 수수한 경우에는 포괄하여 1개의 뇌물수수죄만 성립한다.9

뇌물약속죄에 있어서 뇌물의 목적물인 이익은 약속 당시에 현존할 필요는 없고 약속 당시 기대하거나 예상할 수 있는 것이라도 무방하며, 뇌물의 목적물이 이익인 경우는 그 가액이 확정되어 있지 않아도 뇌물약속죄가 성립하는 데는 영향이 없으므로 공무원이 건축업자로부터 그가 건축할 주택을 공사비 상당액으로 분양받기로 약속한 경우는 매매시가 중 공사비를 초과하는 액수만큼의 이익을 뇌물로 약속한 것이 되어 뇌물약속죄가 성립한다(대법원 1981.8.20. 선고 81도698 판결).

[4] 수뢰액

1) 의미

수뢰액의 산정에 따라 주형(主刑)에 대해 형법이 적용되는지 특정범죄가중법이 적용되는지가 구별된다. 특정범죄가중법 제2조 제1항 각호는 형법 제129조(수뢰·사전수뢰), 제130조(제3자뇌물제공), 제132조(알선수뢰)의 구성요건해당성을 전

---

9 신동운 126면.

제로 하여 수뢰액을 양형의 요소가 아니라 구성요건으로 규정하고 있기 때문이다. 이처럼 특정범죄가중법이 수뢰액만을 기준으로 차등적으로 처벌하므로, 포괄일죄로 보는지 경합범으로 보는지에 따라 법정형의 현저한 차이가 발생한다. 단순일죄의 뇌물죄 또는 포괄일죄의 뇌물죄의 경우 그 수뢰합산액이 특정범죄가중법에 규정된 일정액 이상이면 특정범죄가중법 제2조 제1항이 적용되지만, 수 개의 뇌물죄가 경합범 관계일 때는 그 수뢰합산액을 기준으로 삼아 위 규정을 적용할 수 없다 (대법원 1976.4.27. 선고 76도634 판결). 예를 들어 공무원이 17개월 동안 17회에 걸쳐 정기적으로 동일한 납품업자로부터 하자를 눈감아 달라는 명목으로 금원을 교부 받았다면, 직무에 관하여 뇌물을 수수한다는 단일한 범의 아래 계속하여 일정 기간 동종행위를 반복한 것이므로 뇌물수수의 포괄일죄로서 그 합산액에 따라 특정범죄가중법 위반(뇌물)죄가 성립한다(대법원 1990.9.25. 선고 90도1588 판결).

형법의 뇌물죄가 성립하기 위해서는 뇌물의 가액이 확정되어 있지 않아도 영향이 없지만(대법원 2001.9.18. 선고 2000도5438 판결), 뇌물의 가액이 구성요건으로 규정된 특정범죄가중법 제2조는 뇌물의 가액을 산정할 수 없다면 적용될 수 없다. 판례도 특정범죄가중법 제2조 제1항 제1호에는 약속한 뇌물의 가액이 1억 원 이상이라는 것이 구성요건으로 되어 있고 그 가액에 따라 형벌이 가중되어 있으므로, 뇌물의 가액은 산정할 수 있어야 할 뿐 아니라 죄형균형 원칙이나 책임주의 원칙이 훼손되지 않도록 엄격하고 신중하게 인정하여야 한다고 판단한다(대법원 2016.6.23. 선고 2016도3753 판결).

결국 특정범죄가중법 제2조 제1항의 위반으로 공소가 제기된다면 뇌물의 가액은 범죄구성요건을 이루는 점에서 엄격한 증명의 대상이 되지만, 형법상 단순 뇌물죄로 공소가 제기된다면 뇌물의 가액은 엄격한 증명의 대상은 아니다. 그러나 형법상 단순 뇌물죄로 기소되더라도 뇌물은 몰수·추징의 대상이 되는 점에서 증거에 의해 인정되어야 하며 수뢰액을 특정할 수 없는 경우에는 가액을 추징할 수 없다(대법원 2011.5.26. 선고 2009도2453 판결).

2) 공범의 수뢰액 산정

공범의 경우 공범자 전원의 수뢰액을 합산한 금액을 기준으로 한다. 수인이 공동정범의 형태로 뇌물수수죄를 범하였다면 공범자는 자기의 수뢰액뿐만 아니라 다른 공범자의 수뢰액에 대하여도 그 죄책을 면할 수 없는 것이므로, 특정범죄가중법 제2조 제1항의 적용 여부를 가리는 수뢰액의 산정에 있어서 각 공범자가 실제로 취득한 금액이나 분배받기로 한 금액을 기준으로 하지 않고 공범자 전원의 수뢰액을 합한 금액을 기준으로 한다(대법원 1999.8.20. 선고 99도1557 판결). 일부 실행 전부책임이라는 공동정범의 본질에서 보면 공동정범 전원의 수뢰액을 합산한 금액을 기준으로 수뢰액을 산정하게 된다.

3) 금품의 수뢰액 산정

뇌물이 금품(금전·물품)인 경우는 수수·요구·약속한 금전이나 물품의 가액이 그대로 수뢰액이 된다.[10] 먼저 뇌물을 요구하여 증뢰자로부터 돈을 받았다면 받은 돈 전부가 수뢰액이다(대법원 2017.3.22. 선고 2016도21536 판결).

수수·요구·약속한 금품에 그 직무행위에 대한 대가로서의 성질과 직무 외의 행위에 대한 사례의 성질이 결합되어서 서로 나눌 수 없다면 그 수수·요구·약속한 금품 전부가 직무행위에 대한 대가이다(대법원 2012.1.12. 선고 2011도12642 판결). 뇌물을 받는 데에 필요하여 지출한 경비는 뇌물수수의 부수적 비용에 불과하여 뇌물의 가액과 추징액에서 공제할 항목에 해당하지 않는다(대법원 1999.10.8. 선고 99도1638 판결 참조).

4) 향응의 수뢰액 산정

증뢰자가 수뢰자와 함께 향응하고 증뢰자가 향응비용을 지출하였다면, 수뢰자의 접대에 사용된 비용과 증뢰자가 소비한 비용을 구분하여 수뢰자의 접대에 사용된 비용만을 수뢰액으로 하여야 하며, 만일 각자에 사용된 비용이 불명확 때에는 평등하게 분할한 금액을 수뢰액으로 본다(대법원 2005.11.10. 선고 2004도42 판결). 그리고 수뢰자가 향응을 제공 받는 자리에 수뢰자가 제3자를 초대하여 함께 접대를 받았다면, 제3자가 별도의 지위에서 접대를 받는 공무원이라는 등의 특별한 사정이 없는 한 그 제3자의 접대에 사용된 비용도 수뢰액으로 본다(대법원 2001.10.12. 선고 99도5294 판결).

5) 투자의 수뢰액 산정

투기적 사업에 참여할 기회를 얻는 것도 뇌물에 해당하는데, 투기적 사업에 참여할 기회를 받았다면 투기적 사업의 참여행위가 종료된 때에 뇌물수수죄는 성립하고 그 행위가 종료된 후 경제사정의 변동 등으로 인하여 예상과는 달리 그

10　박상기·전지연·한상훈 28면; 이주원 283면.

사업 참여로 아무런 이득을 얻지 못한 경우라도 뇌물수수죄의 성립에는 영향이 없다(대법원 2002.11.26. 선고 2002도3539 판결).

투기적 사업에 투자하였다면 투자함으로써 얻을 수 있는 통상적인 이익을 초과한 금액이 수뢰액이다(대법원 1995.6.30. 선고 94도993 판결). 예를 들어 슬롯머신 허가 및 단속업무를 관장하는 공무원이 슬롯머신 업소에 5천만 원을 투자하고 월 3백만 원을 지급 받기로 하고 35회에 걸쳐 1억5백만 원을 지급 받았다면, 1억5백만 원 자체가 뇌물이 되지만 5천만 원을 직무와 관계없이 대여하였더라면 받았을 이자 상당이 통상적인 이익이고 이자를 초과한 금액이 수뢰액이 된다(대법원 1995.6.30. 선고 94도993 판결).

[5] 처벌

1) 징역형과 벌금 병과

형법 제129조(수뢰·사전수뢰), 제130조(제3자뇌물제공), 제132조(알선수뢰)에 규정된 죄를 범한 사람은 그 죄에 대하여 정한 형에 수뢰액의 2배 이상 5배 이하의 벌금이 병과된다(제2조 제2항). 수뢰액이 많고 적음을 불문하고 경제적인 불이익을 가하여 공무원 등의 청렴성, 공직 등의 불가매수성·순수성을 확보하고 공무에 대한 사회적 신뢰를 회복하기 위해서 징역형에 벌금형을 필요적으로 병과시킨 것이다.[11]

주의할 점은, 특정범죄가중법 제2조 제2항이 동조 제1항의 적용을 전제로 하지 않는다는 점이다. 즉, 특정범죄가중법위반(뇌물)죄 뿐만 아니라 형법이 적용되는 단순 수뢰죄에 대해서도 특정범죄가중법 제2조 제2항에 의해 벌금형이 필요적으로 병과되며, 헌법재판소는 특정범죄가중법 제2조 제2항에서 특정범죄가중법위반(뇌물)죄뿐만 아니라 형법 적용을 받는 수뢰죄에 대해서도 벌금형을 필요적으로 병과한 것을 위헌이 아니라고 판단하였다(헌법재판소 2017.7.27. 선고 2016헌바42 결정). 징역형 위주의 처벌은 수뢰죄의 예방에 큰 실효를 거두지 못하였고, 범죄수익을 소비·은닉하면 몰수·추징형의 집행이 불가능할 수 있고, 범죄수익의 박탈만으로는 범죄의 근절에 충분하지 않을 수 있다는 점까지 고려하여 징역형에 벌금형을 필요적으로 병과한 것은 입법재량의 한계를 벗어난 것이 아니며, 수뢰액은 죄의 경중을 가늠하는 중요한 기준이고 불법의 정도를 드러낼 수 있는 가장 보편적인 지표이므로 수뢰액을 기준으로 벌금을 산정하는 것 역시 책임을 벗어난

----

11   박상기·전지연·한상훈 34면.

형벌이 아니라고 한다.

2) 몰수·추징

특정범죄가중법 제2조는 제13조의 필요적 몰수·추징의 대상에서 제외되어 있지만, 형법 제134조에 의하여 필요적 몰수·추징의 대상이 된다. 형법 제134조에 의한 필요적 몰수·추징은 형법 제129조부터 133조를 위반한 사람에게 제공되거나 공여될 금품 기타 재산상 이익을 박탈하여 부정한 이익을 보유하지 못하도록 하는 목적이 있다(대법원 2014.5.16. 선고 2014도1547 판결).

특정범죄가중법의 적용요건인 수뢰액을 산정할 때는 공범자 전원의 수뢰액을 합산한 금액을 기준으로 하지만(대법원 1999.8.20. 선고 99도1557 판결), 가액을 추징할 때는 공범자 각자가 실제로 분배받은 금품만을 개별적으로 추징하고 개별적으로 수수한 금품을 알 수 없으면 평등하게 추징한다(대법원 2011.11.24. 선고 2011도9585 판결). 공동정범 외에 교사범·종범도 정범과의 관계, 범행 가담 경위 및 정도, 뇌물 분배에 관한 사전약정의 존재 여부, 뇌물공여자의 의사, 종범 또는 교사범이 취득한 금품이 전체 수뢰액에서 차지하는 비중 등을 고려하여 뇌물의 공동수수자에 해당할 수 있는데, 뇌물을 수수한 자가 교사범·종범에게 뇌물 중 일부를 사례금 등의 명목으로 교부한 것은 뇌물을 수수하는 데 따르는 부수적 비용의 지출 또는 뇌물의 소비행위에 지나지 아니하여 뇌물수수자에게서 수뢰액 전부를 추징한다(대법원 2011.11.24. 선고 2011도9585 판결).

몰수는 범죄에 의한 이득의 박탈을 그 목적으로 하는 것이고 추징도 몰수의 취지를 관철하기 위한 것이므로, 몰수하기 불능한 때에 추징할 가액은 범인이 그 물건을 보유하고 있다가 몰수의 선고를 받았더라면 잃었을 이득상당액을 의미하고 그 가액산정은 재판선고 시의 가격을 기준으로 한다(대법원 1991.5.28. 선고 91도352 판결). 수뢰액을 특정할 수 없는 경우 가액을 추징할 수도 없다(대법원 2011.5.26. 선고 2009도2453 판결).

[6] 관련문제

1) 범죄수익은닉규제법

범죄수익의 취득 등에 관한 사실을 가장(假裝)하거나 범죄를 조장할 목적 또는 적법하게 취득한 재산으로 가장할 목적으로 범죄수익을 은닉하는 행위를 규제하고, 범죄와 관련된 범죄수익의 몰수·추징에 관한 특례를 규정함으로써 범죄를 조장하는 경제적 요인을 근원적으로 제거하여 건전한 사회질서를 유지하기 위해서 '범죄수익은닉규제법'이 존재한다.

경찰서 생활질서계에 근무하는 경찰관이 사행성 게임장 업주로부터 뇌물을 수수하면서 자신의 자녀 명의 은행 계좌의 현금카드를 받은 뒤 사행성 게임장 업주가 위 계좌에 돈을 입금하면 현금카드로 돈을 인출하는 경우와 같이, 공무원이 차명계좌로 3천만 원 이상의 뇌물을 수수한 행위는 범죄수익은닉규제법 제3조 제1항 제1호에서 정한 '범죄수익 등의 취득 또는 처분에 관한 사실을 가장하는 행위'에도 해당하므로, 특정범죄가중법 위반(뇌물)죄 외에 범죄수익규제법 위반죄도 성립한다. 양 죄는 하나의 행위에 의한 것이어서 상상적 경합의 관계이지만,[12] 대법원은 양 죄를 실체적 경합의 관계로 본다(대법원 2012.9.27. 선고 2012도6079 판결).

2) 자수

자수란 범인이 자발적으로 자신의 범죄사실을 수사기관에 신고하여 그 소추를 구하는 의사표시를 말하는데, 자수하면 형을 임의로 감경 또는 면제할 수 있다(형법 제52조 제1항). 수 개의 범죄사실 중의 일부에 대해서만 자수한 경우는 자수한 부분의 범죄사실에 대해서 자수의 효력이 인정되는데(대법원 1994.10.14. 선고 94도2130 판결), 수사기관에 자신의 뇌물수수사실을 신고하면서 수뢰액을 실제보다 적게 신고하여 특정범죄가중법의 적용을 회피하고자 한 경우에도 자수의 효력(임의적 형의 감면)을 인정할 수 있는지가 다투어진다.

자수에 대해서 형을 감경 또는 면제하는 주된 이유는 범인이 자신의 죄를 뉘우치고 있다는 점이므로, 범죄사실을 부인하거나 죄의 뉘우침이 없는 자수는 비록 외형이 자수일지라도 법률상 형의 감면사유가 되는 진정한 자수라고 할 수 없다(대법원 1994.10.14. 선고 94도2130 판결). 따라서 수뢰액을 실제보다 적게 자수하여 적용규정이 다르게 된 경우는 형의 감면사유가 인정되는 자수라고 볼 수 없다.[13] 판례도 피고인이 5천만 원이 아니라 3천만 원만 받았다고 자수한 후에 보강수사에서 5천만 원을 받은 사실을 자백하였다면, 자수가 성립하였다고 볼 수 없으므로 피고인이 시인한 3천만 원 부분에 대해서도 법률상 감경을 할 수 없다고 한다(대법원 2004.6.24. 선고 2004도2003 판결).

----

12   하급심 중에는 상상적 경합의 관계로 본 판결도 있다[인천지방법원 2011.10.6. 선고 2010고합 778,817(병합),881(병합),2011고합51(병합),302(병합) 판결].
13   박상기·전지연·한상훈 34면.

3. 알선수재(제3조)

> **제3조(알선수재)** 공무원의 직무에 속한 사항의 알선에 관하여 금품이나 이익을 수수·요구 또는 약속한 사람은 5년 이하의 징역 또는 1천만원 이하의 벌금에 처한다.
>
> **제13조(몰수)** 제3조 또는 제12조의 죄를 범하여 범인이 취득한 해당 재산은 몰수하며, 몰수할 수 없을 때에는 그 가액을 추징(追徵)한다.

[1] 의의

공무원의 직무집행의 공정과 이에 대한 사회의 신뢰 및 직무행위의 불가매수성을 보호하기 위해서 특정범죄가중법 제3조(알선수재)가 존재한다. 특정범죄가중법 제3조(알선수재)는 공무원이 아닌 누구든지 공무원의 직무에 속한 사항에 관해 알선을 명목으로 금품 등을 수수하면 형사처벌을 하고 있다. 공무원 신분이 없는 사람도 학연이나 지연 또는 개인의 영향력 등을 이용하여 공무원의 직무에 영향력을 미칠 수 있고 이러한 사람이 공무원의 직무와 관련하여 중개자로서 알선을 명목으로 금품 등을 수수하는 등의 행위를 하게 되면, 공무원의 직무집행의 공정성은 의심받게 된다(대법원 2014.6.26. 선고 2011도3106 판결). 공무원이 공정성이나 신뢰성과 같은 어떤 원칙에 기초하지 않고 사사로운 이해관계에 따라 공무를 처리한다면 국가 행정작용에 대한 국민의 불신을 매우 증가시켜 사회체제의 붕괴까지 초래할 수 있다(헌법재판소 2005.11.24. 선고 2003헌바108 결정).14

---

14 "현대 사회에서 로비를 통하여 이익집단이 건전한 이익을 추구할 수 있도록 보장하는 것은 분명 긍정적인 측면이 있다. 국민이 자신의 권익을 위해서 국가기관 등의 정책결정 및 집행과정에 전문가인 로비스트를 통해 자신의 의견이나 자료를 제출할 수 있다면, 국민은 언제나 이러한 의견 전달 통로를 이용해 국정에 참여할 수 있으므로 국민주권의 상시화가 이루어질 수 있다는 점에서, 국가기관은 정책결정에 필요한 좀 더 많은 자료와 전문가의 조력으로 합리적인 의사결정을 할 수 있다는 점에서, 전문가나 전문가 집단의 로비활동은 적극적으로 권장할 사항으로 보인다. 그러나 금전적 대가를 받는 알선 내지 로비활동을 합법적으로 보장할 것인지 여부는 그 시대 국민의 법 감정이나 사회적 상황에 따라 달라진다고 보아야 한다. 사회적 조건이 성숙되어 있지 않은 상황에서 대가를 받는 알선 내지 로비활동을 인정하게 되면 국가에 대한 유익한 정보의 제공이라는 측면보다는 부정부패의 온상을 양산하는 결과를 가져올 수도 있기 때문이다. 그런데 우리의 역사에서 로비는 공익이 아닌 특정 개인이나 집단의 사익을 추구하는 도구로 이용되었고, 건전한 정보제공보다는 합리적인 판단을 흐리게 하는 뇌물성 부패공세를 통해서 비합리적인 의사결정을 하게 하여 시민사회의 발전을 저해하는 요소가 되었다."(헌법재판소 2005.11.24. 선고 2003헌바108 결정).

특정범죄가중법 제3조(알선수재)에서 "공무원의 직무에 속한 사항"이라는 용어를 사용하고 있는데, 그 적용 범위가 불명확하여 죄형법정주의의 명확성원칙에 반하는지가 문제 되었다. 헌법재판소에 따르면, 특정범죄가중법 제3조(알선수재)의 보호법익은 공무의 공정성과 이에 대한 사회일반의 신뢰성 및 직무의 불가매수성으로, 뇌물 관련 범죄에서 이러한 법익의 침해가 의심되는 경우는 예외 없이 이를 처벌할 필요성이 인정되므로 특정범죄가중법 제3조(알선수재)가 공무원의 직무에 속한 사항의 중요성 정도나 법령 등에 정해진 직무인지와 관계없이 모두 처벌할 수 있도록 하더라도 죄형법정주의의 명확성원칙에 반하지 않는다(헌법재판소 2005.11.24. 선고 2003헌바108 결정).

한편 고위공직자가 특정범죄가중법 제2조 위반죄를 범한 경우는 공수처법에 따라 공수처검사가 수사를 하게 된다(공수처법 제2조 제3호 다목, 제23조).

공수처법

제2조(정의) 이 법에서 사용하는 용어의 정의는 다음과 같다.
3. "고위공직자범죄"란 고위공직자로 재직 중에 본인 또는 본인의 가족이 범한 다음 각 목의 어느 하나에 해당하는 죄를 말한다. 다만, 가족의 경우에는 고위공직자의 직무와 관련하여 범한 죄에 한정한다.
다. 「특정범죄 가중처벌 등에 관한 법률」 제3조의 죄

[2] 행위주체

특정범죄가중법 제3조 알선수재죄의 행위주체는 제한이 없다. 공무원과 공무원 아닌 사람 모두 행위주체가 된다. 따라서 세무사가 자신이 세무대리를 맡은 사건의 해결을 위하여 공무원에게 청탁·알선한다는 명목으로 금품을 수수한 경우도 특정범죄가중법위반(알선수재)죄가 성립한다(대법원 2007.6.29. 선고 2006도5817 판결).

형법 제132조의 알선수뢰죄는 공무원만이 범죄행위의 주체가 될 수 있고, 공무원의 지위를 이용하는 알선에 관하여 금품이나 이익을 수수·요구·약속한 경우에 적용할 수 있는데 비하여, 특정범죄가중법 제3조는 적용요건을 완화하고 있다.

알선수재행위 처벌규정 비교

> **형법 제132조(알선수뢰)** 공무원이 그 지위를 이용하여 다른 공무원의 직무에 속한 사항의 알선에 관하여 뇌물을 수수, 요구 또는 약속한 때에는 3년 이하의 징역 또는 7년 이하의 자격정지에 처한다.

① **알선수뢰죄(형법 제132조)**

알선수뢰죄의 행위주체는 공무원에 한정되고, 공무원의 지위를 이용해야 한다는 점에서 형법 제132조는 특정범죄가중법 제3조와 차이가 있다. 공무원이 친구나 친족관계 등 사적인 관계를 이용하면 그 지위를 이용한 것으로 볼 수 없지만, 다른 공무원이 취급하는 사무의 처리에 법률상·사실상으로 영향을 줄 수 있는 관계에 있는 공무원이 그 지위를 이용하면 그들 사이에 상하관계, 협동관계, 감독권 등의 특수한 관계와 무관하게 지위를 이용한 것에 해당한다(대법원 2001.10.12. 선고 99도5294 판결).

공무원이 공무원 직위를 이용하여 다른 공무원의 직무에 속한 사항의 알선에 관하여 뇌물을 수수, 요구 또는 약속하였다면 수뢰액이 3천만 원 이상인 경우는 특정범죄가중법 제2조에 의하여 가중처벌되고, 3천만 원 미만인 경우는 알선수뢰죄(형법 제132조, 3년 이하의 징역형)가 아니라 특정범죄가중법 제3조(5년 이하의 징역형)가 적용된다(대법원 1983.3.8. 선고 82도2873 판결). 입법론으로는 형법의 알선수뢰죄는 삭제하고, 특정범죄가중법에 알선수재의 공여자에 대한 처벌규정을 신설하여 특정범죄가중법 위반(알선수재)죄로 통일하는 것이 바람직하다.

② **변호사법 위반죄**

> **변호사법 제111조(벌칙)** ① 공무원이 취급하는 사건 또는 사무에 관하여 청탁 또는 알선을 한다는 명목으로 금품·향응, 그 밖의 이익을 받거나 받을 것을 약속한 자 또는 제3자에게 이를 공여하게 하거나 공여하게 할 것을 약속한 자는 5년 이하의 징역 또는 1천만원 이하의 벌금에 처한다. 이 경우 벌금과 징역은 병과할 수 있다.
> ② 다른 법률에 따라 「형법」 제129조부터 제132조까지의 규정에 따른 벌칙을 적용할 때에 공무원으로 보는 자는 제1항의 공무원으로 본다.

변호사법 제111조와 특정범죄가중법위반(알선수재)죄 사이에는 차이점이 있다. 첫째, 행위의 측면에서 특정범죄가중법위반(알선수재)죄와 달리 변호사법 제111조는 (a) 알선뿐만 아니라 청탁도 포함하고, (b) 제3자에게 공여하는 것도 포함하고, (c) 알선의 상대방에 정부관리기업체의 간부직원(특정범죄가중법 제4조)도 포함한 반면, (d) 금품 등의 수수·약속만 규정되어 있고 요구는 제외되어 있다. 둘째, 형벌의 측면에서 변호사법 위반죄는 벌금과 징역을 병과할 수 있도록 하였다.

그러나 변호사법 제111조는 금품수수 등의 알선행위를 처벌한다는 점에서 특정범죄가중법위반(알선수재)죄와 본질적으로 유사하다. 변호사법 제111조의 적용범위가 특정범죄가중법위반(알선수재)죄의 적용범위보다 좀 더 넓다는 점을 제외하고 본질적인 차이가 없어 동일한 사항을 규율대상으로 삼고 있는 병존적인 규정이라고 볼 수 있다(대법원 1983.3.8. 선고 82도2873 판결 참조). 입법론으로는 특정범죄가중법위반(알선수재)죄에 정부관리기업체 간부직원에 대한 공무원의제를 신설하고, 변호사법 제111조는 삭제하는 것이 바람직하다.

③ 특정경제범죄법 위반(알선수재)죄

특정경제범죄법 제5조(수재 등의 죄) ③ 금융회사등의 임직원이 그 지위를 이용하여 소속 금융회사등 또는 다른 금융회사등의 임직원의 직무에 속하는 사항의 알선에 관하여 금품이나 그 밖의 이익을 수수, 요구 또는 약속하였을 때에는 제1항과 같은 형에 처한다.

특정경제범죄법 제7조(알선수재의 죄) 금융회사등의 임직원의 직무에 속하는 사항의 알선에 관하여 금품이나 그 밖의 이익을 수수, 요구 또는 약속한 사람 또는 제3자에게 이를 공여하게 하거나 공여하게 할 것을 요구 또는 약속한 사람은 5년 이하의 징역 또는 5천만원 이하의 벌금에 처한다.

특정경제범죄법 제5조 제3항은 금융회사 등의 임직원의 알선수재죄를 규정하고 있는데, 알선수뢰죄(형법 제132조)의 적용범위를 넓힌 규정이라고 할 수 있다. 행위주체가 금융회사 등의 임직원으로 제한된 신분범이고, 법정형이 알선수죄죄(3년 이하의 징역)보다 높다(5년 이하의 징역). 대표적인 적용사례는 은행지점의 차장이 같은 은행의 다른 지점으로부터 대출을 받게 해 주거나 금융의 편의를 제공해 준다는 명목으로 금품을 받는 경우이다(대법원 1988.4.25. 선고 88도226 판결).

특정경제범죄법 제7조는 금융회사의 업무가 공공적 성격을 띠므로 금융회사의 업무에 개입하여 금품을 수수하는 행위를 금지하여 금융회사업무의 불가매수성을 확보하고자 하는 것이다.[15] 특정경제범죄법 제5조 제3항의 행위주체가 금융회사 등의 임직원으로 제한되는 것에 반하여, 특정경제범죄법 제7조의 행위주체는 제한이 없다. 특정경제범죄법 제7조는 특정범죄가중법 제3조의 적용범위를 금융회사임직원의 직무까지 넓힌 규정이라고 할 수 있다. 입법론으로는 금융회사의 임직원의 알선수재행위도 특정경제범죄법 제7조로 규제할 수 있으므로 특정경제범죄법 제5조 제3항은 삭제하는 것이 바람직하다.

----

15   박상기·전지연·한상훈 128면.

④ **죄수관계**

(a) 일반인이 공무원이 취급하는 사무의 알선에 관하여 금품을 수수하면 특정범죄가중법 위반(알선수재)죄와 변호사법 제111조 위반죄가 동시에 성립할 수 있다. 양 규정은 행위형태와 행위주체 및 법정형의 차이가 사실상 존재하지 않으므로 입법론으로는 변호사법 제111조는 삭제하는 것이 바람직하지만, 양 규정이 존재하는 현재의 해석론으로는 특정범죄가중법과 변호사법의 목적이 병존할 수 있으므로 양 죄는 상상적 경합의 관계라고 이해하는 것이 타당하다.16

(b) 공무원이 지위를 이용하여 다른 공무원의 직무에 속한 사항의 알선에 관하여 금품을 수수하면, 알선수뢰죄(형법 제132조), 특정범죄가중법 위반(알선수재)죄, 변호사법 제111조 위반죄가 동시에 성립할 수 있다. 행위주체를 보면 알선수뢰죄만 신분범이어서 알선수뢰죄가 특별법의 관계에 있다고 볼 여지가 있고, 법정형을 보면 반대로 알선수뢰죄가 처벌이 경하게 되어 있어서 알선수뢰죄가 일반법의 관계에 있다고 볼 여지도 있다.17 생각건대 알선수뢰죄는 형법에 규정되어 있고 법정형도 경하게 되어 있으므로, 특정범죄가중법 위반(알선수재)죄와 변호사법 제111조 위반죄가 형법 제132조의 알선수뢰죄에 대해서는 특별관계로 이해하는 것이 타당하다.

[3] 행위

특정범죄가중법의 알선수재는 공무원의 직무에 속한 사항의 알선에 관하여 금품이나 이익을 수수·요구·약속하는 행위이다. 현실적인 알선행위가 행하여졌는지는 범죄성립의 요건이 아니므로, 알선의 명목으로 뇌물을 수수·요구·약속하였다면 실제로 구체적인 알선행위를 하였는지와 상관없이 특정범죄가중법 위반(알선수재)죄는 성립한다.

1) 금품·이익의 수수·요구·약속

공무원의 직무에 속한 사항에 관해 알선을 명목으로 금품이나 이익을 수수·요구·약속해야 특정범죄가중법위반(알선수재)죄가 성립한다. 금품·이익의 개념과 수수·요구·약속의 개념은 앞에서 설명된 뇌물의 개념과 동일하다.18 금품은 금전과 물품을 말하고, 이익은 기타의 재산적 이익뿐만 아니라 사람의 수요·욕망을 충족시키기에 족한 모든 유형·무형의 이익을 말한다. 수수는 영득의사로 취득하

---

16 이동희·류부곤 131면.
17 이동희·류부곤 130면.
18 앞의 제6장 제2절 I. 2. (3) 참조.

는 것을 말하고, 요구는 자진하여 공여를 청구하는 것이고, 약속은 당사자 사이에 수수의 합의를 말한다.

2) 공무원의 직무에 속한 사항

특정범죄가중법위반(알선수재)죄는 공무원의 직무에 속한 사항에 관해 알선하는 행위를 처벌한다. 특정범죄가중법 제4조에서 규정된 정부관리기업체의 간부직원의 직무에 속한 사항에 관한 알선은 특정범죄가중법 제3조에 포함되지 않고, 다만 변호사법 제111조 제2항에 의해 처벌된다.

공무원의 직무에 속한 사항에는 공무원이 법령상 관장하는 직무 자체뿐만 아니라 직무와 밀접한 관계에 있는 행위 또는 관례상·사실상 관여하는 직무행위도 포함되지만, 공무원이 개인적인 지위에서 취급하는 사무는 포함되지 않는다.[19] 공무원의 직무에 속한 사항은 그 공무원의 직무에 속하는 사항에 관한 것이면 충분하고, 공무원이 그 직무에 관하여 결재권이나 최종결정권을 갖고 있을 필요가 없으며, 공무원의 직무가 부정행위이어야 하는 것도 아니므로(대법원 1992.5.8. 선고 92도532 판결), 공무원의 정당한 직무행위에 관한 알선인 경우도 포함된다(대법원 2017.1.12. 선고 2016도15470 판결).

구체적인 행위가 공무원의 직무에 속하는지는, 공무의 한 부분으로 행해진 것인지의 형식적인 측면과 함께 공무원이 수행하여야 할 직무와의 관계에서 합리적으로 필요하다고 인정되는 것인지의 실질적인 측면을 함께 고려하여 결정한다(대법원 2011.5.26. 선고 2009도2453 판결).

예를 들어, 공업발전법에 의하여 설립된 단체인 한국기계공업진흥회가 통상산업부장관이 운용·관리하는 산업기반기금에서 지원되는 산업기술개발융자금의 융자를 희망하는 사업자로부터 융자신청을 받아 심의하여 융자사업자를 선정한 다음 통상산업부장관에게 융자사업자로 확정해 줄 것을 요청하면 통상산업부장관이 융자사업자를 확정하는 구조에서 통상산업부장관이 융자사업자로 확정하지 않는 한 자금융자는 이루어질 수는 없는 것이므로, 비록 한국기계공업진흥회의 직원이 공무원에 해당하지 않더라도 산업기술개발융자금의 대출업무는 공무원인 통상산업부장관의 직무에 속한 사항으로 보게 된다(대법원 1997.6.27. 선고 97도90 판결).

그러나 해양수산부가 지정 고시한 어업손실액 조사기관인 국립대학교 부설

---

19   박상기·전지연·한상훈 38면; 이주원 305면.

연구소(사립대학교 부설 연구소도 조사기관으로 지정되어 있음)가 '국가를당사자로하는계약에관한법률'에 근거하지 아니하고 연구소라는 단체의 명의로 체결한 어업 피해조사용역계약상의 의무에 따라 국립대학교 교수가 위 연구소 소속 연구원으로서 수행하는 조사용역업무는 교육공무원의 직무 또는 그와 밀접한 관계가 있거나 그와 관련된 행위에 해당하지 않는다(대법원 2002.5.31. 선고 2001도670 판결). 또한 대법원은 서울대학교병원의 조직과 운영, 임직원들의 직무내용, 인사 및 보수에 관하여 공무원인 서울대학교 교직원과 별도로 규율, 운영되고 있는 점에 비추어 보면, 서울대학교 의과대학 교수가 서울대학교병원 의사를 겸직하더라도 의사로서의 진료행위가 바로 공무로 되거나 당연히 공무적 성격을 띠는 것은 아니라고 판단하였다(대법원 2006.5.26. 선고 2005도1904 판결).

3) 알선의 의미

알선은 자신을 제외한 다른 사람의 사건·사무를 전제로 한다. 알선의 의미는 특정범죄가중법 위반(알선수재)죄 이외에 알선수뢰죄(형법 제132조), 특정경제범죄가중법위반(알선수재)죄, 변호사법 위반죄에서도 동일한데, 알선이란 공무원의 직무에 속하는 일정한 사항에 관하여 당사자의 의사를 공무원 측에 전달하거나 편의를 도모하는 행위 또는 공무원의 직무에 관하여 부탁을 하거나 영향력을 행사하여 당사자가 원하는 방향으로 결정이 이루어지도록 돕는 등의 행위를 의미한다(대법원 2017.1.12. 선고 2016도15470 판결). 즉 알선은 일정한 사항에 관하여 어떤 사람(알선의뢰인)과 그 상대방(알선상대방)의 사이에서 중개하여 편의를 도모하는 것을 의미한다.[20]

어떤 사람이 청탁한 취지를 상대방에게 전하거나 그 사람을 대신하여 스스로 상대방에게 청탁하는 것도 알선에 해당하고, 그 알선행위가 정당한 직무행위를 대상으로 하는 경우도 포함된다(대법원 2009.2.26. 선고 2008도10496 판결). 예를 들어

---

[20] 대법원 2014.6.26. 선고 2011도3106 판결에서는 "'알선'이란 그 형식을 불문하고 '일정한 사항에 관하여 어떤 사람과 그 상대방의 사이에 서서 중개하거나 편의를 도모하는 것'을 의미"한다고 표현하고 있어서, 중개의 여부와 관계없이 단순히 편의를 도모하는 것도 알선에 포함되는 것으로 오인할 수 있는데, 대법원 판례도 중개를 전제로 하지 않고 단순히 편의를 제공한 경우는 알선으로 보지 않는 것으로 이해하는 것이 바람직하다(대법원 1997.5.30. 선고 97도367 판결, 2000.10.24. 선고 99도3115 판결, 대법원 2005.8.19. 선고 2005도3045 판결 참조). 대법원 2014.6.26. 선고 2011도3106 판결의 사실관계도 피고인이 국공립학교 교장 등에게 청탁하여 인조잔디 제품 납품업체들이 학교에 제품 등을 납품하게 한 후 그 대가로 금품을 수수한 경우로서 '중개하여 편의를 도모한' 경우이다.

외형으로는 중개대리상이더라도 국공립학교 교장 등 공무원과의 친분관계 및 인맥을 통해 그들에게 청탁하여 인조잔디 제품 납품업체들이 학교의 납품업체로 선정되게 해주는 대가로 금품을 수수하면 특정범죄가중법 제3조의 알선수재죄가 성립한다(대법원 2014.6.26. 선고 2011도3106 판결). 또한 영향력 등을 행사할 수 있는 중간 인물을 통하여 청탁·알선해준다는 명목으로 금품 등을 수수하는 경우도 특정범죄가중법위반(알선수재)죄가 성립한다(대법원 2007.6.28. 선고 2002도3600 판결).

그러나 금품수수의 명목이 단지 알선행위를 할 사람을 '소개'시켜 준다는 것에 국한되는 경우는 알선에 해당하지 않고, 알선행위자가 아닌 제3자가 알선행위의 대가인 금품을 중간에서 '전달'하더라도, 제3자와 알선행위자가 공동가공의 의사를 가지고 전달행위를 하여 실행행위에 관여한 것으로 평가할 수 있는 경우가 아니라면 알선에 해당하지 않는다(대법원 2007.6.28. 선고 2002도3600 판결).

또한 알선의뢰인과 알선상대방 사이의 중개를 전제로 하지 않고 단순히 직무에 속하는 사항과 관련하여 알선의뢰인에게 '편의를 제공'하고 그 대가로서 금품을 수수하였을 뿐이라면 직무에 속한 사항의 알선에 관하여 금품을 수수한 것이 아니다(대법원 2000.10.24. 선고 99도3115 판결). 특정경제범죄법위반(알선수재)죄의 예를 보면, 창업투자회사의 투자심사위원이 투자심사회사 주식 매수인 측으로부터 주식매수자금 50억 원을 대출해 줄 것을 요청받고 이를 승낙한 후 창업투자회사가 은행으로부터 50억 원을 대출받아 이를 다시 투자심사회사 주식 매수인 측에게 대출해 주었다면, 은행과 주식 매수인 측은 직접적으로 대출을 위한 교섭이나 거래 관계를 형성한 적이 없으므로 금융상 편의를 제공해 준 것에 불과할 뿐이지 알선의뢰인인 주식 매수인 측과 알선상대방인 은행 사이의 대출 거래를 중개하였다고 볼 수는 없다(대법원 2005.8.19. 선고 2005도3045 판결).

4) 알선대상·상대방의 구체성

본죄에서 공무원의 직무에 속하는 사항은 다른 사람을 위한 사건 또는 사무를 말하고 알선자 자신을 위한 사건 또는 사무는 이에 해당하지 아니한다(제주지방법원 2011.2.10. 선고 2010노640 판결 참조). 알선의 상대방은 알선대상이 되는 업무의 전부 또는 일부를 담당하는 공무원인데(대법원 2006.11.9. 선고 2004도3131 판결), 알선의 상대방인 다른 공무원이나 그 직무의 내용이 구체적으로 특정될 필요는 없고, 알선행위는 장래의 것도 무방하므로 금품을 수수할 당시 반드시 알선의뢰인에게 알선으로 해결을 도모하여야 할 현안이 존재해야 하는 것은 아니다(대법원 2013.4.11. 선고 2012도16277 판결).

그러나 금품 수수의 명목이 된 청탁·알선의 상대방이 구체적으로 특정될 필요는 없더라도 최종적으로는 공무원일 것을 요하고 또 청탁·알선의 대상이 그의 직무에 속한 사항이거나 그가 취급하는 사건 또는 사무에 해당하여야 한다(대법원 2007.6.28. 선고 2002도3600 판결). 또한 금품 수수의 명목이 다른 공무원의 직무에 속하는 사항의 알선에 관련된 것임이 어느 정도는 구체적으로 나타나야 하고, 단지 상대방이 금품을 수수하는 자에게 잘 보이면 어떤 도움을 받을 수 있다거나 손해를 입을 염려가 없다는 정도의 막연한 기대를 하게 하는 정도에 불과하고, 수수하는 자 역시 상대방이 그러한 기대를 할 것이라고 짐작하면서 수수한 것만으로는 충분하지 않다(대법원 2017.12.22. 선고 2017도12346 판결). 사건에 있어서는 알선수재를 인정할 수 있는 정도로 알선대상의 구체성이 인정되는지가 주요하게 다투어진다.

5) 알선의 관련성(대가성)

특정범죄가중법 제3조는 "알선에 관하여 수수"라고 규정하고 있으므로, 알선과 금품의 수수 등의 사이에 관련성이 존재하여야 한다. 알선의 관련성이란 행위자가 수수한 금품이 알선에 관련된 것이고 알선과의 대가관계가 있는 것을 말한다.[21]

공무원의 직무에 속한 사항의 알선과 수수한 금품 사이에 대가관계의 존재 여부는 알선의 내용, 알선자와 이익 제공자 사이의 친분관계, 이익의 다과, 이익을 주고받은 경위와 시기 등 여러 사정을 종합하여 결정하는데, 알선과 주고받은 금품 사이에 전체적·포괄적으로 대가관계가 있으면 충분하다(대법원 2017.1.12. 선고 2016도15470 판결). 알선자가 받은 금품에 알선행위에 대한 대가로서의 성질과 그 밖의 행위에 대한 대가로서의 성질이 불가분적으로 결합되어 있으면 그 전부가 알선행위에 대한 대가이다(대법원 2017.1.12. 선고 2016도15470 판결).

[4] 관련문제

1) 공여자의 처벌여부

금품 등의 수수와 같이 2인 이상의 서로 대향된 행위의 존재를 필요로 하는 대향범 관계의 필요적 공범에서는 형법총칙의 공범규정이 적용되지 않는다. 이와

---

21 이주원 313면.

관련하여 형법 제132조의 알선수뢰자에게 뇌물을 공여한 사람은 공여자를 처벌하는 형법 제133조가 존재하여 뇌물공여죄로 처벌되지만, 특정범죄가중법에는 공여자에 대한 처벌규정이 존재하지 않는다는 점이 문제 된다. 비록 행위주체의 제한이 없는 특정범죄가중법 제3조는 행위주체가 공무원에 한정되는 형법 제132조 알선수뢰죄의 적용범위를 포괄하고 있지만, 형법 제132조 알선수뢰죄의 적용을 전제로 하는 규정은 아니다. 형법 제133조가 특정범죄가중법 위반(알선수재)죄에 적용될 수는 없다.

따라서 공무원이 지위를 이용하여 다른 공무원의 직무에 속한 사항을 알선한 경우의 공여자는 뇌물공여죄로 처벌되지만, 공무원 아닌 사람이 공무원의 직무에 속한 사항을 알선한 경우나 공무원이 지위를 이용하지 아니하여 다른 공무원의 직무에 속한 사항을 알선한 경우의 공여자는 처벌되지 않는 결론에 이른다.22

2) 죄수

단일하고 계속된 범의하에 동종의 범행을 일정기간 반복하여 행하고 그 피해법익도 동일한 경우에는 각 범행을 통틀어 포괄일죄로 보므로, 예를 들어 동일인으로부터 다른 공무원 소관의 사업승인에 따른 직무사항의 알선에 관하여 교제비명목으로 3개월여 동안 3회에 걸쳐 3천만 원 이상의 금품을 받았다면 포괄일죄로 하나의 특정범죄가중법 위반(뇌물)죄가 성립한다(대법원 1990.6.26. 선고 90도466 판결).

한편 공무원이 취급하는 사건에 관하여 알선을 할 의사와 능력이 없음에도 알선을 한다고 기망하고 이에 속은 피해자로부터 알선의 명목으로 금품을 받았다면, 특정범죄가중법 위반(알선수재)죄와 사기죄가 성립하는데(대법원 2008.2.28. 선고 2007도10004 판결), 이때 양 죄는 하나의 행위에 의한 것이므로 상상적 경합의 관계이다.23

[5] 처벌

특정범죄가중법 제3조는 공무원의 직무에 속한 사항의 알선에 관하여 금품이나 이익을 수수·요구·약속한 사람을 5년 이하의 징역 또는 1천만 원 이하의 벌

---

23   판례도 유사한 경우인 특정경제범죄법 위반(알선수재)죄와 사기죄의 관계(대법원 2012.6.28. 선고 2012도3927 판결) 및 변호사법 위반죄와 사기죄의 관계(대법원 2006.1.27. 선고 2005도8704 판결)를 상상적 경합으로 본다.

금에 처하도록 규정하고 있다. 변호사법 제111조와 달리 징역에 벌금을 병과하지는 않는다.

한편, 특정범죄가중법 제13조는 특정범죄가중법 반(알선수재)죄를 범한 사람이 취득한 재산을 필요적으로 몰수·추징하여, 범인이 범죄로 취득한 부정한 이익을 보유하지 못하도록 하고 있다. 알선의 대가로 알선자에게 실질적으로 귀속된 재산이 몰수·추징의 대상이다.

구체적 사례를 보면, 알선의뢰인이 알선자에게 알선의 대가를 형식적으로 체결한 고용계약에 기초하여 급여의 형식으로 지급하였다면 알선자가 수수한 알선수재액은 명목상 급여액이 아니라 원천징수된 근로소득세 등을 제외하고 실제로 지급된 금액이 몰수·추징의 대상이다(대법원 2012.6.14. 선고 2012도534 판결). 그러나 이와 달리 알선자가 알선 대가로 수수한 금품에 관하여 소득신고를 하고 이에 관하여 법인세 등 세금의 납부를 하였더라도, 범인이 자신의 알선수재행위를 정당화시키기 위한 것이거나 자신의 독자적인 판단에 따라 소비하는 방법에 지나지 아니하므로 그 금액을 추징에서 제외하지 않는다(대법원 2010.3.25. 선고 2009도11660 판결).

그 밖에 알선자가 공무원의 직무에 속한 사항의 알선에 관하여 금품을 받고 그 금품 중의 일부를 실제로 금품을 받은 취지에 따라 청탁과 관련하여 관계 공무원에게 뇌물로 공여하거나 금품을 받을 당시의 예정에 따라 다른 알선자에게 청탁의 명목으로 교부를 하였다면 그 부분을 제외한 나머지 금품만을 몰수·추징하지만, 금품을 받을 당시의 예정에 없이 알선자가 독자적인 판단에 따라 받은 금품 중 일부를 다른 알선자에게 교부를 한 것은 받은 돈을 소비하는 방법에 지나지 아니하므로 그 금액을 알선자로부터 추징한다(대법원 1999.5.11. 선고 99도963 판결).

부정취득재산 박탈규정

특정범죄가중법 제13조가 제3조(알선수재)와 제12조(외국인을 위한 탈법행위)에 대해서만 필요적 몰수를 규정한 것은, 범죄로 취득한 부정한 이익을 박탈하도록 해야 할 특정범죄가중법의 다른 범죄들의 경우에는 이미 기본법률에서 관련 규정을 두고 있기 때문이다. 예를 들어, 특정범죄가중법 제2조(뇌물죄의 가중처벌)와 제4조(뇌물죄 적용대상의 확대)의 경우는 형법 제134조(몰수·추징)에, 특정범죄가중법 제5조(국고 등 손실)의 경우는 회계직원책임법 제4조(회계관계직원의 변상책임)에, 특정범죄가중법 제6조(관세법 위반행위의 가중처벌)의 경우는 관세법 제282조(몰수·추징)에, 특정범죄가중법 제8조(조세 포탈의 가중처벌)의 경우는 조세범처벌법 제3조

(조세 포탈 등)와 제20조(형법 적용의 일부배제)에 범죄로 취득한 재산을 박탈하는
규정을 두고 있다.

[6] 공수처법의 적용

고위공직자가 특정범죄가중법위반(알선수재)죄를 범한 경우는 공수처법에 따
라 공수처검사가 수사를 하게 된다(공수처법 제2조 제3호 다목, 제23조).

공수처법

제2조(정의) 이 법에서 사용하는 용어의 정의는 다음과 같다.
  1. "고위공직자"란 다음 각 목의 어느 하나의 직(職)에 재직 중인 사람 또는
     그 직에서 퇴직한 사람을 말한다. 다만, 장성급 장교는 현역을 면한 이후도
     포함된다.
     가. 대통령   나. 국회의장 및 국회의원
     다. 대법원장 및 대법관   라. 헌법재판소장 및 헌법재판관
     마. 국무총리와 국무총리비서실 소속의 정무직공무원
     바. 중앙선거관리위원회의 정무직공무원
     사. 「공공감사에 관한 법률」 제2조 제2호에 따른 중앙행정기관의 정무직공
         무원
     아. 대통령비서실 · 국가안보실 · 대통령경호처 · 국가정보원 소속의 3급 이상
         공무원
     자. 국회사무처, 국회도서관, 국회예산정책처, 국회입법조사처의 정무직공무원
     차. 대법원장비서실, 사법정책연구원, 법원공무원교육원, 헌법재판소사무처의
         정무직공무원
     카. 검찰총장
     타. 특별시장 · 광역시장 · 특별자치시장 · 도지사 · 특별자치도지사 및 교육감
     파. 판사 및 검사   하. 경무관 이상 경찰공무원
     거. 장성급 장교   너. 금융감독원 원장 · 부원장 · 감사
     더. 감사원 · 국세청 · 공정거래위원회 · 금융위원회 소속의 3급 이상 공무원
  3. "고위공직자범죄"란 고위공직자로 재직 중에 본인 또는 본인의 가족이 범한
     다음 각 목의 어느 하나에 해당하는 죄를 말한다. 다만, 가족의 경우에는
     고위공직자의 직무와 관련하여 범한 죄에 한정한다.
     다. 「특정범죄 가중처벌 등에 관한 법률」 제3조의 죄

Ⅱ. 체포·감금 등의 가중처벌[제4조의2]

1. 법률 규정

> **제4조의2(체포·감금 등의 가중처벌)** ① 「형법」 제124조·제125조에 규정된 죄를 범하여 사람을 상해(傷害)에 이르게 한 경우에는 1년 이상의 유기징역에 처한다.
> ② 「형법」 제124조·제125조에 규정된 죄를 범하여 사람을 사망에 이르게 한 경우에는 무기 또는 3년 이상의 징역에 처한다.

형법 제276조에 체포·감금죄가 규정되어 있는데, 이것은 개인적 보호법익에 관한 범죄로서 개인의 잠재적인 신체적 활동의 자유를 보호하는 규정이다.[24] 체포·감금으로 상해나 사망이 발생한 경우는 형법 제281조에 체포·감금죄의 결과적 가중범으로서 체포·감금치사상죄가 규정되어 있다.

그 외에 수사기관의 체포·감금행위에 대한 처벌로서 국가적 보호법익에 관한 범죄로 직권남용체포·감금죄(형법 제124조)가 규정되어 있다. 이와 함께 독직폭행·가혹행위죄(형법 제125조)도 규정되어 있다.

형법의 체포·감금 처벌규정

① 체포·감금죄 및 체포·감금치사상죄

> **제276조(체포, 감금, 존속체포, 존속감금)** ① 사람을 체포 또는 감금한 자는 5년 이하의 징역 또는 700만원 이하의 벌금에 처한다.
> ② 자기 또는 배우자의 직계존속에 대하여 제1항의 죄를 범한 때에는 10년 이하의 징역 또는 1천500만원 이하의 벌금에 처한다.

> **제281조(체포·감금등의 치사상)** ① 제276조 내지 제280조의 죄를 범하여 사람을 상해에 이르게 한 때에는 1년 이상의 유기징역에 처한다. 사망에 이르게 한 때에는 3년 이상의 유기징역에 처한다.
> ② 자기 또는 배우자의 직계존속에 대하여 제276조 내지 제280조의 죄를 범하여 상해에 이르게 한 때에는 2년 이상의 유기징역에 처한다. 사망에 이르게 한 때에는 무기 또는 5년 이상의 징역에 처한다.

---

24 박상기·전지연 476면.

형법 제276조부터 제282조에는 체포와 감금의 죄가 규정되어 있다. 제276조(체포, 감금, 존속체포, 존속감금), 제277조(중체포, 중감금, 존속중감금, 존속중감금), 제278조(특수체포, 특수감금), 제279조(상습범), 제280조(미수범), 제281조(체포 · 감금 등의 치사상), 제282조(자격정지의 병과)가 규정되어 있다.

② **불법체포 · 감금죄(직권남용체포 · 감금죄)**

> **제124조(불법체포, 불법감금)** ① 재판, 검찰, 경찰 기타 인신구속에 관한 직무를 행하는 자 또는 이를 보조하는 자가 그 직권을 남용하여 사람을 체포 또는 감금한 때에는 7년 이하의 징역과 10년 이하의 자격정지에 처한다.
> ② 전항의 미수범은 처벌한다.

형법 제124조에는 불법체포 · 감금죄가 규정되어 있는데, 통상의 체포 · 감금죄와 구별하기 위해서 실무에서는 공무원의 직무범죄를 강조하여 체포의 경우에 직권남용체포죄, 감금의 경우에 직권남용감금죄라고 사용한다. 불법체포 · 감금죄는 인신구속의 직무자가 체포 · 감금하는 것으로 신분으로 인한 체포 · 감금죄의 가중적 구성요건으로서 부진정신분범으로 보는 견해도 있으나, 직권남용죄(형법 제123조)의 특수유형으로서 독립적 구성요건으로 보는 것이 타당하다.25 통상의 체포 · 감금죄는 개인적 보호법익에 관한 범죄로 규정되어 있지만, 불법체포 · 감금죄는 국가적 보호법익에 관한 범죄로 규정되어 있을 뿐만 아니라 법문에도 "직권을 남용하여"라고 명시하고 있기 때문이다.

인신구속에 관한 직무를 행하는 자와 일반인이 공동하여 체포 · 감금한 경우에, 불법체포 · 감금죄를 체포 · 감금죄의 가중적 구성요건으로서 부진정신분범으로 보는 견해에 의하면 일반인은 형법 제33조 단서가 적용되어 체포 · 감금죄(형법 제276조)가 성립하는 반면, 직권남용죄의 특수유형으로서 독립적 구성요건으로 보는 견해에 의하면 일반인은 형법 제33조 본문이 적용되어 직권남용체포 · 감금죄가 성립한다.

③ **독직폭행 · 가혹행위죄**

> **제125조(폭행, 가혹행위)** 재판, 검찰, 경찰 기타 인신구속에 관한 직무를 행하는 자 또는 이를 보조하는 자가 그 직무를 행함에 당하여 형사피의자 또는 기타 사람에 대하여 폭행 또는 가혹한 행위를 가한 때에는 5년 이하의 징역과 10년 이하의 자격정지에 처한다.

형법 제125조에는 폭행 · 가혹행위죄가 규정되어 있는데, 통상의 폭행죄와 구별하기 위해서 실무에서는 직무를 더럽힌다는 의미의 '독직(瀆職)'을 붙여 폭행의 경우에

---

25   신동운 87면.

독직폭행죄, 가혹행위의 경우에 독직가혹행위죄라고 표현한다. 독직폭행·가혹행위죄는 직권남용체포·감금죄와 마찬가지로 인신구속의 직무자가 폭행 등을 하는 것으로 신분으로 인한 폭행죄의 가중적 구성요건으로서 부진정신분범으로 보는 견해도 있으나, 공무원의 직권남용권리행사방해죄(형법 제123조)의 특수유형인 독립적 구성요건으로 보는 것이 타당하다.

그런데 체포·감금죄와 달리, 불법체포·감금죄(형법 제124조)와 독직폭행·가혹행위죄(형법 제125조)의 결과적 가중범이 형법에 규정되어 있지 않다. 수사기관의 체포·감금·폭행·가혹행위로 인하여 발생한 상해와 사망에 대해서 가중처벌하는 규정의 필요성이 제기되자, 1983. 12. 31. 특정범죄가중법의 개정을 통해 특정범죄가중법 제4조의2가 신설되었다. 1987. 1. 14. 경찰의 고문으로 사망한 박종철의 고문치사사건에 특정범죄가중법 제4조의2가 적용되었다.[26]

입법론으로는 형법 제124조와 제125조의 결과적 가중범은 형법 제124조 제2항과 제125조 제2항을 신설하여 규정하는 것이 바람직하다.

특정범죄가중법 제4조의2 도입 배경[27]

특정범죄가중법 제4조의2는 허경만·김영준 의원 외 60인이 1983.4.15. 발의하였는데, 개정법률안의 제안이유는 다음과 같다.

"헌법 제11조 제2항은 '모든 국민은 고문을 받지 아니하며 형사상 자기에게 불리한 진술을 강요당하지 아니한다'라고 규정하여 고문을 절대적으로 금지하고 있으며 형법 제124조와 제125조는 고문을 범죄로 규정하여 고문을 자행한 수사공무원 등에 대하여 형벌적 제재를 가하고 있을 뿐만 아니라 형사소송법 제309조는 고문에 의한 자백에 대해 유죄의 증거능력을 부정하고 있음에도 불구하고 아직도 수사기관 등에 의한 고문은 근절되지 않고 고문으로 인한 인권유린이 자행되고 있음.

최근 여대생피해사건의 장모권과 윤노파피살사건의 고숙종여인과 전주 최모씨 살인사건의 김시훈씨 등은 모두가 경찰의 고문으로 억울하게 인권을 유린당하였으며 특히 지난번 한·일 합섬주식회사 김근조 이사가 경찰의 고문으로 사망하여 국민이 경악을 금치 못하였는데 이는 빙산의 일각일 뿐 그 외에도 수사기관 등의 고문으로 인한 인권유린행위는 현재 허다한 것으로 사료됨.

현행 형법상 고문행위 등의 처벌규정인 형법 제124조는 7년 이하의 징역과 10년

---

26   대법원 1988.2.23. 선고 87도2358 판결.
27   장영민 98면 이하.

이하의 자격정지, 제125조는 5년 이하의 징역과 10년 이하의 자격정지에 처하도록 되어 있어 법정형이 낮을 뿐만 아니라, 고문으로 인해서 사람을 치사상한 경우는 일반 치사상죄보다 가중처벌하여야 함에도 불구하고 고문행위를 가하여 사람을 치상한 경우는 일반 폭행치상으로 의율하여 7년 이하의 징역이나 2만5000원 이하의 벌금에 처하도록 되어 있고 치사의 경우도 일반 폭행치사로 의율하여 3년 이상의 징역에 처하도록 규정되어 있어 형의 균형을 잃고 있음.

이와 같이 헌법과 법률에 절대적으로 금지하고 있는 고문행위가 아직도 수사기관 등에서 자행되고 있음은 형사사법의 민주화에 역행하는 처사이고 민주국가의 형사 절차에서는 도저히 용납될 수 없는 것으로 고문행위 등의 처벌규정을 대폭 강화하여 수사관 등에게 경각심을 고취시키고 고문행위 등을 가한 자를 엄단함으로써 고문으로 인한 인권유린을 근절하고 국민의 인권보장에 기여하고자 하는 것임.″

2. 성립요건

[1] 기본범죄

특정범죄가중법 제4조의2는 형법 제124조와 제125조의 결과적 가중범이므로, 불법체포·감금죄(형법 제124조) 혹은 독직폭행·가혹행위죄(형법 제125)가 전제된다.

1) 주체

행위자는 재판, 검찰, 경찰, 기타 인신구속에 관한 직무를 행하는 자 또는 이를 보조하는 자이다(신분범). 인신구속에 관한 직무를 행하는 자는 일정한 조건하에 피의자·피고인 등의 신체를 구속하는 권한이 부여된 공무원을 말하고, 인신구속에 관한 직무를 보조하는 자는 법원·검찰청의 사무관이나 사법경찰관리 등과 같이 그 직무상 보조자의 지위에 있는 자를 말하며 단순히 사실상 보조하는 사람은 포함되지 않는다.[28] 현행범을 체포한 일반인은 행위자에 포함되지 않는다.

2) 행위

'체포'는 신체에 대하여 직접적이고도 현실적인 구속을 가하여 활동의 자유를 침해하는 것을 말한다. 현행범인 체포의 요건충족에 관한 검사나 사법경찰관 등의 판단에는 상당한 재량의 여지가 있으나, 체포 당시 상황으로 보아도 검사나 사법경찰관 등의 판단이 경험칙에 비추어 현저히 합리성을 잃은 경우의 체포는 위

---

28 신동운 89면.

법하다(대법원 2017.3.9. 선고 2013도16162 판결).

'감금'은 일정한 장소 밖으로 나가는 것을 불가능하게 하거나 현저히 곤란하게 하여 신체적 활동의 자유를 장소적으로 제한하는 것을 말한다. 수사의 필요로 피의자가 임의동행한 경우도 피의자를 조사 후 귀가시키지 아니하고 그의 의사에 반하여 경찰서 조사실 또는 보호실 등에 계속 유치하면 구금에 해당한다(대법원 1985.7.29. 자 85모16 결정). 감금의 방법은 물리적·유형적 장애를 사용하는 경우뿐만 아니라 심리적·무형적 장애에 의하는 경우도 포함되므로, 경찰서 안에서 직장동료들과 같이 식사도 하고 사무실 안팎을 내왕하였더라도 경찰서 밖으로 나가지 못하도록 제한하는 유형·무형의 억압이 있었다면 감금행위에 해당한다(대법원 1991.12.30. 자 91모5 결정).

'폭행'은 사람의 신체에 대한 불법한 유형력의 행사를 말하고, '가혹행위'는 육체적·정신적으로 고통을 가하는 모든 행위를 말한다. 수사기관의 고문이 대표적이고, 음식을 제공하지 않거나 잠을 재우지 않는 행위가 포함된다.29 다만 '추행'한 경우는 성폭력처벌법 제10조 제2항이 적용된다. 성폭력처벌법 제10조 제2항에서는 "법률에 따라 구금된 사람을 감호하는 사람이 그 사람을 추행한 때에는 5년 이하의 징역 또는 2천만원 이하의 벌금에 처한다."고 규정하고 있다.

'협박'은 수사기관의 신문에서 행해지는 정당한 추궁과 구분하기가 쉽지 않아 행위로 명시되어 있지 않은데, 수사기관의 해악의 고지가 상대방에게 육체적·정신적 고통을 일으키는 정도에 이르면 가혹한 행위에 포함된다.30

3) 직무행위 관련성

인신구속에 관한 직무를 행하는 자 등이 직무와 관련하여 체포·감금·폭행·가혹행위를 한 경우이어야 한다. 인신구속에 관한 직무를 행하는 자라도 직무의 권한행사와 관계없이 사람을 체포·감금한 경우는 체포·감금죄(형법 제276조)가 성립할 뿐이다.

[2] 기본범죄로 인한 중한 결과의 발생

체포·감금·폭행·가혹행위로 인하여 상해 또는 사망의 결과가 발생하여야 한다. 체포·감금·폭행·가혹행위와 상해·사망의 결과 사이에 인과관계가 있어야

---

29 박상기·전지연 853면.
30 신동운 95면.

하고, 행위자에게 상해·사망에 대한 예견가능성이 있어야 한다.

즉결심판 피의자의 정당한 귀가요청을 거절한 채 다음날 즉결심판법정이 열릴 때까지 피의자를 유치시키려고 경찰서의 즉결피의자 대기실에 있게 한 행위는 불법감금죄(형법 제124조 제1항)에 해당하고, 피의자를 보호실에 밀어 넣으려는 과정에서 상해를 입게 하였다면 특정범죄가중법 제4조의2 제1항 위반에 해당한다(대법원 1997.6.13. 선고 97도877 판결).

Ⅲ. 공무상 비밀누설의 가중처벌[제4조의3]

제4조의3(공무상 비밀누설의 가중처벌) 「국회법」 제54조의2 제2항을 위반한 사람은 5년 이하의 징역 또는 500만원 이하의 벌금에 처한다.

국회법 제54조의2(정보위원회에 대한 특례) ② 정보위원회의 위원 및 소속 공무원(의원 보좌직원을 포함한다)은 직무수행상 알게 된 국가기밀에 속하는 사항을 공개하거나 타인에게 누설해서는 아니 된다.

국회의 정보위원회 신설로 1994. 6. 28. 법률개정을 통해 신설된 규정이다. 국회정보위원회 위원 및 소속공무원이 직무수행상 알게 된 국가기밀에 속하는 사항을 공개하거나 타인에게 누설하는 경우 공무상비밀누설죄(형법 제127조)보다 처벌을 강화하고자 규정되었다.[31] 그러나 특정범죄가중법위반(공무상비밀누설)죄의 법정형에는 벌금형이 규정되어 있는데, 법정형에 징역형과 자격정지형만이 규정되어 있는 공무상비밀누설죄(형법 제127조)와 비교할 때 처벌을 강화하고자 신설된 것인지가 의심스럽다.

실제로도 정보위원회 소속 국회의원이나 보좌관 등을 통한 국가기밀의 누설이 문제가 되더라도 해당내용의 공개필요성에 대한 입장차이나 국민의 알권리에 대한 침해 등의 사유로 특정범죄가중법위반(공무상비밀누설)죄가 적용되지는 않는다.[32] 또한 공무상비밀누설죄(형법 제127조)가 존재하고 외교상 비밀에 대해서는

---

31 장영민 165면.
32 박상기·전지연·한상훈 54면.

공무상비밀누설죄보다 중하게 처벌하는 외교상기밀누설죄도 존재하므로, 특정범죄가중법 제4조의3이 없더라도 처벌의 흠결은 발생하지 않는다. 따라서 특정범죄가중법 제4조의3은 삭제하는 것이 타당하다.[33]

형법의 비밀누설 처벌규정

제113조(외교상기밀의 누설) ① 외교상의 기밀을 누설한 자는 5년 이하의 징역 또는 1천만원 이하의 벌금에 처한다.

제126조(피의사실공표) 검찰, 경찰 그 밖에 범죄수사에 관한 직무를 수행하는 자 또는 이를 감독하거나 보조하는 자가 그 직무를 수행하면서 알게 된 피의사실을 공소제기 전에 공표(公表)한 경우에는 3년 이하의 징역 또는 5년 이하의 자격정지에 처한다.

127조(공무상 비밀의 누설) 공무원 또는 공무원이었던 자가 법령에 의한 직무상 비밀을 누설한 때에는 2년 이하의 징역이나 금고 또는 5년 이하의 자격정지에 처한다.

제317조(업무상비밀누설) ① 의사, 한의사, 치과의사, 약제사, 약종상, 조산사, 변호사, 변리사, 공인회계사, 공증인, 대서업자나 그 직무상 보조자 또는 차등의 직에 있던 자가 그 직무처리 중 지득한 타인의 비밀을 누설한 때에는 3년 이하의 징역이나 금고, 10년 이하의 자격정지 또는 700만원 이하의 벌금에 처한다.
② 종교의 직에 있는 자 또는 있던 자가 그 직무상 지득한 사람의 비밀을 누설한 때에도 전항의 형과 같다.

---

33 박상기·전지연·한상훈 54면.

Ⅳ. 횡령·배임의 가중처벌(제5조)

1. 법률 규정

> **제5조(국고 등 손실)** 「회계관계직원 등의 책임에 관한 법률」 제2조 제1호·제2호 또는 제4호(제1호 또는 제2호에 규정된 사람의 보조자로서 그 회계사무의 일부를 처리하는 사람만 해당한다)에 규정된 사람이 국고(國庫) 또는 지방자치단체에 손실을 입힐 것을 알면서 그 직무에 관하여 「형법」 제355조의 죄를 범한 경우에는 다음 각 호의 구분에 따라 가중처벌한다.
> 1. 국고 또는 지방자치단체의 손실이 5억원 이상인 경우에는 무기 또는 5년 이상의 징역에 처한다.
> 2. 국고 또는 지방자치단체의 손실이 1억원 이상 5억원 미만인 경우에는 3년 이상의 유기징역에 처한다.

특정범죄가중법 제5조는 형법 제355조와 제356조에 대한 가중처벌의 규정으로서 '국고손실죄'라고도 한다. 타인의 재물을 보관하는 자가 그 재물을 횡령하면 횡령죄(형법 제355조 제1항)가 성립하고, 타인의 사무를 처리하는 자가 임무에 반하는 행위로써 재산상의 이익을 취득하여 본인에게 손해를 끼치면 배임죄(형법 제355조 제2항)가 성립한다. 업무상의 임무에 반하여 횡령하거나 배임하면 업무상횡령·배임죄(형법 제356조)가 성립한다. 그리고 횡령·배임으로 인한 이득액이 5억원 이상이면 특정경제범죄법 제3조에 의해서 가중 처벌된다. 이들에 비해 특정범죄가중법 제5조는 회계담당공무원이 횡령·배임을 하는 경우 공무원이라는 신분과 해당 국고손실이 가져오는 국가경제적 파급효과 등을 고려하여 손실액에 따라 차등하여 가중처벌하고 있다.[34] 법정형의 면에서 본죄는 특정경제범죄법 위반(횡령·배임)죄보다 중하게 규정되어 있다.

특정범죄가중법위반(국고등손실)죄는 회계관계직원이라는 지위에 따라 진정신분범인 횡령죄 또는 2중적 신분범인 업무상횡령죄에 대한 가중처벌을 규정한 것으로서 진정신분과 부진정신분의 2중적 신분범이다. 따라서 대통령이 국가정보원장과 공모하여 국가정보원장 특별사업비에 대해 횡령한 경우와 같이 회계관계직

34　박상기·신동운·손동권·신양균·오영근·전지연 251면.

원이 아닌 사람이 회계관계직원과 공동하여 횡령행위를 한 경우에 회계관계직원이 아닌 사람은 형법 제33조 단서에 따라 횡령죄(형법 제355조 제1항)에 정한 형으로 처벌된다(대법원 2020.10.29. 선고 2020도3972 판결).

횡령·배임 처벌규정

① 횡령·배임죄 및 업무상횡령·배임죄(형법 제355조, 제356조)

제355조(횡령, 배임) ① 타인의 재물을 보관하는 자가 그 재물을 횡령하거나 그 반환을 거부한 때에는 5년 이하의 징역 또는 1천500만원 이하의 벌금에 처한다. ② 타인의 사무를 처리하는 자가 그 임무에 위배하는 행위로써 재산상의 이익을 취득하거나 제삼자로 하여금 이를 취득하게 하여 본인에게 손해를 가한 때에도 전항의 형과 같다.

제356조(업무상의 횡령과 배임) 업무상의 임무에 위배하여 제355조의 죄를 범한 자는 10년 이하의 징역 또는 3천만원 이하의 벌금에 처한다.

② 특정경제범죄법 위반(횡령·배임)죄(특정경제범죄법 제3조)

제3조(특정재산범죄의 가중처벌) ①「형법」제347조(사기), 제347조의2(컴퓨터등 사용사기), 제350조(공갈), 제350조의2(특수공갈), 제351조(제347조, 제347조의2, 제350조 및 제350조의2의 상습범만 해당한다), 제355조(횡령·배임) 또는 제356조(업무상의 횡령과 배임)의 죄를 범한 사람은 그 범죄행위로 인하여 취득하거나 제3자로 하여금 취득하게 한 재물 또는 재산상 이익의 가액(이득액)이 5억원 이상일 때에는 다음 각 호의 구분에 따라 가중처벌한다.
　1. 이득액이 50억원 이상일 때: 무기 또는 5년 이상의 징역
　2. 이득액이 5억원 이상 50억원 미만일 때: 3년 이상의 유기징역
② 제1항의 경우 이득액 이하에 상당하는 벌금을 병과(倂科)할 수 있다.

2. 성립요건

[1] 행위주체

회계관계직원 등의 책임을 명확히 하고 법령이나 그 밖의 관계 규정 및 예산에 정하여진 바를 위반하는 회계관계행위를 방지함으로써 국가, 지방자치단체, 그 밖에 감사원의 감사를 받는 단체 등이 회계사무를 적정하게 집행하게 하는 것을

목적으로 하는 회계직원책임법이 1957. 7. 25. 제정되었다.

회계직원책임법 제2조 제1호·제2호 또는 제4호(제1호 또는 제2호에 규정된 사람의 보조자로서 그 회계사무의 일부를 처리하는 사람만 해당)에 규정된 사람이 특정범죄가중법 제5조 국고손실죄의 주체이다. 구체적으로는 ① 국가의 회계사무를 집행하는 사람, ② 지방자치단체의 회계사무를 집행하는 사람, ③ 국가나 지방자치단체의 회계사무를 집행하는 사람의 보조자로서 회계사무의 일부를 처리하는 사람을 말한다. 업무의 실질에 있어서 국가의 회계관계업무를 처리하는 경우는 국가의 회계사무를 집행하는 사람에 해당한다(대법원 2004.10.27. 선고 2003도6738 판결).

회계직원책임법

제2조(정의) 이 법에서 "회계관계직원"이란 다음 각 호의 어느 하나에 해당하는 사람을 말한다.
1. 「국가재정법」, 「국가회계법」, 「국고금관리법」 등 국가의 예산 및 회계에 관계되는 사항을 정한 법령에 따라 국가의 회계사무를 집행하는 사람으로서 다음 각 목의 어느 하나에 해당하는 사람
   가. 수입징수관, 재무관, 지출관, 계약관 및 현금출납 공무원
   나. 유가증권 취급 공무원
   다. 선사용자금출납명령관
   라. 기금의 회계사무를 처리하는 사람
   마. 채권관리관
   바. 물품관리관, 물품운용관, 물품출납 공무원 및 물품 사용 공무원
   사. 재산관리관
   아. 국세환급금의 지급을 명하는 공무원
   자. 관세환급금의 지급을 명하는 공무원
   차. 회계책임관
   카. 그 밖에 국가의 회계사무를 처리하는 사람
   타. 가목부터 카목까지에 규정된 사람의 대리자, 분임자(分任者) 또는 분임자의 대리자
2. 「지방재정법」 및 「지방회계법」 등 지방자치단체의 예산 및 회계에 관계되는 사항을 정한 법령에 따라 지방자치단체의 회계사무를 집행하는 사람으로서 다음 각 목의 어느 하나에 해당하는 사람
   가. 징수관, 재무관, 지출원, 출납원, 물품관리관 및 물품 사용 공무원
   나. 가목에 규정되지 아니한 사람으로서 제1호 각 목에 규정된 사람이 집행

> 하는 회계사무에 준하는 사무를 처리하는 사람
> 4. 제1호부터 제3호까지에 규정된 사람의 보조자로서 그 회계사무의 일부를 처리하는 사람

[2] 국고의 손실(횡령·배임)

횡령행위(형법 제355조 제1항)와 배임행위(형법 제355조 제2항)가 국고손실행위이다. 특정범죄가중법위반(국고등손실)죄가 성립되기 위해서는 횡령죄 또는 배임죄가 성립하여야 한다.

'횡령'은 자기가 보관하는 타인의 재물에 대해서 불법하게 자신이 소유자의 지위에 들어서는 행위를 하는 것을 말한다. 타인의 재물을 보관하는 자가 자기 또는 제3자의 이익을 꾀할 목적으로 위탁의 취지에 반하여 타인의 재물을 자기의 소유인 것처럼 권한 없이 스스로 처분하는 의사가 행위를 통해 표출되어야 한다.

'배임'은 타인의 사무를 처리하는 자의 임무에 반하는 행위인데, 임무에 반하는 행위는 처리하는 사무의 내용, 성질 등 구체적 상황에 비추어 법률의 규정, 계약의 내용 혹은 신의칙상 당연히 할 것으로 기대되는 행위를 하지 않거나 당연히 하지 않아야 할 것으로 기대하는 행위를 함으로써 본인과 사이의 신임관계를 저버리는 모든 행위를 포함한다(대법원 2003.2.11. 선고 2002도5679 판결).

특히 배임죄가 성립되기 위해서는 재산상의 손해를 가하여야 하는데, 재산상 손해발생의 위험을 초래한 경우도 재산상 손해를 가한 때에 포함된다. 재산상 손해의 유무 판단은 법률적 관점이 아니라 경제적 관점에서 파악하여, 배임행위로 현실적인 손해를 가하였거나 재산상 실해발생의 위험을 초래한 경우는 재산상의 손해를 가한 때에 해당한다(대법원 2012.12.27. 선고 2012도10822 판결). 예를 들어 개발이익환수에관한법률의 개발부담금 부과예정통지는 납부의무자에게 부담금의 내용을 미리 알려 변명의 기회를 줌과 아울러 부과처분에 대한 자료수집을 쉽게 하고 그 정확성을 기하여 부담금의 납부 고지에 따른 다툼을 예방하고 부과관청으로 하여금 신중하고 적정한 부과처분을 할 수 있게 하는 등 행정편의를 위한 것에 불과하므로, 부과예정통지가 이루어진 사실만으로는 국고손실이라는 손해의 위험성을 발생시킨 것으로 판단할 수 없다(대법원 1999.2.12. 선고 98도3601 판결).

[3] 국고손실의 인식

횡령죄와 배임죄가 성립하기 위해서는 법문에 명시되지 않은 불법영득의 의사가 요구된다. 횡령죄에서 불법영득의사는 타인의 재물을 보관하는 자가 위탁의 취지에 반하여 자기 또는 제3자의 이익을 위하여 권한 없이 재물을 자기의 소유인 것처럼 사실상 또는 법률상 처분하는 의사를 의미한다(대법원 2017.2.15. 선고 2013도14777 판결). 따라서 보관자가 자기 또는 제3자의 이익을 위하여 소유자의 이익에 반하여 재물을 처분한 것이 아니라, 소유자의 이익을 위하여 재물을 처분한 경우는 특별한 사정이 없는 한 그 재물에 대하여는 불법영득의사를 인정할 수 없다(대법원 2016.8.30. 선고 2013도658 판결).

특정범죄가중법 제5조에는 국가의 회계사무를 집행하는 사람, 지방자치단체의 회계사무를 집행하는 사람, 국가나 지방자치단체의 회계사무를 집행하는 사람의 보조자로서 회계사무의 일부를 처리하는 사람이 국고 또는 지방자치단체에 손실을 입힐 것을 알고 횡령·배임행위를 할 것, 즉 '국고손실의 인식'이 명시되어 있다. 따라서 회계관계 직원이 관계 법령에 따르지 아니한 사무처리를 하였더라도 국가 또는 지방자치단체의 이익을 위하여 사무를 처리한 때에는 특정범죄가중법위반(국고등손실)죄는 성립하지 않는다(대법원 1999.6.22. 선고 99도208 판결).

[4] 공동정범 사이의 취득금품의 수수

회계담당공무원과 비회계담당공무원이 국고손실행위를 공동하여 범한 후 회계담당공무원이 공범으로부터 금품을 수수한 경우, 뇌물의 수수로 보아 별도의 수뢰죄가 성립하는 것인지 아니면 단순히 공범 간의 이익분배로 볼 것인지가 문제된다. 이에 대해 판례는 금품을 공여하고 수수한 당사자들의 의사, 국고의 손실을 초래한 계약 자체의 내용·성격, 계약금액과 수수된 금액 사이의 비율, 수수된 돈 자체의 액수, 그 계약이행을 통해 공사업자 등이 취득할 수 있는 적정한 이익, 공사업자 등이 공무원으로부터 공사대금 등을 지급받은 시기와 돈을 공무원에게 교부한 시간적 간격, 공사업자 등이 공무원에게 교부한 돈이 공무원으로부터 지급받은 바로 그 돈인지 여부, 수수한 장소 및 방법 등을 종합적으로 고려하여 판단해야 한다는 입장이다(대법원 2007.10.12. 선고 2005도7112 판결).

예를 들어, 회계담당공무원이 관공서에 필요한 공사의 시행이나 물품구입의 수의계약을 체결하면서 해당 공사업자 등과 적정한 금액 이상으로 계약금액을 부풀려서 계약하고 그만큼 되돌려 받기로 사전에 약정하여 공동으로 횡령한 후, 그에 따라 수수된 금품은 뇌물이 아니고 횡령금에 해당한다(대법원 2007.10.12. 선고 2005도7112 판결). 마찬가지로 회계담당공무원이 군수품회사의 대표 등과 공모한 후 군수품구입 계약체결 과정에서 군수품회사가 애초에 제시하려고 했던 견적가를 국방부의 계약 목표가에 맞추어 상향조작하여 상향조작된 금액에 군수품회사와 구매계약을 체결하게 하고 그 구매대금 전액이 지급되게 함으로써 국가에 구매대금과 애초의 견적가의 차액 상당의 손해를 가한 후, 군수품회사의 대리인으로부터 금전을 지급받은 것은 뇌물수수(사후수뢰)가 아니고 배임행위를 공동실행하여 취득한 이익을 공범 상호 간에 분배한 것이다(대법원 1997.2.25. 선고 94도3346 판결).

V. 미성년자 약취·유인죄의 가중처벌[제5조의2]

1. 법률 규정

제5조의2(약취·유인죄의 가중처벌) ① 13세 미만의 미성년자에 대하여 「형법」 제287조의 죄를 범한 사람은 그 약취(略取) 또는 유인(誘引)의 목적에 따라 다음 각 호와 같이 가중처벌한다.

  1. 약취 또는 유인한 미성년자의 부모나 그 밖에 그 미성년자의 안전을 염려하는 사람의 우려를 이용하여 재물이나 재산상의 이익을 취득할 목적인 경우에는 무기 또는 5년 이상의 징역에 처한다.

  2. 약취 또는 유인한 미성년자를 살해할 목적인 경우에는 사형, 무기 또는 7년 이상의 징역에 처한다.

② 13세 미만의 미성년자에 대하여 「형법」 제287조의 죄를 범한 사람이 다음 각 호의 어느 하나에 해당하는 행위를 한 경우에는 다음 각 호와 같이 가중처벌한다.

  1. 약취 또는 유인한 미성년자의 부모나 그 밖에 그 미성년자의 안전을 염려하는 사람의 우려를 이용하여 재물이나 재산상의 이익을 취득하거나 이를 요구한 경우에는 무기 또는 10년 이상의 징역에 처한다.

  2. 약취 또는 유인한 미성년자를 살해한 경우에는 사형 또는 무기징역에 처한다.

  3. 약취 또는 유인한 미성년자를 폭행·상해·감금 또는 유기(遺棄)하거나 그 미성년

자에게 가혹한 행위를 한 경우에는 무기 또는 5년 이상의 징역에 처한다.

4. 제3호의 죄를 범하여 미성년자를 사망에 이르게 한 경우에는 사형, 무기 또는 7년 이상의 징역에 처한다.

③ 제1항 또는 제2항의 죄를 범한 사람을 방조(幇助)하여 약취 또는 유인된 미성년자를 은닉하거나 그 밖의 방법으로 귀가하지 못하게 한 사람은 5년 이상의 유기징역에 처한다.

④, ⑤ 삭제

⑥ 제1항 및 제2항(제2항 제4호는 제외한다)에 규정된 죄의 미수범은 처벌한다.

⑦ 제1항부터 제3항까지 및 제6항의 죄를 범한 사람을 은닉하거나 도피하게 한 사람은 3년 이상 25년 이하의 징역에 처한다.

⑧ 제1항 또는 제2항 제1호·제2호의 죄를 범할 목적으로 예비하거나 음모한 사람은 1년 이상 10년 이하의 징역에 처한다.

1973. 2. 24. 법률개정을 통해서 미성년자 약취·유인죄의 가중처벌(제5조의2)과 도주차량운전자의 가중처벌(제5조의3)이 신설되었다. "유괴범, 도주차량사고(뺑소니운전사) 등 죄질이 극악한 범죄를 가중처벌함으로써 이들 범죄에 대한 일반 경계적 실효를 거둠과 아울러 건전한 사회기반확립과 국민기강의 확립"이 입법의 이유이었다.[35]

형법 제287조부터 제296조의2까지에 약취, 유인 및 인신매매의 죄가 규정되어 있는데, 미성년자약취·유인죄(형법 제287조)가 기본적 구성요건이다. 성인에 대한 단순한 약취·유인은 처벌하지 아니한다. 동죄의 가중적 구성요건으로 ① 대상이 미성년자인지를 불문하고 추행 등 목적으로 약취·유인한 경우의 추행 등 목적의 약취·유인죄(형법 제288조), ② 피약취자에게 상해·사망의 결과가 발생한 경우의 피약취자 상해·치상죄(형법 제290조)와 피약취자 살해·치사죄(형법 제291조)가 있다. 그 외에 약취·유인의 방조행위에 대한 특별규정으로 피약취자 수수·은닉죄(형법 제292조 제1항)와 피약취자 모집·운송·전달죄(형법 제292조 제2항)가 있다.

특정범죄가중법 제5조의2 역시 미성년자약취·유인죄(형법 제287조)의 가중적 구성요건이다. 미성년자의 약취·유인의 목적이 재물·재산상 이익의 취득이나 살해의 목적인 경우(제1항)와 미성년자의 약취·유인 후 행위로서 재산상 이익의 취

---

35 장영민 77면.

득, 살해, 폭행 등 가혹행위, 치사한 경우(제2항)가 규정되어 있다. 미수범(제6항)과 예비·음모한 자(제8항)도 처벌된다. 그 외에 방조의 특별규정(제3항) 및 범인은닉·도피죄(형법 제151조)의 특별규정(제7항)이 있다.

형법의 약취·유인죄

① 미성년자약취·유인죄(형법 제287조)

> **제287조(미성년자의 약취, 유인)** 미성년자를 약취 또는 유인한 사람은 10년 이하의 징역에 처한다.
>
> **제296조(예비, 음모)** 제287조부터 제289조까지, 제290조 제1항, 제291조 제1항과 제292조 제1항의 죄를 범할 목적으로 예비 또는 음모한 사람은 3년 이하의 징역에 처한다.
>
> **제294조(미수범)** 제287조부터 제289조까지, 제290조 제1항, 제291조 제1항과 제292조 제1항의 미수범은 처벌한다.
>
> **제295조의2(형의 감경)** 제287조부터 제290조까지, 제292조와 제294조의 죄를 범한 사람이 약취, 유인, 매매 또는 이송된 사람을 안전한 장소로 풀어준 때에는 그 형을 감경할 수 있다.

② 추행 등 목적의 약취·유인죄(형법 제288조)

> **제288조(추행 등 목적 약취, 유인 등)** ① 추행, 간음, 결혼 또는 영리의 목적으로 사람을 약취 또는 유인한 사람은 1년 이상 10년 이하의 징역에 처한다.
> ② 노동력 착취, 성매매와 성적 착취, 장기적출을 목적으로 사람을 약취 또는 유인한 사람은 2년 이상 15년 이하의 징역에 처한다.
> ③ 국외에 이송할 목적으로 사람을 약취 또는 유인하거나 약취 또는 유인된 사람을 국외에 이송한 사람도 제2항과 동일한 형으로 처벌한다.
>
> **제296조(예비, 음모)** 제287조부터 제289조까지, 제290조 제1항, 제291조 제1항과 제292조 제1항의 죄를 범할 목적으로 예비 또는 음모한 사람은 3년 이하의 징역에 처한다.
>
> **제294조(미수범)** 제287조부터 제289조까지, 제290조 제1항, 제291조 제1항과 제292조 제1항의 미수범은 처벌한다.
>
> **제295조(벌금의 병과)** 제288조부터 제291조까지, 제292조 제1항의 죄와 그 미수

범에 대하여는 5천만원 이하의 벌금을 병과할 수 있다.

제295조의2(형의 감경) 제287조부터 제290조까지, 제292조와 제294조의 죄를 범한 사람이 약취, 유인, 매매 또는 이송된 사람을 안전한 장소로 풀어준 때에는 그 형을 감경할 수 있다.

③ **피약취자 수수·은닉·모집·운송·전달죄(형법 제292조)**

제292조(약취, 유인, 매매, 이송된 사람의 수수·은닉 등) ① 제287조부터 제289조까지의 죄로 약취, 유인, 매매 또는 이송된 사람을 수수(授受) 또는 은닉한 사람은 7년 이하의 징역에 처한다.
② 제287조부터 제289조까지의 죄를 범할 목적으로 사람을 모집, 운송, 전달한 사람도 제1항과 동일한 형으로 처벌한다.

④ **세계주의(형법 제287조)**

제296조의2(세계주의) 제287조부터 제292조까지 및 제294조는 대한민국 영역 밖에서 죄를 범한 외국인에게도 적용한다.

2. 성립요건

특정범죄가중법 제5조의2는 초등학생 이하의 어린이에 대한 유괴행위를 엄벌하기 위해서 입법된 규정으로서, 약취·유인의 대상은 13세 미만의 미성년자이다.

[1] 이익의 취득 또는 살해의 목적의 13세 미만자 약취·유인(제1항)

1) 재물·재산상 이익의 취득 또는 살해의 목적

특정범죄가중법 제5조의2 제1항에 의하면, 13세 미만의 미성년자를 ① 재물·재산상 이익 취득의 목적으로 약취·유인한 경우는 무기 또는 5년 이상의 징역으로, ② 살해의 목적으로 약취·유인한 경우는 사형, 무기 또는 7년 이상의 징역으로 처벌된다. 미수범(제6항)과 예비·음모한 사람(제8항)도 처벌된다.

목적범에서 목적의 달성은 범죄의 성립요건이 아니므로, 재물·재산상 이익 취득 또는 살해의 목적으로 13세 미성년자를 약취 또는 유인하면 본죄는 목적달성과 관계없이 성립한다.

2) 13세 미만자에 대한 약취·유인죄의 성립

13세 미성년자에 대해서 형법 제287조의 미성년자약취·유인죄가 성립하여야 한다. '약취'란 폭행·협박을 수단으로 하여 사람을 자기 또는 제3자의 지배하에 옮기는 행위를 말하고, '유인'이란 기망·유혹을 수단으로 하여 사람을 자기 또는 제3자의 지배하에 옮기는 행위를 말한다. 미성년자약취·유인죄는 약취·유인의 고의를 가지고 폭행·협박·기망·유혹을 한 때 실행의 착수가 인정되고, 자기 또는 제3자의 실력적 지배상태를 어느 정도의 시간상 계속 유지한 때 기수가 되는 계속범이다.

주거지에 침입하여 미성년자의 신체에 위해를 가할 것처럼 협박하여 부모로부터 금품을 강취하는 경우와 같이 일시적으로 미성년자의 부모와의 보호관계가 사실상 침해·배제되었더라도, 그 의도가 미성년자를 기존의 생활·보호관계로부터 이탈시키는 데 있었던 것이 아니고 단지 금품 강취를 위하여 반항을 제압하는 데 있었다거나 금품 강취를 위하여 고지한 해악의 대상이 그곳에 거주하는 미성년자였던 것에 불과하다면, 특별한 사정이 없는 한 미성년자를 약취한다는 범의를 인정하기 어렵고, 보통의 경우 시간적 간격이 짧아 그 주거지를 중심으로 영위되었던 기존의 생활관계로부터 완전히 이탈되었다고 볼 수 없다(대법원 2008.1.17. 선고 2007도8485 판결). 반면 미성년자가 혼자 머무는 주거에 침입하여 그를 감금한 뒤 폭행·협박에 의하여 부모의 출입을 봉쇄하거나, 미성년자와 부모가 거주하는 주거에 침입하여 부모만을 강제로 퇴거시키고 독자적인 생활관계를 형성하기에 이르렀다면, 비록 장소적 이전이 없었더라도 미성년자약취죄가 성립한다(대법원 2008.1.17. 선고 2007도8485 판결).

[2] 13세 미만자 약취·유인 후 살해 등(제2항)

특정범죄가중법 제5조의2 제2항에 의하면, 13세 미만의 미성년자를 약취·유인한 사람이 ① 피약취·유인자에 대한 우려를 이용하여 재물·재산상의 이익을 취득하거나 요구한 경우는 무기 또는 10년 이상의 징역, ② 약취 또는 유인한 미성년자를 살해한 경우는 사형 또는 무기징역, ③ 피약취·유인자를 폭행·상해·감금·유기하거나 그에게 가혹한 행위를 한 경우는 무기 또는 5년 이상의 징역, ④ 피약취·유인자를 사망에 이르게 한 경우는 사형, 무기 또는 7년 이상의 징역에 처한다. 미수범(제6항)과 예비·음모한 사람(제8항)도 처벌된다.

1) 재물·재산상 이익의 요구 또는 취득(제1호)

특정범죄가중법 제5조의2 제2항 제1호에는 재물·재산상 이익의 '요구'와 '취득'을 동시에 규정하고 있다. 이때 미수범(제6항) 처벌규정과 관련해서 검사의 기소재량의 문제가 발생한다.

재물·재산상 이익을 '요구'하면, 취득의 여부와 관계없이 특정범죄가중법 위반(영리 약취·유인등)죄가 성립한다. 요구의 경우는 즉시범의 형태이다.[36] 재물요구 사실이 인정되어 '미성년자 약취 후 재물요구 기수'에 의한 특정범죄가중법 위반(영리 약취·유인등)죄로 공소 제기된 경우, 특정범죄가중법 위반(영리 약취·유인등)죄는 기수이므로 그 이후의 사정이 어떻든 간에 중지미수나 장애미수는 적용되지 않는다(대법원 1978.7.25. 선고 78도1418 판결).

그런데 특정범죄가중법 제5조의2 제2항 제1호에는 요구 외에 '취득'의 행위가 별도로 존재하면서 특정범죄가중법 제5조의2 제6항에는 미수범의 처벌규정이 있으므로, 재물·재산상 이익을 요구하였으나 취득하지 못한 경우는 취득미수의 경우로서 특정범죄가중법 위반(영리 약취·유인등)죄의 미수범이 성립할 수도 있다. 판례도 특정범죄가중법 제5조의2 제2항 제1호가 '취득'과 '요구'를 별도의 행위태양으로 규정하고 있으므로, 미성년자를 약취한 자가 그 부모에게 재물을 요구하였으나 취득하지 못한 경우에 검사는 이를 '재물요구죄'로 기소할 수 있음은 물론, '재물취득'의 점을 중시하여 '재물취득 미수죄'로 기소할 수도 있다고 하면서, '미성년자 약취 후 재물취득 미수'에 의한 특정범죄가중법 위반죄로 공소제기된 경우에 법원이 공소장변경 없이 '미성년자 약취 후 재물요구 기수'에 의한 특정범죄가중법 위반죄로 인정하여 미수감경을 배제하는 것은 피고인의 방어권 행사에 실질적인 불이익을 초래한다고 본다(대법원 2008.7.10. 선고 2008도3747 판결).

입법론으로는 특정범죄가중법 제5조의2 제2항 제1호에서 요구를 삭제하는 것이 타당하다. 즉시범 형태인 요구행위의 미수가 적용되는 사안을 생각하기 어렵고, 요구하였으나 취득하지 못한 경우라면 특정범죄가중법위반(영리 약취·유인등)죄의 미수범으로 보아 미수의 형태(장애·중지·불능)에 따라 처벌하는 것이 타당하다.

2) 살해(제2호)

13세 미만의 미성년자를 약취·유인한 사람이 약취 또는 유인한 미성년자를

---

36 박상기·전지연·한상훈 64면.

살해한 경우는 사형 또는 무기징역으로 처벌된다. 살해행위가 있는 경우에는 재물·재산상 이익의 요구와 관계없이 특정범죄가중법 제5조의2 제2항 제2호가 적용되고, 제1호는 적용하지 아니한다.

　13세 미만의 미성년자 A를 유인하여 금전을 취득할 목적으로 1982. 1. 21. B로 하여금 피해자를 유인토록 하였으나 B의 거절로 미수에 그치고, 1982. 1. 29. 및 1982. 1. 30. A를 유인하려다 마음이 약해져 다시 실행을 중지하여 미수에 그치고, 1982. 2. 3. A를 유인하여 살해한 후 금전을 요구하는 내용의 협박 편지를 A의 집 마루에 갖다 놓고 A의 안전을 염려하는 부모로부터 재물을 취득하려 한 경우, 행위자가 범행을 임의로 중지함으로써 처음의 범의를 철회한 것으로서 일련의 행위가 단일한 의사에 의한 것이라 볼 수 없어서 포괄일죄라 할 수 없고, 각 특정범죄가중법 위반의 미수죄와 특정범죄가중법위반(영리 약취·유인등)의 기수죄가 성립하고 각 죄는 실체적 경합의 관계이다(대법원 1983.1.18. 선고 82도2761 판결).

3) 폭행·상해·감금·유기·가혹행위(제3호)

13세 미만의 미성년자를 약취·유인한 사람이 약취 또는 유인한 미성년자에게 폭행·상해·감금·유기·가혹행위를 한 경우는 무기 또는 5년 이상의 징역으로 처벌된다. 13세 미만의 미성년자에 대한 강간·유사강간·강제추행은 성폭력처벌법 제7조에 규정되어 중하게 처벌되고 있으므로(강간은 무기징역 또는 10년 이상의 징역, 유사강간은 7년 이상의 유기징역, 강제추행은 5년 이상의 유기징역), 특정범죄가중법 제5조의2 제2항 제3호의 가혹행위에는 포함되지 않는 것으로 해석하는 것이 타당하다.

　그러나 판례는 약취 후 강간의 목적으로 약취 한 13세 미만의 피해자에게 가혹한 행위(유사강간) 및 그로 인한 상해를 가하고 나아가 그 피해자에게 강간 및 살인미수를 범한 경우,[37] 약취 한 미성년자에 대한 상해 등으로 인한 '특정범죄가

37　사실관계를 보면 다음과 같다. 5~6년 전부터 피해자(여, 6세)의 부모가 운영하는 식당의 손님으로 드나들면서 친분이 있었던 피고인은 2012.8.30. 01:00경 PC방에서 피해자의 어머니를 만나 대화하면서 피해자의 아버지가 집에서 술에 취하여 자고 있다는 말을 듣고서 피해자의 어머니가 PC방에서 시간을 보내는 틈을 타 피해자의 집에 들어가 피해자를 약취 한 후 강간하기로 마음먹었다. 피고인은 2012.8.30. 01:30경 피해자의 집 안으로 들어가 이불을 덮고 자고 있던 피해자를 강간할 목적으로 이불로 감싸 안고 밖으로 나와 그곳에서 약 200m 떨어져 있는 공터로 데려갔다. 피고인은 같은 날 02:00경 공터에서 피해자의 목 부위를 눌러 반항을 억압한 다음 유사강간 후 강간을 하였다. 피고인은 피해자를 강간하던 중, 피해자가 피고인을 신고하게 될 것이 두려운 나머지 피해자를 살해할 것을 마음먹고 손으로 피해자의 목을 강하게 졸라 피해자를 살해하려고 하였

중법 위반죄' 및 미성년자인 피해자에 대한 강간 및 살인미수로 인한 '성폭력처벌
법 위반죄'가 각 성립하고 양 죄는 실체적 경합범의 관계라고 보며, 설령 상해의
결과가 피해자에 대한 강간 및 살인미수의 과정에서 발생하더라도 마찬가지라고
본다(대법원 2014.2.27. 선고 2013도12301, 2013전도252, 2013치도2 판결).

[3] 방조의 특별규정(제3항)

특정범죄가중법 제5조의2 제1항(재물·재산상 이익의 취득 또는 살해의 목적의 13
세 미만자 약취·유인)의 죄를 범한 사람이나 제2항(13세 미만자 약취·유인 후 살해 등)
의 죄를 범한 사람을 방조하여 약취·유인된 미성년자를 은닉하거나 그 밖의 방법
으로 귀가하지 못하게 한 사람은 5년 이상의 유기징역에 처한다.

이 규정은 형법 제32조의 방조범에 대한 특별규정이다. 방조 행위 중 단지
약취·유인된 미성년자를 은닉 기타 방법으로 귀가하지 못하게 한 행위에 대해서
만 특정범죄가중법 제5조의2 제3항이 적용된다.[38] 따라서 약취·유인된 미성년자
를 은닉하거나 귀가하지 못하게 방조한 것이 아니라, 미성년자를 약취·유인한 행
위에는 가담하지 않고 사후에 그 사실을 알면서 약취·유인한 미성년자의 부모 기
타 그 미성년자의 안전을 염려하는 자의 우려를 이용하여 재물이나 재산상의 이익
을 취득하거나 요구하는 행위에 가담하여 방조한 경우는 본 규정이 아니라 특정범
죄가중법 제5조의2 제2항의 제1호 위반죄의 종범이 성립한다(대법원 1982.11.23. 선
고 82도2024 판결).

[4] 범인은닉·도피죄의 특별규정(제7항)

특정범죄가중법 제5조의2 제1항(재물·재산상 이익의 취득 또는 살해의 목적의 13
세 미만자 약취·유인)의 죄(미수범 포함)를 범한 사람, 제2항(13세 미만자 약취·유인
후 살해 등)의 죄(미수범 포함)를 범한 사람 또는 그러한 사람을 방조하여 약취·유
인된 미성년자를 은닉하거나 그 밖의 방법으로 귀가하지 못하게 한 사람을 은닉
하거나 도피하게 한 사람은 3년 이상 25년 이하의 징역에 처한다. 범인은닉·도피

으나, 피해자가 심한 목졸림으로 인하여 실신한 것을 죽은 것으로 오인하여 현장을 떠나는 바람에
피해자는 사망하지 않았다. 피해자는 약 3개월 이상의 치료를 요하는 복강 내 질 천공, 질 후벽
열상, 직장손상, 좌 안구 손상, 안면부 울혈 등의 상해 및 약 1개월 이상의 치료를 요하는 급성 스
트레스 반응 등의 상해를 입었다.

38 박상기·전지연·한상훈 65면.

죄(형법 제151조)의 특별규정이다.

형법 제151조 제2항의 '친족간의 특례'가 특정범죄가중법 제5조의2 제7항에도 적용될 수 있는지는 명시되어 있지 않다. 특정범죄가중법이 적용되는 경우도 친족간의 자연적 정의를 고려하여 책임을 조각시킬 수는 있지만, 이를 위해서는 법률에 명시적인 규정이 필요하다. 따라서 친족간의 특례에 대한 명시적인 규정이 없는 특정범죄가중법 제5조의2 제7항의 경우는 친족간의 특례가 인정되지 않는다. 다만 법률의 개정을 통해 친족간의 특례를 규정하는 것은 필요하다.

범인은닉 · 도피죄

형법 제151조(범인은닉과 친족간의 특례) ① 벌금 이상의 형에 해당하는 죄를 범한 자를 은닉 또는 도피하게 한 자는 3년 이하의 징역 또는 500만원 이하의 벌금에 처한다.
② 친족 또는 동거의 가족이 본인을 위하여 전항의 죄를 범한 때에는 처벌하지 아니한다.

Ⅵ. 상습 강도 · 절도죄의 가중처벌[제5조의4]

1. 법률 규정

제5조의4(상습 강도 · 절도죄 등의 가중처벌) ① 삭제
② 5명 이상이 공동하여 상습적으로 「형법」 제329조부터 제331조까지의 죄 또는 그 미수죄를 범한 사람은 2년 이상 20년 이하의 징역에 처한다.
③, ④ 삭제
⑤ 「형법」 제329조부터 제331조까지, 제333조부터 제336조까지 및 제340조 · 제362조의 죄 또는 그 미수죄로 세 번 이상 징역형을 받은 사람이 다시 이들 죄를 범하여 누범(累犯)으로 처벌하는 경우에는 다음 각 호의 구분에 따라 가중처벌한다.
　1. 「형법」 제329조부터 제331조까지의 죄(미수범을 포함한다)를 범한 경우에는 2년 이상 20년 이하의 징역에 처한다.
　2. 「형법」 제333조부터 제336조까지의 죄 및 제340조제1항의 죄(미수범을 포함

한다)를 범한 경우에는 무기 또는 10년 이상의 징역에 처한다.

　3. 「형법」 제362조의 죄를 범한 경우에는 2년 이상 20년 이하의 징역에 처한다.

⑥ 상습적으로 「형법」 제329조부터 제331조까지의 죄나 그 미수죄 또는 제2항의 죄로 두 번 이상 실형을 선고받고 그 집행이 끝나거나 면제된 후 3년 이내에 다시 상습적으로 「형법」 제329조부터 제331조까지의 죄나 그 미수죄 또는 제2항의 죄를 범한 경우에는 3년 이상 25년 이하의 징역에 처한다.

　특정범죄가중법 제5조의4는 본래 상습 강도·절도죄의 가중처벌을 규정하였으나, 헌법재판소의 위헌결정에 따라 현재는 ① 5인 이상 공동의 상습절도의 가중처벌(제2항), ② 절도·강도·장물죄의 누범가중(제5항), ③ 상습절도의 누범가중(제6항)이 규정되어 있다.

　　연혁

　특정범죄가중법 제5조의4 상습 강도·절도죄의 가중처벌 규정은 12·12 군사쿠데타로 정권을 잡은 신군부세력에 의해 과도기적 비상입법기구로 활동하였던 '국가보위입법회의'를 통해서 1980.12.18. 법률개정으로 신설되었다.[39] "강도 절도범 등 불량배는 날로 그 수단이 지능적이고 대담하며 조직적이고 상습적으로 자행될 뿐만 아니라 심지어 인명을 살해함으로써 사회불안을 조성하고 있음에 비추어 상습적이고 조직적인 강·절도범이나 누범자에 대하여는 처벌규정을 대폭 강화하여 동 사범을 엄단하고 사회정화에 기하고자 하는 것"이 제안의 이유였다.[40]

　특정범죄가중법 제5조의4는 규정된 이후 활발히 사용되었는데, 2015년 헌법재판소가 형법상의 범죄와 똑같은 구성요건을 규정하면서 법정형만 상향 조정한 특정범죄가중법 제5조의4 일부규정들에 대해서 "별도의 가중적 구성요건표지를 규정하지 않은 채 형법 조항과 똑같은 구성요건을 규정하면서 법정형만 상향 조정하여 어느 조항으로 기소하는지에 따라 벌금형의 선고 여부가 결정되고, 선고형에 있어서도 심각한 형의 불균형을 초래하게 함으로써 형사특별법으로서 갖추어야 할 형벌체계상의 정당성과 균형을 잃어 인간의 존엄성과 가치를 보장하는 헌법의 기본원리에 위배될 뿐만 아니라 그 내용에 있어서도 평등원칙에 위반되어 위헌"이라고 결정하였다[헌법재판소 2015.2.26. 선고 2014헌가16·19·23(병합) 결정]. 이에 따른 법률

---

39   박상기·전지연·한상훈 84면.

40   장영민 88면.

개정으로 2016.1.6. 특정범죄가중법 제5조의4 제1항, 제3항, 제4항이 삭제되고, 제6항도 수정되었다.

(구)특정범죄가중법 제5조의4 제1항, 제3항, 제4항은 다음과 같았다.

① 상습적으로 「형법」 제329조부터 제331조까지의 죄 또는 그 미수죄를 범한 사람은 무기 또는 3년 이상의 징역에 처한다.

③ 상습적으로 「형법」 제333조·제334조·제336조·제340조 제1항의 죄 또는 그 미수죄를 범한 사람은 사형, 무기 또는 10년 이상의 징역에 처한다.

④ 「형법」 제363조의 죄를 범한 사람은 무기 또는 3년 이상의 징역에 처한다.

2. 5인 이상 공동의 상습절도의 가중처벌(제2항)

[1] 의의

특정범죄가중법 제5조의4 제2항에 의하면, 5명 이상이 공동하여 상습적으로 형법 제329조(절도), 제330조(야간주거침입절도), 제331조(특수절도)의 죄 또는 그 미수죄를 범한 사람은 2년 이상 20년 이하의 징역으로 처벌된다. 형법 제332조에는 상습절도죄가 규정되어 형법 제329조(절도), 제330조(야간주거침입절도), 제331조(특수절도)의 죄를 상습으로 범한 경우는 그 죄에 정한 형의 2분의 1까지 가중하여 처벌하도록 규정되어 있는데, 이들에 대해 특정범죄가중법에서 5인 이상의 공동이라는 불법성을 가중적 구성요건표지로 삼아 가중하여 처벌토록 한 것이다. 참고로 상습강도죄(형법 제341조)와 상습장물죄(형법 제363조)에 대한 특정범죄가중법의 가중처벌규정은 존재하지 않는다.

[2] 5인 이상의 공동

'5명 이상의 공동하여'라는 의미는 폭력행위처벌법 제2조 제2항의 공동폭행의 해석과 마찬가지로,[41] 5명 이상이 합동하여 행위한 것, 즉 5명 이상이 동시에 현장에서 행위한 것을 의미한다.[42]

형법에는 합동범 형태의 특수절도(형법 제331조 제2항)와 특수강도(제334조 제2항)가 규정되어 있는데, '5명'이라는 인원수를 기준으로 합동범 가중규정을 세분

---

41 앞의 제1장 제2절 II 참조.
42 이주원 323면.

화하는 것은 합리적이지 않다는 지적이 존재한다.[43]

[3] 상습절도

특정범죄가중법 제5조의4 제2항이 성립하기 위해서는 5명 이상이 공동하여 절도죄(미수 포함)를 상습적으로 범해야 한다. 이것은 공동으로 절도죄를 범하는 5명 이상의 사람 모두에게 절도의 상습성이 존재하여야 한다는 뜻으로 해석되므로[44] 5인 이상이 공동하여 절도죄를 범하였더라도 절도의 상습성이 존재하지 않는다면 본죄가 아니라 특수절도죄(형법 제331조 제2항)가 성립한다.

상습범은 행위자 책임을 인정하는 개념으로, 절도에서의 상습성은 절도범행을 반복 수행하는 습벽을 말한다. 동종 전과의 유무와 그 사건 범행의 횟수, 기간, 동기 및 수단과 방법 등을 종합적으로 고려하여 상습성 유무를 결정해야 하므로, 예를 들어 3번의 절도의 전과가 있더라도 절도의 최종범행일로부터 6년이 훨씬 지나고 출소일로부터는 3년이 지난 후에 절도를 단 1회 범한 것을 절도의 상습성이 발현된 것이라고 인정하기는 어렵다(대법원 1987.9.8. 선고 87도1371, 87감도126 판결). 한편 행위자가 범죄행위 당시 심신미약 등 정신적 장애상태에 있었다고 하여 일률적으로 행위자의 상습성이 부정되는 것은 아니고, 심신미약 등의 사정은 상습성을 부정할 것인지를 판단하는 여러 가지 자료 중의 하나일 뿐이다(대법원 2009.2.12. 선고 2008도11550 판결). 그 밖에 소년법 제32조 제6항에서는 소년의 보호처분은 그 소년의 장래 신상에 어떠한 영향도 미치지 않도록 규정하고 있지만, 판례는 보호처분을 받은 사실을 상습성 인정의 자료로 삼는다(대법원 1989.12.12. 선고 89도2097 판결).

3. 절도·강도·장물죄의 누범가중(제5항)

[1] 의의

특정범죄가중법 제5조의4 제5항에 의하면, ① 절도죄(형법 제329조), 야간주거침입절도죄(형법 제330조), 특수절도죄(형법 제331조) 및 그 미수죄로 3회 이상 징역형을 받은 사람이 다시 이들 죄를 범하여 누범으로 처벌하는 경우는 2년 이상

---

43 박상기·전지연·한상훈 84면.

44 이주원 324면.

20년 이하의 징역으로 처벌되고, ② 강도죄(형법 제333조), 특수강도죄(형법 제334조), 준강도죄(형법 제335조), 인질강도죄(형법 제336조), 해상강도죄(형법 제340조 제1항) 및 그 미수죄로 3회 이상 징역형을 받은 사람이 다시 이들 죄를 범하여 누범으로 처벌하는 경우는 무기 또는 10년 이상의 징역으로 처벌되고, ③ 장물죄(형법 제362조)로 3회 이상 징역형을 받은 사람이 다시 장물죄를 범하여 누범으로 처벌하는 경우는 2년 이상 20년 이하의 징역으로 처벌된다.

　　누범은 그 죄에 정한 형의 장기의 2배까지 가중하여 처벌되는데(형법 제35조 제1항), 특정범죄가중법 제5조의4 제5항은 이에 대한 가중처벌의 특별규정을 둔 것이다.[45] 이것이 일사부재리원칙에 반하는지, 책임과 형벌 간의 비례원칙에 반하는지, 형벌체계상 평등원칙에 반하는지 등에 대하여 헌법소원이 제기되었는데, 헌법재판소는 위헌이 아니라고 판단하였다[헌법재판소 2012.5.31. 선고 2011헌바15·90(병합)]. 그 이유는, 첫째, 전(前)범 자체를 심판대상으로 하여 다시 처벌한다는 것이 아니라 전범에 대한 형벌의 경고를 무시하고 다시 범죄를 하였다는 점에 처벌가중의 취지가 있고, 엄격한 구성요건을 설정하여 그 행위책임 및 비난가능성이 상당히 높은 경우를 대상으로 하고 있으며, 범행 도중 더 중한 범죄로의 돌변할 가능성으로 인해 사회방위 및 재범방지 등 현실적 필요성이 있다는 것이다.

[2] 성립요건

1) 동종의 범죄로 3회 이상의 징역형

　　3회 이상의 징역형을 받은 것이란 특정범죄가중법 제5조의4 제5항 각호 내의 동종의 범죄로 3회 이상의 징역형이 확정된 것을 의미한다. 3회 이상의 징역형은 특정범죄가중법 제5조의4 제5항 각호 내에 규정된 범죄로 3회 이상의 징역형을 받은 경우이다. 예를 들어 특정범죄가중법 제5조의4 제5항 제1호는 형법 제329조부터 제331조까지의 죄(미수범 포함)라고 규정하고 있으므로, 절도죄로 2회의 징역형과 강도죄로 1회의 징역형을 받은 사람은 3회 이상의 징역형을 받은 사람이 아니다(대법원 2020.2.27. 선고 2019도18891 판결).

　　3회 이상 징역형을 받은 사람은 그 문언대로 형법 제329조 등의 죄로 세 번 이상 징역형을 받은 사실이 인정되는 사람으로 해석하면 충분하고, 3회 이상 징역형을 받은 범죄 중 일부와 나머지 범죄 사이에 형법 제37조 후단 경합범의 관

45　누범을 가중처벌하는 이유에 대하여는 앞의 제1장 제2절 Ⅲ 참조

계에 있다고 하여 이를 처벌받은 형의 수를 산정할 때 제외하지는 않는다(대법원 2020.3.12. 선고 2019도17381 판결).

그러나 형실효법에 따라 형이 실효된 경우는 형의 선고에 의한 법적 효과가 장래에 향하여 소멸하므로 그 전과를 징역형의 선고를 받은 경우로 볼 수 없다(대법원 2010.3.25. 선고 2010도8 판결). 또한 징역형의 집행유예 전과가 있더라도, 그 집행유예가 실효 또는 취소되지 않고 그 유예기간이 경과하면 형의 선고가 효력을 잃으므로(형법 제65조) 형실효법의 형의 실효된 경우와 같이 그 전과를 징역형을 받은 경우로 볼 수 없다(대법원 2014.9.4. 선고 2014도7088 판결).

2) 동종의 범죄

특정범죄가중법 제5조의4 제5항은 3회 이상의 징역형을 받았던 범죄와 동종의 범죄를 다시 범한 경우에만 성립한다. 예를 들어 특정범죄가중법 제5조의4 제5항 제1호는 형법 제329조부터 제331조까지의 죄(미수범 포함)라고 규정하고 있는데, 이러한 죄로 3회 이상 징역형을 받은 경우라면 다시 형법 제329조부터 제331조의 죄 또는 그 미수죄를 범한 경우를 의미한다(대법원 2018.2.13. 선고 2017도19862 판결).

이때 3회 이상의 징역형을 받았던 범죄에 상습절도죄(형법 제332조)가 포함되는지가 문제된다. 판례는 징역형을 받았던 범죄에 상습절도죄가 포함된다고 보는데(대법원 2021.6.3. 선고 2021도1349 판결), 그 근거는 다음과 같다. 첫째, 형법 제332조(상습범)는 "상습으로 제329조 내지 제331조의2의 죄를 범한 자는 그 죄에 정한 형의 2분의 1까지 가중한다."고 규정하고 있어서 상습절도죄의 구성요건에 '형법 제329조부터 제331조까지의 죄'를 포함하고 있다는 것이다. 둘째, 상습절도죄를 동종의 범죄에 포함하지 않는다면, 단순 절도죄로 세 번의 징역형을 받은 사람이 다시 절도죄를 범한 경우는 특정범죄가중법 제5조의4 제5항으로 가중처벌을 받지만 단순 절도죄로 두 번의 징역형을 받고 상습절도죄로 한 번의 징역형을 받은 사람이 다시 절도죄를 범한 경우는 특정범죄가중법 제5조의4가 적용되지 않는 처벌의 불균형이 발생한다는 것이다. 그러나 특정범죄가중법 제5조의4 제5항의 문언에는 3회 이상의 징역형을 받았던 범죄에 형법 제332조가 포함되어 있지 않은데, 3회 이상의 징역형을 받았던 범죄에 형법 제332조의 상습절도죄까지 포함한다고 해석하는 것은 피고인에게 불리한 방향으로 확장해석하는 것이어서 타당하지 않다. 처벌의 불균형은 해석이 아니라 특정범죄가중법 제5조의4 제5항의 개정을 통해서 해결하는 것이 타당하다.

3) 누범

특정범죄가중법 제5조의4 제5항은 다시 동종의 범죄를 범하여 누범으로 처벌하는 때에 성립한다. 따라서 징역형의 집행을 종료하거나 면제를 받은 후 3년 이내에 다시 동종의 범죄를 범한 경우이어야 한다.46 3년의 기산점은 이전 범죄에 대한 형의 집행을 종료한 날 또는 형집행의 면제를 받은 날이며, 금고 이상에 해당하는 죄를 범한 시기는 실행의 착수 시기를 기준으로 한다. 판례도 다시 금고 이상에 해당하는 죄를 범하였는지는 그 범죄의 실행행위가 행해졌는지를 기준으로 결정하여야 하므로 3년의 기간 내에 실행의 착수가 있으면 충분하고 그 기간 내에 기수일 필요는 없다고 본다(대법원 2006.4.7. 선고 2005도9858).

[3] 관련문제

1) 죄수

절도죄로 3회 이상 징역형을 받은 사람이 다시 타인의 재물을 절취하는 과정에서 체포를 면할 목적으로 피해자를 폭행하여 '준강도죄(형법 제335조)'가 성립하는 경우 특정범죄가중법 제5조의4 제5항 위반죄가 성립하는지가 문제 된다. 준강도죄는 특정범죄가중법 제5조의4 제5항 제2호에 규정된 범죄유형으로서 절도죄와 동종의 범죄라고 볼 수 없으므로, 특정범죄가중법 제5조의4 제5항 위반죄가 성립하지 않는다고 보는 것이 타당하다. 그러나 판례에 의하면, 준강도죄는 절도를 구성요건으로 하여 체포면탈의 폭행·협박이라는 요소를 추가한 것이므로 강도죄와 달리 특정범죄가중법 제5조의4 제5항 위반죄가 성립하고, 이때 특정범죄가중법 제5조의4 제5항 위반죄와 준강도죄는 하나의 절도행위를 매개로 해서 두 죄의 구성요건을 충족한 것이므로 상상적 경합의 관계로 본다(서울고법 2014.11.28. 선고 2014노2129 판결).

한편 절도죄 등으로 3회 이상 징역형을 받은 사람이 다시 주간에 주거에 침입하여 타인의 재물을 절취하면, 특정범죄가중법 제5조의4 제5항 위반죄 외에 '주거침입죄(형법 제319조)'가 별도로 성립하는지가 문제 된다. 야간주거침입절도죄(형법 제330조)와 손괴특수절도죄(형법 제331조 제1항)를 제외하고 절도범이 절도의 수단으로 주거침입을 한 경우에 주거침입행위는 절도죄에 흡수되지 아니하고 별개로 주거침입죄를 구성하여 절도죄와는 실체적 경합의 관계에 서는 것이 원칙이므로, 주간에 주거에 침입하여 절도함으로써 특정범죄가중법 제5조의4 제5항

---

46 누범에 대해서는 앞의 제1장 제2절 Ⅲ 참조.

위반죄와 별도로 주거침입죄가 성립하고, 이때 양 죄는 실체적 경합의 관계이다 (대법원 2008.11.27. 선고 2008도7820 판결).

2) 누범규정(형법 제35조)의 적용 여부

특정범죄가중법 제5조의4 제5항 위반죄에 대해서 별도로 형법 제35조의 누범규정을 적용하여 추가로 가중처벌을 할 수 있는지가 문제 된다. 생각건대 특정범죄가중법 제5조의4 제5항은 누범규정(형법 제35조)의 특칙으로 이해하여 추가로 형법 제35조의 누범규정을 적용하지 않는 것이 타당하다. 1980년 특정범죄가중법 제5조의4 신설 당시 '제5조의4 제5항이 상습의제로서 타당한가'라는 질의에 대하여 법률안제안설명자인 법무부장관은 '누범가중의 특칙'으로서 타당하다고 답변하였고,[47] 특정범죄가중법 제5조의4 제5항은 요건에 "다시 이들 죄를 범하여 누범(累犯)으로 처벌하는 경우"라고 누범규정임을 명시하고 있기 때문이다.

그러나 판례는 특정범죄가중법 제5조의4 제5항이 성립한 경우도 다시 형법 제35조의 누범가중을 하고 있다. 판례에 의하면, 2016년 특정범죄가중법 제5조의4 제1항·제3항·제4항이 삭제되기 전에는 특정범죄가중법 제5조의4 제5항을 누범의 특칙이 아니라 상습범의 의제로 해석하면서 별도의 누범가중(형법 제35조)을 하였고(대법원 1994.9.27. 선고 94도1391 판결), 특정범죄가중법 제5조의4 제1항·제3항·제4항이 삭제된 후에는 특정범죄가중법 제5조의4 제5항을 새로운 구성요건의 창설로 보면서 별도의 누범가중(형법 제35조)을 한다(대법원 2020.5.14. 선고 2019도18947 판결).

3) 기판력

특정범죄가중법 제5조의4 제5항은 3회 이상의 징역형을 받았던 범죄와 동종의 범죄를 다시 범하여 누범가중의 요건이 갖추어진 경우는 상습성 유무와 관계없이 처벌한다. 특정범죄가중법 제5조의4 제5항의 범죄로 기소되어 처벌받은 경우를 상습범으로 기소되어 처벌받은 경우라고 볼 수 없으므로, 피고인에게 절도의 습벽이 인정되더라도 특정범죄가중법 제5조의4 제5항으로 처벌받은 확정판결의 기판력은 그 판결의 확정 전에 범한 다른 절도행위에 미치지 아니한다(대법원 2010.1.28. 선고 2009도13411 판결).

----

47   장영민 90면.

4. 상습절도의 누범가중(제6항)

[1] 의의

특정범죄가중법 제5조의4 제6항은 2005. 8. 4. 법률개정으로 신설되었는데, "사회보호법의 폐지에 따른 보완입법으로 사회보호법 보호감호청구의 주요 대상이 되었던 상습절도 사범 등에 대한 법정형을 강화함으로써 일반예방 및 특별예방 효과를 제고하고 건전한 사회질서 유지에 이바지"하는 것이 신설의 이유이었다.[48]

특정범죄가중법 제5조의4 제6항에 의하면, 상습적으로 절도죄(형법 제329조), 야간주거침입절도죄(형법 제330조), 특수절도죄(형법 제331조) 및 그 미수죄 또는 특정범죄가중법 제5조의4 제2항의 죄(5인 이상 공동의 상습절도)로 두 번 이상 실형을 선고받고, 그 집행이 끝나거나 면제된 후 3년 이내에 다시 상습적으로 이들 죄를 범한 경우는 3년 이상 25년 이하의 징역으로 처벌된다. 즉 특정범죄가중법 제5조의4 제6항은 상습절도로 2회의 징역형을 받은 자가 누범이 적용되는 기간에 상습절도를 범한 경우를 가중처벌하는 규정이다.

[2] 성립요건

1) 상습절도로 2회 이상의 실형

특정범죄가중법 제5조의4 제6항의 위반죄가 성립하기 위해서는, 상습적으로 절도죄(형법 제329조), 야간주거침입절도죄(형법 제330조), 특수절도죄(형법 제331조) 및 그 미수죄 또는 특정범죄가중법 제5조의4 제2항의 죄(5인 이상 공동의 상습절도)로 2회 이상 실형을 선고받아야 한다.

상습절도죄(형법 제332조)의 요건은 "상습으로 제329조 내지 제331조의2의 죄를 범한 자"인데, 상습절도죄의 요건 중 사용절도죄(형법 제331조의2)를 제외하고 미수죄와 특정범죄가중법 제5조의4 제2항의 죄를 추가하여 상습절도의 범위를 규정하고 있다. 그리고 단순히 상습절도를 행한 것이 아니라 상습절도로 2회의 실형선고를 받은 것이 요건이므로, 단순히 상습절도로 1회의 실형선고를 받은 것만으로는 요건이 충족되지 않는다.

2회 이상 '실형'의 선고를 받아야 하므로, 징역형의 집행유예를 선고받은 것은 요건에 충족되지 않는다. 형의 집행유예를 선고받은 후 집행유예가 실효되거

---

48 장영민 263면.

나 취소된 경우는 당연히 특정범죄가중법 제5조의4 제6항에서 정한 실형을 선고
받은 경우에 포함되지 않는다(대법원 2011.5.26. 선고 2011도2749 판결). 형실효법에
따라 형이 실효된 경우도 특정범죄가중법 제5조의4 제6항에서 정한 실형을 선고
받은 경우에 포함되지 않는다(대법원 2015.1.29. 선고 2014도13805 판결).

2) 집행종료·면제 후 3년 이내 상습적 절도범

특정범죄가중법 제5조의4 제6항의 위반죄가 성립하기 위해서는, 상습적 절도
범죄로 인한 2회 이상 실형의 집행이 끝나거나 면제된 후 3년 이내에 다시 상습
적으로 이들 죄를 범하여야 한다.

한편 누범을 규정한 형법 제35조 제1항에 의하면, "금고 이상의 형을 선고받
아 그 집행이 종료되거나 면제된 후 3년 내에 금고 이상에 해당하는 죄를 지은
사람"은 누범으로 가중된다. 판례와 같이 특정범죄가중법 제5조의4 제6항의 법적
성격을 누범의 특별규정이 아니라 새로운 구성요건의 창설로 보면, 특정범죄가중
법 제5조의4 제6항 위반죄의 형에 다시 형법 제35조의 누범 가중한 형기범위 내
에서 처단형을 정하게 된다(대법원 2006.12.8. 선고 2006도6886 판결).

[3] 관련문제

1) 죄수

앞서 보았듯이, 절도죄 등으로 3회 이상 징역형을 받은 사람이 주간에 주거
에 침입하여 타인의 재물을 절취한 경우는 특정범죄가중법 제5조의4 제5항 위반
죄 외에 주거침입죄(형법 제319조)가 별도로 성립하고, 양 죄는 실체적 경합의 관
계이다(대법원 2008.11.27. 선고 2008도7820 판결). 그러나 특정범죄가중법 제5조의4
제6항에 규정된 상습절도 등 죄를 범한 범인이 그 범행의 수단으로 주거침입을
한 경우에 주거침입행위는 상습절도 등 죄에 흡수되어 위 조문에 규정된 상습절
도 등 죄의 1죄만이 성립하고 별개로 주거침입죄를 구성하지 않으며, 또 상습절
도 등 죄를 범한 범인이 그 범행 외에 상습적인 절도의 목적으로 주거침입을 하
였다가 절도에 이르지 아니하고 주거침입에 그친 경우에도 그것이 절도상습성의
발현이라고 보이는 이상 주거침입행위는 다른 상습절도 등 죄에 흡수되어 상습절
도 등 죄의 1죄만을 구성하고 상습절도 등 죄와 별개로 주거침입죄를 구성하지
않는다(대법원 2017.7.11. 선고 2017도4044 판결).

이것은 야간주거침입절도와 특수절도를 포괄하는 상습절도의 특성에 기인한

다. 상습범은 범죄의 습벽이라는 행위자의 특성으로 인하여 개별 범죄행위들이 하나의 죄로 묶여서 포괄일죄를 구성하게 되는데, 상습절도로 묶이는 야간주거침입절도(형법 제330조)나 특수절도(형법 제331조 제1항)의 경우는 주거침입죄가 흡수되어 별도로 성립되지 않는다. 그런데 야간주거침입절도의 경우보다 일반적으로 불법성이 크지 않은 주간주거침입절도의 경우에 특정범죄가중법 제5조의4 제6항 위반죄 이외에 별도로 주거침입죄의 성립을 인정하는 것은 타당하지 않기 때문이다.

2) 누범규정(형법 제35조)의 적용 여부

특정범죄가중법 제5조의4 제5항의 경우와 마찬가지로, 특정범죄가중법 제5조의4 제6항의 경우도 법적 성격을 누범규정(형법 제35조)의 특례로 볼 것인지, 독립적인 구성요건으로 볼 것인지가 문제된다. 이것은 특정범죄가중법 제5조의4 제6항 위반죄에 형법 제35조 누범규정을 추가로 적용할 수 있는지와 관련된다. 생각건대, 특정범죄가중법 제5조의4 제6항은 형 집행의 종료 또는 면제 3년 내에 다시 죄를 범한 누범의 요건에 다시 범한 범죄가 상습적인 동종의 재범이라는 추가적인 요건을 붙여 중하게 처벌하고 있으므로, 누범의 특별규정으로 보는 것이 타당하다.

그러나 판례는 특정범죄가중법 제5조의4 제6항의 입법 취지가 반복적으로 범행을 저지르는 절도 사범에 관한 법정형을 강화하기 위한 데 있고, 조문의 체계가 일정한 구성요건을 규정하는 형식으로 되어 있으며, 적용요건이나 효과도 형법 제35조와 달리 규정된 점 등에 비추어 보면, 형법 제35조(누범) 규정과는 별개로 '새로운 구성요건을 창설한 것'으로 본다(대법원 2020.5.14. 선고 2019도18947 판결). 이처럼 특정범죄가중법 제5조의4 제6항의 법적 성격을 누범의 특별규정이 아니라 새로운 구성요건의 창설로 보면, 특정범죄가중법 제5조의4 제6항 위반죄의 형에 다시 형법 제35조의 누범가중한 형기범위 내에서 처단형을 정하게 된다(대법원 2006.12.8. 선고 2006도6886 판결).

VII. 강도상해·강도강간 재범의 가중처벌(제5조의5)

> 제5조의5(강도상해 등 재범자의 가중처벌) 「형법」 제337조·제339조의 죄 또는 그 미수죄로 형을 선고받고 그 집행이 끝나거나 면제된 후 3년 내에 다시 이들 죄를 범한 사람은 사형, 무기 또는 10년 이상의 징역에 처한다.

특정범죄가중법 제5조의5 위반죄는 강도상해·치상죄(형법 제337조), 강도강간죄(형법 제339조) 및 그 미수죄로 형을 선고받은 사람이, 그 형의 집행이 종료되거나 면제된 후 3년 이내에 다시 강도상해·치상죄(형법 제337조), 강도강간죄(형법 제339조) 또는 그 미수죄를 범하면 성립한다.

특정범죄가중법 제5조의5를 누범의 특례규정으로 볼 것인지, 독립적인 구성요건으로 볼 것인지가 특정범죄가중법 제5조의4 제5항 위반죄 및 제6항 위반죄와 마찬가지로 문제가 된다. 생각건대, 특정범죄가중법 제5조의5는 형 집행의 종료 또는 면제 3년 이내에 다시 죄를 범한 누범의 요건에 단순히 다시 범한 범죄가 동종의 범죄라는 추가적인 요건만을 붙여 중하게 처벌하고 있으므로, 누범의 특별규정으로 보는 것이 타당하다.

판례는 특정범죄가중법 제5조의4 제5항을 독립적인 구성요건으로 보았지만, 특정범죄가중법 제5조의5는 제5조의4 제5항의 규정 취지와는 달리 누범요건 자체를 강도상해 등 재범자의 가중처벌요건으로 규정하고 있어 '누범에 관한 특별규정'에 해당하므로 특정범죄가중법 위반(강도상해등재범)죄에 대하여는 누범가중을 할 수 없다고 본다(부산지방법원동부지원 2004.11.05. 선고 2004고합136 판결).

한편 강도상해·치상죄(형법 제337조), 강도강간죄(형법 제339조) 및 그 미수죄는 특정강력범죄법이 적용되는 특정강력범죄에 포함된다(특정강력범죄법 제2조 제1항 제5호). 특정강력범죄법 제3조에서는 특정강력범죄의 누범을 가중처벌하도록 하고 있지만, 특정범죄가중법 제5조의5에 따라 가중처벌되는 경우는 제외하고 있다.

Ⅷ. 보복범죄의 가중처벌[제5조의9]

1. 법률 규정

제5조의9(보복범죄의 가중처벌 등) ① 자기 또는 타인의 형사사건의 수사 또는 재판과 관련하여 고소·고발 등 수사단서의 제공, 진술, 증언 또는 자료제출에 대한 보복의 목적으로 「형법」 제250조 제1항의 죄를 범한 사람은 사형, 무기 또는 10년 이상의 징역에 처한다. 고소·고발 등 수사단서의 제공, 진술, 증언 또는 자료제출을 하지 못하게 하거나 고소·고발을 취소하게 하거나 거짓으로 진술·증언·자료제출을 하게 할 목적인 경우에도 또한 같다.
② 제1항과 같은 목적으로 「형법」 제257조 제1항·제260조 제1항·제276조 제1항 또는 제283조 제1항의 죄를 범한 사람은 1년 이상의 유기징역에 처한다.
③ 제2항의 죄 중 「형법」 제257조 제1항·제260조 제1항 또는 제276조 제1항의 죄를 범하여 사람을 사망에 이르게 한 경우에는 무기 또는 3년 이상의 징역에 처한다.
④ 자기 또는 타인의 형사사건의 수사 또는 재판과 관련하여 필요한 사실을 알고 있는 사람 또는 그 친족에게 정당한 사유 없이 면담을 강요하거나 위력(威力)을 행사한 사람은 3년 이하의 징역 또는 300만원 이하의 벌금에 처한다.

[1] 의의

특정범죄가중법 제5조의9는 자기 또는 타인의 형사사건의 수사·재판과 관련하여 보복의 목적으로 ① 살인죄(형법 제250조 제1항)를 범한 경우를 사형·무기 또는 10년 이상의 징역으로, ② 상해죄(형법 제257조 제1항), 폭행죄(형법 제260조 제1항), 체포·감금죄(형법 제276조 제1항), 협박죄(형법 제283조 제1항)를 범한 경우를 1년 이상의 유기징역으로, ③ 상해·폭행·체포·감금치사를 범한 경우를 무기 또는 3년 이상의 징역으로 처벌한다. 그 외에 ④ 수사·재판의 관련자에 대한 면담강요·위력행사를 3년 이하의 징역 또는 300만 원 이하의 벌금으로 처벌하고 있다.

특정범죄가중법 제5조의9는 1990. 12. 31. 법률개정으로 신설되었는데, "국가형벌권행사에 조력한 증인 등에 대한 보복범죄를 엄벌하여 범죄척결에 국민이 안심하고 동참할 수 있는 여건을 조성"하는 것이 법률개정의 이유이었다.49 예를 들

---

49 장영민 139면.

어 상해죄(형법 제257조 제1항)의 법정형은 7년 이하 징역, 10년 이하 자격정지 또는 1천만 원 이하의 벌금인데, 보복목적의 상해죄(특정범죄가중법 제5조의9 제2항)는 1년 이상의 유기징역으로 법정형의 차이가 크다.

하지만 실제로 특정범죄가중법 제5조의9 위반죄로 기소되는 경우 중 상당수는 동네에서 싸우거나 시끄럽게 하여 이웃의 신고로 경찰서에 가서 조사를 받은 후 돌아오는 길에 신고한 이웃을 찾아가서 따지다가 발생한 사건인데, 이에 대한 법정형이 과하다는 비판이 제기된다.[50]

[2] 성립요건

1) 보복목적의 범죄(제1항부터 제3항)

특정범죄가중법 제5조의9 제1항부터 제3항까지는 보복의 목적으로 인한 범죄를 규정하고 있는 목적범이다. 보복의 목적은 2가지인데, 자기·타인의 형사사건의 수사·재판과 관련하여 ① 고소·고발 등 수사단서의 제공, 진술, 증언 또는 자료제출을 못 하게 하거나 고소·고발을 취소하게 하거나 거짓으로 진술·증언·자료제출을 하게 할 목적, 또는 ② 고소·고발 등 수사단서의 제공, 진술, 증언 또는 자료제출에 대한 보복의 목적이다. 이러한 목적으로 살인죄, 상해죄, 폭행죄, 체포·감금죄, 협박죄, 상해·폭행·체포·감금치사죄를 범한 경우에 특정범죄가중법 제5조의9 위반죄가 성립한다. 형사사건 이외의 사건과 관련하여 보복한 경우는 적용되지 않는다.

목적범에서 목적은 구성요건이다. 구성요건을 이루는 사실에 대한 증명책임은 검사에게 있으므로 특정범죄가중법 제5조의9 제1항 위반의 죄의 행위자에게 보복의 목적이 있었다는 점은 검사가 증명하여야 하는데, 법관이 합리적인 의심을 할 여지가 없을 정도의 확신을 생기게 하는 엄격한 증명에 의하여야 한다(대법원 2014.9.26. 선고 2014도9030 판결).

피고인의 자백이 없는 이상 피고인에게 보복의 목적이 있었는지는 여러 객관적인 사정을 종합적으로 고려하여 사회통념에 비추어 합리적으로 판단하는데, 예를 들어 인터넷 카페 회원들이 광고중단 압박을 하여 광고주 등의 업무를 방해하였다는 공소사실로 기소된 사건에 대한 심리가 진행 중인 법정 밖 복도에서, 사건

---

50 정재헌, 형사법 이론과 형사재판 실무의 상호보완성 강화방안, 한국형사법학회 2016년 동계학술회의자료집, 2016 49면.

의 공판과정 대부분을 방청하여 그 진행상황을 잘 알고 있었던 인터넷 카페 회원들이 사건의 증인으로 출석하여 선서한 후 공판절차의 진행순서에 따라 증언하기 위해 법정 밖 복도에 대기 중이었던 업무방해를 당한 회사의 직원에게, 검찰에서 직원들을 증인으로 신청하지도 않았는데도 직원들이 자진하여 나왔으니 회사에 대하여 다시 광고중단 압박을 하겠다는 취지로 이야기하면서 직원에게 '두고보자' 등의 언사와 함께 욕설 등을 하고 직원의 얼굴을 향해 양 주먹을 휘둘러 겁을 주면서 팔꿈치로 피해자의 목을 미는 등의 행위를 한 경우에는 보복의 목적이 인정된다(대법원 2013.6.14. 선고 2009도12055 판결).

　　반면 일정한 직업 없이 혼자 사는 고령의 여성인 피고인이 피해자(여, 67세) 운영의 포장마차에서 술을 마시던 중 과거 피해자에게 상해를 가하였다가 피해자의 신고로 조사를 받고 벌금 1백50만 원을 선고받은 것에 대하여 앙심을 품고, 피해자에게 "네가 신고하여 벌금을 물게 되었으니 보복하겠다."고 하면서 피해자의 멱살을 잡아 흔들어 넘어뜨린 후 그곳에 있던 소주병 등을 집어 던져 피해자에게 약 2주간의 치료를 요하는 전흉부 좌상 등을 가한 경우에, 피고인은 술에 취하기만 하면 자주 주위에 행패를 부려왔고, 당시에도 포장마차에서 술을 마시던 중 술에 취하자 과거 피고인이 벌금을 선고받은 것이 피해자 때문이라는 생각이 들어 억울하다고 생각한 나머지 화가 나 우발적으로 범행을 저지르게 된 것이며, 미리 흉기를 준비하거나 계획을 세우지 않았고, 범행도 극히 단순한 방법으로 단 1회에 그쳤고, 상해 정도도 극히 경미하다면, 피고인이 피해자에게 상해를 가한 것은 술을 마시던 중 순간적으로 화가 나 한 것이지 보복의 목적으로 한 것으로 인정되지 않는다(대구지방법원 2001.2.14. 선고 2000고합786 판결).

　2) 사법방해범죄(제4항)

　　특정범죄가중법 제5조의9 제4항은 목적범이 아니다. 단순히 자기 또는 타인의 형사사건의 수사·재판과 관련하여 필요한 사실을 알고 있는 사람이나 그 친족에게 정당한 사유 없이 면담을 강요하거나 위력을 행사한 사람을 처벌하고 있다.

　　'위력'이란 사람의 의사를 제압하여 저항할 수 없게 하는 유형·무형의 힘을 말하는데, 물리적인 폭행·협박과 함께 자신의 사회적·경제적 지위를 이용하는 것도 포함된다.[51] 예를 들어, 내연관계에 있던 여성이 자신에게 위협을 받았다고

---

51 신동운 531면.

112 신고를 하여 수사를 받게 된 것을 이유로 내연관계에 있던 여성을 불러내 따지던 중, 그 여성이 경찰서에서 신변보호용으로 지급받아 소지하고 있던 '여성 범죄피해자 보호를 위한 위치확인 장치'(일명 스마트워치)로 경찰에 다시 신고하자 여성의 손목을 비틀어 스마트워치를 빼앗는 등의 행위는, 자기의 형사사건의 수사의 단서가 될 수 있는 스마트워치를 빼앗기 위해 유형력을 행사한 것으로 자기의 형사사건의 수사와 관련하여 정당한 사유 없이 위력을 행사한 것이다[서울고등법원(춘천) 2017.4.19. 선고 2017노5 판결].

2. 관련문제

[1] 보복의 목적으로 다른 범죄를 행한 경우

특정범죄가중법 제5조의9에는 보복목적의 범죄로 살인죄(형법 제250조 제1항)는 규정되어 있지만, 존속살해죄(형법 제250조 제2항)는 규정되어 있지 않다. 이와 관련하여 보복의 목적으로 직계존속을 살해하면 존속살해죄보다 중하게 처벌하는 특정범죄가중법 위반(보복살인등)죄를 적용해야 하는지에 대해서 의문이 제기되는데, 법률규정에서 명확하게 "형법 제250조 제1항의 죄"라고 제한한 이상 존속살해죄는 특정범죄가중법 제5조의9가 적용된다고 볼 수는 없다.

한편 보복의 목적으로 타인의 주거에 침입하여 강간을 범한 경우는 특정범죄가중법 제5조의9 위반죄와 성폭력처벌법 제3조 제1항 위반(주거침입강간)죄에 해당하는데, 양 죄의 죄수가 문제된다. 양 죄는 보호법익이 다르므로 각각 성립하고, 하나의 행위로 양 죄가 성립하므로 상상적 경합의 관계이다. 판례도 상상적 경합의 관계로 본다(대법원 2012.3.15. 선고 2012도544, 2012전도12 판결).

[2] 반의사불벌죄의 적용 여부

폭행죄와 협박죄는 반의사불벌죄인데(형법 제260조 제3항, 제283조 제3항), 특정범죄가중법 제5조의9 제2항은 반의사불벌죄를 규정하지 않고 있다. 이에 보복의 목적으로 폭행죄 또는 협박죄를 범한 경우도 반의사불벌죄로 볼 것인지가 문제된다. 판례는 특정범죄가중법 제5조의9 제2항은 보복의 목적이라는 주관적 요소를 추가하고 그 법정형을 협박죄보다 무겁게 규정한 것이므로 단순협박죄에 적용되는 형법 제283조 제3항의 반의사불벌죄는 적용되지 않는다고 본다(대법원 1998.5.8.

선고 98도631 판결). 특수협박죄(형법 제284조)나 상습협박죄(형법 제285조)의 경우에 형법 제283조 제3항이 적용되지 않는 것과 마찬가지이다.

따라서 특정범죄가중법위반(보복범죄등)죄로 기소된 사건의 제1심 공판에서 피해자가 피고인에 대한 처벌의사를 철회하자 제1심법원이 특정범죄가중법 위반(보복범죄등)죄를 반의사불벌죄로 이해하여 공소기각의 판결(형사소송법 제327조)을 선고하였다면, 항소심은 원심판결을 파기하면서 형사소송법 제366조에 따라 사건을 원심법원에 환송하여야 한다(대법원 1998.5.8. 선고 98도631 판결).

IX. 무고죄의 가중처벌[제14조]

1. 법률 규정

제14조(무고죄) 이 법에 규정된 죄에 대하여 「형법」 제156조에 규정된 죄를 범한 사람은 3년 이상의 유기징역에 처한다.

무고죄(형법 제156조)는 타인으로 하여금 형사처분 또는 징계처분을 받게 할 목적으로 공무소 또는 공무원에 대하여 허위의 사실을 신고하는 행위이다. 무고죄는 국가의 형사사법권 또는 징계권의 적정한 행사를 주된 보호법익으로 하고, 부수적으로 개인이 부당하게 처벌받거나 징계를 받지 않을 이익도 보호한다(대법원 2017.5.30. 선고 2015도15398 판결).

특정범죄가중법 제14조는 특정범죄가중법에 규정된 범죄에 대하여 무고하는 경우를 무고죄(형법 제156조)보다 중하게 처벌하는 규정이다. 특정범죄가중법에 규정된 범죄가 형법에 규정된 범죄보다 불법성이 높으므로 이에 대한 무고도 불법성이 높다는 논리에서 특정범죄가중법 제14조가 규정된 것으로 생각된다. 그러나 특정범죄가중법 위반죄가 형법의 범죄보다 불법성이 높다고 단순히 말할 수는 없다. 예를 들어, 상습절도누범(특정범죄가중법 제5조의4 제5항)이 강간범(형법 제297조)이나 내란범(형법 87조)보다 불법성이 높다고 볼 수는 없다. 입법론으로, 특정범죄가중법 제14조를 삭제하는 것이 타당하다.

> **형법**
>
> **제156조(무고)** 타인으로 하여금 형사처분 또는 징계처분을 받게 할 목적으로 공무소 또는 공무원에 대하여 허위의 사실을 신고한 자는 10년 이하의 징역 또는 1천500만원 이하의 벌금에 처한다.

2. 성립요건

특정범죄가중법 제14조의 적용에 있어서 무고의 대상이 되는 범죄에 특정범죄가중법 제14조 자체도 포함되는지가 문제 된다. 예를 들어, 교통사고로 인명의 사상을 야기하고 도주한다면 특정범죄가중법위반(도주차량)죄가 성립하고 특정범죄가중법위반(도주차량)죄는 '이 법에 규정된 죄'에 해당한다. 따라서 다른 사람이 교통사고를 일으키고 도주했다며 허위로 그 다른 사람을 경찰에 고소한 자에게는 특정범죄가중법위반(무고)죄가 성립한다. 그런데 실제로 자신이 교통사고를 야기하고 도주하였지만, 피해자 등이 자신이 교통사고를 일으키고 도망하였다는 내용으로 경찰에 허위로 고소하였으니 무고죄로 처벌해 달라는 내용의 고소장을 경찰서에 제출한 것을 특정범죄가중법위반(무고)죄로 처벌할 수 있는지가 문제 된다. 특정범죄가중법 제14조의 조문 위치나 입법의 취지를 고려하면 특정범죄가중법 제14조의 '이 법에 규정된 죄'에 특정범죄가중법 제14조 자체를 위반한 죄는 포함되지 않는다(대법원 2018.4.12. 선고 2017도20241 판결). 특정범죄가중법에 규정된 죄란 특정범죄가중법 제2조부터 제12조까지의 죄를 의미한다.

X. 직무유기죄의 가중처벌[제15조]

1. 법률 규정

> **제15조(특수직무유기)** 범죄 수사의 직무에 종사하는 공무원이 이 법에 규정된 죄를 범한 사람을 인지하고 그 직무를 유기한 경우에는 1년 이상의 유기징역에 처한다.

특정범죄가중법 제15조는 범죄 수사의 직무에 종사하는 공무원이 특정범죄가 중법을 위반한 사람을 인지하고도 범죄 수사를 유기한 경우를 처벌한다. '특수직 무유기죄'라고 부른다. 형법 제122조에 직무유기죄가 존재하는데, 직무유기죄와 관련하여 특수직무유기죄의 법적 성격이 문제 된다.

특수직무유기죄를 직무유기죄(형법 제122조)의 가중적 구성요건이라고 보면,[52] 수사직 공무원과 일반직 공무원이 특수직무유기죄의 공범인 경우는 형법 제33조 단서(부진정신분범)가 적용되어 일반직 공무원은 직무유기죄로 처벌된다. 그러나 특정범죄가중법 제15조는 법문에 형법 제122조를 명시하고 있지 않으며 수사기관 의 직무유기를 막아 특정범죄가중법의 실효성을 확보하는 것이 입법의 취지이므 로, 독립적인 구성요건으로 보는 것이 타당하다.[53] 특정범죄가중법 제15조를 독립 적 구성요건으로 보면, 수사직 공무원과 일반직 공무원이 특수직무유기죄의 공범 인 경우는 형법 제33조 본문이 적용되어 일반직 공무원은 특수직무유기죄로 처벌 된다.

판례도 특정범죄가중법 제15조를 형법 제122조와 성격이 다른 별도의 범죄를 규정한 것으로 본다. 일반직 공무원이 직무상의 의무를 위배하여 허위공문서를 작성하면 직무를 위배한 위법 상태는 허위공문서작성죄(형법 제227조)에 포함되어 별도로 직무유기죄(형법 제122조)가 성립되지 않는데(대법원 1982.12.28 선고 82도 2210 판결), 이러한 법리는 직무유기죄와는 별도의 범죄인 특수직무유기죄에 적용 될 수 없으므로, 산림법위반의 범죄수사에 종사하는 공무원이 특정범죄가중법위 반의 범죄사실을 인지하고도 필요한 조치를 하지 아니하고 범죄사실을 은폐하기 위하여 직무에 관한 허위의 공문서를 작성하였다면 허위공문서작성죄 이외에 특 수직무유기죄가 성립한다(대법원 1984.7.24. 선고 84도705 판결).

형법

제122조(직무유기) 공무원이 정당한 이유없이 그 직무수행을 거부하거나 그 직무 를 유기한 때에는 1년 이하의 징역이나 금고 또는 3년 이하의 자격정지에 처한다.

---

52 박상기·신동운·손동권·신양균·오영근·전지연 367면.
53 박상기·전지연·한상훈 108면.

2. 성립요건

1) 신분범

특정범죄가중법 제15조는 신분범으로서 범죄 수사의 직무에 종사하는 공무원이 행위의 주체이다. 삼림, 해사, 전매, 세무, 군수사기관, 그 밖에 특별한 사항에 관하여 사법경찰관리의 직무를 행하는 특별사법경찰관리도 범죄 수사의 직무에 종사하는 공무원에 포함된다(형사소송법 제245조의10).

2) 범죄자의 인지

특수직무유기죄는 범죄 수사의 직무에 종사하는 공무원이 같은 법에 규정된 죄를 범한 사람을 '인지'하고 직무를 유기할 것을 구성요건으로 하고 있으므로, 특수직무유기죄가 성립하기 위해서는 범죄 수사의 직무에 종사하는 공무원이 특정범죄가중법에 규정된 죄를 범한 자임을 명백히 인식하고 그에 대하여 수사를 개시할 수 있을 정도의 단계에 이르러야 하고, 단순히 확인되지 않은 제보 등에 의하여 이러한 죄를 범하였을 수도 있다는 의심을 한 정도는 '인지'가 있었다고 할 수 없다(대법원 2011.7.28. 선고 2011도1739 판결).

3) 직무유기

직무유기의 개념은 직무유기죄(형법 제122조)의 직무유기의 개념과 같다. 직무유기죄에서 '직무를 유기한 때'란 공무원의 단순한 근무태만을 의미하는 것이 아니라 직장의 무단이탈, 직무의 의식적인 포기 등과 같이 국가의 기능을 저해하며 국민에게 피해를 야기시킬 가능성이 있는 경우를 말하는 것인데, 이는 특정범죄가중법 제15조에서 정한 특수직무유기죄에서도 마찬가지이다(대법원 2011.7.28. 선고 2011도1739 판결).

제3절   교통관련 범죄에 대한 가중처벌

Ⅰ. 도주차량 운전자의 가중처벌(제5조의3)

1. 법률규정

제5조의3(도주차량 운전자의 가중처벌) ① 「도로교통법」 제2조에 규정된 자동차·원동기장치자전거의 교통으로 인하여 「형법」 제268조의 죄를 범한 해당 차량의 운전자(이하 "사고운전자"라 한다)가 피해자를 구호(救護)하는 등 「도로교통법」 제54조 제1항에 따른 조치를 하지 아니하고 도주한 경우에는 다음 각 호의 구분에 따라 가중처벌한다.
  1. 피해자를 사망에 이르게 하고 도주하거나, 도주 후에 피해자가 사망한 경우에는 무기 또는 5년 이상의 징역에 처한다.
  2. 피해자를 상해에 이르게 한 경우에는 1년 이상의 유기징역 또는 500만원 이상 3천만원 이하의 벌금에 처한다.
② 사고운전자가 피해자를 사고 장소로부터 옮겨 유기하고 도주한 경우에는 다음 각 호의 구분에 따라 가중처벌한다.
  1. 피해자를 사망에 이르게 하고 도주하거나, 도주 후에 피해자가 사망한 경우에는 사형, 무기 또는 5년 이상의 징역에 처한다.
  2. 피해자를 상해에 이르게 한 경우에는 3년 이상의 유기징역에 처한다.

연혁

특정범죄가중법 제5조의3은 1973.2.24. 법률개정을 통해서 미성년자 약취·유인죄의 가중처벌(제5조의2)과 함께 신설된 규정인데, '도주차량죄'라고 부른다. 도주차량사고(뺑소니운전자) 등 죄질이 극악한 범죄를 가중처벌함으로써 이들 범죄에 대한 일반 예방의 효과를 거둠과 아울러 건전한 사회기반의 확립 및 국민기강의 확립이 입법의 이유로 제시되었다.[54] 그리고 도주차량운전자는 그 죄질에 따라 사형까지 처할 수 있도록 형을 가중하였다.

1973년 입법 당시 사고운전자가 피해자를 치사하고 도주하거나 도주 후에 피해자가 사망한 때에는 사형·무기 또는 10년 이상의 징역에 처하였다. 이와 같은 무거운 처벌에 대해서 1992년 헌법재판소는 특정범죄가중법 제5조의3 제2항에서 "과실

---

54 장영민 77면.

로 사람을 치상하게 한 자가 구호행위를 하지 아니하고 도주하거나 고의로 유기함
으로써 치사의 결과에 이르게 한 경우에 살인죄와 비교하여 그 법정형을 더 무겁게
한 것은 형벌체계상의 정당성과 균형을 상실한 것으로서 헌법 제10조의 인간으로
서의 존엄과 가치를 보장한 국가의 의무와 헌법 제11조의 평등의 원칙 및 헌법 제
37조 제2항의 과잉입법금지의 원칙에 반한다"고 위헌결정을 하였다(헌법재판소
1992.4.28. 선고 90헌바24 결정). 이에 1995. 8. 4. 법률이 개정되어 특정범죄가중법
제5조의3 제2항 제1호의 법정형의 하한이 '10년 이상'에서 '5년 이상'으로 살인죄의
법정형과 동일하게 개정되었다.

특정범죄가중법 제5조의3의 보호법익은 교통의 안전이라는 공공이익의 보호
와 더불어 교통사고로 사상을 당한 피해자의 생명 · 신체의 안전이라는 개인적 법
익의 보호에 있다(대법원 2004.8.30. 선고 2004도3600 판결). 그런데 특정범죄가중법
제5조의3 제1항은 사고운전자에게 도주하지 말고 자수할 것을 강요하는 것으로서
헌법 제12조 제2항의 진술거부권을 침해하고, 다른 한편으로 고의로 사람에게 상
해를 가한 경우에 대한 법정형보다 과실범의 법정형이 더 무거워 형벌체계상의
정당성과 균형을 상실한 것이라는 이유로 헌법소원이 제기된 바 있다. 이에 대해
헌법재판소는 특정범죄가중법 제5조의3 제1항은 구호조치를 취하기만 하면 되고
사고신고의무의 위반은 구성요건이 아니므로 진술거부권을 침해하지 않으며, 범
죄행위에 대한 형종과 형량은 죄질과 보호법익, 국가의 역사와 문화, 시대적 상황
과 국민의 법감정 및 범죄예방을 위한 형사정책적 면을 고려하여 입법부가 결정
하는 입법정책에 속하는 문제로서 도주차량의 법정형을 고의범인 상해죄나 중상
해죄보다 더 무겁게 규정하였다고 하여 형벌체계상의 정당성이나 균형을 상실한
것은 아니라고 하였다[헌법재판소 1997.7.16. 선고 95헌바2, 97헌바27(병합) 결정].
특정범죄가중법 제5조의3은 교통사고로 업무상과실 치사상죄(형법 제268조)를
범한 운전자의 두 가지 행위유형을 규정하고 있는데, ① 도로교통법 제54조 제1항
에 규정된 사상자(피해자)를 구호하는 등의 조치를 하지 않고 도주한 경우(제1항)와
② 사상자(피해자)를 사고 장소로부터 옮겨 유기하고 도주한 경우(제2항)이다. 이
들은 모두 '업무상과실치사상죄와 유기죄 및 도로교통법위반(사고후미조치)죄의 결
합범'을 규정한 것으로서 특정범죄가중법 제5조의3 제1항은 도로교통법 제54조
제1항에 의해 사고발생 시 조치의무가 있는 자가 소극적으로 유기한 경우(제1항)
이고, 특정범죄가중법 제5조의3 제2항은 적극적으로 유기한 경우(제2항)이다.

한편 특정범죄가중법 제5조의3은 두 가지 유형을 다시 치상과 치사로 구분하여 처벌을 달리하고 있으며, 치사의 경우는 피해자가 사망 후 도주한 경우와 도주 후 사망한 경우를 모두 규정하고 있다. 이때 도주 후 피해자가 사망한 경우는 사고운전자에게 사망의 결과에 대한 고의가 없는 경우를 말하므로, 만약 도주 당시 사망의 결과에 대한 고의가 있었다면, 도로교통법의 구호조치의무에 기인한 부작위의 살인죄와 업무상과실치상으로 인한 교통사고처리법위반(치상)죄가 성립하고 양 죄는 실체적 경합의 관계이다.

2. 성립요건

[1] 행위주체(사고운전자)

도로교통법 제2조에 규정된 자동차·원동기장치자전거의 교통으로 인하여 형법 제268조의 죄를 범한 해당 차량의 운전자(사고운전자)가 특정범죄가중법 제5조의3의 행위주체이다. 동승자는 행위주체에 포함되지 않는다. 참고로 도로교통법 제2조에 규정된 '자동차'에는 승용자동차, 승합자동차, 화물자동차, 특수자동차, 이륜자동차(125cc 초과), 덤프트럭, 콘크리트믹서트럭 등이 포함되고, '원동기장치자전거'에는 125cc 이하 이륜자동차 등이 포함된다.

특정범죄가중법 제5조의3은 직접 형법 제268조의 죄를 범하고 도주한 사람만이 정범이 될 수 있는 '자수범'이다.[55] 자수범의 경우는 타인을 도구로 이용하는 간접정범이 성립하지 않으며, 직접 구성요건을 실현하지 않는 사람은 공동정범이 될 수 없다. 이것은 본죄를 '신분범'으로 파악하여 형법 제33조 본문에 따라 도주행위에만 가담한 동승자라도 본죄의 공동정범이 성립할 수 있게 되는 점과 결론을 달리하는 것이다. 다만 자수범에 대해서도 교사범이나 방조범은 성립 가능하므로, 도주행위를 도운 동승자를 특정범죄가중법위반(도주차량)죄의 방조범으로 처벌할 수 있다.

다만 판례는 도주차량죄를 자수범으로 보지는 않는데, 운전자가 아닌 동승자가 교통사고 후 운전자와 공모하여 운전자의 도주행위에 가담하였더라도, 동승자에게 과실범의 공동정범의 책임을 물을 수 있는 특별한 경우가 아닌 한, 특정범죄가중법위반(도주차량)죄의 공동정범으로 처벌할 수 없다고 한다(대법원 2007.7.26.

---

55 박상기·전지연 54면.

선고 2007도2919 판결). 판례에 따르면 동승자에게 차량운행의 주도적인 책임이 있어 운전자와 업무상과실 치사상죄의 공동정범이 성립되는 때 동승자가 운전자와 공모하여 도주한 경우라면 특정범죄가중법위반(도주차량)죄의 공동정범이 성립하게 된다.

자동차 · 원동기장치자전거

도로교통법 제2조(정의)

18. **"자동차"**란 철길이나 가설된 선을 이용하지 아니하고 원동기를 사용하여 운전되는 차(견인되는 자동차도 자동차의 일부로 본다)로서 다음 각 목의 차를 말한다.

   가. 「자동차관리법」 제3조에 따른 다음의 자동차. 다만, 원동기장치자전거는 제외한다.

      1) 승용자동차   2) 승합자동차   3) 화물자동차

      4) 특수자동차   5) 이륜자동차

   나. 「건설기계관리법」 제26조 제1항 단서에 따른 건설기계

19. **"원동기장치자전거"**란 다음 각 목의 어느 하나에 해당하는 차를 말한다.

   가. 「자동차관리법」 제3조에 따른 이륜자동차 가운데 배기량 125시시 이하(전기를 동력으로 하는 경우에는 최고정격출력 11킬로와트 이하)의 이륜자동차

   나. 그 밖에 배기량 125시시 이하(전기를 동력으로 하는 경우에는 최고정격출력 11킬로와트 이하)의 원동기를 단 차(「자전거 이용 활성화에 관한 법률」 제2조제1호의2에 따른 전기자전거는 제외한다)

건설기계관리법

제26조(건설기계조종사면허) ① 건설기계를 조종하려는 사람은 시장·군수 또는 구청장에게 건설기계조종사면허를 받아야 한다. 다만, 국토교통부령으로 정하는 건설기계를 조종하려는 사람은 「도로교통법」 제80조에 따른 운전면허를 받아야 한다.

건설기계관리법 시행규칙

제73조(건설기계조종사면허의 특례) ① 법 제26조제1항단서의 규정에 의하여 「도로교통법」 제80조의 규정에 의한 운전면허를 받아 조종하여야 하는 건설기계의 종류는 다음 각호와 같다.

> 1. 덤프트럭 2. 아스팔트살포기 3. 노상안정기
> 4. 콘크리트믹서트럭 5. 콘크리트펌프 6. 천공기(트럭적재식)
> 7. 특수건설기계중 국토교통부장관이 지정하는 건설기계

[2] 교통으로 인한 업무상과실·중과실치사상죄

1) 교통으로

특정범죄가중법위반(도주치사·상)죄가 성립하기 위해서는 '차량의 교통으로' 형법 제268조(업무상과실·중과실 치사상)의 범죄가 발생한 경우이어야 한다. 여기에서 말하는 '교통'은 교통사고처리법에서 사용하는 교통과 같은 의미로 해석되므로,[56] 도로교통법이 정하는 도로에서의 교통사고로 제한되지는 않는다.[57] 판례도 특정범죄가중법위반(도주치사·상)죄가 교통의 안전이라는 공공이익의 보호뿐만 아니라 교통사고로 사상을 당한 피해자의 생명·신체의 안전이라는 개인적 법익을 보호하고자 입법된 것이므로, 차의 교통으로 인한 업무상과실치사상의 사고를 도로교통법이 정하는 도로에서의 교통사고의 경우로 제한하여 새겨야 할 아무런 근거가 없다고 하면서 교회 주차장에서 차량 운전자가 차량의 운행 중 피해자에게 상해를 입히고도 구호조치 없이 도주한 행위에 대하여 특정범죄가중법 제5조의3 제1항을 적용하였다(대법원 2004.8.30. 선고 2004도3600 판결). 또한 도로변에 자동차를 주차한 후 하차하기 위하여 운전석 문을 열다가 후방에서 진행하여 오던 자전거의 핸들 부분을 운전석 문으로 충격하여 자전거 운전자를 넘어뜨려 상해를 입히고도 아무런 구호조치 없이 현장에서 이탈한 행위 역시 특정범죄가중법위반(도주치상)죄를 인정하였다(대법원 2010.4.29. 선고 2010도1920 판결).

2) 업무상과실·중과실치사상죄

특정범죄가중법위반(도주치사·상)죄가 성립하기 위해서는 차량의 교통으로 '형법 제268조(업무상과실·중과실 치사상)의 범죄'가 발생한 경우이어야 한다. 즉, 업무상과실 또는 중대한 과실로 사람을 상해·사망에 이르게 한 것이 인정되어야 한다.

첫째, 상해 또는 사망의 결과가 발생하여야 한다. 생명·신체에 대한 단순한

----

56 이주원 232면.
57 박상기·전지연·한상훈 69면.

위험에 그치거나 상해로 평가될 수 없을 정도의 극히 하찮은 상처로서 굳이 치료할 필요가 없는 것이어서 건강을 침해하였다고 보기 어려운 경우는 특정범죄가중법위반(도주치상)죄가 성립하지 않는다(대법원 2008.10.9. 선고 2008도3078 판결). 또한 선행 차량에 치여 도로에 쓰러져 있던 피해자를 사고운전자가 차량으로 다시 역과하여 사망에 이르게 하고도 필요한 조치를 하지 않고 도주하였다는 혐의로 공소 제기된 경우에 사고운전자가 일으킨 후행 교통사고 당시 피해자가 아직 생존해 있었다는 증거가 없다면 설령 사고운전자에게 유죄의 의심이 있더라도 사고운전자(피고인)의 이익으로 판단할 수밖에 없다(대법원 2014.6.12. 선고 2014도3163 판결).

둘째, 업무상과실 또는 중과실이 있어야 한다. 사고에 대한 과실이 없는 사고운전자가 도로교통법의 구호조치를 하지 아니하고 도주한 때에는 도로교통법위반의 책임과 별론으로 특정범죄가중법위반(도주치사·상)죄는 성립하지 않는다(대법원 1991.5.28. 선고 91도711 판결). 사고운전자를 특정범죄가중법위반(도주치상)죄로 기소하였으나 사고운전자의 업무상과실 또는 중과실이 인정되지 않는다면, 도로교통법 위반죄로 공소장을 변경하여야 할 것이다.58

[3] 구호조치 불이행

특정범죄가중법위반(도주치사·상)죄 중 특정범죄가중법 제5조의3 제1항 위반죄, 즉 특정범죄가중법위반(도주치사·상)죄가 성립하기 위해서는 차량의 교통으로 형법 제268조(업무상과실·중과실 치사상)의 죄를 범한 사고운전자가 도로교통법 제54조 제1항의 조치를 하지 않아야 한다. 도로교통법 제54조 제1항에 의한 사고발생 시의 조치로서 ① 즉시 정차, ② 사상자 구호 등 필요한 조치, ③ 인적사항의 제공이 요구된다. 그러나 도로교통법 제54조 제2항에 규정된 경찰관서에 사고신고의무는 요구되지 않는다.

다만 사고의 경위와 내용, 피해자의 나이와 그 상해의 부위 및 정도, 사고 뒤의 정황 등을 종합적으로 고려하여 사고운전자가 실제로 피해자를 구호하는 등 도로교통법 제54조 제1항의 규정에 따른 조치를 할 필요가 있었다고 인정되지 아니하는 때에는, 사고운전자가 피해자를 구호하는 등의 조치를 하지 아니하고 사

---

58   이 경우 법원이 공소장변경 없이 직권으로 심판할 수 있는지에 대하여는 다음의 (6) 관련문제 3) 공소장변경과 심판범위 참조.

고장소를 떠났더라도 특정범죄가중법위반(도주치사·상)죄가 성립되지 않는다(대법원 2014.2.27. 선고 2013도15885 판결). 도로교통법 제54조 제1항의 취지는 도로에서 일어나는 교통상의 위험과 장해를 방지·제거하여 안전하고 원활한 교통을 확보하기 위한 것으로서 피해자의 물적 피해를 회복시켜 주기 위한 것이 아니며, 이 경우 사고운전자가 취하여야 할 조치는 사고의 내용과 피해의 정도 등 구체적 상황에 따라 적절히 강구되어야 하며 그 정도는 건전한 양식에 비추어 통상 요구되는 정도의 조치를 말한다(대법원 2014.2.27. 선고 2013도15885 판결).

　　예를 들어, 사고운전자가 편도 5차로의 도로를 1차로로 진행하던 중 술에 취한 상태에서 차선변경 신호 없이 2차로로 급히 차선을 변경한 과실로 2차로에서 같은 방향으로 진행하던 택시의 좌측 옆 부분을 자신의 차량 우측 옆 부분으로 들이받고 그대로 진행하자 피해차량의 택시기사가 차량으로 약 100~200m를 쫓아가 사고운전자를 붙잡게 되었는데(택시기사는 도주차량죄 범인을 잡으면 개인택시 면허를 받을 때 가점을 받음), 택시기사는 사고 후 목과 허리 등에 통증이 있었으나 특별한 외상은 입지 않았고 사고 다음 날부터 약 5일간 정형외과 의원에서 경추부·요추부 염좌, 양측 무릎 좌상, 좌측 손목의 염좌 및 긴장에 대한 치료를 받고 '약 2주간의 치료를 요한다'는 진단서를 발급받았고(이 진료는 과잉진료의 의심이 있다고 판단됨), 피해차량은 좌측 전·후 펜더 부분 등이 조금 긁혀 판금 및 도장비용으로 15만 원 상당의 수리비가 소요되었지만, 사고로 인하여 사고 차량의 파편물이 사고현장 주변에 흩어지지는 않았고 음주상태의 사고운전자가 사고를 인식하지 못할 가능성도 있었던 경우라면,[59] 사고운전자가 피해자를 구호하는 등의 조치를 취하여야 할 필요가 있었다고 보기 어렵고 사고운전자가 사고현장을 떠날 당시 교통상의 위험과 장해를 방지·제거하여 원활한 교통을 확보하기 위한 조치를 취하여야 할 필요가 있었다고 보기도 어렵다(대법원 2005.9.29. 선고 2005도4046 판결).

도로교통법

제54조(사고발생 시의 조치) ① 차 또는 노면전차의 운전 등 교통으로 인하여 사람을 사상하거나 물건을 손괴(이하 "교통사고"라 한다)한 경우에는 그 차 또는 노면전차의 운전자나 그 밖의 승무원(이하 "운전자등"이라 한다)은 즉시 정차하여

[59] 심희기·전지연 14면.

다음 각 호의 조치를 하여야 한다.
  1. 사상자를 구호하는 등 필요한 조치
  2. 피해자에게 인적 사항(성명·전화번호·주소 등을 말한다. 이하 제148조 및
     제156조 제10호에서 같다) 제공

1) 즉시 정차

사고운전자의 즉시정차의무는 도로교통법 제54조 제1항의 가장 기초적인 의무이고 구호 등 필요한 조치의 전제가 된다.[60] 즉시정차의무는 곧바로 정차할 경우 부수적으로 교통의 위험이 초래되는 등의 사정이 없는 한 즉시 정차하여야 할 의무를 말한다(대법원 2006.9.28. 선고 2006도3441 판결).

사고운전자가 교통사고로 인하여 받았을 충격의 정도, 사고 후 불가항력적으로 반대차선으로 밀려 역주행하다가 2차 사고까지 일으키게 된 정황, 정주행 차선으로 돌아온 후에도 후발사고의 위험이 없는 마땅한 주차 공간을 찾기 어려운 도로여건, 사고운전자가 스스로 정차한 후 개인택시조합 직원에게 사고처리를 부탁하는 전화를 마칠 무렵 경찰관이 도착한 사정 등이 있는 경우, 사고운전자가 교통사고 후 가해차량을 운전하여 사고 현장으로부터 약 400m 이동하여 정차한 것은 불가피한 것으로 볼 수 있다(대법원 2006.9.28. 선고 2006도3441 판결).

2) 구호 등 필요한 조치

사고운전자는 사고 내용과 피해 정도 등 구체적 상황에 따라 건전한 양식에 비추어 통상 요구되는 정도의 조치를 하여야 한다.

① 피해자가 사망한 경우

교통사고로 인하여 피해자가 사망하였더라도 사고운전자는 사체의 안치, 후송 등을 위하여 병원과 경찰관서에 연락 또는 신고를 하는 등의 조치를 하여야 한다(대법원 1995.10.12. 선고 95도1605 판결).

② 혼자 구호하기 어려운 경우

체격이 작은 여자인 사고운전자가 심야에 차량이나 인적의 통행이 드문 산속에서 사고를 일으킨 직후 차를 되돌려 현장에 접근하여 건장한 청년인 피해자 2명이 피를 흘리며 신음하고 있는 것을 발견하였을 때, 혼자의 힘으로 구호조치를

할 수 없다고 생각하였더라도 사고운전자로서는 피해자들에게 최소한의 응급조치를 하고 병원으로 후송하도록 하거나, 피해자들에게 고지한 후 현장을 떠나 즉시 경찰관서나 병원에 연락 또는 신고를 하는 등 필요한 조치를 하여야 한다(대법원 1996.12.6. 선고 96도2407 판결).

③ 경미한 상해의 경우

상해가 경미한 때에는 구호조치의 필요성이 인정되지 않을 수 있다. 다만 상해가 경미하여 구호조치가 필요하지 않다고 본 판례들은 원칙적으로 사고운전자가 정차하여 피해자에 대한 상해의 유무와 정도를 확인하는 조치를 한 경우이다.61 예를 들어, 사고운전자는 자신의 승용차에 의하여 좌측 슬관절부위를 가볍게 충격 당한 피해자가 그대로 서 있는 것을 보고 승용차의 조수석 쪽 창문을 내리고 괜찮냐고만 물어본 후 별다른 조치 없이 승용차를 계속 운전하였고, 피해자가 사고 5일 뒤에 방문한 병원에서 좌측 슬관절부위에 약간의 통증과 경미한 붓기가 있는 외에 외관상 별다른 상처가 없어 어떠한 치료도 받지 아니한 채 단지 엑스레이 촬영 후 진단서만을 발급받은 경우는 피해자의 피해의 정도 및 사고의 경위와 사고 후의 정황 등에 비추어 사고운전자가 실제로 피해자를 구호하는 등의 조치를 할 필요가 있었다고 볼 수 없다(대법원 2003.4.25. 선고 2002도6903 판결).

④ 사고운전자 이외의 사람에 의한 구호의 경우

반드시 사고운전자 본인이 구호조치를 직접 할 필요는 없고, 자신의 지배에 있는 사람을 통하여 구호조치를 하거나 현장을 이탈하기 전에 타인이 먼저 구호조치를 하여도 무방하다(대법원 2005.12.9. 선고 2005도5981 판결). 예를 들어 (a) 사고운전자가 동승하고 있었던 부인에게 "네가 알아서 처리해라"고 말하고 현장을 이탈한 후 사고운전자의 부인이 경찰관서에 전화로 신고를 하고 피해자와 함께 경찰서로 가서 조사를 받았고 경찰관의 안내로 피해자가 병원에 치료를 받으러 간 경우(대법원 1997.1.21. 선고 96도2843 판결), (b) 교통사고의 장소에 이미 여러 건의 연쇄충돌사고가 발생하여 사고운전자의 사고신고 없이도 경찰관이 출동하여 조사하고 있었고 피해자의 일행이 지나가던 차량을 세워 피해자를 병원에 보내는 것을 보고 피해자의 일행에게 자신의 이름과 전화번호를 사실대로 적어 주고 사고현장을 떠난 경우(대법원 1992.4.10. 선고 91도1831 판결), (c) 사고운전자가 자신이 부상을 입고 경찰관의 조치에 따라 병원으로 후송되던 도중 경찰에 신고나 연락을

---

61 이주원 240면.

취하지 아니한 채 집으로 가버렸더라도, 그 당시 이미 경찰이나 구급차량 등에 의하여 피해자에 대한 구호조치가 이루어진 후였던 경우라면(대법원 2002.11.26. 선고 2002도4986 판결), 구호 등의 필요한 조치를 한 것이다.

그러나 (d) 사고운전자가 사고를 목격한 사람에게 단순히 사고를 처리해 줄 것을 부탁만 하고 실제로 피해자에 대한 병원이송 등 구호조치가 이루어지기 전에 사고현장을 이탈한 경우(대법원 2005.12.9. 선고 2005도5981 판결), (e) 사고운전자가 경찰차가 사고현장으로 오고 있는 것을 발견하고도 이미 사고사실을 알고 있는 지구대까지 계속하여 걸어간 후 목격자로서 자신의 신분을 밝힌 후 사고신고를 한 사이에 피해자가 경찰차에 실려 병원으로 후송된 경우(대법원 1997.5.7. 선고 97도770 판결), (f) 사고운전자가 피해자에 대한 구호조치의 필요성을 인식하고 부근의 택시 기사에게 피해자를 병원으로 이송하여 줄 것을 요청하였으나 경찰관이 온 후 병원으로 가겠다는 피해자의 거부로 피해자가 병원으로 이송되지 아니한 사이에 피해자가 경찰관서에 신고를 하였고, 피해자의 동승자에게 자신의 신원을 알 수 있는 자료를 제공한 후 피해자의 병원이송 및 신고를 받은 경찰관의 사고현장 도착 이전에 사고운전자가 사고현장을 이탈한 경우(대법원 2004.3.12. 선고 2004도250 판결)는 구호 등의 필요한 조치를 한 것이 아니다.

3) 인적 사항 제공(신원고지의무)

사고운전자는 구호조치 이외에 피해자에게 인적 사항을 제공하여야 한다. 경찰관 등 교통사고와 관계있는 사람에게 사고운전자의 신원을 밝히는 것도 포함된다(대법원 2004.10.28. 선고 2004도5227 판결). 신원고지의무가 존재하는 것은 사고운전자가 자신의 인적 사항이나 연락처를 알려주지 않은 채 사고 후 즉시 차량을 운전하여 현장을 벗어나면, 도주의 운전 자체뿐만 아니라 이를 제지하거나 뒤쫓아 갈 것으로 예상되는 피해자의 추격 운전으로 추가적인 교통상의 위험과 장애가 야기될 수 있기 때문이다(대법원 2019.7.11. 선고 2017도15651 판결 참조).

피해자에게 인적 사항의 제공의무를 규정한 도로교통법 제54조 제1항 제2호는 2016. 12. 2. 법률개정으로 신설되었다. 그 이전에는 구호 등 필요한 조치에 운전자 등의 '신원고지의무'가 포함되는지에 대해서 견해가 대립하였는데, 판례는 도로교통법에 규정한 사고발생 시의 조치에는 피해자나 경찰관 등 교통사고와 관계있는 사람에게 사고운전자의 신원을 밝히는 것도 포함된다는 입장이었다(대법원 2003.3.25. 선고 2002도5748 판결). 지금은 도로교통법에 신원고지의무가 명시되어,

이 문제가 입법적으로 해결되었다.

판례에 의하면, 다음과 같은 경우는 인적 사항을 제공한 경우로 볼 수 있다. ① 사고운전자가 교통사고 후 피해자를 병원으로 후송하여 치료를 받게 하고 병원에서 피해자의 가족들에게 자신의 인적사항을 알려주었다면, 비록 경찰관서에 자신이 사고운전자임을 신고하지 아니하고 동료 운전기사로 하여금 그가 사고운전자인 것으로 신고하게 하였더라도 특정범죄가중법위반(도주치상)죄에 해당하지 않는다(대법원 2002.2.8. 선고 2001도4771 판결). ② 가벼운 접촉사고를 낸 운전자가 피해자에게 자신의 연락처가 적힌 명함을 건네고 현장을 떠난 경우도 특정범죄가중법위반(도주치상)죄에 해당하지 않는다(대법원 2015.6.11. 선고 2015도3788 판결).

반면 다음과 같은 경우는 인적 사항을 제공한 경우로 볼 수 없다. ③ 자동차의 소유자를 증명하는 데에 그칠 뿐 운전면허증이나 주민등록증과 같이 사고운전자의 신분을 확인하기에는 불충분한 자동차등록원부만을 피해자에게 교부한 것은 인적 사항을 제공한 것으로 보기 어렵고 도주의 의사도 인정된다(대법원 1996.8.20. 선고 96도1415 판결). ④ 피해자가 후행 차량의 진행을 방해하지 않으려고 피해차량을 운전하여 우측 갓길에 정차한 후 차에서 내려 사고운전자 차량의 조수석 옆으로 다가가 사고운전자에게 내리라고 하였으나 사고운전자가 자신의 차량에서 내리지 않은 채 미안하다는 손짓만 하고 피해차량의 진행방향과 반대편으로 진행한 것은 특정범죄가중법위반(도주치상)죄가 성립한다(대법원 2009.5.14. 선고 2009도787 판결). ⑤ 사고운전자가 피해자를 병원에 후송하여 치료를 받게 하는 등의 구호조치를 하였더라도, 피해자 등이 사고운전자의 신원을 쉽게 확인할 수 없는 상태에서 피해자 등에게 자신의 신원을 밝히지 아니한 채 병원을 이탈하였다면 특정범죄가중법위반(도주치상)죄가 성립한다(대법원 2006.1.26. 선고 2005도8264 판결). ⑥ 사고운전자가 택시와 교통사고를 낸 후 피해자들이 정신을 잃고 차내 의자에 기대어 있는 것을 목격하고 정신이 멍멍해지는 등 크게 당황하게 되자, 당해 교통사고로 가벼운 부상을 입은 택시운전기사에게 약을 사 먹고 올 테니 신고하여 달라고 말을 한 후 사고를 낸 차량을 두고 현장을 떠나 신고를 받고 온 경찰관이 피해자들을 후송하였고 사고운전자는 약국에서 약을 먹고 2시간 후에 현장에 왔다가 견인작업까지 거의 끝난 것을 보고 귀가하였다면, 사고운전자가 스스로 피해자에게 인적사항을 알려준 것이 아니고 차량등록명의도 사고운전자를 대표로 하는 회사명의로 되어 있어 사고를 야기한 자가 누구인지 쉽게 확인할 수 없는 상태를 초래하였으므로 특정범죄가중법위반(도주치상)죄에 해당한다(대법원 1994.10.21. 선고

94도2204 판결). ⑦ 사고로 인하여 피해자에게 경추 염좌 등의 상해를 입히고 1주일간 입원치료를 받게 하고 피해 차량이 경미한 물적 피해를 입은 데 그치고 파편물이 도로 위에 흩어지지 않았더라도, 특별한 사정이 없는 한 사고운전자는 피해자에게 인적 사항을 제공하여야 한다(대법원 2019.7.11. 선고 2017도15651 판결).

[4] 사고신고의무 불포함

특정범죄가중법 제5조의3 제1항은 교통사고로 인한 피해자의 생명, 신체의 안전 등을 보호하기 위하여 사고피해자에 대한 구호조치의무 위반을 구성요건으로 하고 있으므로 구호조치를 취하기만 하면 되고, 도로교통법 제54조 제2항에 규정된 사고신고의무 위반은 구성요건이 아니다[헌법재판소 1997.7.16. 선고 95헌바2, 97헌바27(병합) 결정].

운전자가 교통사고 야기 후 사고 현장에서 다른 사람들과 같이 피해자들을 구급차에 나눠 싣고 자신도 구급차에 동승하여 피해자를 병원 응급실로 후송한 후 간호사가 혈압을 재는 것을 보고 응급실 밖에서 담배를 피우던 중 운전자와 피해자가 타고 온 구급차가 다른 곳으로 가는 것을 보고 응급실에 다시 가 본 결과 피해자가 보이지 않자 간호사에게 피해자의 행방을 문의하였으나 간호사가 다른 곳으로 후송하였다고만 이야기하여 하는 수 없이 운전자가 자신의 사무실로 돌아갔다면, 운전자가 비록 사고 현장에서나 그 직후 경찰관서 등에 사고 신고를 하지 않았거나 타인에게 자신이 사고 야기자라고 적극적으로 고지하지 않았더라도 도주에 해당하지 않는다(대법원 1996.4.12. 선고 96도358 판결).

[5] 적극적 유기

특정범죄가중법 제5조의3 제2항 위반죄, 즉 특정범죄가중법위반(유기도주치사·상)죄는 교통사고로 피해자를 다치게 한 운전자라는 신분을 가진 자가 그 신분으로 말미암아 피해자를 구조할 법률상 의무를 지게 되고 그 의무에 위반하여 피해자를 사고장소로부터 옮겨 유기하고 도주한 경우에 성립하는 업무상과실치사상죄와 유기죄 및 도로교통법위반(사고후미조치)죄의 결합범이다. 사고운전자가 단순히 구호 등 필요한 조치를 불이행한 경우(특정범죄가중법 제5조의3 제1항)보다 중하게 처벌된다.

'유기'란 부조(扶助)를 요하는 사람의 생명·신체에 위험을 초래할 수 있는 보호 없는 상태로 두는 것을 말한다. 유기죄(형법 제270조)의 유기는 요부조자를 보호 없는 상태로 옮기는 적극적 유기와 보호 없는 상태에 방치하는 소극적 유기를 포함하는데, 특정범죄가중법 제5조의3 제2항에서는 피해자를 사고 장소로부터 옮겨 유기하는 적극적 유기만 구성요건으로 하고 있다.

한편 특정범죄가중법 제5조의3 제1항 위반죄, 즉 특정범죄가중법위반(도주치사·상)죄도 업무상과실치사상죄와 유기죄의 결합범인데, 이때는 소극적 유기인 경우이다.

[6] 도주

특정범죄가중법위반(도주치사·상)죄가 성립하기 위해서는 형법 제268조(업무상과실·중과실 치사상)의 죄를 범한 사고운전자가 구호 등 필요한 조치를 하지 않거나 피해자를 유기한 후 도주하여야 한다. 특정범죄가중법 제5조의3의 '도주한 때'란 사고운전자가 사고로 인하여 피해자가 사상을 당한 사실을 인식하였음에도 피해자를 구호하는 등 도로교통법 제54조 제1항에 규정된 의무를 이행하기 이전에 사고현장을 이탈하는 경우를 말한다.

1) 피해자의 사상(死傷)에 대한 인식

사고로 인하여 피해자가 사상을 당한 사실에 대한 인식의 정도는 반드시 확정적일 필요는 없고 미필적으로라도 인식하면 충분하다. 사고운전자가 사고 직후 차에서 내려 직접 확인하였더라면 쉽게 사고사실을 확인할 수 있었는데도 그러한 조치를 하지 아니한 채 별일 아닌 것으로 알고 그대로 사고현장을 이탈하였다면 사고운전자에게는 미필적으로라도 사고의 발생사실을 알고 도주할 의사가 있었다고 본다(대법원 2000.3.28. 선고 99도5023 판결).

2) 구호의 필요성에 대한 인식

사고발생시의 조치의 필요성 유무는 피해자의 상해 부위와 정도, 사고의 내용과 사고 후의 정황, 치료의 시작시점·경위와 기간 및 내용, 피해자의 연령 및 건강상태 등을 종합하여 판단한다. 보통의 경우 사고운전자가 피해자와 직접 대화함으로써 피해자에게 통증에 대해서 진술의 기회를 부여하든지 아니면 적어도 사고운전자가 정차하여 피해자의 상태를 눈으로 확인하여야 구호조치의 필요가 없는 경우라고 판단할 수 있을 것이고, 그렇지 않았던 경우에는 구호조치의 필요가 없었다고 쉽사리 단정하여서는 안 된다(대법원 2010.10.14. 선고 2010도1330 판결).

차량에 충격되어 횡단보도에 넘어진 피해자가 스스로 일어나서 도로를 횡단하였더라도 사고운전자로서는 피해자의 상해 여부를 확인하여 병원에 데리고 가는 등 구호조치를 취하여야 하고 이를 이행하지 아니하고 피해자와 말다툼을 하다가 사고에 대한 원만한 해결이 되지 아니한 상태에서 그냥 가 버린 것은 특정범죄가중법 제5조의3 제1항에 해당한다(대법원 1993.8.24. 선고 93도1384 판결). 또한 사고운전자의 버스에 피해자가 충격되어 땅바닥에 넘어졌다가 일어난 것을 본 이상 피해자가 위 충격으로 인하여 상해를 입을 수도 있을 것이라는 예견을 할 수 있었으므로, 피해자가 상해를 입었는지를 확인한 후 피해자에 대한 구호조치의 필요여부를 확인하지 않고 피해자가 걸어가는 것을 보고는 그대로 버스를 운행해 가 버리면 특정범죄가중법 제5조의3 제1항에 해당한다(대법원 1987.8.25. 선고 87도1118 판결).

특히 어린이와 같이 피해자가 아직 스스로 자기 몸의 상처가 어느 정도인지 충분히 파악하기 어려운 경우는 피해자를 병원으로 데려가서 다른 상처 등이 존재하는지에 대한 진단 및 치료를 받게 하여야 한다. 예를 들어, 자동차의 우측 앞부분으로 11세 어린이의 왼쪽 손 등을 들이받아 넘어뜨렸는데(이후 1주일간의 치료를 요하는 우 제5수지 관절염좌상 진단), 어린 피해자에게 집으로 혼자 돌아갈 수 있느냐고 질문하여 피해자가 "예"라고 대답하였다는 이유만으로 아무런 보호조치도 없는 상태에서 피해자를 그냥 돌아가게 하였다면 특정범죄가중법 제5조의3 제1항에 해당한다(대법원 1996.8.20. 선고 96도1461 판결).

3) 도주의 의사

사고운전자가 피해자의 사상(死傷)과 구호조치의 필요에 대해서 인식하고서 도로교통법 제5조 제1항에 규정된 인적 사항의 제공과 구호조치를 하지 않고 가버리면 도주의 의사가 인정된다. 예를 들어 ① 만취상태의 사고운전자가 교통사고 직후 취중상태에서 사고현장으로부터 수십 미터까지 혼자 걸어가다 수색자에 의해 현장으로 붙잡혀 왔는데 제반 사정상 적어도 사고운전자가 사고발생 사실과 그 현장을 이탈한다는 점을 인식하고 있었던 경우(대법원 2007.9.6. 선고 2005도4459 판결), ② 사고운전자가, 비록 피고인이 체격이 작은 여자인 데 비하여 피해자들은 건장한 청년들이고 사고 일시 및 장소는 심야에 차량이나 인적의 통행이 드문 산속이라 혼자의 힘으로 구호조치를 할 수 없다고 생각하였더라도, 승용차에서 하차하지도 아니한 채 그대로 승용차를 운전하여 가 버린 후 약 20분 뒤 피해자들을 구호하기 위하여 사고 현장으로 되돌아온 경우(대법원 1996.12.6. 선고 96도

2407 판결)는 도주의 의사가 인정된다.

　　그러나 예를 들어 ③ 경미한 교통사고로서 바로 그 사고현장에서 구호조치 등을 취하지 않으면 안 될 정도가 아니거나 사고장소가 통행차량이 많아 오히려 그 자리에서 어떠한 조치를 하는 것이 교통에 방해가 되는 사정이 있는 경우라면 구태여 사고현장에서 응급조치 등을 취하지 않고 한적한 곳에 인도하여 그곳에서 필요한 조치를 할 수도 있으므로, 사고운전자가 피해자를 한적한 곳에 유도할 의사나 목적을 가지고 깜빡이등을 켜고 시속 10km의 저속으로 운전하는 등으로 자동차를 운전하여 간 경우(대법원 1994.6.14. 선고 94도460 판결), ④ 사고운전자가 피해자 일행으로부터의 구타폭행을 면하기 위하여 사고현장을 이탈한 경우(대법원 1985.9.24. 선고 85도1616 판결), ⑤ 사고운전자가 근무하는 회사의 주차타워 앞에서 주차관리인, 피해자의 일행, 택시 운전기사 등이 목격한 상황에서 14세의 피해자가 교통사고 직후 바로 땅에 넘어질 정도의 충격을 받고 친구들의 도움을 받아 도로에서 일어났는데, 사고운전자가 승용차에서 내려 피해자에게 다친 곳이 없느냐고 물으면서 여러 차례에 걸쳐 병원에 가자고 하였으나 피해자는 괜찮다고 이를 거절하면서 친구들과 함께 학원차량을 타러 간 경우(대법원 2005.4.15. 선고 2005도1483 판결)는 도주에 해당하지 않는다.

　　그리고 ⑥ 사고운전자가 교통사고 현장에서 경찰관에게 동승자가 사고차량의 운전자라고 진술하거나 그에게 같은 내용의 허위신고를 하도록 하였더라도, 사고 직후 피해자가 병원으로 후송될 때까지 사고장소를 이탈하지 아니한 채 경찰관에게 위 차량이 가해차량임을 밝히고 경찰관의 요구에 따라 동승자와 함께 조사를 받기 위해 경찰 지구대로 동행한 경우(대법원 2007.10.11. 선고 2007도1738 판결)와 ⑦ 사고운전자가 사고 현장과 경찰 조사과정에서 목격자 행세를 하고 피해자의 발견 경위에 관하여 사실과 다르게 진술하였더라도, 사고운전자가 사고 직후 직접 119 신고를 하여 구급차가 피해자를 후송한 후 출동한 경찰관들에게 현장 설명을 하고 자신의 인적사항과 연락처를 알려 준 다음 사고현장을 떠난 경우도 도주에 해당하지 않는다(대법원 2013.12.26. 선고 2013도9124 판결).

[7] 관련문제

1) 공범

전술한 것처럼 특정범죄가중법 제5조의3 제2항 위반죄는 사고운전자라는 신분으로 인한 구조할 법률상 의무에 위반하여 유기하고 도주한 범죄로서 업무상과실치사상죄와 유기죄 및 도로교통법위반(사고후미조치)죄의 결합범이자 자수범이므로, 사고운전자가 아닌 동승자가 교통사고 후 운전자와 공모하여 운전자의 도주행위에 가담하였더라도, 동승자에게 과실범의 공동정범의 책임을 물을 수 있는 특별한 경우가 아닌 한, 특정범죄가중법 위반(도주차량)죄의 공동정범으로 처벌할 수는 없다(대법원 2007.7.6. 선고 2007도2919 판결). 다만 도로교통법 제54조 제1항은 운전자뿐만 아니라 그 밖의 승무원도 구호조치 등의 의무를 규정하고 있으므로, 운전자의 도주행위에 가담한 동승자는 유기죄의 공범이 성립할 수 있다.

예를 들어, 동승자가 사고운전자의 부탁에 응하여 사고운전자의 차량운전을 살펴보고 잘못된 점이 있으면 이를 지적하여 교정해 주려는 목적으로 사고차량의 조수석에 동승 하였다면, 동승자가 주도적인 지위에서 사고차량을 운행하였다고 보기는 어렵다. 하지만 동승자가 전문적인 운전교습자로서 피교습자로 하여 운전기기를 직접 조작하도록 하되 동승자 자신이 일일이 당해 차량의 운행에 관한 모든 지시를 함으로써 피교습자는 그 지시에 따라 기계적으로 움직일 뿐이었다면, 차량운행의 주도적인 책임은 동승자에게 있어 동승자가 업무상과실치사상죄의 책임을 진다(대법원 1984.3.13. 선고 82도3136 판결).

2) 죄수

특정범죄가중법위반(도주치사·상)죄의 보호법익은 교통의 안전이라는 공공이익과 함께 교통사고로 사상을 당한 피해자의 생명·신체의 안전이다. 따라서 다수의 사람을 사상하고 구호조치 없이 도주한 경우는 피해자별로 특정범죄가중법위반(도주치사·상)죄가 성립하고, 각 죄는 하나의 행위로 인한 것이므로 상상적 경합의 관계이다.[62]

특정범죄가중법 제5조의3은 업무상과실치사상죄와 유기죄 및 도로교통법위반(사고후미조치)죄의 결합범을 규정한 것이므로, 교통사고처리법위반죄와 유기죄는 법조경합의 관계로 특정범죄가중법위반(도주치사·상)죄에 흡수된다. 또한 도로교통법 제54조 제1항의 조치를 하지 아니한 것이 구성요건이므로, 도로교통법위반(사고후미조치)죄도 특정범죄가중법위반(도주치사·상)죄에 흡수된다.

그러나 도로교통법 제54조 제2항의 미신고행위는 특정범죄가중법 제5조의3

---

62 이주원 258면.

에 명시되어 있지 않다. 판례는 도로교통법 제54조 제2항 위반(미신고)죄와 특정범죄가중법 제5조의3 제1항 위반죄를 실체적 경합의 관계로 본다(대법원 1992.11.13. 선고 92도1749 판결). 또한 소송법상 사실의 동일성 판단에서도 미신고행위는 도주행위와 범죄사실의 기초가 되는 사회적 사실관계도 상이하므로 도로교통법 제54조 제2항 위반(미신고)죄에 대하여 약식명령이 확정되었더라도 그 기판력이 특정범죄가중법 제5조의3 제1항 위반(도주치사·상)죄에 미치지 않는다고 본다(대법원 1992.11.13. 선고 92도1749 판결).

그 외에 도로교통법 제151조의 과실손괴죄도 특정범죄가중법 제5조의3과는 별도의 존재의미를 갖는 규정이므로, 교통사고로 사람의 사상과 물건의 손상을 일으키고 도로교통법 제54조 제1항의 조치 없이 도주한 경우는 특정범죄가중법위반(도주치사·상)죄와 도로교통법위반(과실손괴)죄가 성립한다. 다만 도로교통법위반(과실손괴)죄 부분은 차량이 손해배상금 전액을 보상하는 보험이나 공제에 가입된 때에 공소를 제기하지 않는다(교통사고처리법 제4조 제1항).

3) 공소장변경과 심판범위

① **특정범죄가중법위반(도주치사·상)죄의 사건에서 '도주'가 인정되지 않는 경우**
특정범죄가중법위반(도주치사·상)죄로 공소를 제기하였으나 도주가 인정되지 않는다면 공소사실의 동일성이 인정되는 교통사고처리법 위반죄로 공소장을 변경할 수 있다. 검사의 공소장변경 신청이 없더라도 법원은 업무상과실치사상의 죄가 인정되면 무죄판결을 선고할 것이 아니라, 종합보험·공제에 가입되었거나 처벌불원의 의사표시가 있어서 공소권이 없으면 공소기각의 판결을 하고, 그렇지 않으면 유죄의 판결을 하여야 한다(대법원 1994.11.11. 선고 94도2349 판결).

② **특정범죄가중법위반(도주치사·상)죄의 사건에서 '과실'이 인정되지 않는 경우**
특정범죄가중법위반(도주치사·상)죄로 공소를 제기하였으나 업무상과실치사상이 인정되지 않는다면 공소사실의 동일성이 인정되는 도로교통법위반(사고후미조치)죄로 공소장을 변경할 수 있다. 판례가 교통사고를 발생시킨 당해 차량의 운전자에게 당해 사고의 발생에 귀책사유가 없더라도 도로교통법 제54조 제1항·제2항이 규정한 교통사고 발생 시의 구호조치의무 및 신고의무는 있다고 보기 때문이다(대법원 2015.10.15. 선고 2015도12451 판결). 다만 이 경우에 판례는 검사의 공소장변경 신청이 없다면, 도로교통법 제54조 제1항에 의하여 취하여야 할 필요한 조치를 하지 아니한 사실이 인정되더라도 범죄사실의 증명이 없는 것으로 보아

무죄를 선고하여야지 공소장변경 없이 도로교통법위반(사고후미조치)죄로 처벌할 수 없다고 본다(대법원 1993.5.11. 선고 93도656 판결).

　　한편 특정범죄가중법위반(도주치사·상)죄로 공소를 제기하였으나 업무상과실 치상이 인정되지 않는다면, 바로 무죄판결을 선고할 것이 아니라 형식재판의 사유가 존재하는지를 검토하여 차량이 종합보험·공제에 가입되어 있다면 형사소송법 제327조에 따라 소송조건의 흠결을 이유로 공소기각의 판결을 선고하여야 한다(대법원 2004.11.26. 선고 2004도4693 판결). 다만 법원이 피고인의 이익을 위하여 무죄의 판결을 선고하더라도 위법이라고 보지는 않는다(대법원 2015.5.28. 선고 2013도10958 판결).

Ⅱ. 운전자에 대한 폭행 등의 가중처벌(제5조의10)

1. 법률규정

> **제5조의10(운행 중인 자동차 운전자에 대한 폭행 등의 가중처벌)** ① 운행 중(「여객자동차 운수사업법」 제2조 제3호에 따른 여객자동차운송사업을 위하여 사용되는 자동차를 운행하는 중 운전자가 여객의 승차·하차 등을 위하여 일시 정차한 경우를 포함한다)인 자동차의 운전자를 폭행하거나 협박한 사람은 5년 이하의 징역 또는 2천만원 이하의 벌금에 처한다.
> ② 제1항의 죄를 범하여 사람을 상해에 이르게 한 경우에는 3년 이상의 유기징역에 처하고, 사망에 이르게 한 경우에는 무기 또는 5년 이상의 징역에 처한다.

　　특정범죄가중법 제5조의10은 2007. 1. 3. 법률개정을 통해서 신설된 규정인데, 운행 중인 자동차의 운전자를 상대로 폭력 또는 협박을 행사하여 운전자나 승객 또는 보행자 등의 안전을 위협하는 행위를 엄중하게 처벌함으로써 교통질서를 확립하고 시민의 안전을 도모하는 것이 입법의 이유이었다.[63] 특정범죄가중법 제5조의10은 폭행죄(형법 제260조 제1항)에 대한 가중적 구성요건으로서(서울고등법원

2013.6.13. 선고 2013노1275 판결), 운행 중인 자동차의 운전자를 폭행·협박한 경우
는 5년 이하의 징역 또는 2천만 원 이하의 벌금으로(제1항), 이로 인하여 사람을
상해에 이르게 한 경우에는 3년 이상이 유기징역, 사망에 이르게 한 경우에는 무
기 또는 5년 이상의 징역으로 처벌한다(제2항).

특정범죄가중법 제5조의10 제1항과 제2항 모두 운행 중인 자동차의 운전자를
대상으로 하는 범행이 교통질서와 시민의 안전 등 공공의 안전에 대한 위험을 초
래할 수 있다고 보아 이를 가중처벌하는 '추상적 위험범'에 해당하고, 그중 제2항
은 제1항의 죄를 범하여 사람을 상해나 사망이라는 중한 결과에 이르게 한 경우
제1항에 정한 형보다 중한 형으로 처벌하는 결과적 가중범이다(대법원 2015.3.26.
선고 2014도13345 판결).

실무상 특정범죄가중법 제5조의10 제2항의 위반으로 기소되는 상당수의 경우
는 늦은 시간 술에 취한 승객이 주로 택시기사와 요금 등에 대해 시비가 붙어 기
사를 폭행하는 경우인데, 대체로 1~2주 진단의 경미한 상해가 많음에도 불구하
고 폭행치상죄(형법 제262조)와는 비교도 되지 않을 정도로 가중하여 처벌하는 것
은 과하다고 비판된다.[64]

2. 성립요건

특정범죄가중법 제5조의10은 공공의 안전에 대한 위험을 초래할 수 있다고
보아 운전자에 대한 폭행 등을 폭행치상죄와는 비교도 되지 않을 정도로 가중하
여 처벌하는 추상적 위험범이므로, 남용되지 않도록 엄격하게 해석하여야 하고
확대 적용해서는 안 된다.[65]

[1] 운행 중인 자동차의 운전자

1) 자동차의 운전자

행위객체는 운행 중인 자동차의 운전자이다. 운행 중인 자동차의 운전자는
운전기사 이외에 자가용 운전자 등을 포함한다. 자동차는 도로교통법 제2조 제18

---

64 정재헌, 형사법 이론과 형사재판 실무의 상호보완성 강화방안, 한국형사법학회 2016년 동계학술
    회의자료집, 49면.
65 박상기·전지연·한상훈 95면.

호의 개념에 따라, 승용자동차, 승합자동차, 화물자동차, 특수자동차, 이륜자동차 (125cc 초과), 덤프트럭, 콘크리트믹서트럭 등이 포함된다.

다만 특정범죄가중법 제5조의3이나 5조의11과 달리 원동기장치자전거는 법문에 명시되어 있지 않으므로, 125cc 이하 이륜자동차와 같은 원동기장치자전거의 운전자는 포함되지 않는다. 판례도 원동기장치자전거의 운전자는 포함되지 않는다고 본다(대법원 2022.4.28. 선고 2022도1013 판결). 또한 자동차의 운전자 이외의 승무원 등도 폭행이나 협박의 객체에 포함되지 않는다.

2) 운행 중

특정범죄가중법위반(운전자폭행등)죄의 성립에 있어서 가장 다투어지는 요건이 '운행 중'인지 여부이다. 과거의 판례에 의하면, 피고인이 시내버스에 강아지를 안고 승차하였다는 이유로 운전기사가 버스에서 내리라고 하자 화가 나 욕을 하고 지갑을 쥔 손으로 운전석에 앉아있는 운전기사의 머리를 1회 때린 사건에서, 버스가 정차한 상태이었고 운전기사는 피고인이 내린 후 버스 문을 닫고 출발하려던 상황이었다면 운행 중이라고 보지 않았다(서울고등법원 2013.6.13. 선고 2013노1275 판결). 하지만 2015. 6. 22. 법률개정으로 여객의 승·하차 등을 위하여 일시 정차를 한 경우도 운행 중에 포함되어서, 현재 이러한 경우는 운행 중인 자동차운전자에 대한 폭행으로 보게 된다.

운행 중인 경우는 주행 중인 경우뿐만 아니라 신호대기를 위하여 정차 중인 경우도 포함된다(대법원 2015.3.26. 선고 2014도13345 판결). 전술한 것처럼 여객자동차의 운전자가 여객의 승차·하차 등을 위하여 일시 정차한 경우도 운행 중에 포함되는데, 버스정류장에 정차한 버스운전자에게 폭행한 경우가 전형적인 사례이다(대법원 2021.10.14. 선고 2021도10243 판결). 다만 정차의 목적이 여객의 승·하차에 준하지 않는 경우, 예를 들어 화물의 상·하차를 위하여 일시 정차하는 것은 포함되지 않는다. 주차 상태인 경우는 운행 중으로 볼 수 없는 것이 명백하다.

'운행 중' 여부가 다투어질 경우는 운전자의 운행의사와 법률의 입법취지를 고려하여 판단하여야 한다. 운전자의 운행의사 없거나 교통질서와 시민의 안전 등 공공의 안전에 대한 위험을 초래할 상황이 아니라면 '운행 중'에 해당하지 않는다.[66] 예를 들어, 자동차의 시동이 꺼지지 않았으나 브레이크를 걸어두고 운전

---

66 박상기·전지연·한상훈 95면; 이주원 264면.

자가 자거나 쉬고 있는 경우, 자동차의 시동이 꺼지지 않았으나 브레이크를 걸어 두고 운전자가 차에서 내린 경우, 택시의 운전자가 택시를 도로변에 세워 브레이크를 걸어둔 상태에서 손님을 기다리는 경우, 목적지에 도착하여 여객자동차의 운전자가 브레이크를 걸어둔 상태에서 운전석에서 일어나 잠자고 있는 승객을 깨우는 경우 등은 운행의사를 인정하기 어렵고 공공의 안전에 대한 위험을 초래할 상황으로 보기도 어려우므로 운행 중으로 볼 수 없다.

[2] 폭행·협박(제1항)

운행 중인 자동차의 운전자를 폭행 또는 협박하면 5년 이하의 징역 또는 2천만 원 이하의 벌금에 처한다. 폭행의 개념은 광범위한데, 특정범죄가중법 제5조의10은 폭행죄(형법 제260조 제1항)에 대한 가중적 구성요건이므로 폭행죄의 폭행개념인 사람의 신체에 대한 유형력의 행사 이상이라고 할 수 있다. 신체에 대한 모든 유형력의 행사가 특정범죄가중법 제5조의10의 폭행에 해당하는 것은 아니고, 공공의 안전에 대한 위험을 초래할 수 있는 폭행이어야 한다. 예를 들어 운전자에 대하여 옷을 약간 잡아당기거나 어깨를 치는 행위 등은 특정범죄가중법 제5조의10의 폭행으로 볼 수 없다.

협박의 개념도 광범위한데, 자동차의 안전한 운행이 위태롭게 될 정도의 해악의 고지가 있어야 특정범죄가중법 제5조의10의 협박에 해당한다. 단순한 욕설 등에 의한 해악의 고지는 특정범죄가중법 제5조의10의 협박으로 볼 수 없다.

[3] 치사상(제2항)

특정범죄가중법 제5조의10 제2항은 제1항의 결과적 가중범이다. 치상의 결과에 대해서는 3년 이상의 유기징역형으로, 치사의 결과에 대해서는 무기 또는 5년 이상의 징역형으로 처벌된다. 치상의 경우는 상해의 고의가 있는 경우도 포함하는 부진정 결과적 가중범으로 해석된다.[67] 특정범죄가중법 제5조의10 제1항 위반죄와 상해죄의 경합범으로 처벌하는 것보다 특정범죄가중법 제5조의10 제2항 위반죄로 처벌하는 것이 중하기 때문이다.

특정범죄가중법 제5조의10 제1항의 객체는 운전자이지만, 제2항의 객체는 사람이다. 따라서 치사상의 객체는 운전자에 한정되지 않는다. 운행 중인 자동차의

---

67   이주원 263면.

운전자에 대한 폭행·협박으로 운전자, 승객 또는 보행자 등에게 사상의 결과가 발생한 경우가 모두 제2항에 해당한다.

그리고 특정범죄가중법 제5조의10 제2항은 단순히 "제1항의 죄를 범하여"라고만 규정할 뿐 '교통사고의 발생' 등을 명시하지 않으므로, 교통사고의 발생 여부와 관계없이 치사상의 결과가 발생하면 특정범죄가중법 제5조의10 제2항 위반죄는 성립한다. 판례도 운전자에 대한 폭행·협박으로 인하여 교통사고의 발생 등과 같은 구체적 위험을 초래하는 중간 매개원인이 유발되고 그 결과로 상해나 사망의 결과를 발생시킨 경우에만 특정범죄가중법 제5조의10이 적용되는 것은 아니라고 본다(대법원 2015.3.26. 선고 2014도13345 판결).

Ⅲ. 위험운전 치사상(제5조의11)

1. 법률규정

> **제5조의11(위험운전 등 치사상)** ① 음주 또는 약물의 영향으로 정상적인 운전이 곤란한 상태에서 자동차(원동기장치자전거를 포함한다)를 운전하여 사람을 상해에 이르게 한 사람은 1년 이상 15년 이하의 징역 또는 1천만원 이상 3천만원 이하의 벌금에 처하고, 사망에 이르게 한 사람은 무기 또는 3년 이상의 징역에 처한다.
> ② 음주 또는 약물의 영향으로 정상적인 운항이 곤란한 상태에서 운항의 목적으로 「해사안전법」 제41조 제1항에 따른 선박의 조타기를 조작, 조작 지시 또는 도선하여 사람을 상해에 이르게 한 사람은 1년 이상 15년 이하의 징역 또는 1천만원 이상 3천만원 이하의 벌금에 처하고, 사망에 이르게 한 사람은 무기 또는 3년 이상의 징역에 처한다.

음주운전으로 인한 피해에 대하여 엄한 처벌로 대처하고자 2007년 법률개정으로 특정범죄가중법 제5조의11이 신설되었다. 특정범죄가중법 제5조의11에 제1항에 의하면, 음주 또는 약물의 영향으로 정상적인 운전이 곤란한 상태에서 자동차·원동기장치자전거를 운전하여 사람을 상해·사망에 이르게 한 사람은 중하게 처벌되는데, 이를 '위험운전치사상죄'라고 부른다. 치상의 경우는 1년 이상 15년 이하의 징역 또는 1천만원 이상 3천만원 이하의 벌금에 처하고, 치사의 경우는 무기 또는 3년 이상의 징역에 처한다. 2018년 법률개정을 통해 법정형이 현재와 같이 상향되었다. 2020년에는 법률개정을 통해 음주·약물의 영향으로 정상적인 운항이 곤란한 상태에서 운항의 목적으로 선박의 조타기를 조작·조작 지시·도선하여 사람을 상해·사망에 이르게 한 위험운항치사상죄가 제2항에 신설되었는데, 법정형은 위험운전치사상죄와 같다.

연혁

위험운전치사상죄가 입법되기 이전 음주운전 상태에서 대인사고를 유발한 경우는 음주운전죄와 교통사고처리특례법위반(치상, 치사)죄가 성립되고 이론상 양 죄는 하나의 행위에 의한 것이므로 상상적 경합의 관계로 볼 수 있는데, 실무는 음주운전을 중하게 처벌하자는 법감정에 부합하여 실체적 경합의 관계로 보았다. 일본의 판례도 이와 같은 입장이었다. 그러나 경합범으로 처벌함에도 불구하고 음주운전 상태에서의 대인사고가 계속 증가하자, 일본은 2001년 형법을 개정하여 위험운전치사상죄(일본형법 제208조의2)를 신설(상해의 경우는 15년 이하의 징역, 사망의 경우는 1년 이상의 유기징역)하였고 효과를 거두었다. 이것을 모범으로 하여 특정범죄가중법 제5조의11에 위험운전치사상죄가 입법되었다. 특정범죄가중법 제5조의11이 입법되기 전에는 운전자가 음주운전 중 대인사고를 유발한 경우 도로교통법 제150조 제1호의 음주운전죄(2년 이하의 징역 또는 500만 원 이하의 벌금)와 교통사고처리법 제3조 제1항의 처벌특례(형법 제268조 업무상 과실치사상죄, 5년 이하의 금고 또는 2천만 원 이하의 벌금)의 경합범으로 해결해 왔고, 당시 처단형의 상한은 7년의 금고이었다.[68]

이와 같은 배경에서 특정범죄가중법 제5조의11은 2007.12.21. 법률개정을 통해서 신설되었다. 첫째, 음주운전으로 인한 교통사고가 급증하는 추세에 있고 음주운전으로 인해 사망하거나 부상하는 자의 수도 늘고 있으며 교통사고처리법상 음주운전사고에 대한 처벌규정은 미약하여 음주운전이 줄어들지 않고 있을 뿐 아니라, 둘째, 일본에서도 2001년부터 형법에 '위험운전치사상죄'를 신설하여 음주운전 등의 사고운전자에 대한 처벌을 강화하고 있으며, 이후 음주운전사고가 급속히 줄어들고 있어 음주운전 억제효과가 나타나고 있는 점을 고려하여 음주 등의 영향으로 정상적인 운전이 곤란한 상태에서 자동차를 운전하여 사람을 사상시킨 사람을 무겁게 처벌하려는 것이 입법의 이유이었다.[69] 음주·약물의 영향으로 정상적인 운전이 곤란한 상태에서 자동차를 운전하여 사람을 상해 또는 사망에 이르게 한 사람의 법정형

68 심희기·전지연 39면.
69 장영민 312면.

을 치상의 경우는 "10년 이하의 징역 또는 500만원 이상 3천만원 이하의 벌금"으로, 치사의 경우는 "1년 이상의 유기징역"으로 규정하였다.

이후 2018.12.18. 법률개정을 통해 실효성을 제고하고 음주운전에 대한 경각심을 높이며, 국민의 법감정에 부합하는 제도를 마련하려는 목적으로, 법정형을 치상의 경우 "1년 이상 15년 이하의 징역 또는 1천만원 이상 3천만원 이하의 벌금"으로, 치사의 경우 "무기 또는 3년 이상의 징역"으로 상향하였다.

또한 2020.2.4. 법률개정(2020.5.5. 시행)으로 위험운항치사상죄가 특정범죄가중법 5조의11 제2항에 신설되었다. 선박의 음주운항 등으로 인한 사고의 위험 및 그 피해가 음주운전에 비해 작지 않고 오히려 거대한 선박의 특성상 물적 피해는 물론이고 인명피해까지 야기할 수 있으므로 선박의 음주운항 등에 대한 강력한 처벌의 필요성이 제기되었고, 이에 음주 또는 약물의 영향으로 정상적인 운항이 곤란한 상태에서 운항의 목적으로 선박의 조타기를 조작, 조작 지시 또는 도선하여 사람을 상해 또는 사망에 이르게 한 사람에 대하여 위험운전치사상죄에 준하여 처벌함으로써 선박의 음주운항 등에 대한 경각심을 제고하려는 것이 입법의 이유이다.

2. 법적 성격

위험운전치사상죄가 입법되기 이전 음주운전 상태에서 대인사고를 유발한 경우는 음주운전죄와 교통사고처리법위반(치상, 치사)죄가 성립되고 이론상 양 죄는 하나의 행위에 의한 것이므로 상상적 경합의 관계로 볼 수 있는데, 실무는 음주운전을 중하게 처벌하자는 법감정에 부합하여 실체적 경합의 관계로 보았다.[70] 이러한 상황에서 음주운전 상태의 대인사고를 더 중하게 처벌하고자 규정된 것이 특정범죄가중법 제5조의11 위험운전치사상죄이다. 따라서 위험운전치사상죄의 법적 성격은 도로교통법 제148조 제3항(음주운전) · 제4항(약물운전) 위반죄와 업무상과실치사상죄의 결합범이라 할 수 있다.[71]

그러나 판례는 위험운전치사상죄의 법적성격을 도로교통법위반(음주운전)죄와 입법취지 · 보호법익 · 적용영역을 달리하는 별개의 범죄로서 단지 업무상과실치사상죄의 가중적 구성요건으로 본다. 주취상태에서의 자동차 운전으로 인한 교통사고가 빈발하고 그로 인한 피해자의 생명 · 신체에 대한 피해가 중대할 뿐만 아니라

---

70   심희기 · 전지연 39면.
71   심희기 · 전지연 40면.

사고발생 전 상태로의 회복이 불가능하거나 쉽지 않은 점 등의 사정을 고려하여, 형법 제268조에서 규정하고 있는 '업무상과실치사상죄의 특례'를 규정하여 가중처벌함으로써 피해자의 생명·신체의 안전이라는 개인적 법익을 보호하기 위한 것이라고 한다(대법원 2008.11.13. 선고 2008도7143 판결).

　　한편 위험운전치사상죄는 음주운전죄와 마찬가지로 직접 죄를 범한 사람만이 정범이 될 수 있는 '자수범'이다.[72] 자수범의 경우는 타인을 도구로 이용하는 간접정범이 성립하지 않으며, 직접 구성요건을 실현하지 않는 사람은 공동정범이 될 수 없다. 다만 자수범에 대하여도 교사범이나 방조범의 성립은 가능하다.

3. 성립요건

[1] 음주·약물의 영향으로 정상적인 운전이 곤란

특정범죄가중법 5조의11에 제1항에 의하면, 정상적인 운전이 곤란한 원인은 음주와 약물의 영향으로 제한된다. 과로나 질병으로 인한 경우는 포함되지 않는다.

1) 약물의 영향

약물이란 마약, 대마, 향정신성약품, 화학물질관리법 시행령 제11조에 따른 환각물질(톨루엔·초산에틸·메틸알코올, 이러한 물질이 들어 있는 시너·접착제·풍선류·도료, 부탄가스. 아산화질소)을 말한다(도로교통법 제45조, 도로교통법 시행규칙 제28조).

　　도로교통법 제148조의2 제4항에 의하면, 약물로 인하여 정상적으로 운전하지 못할 '우려'가 있는 상태에서 자동차 등을 운전한 사람은 3년 이하의 징역이나 1천만 원 이하의 벌금으로 처벌된다. 특정범죄가중법 제5조의11 제1항은 약물의 영향으로 정상적인 운전이 '곤란'한 상태에서 자동차·원동기장치자전거를 운전한 경우이다. 정상적인 운전이 곤란한 상태는 정상적으로 운전하지 못할 우려가 있는 상태보다 약물의 영향이 중한 상태이다.[73]

2) 음주의 영향

음주의 영향으로 정상적인 운전이 곤란한 상태에서 자동차를 운전하는 것은 음주로 인하여 운전자가 현실적으로 전방 주시력, 운동능력이 저하되고 판단력이

72　박상기·전지연 54면.

73　이주원 272면.

흐려짐으로써 도로교통법상 운전에 요구되는 주의의무를 다할 수 없거나, 자동차의 운전에 필수적인 조향 및 제동장치, 등화장치 등의 기계장치의 조작방법 등을 준수하지 못하게 되는 경우를 의미한다(헌법재판소 2009.5.28. 선고 2008헌가11 결정).

음주운전죄를 규정한 도로교통법 제148조의2 제3항은 술에 취한 상태에서 자동차 등을 운전한 사람을 처벌하는데, 혈중알코올농도가 0.03% 이상인 사람부터 술에 취한 상태로 인정한다. 도로교통법 제148조 제3항에 음주운전죄가 규정되어 있고 제4항에 약물운전죄가 규정되어 있는데, 특정범죄가중법 제5조의11 제1항 위반죄가 성립되기 위해서는 약물의 영향이 도로교통법 제148조의2 제4항의 경우보다 중한 상태이어야 함을 고려하면 음주의 영향도 최소한 도로교통법 제148조의2 제3항의 경우보다 중한 상태이어야 한다. 즉 특정범죄가중법 제5조의11 제1항 위반죄가 성립되기 위해서는 최소한 혈중알코올농도가 0.03% 이상인 경우로 보는 것이 타당하다.[74] 이것이 특정범죄가중법위반(위험운전치사상)죄의 법적 성격을 도로교통법 제148조 제3항(음주운전)·제4항(약물운전) 위반죄와 업무상과실치사상죄의 결합범으로 보는 것과 논리에 맞고, 음주운전에 대한 경각심을 높이며 국민의 법감정에 부합하는 제도를 마련하려는 입법의 취지에도 부합한다.

그러나 판례는 특정범죄가중법 제5조의11 제1항은 도로교통법 제148조의2 제3항의 경우와는 달리 형식적으로 혈중알코올농도의 법정 최저기준치를 초과하였는지와는 상관없이 운전자가 '음주의 영향으로 실제 정상적인 운전이 곤란한 상태'에 있어야만 하고, 그러한 상태에서 자동차를 운전하다가 사람을 상해 또는 사망에 이르게 한 행위를 처벌한다고 해석한다(대법원 2018.1.25. 선고 2017도15519 판결). 알코올이 사람에 미치는 영향은 사람에 따라 다르므로 정상적인 운전이 곤란한 상태인지는 구체적인 교통사고에 관하여 운전자의 주취정도 뿐만 아니라 알코올 냄새, 말할 때 혀가 꼬부라졌는지, 똑바로 걸을 수 있는지, 교통사고 전후의 행태 등과 같은 운전자의 상태 및 교통사고의 발생 경위, 교통상황에 대한 주의력·반응속도·운동능력이 저하된 정도, 자동차 운전장치의 조작을 제대로 조절했는지 등을 종합하여 판단하여야 한다고 한다(헌법재판소 2009.5.28. 선고 2008헌가11 결정).

---

74   이주원 270면.

[2] 자동차·원동기장치자전거의 운전으로 치사상

1) 자동차·원동기장치자전거

자동차와 원동기장치자전거의 운전자가 약물·음주의 영향으로 정상적 운전이 곤란한 상태에서 운전하여 사람을 상해·사망에 이르게 한 경우이다. 도로교통법 제2조 제18호에 의하면 자동차(승용자동차, 승합자동차, 화물자동차, 특수자동차, 125cc 초과 이륜자동차)와 건설기계는 구분되므로, 덤프트럭·아스팔트살포기·콘크리트믹서트럭과 같은 건설기계의 운전자는 제외된다.

2) 업무상과실로 인한 치사상

위험운전치사상죄의 법적성격은 도로교통법 제148조 제3항(음주운전)·제4항(약물운전) 위반죄와 업무상과실치사상죄의 결합범이므로, 특정범죄가중법 위반(위험운전치사상)죄가 성립하기 위해서는 업무상과실치사상죄의 성립이 전제된다. 이것은 특정범죄가중법위반(위험운전치사상)죄를 업무상과실치사상죄의 특례규정으로 보는 판례의 입장에서도 마찬가지이다. 위험운전치사상죄는 정상적인 운전이 곤란한 상태에서 자동차를 운전하기만 하면 사람을 사상에 이르게 한 교통사고에 대하여 과실이 없는 경우에도 처벌할 수 있는 것이 아니라 사상(死傷)의 결과에 대하여 과실이 있어야 처벌할 수 있다는 취지이다(헌법재판소 2009.5.28. 선고 2008헌가11 결정).

[3] 위험운항치사상(제2항)

2020년 법률개정을 특정범죄가중법 제5조의11 제2항에 위험운항치사상죄가 신설되었다. 선박의 음주운항으로 인한 상해·사망에 대해서 자동차의 음주운전으로 인한 상해·사망과 동일하게 강력한 처벌이 규정되었다. 음주 또는 약물의 영향으로 정상적인 운항이 곤란한 상태에서 운항의 목적으로 해사안전법 제41조 제1항에 따른 선박의 조타기를 조작, 조작 지시 또는 도선하여 사람을 상해에 이르게 한 사람은 1년 이상 15년 이하의 징역 또는 1천만 원 이상 3천만 원 이하의 벌금에 처하고, 사망에 이르게 한 사람은 무기 또는 3년 이상의 징역에 처한다.

적용되는 선박은 해사안전법 제41조 제1항에 규정된 선박인데, 이것은 선박직원법 제2조 제1호에 따른 선박(총톤수 5톤 이상의 선박 등)과 어선 및 총톤수 5톤 미만의 선박을 말하는데, 노와 삿대로 운전하는 선박 등을 제외한 대부분의 선박이 포함된다. 선박의 조타기란 배의 키를 조종하는 장치를 말하는데, 음주·약물의 영향으로 정상적인 운항이 곤란한 상태에서 운항의 목적으로 직접 조타기를 조작하거나 조작을 지시한 경우가 처벌의 대상이다.

도선이란 도선구(導船區)에서 도선사가 선박에 승선하여 그 선박을 안전한 수로로 안내하는 것을 말하는데(도선법 제2조 제1호), 음주·약물의 영향으로 정상적인 운항이 곤란한 상태에서 운항의 목적으로 도선한 경우도 처벌의 대상이다.

해사안전법

제41조(술에 취한 상태에서의 조타기 조작 등 금지) ① 술에 취한 상태에 있는 사람은 운항을 하기 위하여 「선박직원법」 제2조 제1호에 따른 선박[총톤수 5톤 미만의 선박과 같은 호 나목 및 다목에 해당하는 외국선박을 포함하고, 시운전선박(국내 조선소에서 건조 또는 개조하여 진수 후 인도 전까지 시운전하는 선박을 말한다) 및 이동식 시추선·수상호텔 등 「선박안전법」 제2조 제1호에 따라 해양수산부령으로 정하는 부유식 해상구조물은 제외한다. 이하 이 조 및 제41조의2에서 같다]에 따른 선박의 조타기(操舵機)를 조작하거나 조작할 것을 지시하는 행위 또는 「도선법」 제2조 제1호에 따른 도선을 하여서는 아니 된다.

선박직원법

제2조(정의)
1. "선박"이란 「선박안전법」 제2조 제1호에 따른 선박과 「어선법」 제2조 제1호에 따른 어선을 말한다. 다만, 다음 각 목의 어느 하나에 해당하는 선박은 제외한다.
  가. 총톤수 5톤 미만의 선박. 다만, 총톤수 5톤 미만의 선박이라 하더라도 다음의 어느 하나에 해당하는 선박에 대하여는 이 법을 적용한다.
    1) 여객 정원이 13명 이상인 선박
    2) 「낚시 관리 및 육성법」 제25조에 따라 낚시어선업을 하기 위하여 신고된 어선
    3) 「유선 및 도선사업법」 제3조에 따라 영업구역을 바다로 하여 면허를 받거나 신고된 유선·도선
    4) 수면비행선박
  나. 주로 노와 삿대로 운전하는 선박
  다. 그 밖에 대통령령으로 정하는 선박

4. 죄수

[1] 교통사고처리법 위반(치사·상)죄 및 도로교통법 위반(음주운전)죄와의 관계

위험운전치사상죄의 법적성격을 도로교통법 제148조 제3항(음주운전)·제4항 (약물운전) 위반죄와 업무상과실치사상죄의 결합범이라고 보고, 도로교통법위반(음주·약물운전)죄와 교통사고처리법위반(치사·상)죄는 특정범죄가중법위반(위험운전치사상)죄에 법조경합으로 흡수되는 것으로 보는 것이 타당하다.

그러나 위험운전치사상죄를 업무상과실치사상죄의 특별규정으로 이해하는 판례에 따르면, 교통사고처리법위반(치사·상)죄는 특정범죄가중법위반(위험운전치사상)죄에 흡수되어 별죄를 구성하지 않지만(대법원 2008.12.11. 선고 2008도9182 판결), 도로교통법위반(음주운전)죄는 특정범죄가중법위반(위험운전치사상)죄와 입법 취지, 보호법익 및 적용영역을 달리하는 별개의 범죄로서 양 죄가 모두 성립하고 실체적 경합의 관계라고 한다(대법원 2008.11.13. 선고 2008도7143 판결).

한편 판례는 무면허인 운전자가 음주 상태에서 운전하여 사람을 상해에 이르게 함과 동시에 다른 사람의 재물을 손괴한 경우라면, 도로교통법 위반(무면허운전)죄, 도로교통법위반(음주운전)죄, 특정범죄가중법위반(위험운전치상)죄, 도로교통법의 업무상과실·중과실 손괴죄가 성립하고 4개의 범죄는 상상적 경합의 관계라고 법리에 맞게 본다(대법원 2010.1.14. 선고 2009도10845 판결).

[2] 도로교통법 제151조 위반죄(업무상과실재물손괴)와의 관계

음주 또는 약물의 영향으로 정상적인 운전이 곤란한 상태에서 자동차를 운전하여 사람을 상해에 이르게 함과 동시에 다른 사람의 재물을 손괴한 때에는 특정범죄가중법위반(위험운전치사상)죄 외에 업무상과실재물손괴죄(도로교통법 제151조)가 성립하고, 두 죄는 1개의 운전행위로 인한 것으로서 상상적 경합의 관계에 있다(대법원 2010.1.14. 선고 2009도10845 판결). 업무상과실재물손괴죄(도로교통법 제151조)는 입법 취지와 보호법익이 특정범죄가중법위반(위험운전치사상)죄와 다르므로 양 죄는 각각 성립한다. 이처럼 다수의 범죄에서 상상적 경합과 실체적 경합을 구별하는 기준은 수 죄가 단일의 행위에 의한 것인지 여부이다(형법 제40조). 특정범죄가중법위반(위험운전치사상)죄와 업무상과실재물손괴죄(도로교통법 제151조)는

1개의 운전행위로 인한 것이므로 상상적 경합의 관계로 보는 판례는 타당하다.[75]

[3] 특정범죄가중법 위반(도주차량)죄와의 관계

음주·약물의 영향으로 정상적인 운전이 곤란한 상태에서 자동차를 운전하여 사람을 상해·사망에 이르게 하고 구호조치 없이 도주하면, 특정범죄가중법위반 (위험운전치사상)죄와 특정범죄가중법위반(도주치사·상)죄가 성립한다. 양 죄의 관계에 대한 대법원판례는 없고, 하급심판례는 양 죄의 법조경합을 인정하기도 하고 상상적 경합을 인정하기도 하고 실체적 경합을 인정하기도 한다.[76]

생각건대, 음주·약물의 영향으로 정상적인 운전이 곤란한 상태에서 자동차를 운전하여 사람을 상해·사망에 이르게 하고 구호조치 없이 도주하면, 특정범죄가중법 위반(위험운전치사상)죄와 특정범죄가중법위반(도주치사·상)죄의 실체적 경합의 관계로 보는 것이 타당하다.[77] 업무상과실치사상죄와 도로교통법위반(음주운전, 약물운전)죄의 결합범인 특정범죄가중법위반(위험운전치사상)죄는 업무상과실치사상죄와 유기죄 및 도로교통법위반(사고후미조치)죄의 결합범인 특정범죄가중법위반(도주치사·상)죄와 입법취지 및 행위태양이 다르므로 법조경합의 관계는 아니다. 그리고 비록 양 죄는 업무상과실치사상의 행위가 공통되지만, 교통사고의 시점에 행위가 단절되는 것으로 볼 수 있으므로 교통사고 시점 이후의 (도주)행위로 성립하는 특정범죄가중법위반(도주치사·상)죄가 교통사고 시점에 성립하는 특정범죄가중법 위반(위험운전치사상)죄와 하나의 행위에 의한 것이라고 볼 수 없기 때문이다.[78]

75　심희기·전지연 35면.

76　이주원 274면 참조.

77　이주원 274면.

78　구성요건 자체의 입법취지, 보호법익과 행위태양이 다른 것은 (수죄인 상상적 경합범과 실체적 경합범을 구별하는 기준이 아니라) 일죄와 수죄를 구별하는 기준이고, 수죄에 속하는 상상적 경합범과 실체적 경합범을 구별하는 기준은 행위의 단일성이다(형법 제40조).

IV. 도주선박의 선장·승무원에 대한 가중처벌[제5조의12]

1. 법률규정

제5조의12(도주선박의 선장 또는 승무원에 대한 가중처벌)「해사안전법」제2조에 따른 선박의 교통으로 인하여 「형법」제268조의 죄를 범한 해당 선박의 선장 또는 승무원이 피해자를 구호하는 등 「수상에서의 수색·구조 등에 관한 법률」제18조 제1항 단서에 따른 조치를 하지 아니하고 도주한 경우에는 다음 각 호의 구분에 따라 가중 처벌한다.
1. 피해자를 사망에 이르게 하고 도주하거나, 도주 후에 피해자가 사망한 경우에는 무기 또는 5년 이상의 징역에 처한다.
2. 피해자를 상해에 이르게 한 경우에는 1년 이상의 유기징역 또는 1천만원 이상 1억원 이하의 벌금에 처한다.

특정범죄가중법 제5조의12는 2013. 7. 30. 법률개정을 통해서 신설된 규정이다. 해상교통량의 증가 및 선박의 고속화 등 해상교통 환경의 변화로 해상교통사고의 위험성이 증가하고 있는 상황에서 선박충돌사고 발생 후 인명과 선박에 대한 즉각적인 구호조치를 하지 않고 도주할 경우 대부분 사망·실종 등 대형사고로 이어질 수 있으므로, 해상에서 선박충돌사고 발생 후 피해자에 대한 충분한 구호조치를 하지 않고 도주한 행위를 가중처벌하도록 함으로써 도주심리를 억제하고 충돌사고를 사전 예방하려는 것이 입법의 이유이었다.

육상교통의 경우에 교통사고 후 도주행위가 특정범죄가중법 제5조의3에 의해서 중하게 처벌되는 것에 비추어, 해상교통의 경우도 교통사고 후 도주행위를 중하게 처벌하는 규정이 특정범죄가중법 제5조의12이다. 특정범죄가중법위반(도주치사·상)죄와 마찬가지로 특정범죄가중법위반(선박교통사고도주)죄의 보호법익도 교통의 안전이라는 공공이익의 보호와 함께 교통사고로 사상을 당한 피해자의 생명·신체의 안전이라는 개인적 법익의 보호라고 볼 수 있다(대법원 2004.8.30. 선고 2004도3600 판결 참조).

특정범죄가중법 제5조의12는 선박의 교통으로 인하여 업무상과실·중과실치사상죄(형법 제268조)를 범한 해당 선박의 선장 또는 승무원이 수상구조법 제18조

제1항 단서에 따른 조난자 구호 등의 조치를 안 하고 도주한 경우를 가중하여 처벌한다. 수상구조법 제18조 제1항에 의한 구조조치를 하지 아니한 경우는 동법 제43조 제1항에서 7년 이하의 징역 또는 7천만 원 이하의 벌금에 처하고, 치사상의 결과적 가중법은 제2항에서 중하게 처벌된다. 특정범죄가중법 제5조의12 선박교통사고도주죄는 '업무상과실치사상죄와 유기죄 및 수상구조법 위반죄의 결합범'이라고 할 수 있다.

2. 성립요건

[1] 선박의 교통으로 인한 업무상과실·중과실치사상죄를 범한 선박의 선장 또는 승무원

선박이란 물에서 항행수단으로 사용하거나 사용할 수 있는 모든 종류의 배(물 위에서 이동할 수 있는 수상항공기와 수면비행선박 포함)를 말한다(해사안전법 제2조). 특정범죄가중법 제5조의12 위반죄는 선박의 교통으로 인하여 형법 제268조의 죄를 범한 해당 선박의 선장 또는 승무원이 수난구호법 제18조 제1항 단서에 규정된 의무를 이행하기 이전에 사고현장을 이탈한 때에 성립하고, 형법 제268조의 죄를 범한 경우는 '선박 간의 충돌사고'나 '조타상의 과실' 등의 경우로 한정되지 않는다(대법원 2015.11.12. 선고 2015도6809 전원합의체 판결).

행위주체는 형법 제268조의 죄를 범한 선박의 선장과 승무원에 제한되고, 승객 등은 범죄의 주체가 될 수 없다. 업무상과실·중과실치상죄가 인정되지 않는 선장과 승무원의 경우는 수상구조법 제43조 위반죄만 성립하게 된다.

[2] 구호조치 불이행과 도주

특정범죄가중법위반(선박교통사고도주)죄가 성립하기 위해서는 선박의 교통으로 형법 제268조(업무상과실·중과실 치사상)의 죄를 범한 선박의 선장 또는 승무원이 수상구조법 제18조 제1항 단서에 따른 조치를 하지 아니하고 도주하여야 한다.

수상구조법

제18조(인근 선박등의 구조지원) ① 조난현장의 부근에 있는 선박등의 선장·기장 등은 조난된 선박등이나 구조본부의 장 또는 소방관서의 장으로부터 구조요청을 받은 때에는 가능한 한 조난된 사람을 신속히 구조할 수 있도록 최대한 지원을 제공하여야 한다. 다만, 조난된 선박 또는 조난사고의 원인을 제공한 선박의 선장 및 승무원은 요청이 없더라도 조난된 사람을 신속히 구조하는 데 필요한 조치를 하여야 한다.

제43조(벌칙) ①다음 각호의 어느 하나에 해당하는 자는 7년 이하의 징역 또는 7천만 원 이하의 벌금에 처한다.

　2. 제18조 제1항 단서에 위반하여 구조에 필요한 조치를 하지 아니한 자

② 제1항의 죄를 범하여 피해자를 죽게 하거나 상해에 이르게 한 경우에는 다음 각호의 구분에 따라 가중 처벌한다.

　1. 피해자를 사망에 이르게 한 경우에는 무기 또는 3년 이상의 징역에 처한다.

　2. 피해자를 상해에 이르게 한 경우에는 10년 이하의 징역 또는 1억원 이하의 벌금에 처한다.

　수상구조법 제18조 제1항 단서의 조치란, 조난된 사람을 신속히 구조하는 데 필요한 조치를 말하며 피해자 등의 요청이 있었는지는 불문한다. 조난된 사람을 신속히 구조하는 데 필요한 조치는 법률에 제한이 없으므로, 조난된 사람의 생명·신체에 대한 급박한 위해를 실질적으로 제거할 수 있는 가능한 조치를 하여야 하고, 그러한 조치의무를 이행하였는지는 여러 조건을 종합적으로 고려하여 판단한다 (대법원 2015.11.12. 선고 2015도6809 전원합의체 판결). 이러한 행위를 하지 아니하면 7년 이하의 징역 또는 7천만 원 이하의 벌금에 처하고, 피해자가 상해에 이르면 10년 이하의 징역 또는 1억 원 이하의 벌금에, 사망에 이르면 무기 또는 3년 이상의 징역에 처한다(수상구조법 제43조).

　도주란 특정범죄가중법위반(도주치사·상)죄와 마찬가지로 사고선박의 선장 또는 승무원이 사고로 인하여 피해자가 조난을 당한 사실을 인식하였음에도 피해자를 구조하는 등 수상구조법 제18조 제1항 단서에 규정된 의무를 이행하기 이전에 사고현장을 이탈하는 경우를 말한다.

Ⅴ. 어린이 보호구역에서 치사상의 가중처벌[제5조의13]

제5조의13(어린이 보호구역에서 어린이 치사상의 가중처벌) 자동차(원동기장치자전거를 포함한다)의 운전자가 「도로교통법」 제12조 제3항에 따른 어린이 보호구역에서 같은 조 제1항에 따른 조치를 준수하고 어린이의 안전에 유의하면서 운전하여야 할 의무를 위반하여 어린이(13세 미만인 사람을 말한다. 이하 같다)에게 「교통사고처리 특례법」 제3조 제1항의 죄를 범한 경우에는 다음 각 호의 구분에 따라 가중처벌한다.
1. 어린이를 사망에 이르게 한 경우에는 무기 또는 3년 이상의 징역에 처한다.
2. 어린이를 상해에 이르게 한 경우에는 1년 이상 15년 이하의 징역 또는 500만원 이상 3천만원 이하의 벌금에 처한다.

특정범죄가중법 제5조의13은 2019. 12. 24. 법률개정으로 신설되어 2020. 3. 25.부터 시행되었다. 자동차의 운전자가 어린이 보호구역에서 어린이 안전에 유의하면서 운전하도록 함으로써 교통사고의 위험으로부터 어린이를 보호하기 위하여 자동차의 운전자가 어린이 보호구역에서 도로교통법 제12조 제3항을 위반하여 어린이에게 교통사고처리법 제3조 제1항의 죄를 범한 경우를 가중 처벌하는 것이 법률개정의 이유이다.

어린이는 13세 미만의 사람을 말하는데(도로교통법 제2조 제23호), 어린이 보호구역에서 운전자는 통행속도를 시속 30㎞ 이내로 준수하면서 운행하여야 한다(도로교통법 제12조 제1항·제3항). 이러한 의무를 위반한 교통사고로 업무상과실·중과실 치상죄를 범한 경우는 교통사고처리법 제3조 제2항 본문, 제4조 제1항 본문의 각 규정에 의한 처벌의 특례가 적용되지 않는다. 어린이 보호구역에서의 교통사고로 인한 사망과 상해의 경우 모두 종합보험·공제에 가입되어 있더라도 반의사불벌죄의 특례가 인정되지 않는다(교통사고처리법 제3조 제2항 제11호).[79] 교통사고처리법 제3조 제1항 및 제2항 제11호에 의하면, 차의 운전자가 어린이 보호구역에서 어린이의 안전에 유의하면서 운전하여야 할 의무를 위반하여 교통사고로 어린이의 신체를 상해나 사망에 이르게 한 경우는 5년 이하의 금고 또는 2천만 원 이하의 벌금에 처한다.

----

79 앞의 제5장 제3절 Ⅲ 4 (11) 참조.

  교통사고처리법위반죄의 특별규정인 특정범죄가중법 제5조의13은 피해자의 치상과 치사의 경우를 구분하여 치상인 경우는 1년 이상 15년 이하의 징역 또는 500만원 이상 3천만원 이하의 벌금으로, 치사인 경우는 무기 또는 3년 이상의 징역으로 가중 처벌한다. 특히 과실범임에도 피해자가 사망한 경우는 벌금형이 없으며 무기징역형까지 가능하게 규정되어 있다.

  특정범죄가중법 제5조의13은 구성요건에서 "어린이 보호구역에서 같은 조 제1항에 따른 조치를 준수하고 어린이의 안전에 유의하면서 운전하여야 할 의무를 위반"한 것을 명시하였는데, 이것은 '어린이 보호구역에서 통행속도를 시속 30km 이내로 준수하면서 운행할 의무'와 '어린이의 안전에 유의하면서 운전하여야 할 의무'를 병렬적으로 규정한 것이다. 따라서 운전자가 어린이 보호구역에서 시속 30km 이내로 자동차를 주행하였더라도 어린이 안전에 유의하면서 운전하여야 할 의무를 위반한 경우(예를 들어 불법 U턴 등)는 특정범죄가중법위반(어린이보호구역치사·상)죄가 성립한다.

제4절   특별법의 범죄에 대한 가중처벌

I. 관세법위반행위의 가중처벌[제6조, 제7조]

1. 법률규정

제6조(「관세법」 위반행위의 가중처벌) ① 「관세법」 제269조 제1항에 규정된 죄를 범한 사람은 다음 각 호의 구분에 따라 가중처벌한다.

    1. 수출 또는 수입한 물품의 가액(이하 이 조에서 "물품가액"이라 한다)이 1억원 이상인 경우에는 무기 또는 7년 이상의 징역에 처한다.

    2. 물품가액이 3천만원 이상 1억원 미만인 경우에는 3년 이상의 유기징역에 처한다.

② 「관세법」 제269조 제2항에 규정된 죄를 범한 사람은 다음 각 호의 구분에 따라 가중처벌한다.

    1. 수입한 물품의 원가가 5억원 이상인 경우에는 무기 또는 5년 이상의 징역에 처한다.

    2. 수입한 물품의 원가가 2억원 이상 5억원 미만인 경우에는 3년 이상의 유기징역에 처한다.

③ 「관세법」 제269조 제3항에 규정된 죄를 범한 사람이 수출하거나 반송한 물품의 원가가 5억원 이상인 경우에는 1년 이상의 유기징역에 처한다.

④ 「관세법」 제270조 제1항 제1호 또는 같은 조 제4항·제5항에 규정된 죄를 범한 사람은 다음 각 호의 구분에 따라 가중처벌한다.

    1. 포탈(逋脫)·면탈(免脫)하거나 감면(減免)·환급받은 세액이 2억원 이상인 경우에는 무기 또는 5년 이상의 징역에 처한다.

    2. 포탈·면탈하거나 감면·환급받은 세액이 5천만원 이상 2억원 미만인 경우에는 3년 이상의 유기징역에 처한다.

⑤ 「관세법」 제270조 제1항 제2호 또는 같은 조 제2항에 규정된 죄를 범한 사람은 다음 각 호의 구분에 따라 가중처벌한다.

    1. 수입한 물품의 원가가 5억원 이상인 경우에는 3년 이상의 유기징역에 처한다.

    2. 수입한 물품의 원가가 2억원 이상 5억원 미만인 경우에는 1년 이상의 유기징역에 처한다.

⑥ 제1항부터 제5항까지의 경우에는 다음 각호의 구분에 따른 벌금을 병과한다.

---

1. 제1항의 경우: 물품가액의 2배 이상 10배 이하
2. 제2항의 경우: 수입한 물품 원가의 2배
3. 제3항의 경우: 수출하거나 반송한 물품의 원가
4. 제4항의 경우: 포탈·면탈하거나 감면·환급받은 세액의 2배 이상 10배 이하
5. 제5항의 경우: 수입한 물품의 원가

⑦ 「관세법」 제271조에 규정된 죄를 범한 사람은 제1항부터 제6항까지의 예에 따른 그 정범(正犯) 또는 본죄(本罪)에 준하여 처벌한다.

⑧ 단체 또는 집단을 구성하거나 상습적으로 「관세법」 제269조부터 제271조까지 또는 제274조에 규정된 죄를 범한 사람은 무기 또는 10년 이상의 징역에 처한다.

제7조(관계 공무원의 무기 사용) 「관세법」 위반사범을 단속할 권한이 있는 공무원은 해상(海上)에서 「관세법」 제269조 또는 제270조에 규정된 죄를 범한 사람이 정지명령을 받고 도피하는 경우에 이를 제지(制止)하기 위하여 필요하다고 인정되는 상당한 이유가 있을 때에는 총기(銃器)를 사용할 수 있다.

제16조(소추에 관한 특례) 제6조 및 제8조의 죄에 대한 공소(公訴)는 고소 또는 고발이 없는 경우에도 제기할 수 있다.

　관세법은 관세의 부과·징수 및 수출입물품의 통관을 적정하게 하여 국민경제의 발전에 기여하고 관세수입의 확보를 기하고자 1949. 11. 23. 제정되었다. 1960년대 들어서면서 밀수행위가 성행하고 폭력을 수반하게 되면서 고질적인 사회악의 하나로 대두되면서 이로 인해 관세범에 대한 가중처벌의 필요성이 제기되었고, 1966년 특정범죄가중법이 제정되면서 가중처벌의 대상으로 규정되었다.[80] 특정범죄가중법 제6조 제1항부터 제3항은 관세법 제269조(밀수출입죄)의 위반행위를 물품의 가액 또는 원가를 기준으로 일정액 이상이면 가중하여 처벌하고, 특정범죄가중법 제6조 제4항·제5항은 관세법 제270조(관세포탈죄)의 위반행위를 포탈세액을 기준으로 일정액 이상이면 가중하여 처벌하고 있다.

　특정범죄가중법위반(관세)죄는 금액을 구성요건으로 규정하고 있으므로, 특정범죄가중법 제6조가 적용되기 위해서는 물품의 가액·원가와 포탈세액이 구체적으로 계산되어 확정되어야 한다. 다만 장부 기타 증빙서류를 허위 작성하거나 이

80　박상기·신동운·손동권·신양균·오영근·전지연 315면.

를 은닉하는 등의 방법으로 실제 거래가격을 줄이거나 신고하지 아니함으로써 관세를 포탈한 경우, 포탈세액의 계산기초가 되는 수입물품의 대가로서 구매자가 실제 지급하였거나 지급하여야 할 가격을 인정할 확실한 증거를 요한다고 고집할 수는 없고, 이러한 경우는 일반적으로 용인될 수 있는 객관적·합리적인 방법으로서 관세법 제31조에서 제35조에 규정된 과세가격의 결정기준을 순차적으로 적용하여 포탈세액을 추정하는 방법도 허용된다(대법원 2016.10.27. 선고 2014도16271 판결).

관세법위반죄의 포괄일죄의 판단에 있어서 주의할 점은, 관세부정환급은 수출신고, 환급신청, 환급결정, 환급금의 지급 등의 절차를 거쳐 이루어지는데 일정기간 수차례 관세부정환급행위가 있더라도 행위자는 새로운 시기와 수단, 방법을 택하여 다시 관세부정환급행위를 하는 것이어서 그때마다 범의가 갱신되는 것이고, 특별한 사정이 없는 한 서로 다른 기회에 행하여진 관세부정환급행위를 계속되고 단일한 범의에 의하여 저질러진 것이라고 평가할 수는 없으므로, 서로 다른 시기에 수회에 걸쳐 이루어진 (수출용원재료에대한관세등환급에관한특례법시행령 제16조에서 정한) 간이정액환급절차에 의한 관세부정환급행위는 그 행위의 태양, 수법, 품목 등이 동일하더라도 원칙적으로 각각 관세부정환급죄가 성립한다(대법원 2002.7.23. 선고 2000도1094 판결).

특정범죄가중법 제6조 제6항에서 징역형 이외에 벌금형을 필요적으로 병과하고 있는데, 밀수입행위와 관세포탈행위가 갖는 반사회적·반윤리적 성격에 비추어 보면, 단순히 범죄이익을 박탈하는 데에서 나아가 재산형인 벌금형까지 병과하여 행위자에 대한 처벌수위를 높일 필요가 있으며, 입법자가 이 점을 참작하여 벌금을 필요적으로 병과하도록 법정형을 정한 형사정책적 결정은 범죄의 죄질 및 이에 따른 행위자의 책임에 비하여 지나치게 가혹한 것은 아니다(헌법재판소 2008.4.24. 선고 2007헌가20 결정).

그리고 관세법 제271조는 관세법 위반죄의 교사범과 방조범, 미수범을 정범·기수범으로 간주하고 예비죄는 ½을 감경하여 처벌하도록 규정하고 있는데, 특정범죄가중법 제6조 제7항은 이러한 관세법 제271조를 위반한 사람을 정범·기수범으로 간주하도록 규정하고 있다. 이에 따르면 관세법위반의 미수죄와 예비죄는 기수로 처벌되고, 감경하여 처벌되지 않는다. 관세포탈의 예비나 미수가 기수에 비하여 위험성이나 법익침해 가능성이 다르지 않고, 관세범은 국가경제에 미치는 영향이 크며, 조직성·전문성·지능성·국제성을 갖춘 영리범이라는 특성이 있어 쉽게 근절되기 어려울 뿐 아니라 범행의 인지·범인의 체포 등이 극히 어렵고, 특히 기수와 미수, 미수와 예비를 엄격하게 구별하기 어려워 이 범죄에 대하여 철저하게 대처해야 할 필요성이 있으며, 법률의 위하적 효과로서의 일반예방적 효과를 제고할 필요도 있으므로, 특정범죄가중법 제6조 제7항은 책임주의원칙과 평등원칙에 반한다고 볼 수 없다(헌법재판소 2010.7.29. 선고 2008헌바88 결정).

관세법

제234조(수출입의 금지)

제241조(수출·수입 또는 반송의 신고)

제244조(입항전수입신고)

제269조(밀수출입죄) ① 제234조 각 호의 물품을 수출하거나 수입한 자는 7년 이하의 징역 또는 7천만원 이하의 벌금에 처한다.
② 다음 각 호의 어느 하나에 해당하는 자는 5년 이하의 징역 또는 관세액의 10배와 물품원가 중 높은 금액 이하에 상당하는 벌금에 처한다.
　1. 제241조 제1항·제2항 또는 제244조 제1항에 따른 신고를 하지 아니하고 물품을 수입한 자. 다만, 제253조 제1항에 따른 반출신고를 한 자는 제외한다.
　2. 제241조 제1항·제2항 또는 제244조 제1항에 따른 신고를 하였으나 해당 수입물품과 다른 물품으로 신고하여 수입한 자
③ 다음 각 호의 어느 하나에 해당하는 자는 3년 이하의 징역 또는 물품원가 이하에 상당하는 벌금에 처한다.
　1. 제241조 제1항 및 제2항에 따른 신고를 하지 아니하고 물품을 수출하거나 반송한 자
　2. 제241조 제1항 및 제2항에 따른 신고를 하였으나 해당 수출물품 또는 반송물품과 다른 물품으로 신고하여 수출하거나 반송한 자

제270조(관세포탈죄 등) ① 제241조 제1항·제2항 또는 제244조 제1항에 따른 수입신고를 한 자(제19조 제5항 제1호 다목에 따른 구매대행업자를 포함한다) 중 다음 각 호의 어느 하나에 해당하는 자는 3년 이하의 징역 또는 포탈한 관세액의 5배와 물품원가 중 높은 금액 이하에 상당하는 벌금에 처한다. 이 경우 제1호의 물품원가는 전체 물품 중 포탈한 세액의 전체 세액에 대한 비율에 해당하는 물품만의 원가로 한다.
　1. 세액결정에 영향을 미치기 위하여 과세가격 또는 관세율 등을 거짓으로 신고하거나 신고하지 아니하고 수입한 자(제19조 제5항 제1호 다목에 따른

구매대행업자를 포함한다)

2. 세액결정에 영향을 미치기 위하여 거짓으로 서류를 갖추어 제86조 제1항·제3항에 따른 사전심사·재심사 및 제87조 제3항에 따른 재심사를 신청한 자

3. 법령에 따라 수입이 제한된 사항을 회피할 목적으로 부분품으로 수입하거나 주요 특성을 갖춘 미완성·불완전한 물품이나 완제품을 부분품으로 분할하여 수입한 자

② 제241조 제1항·제2항 또는 제244조 제1항에 따른 수입신고를 한 자 중 법령에 따라 수입에 필요한 허가·승인·추천·증명 또는 그 밖의 조건을 갖추지 아니하거나 부정한 방법으로 갖추어 수입한 자는 3년 이하의 징역 또는 3천만원 이하의 벌금에 처한다.

③ 제241조 제1항 및 제2항에 따른 수출신고를 한 자 중 법령에 따라 수출에 필요한 허가·승인·추천·증명 또는 그 밖의 조건을 갖추지 아니하거나 부정한 방법으로 갖추어 수출한 자는 1년 이하의 징역 또는 2천만원 이하의 벌금에 처한다.

④ 부정한 방법으로 관세를 감면받거나 관세를 감면받은 물품에 대한 관세의 징수를 면탈한 자는 3년 이하의 징역에 처하거나, 감면받거나 면탈한 관세액의 5배 이하에 상당하는 벌금에 처한다.

⑤ 부정한 방법으로 관세를 환급받은 자는 3년 이하의 징역 또는 환급받은 세액의 5배 이하에 상당하는 벌금에 처한다. 이 경우 세관장은 부정한 방법으로 환급받은 세액을 즉시 징수한다.

제271조(미수범 등) ① 그 정황을 알면서 제269조 및 제270조에 따른 행위를 교사하거나 방조한 자는 정범(正犯)에 준하여 처벌한다.

② 제268조의2, 제269조 및 제270조의 미수범은 본죄에 준하여 처벌한다.

③ 제268조의2, 제269조 및 제270조의 죄를 저지를 목적으로 그 예비를 한 자는 본죄의 2분의 1을 감경하여 처벌한다.

2. 관계공무원의 무기사용

관세법 제267조에 따르면, 세관공무원은 그 직무를 집행할 때 특히 자기나 다른 사람의 생명 또는 신체를 보호하고 공무집행에 대한 방해 또는 저항을 억제하기 위해 필요한 상당한 이유가 있는 경우 그 사태에 응하여 부득이하다고 판단될 때는 무기를 사용할 수 있다. 이것은 경찰관직무집행법 제10조의4에 규정된 무기의 사용과 유사하다.

그 외에 세관장은 육군·해군·공군·국가경찰·해양경찰의 협조를 받아 밀수 관련 혐의가 있는 운송수단에 대하여 추적감시 또는 진행정지명령을 하거나 해당 운송수단에 대하여 검문·검색을 할 수 있으며, 이에 따르지 아니하는 경우 강제로 그 운송수단을 정지시키거나 검문·검색을 할 수 있다(관세법 제267조의2). 이와 관련해서 특정범죄가중법 제7조는 해상을 통한 밀수에 있어서 공무원의 무기사용에 대한 특칙을 규정하고 있다. 관세법 위반사범을 단속할 권한이 있는 공무원은 해상에서 관세법 제269조·제270조에 규정된 죄를 범한 사람이 정지명령을 받고 도피하면 이를 제지하기 위해서 필요하다고 인정되는 상당한 이유가 있을 때는 총기를 사용할 수 있다.

공무원의 무기사용

경찰관직무집행법 제10조의4(무기의 사용) ① 경찰관은 범인의 체포, 범인의 도주 방지, 자신이나 다른 사람의 생명·신체의 방어 및 보호, 공무집행에 대한 항거의 제지를 위하여 필요하다고 인정되는 상당한 이유가 있을 때에는 그 사태를 합리적으로 판단하여 필요한 한도에서 무기를 사용할 수 있다. 다만, 다음 각 호의 어느 하나에 해당할 때를 제외하고는 사람에게 위해를 끼쳐서는 아니 된다.

1. 「형법」에 규정된 정당방위와 긴급피난에 해당할 때
2. 다음 각 목의 어느 하나에 해당하는 때에 그 행위를 방지하거나 그 행위자를 체포하기 위하여 무기를 사용하지 아니하고는 다른 수단이 없다고 인정되는 상당한 이유가 있을 때
   가. 사형·무기 또는 장기 3년 이상의 징역이나 금고에 해당하는 죄를 범하거나 범하였다고 의심할 만한 충분한 이유가 있는 사람이 경찰관의 직무집행에 항거하거나 도주하려고 할 때
   나. 체포·구속영장과 압수·수색영장을 집행하는 과정에서 경찰관의 직무집행에 항거하거나 도주하려고 할 때
   다. 제3자가 가목 또는 나목에 해당하는 사람을 도주시키려고 경찰관에게 항거할 때
   라. 범인이나 소요를 일으킨 사람이 무기·흉기 등 위험한 물건을 지니고 경찰관으로부터 3회 이상 물건을 버리라는 명령이나 항복하라는 명령을 받고도 따르지 아니하면서 계속 항거할 때
3. 대간첩 작전 수행 과정에서 무장간첩이 항복하라는 경찰관의 명령을 받고도 따르지 아니할 때

② 제1항에서 "무기"란 사람의 생명이나 신체에 위해를 끼칠 수 있도록 제작된 권총·소총·도검 등을 말한다.
③ 대간첩·대테러 작전 등 국가안전에 관련되는 작전을 수행할 때에는 개인화기(個人火器) 외에 공용화기(共用火器)를 사용할 수 있다.

관세법 제267조(무기의 휴대 및 사용) ① 관세청장이나 세관장은 직무를 집행하기 위하여 필요하다고 인정될 때에는 그 소속 공무원에게 무기를 휴대하게 할 수 있다.
② 제1항 및 제3항에서 "무기"란 「총포·도검·화약류 등의 안전관리에 관한 법률」에 따른 총포(권총 또는 소총에 한정한다), 도검, 분사기 또는 전자충격기를 말한다.
③ 세관공무원은 그 직무를 집행할 때 특히 자기나 다른 사람의 생명 또는 신체를 보호하고 공무집행에 대한 방해 또는 저항을 억제하기 위하여 필요한 상당한 이유가 있는 경우 그 사태에 응하여 부득이하다고 판단될 때에는 무기를 사용할 수 있다.

제267조의2(운송수단에 대한 검문·검색 등의 협조 요청) ① 세관장은 직무를 집행하기 위하여 필요하다고 인정될 때에는 다음 각 호의 어느 하나에 해당하는 자에게 협조를 요청할 수 있다.
  1. 육군·해군·공군의 각 부대장
  2. 국가경찰관서의 장
  3. 해양경찰관서의 장
② 제1항에 따라 협조 요청을 받은 자는 밀수 관련 혐의가 있는 운송수단에 대하여 추적감시 또는 진행정지명령을 하거나 세관공무원과 협조하여 해당 운송수단에 대하여 검문·검색을 할 수 있으며, 이에 따르지 아니하는 경우 강제로 그 운송수단을 정지시키거나 검문·검색을 할 수 있다.

3. 소추의 특례(제16조)

관세법에 관한 사건에 대하여는 관세청장이나 세관장의 고발이 없으면 검사는 공소를 제기할 수 없다(관세법 제284조 제1항). 관세법위반죄는 공무원의 필요적(전속적) 고발권이 인정되는데, 행정형법의 성격이 강하고 위반 여부의 판단을 위해 전문적 지식이 필요한 경우에는 권한 있는 공무원의 고발을 소송조건으로 한다.[81]

----
81   이은모·김정환 198면.

그런데 특정범죄가중법 제16조에서는 특정범죄가중법 제6조의 죄에 대해서는 고소 또는 고발이 없더라도 공소를 제기할 수 있도록 하고 있다.

II. 조세범 처벌법 위반의 가중처벌[특정범죄가중법 제8조, 제8조의2]

1. 조세포탈의 가중처벌(제8조)

[1] 법률규정

> **제8조(조세 포탈의 가중처벌)** ① 「조세범 처벌법」 제3조 제1항, 제4조 및 제5조, 「지방세기본법」 제102조 제1항에 규정된 죄를 범한 사람은 다음 각 호의 구분에 따라 가중처벌한다.
>
> 　1. 포탈하거나 환급받은 세액 또는 징수하지 아니하거나 납부하지 아니한 세액(이하 "포탈세액등"이라 한다)이 연간 10억원 이상인 경우에는 무기 또는 5년 이상의 징역에 처한다.
>
> 　2. 포탈세액등이 연간 5억원 이상 10억원 미만인 경우에는 3년 이상의 유기징역에 처한다.
>
> ② 제1항의 경우에는 그 포탈세액등의 2배 이상 5배 이하에 상당하는 벌금을 병과한다.
>
> **제16조(소추에 관한 특례)** 제6조 및 제8조의 죄에 대한 공소(公訴)는 고소 또는 고발이 없는 경우에도 제기할 수 있다.

　　조세포탈범은 사기 기타 부정한 방법으로 헌법상 국민의 의무인 납세의무를 면탈하는 것이라는 점에서 반사회적·반윤리적 범죄로 평가되는데, 조세범 처벌법의 처벌이 너무 가벼워서 범죄예방의 실효를 거두지 못하는 현실에 대한 반성적 고려에서 특정범죄가중법 제8조에서 조세포탈행위에 대해서 가중처벌을 규정하게 되었다.[82] 그리고 조세포탈범은 경제적인 이익을 면밀하게 판단하고 범죄를 저지르는 경향이 있으므로, 조세포탈의 경제적 유인을 제거하여 범죄를 예방할 형사정책적 필요가 있어 가중처벌과 동시에 벌금을 필요적으로 병과하도록 규정(제8조

82　박상기·신동운·손동권·신양균·오영근·전지연 330면.

제2항)하고 있다.[83]

[2] 성립요건

특정범죄가중법 제8조에 의하면, 조세범 처벌법 제3조 제1항, 제4조 및 제5조, 지방세기본법 제102조 제1항에 규정된 죄를 범한 사람은 포탈세액 등이 연간 5억 원 이상인 때 가중하여 처벌된다.

1) 조세범 처벌법 제3조 제1항·제4조·제5조, 지방세기본법 제102조 제1항 위반죄

특정범죄가중법 제8조는 조세범 처벌법 제3조 제1항·제4조·제5조, 지방세기본법 제102조 제1항에 규정된 죄를 대상범죄로 한다. 조세범 처벌법 제3조 제1항과 지방세법 제102조 제1항은 조세포탈행위를 처벌하는 규정이고, 조세범 처벌법 제4조는 면세유의 부정 유통을 처벌하는 규정이고, 조세범 처벌법 제5조는 가짜 석유제품의 제조 또는 판매를 처벌하는 규정이다.

조세범 처벌법 제3조 제1항과 지방세기본법 제102조 제1항은 사기나 부정한 행위로써 조세를 포탈하거나 조세의 환급·공제를 받은 행위를 처벌하고 있는데, 사기나 부정한 행위란 조세의 부과와 징수를 불가능하게 하거나 현저히 곤란하게 하는 위계 기타 부정한 적극적인 행위를 말하고, 다른 어떤 행위를 수반함이 없이 단순히 세법상의 신고를 하지 아니하거나 허위의 신고를 함에 그치는 것은 사기나 부정한 행위에 해당하지 않는다(대법원 2018.6.19. 선고 2015도3483 판결). 그리고 조세범 처벌법 제3조와 특정범죄가중법 제8조에서 정한 조세포탈죄가 성립하기 위해서는 세법이 정한 과세요건이 충족되어 조세채권이 성립해야 하므로, 과세요건을 갖추지 못해 조세채무가 성립하지 않으면 조세포탈죄도 성립할 수 없다(대법원 2020.5.28. 선고 2018도16864 판결).

2011. 12. 31. 이전의 (구)특정범죄가중법 제8조는 조세범 처벌법 위반죄만을 대상범죄로 규정하고 있었고, (구)지방세법 제84조 제1항은 "지방세에 관한 범칙행위에 대하여는 조세범처벌법령을 준용한다"고 규정하고 있었다. 이에 지방세법에 대해서도 (구)특정범죄가중법 제8조를 적용할 수 있는지가 문제 되었는데, 판례는 (구)지방세법 제84조 제1항의 '조세범처벌법령'에 특정범죄가중처벌법도 포

---

83 박상기·신동운·손동권·신양균·오영근·전지연 330면.

함된다고 해석하는 것은 죄형법정주의에 반하여 허용되지 않는다고 보았다(대법원 2008.3.27. 선고 2007도7561 판결).

지방세기본법은 2011. 12. 31. 법률개정에서 지방세 범칙행위의 처벌과 그 절차에 관하여 '조세범 처벌법'과 '조세범 처벌절차법'을 준용하도록 한 규정을 삭제하고, 그 내용을 지방세의 특성에 맞게 지방세기본법에 명확하게 규정하였다. 이러한 지방세기본법의 개정으로 특정범죄가중법도 2011. 12. 31. 개정되었고, 제8조의 가중처벌 대상에 지방세기본법 제102조 제1항이 포함되었다.

조세범 처벌법

제3조(조세 포탈 등) ① 사기나 그 밖의 부정한 행위로써 조세를 포탈하거나 조세의 환급·공제를 받은 자는 2년 이하의 징역 또는 포탈세액, 환급·공제받은 세액(이하 "포탈세액등"이라 한다)의 2배 이하에 상당하는 벌금에 처한다. 다만, 다음 각 호의 어느 하나에 해당하는 경우에는 3년 이하의 징역 또는 포탈세액등의 3배 이하에 상당하는 벌금에 처한다.

　　1. 포탈세액등이 3억원 이상이고, 그 포탈세액등이 신고·납부하여야 할 세액 (납세의무자의 신고에 따라 정부가 부과·징수하는 조세의 경우에는 결정· 고지하여야 할 세액을 말한다)의 100분의 30 이상인 경우
　　2. 포탈세액등이 5억원 이상인 경우

제4조(면세유의 부정 유통) ① 「조세특례제한법」 제106조의2 제1항 제1호에 따른 석유류를 같은 호에서 정한 용도 외의 다른 용도로 사용·판매하여 조세를 포탈하거나 조세의 환급·공제를 받은 석유판매업자(같은 조 제2항에 따른 석유판매업자를 말한다)는 3년 이하의 징역 또는 포탈세액등의 5배 이하의 벌금에 처한다.
② 「개별소비세법」 제18조 제1항 제11호 및 「교통·에너지·환경세법」 제15조 제1항 제3호에 따른 외국항행선박 또는 원양어업선박에 사용할 목적으로 개별소비세 및 교통·에너지·환경세를 면제받는 석유류를 외국항행선박 또는 원양어업선박 외의 용도로 반출하여 조세를 포탈하거나, 외국항행선박 또는 원양어업선박 외의 용도로 사용된 석유류에 대하여 외국항행선박 또는 원양어업선박에 사용한 것으로 환급·공제받은 자는 3년 이하의 징역 또는 포탈세액등의 5배 이하의 벌금에 처한다.

제5조(가짜석유제품의 제조 또는 판매) 「석유 및 석유대체연료 사업법」 제2조 제10호에 따른 가짜석유제품을 제조 또는 판매하여 조세를 포탈한 자는 5년 이하의 징역 또는 포탈한 세액의 5배 이하의 벌금에 처한다.

지방세기본법

> **지방세기본법 제102조(지방세의 포탈)** ① 사기나 그 밖의 부정한 행위로써 지방세를 포탈하거나 지방세를 환급·공제받은 자는 2년 이하의 징역 또는 탈세액이나 환급·공제받은 세액(이하 "포탈세액등"이라 한다)의 2배 이하에 상당하는 벌금에 처한다. 다만, 다음 각 호의 어느 하나에 해당하는 경우에는 3년 이하의 징역 또는 포탈세액등의 3배 이하에 상당하는 벌금에 처한다.
> 1. 포탈세액등이 3억원 이상이고, 그 포탈세액등이 신고납부하여야 할 세액의 100분의 30 이상인 경우
> 2. 포탈세액등이 5억원 이상인 경우

2) 연간 포탈세액

특정범죄가중법 제8조에 의하면, 연간 포탈세액 등이 5억 원 이상인 때 가중하여 처벌된다. 연간 포탈세액 등이란 각 세목의 과세기간 등과 무관하게 각 연도별(1. 1.부터 12. 31.까지)로 포탈한 또는 부정 환급받은 모든 세액을 합산한 금액을 의미한다(대법원 2007.2.15. 선고 2005도9546 판결).

조세범 처벌법 제3조 제1항의 조세포탈의 주체에는 납세의무자뿐만 아니라 양벌규정(조세범 처벌법 제18조)에 따른 법인의 대표자, 법인 또는 개인의 대리인, 사용인, 기타의 종업원 등도 행위자로 포함되는데, 특정범죄가중법 제8조 제1항을 적용할 때는 납세의무자별로 구분하지 아니하고 조세범 처벌법 제18조의 행위자로서 포탈한 세액을 모두 합산하여 그 적용 여부를 판단한다(대법원 2018.4.26. 선고 2017도21429 판결).

조세범 처벌법 제3조 제1항의 조세포탈의 주체는 납세의무자와 양벌규정에 의한 법인의 대표자, 법인 또는 개인의 대리인, 사용인, 기타의 종업원 등의 법정 책임자에 제한되고, 이러한 신분을 가지지 아니한 자는 비록 원천징수의무자라 하더라도 납세의무자의 조세포탈에 공범이 될 수 있을 뿐 독자적으로 조세포탈의 주체가 될 수는 없으므로, 1인의 원천징수의무자가 수인의 납세의무자와 공모하여 조세를 포탈한 경우에 각 납세의무자가 조세포탈의 주체이고 원천징수의무자는 각 납세의무자의 조세포탈에 가공한 공범에 불과하므로, 각 납세의무자별로 각 1죄가 성립하고 이를 포괄하여 1죄가 성립하는 것은 아니다(대법원 1998.5.8. 선고 97도2429 판결).

3) 죄수

조세범 처벌법 제3조 제1항이 적용되는 조세포탈범의 죄수는 위반사실의 구성요건 충족의 회수를 기준으로 한 개의 죄가 성립하는 것이 원칙이다. 그런데 특정범죄가중법 제8조 제1항은 연간 포탈세액이 일정액 이상이라는 가중사유를 구성요건으로 하여 하나의 범죄유형으로 하고 그에 대한 법정형을 규정한 것이므로, 조세의 종류를 불문하고 1년간 포탈한 세액을 모두 합산한 금액이 특정범죄가중법 제8조 제1항 소정의 금액 이상인 때에는 하나의 특정범죄가중법위반(조세)죄만 성립한다. 그 결과 특정범죄가중법위반(조세)죄는 1년 단위로 하나의 죄를 구성하며 각 연도의 특정범죄가중법위반(조세)죄는 서로 간에 경합범 관계에 있다(대법원 2001.3.13. 선고 2000도4880 판결).

[3] 소추의 특례(제16조)

조세범 처벌법에 따른 범칙행위에 대해서는 국세청장, 지방국세청장 또는 세무서장의 고발이 없으면 검사는 공소를 제기할 수 없다(조세범 처벌법 제21조). 관세법 위반죄와 마찬가지로 조세범 처벌법 위반죄는 공무원의 필요적(전속적) 고발권이 인정되는데, 행정형법의 성격이 강하고 위반 여부의 판단을 위해 전문적 지식이 필요한 경우에는 권한 있는 공무원의 고발을 소송조건으로 한다.[84]

그런데 특정범죄가중법 제16조에서는 특정범죄가중법 제8조의 죄에 대해서는 고소 또는 고발이 없더라도 공소를 제기할 수 있도록 하고 있다. 다만 주의할 것은 특정범죄가중법 제16조는 예외적으로 고소 또는 고발 없이 공소를 제기할 수 있는 범죄로 특정범죄가중법 제6조와 제8조의 죄만을 열거하고 그 밖에 다른 예외 규정을 두고 있지 아니하므로, 특정범죄가중법 제8조의2 제1항의 죄는 조세범 처벌법 제21조에 따라 국세청장 등의 고발을 소추조건으로 한다(대법원 2014.9.24. 선고 2013도575 판결).

그리고 특정범죄가중법 제8조 제1항은 조세의 포탈세액이 연간 5억 원 또는 10억 원 이상인 때 적용되는데, 특정범죄가중법 제8조 제1항 위반죄로 기소되었으나 법원에서 포탈세액을 5억 원 미만으로 인정하면 법원은 피고인의 방어권 행사에 실질적인 불이익이 없으므로 공소장변경 없이 조세범 처벌법 위반죄로 인정

---

84   이은모·김정환 198면.

할 수 있는데, 이때 조세범 처벌법 위반죄는 국세청장 등의 고발을 전제로 하므로 국세청장 등의 고발이 없음에도 법원이 조세범 처벌법 위반죄로 인정하는 것은 위법하다(대법원 2008.3.27. 선고 2008도680 판결).

2. 세금계산서 교부의무 위반(제8조의2)

[1] 법률규정

제8조의2(세금계산서 교부의무 위반 등의 가중처벌) ① 영리를 목적으로 「조세범 처벌법」 제10조 제3항 및 제4항 전단의 죄를 범한 사람은 다음 각 호의 구분에 따라 가중처벌한다.

1. 세금계산서 및 계산서에 기재된 공급가액이나 매출처별세금계산서합계표·매입처별세금계산서합계표에 기재된 공급가액 또는 매출·매입금액의 합계액(이하 이 조에서 "공급가액등의 합계액"이라 한다)이 50억원 이상인 경우에는 3년 이상의 유기징역에 처한다.
2. 공급가액등의 합계액이 30억원 이상 50억원 미만인 경우에는 1년 이상의 유기징역에 처한다.

② 제1항의 경우에는 공급가액등의 합계액에 부가가치세의 세율을 적용하여 계산한 세액의 2배 이상 5배 이하의 벌금을 병과한다.

특정범죄가중법 제8조의2는 영리를 목적으로 조세범 처벌법 제10조 제3항 및 제4항 전단의 죄를 범한 사람에 대하여 공급가액 등의 합계액이 30억 원 이상인 경우를 가중 처벌한다. 특정범죄가중법 제8조의2를 별도로 규정한 것은 세금계산서 수수의 질서를 확립하여 궁극적으로 근거과세와 공평과세를 실현하기 위한 것이다.

[2] 공급가액등의 합계액

특정범죄가중법 제8조의2 제1항은 공급가액등의 합계액이 일정액 이상이라는 가중사유를 구성요건화하여 조세범 처벌법 제10조 제3항의 행위와 합쳐서 하나의 범죄유형으로 규정한 것이므로, 조세범 처벌법 제10조 제3항의 죄가 성립하는 세금계산서(제1호), 매출·매입처별 세금계산서합계표에 기재된 공급가액(제3호) 등을 모두 합산한 금액을 기준으로 특정범죄가중법 제8조의2 제1항의 적용 여부를 판단한다(대법원 2013.9.26. 선고 2013도7219 판결).

그러나 재화나 용역을 공급하지 아니하거나 공급받지 아니하고 가공의 세금계산서를 발급·수취한 후 이를 취소하는 의미에서 같은 공급가액에 음의 표시를 하여 작성한 수정세금계산서를 발급·수취한 경우, 후자의 행위는 새로이 재화나 용역을 공급하거나 공급받은 것을 내용으로 하는 가공의 세금계산서를 발급·수취하기 위한 것이 아니라 앞선 실물거래 없이 가공의 세금계산서를 발급·수취한 행위를 바로 잡는 방편에 불과하므로, 조세범 처벌법 제10조 제3항 제1호에서 정한 죄에 해당하지 않는다고 봄이 타당하고, 따라서 특정범죄가중법 제8조의2 제1항의 '공급가액 등의 합계액'을 산정할 때도 이처럼 실물거래 없이 발급·수취한 가공의 세금계산서를 취소하는 의미에서 발급·수취한 음수의 수정세금계산서의 공급가액은 고려하지 않는다(대법원 2020.10.15. 선고 2020도118 판결).

부가가치세법의 경우는 부가가치세의 납세의무자를 사업자로 정하고 사업자는 사업장마다 사업자등록을 하도록 하며 납부세액의 계산에 관하여는 이른바 전단계세액공제법[85]을 채택하고 있으므로(부가가치세법 제3조, 제8조 제1항, 제37조), 세금계산서는 이를 발급하는 사업자와 발급받는 사업자 모두에게 부가가치세 과세자료가 된다. 따라서 동일한 사람이 한편으로 재화 또는 용역을 공급하는 사업자로서 허위 세금계산서를 발급하면서 다른 한편으로 다른 별개의 사업자로서 실제로는 재화나 용역을 공급받지 않으면서 위 허위 세금계산서를 발급받는다면, 발급하는 사업자로서의 공급가액과 발급받는 사업자로서의 공급가액을 합산한 것을 특정범죄가중법 제8조의2의 공급가액 등의 합계액으로 본다(대법원 2020.2.13. 선고 2019도12842 판결).

[3] 죄수

특정범죄가중법 제8조의2는 조세범 처벌법 제10조 제3항의 각 위반행위가 영리를 목적으로 단일하고 계속된 범의 아래 일정기간 계속하여 행하고 그 행위들 사이에 시간적·장소적 연관성이 있으며 범행의 방법 간에도 동일성이 인정되는 등 하나의 위반행위로 평가될 수 있고 그 행위들에 해당하는 문서에 기재된 공급가액

---

85 전(前)단계세액공제법이란 일정과세기간 중의 매출액 전체에 세율을 곱해 계산한 매출세액(매출액 ×세율)에서 전단계 거래시의 매입액에 대해 거래징수당한 매입세액(세금계산서상 세액의 합계액)을 공제한 금액을 납부세액으로 하는 방법을 말한다.

을 모두 합산한 금액이 이 사건 법률조항에 정한 금액에 해당하면, 그 행위들에 대하여 포괄하여 특정범죄가중법 제8조의2 위반의 일죄가 성립한다(대법원 2015.6.23. 선고 2015도2207 판결). 특정범죄가중법 제8조의2 위반의 포괄일죄로 평가될 수 있는지를 검토하지 않고, 단지 여러 사업자명의를 범행에 이용하였다는 이유만으로 사업자 명의별로 실체적 경합 관계에 있는 수 개의 죄가 성립한다고 단정하는 것은 옳지 않다(대법원 2015.6.23. 선고 2015도2207 판결).

> **[조세범 처벌법]**
>
> **제10조(세금계산서의 발급의무 위반 등)** ③ 재화 또는 용역을 공급하지 아니하거나 공급받지 아니하고 다음 각 호의 어느 하나에 해당하는 행위를 한 자는 3년 이하의 징역 또는 공급가액에 부가가치세의 세율을 적용하여 계산한 세액의 3배 이하에 상당하는 벌금에 처한다.
>
>   1. 「부가가치세법」에 따른 세금계산서를 발급하거나 발급받은 행위
>   2. 「소득세법」 및 「법인세법」에 따른 계산서를 발급하거나 발급받은 행위
>   3. 「부가가치세법」에 따른 매출·매입처별 세금계산서합계표를 거짓으로 기재하여 제출한 행위
>   4. 「소득세법」 및 「법인세법」에 따른 매출·매입처별계산서합계표를 거짓으로 기재하여 제출한 행위
>
> ④ 제3항의 행위를 알선하거나 중개한 자도 제3항과 같은 형에 처한다. 이 경우 세무를 대리하는 세무사·공인회계사 및 변호사가 제3항의 행위를 알선하거나 중개한 때에는 「세무사법」 제22조 제2항에도 불구하고 해당 형의 2분의 1을 가중한다.

Ⅲ. 산림자원법 위반행위의 가중처벌[제9조]

1. 법률규정

> **제9조(「산림자원의 조성 및 관리에 관한 법률」 등 위반행위의 가중처벌)** ① 「산림자원의 조성 및 관리에 관한 법률」 제73조 및 제74조에 규정된 죄를 범한 사람은 다음 각 호의 구분에 따라 가중처벌한다.

1. 임산물(林産物)의 원산지 가격이 1억원 이상이거나 산림 훼손면적이 5만제곱미터 이상인 경우에는 3년 이상 25년 이하의 징역에 처한다.
2. 임산물의 원산지 가격이 1천만원 이상 1억원 미만이거나 산림 훼손면적이 5천제곱미터 이상 5만제곱미터 미만인 경우에는 2년 이상 20년 이하의 징역에 처한다.
② 삭제

　산림자원의 보전 및 이용에 관한 기준을 규정하고 있는 산림자원법에는 산림자원법 위반행위에 대해서 제71조부터 제79조까지 벌칙규정을 두고 있다. 산림은 접근이 매우 수월한 특성이 있어서 임산물의 절취나 산림훼손은 쉽게 이루어질 수 있지만, 이를 관리자의 관리강화를 통해 사전에 억제하거나 사후에 처벌하기는 쉽지 않다. 이에 산림자원법의 법칙규정 중 임산물의 절취에 대한 처벌규정인 제73조와 산림훼손에 대한 처벌규정인 제74조의 위반행위를 특정범죄가중법 제9조에서 가중하여 처벌하고 있다.

　가중기준은 임산물의 원산지가액 또는 산림훼손면적이고, 임산물의 원산지가액이 1천만 원 이상 또는 산림훼손면적이 5천㎡ 이상인 경우부터 특정범죄가중법으로 처벌된다. 임산물의 원산지가액이란 임산물이 굴취·채취 등에 의하여 산림에서 분리되기 전에 산림 내에 원상태로 있을 당시의 가격을 말하는데, 임산물의 시중거래시가에서 채취 운반비 기타 임산물 생산에 소요되는 부대경비 등과 임산물 생산업자의 적정한 기업이익을 공제하여 산출하게 된다(대법원 1995.3.10. 선고 94도3398 판결).

2. 산림자원법 위반행위

　산림자원법 제73조 제3항 제3호에서는 장물을 운반하기 위하여 차량이나 선박을 사용하거나 운반·조재(벌채한 나무를 마름질하여 재목을 만듦)의 설비를 한 경우를 중하게 처벌하고 있는데, 차량사용 산림산물 절도죄를 단순 산림산물 절도죄에 비하여 그 법정형을 거듭 가중하여 엄벌하는 것은 장물 운반을 위하여 차량을 사용할 경우 규모가 큰 수목이나 토석 등 보존가치가 큰 산림자원이 절도의 대상이 되거나 차량을 사용하여야 할 정도로 장물의 수량이 많아 산림훼손의 정도가 크다는 점에 그 주된 이유가 있다. 따라서 '절취한 산림산물인 장물을 운반하기 위하여 차량을 사용한 때'란 산림산물 절도범이 범행현장인 산림에서 장물을 운반하는 과정에 차량을 사용한 모든 경우를 의미하는 것이 아니라, 차량 사용이 장물운반의 목적 달성을 위하여 마련된 수단으로서의 의미를 갖는 경우, 즉, 절취한 산림산물을 운반하기 위하여 차량 사용이 불가피할 정도로 절취한 산림산물의 규모가 크거나 수량이 많은 경우로 한정된다(헌법재판소 2010.4.29. 선고 2008헌바170 결정).

그리고 산림자원법 제73조 제3항 제5호에서는 야간에 절취한 경우를 중하게 처벌하고 있다. 입목을 캐낸 시점에 이미 소유자의 입목에 대한 점유가 침해되어 범인의 사실적 지배하에 놓이게 됨으로써 범인이 그 점유를 취득하게 되는 것이므로 입목을 캐낸 시점에 절도죄는 기수에 이르고 이를 운반하거나 반출하는 등의 행위는 필요로 하지 아니한다(대법원 2009.7.9. 선고 2009도3307 판결). 따라서 야간에 입목을 절취하였는지는 입목을 캐낸 시점이 야간인지에 따라 판별하여야 할 뿐이지, 이를 운반하거나 산림에서 반출한 시점까지 고려할 것은 아니다(헌법재판소 2009.12.29. 선고 2009헌바93 결정).

산림자원법

산림자원법은 2005.8.4. 제정되었다. 산림에 대한 국민의 관심이 높아지고 새로운 행정수요가 발생함에 따라 이에 효율적으로 대처하고 산림자원의 지속가능한 보전 및 이용을 위하여 산림자원의 조성관리를 종합적이고 체계적으로 추진할 수 있는 기반을 마련하는 한편, 산림경영 및 산불·병충해 방지에 대한 여러 기준을 정립하여 산림을 생태적으로 건전하고 가치 있는 자원으로 육성함으로써 국가경제의 발전과 국민의 삶의 질을 향상시킬 수 있도록 하려는 것이 입법의 취지이다.

제73조(벌칙) ① 산림에서 그 산물(조림된 묘목을 포함한다. 이하 이 조에서 같다)을 절취한 자는 5년 이하의 징역 또는 5천만원 이하의 벌금에 처한다.
② 제1항의 미수범은 처벌한다.
③ 제1항의 죄를 저지른 자가 다음 각호의 어느 하나에 해당한 경우에는 1년 이상 10년 이하의 징역에 처한다.
  1. 채종림이나 시험림에서 그 산물을 절취하거나 수형목을 절취한 경우
  2. 원뿌리를 채취한 경우
  3. 장물(臟物)을 운반하기 위하여 차량이나 선박을 사용하거나 운반·조재(벌채한 나무를 마름질하여 재목을 만듦)의 설비를 한 경우

   4. 입목이나 대나무를 벌채하거나 산림의 산물을 굴취 또는 채취하는 권리를 행사하는 기회를 이용하여 절취한 경우
   5. 야간에 절취한 경우
   6. 상습으로 제1항의 죄를 저지른 경우

제74조(벌칙) ① 제19조 제5항을 위반하여 채종림 등에서 입목·대나무의 벌채, 임산물의 굴취·채취, 가축의 방목, 그 밖의 토지의 형질을 변경하는 행위를 한 자는 5년 이하의 징역 또는 5천만원 이하의 벌금에 처한다.
② 다음 각호의 어느 하나에 해당하는 자는 3년 이하의 징역 또는 3천만원 이하의 벌금에 처한다.
   1. 삭제
   2. 제36조 제1항을 위반하여 특별자치시장·특별자치도지사·시장·군수·구청장이나 지방산림청장의 허가 없이 또는 거짓이나 그 밖의 부정한 방법으로 허가를 받아 입목벌채 등을 한 자
   3. 정당한 사유 없이 산림 안에서 입목·대나무를 손상하거나 말라죽게 한 자
   4. 삭제
   5. 입목·대나무, 목재 또는 원뿌리에 표시한 기호나 도장을 변경하거나 지운 자
   6. 정당한 사유 없이 타인의 산림에 인공구조물을 설치한 자
③ 삭제
④ 상습적으로 제1항 또는 제2항의 죄를 저지른 자는 각 죄에 정한 형의 2분의 1까지 가중한다.

제19조(채종림등의 지정·관리 등) ⑤ 채종림등에서는 다음 각 호의 행위를 하지 못한다. 다만, 숲 가꾸기를 위한 벌채 및 임산물의 굴취·채취는 채종림등의 지정 목적에 어긋나지 아니하는 범위에서 농림축산식품부령으로 정하는 바에 따라 산림청장이나 특별자치시장·특별자치도지사·시장·군수·구청장에게 신고하고 할 수 있다.
   1. 입목·대나무의 벌채
   2. 임산물의 굴취·채취
   3. 가축의 방목(放牧)
   4. 그 밖에 토지의 형질을 변경하는 행위

Ⅳ. 마약류관리법 위반행위의 가중처벌[제11조]

1. 법률규정

제11조(마약사범 등의 가중처벌) ① 「마약류관리에 관한 법률」 제58조 제1항 제1호부터 제4호까지 및 제6호·제7호에 규정된 죄(매매, 수수 및 제공에 관한 죄와 매매목적, 매매 알선목적 또는 수수목적의 소지·소유에 관한 죄는 제외한다) 또는 그 미수죄를 범한 사람은 다음 각 호의 구분에 따라 가중처벌한다.
  1. 수출입·제조·소지·소유 등을 한 마약이나 향정신성의약품 등의 가액이 5천만 원 이상인 경우에는 무기 또는 10년 이상의 징역에 처한다.
  2. 수출입·제조·소지·소유 등을 한 마약이나 향정신성의약품 등의 가액이 500만 원 이상 5천만원 미만인 경우에는 무기 또는 7년 이상의 징역에 처한다.
② 「마약류관리에 관한 법률」 제59조 제1항부터 제3항까지 및 제60조에 규정된 죄(마약 및 향정신성의약품에 관한 죄만 해당한다)를 범한 사람은 다음 각 호의 구분에 따라 가중처벌한다.
  1. 소지·소유·재배·사용·수출입·제조 등을 한 마약 및 향정신성의약품의 가액이 5천만원 이상인 경우에는 무기 또는 7년 이상의 징역에 처한다.
  2. 소지·소유·재배·사용·수출입·제조 등을 한 마약 및 향정신성의약품의 가액이 500만원 이상 5천만원 미만인 경우에는 무기 또는 3년 이상의 징역에 처한다.

마약·향정신성의약품·대마 및 원료물질의 취급·관리를 규정한 마약류관리법은 제58조부터 제69조까지 벌칙규정을 두고 있는데, 특정범죄가중법 제11조는 대마를 제외한 마약과 향정신성의약품에 관련된 마약류관리법위반죄에 대해서 마약이나 향정신성의약품 등의 가액이 500만 원 이상인 경우를 가중처벌하고 있다.

특정범죄가중법 제11조가 마약이나 향정신성의약품 등의 가액을 기준으로 가중하여 처벌하는 것이 명확성 원칙에 반한다는 문제가 제기된다. 메트암페타민(필로폰) 소지의 혐의로 재판 중인 피고인이 청구한 헌법소원사건에서 헌법재판소는 일반적인 가액의 의미에 비춰 '시장에서의 통상 거래가액'을 의미하는 것이라는 점은 쉽게 예측할 수 있으며, 마약류는 현실적으로 암거래 시장 등을 통해 거래가 이뤄지는 이상 가액을 파악하는 것이 불가능하지 않으므로 죄형법정주의의 명확성 원칙에 반하지 않는다고 판단하였다(헌법재판소 2021.4.29. 선고 2019헌바83 결정).

연혁

마약의 사용을 정당한 의료용과 과학용에 국한하며 그 취급의 적정을 기하기 위한 목적으로 1957.4.23. 마약법이 제정되었는데, 마약법 제60조부터 제71조까지는 벌칙규정을 두었다. 예를 들어 마약법의 규정에 따르지 않는 마약의 사용은 5년 이하의 징역에 처하도록 하였다(마약법 제62조).

마약법에 합성마약으로 규정된 메사돈(methadone)은 백색 결정체로 쓴맛이 나며 물이나 알코올에 잘 녹고 모르핀(morphine)과 비슷한 진통작용을 하는데, 1965년 일부 제조업자들은 일반의약품에 메사돈을 혼합한 진통제를 만들어 시중에서 판매하였다. 이를 통해 제약회사들은 엄청난 부를 축적하였고, 반면 일반인들이 자신도 모르게 중독자가 되어 국내 마약환자수가 폭발적으로 증가하였다. 이러한 사회적 상황에서 1966년 특정범죄가중법 제정시 마약사범의 가중처벌이 규정되었다.[86]

(구)특정범죄가중법 제11조는 마약류관리법의 구성요건을 그대로 규정하면서 법정형만을 상향하여 규정하고 있었다. 이와 같은 입법형식은 동일한 사안이 검사의 기소재량에 따라 마약류관리법위반으로 기소되거나 특정범죄가중법위반으로 기소될 수 있으므로, 수사과정에서 악용될 소지가 있었다. 2014년 헌법재판소는 마약류관리법의 구성요건을 그대로 규정하면서 법정형만을 상향하여 규정하고 있었던 (구) 특정범죄가중법 제11조는 형사특별법으로서 갖추어야 할 형벌체계상의 정당성과 균형을 잃은 것이 명백하므로, 인간의 존엄성과 가치를 보장하는 헌법의 기본원리에 위배되고 그 내용도 평등원칙에 위반된다고 결정하였다(헌법재판소 2014.4.24. 선고 2011헌바2 결정).

특정범죄가중법 제11조는 2016.1.6. 법률개정을 통해 지금과 같이 마약 및 향정신성의약품 등의 가액을 가중적 구성요건 표지로 하여 가중처벌하고 있다.

2. 성립요건

1) 마약류관리법 위반죄

마약류관리법에서 규제하는 마약류는 마약·향정신성의약품·대마 등 3가지를 말하는데(마약류관리법 제2조 제1호), 마약에는 양귀비, 아편, 코카 잎 등이 포함되고(마약류관리법 제2조 제2호), 향정신성의약품에는 코카인, 헤로인, 모르핀 등이 포함된다(마약류관리법 시행령 제2조).

마약류 중 특정범죄가중법 제11조의 대상범죄는 마약사범과 향정신성의약품

---

86 박상기·신동운·손동권·신양균·오영근·전지연 346면.

사범에 한정되고, 그에 비해 위험성이 낮다고 평가되는 대마사범은 포함되지 않는다. 따라서 대마를 수출 또는 수입한 사람과 수출입의 목적으로 대마를 소지·소유한 사람은 마약류관리법 제58조 제1항 제5호에 의해서 처벌될 뿐, 특정범죄가중법 제11조가 적용되지 않는다.

마약 및 향정신성의약품 관련 마약류관리법위반죄뿐만 아니라 미수범도 대상범죄에 포함된다. 이 경우 형법 제25조 제2항의 미수감경은 적용되지 않는다(대법원 1984.1.31. 선고 83도2790 판결).

2) 마약 및 향정신성의약품의 가액

특정범죄가중법 제11조의 적용기준은 마약과 향정신성의약품의 가액이다. 마약과 향정신성의약품의 가액이 500만 원 이상인 경우와 5천만 원 이상인 경우를 구분하여 가중처벌한다.

마약과 향정신성의약품의 가액은 항상 변하는 기준이므로, 가액의 해석을 객관적으로 엄격하게 하여야 한다. 국내에서는 코카인[87]에 관하여는 객관적인 암거래 시세가 형성되어 있지 아니하고 실제 구매가격도 국제시세 등 가변적 요소에 의하여 변화가 심하여 그 물건의 객관적 가치를 반영하지 못하므로 암거래시세나 실제 매수가격을 기준으로 하여 정할 수는 없고, 정상적인 유통과정에 의하여 형성된 시장가격을 기준으로 정하게 된다. 마약류관리법 제20조에 의하면 마약류수출입업자는 수입한 마약 또는 향정신성의약품을 마약류제조업자, 마약류원료사용자 및 마약류도매업자 외의 자에게 판매하지 못하게 되어 있어 코카인의 소매가격은 없으므로, 코카인의 가액은 정상적인 유통과정에 의하여 형성된 국내도매가격에 의하여 산정된다(대법원 1991.5.28. 선고 91도352 판결).

마약류관리법

마약류관리법은 2000.1.12. 제정되었다. 기존에 마약법·향정신성의약품관리법·대마관리법으로 구분·시행되고 있던 마약류 관계 법률을 마약류관리법으로 통합하여 제정함으로써 불필요한 규제를 폐지·정비하고, 기타 규정의 운영상 나타난 일부 미비점을 개선·보완하는 것이 입법의 취지이었다.

87 　코카인은 코와 눈물관 수술에 있어서 의료용으로 사용되는데, 대마초와 더불어 널리 불법적으로 쓰이기도 한다.

제58조(벌칙) ① 다음 각 호의 어느 하나에 해당하는 자는 무기 또는 5년 이상의 징역에 처한다.

　1. 제3조 제2호·제3호, 제4조 제1항, 제18조 제1항 또는 제21조 제1항을 위반하여 마약을 수출입·제조·매매하거나 매매를 알선한 자 또는 그러할 목적으로 소지·소유한 자

　2. 제3조 제4호를 위반하여 마약 또는 향정신성의약품을 제조할 목적으로 그 원료가 되는 물질을 제조·수출입하거나 그러할 목적으로 소지·소유한 자

　3. 제3조 제5호를 위반하여 제2조 제3호 가목에 해당하는 향정신성의약품 또는 그 물질을 함유하는 향정신성의약품을 제조·수출입·매매·매매의 알선 또는 수수하거나 그러할 목적으로 소지·소유한 자

　4. 제3조 제6호를 위반하여 제2조 제3호 가목에 해당하는 향정신성의약품의 원료가 되는 식물 또는 버섯류에서 그 성분을 추출한 자 또는 그 식물 또는 버섯류를 수출입하거나 수출입할 목적으로 소지·소유한 자

　5. 제3조 제7호를 위반하여 대마를 수입하거나 수출한 자 또는 그러할 목적으로 대마를 소지·소유한 자

　6. 제4조 제1항을 위반하여 제2조 제3호 나목에 해당하는 향정신성의약품 또는 그 물질을 함유하는 향정신성의약품을 제조 또는 수출입하거나 그러할 목적으로 소지·소유한 자

　7. 제4조 제1항 또는 제5조의2 제5항을 위반하여 미성년자에게 마약을 수수·조제·투약·제공한 자 또는 향정신성의약품이나 임시마약류를 매매·수수·조제·투약·제공한 자

　8. 1군 임시마약류에 대하여 제5조의2 제5항 제1호 또는 제2호를 위반한 자

② 영리를 목적으로 하거나 상습적으로 제1항의 행위를 한 자는 사형·무기 또는 10년 이상의 징역에 처한다.

③ 제1항과 제2항에 규정된 죄의 미수범은 처벌한다.

④ 제1항(제7호는 제외한다) 및 제2항에 규정된 죄를 범할 목적으로 예비(豫備) 또는 음모한 자는 10년 이하의 징역에 처한다.

제59조(벌칙) ① 다음 각 호의 어느 하나에 해당하는 자는 1년 이상의 유기징역에 처한다.

　1. 제3조 제2호를 위반하여 수출입·매매 또는 제조할 목적으로 마약의 원료가 되는 식물을 재배하거나 그 성분을 함유하는 원료·종자·종묘를 소지·소유한 자

　2. 제3조 제2호를 위반하여 마약의 성분을 함유하는 원료·종자·종묘를 관

리·수수하거나 그 성분을 추출하는 행위를 한 자

3. 제3조 제3호를 위반하여 헤로인이나 그 염류 또는 이를 함유하는 것을 소지·소유·관리·수수·운반·사용 또는 투약하거나 투약하기 위하여 제공하는 행위를 한 자

...

② 상습적으로 제1항의 죄를 범한 자는 3년 이상의 유기징역에 처한다.

③ 제1항(제5호 및 제13호는 제외한다) 및 제2항에 규정된 죄의 미수범은 처벌한다.

④ 제1항 제7호의 죄를 범할 목적으로 예비 또는 음모한 자는 10년 이하의 징역에 처한다.

제60조(벌칙) ① 다음 각 호의 어느 하나에 해당하는 자는 10년 이하의 징역 또는 1억원 이하의 벌금에 처한다.

1. 제3조 제1호를 위반하여 마약 또는 제2조 제3호 가목에 해당하는 향정신성의약품을 사용하거나 제3조 제11호를 위반하여 마약 또는 제2조 제3호 가목에 해당하는 향정신성의약품과 관련된 금지된 행위를 하기 위한 장소·시설·장비·자금 또는 운반 수단을 타인에게 제공한 자

2. 제4조 제1항을 위반하여 제2조 제3호 나목 및 다목에 해당하는 향정신성의약품 또는 그 물질을 함유하는 향정신성의약품을 매매, 매매의 알선, 수수, 소지, 소유, 사용, 관리, 조제, 투약, 제공한 자 또는 향정신성의약품을 기재한 처방전을 발급한 자

3. 제4조 제1항을 위반하여 제2조 제3호 라목에 해당하는 향정신성의약품 또는 그 물질을 함유하는 향정신성의약품을 제조 또는 수출입하거나 그러할 목적으로 소지·소유한 자

4. 제5조 제1항·제2항, 제9조 제1항, 제28조 제1항, 제30조 제1항, 제35조 제1항 또는 제39조를 위반하여 마약을 취급하거나 그 처방전을 발급한 자

5. 1군 임시마약류에 대하여 제5조의2 제5항 제4호를 위반한 자

6. 2군 임시마약류에 대하여 제5조의2 제5항 제1호를 위반한 자

② 상습적으로 제1항의 죄를 범한 자는 그 죄에 대하여 정하는 형의 2분의 1까지 가중(加重)한다.

③ 제1항과 제2항에 규정된 죄의 미수범은 처벌한다.

V. 외국인을 위한 탈법행위[제12조]

1. 법률규정

제12조(외국인을 위한 탈법행위) 외국인에 의한 취득이 금지 또는 제한된 재산권을 외국인을 위하여 외국인의 자금으로 취득한 사람은 다음 각 호의 구분에 따라 처벌한다.

1. 재산권의 가액이 1억원 이상인 경우에는 무기 또는 10년 이상의 징역에 처한다.
2. 재산권의 가액이 1억원 미만인 경우에는 무기 또는 3년 이상의 유기징역에 처한다.

제13조(몰수) 제3조 또는 제12조의 죄를 범하여 범인이 취득한 해당 재산은 몰수하며, 몰수할 수 없을 때에는 그 가액을 추징(追徵)한다.

특정범죄가중법 제12조는 외국인의 탈법행위를 돕는 내국인의 방조행위를 독립적인 구성요건으로 규정한 것이다. 1960년대 경제개발이 시작되면서 특정지역의 토지가격이 급상승하는 현상이 발생하기 시작하였고, 이러한 실정을 잘 아는 외국인(해외동포 포함)들이 투기현상에 편승하여 국내 부동산의 매입에 적극적으로 나서는 시작하였는데, 당시 외국인의 직접 매입·소유를 제한하던 법률규제를 회피하기 위하여 외국인들이 내국인 명의로 부동산을 매입하였다.[88] 이러한 외국인의 불법적인 국내부동산 등의 취득과 관련된 내국인의 부정행위를 가중처벌하기 위해서 특정범죄가중법 제12조가 규정되었다. 특정범죄가중법 제12조는 외국인에 의한 취득이 금지·제한된 재산권을 외국인을 위하여 외국인의 자금으로 취득하는 내국인을 재산의 가액에 따라 구분하여 최소 3년 이상의 유기징역으로 중하게 처벌한다. 특정범죄가중법 제12조를 위반하여 취득한 재산은 필요적으로 몰수·추징된다(제13조).

실제로 특정범죄가중법 제12조를 적용하여 처벌한 사례는 매우 드물다.[89] 그렇지만 외국인을 위한 탈법행위를 한 내국인에 대하여 가중처벌을 규정한 특정범죄가중법 제12조의 법정형이 외국인에 대한 처벌규정에 비하여 지나치게 중하여

---

88 박상기·신동운·손동권·신양균·오영근·전지연 355면.
89 윤승은, 특정범죄가중처벌 등에 관한 법률 적용상의 몇 가지 문제점과 개선방안, 형사법연구 제26호, 2006, 115면.

형벌체계상의 균형을 잃은 것으로서 과잉처벌 여부가 문제 되었다. 이에 대해서 헌법재판소는 외국 투기자본의 국내 침투에 앞장서서 외국인을 위하여 투기용 부동산 등을 사들이는 내국인들의 불법행위들이 초래하는 경제기반의 붕괴라는 막대한 피해 결과에 따른 책임은 물론, 국가정책이나 법치의 확립, 국민의 법감정 및 일반예방이라는 형사정책적 측면 등을 모두 고려해서 가중 처벌하는 것은 외국인을 단지 외국환거래법이나 외국인토지법(현 부동산 거래신고 등에 관한 법률) 등으로 처벌하는 것과 보호법익과 죄질이 다르므로, 헌법에 반하지 않는다고 판단하였다(헌법재판소 1999.5.27. 선고 96헌바16 결정).

2. 부동산 거래신고 등에 관한 법률

1961. 9. 18. 외국인의 토지에 관한 권리의 득실변경에 관한 사항을 규정하는 '외국인토지법'이 제정되어, 외국인에게 상호주의를 취하여 외국인의 토지에 관한 권리의 제한을 할 수 있도록 하였고, 국방, 산업 기타 공공의 목적에 필요한 지역은 외국인의 토지에 관한 권리의 취득을 금지하거나 조건 또는 제한을 가하였다. 그 후 2016. 1. 19. 부동산거래와 관련된 인·허가제도의 근거 법률을 일원화하는 '부동산 거래신고 등에 관한 법률'이 제정되면서, 외국인토지법도 2017. 1. 20. 폐지되었다.

'부동산 거래신고 등에 관한 법률'에 의하면, 외국인은 상호주의에 따라 토지의 취득·양도가 제한될 수 있고(제7조), 외국인이 부동산의 취득계약을 체결하면 관청에 신고하여야 하고(제8조), 외국인이 군사시설 보호구역의 토지에 대한 취득계약을 체결하려면 사전에 허가를 받도록 하고 있다(제9조). 사전 허가를 받지 않고 군사시설 보호구역의 토지에 대한 취득계약을 체결한 외국인에 대해서는 2년 이하의 징역 또는 2천만 원 이하의 벌금에 처한다(제26조).

부동산 거래신고 등에 관한 법률에 따른 외국인의 부동산취득의 금지나 허가뿐만 아니라 부동산취득의 신고도 외국인에 의해 재산권 취득이 제한된 경우이다.[90] 일본인을 위하여 일본인의 자금으로 사전신고 없이 취득한 토지에 관하여 자신의 명의로 소유권이전등기를 경료하였다면, 그 중간에 타인의 명의를 거쳤더라도 특정범죄가중법 제12조에 해당한다(대법원 1981.11.24. 선고 81도495 판결).

---

[90]   박상기·신동운·손동권·신양균·오영근·전지연 359면.

부동산 거래신고 등에 관한 법률

제2조(정의) 4. "외국인등"이란 다음 각 목의 어느 하나에 해당하는 개인·법인 또는 단체를 말한다.

　　가. 대한민국의 국적을 보유하고 있지 아니한 개인

　　나. 외국의 법령에 따라 설립된 법인 또는 단체

　　다. 사원·구성원의 2분의 1 이상이 가목에 해당하는 자인 법인 또는 단체

　　라. 업무를 집행하는 사원이나 이사 등 임원의 2분의 1 이상이 가목에 해당하는 자인 법인 또는 단체

　　마. 가목에 해당하는 사람이나 나목에 해당하는 법인 또는 단체가 자본금의 2분의 1 이상이나 의결권의 2분의 1 이상을 가지고 있는 법인 또는 단체

　　바. 외국 정부

　　사. 대통령령으로 정하는 국제기구

제7조(상호주의) 국토교통부장관은 대한민국국민, 대한민국의 법령에 따라 설립된 법인 또는 단체나 대한민국정부에 대하여 자국(自國) 안의 토지의 취득 또는 양도를 금지하거나 제한하는 국가의 개인·법인·단체 또는 정부에 대하여 대통령령으로 정하는 바에 따라 대한민국 안의 토지의 취득 또는 양도를 금지하거나 제한할 수 있다. 다만, 헌법과 법률에 따라 체결된 조약의 이행에 필요한 경우에는 그러하지 아니하다.

제8조(외국인등의 부동산 취득·보유 신고) ① 외국인등이 대한민국 안의 부동산 등을 취득하는 계약(제3조제1항 각 호에 따른 계약은 제외한다)을 체결하였을 때에는 계약체결일부터 60일 이내에 대통령령으로 정하는 바에 따라 신고관청에 신고하여야 한다.

② 외국인등이 상속·경매, 그 밖에 대통령령으로 정하는 계약 외의 원인으로 대한민국 안의 부동산등을 취득한 때에는 부동산등을 취득한 날부터 6개월 이내에 대통령령으로 정하는 바에 따라 신고관청에 신고하여야 한다.

③ 대한민국 안의 부동산등을 가지고 있는 대한민국국민이나 대한민국의 법령에 따라 설립된 법인 또는 단체가 외국인등으로 변경된 경우 그 외국인등이 해당 부동산등을 계속보유하려는 경우에는 외국인등으로 변경된 날부터 6개월 이내에 대통령령으로 정하는 바에 따라 신고관청에 신고하여야 한다.

제9조(외국인등의 토지거래 허가) ① 제3조 및 제8조에도 불구하고 외국인등이 취득하려는 토지가 다음 각 호의 어느 하나에 해당하는 구역·지역 등에 있으면 토지를 취득하는 계약(이하 "토지취득계약"이라 한다)을 체결하기 전에 대통령령

으로 정하는 바에 따라 신고관청으로부터 토지취득의 허가를 받아야 한다. 다만, 제11조에 따라 토지거래계약에 관한 허가를 받은 경우에는 그러하지 아니하다.

1. 「군사기지 및 군사시설 보호법」 제2조 제6호에 따른 군사기지 및 군사시설 보호구역, 그 밖에 국방목적을 위하여 외국인등의 토지취득을 특별히 제한할 필요가 있는 지역으로서 대통령령으로 정하는 지역
2. 「문화재보호법」 제2조 제3항에 따른 지정문화재와 이를 위한 보호물 또는 보호구역
3. 「자연환경보전법」 제2조 제12호에 따른 생태·경관보전지역
4. 「야생생물 보호 및 관리에 관한 법률」 제27조에 따른 야생생물 특별보호구역

② 신고관청은 관계 행정기관의 장과 협의를 거쳐 외국인등이 제1항 각 호의 어느 하나에 해당하는 구역·지역 등의 토지를 취득하는 것이 해당 구역·지역 등의 지정목적 달성에 지장을 주지 아니한다고 인정하는 경우에는 제1항에 따른 허가를 하여야 한다.
③ 제1항을 위반하여 체결한 토지취득계약은 그 효력이 발생하지 아니한다.

제26조(벌칙) ① 제9조 제1항에 따른 허가를 받지 아니하고 토지취득계약을 체결하거나 부정한 방법으로 허가를 받아 토지취득계약을 체결한 외국인등은 2년 이하의 징역 또는 2천만원 이하의 벌금에 처한다.

특정경제범죄법

제7장　특정경제범죄법

제1절　서두

Ⅰ. 입법목적

연혁

특정경제범죄법은 1980년대 '장영자 어음사기 사건', '명성사건' 등의 굵직한 경제사건이 큰 사회적 파장을 일으키면서 대규모 경제범죄 및 재산국외도피사범에 대한 처벌을 강화하고 금융기관 임·직원의 비위를 엄벌하여야 한다는 여론을 반영하여 1983.12.31.에 제정되어 1984.1.1. 시행되었다.

특정경제범죄법은 이후 2022년 5월까지 총 16차례에 걸쳐 개정되었는데 우선, 1990.12.31. 개정 법률은 가중처벌의 기준이 되는 이득액과 재산국외도피액 및 금융기관 임·직원의 금품수수액의 액수를 상향하였고, 2007.8.18. 개정 법률은 다시 한번 가중처벌의 기준이 되는 금융기관 임·직원의 금품수수액을 상향하였다. 2008.12.26. 개정 법률은 금융기관 임·직원이 직무와 관련하여 또는 지위를 이용하여 금품을 수수한 경우 수수액의 2배 이상 5배 이하의 벌금을 필요적으로 병과하는 규정을 신설하였다. 또한 2009.5.8. 개정 법률은 양벌규정에서 고의·과실 유무에 관계없이 영업주를 처벌하는 것이 책임주의에 위반된다는 헌법재판소의 위헌 결정(헌법재판소 2007.11.29. 선고 2005헌가10 결정)을 반영하여 관리·감독상 주의의무를 다한 영업주의 면책에 관한 단서 규정을 추가하였다. 2017.12.19. 개정 법률은 제3조에 의하여 가중처벌되는 특정재산범죄에 형법 제347조의2(컴퓨터등 사용사기죄)를 추가하였다.

특정경제범죄법은 제정 배경과 연혁에서 알 수 있듯이 건전한 국민경제윤리에 반하는 특정경제범죄에 대한 가중처벌과 그 범죄행위자에 대한 취업제한 등을

규정함으로써 경제질서를 확립하고 나아가 국민경제 발전에 이바지함을 입법의
목적으로 한다(제1조).

　　특정경제범죄법은 별도의 경제 관련 범죄구성요건도 일부 규정하고 있지만,
이득액 기준에 따른 특정경제범죄의 가중처벌과 수재액 기준에 따른 금융기관등
임·직원의 수재죄 가중처벌과 같이 금액을 기준으로 한 가중처벌이 주된 내용이
어서 독자적 입법의 의의에 관한 의문이 지속적으로 제기되었다.[1]

II. 조문개관

　　특정경제범죄법은 총 14개의 조문으로 구성되어 있다. 제1조와 제2조는 각각
입법 목적과 용어의 정의를 밝히고 있다. 제3조는 이득액을 기준으로 한 특정재
산범죄의 가중처벌을, 제4조는 재산국외도피죄와 함께 도피액을 기준으로 한 가
중처벌을 규정하고 있다. 그리고 금융기관 임·직원의 업무와 관련하여 제5조부터
제7조까지는 수·증재 및 알선수재의 죄를, 제8조는 사금융알선의 죄를, 제9조는
저축관련부당행위의 죄를 규정하고 있다. 제10조는 이 법 위반 일부 범죄를 대상
으로 한 필요적 몰수·추징을 규정하고 있으며 제11조는 수수료액을 기준으로 한
무인가단기금융업의 가중처벌을 규정하고 있다. 그 밖에도 금융기관 임·직원 등
의 보고의무(제12조), 이 법 위반 일부 범죄로 유죄판결을 받은 자의 취업제한 및
인·허가금지(제14조)에 관한 규정을 두고 있다.

구분	주요 내용	조항
특정재산범죄	이득액을 기준으로 한 특정재산범죄의 가중처벌	제3조
재산국외도피범죄	재산국외도피죄 및 도피액을 기준으로 한 가중처벌	제4조
금융기관등 임·직원 직무 관련 범죄	수재등의 죄	제5조
	증재등의 죄	제6조
	알선수재의 죄	제7조
	사금융알선등의 죄	제8조
	저축관련부당행위의 죄	제9조

1　안경옥, 특정경제범죄가중처벌등에관한법률의 정비방안, 형사정책 제17권 제2호, 한국형사정책학
　　회, 2005, 19면.

구분	주요 내용	조항
기타	필요적 몰수·추징	제10조
	무인가단기금융업의 가중처벌	제11조
	보고의무	제12조
	일정기간 취업제한 및 인허가금지	제14조

제2절 특정재산범죄의 가중처벌(제3조)

제3조(특정재산범죄의 가중처벌) ① 「형법」 제347조(사기), 제347조의2(컴퓨터등 사용사기), 제350조(공갈), 제350조의2(특수공갈), 제351조(제347조, 제347조의2, 제350조 및 제350조의2의 상습범만 해당한다), 제355조(횡령·배임) 또는 제356조(업무상의 횡령과 배임)의 죄를 범한 사람은 그 범죄행위로 인하여 취득하거나 제3자로 하여금 취득하게 한 재물 또는 재산상 이익의 가액(이하 이 조에서 "이득액"이라 한다)이 5억원 이상일 때에는 다음 각 호의 구분에 따라 가중처벌한다.
  1. 이득액이 50억원 이상일 때: 무기 또는 5년 이상의 징역
  2. 이득액이 5억원 이상 50억원 미만일 때: 3년 이상의 유기징역
② 제1항의 경우 이득액 이하에 상당하는 벌금을 병과(倂科)할 수 있다.

Ⅰ. 주체

제3조의 주체는 특정재산범죄를 범한 사람으로 특정재산범죄란 형법상 사기(제347조), 컴퓨터등 사용사기(제347조의2), 공갈(제350조), 특수공갈(제350조의2), 사기·컴퓨터등 사용사기·공갈·특수공갈의 상습범(제351조), 횡령·배임(제355조)와 업무상 횡령·배임(제356조)을 의미한다. 각 범죄의 미수범 처벌 규정은 제외되어 있으므로 특정재산범죄가 기수에 이른 때에만 가중처벌의 대상이 된다.

특정재산범죄는 이득액에 따라 형벌이 가중될 뿐 형법상 재산죄로서의 본질은 그대로 유지된다. 따라서 특정경제범죄법에 형법 제354조, 제328조와 같은 별도의 규정이 없더라도 친족상도례의 적용을 배제한다는 명시적인 규정이 없는 한 특정경제범죄법 제3조 제1항이 문제되는 사안에는 형법상 친족상도례는 그대로 적용된다(대법원 2010.2.11. 선고 2009도12627 판결).

Ⅱ. 구성요건으로서의 이득액

1. 의의

'이득액'이란 특정재산범죄로 인하여 취득하거나 제3자로 하여금 취득하게 한 불법영득의 대상이 된 재물이나 재산상 이익의 가액 합계이다(대법원 2000.2.25. 선고 99도4305 판결). 일반적으로 재산범죄에서 이득액은 범죄의 성립에 영향을 미치는 요건이 아니라 범행의 결과에 해당하는 양형참작사유라 할 수 있다. 그러나 특정경제범죄법 제3조 위반죄에서 이득액이 5억 원 이상 또는 50억 원 이상이라는 점은 법정형을 결정하는 구성요건이다(대법원 2007.4.19. 선고 2005도7288 전원합의체 판결). 이득액이 구성요건요소이므로 이득액은 특정되어야 하며 엄격한 증명에 의하여 증명되어야 한다. 따라서 특정재산범죄로 취득한 재산상 이익이 있더라도 이득액을 구체적으로 산정할 수 없는 경우에는 구성요건의 충족 여부를 확인할 수 없어 특정경제범죄법 제3조를 적용할 수 없다(대법원 2015.9.10. 선고 2014도12619 판결).

2. 이득액 산정

[1] 이득액 산정의 기본 내용

이득액은 구성요건의 일부이고 그 가액에 따라 형벌도 가중되어 있으므로 이를 산정할 때는 범죄와 형벌 사이에 적정한 균형이 이루어져야 한다는 죄형균형원칙과 형벌은 책임에 기초하고 그 책임에 비례하여야 한다는 책임주의 원칙이 훼손되지 않도록 유의하여야 한다(대법원 2007.4.19. 선고 2005도7288 전원합의체 판결).

이득액의 산정은 특정재산범죄의 기수 시기를 기준으로 하며 궁극적으로 그이득이 실현될 것인지, 거기에 어떠한 조건이나 부담이 붙어 있는지는 영향을 미치지 않는다(대법원 2000.2.25. 선고 99도4305 판결).

또한 이득액은 단순일죄와 포괄일죄의 경우 범죄로 인하여 취득하거나 제3자로 하여금 취득하게 한 이득액의 합산을 의미하지만, 경합범의 경우는 수죄의 이득액을 합한 금액을 의미하지 않는다(대법원 2011.7.28. 선고 2009도8265 판결). 일반적으로 다수의 행위를 포괄하여 하나의 죄로 보는 포괄일죄는 경합범과 비교할 때 형량이나 기판력의 측면에서 유리하지만, 이득액 산정의 방식으로 인해 특정경제범죄법에 의한 가중의 측면에서는 오히려 불리해지는 결과가 발생한다.[2] 또한 이러한 이득액 산정의 방식으로 인해 일련의 범죄계획 아래 집단적 피해자를 발생시킨 대형 사기범은 전체 피해액이 아무리 크더라도 피해자별로 단순사기죄로 처벌되어 특정경제사범을 엄벌하고자 하는 입법취지에 반하는 결과가 발생한다.[3]

한편 공범이 있는 경우, 공범자는 자기가 받은 이득액뿐만 아니라 다른 공범자가 받은 이득액에 대하여도 그 죄책을 면할 수 없는 것이므로 이득액 역시 해당 범행의 모든 공범자가 받은 이득액을 합산하여 산정하여야 한다(대법원 1991.10.8. 선고 91도1911 판결).

[2] 이득액 산정에 관한 기본적 입장

살펴본 바와 같이 특정재산범죄에서 구체적인 이득액은 단순한 양형요소로서만이 아니라 적용 법률과 그에 따른 법정형을 결정하는 요소로서 역할을 하는 만큼 구체적 가액 산정에 있어서 다양한 고려가 필요하다. 그런데 이득액의 시장가치를 평가하는 데는 기본적으로 다음과 같은 두 가지의 접근 방식이 있다.[4]

하나는 '전체가치설'이라 불리는 입장으로 전체적인 관점에서 취득한 재물 또는 재산상 이익 전체를 하나로 인식하여 그 가액을 이득액으로 평가하는 방법이다. 그리고 다른 하나는 '실질가치설'이라 불리는 입장으로 실질적인 관점에서 접근할 때 취득한 것이 재물 전제가 아닌 일부 가치인 경우, 그 실질적인 가치를 이득액으로 파악하여야 한다는 입장이다.

그리고 판례가 어떤 입장에 서느냐에 따라 구체적 사안에서의 이득액 산정이 달라지는데 그동안 판례가 특정재산범죄 전체를 관통하는 일관된 입장을 취하지 않았다. 학계 역시 이득액 산정이 갖는 실무상의 중요성에도 불구하고 관련 판례에 관한 체계적 분석이나 검토가 미흡하다는 비판[5]을 받아 온 만큼 합리적 이득액 산정에 관한 학계와 실무계 모두의 노력이 계속되어야 할 것이다.

---

2 이주원, 375면.

3 박상기·신동운·손동권·신양균·오영근·전지연 457면.

4 이상원, 횡령죄의 이득액과 가별적 후행행위, 저스티스 제131호, 한국법학원, 2012, 176면.

5 안경옥, "특경법 제3조 제1항의 '이득액' 평가에 대한 검토", 경희법학 제45권 제4호, 경희대학교 법학연구소, 2010, 267면.

Ⅲ. 개별 재산범죄에서의 구체적 이득액

1. 사기죄

〔1〕 논의의 전제

일반적으로 사기죄의 이득액은 기망을 통하여 편취한 재물 또는 재산상 이익의 합계이다. 그런데 범행 과정에서 대가가 일부 지급되었거나 실질적인 재산상 손해가 발생하지 않은 경우, 이득액 산정과 관련한 문제가 제기된다. 이 경우 사기죄의 성립 요건으로 '재산상 손해의 발생'을 요구하는지에 대한 입장에 따라 구체적 산정 방식이 달라질 수 있다.

재산상 손해발생에 관하여 필요설[6]은 재산상 손해를 요구하지 않을 경우 사기죄는 재산권이 아닌 처분의 자유를 보호하는 범죄가 되며 재산상의 이익은 재산상 손해와 상관관계에 있어야 한다는 점에서 손해발생이 필요하다는 입장이다. 반면 불요설[7]은 우리 형법 제347조는 재산상 손해발생을 규정하고 있지 않으며 사기죄의 본질은 기망에 의한 재물이나 재산상 이익의 취득에 중점이 있다는 점을 들어 손해발생은 필요하지 않다는 견해다. 판례는 일관되게 재물편취를 내용으로 하는 사기죄에서는 기망으로 인한 재물교부가 있으면 그 자체로써 피해자의 재산침해가 되어 곧 사기죄가 성립하는 것이고 상당한 대가가 지급되었다거나 피해자의 전체 재산상에 손해가 없다 하여도 사기죄의 성립에 영향이 없다는 불요설의 입장에 있다(대법원 2017.12.22. 선고 2017도12649 판결 등).

따라서 판례에 따르면 재물을 편취하면서 선이자나 수수료 등의 명목으로 그 대가가 일부 지급된 경우에도 그 편취액은 피해자로부터 교부받은 재물의 가치에서 그 대가를 공제한 차액이 아니라 교부받은 재물 전부가 된다(대법원 2017.10.26. 선고 2017도10601 판결). 이러한 입장은 금원편취의 경우에도 마찬가지이므로 금원편취 과정에서 일부 담보의 제공이 이루어졌다 하더라도 사기죄 이득액 산정에 영향을 미치지 않는다(대법원 2017.12.22. 선고 2017도12649 판결).

생각건대 사기죄 불법의 핵심은 기망으로 타인에게 재산상 손해를 입힘으로써 행위자가 재산상 이득을 취득하였다는 점이다. 따라서 재산상의 손해가 발생

---

6 박상기·전지연, 648면, 이재상·장영민·강동범, 328면.
7 오영근, 306면.

하지 않는 행위까지도 사기죄로 처벌하는 것은 결과불법이라는 측면에서 형법의
보충성에 반할 우려가 있다. 또한 불요설에 따르면 사기죄를 위험범의 형태로 인
정하는 결과가 되는데 이 역시 처벌의 범위를 지나치게 확장시키는 결과라 생각
된다. 이하에서는 손해불요설의 입장인 판례의 태도를 중심으로 구체적인 사안을
살펴보도록 한다.

[2] 부동산 관련 사기

1) 물적 부담 있는 부동산 편취

부동산을 편취한 경우 그 이득액은 그 부동산의 시가 상당액이 된다. 그런데
부동산에 근저당권이 설정되어 있거나 압류, 가압류 등이 이루어진 때 이득액을
어떻게 산정할 것인지에 대해서는 앞에서 살펴본 바와 같이 기본적인 입장에 따
라 그 결과가 달라진다.

기존의 사기죄에 관한 판례는 형식가치설의 입장이 주류를 이루었으나 2007
년 전원합의체 판결을 기점으로 실질가치설의 입장으로 돌아섰다고 할 수 있다.
이에 따르면 부동산에 근저당권설정등기가 경료되어 있거나 압류 또는 가압류 등
이 있는 때 그 부동산의 가액은 특별한 사정이 없는 한 '아무런 부담이 없는 상태
에서의 부동산 시가 상당액'에서 '근저당권의 채권최고액 범위 내에서의 피담보채
권액, 압류에 걸린 집행채권액, 가압류에 걸린 청구금액 범위 내에서의 피보전채
권액 등'을 뺀 실제의 교환가치이다(대법원 2007.4.19. 선고 2005도7288 전원합의체
판결).

[물적 담보 있는 부동산 편취의 이득액(=실제 부동산의 교환가치)]

- 피담보채권액 < 채권한도액인 경우
  : 부동산 시가 − 피담보최고액 − 압류채권액 − 가압류채권액(청구금액 한도)
- 피담보채권액 > 채권한도액인 경우
  : 부동산 시가 − 채권최고액 − 압류채권액 − 가압류채권액(청구금액 한도)

생각건대 이득액의 산정은 형식가치가 아닌 실질가치에 근거하는 것이 책임
주의에 부합하는 입장이라 할 수 있다. 더구나 특경경제범죄법의 이득액이 갖는
중요성을 고려하면 객관적인 재물 또는 재산상 이득액은 시장가치 또는 교환가치

를 전제로 실질적인 관점에서 판단함이 타당하다 할 것이다. 이러한 맥락에서 2007년 전원합의체 판결이 물적 부담 있는 부동산 편취의 이득액을 실제 부동산의 교환가치로 산정하여 실질가치설의 입장으로 변경한 것은 바람직하다.

2) 근저당권의 편취

기망을 통하여 타인의 부동산에 근저당권을 설정하게 한 경우 이로 인하여 취득하는 재산상 이익은 이 부동산을 담보로 이용할 수 있는 이익이라 할 수 있다. 따라서 이득액은 원칙적으로 그 부동산의 시가 범위 내의 채권최고액 상당이 된다.

그런데 근저당권을 설정한 부동산에 이미 다른 근저당권이 설정된 경우, 후순위 근저당권을 취득하는 자는 선순위 근저당권의 채권최고액만큼의 담보가치가 이미 선순위 근저당권자에 의하여 파악되고 있다는 전제하에 거래하는 것이 보통이다. 따라서 원칙적으로 이득액은 '그 부동산의 시가'에서 '선순위 근저당권의 채권최고액'을 공제한 잔액 상당액이 될 것이다. 다만, 그 부동산에 이미 다른 근저당권이 설정되어 있는 경우라도 후순위 근저당권을 취득하는 입장에서 선순위 근저당권의 담보가치가 실제 피담보채권액만큼만 파악되고 있는 것으로 인정하였다고 볼 특별한 사정이 있다면 이득액은 '근저당권 설정 당시의 그 부동산의 시가'에서 '그 선순위 근저당권의 실제 피담보채권액'을 공제한 잔액 상당액이 될 것이다(대법원 2010.12.9. 선고 2010도12928 판결).

[기망으로 근저당권을 설정 받은 경우 이득액(=실제 부동산의 담보가치)]

- 선순위 근저당권이 없는 경우
  = 취득하는 근저당권의 채권최고액(≤ 부동산 시가)
- 선순위 근저당권이 있는 경우의 원칙
  = 취득하는 근저당권의 채권최고액과 잔존 담보가치(시가 − <u>선순위 근저당 채권최고액</u>) 중 적은 액수
- 선순위 근저당권가 있는 경우의 예외(선순위 근저당권의 담보가치가 실제 피담보채권 액만큼만 파악되고 있는 것으로 인정하였다고 볼 특별한 사정)
  = 취득하는 근저당권의 채권최고액과 잔존 담보가치(시가 − <u>피담보채권액</u>) 중 적은 액수

[3] 대출 사기

1) 일부 금액에 대출 권한이 있는 경우

일정 금액을 수수할 권한 있는 자가 기망에 의하여 그 권한을 초과하는 금액을 대출받은 경우에도 이득액은 편취한 금액 전액이 된다. 예를 들어 자금중개업자인 피고인이 대출의뢰인으로부터 5억 원을 대출해 달라는 부탁과 함께 금액란이 공란으로 되어 있는 백지어음을 교부 받았음에도, 개인적인 채무를 변제하기 위하여 사채업자에게 위임 범위를 초과한 10억 원의 대출의뢰를 받은 것처럼 거짓말을 하여 선이자를 공제한 8억 8,000만 원을 교부받았고, 그 과정에서 권한 없이 대출의뢰인 명의의 영수증 금액란에 10억 원이라고 기재하여 이를 위조하기까지 하였다면, 이득액은 피고인이 위임받은 범위를 초과하는 금액이 아니라 피고인이 '피해자로부터 교부받은 돈 전액'이 된다(대법원 2012.4.13. 선고 2012도216 판결).

이러한 법리는 소위 부동산 업(up) 계약서를 작성하여 대출 금액을 상향시킨 경우에도 적용된다. 예를 들어 피고인이 토지를 대금 16억 5,000만 원에 매수하기로 하면서 금융기관에는 매수 대금을 26억 5천만 원으로 작성하여 제출하였는데 이후 토지의 감정평가액이 22억 3천만 원으로 산정되자 감정평가액과 계약금액 중 더 적은 액수를 기준으로 대출액을 산정하는 금융기관이 감정평가액을 기준으로 15억 9,000만 원의 대출을 실행한 사안에서 대법원은 대출금액 전액에서 담보물의 실제 가액으로도 받을 수 있었던 대출가능금액을 공제하지 않고 '대출금액 전액'(=15억 9,000만 원)이 이득액이 된다고 판단하였다(대법원 2019.4.3. 선고 2018도19772 판결). 이에 대해 실제 대출금에서 담보가치를 부풀리지 않았을 경우 받을 수 있었던 대출금을 공제한 금액을 이득액으로 보는 것이 실질가치설에 충실한 것이라는 반대견해도 제기된다.[8]

2) 용도를 속인 대출

국민주택기금은 사용용도가 관련 법령에 의하여 엄격하게 제한되어 있는데 국민주택건설자금을 융자받고자 하는 민간사업자가 사실은 국민주택건설자금으로 사용할 의사가 없으면서도 국민주택건설자금으로 사용할 것처럼 용도를 속여 국민주택건설자금을 대출받은 경우, 대출받으면서 자금의 일부를 지급받는 대신 은행에 대한 기존채무의 변제에 갈음하기로 하였다 하더라도 '대출금 전액'에 대하

---

8 김슬기, 부동산 관련 「특정경제범죄가중처벌 등에 관한 법률」 위반 사기죄에서 이득액 산정의 문제, 일감부동산법학 제19호, 2019, 24면.

여 사기죄가 성립한다. 또한 대출받은 자금 중 일부를 나중에 실제 국민주택건설
자금으로 사용하였다 하더라도 이득액 산정에는 영향이 없다는 것이 판례의 태도
이다(대법원 2002.7.26. 선고 2002도2620 판결).

[4] 재투자 사기

피고인이 원금 및 수익금을 제대로 지불하여 줄 의사나 능력 없이 피해자들
로부터 투자금을 교부받고 이 투자금을 피해자들에게 반환하였다가 다시 그 돈을
재투자받는 방식으로 계속적으로 투자금을 수수한 경우, 그 투자금을 교부받을
때마다 사기죄가 성립하는 것이므로 이득액은 '각 편취범행으로 교부받은 투자금
의 합계액이 되며 반환한 원금 및 수익금을 공제하여 이득액을 산정해야 하는 것
은 아니다(대법원 2006.5.26. 선고 2006도1614 판결).

이와 구별해야 할 사안은 피해자들을 기망하여 차입금을 유치한 다음 다시 기
망하여 원리금을 상환하는 대신 동액 상당을 다시 차입하는 것으로 정리하기로 하
면서 그 차입금증서를 새로이 발행한 경우이다. 이 경우 당초 피해자들을 기망하
여 차입금을 유치하여 교부받은 즉시 사기죄가 성립된다. 그러나 이후 현실적인
자금의 수수 없이 이루어진 차입은 형식적으로는 별도의 차입처럼 보이나 실질적
으로는 기존 차입금에 대한 사기 범행을 은폐하거나 편취금 반환을 회피하는 방편
에 불과하여 별도의 사기죄를 구성하지는 않는다. 따라서 이득액 산정에서도 '실
질적 이득액이 아닌 차용금증서의 액면금액은 제외'되어야 한다(대법원 2000.11.10.
선고 2000도3483 판결).

[5] 보증사기

건설업자가 건설산업기본법에 의한 건설공제조합을 기망하여 선급금보증계약
을 체결하고 선급금보증서를 발급받아 건설공사 발주자에게 제출한 경우, 건설업자
가 취득하는 재산상 이익은 건설공제조합이 부담한 선급금 반환 보증채무를 자신의
건설공사 계약을 위한 담보로 이용할 수 있는 이익이고 그 이득액은 원칙적으로
'선급금 반환채무 보증한도액 상당'이다(대법원 2006.11.24. 선고 2005도5567 판결).

다음으로 주식회사가 금융기관을 기망하여 회사채 등에 대한 지급보증을 받
은 경우, 그로 인하여 회사가 취득하는 재산상 이익은 금융기관이 지급보증으로
부담한 회사채 등에 대한 보증채무를 자신의 회사채 발행을 위한 담보로 이용할
수 있는 이익이고 그 이득액은 원칙적으로 '지급보증의 대상이 된 회사채 등의 원

리금 상당액'이다(대법원 2007.6.1. 선고 2006도1813 판결).

또한 회사 임원들이 신용장 개설은행들을 기망하여 수회에 걸쳐 신용장을 개설한 경우, 회사가 각 신용장 대금 상당액의 지급보증을 받음으로써 재산상 이익을 취득하였다고 볼 수 있고 이때 그 편취범행으로 취득한 이득액은 '신용장 대금의 합계액'이 된다. 회사가 이후 신용장 대금을 결제하였다고 하여 그 결제한 대금을 공제하여 이득액을 산정해야 하는 것은 아니다(대법원 2010.5.27. 선고 2007도10056 판결).

[6] 어음사기

기망으로 어음·수표의 할인을 받았는데 피고인이 피해자로부터 수령한 현금액이 피고인이 피해자에게 교부한 어음·수표의 액면금보다 적은 경우, (당사자가 선이자와 비용을 공제한 현금액만을 실제로 수수하면서도 선이자와 비용을 합한 금액을 대여원금으로 하기로 하여 대여이율을 정하는 등의 소비대차특약을 한 경우는 논외로 하고) 이득액은 어음·수표의 액면금이 아니라 피고인이 '수령한 현금액'이다(대법원 1998.12.9. 선고 98도3282 판결).

한편 다른 공범들과 순차 공모하여 상습으로 당좌수표와 어음 등을 유통하고 이를 결제하지 아니하여 재산상 이익을 편취한 경우, 이득액은 공범 중 1인이 실제로 취한 이익만을 합산하여 산정할 것이 아니라 '순차 공모의 최종공범이 피해자로부터 편취한 재물 또는 재산상 이익의 가액을 합산'하여 산정하여야 한다(대법원 1993.7.13. 선고 93도1341 판결).

[7] 기타

기망으로 합자회사의 지분권을 양도받은 경우, 합자회사에서의 지분의 양도는 사원으로서의 지위의 양도를 가리키는 것으로 합자회사의 지분의 양도로 인하여 취득하는 것은 지분권, 즉 사원권이므로 그 이득액은 지분권이 표창하는 객관적인 재산적 가치라고 보아야 한다. 이때 거래약정 당사자 사이에 양도가액이 정해져 있으면 그것이 객관적인 재산적 가치를 평가하였다고 볼 수 없는 특별한 사정이 없는 한 그 '양도가액'이 이득액이 된다(대법원 2000.2.25. 선고 99도4305 판결).

한편 상대방을 기망하여 부당하게 저가로 재물을 매수한 경우, 특별한 사정이 없는 한 이득액은 기망행위의 결과 실제로 지급된 가격이 아니라 '기망행위가 없었더라면 지급하였을 가격 혹은 시가'에 의하여 평가하여야 한다. 예를 들어 항만의 선박에 유류를 공급하는 회사를 운영하는 사람이 외국 국적선에 공급하는 유류의 종류나 양을 허위로 기재한 서류를 작성, 제출하여 정유회사로부터 해상 면세유를 매입해 온 경우, 이득액은 유류를 공급받으면서 실제로 지급한 면세유 가격(일반 시중가격－세금 및 공과금)이 아니라, '세금 및 공과금이 다 포함된 유류의 일반 시중가격'이 된다(대법원 2006.3.10. 선고 2005도9387 판결).

2. 공갈죄

공갈죄에서 이득액 산정은 사기죄와 특별히 다른 점이 없으며 이득액은 공갈 행위로 인하여 취득한 실질적인 이득액을 의미한다. 따라서 갈취한 재산을 확보하기 위한 목적으로 후행 행위가 이루어진 경우, 후행 행위로 취득한 금액은 공갈의 이득액에 중복하여 산입하지 않는다. 예를 들어 피해자가 발행하여 공증을 받은 액면금 6억 원의 약속어음을 갈취한 후, 그 공정증서를 채무명의로 하여 피해자 소유 부동산에 대하여 강제경매신청을 한 뒤 그 강제경매를 취하하는 조건으로 그 부동산에 대하여 채권최고액 3억 원의 근저당권을 설정받았다면 공갈로 인한 실질적 이득액은 6억 원이다. 설정받은 근저당권은 갈취한 기존의 약속어음채권 6억 원을 확보·강화하는 것에 불과하기 때문이다(대법원 1995.6.30. 선고 95도825 판결).

공갈죄에서 역시 이득액은 범죄의 기수시기를 기준으로 산정하며 그 후의 사정변경은 고려하지 않는다. 예를 들어 계약체결 당시 37,000평에 대한 매립면허가 나오는 것을 전제로 하여 공갈에 의한 매립예정지에 대한 약정이 이루어졌는데 그 후 실제 매립면허 시에 그 면적이 줄어들었다고 하여도 이득액 산정에는 영향이 없다. 이러한 사정변경의 가능성을 공갈행위 시에 예견할 수 있었다 하더라도 마찬가지이다(대법원 1990.10.16. 선고 90도1815 판결).

3. 횡령죄

[1] 근저당권의 횡령

횡령죄는 순수한 재물죄이므로 이득액은 횡령한 재물의 가액이 된다. 횡령한 재물이 부동산이라면 부동산의 시가 상당액이 이득액이 되는 것이고 횡령한 부동산에 근저당권이 설정되어 있다면 물적 부담을 제외한 실제 교환가치만큼이 이득액이 될 것이다.

한편 사기죄에서와 마찬가지로 횡령행위로 부동산 그 자체를 취득한 것이 아니라 부동산에 근저당권을 설정한 경우라면 이로 인한 이득액은 취득한 '담보가치 상당액'이 된다. 판례는 피고인이 피해자로부터 명의신탁을 받아 보관 중인 토지 9필지와 건물 1채에 임의로 채권최고액 2억6천6백만 원의 근저당권을 설정하였는데 당시 토지 7필지 시가 합계는 7억2천4백여만 원이고 나머지 토지와 건물의 시가는 미상인 상황으로 각 부동산에 이미 채권최고액 4억3천4백만 원의 근저당권이 설정되어 있고 피해자는 2억2천2백만 원의 피담보채무를 부담하고 있는 사안에서 이득액은 시가 상당액(7억2천4백만 원)에서 이미 범행 전 설정된 피담보채무액(2억2천2백만 원)을 공제한 잔액(5억2백만 원)이 아니라 '각 부동산을 담보로 제공한 피담보채무액 내지 그 채권최고액(2억6천6백만 원)'이라고 보아야 하므로 특정경제범죄법이 적용되지 않는다고 판시하였다(대법원 2013.5.9. 선고 2013도2857 판결).

> ▪ 횡령에 의한 근저당권 설정의 이득액(=부동산의 담보가치)
> = 피담보채무액 내지 채권최고액

[2] 가벌적 후행 횡령행위

동일한 부동산에 대하여 그 가치의 일부를 수 회에 걸쳐 횡령하는 경우, 종래 판례는 후행행위가 불가벌적 사후행위로서 횡령죄가 성립하지 않는다고 판시하였으나 2013년 대법원 전원합의체 판결은 태도를 바꾸어 선행 처분행위로 횡령죄가 기수에 이른 후 이루어진 후행 처분행위가 별도의 횡령죄를 구성한다고 보았다(대법원 2013.2.21. 선고 2010도10500 전원합의체 판결). 즉, 종중으로부터 토지를 명의신탁받아 보관 중이던 자가 개인 채무 변제에 사용할 돈을 차용하기 위해 위 토지에 근저당권을 설정하였는데, 그 후 다른 공범들과 공모하여 이 토지를 타인에게 매도한 사안에서 이러한 토지 매도행위는 별도의 횡령죄를 구성한다고 판시하였다. 이때 재물의 일부가치만을 횡령하는 경우 그 부분에 한하여 횡령죄가 성립하고 잔존부분은 다시 횡령할 수 있다는 결론은 이득액 산정에 관한 실질가치설의 입장에서 이해될 수 있다.[9] 이때 가벌적 후행행위는 선행 횡령행위와 실체

---

9 이상원, 횡령죄의 이득액과 가벌적 후행행위(하), 저스티스 통권 제132호, 2012, 251면.

적 경합관계에 있으므로 근저당의 횡령행위와 횡령에 의한 물적 담보 있는 부동산의 매도행위의 이득액은 각각 산정되어야 한다.

4. 배임죄

[1] 논의의 전제

형법 제355조 제2항에서 배임죄는 사기죄와 달리 법문에 명문으로 '본인에게 손해를 가한 때'라고 규정되어 있어 재산상 손해가 구성요건이 된다. 이에 따라 배임죄의 법적 성격은 침해범이라 할 수 있다.

다만 판례는 현실적으로 재산상의 손해액이 확정될 수 있음을 필요로 하지 아니하고 재산상 권리의 실행을 불가능케 할 염려 있는 상태 또는 손해발생의 위험을 발생하게 하는 경우도 배임죄가 성립된다고 한다(대법원 1975.12.23. 선고 74도2215 판결).[10] 이에 의하면 현실적인 손해뿐 아니라 손해의 실질적 위험이 있는 경우 그 손해의 위험액까지도 이득액에 포함된다. 판례의 입장에 대하여 현실적으로 손해가 발생한 경우뿐만 아니라 손해가 발생할 위험이나 가능성만으로 배임죄를 인정하는 것은 배임죄의 처벌 범위를 지나치게 확대한다는 비판이 제기된다. 이러한 비판은 실 손해액이 아니라 손해 위험액에 의하여 형을 가중시키는 특정경제범죄법 제3조 적용에 관하여 더욱 설득력을 갖게 된다.

이하에서는 판례를 중심으로 구체적인 사안을 살펴보도록 한다.

[2] 부동산 관련 배임

1) 이중매매

부동산 이중매매에 대하여 배임죄의 성립을 인정할 것인지에 관한 논란이 계속되는 가운데 대법원은 다시 한번 배임죄 성립을 인정하는 기존의 태도를 유지하였다(대법원 2018.5.17. 선고 2017도4027 전원합의체 판결). 그리고 매도인이 매수인에게 순위보전의 효력이 있는 가등기를 마쳐 주었더라도 이는 향후 매수인에게 손해를 회복할 수 있는 방안을 마련하여 준 것일 뿐 그 자체로 물권변동의 효력이 있는 것은 아니어서 이로 인해 매수인의 재산보전에 협력하여 재산적 이익을

---

10 다만 부동산 이중매매에 있어서 판례는 2차 매수인 앞으로 소유권이전등기를 마친 때 배임죄의 기수가 된다고 본다(대법원 1984.11.27. 선고 83도1946 판결).

보호·관리할 신임관계의 전형적·본질적 내용이 변경된다고 할 수 없다고 보아 여전히 배임죄가 성립한다고 판시하였다(대법원 2020.5.14. 선고 2019도16228 판결).

이 경우, 이득액은 사기죄와 동일하게 실질가치설의 입장에서 산정된다. 따라서 이중매매 대상이 된 부동산 가액을 산정하는 경우에도 부동산에 아무런 부담이 없는 때에는 부동산 시가 상당액이 곧 가액이라고 볼 것이지만, 부동산에 근저당권설정등기가 경료되어 있거나 압류 또는 가압류 등이 이루어진 때에는 특별한 사정이 없는 한 아무런 부담이 없는 상태의 부동산 시가 상당액에서 근저당권의 채권최고액 범위 내에서 피담보채권액, 압류에 걸린 집행채권액, 가압류에 걸린 청구금액 범위 내에서 피보전채권액 등을 뺀 실제 교환가치를 부동산 가액으로 산정한다(대법원 2011.6.30. 선고 2011도1651 판결).

2) 배임에 의한 근저당 설정

신축 중에 있던 건물을 분양한 후 피해자들로부터 계약금과 중도금을 받아서 건물완공후 그 건물과 대지에 관하여 피해자들에게 소유권이전등기를 경료해 줄 업무상의 임무가 있음에도 이에 위배하여 근저당권을 설정하고 대출을 받은 경우, 공사완성후 근저당권설정등기를 말소하여 피해자들에게 소유권이전등기를 해 주려는 내심의 의사가 있었다거나 분양한 건물의 공사진행기간 동안 건물부지를 담보하여 융자를 받는 것이 설사 건설업계의 관례라는 사정이 있었다 하더라도 배임죄가 성립하는 데에는 영향이 없다. 이 경우 그 이득액은 근저당권에 의하여 담보되는 '피담보채무 상당액'이다(대법원 1989.10.24. 선고 89도641 판결).

한편 1인 회사의 주주라 하더라도 자신의 개인채무를 담보하기 위하여 회사 소유의 부동산에 대하여 근저당권설정등기를 설정하면 배임죄가 성립한다. 이후 다시 새로운 담보권을 설정해 준다면 이는 별도의 배임죄를 구성하는 것으로 보아야 하며 두 번째 배임행위의 이득액은 '선순위 근저당권의 담보가치를 공제한 나머지 담보가치 상당액'으로 보아야 할 것이다(대법원 2005.10.28. 선고 2005도4915 판결). 구체적인 산정 내용은 사기죄의 경우와 같다.

부동산 이중근저당설정과 배임죄

중도금을 수령한 매도인에게 '타인의 사무를 처리하는 자'의 지위를 인정하여 부동산 이중매매에 대하여 배임죄의 성립을 인정한 것과 달리 최근 대법원은 부동산 이중저당에 대해서 배임죄 성립을 부정하였다.

채무자가 금전채무를 담보하기 위한 저당권설정계약에 따라 채권자에게 그 소유의 부동산에 관하여 저당권을 설정할 의무를 부담하게 되었다고 하더라도 이를 들어 채무자가 통상의 계약에서 이루어지는 이익대립관계를 넘어서 채권자와의 신임관계에 기초하여 채권자의 사무를 맡아 처리하는 것으로 볼 수 없다는 이유이다. 그러므로 채무자가 저당권설정계약에 따라 채권자에 대하여 부담하는 저당권을 설정할 의무는 계약에 따라 부담하게 된 채무자 자신의 의무일 뿐이므로, 채무자를 채권자에 대한 관계에서 '타인의 사무를 처리하는 자'라고 할 수 없게 된다. 따라서 채무자가 제3자에게 먼저 담보물에 관한 저당권을 설정하거나 담보물을 양도하는 등으로 담보가치를 감소 또는 상실시켜 채권자의 채권실현에 위험을 초래하더라도 배임죄는 성립하지 않는다.

또한 이와 같은 법리는 채무자가 금전채무에 대한 담보로 부동산에 관하여 양도담보설정계약을 체결하고 이에 따라 채권자에게 소유권이전등기를 해 줄 의무가 있음에도 제3자에게 그 부동산을 처분한 경우도 그대로 적용된다(대법원 2020.6.18. 선고 2019도14340 전원합의체 판결).

3) 등기 지연접수

금융기관등의 대출담당 직원이 아파트를 담보로 대출을 해준 후 임차인이 전입신고를 하여 대항력을 갖추고 나서야 아파트에 대한 근저당권설정등기를 경료한 경우, 금융기관이 입은 손해는 아파트에 대한 대출액수와 대출 당시 부동산가액에서 대항력이 발생한 임대차보증금의 액수를 공제한 나머지 금액을 비교하여, 부동산 가액에서 위 임대차보증금 액수를 공제한 잔액 즉 '잔존 담보가치가 대출액수에 미달하는 때에 그 부족분'에 해당하는 금액이라고 보는 것이 타당하다(대법원 2009.7.23. 선고 2009도3712 판결).

[3] 부실대출

부실대출은 은행의 지점장 등 대출업무를 담당하는 자가 대출 관련 규정을 위반하여 부실한 대출을 실행한 경우를 말하며 여신심사의 부실과 대금회수조치의 흠결을 그 개념 요소로 한다. 이 경우 특히, 대출금의 일부 회수가 가능한 신용대출이나 대출금 일부에 대한 물적 담보가 제공된 담보대출의 경우, 이득액 산정이 문제된다.

이에 대하여 대법원은 부실대출에 의한 업무상 배임죄가 성립하는 경우, 담보물의 가치를 초과하여 대출한 금액이나 실제로 회수가 불가능하게 된 금액만을 손해액으로 볼 것은 아니고, 재산상 권리의 실행이 불가능하게 될 염려가 있거나 손해발생의 위험이 있는 '대출금 전액'을 손해액으로 본다(대법원 2000.3.24. 선고 2000도28 판결). 이에 대하여 실질가치설의 입장을 일관하기 위해서는 물적 담보가 제공되었으나 대출액이 그 담보물의 가치를 초과한 경우는 대출금액과 제공한 담보가치의 차액으로 이득액을 산정해야 한다는 반대 견해가 제기된다.[11]

[4] 부당한 어음행위

1) 대표권 남용에 의한 약속어음 발행(배임죄 기·미수 판단)

특정경제범죄법 제3조에 의한 가중처벌을 위해서는 배임죄가 미수에 그쳐서는 안 되며 기수에 이르러야 한다. 이와 관련하여 대법원은 대표권을 남용하여 회사 명의로 의무를 부담하는 행위를 하더라도 일단 회사의 행위로서 유효하므로 배임죄는 기수가 된다고 본다. 그러나 대표권 남용행위의 상대방이 대표이사의 진의를 알았거나 알 수 있었을 때에는 회사에 대하여 무효가 되어 경제적 관점에서 이러한 사실만으로는 회사에 현실적인 손해가 발생하였다거나 실해 발생의 위험이 초래되었다고 평가하기 어려우므로 배임죄의 미수가 된다고 본다. 다만, 대표권 남용행위가 무효라 하더라도 그 의무부담행위로 인하여 실제로 채무의 이행이 이루어졌다거나 회사가 민법상 불법행위책임을 부담하게 되었다는 등의 특별한 사정이 있다면 배임죄는 기수가 될 것이다.

이러한 대법원의 논리는 대표권 남용에 의하여 대표이사가 약속어음을 발행한 경우도 동일하게 적용되지만 약속어음 발행의 경우 어음법상 발행인은 종전의 소지인에 대한 인적 관계로 인한 항변으로써 소지인에게 대항하지 못하므로(어음법 제17조, 제77조), 어음발행이 무효라 하더라도 그 어음이 실제로 제3자에게 유통되었다면 회사로서는 어음채무를 부담할 위험이 구체적·현실적으로 발생하였다고 보아야 한다. 따라서 그 어음채무가 실제로 이행되기 전이라도 배임죄는 기수범이 된다. 그러나 약속어음 발행이 무효일 뿐만 아니라 그 어음이 유통되지도 않았다면 회사는 어음발행의 상대방에게 어음채무를 부담하지 않기 때문에 특별한 사정이 없는 한 회사에 현실적으로 손해가 발생하였다거나 실해 발생의 위험이 발생하였다고도 볼 수 없어 배임죄의 미수범이 성립한다고 본다(대법원 2017.7.20.

----

11   최준혁, 부실대출에 의한 배임죄에서의 손해와 이득액 계산, 비교형사법연구 제22권 제3호, 한국
     비교형사법학회, 2020, 161면.

선고 2014도1104 전원합의체 판결).

2) 배임행위에 의한 약속어음 할인

업무상 배임죄에 있어서 본인에게 손해를 가한다는 것은 총체적으로 보아 본인의 재산상태에 손해를 가하는 경우를 말하고, 위와 같은 손해에는 장차 취득할 것이 기대되는 이익을 얻지 못하는 경우도 포함된다. 따라서 금융기관이 약속어음을 할인하면서 만기까지의 선이자를 공제한 경우 금융기관으로서는 약속어음의 만기에 선이자로 공제한 금원을 포함한 약속어음 액면금 상당액을 취득할 것이 기대된다 할 것이므로 배임행위로 인하여 금융기관이 입는 손해는 '선이자를 공제한 금액이 아니라 약속어음 액면금 상당액'으로 보아야 한다. 이러한 법리는 투신사가 회사채 등을 할인하여 매입하는 경우에도 동일하다(대법원 2004.7.9. 선고 2004도810 판결).

[5] 부당한 주식 매수

1) 실질가치 0인 신주 인수

주식의 실질가치가 0인 회사가 발행하는 신주를 배임행위를 통하여 액면가격으로 인수하는 경우, 그로 인한 손해액과 이득액은 그 '신주 인수대금 전액 상당'으로 보아야 할 것이다(대법원 2012.6.28. 선고 2012도2623 판결).

2) 주식의 고가 매수

회사의 대표이사 등이 그 임무를 위배하여 회사가 다른 회사의 주식을 고가로 매수하게 한 경우, 이득액은 통상 그 '주식의 매매대금과 적정가액으로서의 시가 사이의 차액 상당'이라고 보아야 한다. 증권거래소에 상장되지 않거나 증권업협회에 등록되지 않은 법인이 발행한 비상장주식의 경우도 그에 관한 객관적 교환가치가 적정하게 반영된 정상적인 거래의 실례가 있다면 그 거래가격을 시가로 보아 주식의 가액을 평가하여야 한다(대법원 2007.3.15. 선고 2004도5742 판결).

[6] 이득액 산정 곤란

앞서 살펴본 것처럼 특정경제범죄법에서 이득액은 구성요건요소이므로 이득액이 구체적으로 산정하기 곤란하면 특정경제범죄법 제3조에 의한 가중처벌은 불가능하다. 예를 들어 피고인이 실질적으로 소유·지배하는 甲 주식회사 명의로 빌

딩을 매입하면서 은행에서의 매입자금 대출을 위하여 乙 주식회사로 하여금 대출금채무에 연대보증하게 한 사안에서, 문제된 빌딩이 일본 동경 중심가의 상업적 요지에 있는 건물로 대출 당시 부동산 가격과 임대료의 상승이 예측되고 있었고 연대보증 당시 주채무자인 甲 회사가 채무변제능력을 상실한 상태 또는 사실상 변제능력을 상실한 것과 같다고 평가될 정도의 상태에 있었다고 단정하기 어려우며, 오히려 甲 회사가 상당한 정도의 대출금채무를 자력으로 임의 변제할 능력을 갖추고 있었던 것으로 볼 수 있는 상황이라면 배임행위로 취득한 이득액을 산정할 수 없어 특정경제범죄법 제3조를 적용할 수 없다(대법원 2015.9.10. 선고 2014도 12619 판결).

[7] 기타

1) 외상거래

판례는 업무상 배임죄를 위험범으로 보기 때문에 피고인이 그 업무상 임무에 위배하여 부당한 외상 거래행위를 함으로써 업무상 배임죄가 성립하는 경우, 담보물의 가치를 초과하여 외상 거래한 금액이나 실제로 회수가 불가능하게 된 외상거래 금액만이 아니라 재산상 '권리의 실행이 불가능하게 될 염려가 있거나 손해 발생의 위험이 있는 외상 거래대금 전액'을 그 손해액으로 본다(대법원 2000.4.11. 선고 99도334 판결).

2) 부당한 가격의 도급계약체결

판례는 아파트 주민들을 위하여 적정한 가격으로 하자보수공사 도급계약을 체결할 임무가 있는 자가 부당하게 높은 가격으로 공사도급계약을 체결하여 공사대금채무를 부담하게 사안에서 배임액은 '도급계약서상의 도급금액 전액에서 정당한 도급금액을 공제한 금액'이지 실제로 주민 대표회의가 도급계약의 이행으로 지출한 금액에서 정당한 도급금액을 공제한 금액으로 볼 것은 아니라고 보았다. 역시 업무상 배임죄의 법적 성격을 위험범으로 본 결과이다(대법원 1999.4.27. 선고 99도883 판결).

3) 영업비밀의 유출

배임죄에서 임무에 위배하는 행위라 함은 사무의 내용, 성질 등 구체적 상황에 비추어 법률의 규정, 계약의 내용 혹은 신의칙상 당연히 할 것으로 기대되는 행위를 하지 않거나 당연히 하지 않아야 할 것으로 기대되는 행위를 함으로써 본인과 사이의 신임관계를 저버리는 모든 행위를 포함하는 것이다. 따라서 기업의 영업비밀을 사외로 유출하지 않을 것을 서약한 회사의 직원이 경제적인 대가를 얻기 위하여 경쟁업체에 영업비밀을 유출하는 행위는 회사와의 신임관계를 저버리는 행위로서 업무상 배임죄를 구성한다. 이때 이득액은 그 영업비밀이 가지는 재산가치 상당액이다. 그 재산가치는 그 영업비밀을 가지고 경쟁사 등 다른 업체에서 제품을 만들 경우, 그 영업비밀로 인하여 기술개발에 소요되는 비용이 감소되는 경우의 그 감소분 상당과 나아가 그 영업비밀을 이용하여 제품생산에까지 발전시킬 경우 제품판매이익 중 그 영업비밀이 제공되지 않았을 경우의 차액 상당으로서 그러한 가치를 감안하여 '시장경제원리에 의하여 형성될 시장교환가격'이다(대법원 1999.3.12. 선고 98도4704 판결).

4) 저가의 전환사채 발행 후 인수

회사의 대표이사가 회사에 긴급한 자금조달의 필요성이 없음에도 불구하고 주식전환으로 인한 시세차익을 얻을 의도로 상법상의 관련 규정에 따른 이사회의 결의와 주주총회의 특별결의도 거치지 아니한 채 사채의 표면이율은 0%, 전환비율은 100%, 전환기간은 사채발행일로부터 1년, 전환가격은 3,000원(이 회사 주식의 적정시가는 1주당 10,000원임)으로 하여 전환사채를 발행한 후 타인의 이름을 빌어 이를 인수한 사안에서, 이득액은 '1주당 적정시가와 전환가격의 차액인 7,000원씩에 전환주식수 200,000주를 곱한' 1,400,000,000원으로 산정된다(대법원 2001.9.28. 선고 2001도3191 판결).

Ⅳ. 처벌

이득액이 5억 원 이상 50억 원 미만이면 3년 이상의 유기징역을, 50억 원 이상이면 무기 또는 5년 이상의 징역을 부과한다(제3조 제1항). 이에 대하여 이득액에 따른 법정형 가중의 정도가 지나쳐서 책임과 형벌 간의 비례원칙을 위반한다는 비판이 계속 제기되었다.[12] 그러나 헌법재판소는 특정경제범죄법 제3조 제1항

---

12 박상기·신동운·손동권·신양균·오영근·전지연, 449면.

중 사기죄가 문제된 위헌소원에서 대형 경제범죄로 인한 피해규모가 날로 커지고 있는 현실에 있어 사기죄로 취득한 이득액에 따라 단계적으로 가중 처벌하는 것은 그 입법목적의 정당성이 인정되고, 이득액에 따른 가중처벌을 법률에 명시함으로써 일반예방 및 법적 안정성에 기여할 수 있고 법원의 양형편차를 줄여 사법에 대한 신뢰를 제고할 수도 있으며 또한 재산범죄에서 이득액은 법익침해라는 결과불법의 핵심 요소이므로 이를 기준으로 단계적 가중처벌 하는 것은 수긍할 만한 합리적 이유가 있다고 보았다. 또한 구체적 사안에 따라서는 형법 제53조의 작량감경 조항에 따라 집행유예의 선고도 가능하기 때문에 이 규정이 책임에 비해 지나치게 가혹한 형벌을 규정하는 것으로 보기도 어렵다고 판시하였다(헌법재판소 2015.3.26. 선고 2012헌바297 결정).

한편 특정경제범죄법 제3조 제1항이 적용되는 경우, 징역형을 가중하는 외에도 이득액 이하에 상당하는 벌금을 병과할 수 있다(제2항). 벌금의 병과가 임의적이라는 점에서 수뢰액에 따른 가중처벌과 벌금의 필요적 병과를 규정한 특정범죄가중법 제2조 제2항과 구별된다.

V. 수사상 특칙

고위공직자가 직무와 관련하여 형법 제355조(횡령, 배임) 또는 제356조(업무상의 횡령과 배임)를 범하여 특정경제범죄법 제3조에 의해 가중 처벌되는 경우는 공수처법에 따라 공수처검사가 수사를 하게 된다(공수처법 제2조 제3호 나목, 제23조).

> **공수처법**
>
> **제2조(정의)** 이 법에서 사용하는 용어의 정의는 다음과 같다.
> 1. "고위공직자"란 다음 각 목의 어느 하나의 직(職)에 재직 중인 사람 또는 그 직에서 퇴직한 사람을 말한다. 다만, 장성급 장교는 현역을 면한 이후도 포함된다.
>   가. 대통령   나. 국회의장 및 국회의원
>   다. 대법원장 및 대법관   라. 헌법재판소장 및 헌법재판관
>   마. 국무총리와 국무총리비서실 소속의 정무직공무원
>   바. 중앙선거관리위원회의 정무직공무원

    사. 「공공감사에 관한 법률」 제2조 제2호에 따른 중앙행정기관의 정무직공
　　　　무원

    아. 대통령비서실·국가안보실·대통령경호처·국가정보원 소속의 3급 이상
　　　　공무원

    자. 국회사무처, 국회도서관, 국회예산정책처, 국회입법조사처의 정무직공무원

    차. 대법원장비서실, 사법정책연구원, 법원공무원교육원, 헌법재판소사무처의
　　　　정무직공무원

    카. 검찰총장

    타. 특별시장·광역시장·특별자치시장·도지사·특별자치도지사 및 교육감

    파. 판사 및 검사　　　　하. 경무관 이상 경찰공무원

    거. 장성급 장교　　　　너. 금융감독원 원장·부원장·감사

    더. 감사원·국세청·공정거래위원회·금융위원회 소속의 3급 이상 공무원

3. "고위공직자범죄"란 고위공직자로 재직 중에 본인 또는 본인의 가족이 범한
　　다음 각 목의 어느 하나에 해당하는 죄를 말한다. 다만, 가족의 경우에는
　　고위공직자의 직무와 관련하여 범한 죄에 한정한다.

    나. 직무와 관련되는 「형법」 제141조, 제225조, 제227조, 제227조의2, 제
　　　　229조(제225조, 제227조 및 제227조의2의 행사죄에 한정한다), 제355
　　　　조부터 제357조까지 및 제359조의 죄(다른 법률에 따라 가중처벌되는
　　　　경우를 포함한다)

제3절 재산국외도피죄(제4조)

제4조(재산국외도피의 죄) ① 법령을 위반하여 대한민국 또는 대한민국국민의 재산을 국외로 이동하거나 국내로 반입하여야 할 재산을 국외에서 은닉 또는 처분하여 도피시켰을 때에는 1년 이상의 유기징역 또는 해당 범죄행위의 목적물 가액(이하 이 조에서 "도피액"이라 한다)의 2배 이상 10배 이하에 상당하는 벌금에 처한다.
② 제1항의 경우 도피액이 5억원 이상일 때에는 다음 각 호의 구분에 따라 가중처벌한다.
  1. 도피액이 50억원 이상일 때: 무기 또는 10년 이상의 징역
  2. 도피액이 5억원 이상 50억원 미만일 때: 5년 이상의 유기징역
③ 제1항 또는 제2항의 미수범은 각 죄에 해당하는 형으로 처벌한다.
④ 법인의 대표자나 법인 또는 개인의 대리인, 사용인, 그 밖의 종업원이 그 법인 또는 개인의 업무에 관하여 제1항부터 제3항까지의 어느 하나에 해당하는 위반행위를 하면 그 행위자를 벌하는 외에 그 법인 또는 개인에게도 제1항의 벌금형을 과(科)한다. 다만, 법인 또는 개인이 그 위반행위를 방지하기 위하여 해당 업무에 관하여 상당한 주의와 감독을 게을리하지 아니한 경우에는 그러하지 아니하다.

제10조(몰수·추징) ① 제4조제1항부터 제3항까지의 경우 범인이 도피시키거나 도피시키려고 한 재산은 몰수한다.
③ 제1항 또는 제2항의 경우 몰수할 수 없을 때에는 그 가액을 추징한다.

Ⅰ. 의의

제4조 재산국외도피죄는 법령을 위반하여 대한민국 또는 대한민국 국민의 재산을 국외로 이동하거나 국내로 반입하여야 할 재산을 국외에서 은닉 또는 처분하여 도피시켰을 때 성립하는 범죄이다.

이에 대하여 제4조는 1980년대의 경제적·사회적 배경을 바탕으로 특정경제법에 규정된 구성요건으로 자본과 물자 및 서비스의 자유로운 이동이 보장된 글로벌시대에 재산의 국외이동 행위를 형사처벌의 대상으로 삼는 것은 다른 입법례에서 찾아보기 어렵고 더구나 도피액을 기준으로 무기징역까지 가능하도록 형이 과도하게 가중되었다는 점에서 위헌적 요소가 있다는 비판이 가해

진다.[13] 그러나 헌법재판소는 재산국외도피사범에 대한 처벌규정이 너무 가벼워서 범죄예방의 실효를 거두지 못하고 있는 현실에 대한 반성적 고려로 입법이 이루어진 배경, 현재 우리나라 국민의 평균적 소득수준에 비추어 볼 때 도피액이 가지는 경제적 가치, 거액의 재산국외도피사범에 대한 국민 일반의 법감정, 범죄예방을 위한 형사정책적 측면 등을 종합적으로 고려할 때 도피액에 의한 가중처벌 규정인 제4조 제2항의 법정형이 형벌체계상의 균형을 잃은 것은 아니라고 판시하였다(헌법재판소 2007.7.26. 선고 2006헌바12 결정).

II. 요건

1. 법령을 위반하여

재산국외도피죄가 성립하기 위해서는 '법령'을 위반할 것이 요구되는데 여기에서 법령이란 '외국환 관리에 관한 법률과 법규명령'을 의미하며 법령의 형식적 명칭과 목적을 불문하고 국내 재산의 국외로의 이동을 규율·관리하는 법령을 모두 포함하는 개념이다. 판례는 「대외무역법」이 이 법령에 포함된다고 보았다(대법원 2015.5.29. 선고 2013도3295 판결).

또한 '법령을 위반하여'는 문언상 재산국외도피의 행위태양인 '국외 이동 또는 국외에서의 은닉·처분'과 함께 '국내로 반입하여야 할 재산'도 함께 수식하는 것으로 해석하여야 한다(대법원 2010.9.9. 선고 2007도3681 판결). 이와 같은 해석은 해당 구성요건이 가지고 있는 위헌적 요소를 최소화하기 위한 제한적 해석이라 할 수 있다. 따라서 법령상 국내로의 반입의무가 없는 재산에 대해서까지 이 규정을 적용하는 것은 죄형법정주의에 위반하는 유추해석이 된다. 대법원은 외국회사와의 중개거래에 의하여 취득한 중개수수료를 미신고 외국은행의 예금계좌로 입금 받은 행위에 대하여 당시 법령이 정한 회수대상 채권임이 분명하지 않다는 이유로 본 죄의 성립을 부정한 바 있다(대법원 2010.9.9. 선고 2007도3681 판결).

13　노수환, 재산국외도피죄에 관한 몇 가지 고찰, 형사법연구 제30권 제4호, 한국형사법학회, 2019, 345면.

2. 국내 재산의 국외 이동과 해외 재산의 은닉·처분

'대한민국 또는 대한민국국민의 재산을 국외로 이동' 하는 행위란 국내 재산을 해외로 이동하여 그 재산이 대한민국의 법률과 제도에 의한 규율과 관리를 받지 않고 자신이 해외에서 임의로 소비, 축적, 은닉 등 지배·관리할 수 있는 상태에 두는 것을 의미한다. 만약 국외 이동으로 인하여 행위자가 재산에 대한 지배·관리 상태를 상실하게 된다면 제4조의 범죄는 성립하지 않는다. 소위 국정농단사건과 관련한 뇌물공여자가 회사의 국내 자금을 용역대금 명목으로 독일 은행의 회사 명의 계좌로 송금하였고 뇌물수수자가 해외에서 자신의 필요에 따라 이 대금을 임의로 지배, 관리한 사안에서 판례는 뇌물공여자가 용역대금에 대하여 임의로 소비, 축적, 은닉 등 지배·관리하였던 것으로 볼 수 없다는 이유로 무죄를 선고하였다(대법원 2019.8.29. 선고 2018도2738 전원합의체 판결).

또한 '국내로 반입하여야 할 재산을 국외에서 은닉 또는 처분하여 도피'시키는 행위에서 재산의 '은닉'은 재산의 발견을 불가능하게 하거나 곤란하게 만드는 것을 말한다. 여기에는 재산의 소재를 불명하게 하는 경우뿐만 아니라 재산의 소유관계를 불명하게 하는 경우도 포함한다(대법원 2005.5.13. 선고 2004도7354 판결).

일단 재산을 국외에서 은닉한다는 인식을 가지고 국내에 반입하여야 할 재산을 국외에서 은닉하여 도피시켰다면 범죄는 바로 성립이 되고 그 후 그 재산의 일부가 국내에 다시 반입되었다거나 그 은닉된 재산을 다시 국내로 반입하여 소비할 의사가 있었다는 사실은 범죄 성립에 영향을 미치지 아니한다(대법원 1988.6.21. 선고 88도551 판결).

3. 고의

재산국외도피죄는 고의범이므로 자신의 행위가 국내 재산을 국외로 이동시키거나 해외 재산을 은닉·처분하여 도피시키는 것이라는 인식과 의사를 필요로 한다. 따라서 재산을 도피시킨 이후 국내로 반입의사가 있었던 경우와는 달리 처음부터 해외에서의 사용을 예정하지 않고 즉시 반입할 목적으로 금전을 해외송금하였다면 국내 재산을 해외로 이동하여 지배·관리한다는 재산도피의 고의가 부정된다(대법원 2005.4.29. 선고 2002도7262 판결).

Ⅲ. 처벌

제4조 제1항의 범죄가 성립하면 1년 이상의 유기징역과 함께 도피액의 2배 이상 10배에 상당하는 벌금이 부과된다. 또한 도피액이 5억 원 이상 50억 원 미만일 때에는 5년 이상의 유기징역으로, 50억 원 이상일 때에는 무기 또는 10년 이상의 유기징역으로 법정형이 가중된다(제4조 제2항).

한편 특정경제범죄법 제10조 제1항은 재산을 국외로 도피시키거나 시키려고 한 가액을 필요적으로 몰수하도록 규정하고 있고 제10조 제3항은 몰수할 수 없을 때에는 가액을 추징하도록 규정하고 있다. 판례는 해당 몰수·추징의 성격을 형법상의 몰수, 추징과는 다르게 이해한다. 즉, 범죄로 인한 이득의 박탈을 목적으로 한 것이라기보다는 재산국외도피사범에 대한 징벌의 정도를 강화하는 징벌적 성질의 처분으로 본다. 대법원은 법인의 종업원이 법인 소유의 케냐´소재 호텔 재건축자금을 마련할 목적으로 약 3년 10개월 동안 43회에 걸쳐 법인의 재산을 해외로 도피시킨 사안에서, 43회의 재산국외도피행위는 포괄일죄에 해당하며 그 도피재산이 종업원의 재산이 아니고 법인 소유이고 종업원이 이로 인한 이득을 취한 바가 없더라도 해당 추징의 징벌적 성격으로 인하여 종업원으로부터의 추징이 가능하다고 보았다(대법원 1995.3.10. 선고 94도1075 판결).

제4절 금융회사등 임·직원의 직무 관련 범죄

I. 금융회사등 임·직원의 수재죄 등[제5조]

제5조(수재 등의 죄) ① 금융회사등의 임·직원이 그 직무에 관하여 금품이나 그 밖의 이익을 수수(收受), 요구 또는 약속하였을 때에는 5년 이하의 징역 또는 10년 이하의 자격정지에 처한다.

② 금융회사등의 임·직원이 그 직무에 관하여 부정한 청탁을 받고 제3자에게 금품이나 그 밖의 이익을 공여(供與)하게 하거나 공여하게 할 것을 요구 또는 약속하였을 때에는 제1항과 같은 형에 처한다.

③ 금융회사등의 임·직원이 그 지위를 이용하여 소속 금융회사등 또는 다른 금융회사등의 임·직원의 직무에 속하는 사항의 알선에 관하여 금품이나 그 밖의 이익을 수수, 요구 또는 약속하였을 때에는 제1항과 같은 형에 처한다.

④ 제1항부터 제3항까지의 경우에 수수, 요구 또는 약속한 금품이나 그 밖의 이익의 가액(이하 이 조에서 "수수액"이라 한다)이 3천만원 이상일 때에는 다음 각 호의 구분에 따라 가중처벌한다.

  1. 수수액이 1억원 이상일 때: 무기 또는 10년 이상의 징역
  2. 수수액이 5천만원 이상 1억원 미만일 때: 7년 이상의 유기징역
  3. 수수액이 3천만원 이상 5천만원 미만일 때: 5년 이상의 유기징역

⑤ 제1항부터 제4항까지의 경우에 수수액의 2배 이상 5배 이하의 벌금을 병과한다.

제10조(몰수·추징) ② 제5조부터 제7조까지 및 제9조제1항·제3항의 경우 범인 또는 정황을 아는 제3자가 받은 금품이나 그 밖의 이익은 몰수한다.

③ 제1항 또는 제2항의 경우 몰수할 수 없을 때에는 그 가액을 추징한다.

1. 의의

특정경제범죄법 제5조부터 제7조까지는 금융회사등 임·직원에게 공무원과 유사한 지위를 인정하여 형법 및 특정범죄가중처벌법상의 수뢰죄 등과 유사한 구성요건을 규정하고 있다. 각 규정에 대응되는 형법 및 특정범죄가중법의 해당 규정을 정리하면 다음과 같다.

특정경제범죄법	형법	특정범죄가중법
수재죄(§5①)	단순수뢰죄(§129)	
제3자수재죄(§5②)	제3자뇌물제공죄(§130)	
알선수재죄(§5③)	알선수뢰죄(§132)	
수수액에 따른 가중처벌(§5④)		수뢰액에 따른 가중처벌(§2)
증재죄(§6①)	단순증뢰죄(§133①)	
증재물전달죄(§6②)	증뢰물전달죄(§133②)	
알선수재죄(§7)		알선수뢰죄(§3)

　　이처럼 특정경제범죄법이 금융회사 등의 임·직원에게 공무원과 유사한 청렴의무를 부과하는 것은 금융기관 등의 업무가 가지는 공공적 성격과 국가의 경제정책과 국민경제에 미치는 중요성을 고려하여 금융업무의 불가매수성과 공공성을 확보하기 위한 목적이다.

2. 주체(공통)

　　특정경제범죄법 제5조의 주체는 '금융회사등의 임·직원'으로 '금융회사등'은 이 법 제2조 제1호가 규정하고 있으며 구체적 범위는 다음과 같다. 제5조의 주체는 금융회사등의 '임·직원'으로 특정범죄가중법 제4조 제1항이 대통령령으로 정하는 정부관리기업체의 '간부직원'으로 한정한 것과는 구별된다.

제2조(정의)

1. '금융회사등'이란 다음 각 목의 어느 하나에 해당하는 것을 말한다.

　　가. 「한국은행법」에 따른 한국은행, 「금융위원회의 설치 등에 관한 법률」에 따른 금융감독원 및 「은행법」이나 그 밖의 법률에 따른 은행

　　나. 「자본시장과 금융투자업에 관한 법률」에 따른 투자매매업자, 투자중개업자, 집합투자업자, 신탁업자, 증권금융회사 및 종합금융회사

　　다. 「상호저축은행법」에 따른 상호저축은행과 그 중앙회

　　라. 「농업협동조합법」에 따른 조합과 농협은행

　　마. 「수산업협동조합법」에 따른 조합과 수협은행

　　바. 「신용협동조합법」에 따른 신용협동조합과 그 중앙회

　　사. 「새마을금고법」에 따른 새마을금고와 그 연합회

아. 「보험업법」에 따른 보험업을 경영하는 자

자. 「신용보증기금법」에 따른 신용보증기금

차. 「기술보증기금법」에 따른 기술보증기금

카. 그 밖에 가목부터 차목까지의 기관과 같거나 유사한 업무를 하는 기관
   으로서 대통령령으로 정하는 기관

3. 단순수재죄(제1항)

[1] 객체

제5조 제1항의 죄는 금융회사 등의 임·직원이 그 직무에 관하여 금품이나 그 밖의 이익을 수수, 요구 또는 약속하였을 때 성립하는 범죄이다. 여기에서 직무에 관하여 수수, 요구 또는 약속한 금품이나 그 밖의 이익의 개념은 형법상 수뢰죄에서의 뇌물과 같은 개념이다. 따라서 '금융기관 임·직원이 직무에 관하여'라 함은 금융기관등의 임·직원이 그 지위에 수반하여 취급하는 일체의 사무를 말하는 것으로, 그 권한에 속하는 직무행위뿐만 아니라, 그와 밀접한 관계가 있는 사무 및 그와 관련하여 사실상 처리하고 있는 사무도 포함되지만 개인적인 지위에서 취급하는 사무는 제외된다(대법원 2005.3.25. 선고 2004도8257 판결). 만약 금융기관 임·직원이 수수한 금품에 직무행위에 대한 대가로서의 성질과 직무 외의 행위에 대한 사례로서의 성질이 불가분적으로 결합되어 있다면 그 전부가 불가분적으로 직무행위에 대한 대가로서의 성질을 가지는 것으로 보아야 한다(대법원 2011.2.24. 선고 2010도15989 판결).

또한 '이익'이란 금전, 물품 기타의 재산적 이익뿐만 아니라, 사람의 수요나 욕망을 충족시키기에 족한 일체의 유형, 무형의 이익을 포함하는 것이다. 따라서 투기적 사업에 참여할 기회를 얻는 것도 이에 해당한다. 이때 투기적 사업참여로 예상되는 이익의 크기를 확정할 수 없거나 그 후의 경제사정의 변동 등으로 처음의 예상과는 달리 아무런 이득을 얻지 못한 경우라 할지라도 범죄의 성립에는 영향이 없다(대법원 2005.7.15. 선고 2003도4293 판결).

[2] 행위

제5조 제1항의 죄의 행위는 금융회사등 임·직원이 그 직무에 관하여 금품이나 그 밖의 이익을 수수, 요구 또는 약속하는 행위이다. 행위의 개념 역시 형법상

수뢰죄에서와 동일하다.

'수수'란 직무에 관하여 금품이나 그 밖의 이익을 영득의사로 취득하는 것을 말한다. 일단 영득의 의사로 금품이나 그 밖의 이익을 수령하면 이후 수령한 것을 반환하더라도 범죄의 성립에 영향이 없다.

'요구'란 스스로 금품이나 그 밖의 이익의 공여를 청구하는 것이고 '약속'은 당사자 사이에서 금품이나 그 밖의 이익의 수수를 합의하는 것이다.

[3] 적용 법률

상습으로 사기의 범죄행위를 되풀이하여 특정경제범죄법 시행 이후의 범행으로 인하여 취득한 재물의 가액이 제3조 제1항 제3호의 구성요건을 충족하는 때는 법정형이 중한 특정경제범죄법 위반의 죄에 나머지 행위를 포괄시켜 특정경제범죄법 위반의 죄로 처벌하여야 한다. 형법 부칙 제4조 제1항은 "1개의 죄가 본법 시행 전후에 걸쳐서 행하여진 때에는 본법 시행 전에 범한 것으로 간주한다"고 규정하고 있지만, 이 규정은 구 형법과의 관계에서 그 적용범위를 규정한 경과법이므로 신·구형법과의 관계가 아닌 다른 법과의 관계에서는 위 부칙이 아닌 형법 제1조 제1항에 의하여야 하기 때문이다(대법원 1986.7.22. 선고 86도1012 전원합의체 판결).

4. 제3자 수재죄(제2항)

제5조 제2항의 죄는 금융회사의 임·직원이 그 직무에 관하여 부정한 청탁을 받고 제3자에게 금품이나 그 밖의 이익을 공여하게 하거나 공여하게 할 것을 요구 또는 약속하였을 때 성립하는 범죄이다. 부정한 청탁이 있어야 한다는 점과 금전을 제공받는 상대방이 금융기관등의 임·직원이 아닌 제3자라는 점에서 전항의 죄와 차이가 있다. 형법 제130조의 제3자뇌물공여죄와 유사한 구성요건으로 각 요건의 의미도 동일하다.

우선, '부정한 청탁'이란 그 청탁 자체가 위법하거나 부당한 직무집행을 내용으로 하는 청탁을 의미한다. 그리고 청탁의 대상이 된 직무집행 그 자체는 위법·부당한 것이 아니라도 직무집행을 어떤 대가관계와 연결시켜 그 직무집행에 관한 대가의 교부를 내용으로 하는 청탁이라면 부정한 청탁에 해당한다고 볼 수 있다. 이러한 부정한 청탁은 명시적인 의사표시에 의한 것은 물론 묵시적인 의사표시에 의한 것도 가능하다. 묵시적인 의사표시에 의한 부정한 청탁이 인정되기 위해서는 당사자 사이에 청탁의 대상이 되는 직무집행의 내용과 제3자에게 제공되는 금품이 그 직무집행에 대한 대가라는 점에 대하여 공통의 인식이나 양해가 존재하여야 한다(대법원 2009.1.30. 선고 2008도6950 판결).

또한 '제3자'란 금융기관 등의 임·직원 및 그와 사실상 생활관계를 함께하는 자를 제외한 사람을 의미한다. 따라서 비록 다른 사람이 금품이나 그 밖의 이익을 수수하였더라도 금융기관 등의 임·직원의 사자 또는 대리인의 지위에서 수수한 것이라면 제3조 제2항의 죄가 아닌 전항의 죄가 성립한다(대법원 2016. 6. 23. 선고 2016도3540 판결). 또한 평소 금융기관 등의 임·직원이 다른 사람의 생활비 등을 부담하고 있었다거나 혹은 다른 사람에 대하여 채무를 부담하고 있었다는 등의 사정이 있어서 그 다른 사람이 금품 기타 이익을 받음으로써 금융기관 등의 임·직원이 그만큼 지출을 면하게 되는 경우라면 사회통념상 그 다른 사람이 금품 기타 이익을 받은 것을 금융기관 등의 임·직원이 직접 받은 것과 같이 평가할 수 있으므로 제3조 제1항의 죄가 성립한다(대법원 2012.6.28. 선고 2012도3643 판결).

5. 알선수재(제3항)

제5조 제3항의 죄는 금융회사 등의 임·직원이 그 지위를 이용하여 소속 금융회사등 또는 다른 금융회사 등의 임·직원의 직무에 속하는 사항의 알선에 관하여 금품이나 그 밖의 이익을 수수, 요구 또는 약속하였을 때 성립한다. 형법 제132조의 알선수뢰죄에 대응하는 구성요건이다.

여기에서 '그 지위를 이용하여'의 의미는 소속 금융기관 또는 다른 금융기관 등의 임·직원과 직무상 직접 또는 간접의 연관관계를 가지고 법률상 또는 사실상의 영향력을 미칠 수 있는 금융기관등의 임·직원이 그 지위를 이용하는 경우를 말한다. 예를 들어 신협중앙회 이사가 신협중앙회 회장 및 금융감독원 직원의 직무에 관한 사항인 영업정치처분을 받지 않게 하기 위한 알선의 대가로 단위 신협으로부터 금전을 수수한 경우 본 죄가 성립한다(대법원 2005.4.28. 선고 2005도1157 판결).

또한 '알선'이란 소속 금융회사나 다른 금융회사 임·직원과 알선의뢰자를 주선하여 알선의뢰자의 의뢰 내용대로 직무가 처리될 수 있도록 주선하는 행위를 의미한다. 어떤 사람이 청탁한 취지를 상대방에게 전하거나 그 사람을 대신하여 스스로 상대방에게 청탁을 하는 행위도 알선행위에 해당한다(대법원 1997.12.26. 선고 97도2609 판결).

6. 처벌

제5조 제1항, 제2항, 제3항의 죄를 범한 자는 5년 이하의 징역 또는 10년 이하의 자격정지를 부과받는다. 이때 수수액이 1억 원 이상이면 무기 또는 10년 이상의 징역, 5천만 원 이상 1억 원 미만이면 7년 이상의 유기징역, 3천만 원 이상 5천만 원 미만이면 5년 이상의 유기징역으로 형이 가중된다(제5조 제4항). 이러한 가중 내용은 특정범죄가중법 제2조 제1항의 뇌물죄 가중처벌과 동일하다.

또한 제5조 제1항부터 제4항까지의 형벌 부과시 각 수수액의 2배 이상 5배 이하의 벌금이 필요적으로 병과된다(제5조 제5항). 수수액은 필요적 몰수·추징의 대상이다(제10조 제2항).

Ⅱ. 증재죄(제6조)

> **제6조(증재 등의 죄)** ① 제5조에 따른 금품이나 그 밖의 이익을 약속, 공여 또는 공여의 의사를 표시한 사람은 5년 이하의 징역 또는 3천만원 이하의 벌금에 처한다.
> ② 제1항의 행위에 제공할 목적으로 제3자에게 금품을 교부하거나 그 정황을 알면서 교부받은 사람은 제1항과 같은 형에 처한다.
>
> **제10조(몰수·추징)** ② 제5조부터 제7조까지 및 제9조제1항·제3항의 경우 범인 또는 정황을 아는 제3자가 받은 금품이나 그 밖의 이익은 몰수한다.
> ③ 제1항 또는 제2항의 경우 몰수할 수 없을 때에는 그 가액을 추징한다.

1. 증재죄(제1항)

제6조 제1항은 제5조에 따른 금품이나 그 밖의 이익을 약속, 공여 또는 공여의 의사를 표시한 경우에 성립하는 범죄로 제5조와 대향범의 관계에 있다. 형법

상 공무원에 대한 증뢰죄(제133조 제1항)와 유사한 구성요건이다. 이 죄의 주체는 금융기관등의 임·직원에게 금품이나 그 밖의 이익을 약속, 공여 또는 공여의 의사를 표시하는 자로 신분의 제한이 없는 비신분범이다.

이 경우에도 제공하는 금품이나 그 밖의 이익이 금융기관 임·직원의 직무와 관련성이 있을 것이 요구된다는 점은 제5조와 마찬가지이다. 즉, '직무에 관하여'라 함은 금융기관등의 임·직원이 그 지위에 수반하여 취급하는 일체의 사무를 말하는 것으로서 그 권한에 속하는 직무행위뿐만 아니라 이에 밀접한 관계가 있는 경우와 그 직무에 관련하여 사실상 처리하고 있는 행위까지도 모두 포함된다. 그 직무는 독립적인 권한에 기한 것이든 상사의 직무를 보조하는 지위에 기한 것이든 구별하지 않는다(대법원 1989.7.25. 선고 89도890 판결).

2. 증재물전달죄(제2항)

제6조 제2항은 금융기관등의 임·직원에 대한 증재에 제공할 목적으로 제3자에게 금품이나 그 밖의 이익을 교부하거나 이러한 정황을 알면서 교부받은 때에 성립한다. 형법상 증뢰물전달죄(제133조 제2항)에 대응하는 규정이다.

여기에서 '제3자'란 금융기관등의 임·직원이 아닌 다른 사람을 의미하지만 사회통념상 다른 사람이 금품 기타 이익을 받은 것을 금융기관등의 임·직원이 직접 받은 것과 같이 평가할 수 있는 관계가 있는 경우라면 그 다른 사람은 제3자라 할 수 없다. 이 경우에는 제6조 제1항의 증재죄가 성립한다(대법원 2012.6.28. 선고 2012도3643 판결).

3. 처벌

제5조의 죄는 수수액에 따른 가중처벌을 규정하고 있었지만 제6조의 죄는 수수액과 무관하게 5년 이하의 징역 또는 3천만 원 이하의 벌금이 부과된다. 이 경우에도 수수액은 필요적으로 몰수·추징된다(제10조 제2항).

Ⅲ. 금융회사등 임·직원의 알선수재의 죄[제7조]

제7조(알선수재의 죄) 금융회사등의 임·직원의 직무에 속하는 사항의 알선에 관하여 금품이나 그 밖의 이익을 수수, 요구 또는 약속한 사람 또는 제3자에게 이를 공여하게 하거나 공여하게 할 것을 요구 또는 약속한 사람은 5년 이하의 징역 또는 5천만원 이하의 벌금에 처한다.

제10조(몰수·추징) ② 제5조부터 제7조까지 및 제9조제1항·제3항의 경우 범인 또는 정황을 아는 제3자가 받은 금품이나 그 밖의 이익은 몰수한다.
③ 제1항 또는 제2항의 경우 몰수할 수 없을 때에는 그 가액을 추징한다.

1. 의의

특정경제범죄법 제7조의 죄는 누구든지 금융회사 임·직원의 직무에 속하는 사항의 알선에 관하여 금품이나 그 밖의 이익을 수수, 요구 또는 약속하거나 제3자에게 이를 공여하게 하거나 공여하게 할 것을 요구 또는 약속한 때에 성립한다. 금융기관등의 업무가 공공적 성격을 지니고 있어 국가의 경제정책과 국민경제에 중대한 영향을 미치는 관계로 그 임·직원의 직무관련 수재(제5조)나 그들에 대한 증재(제6조) 이외에도 그 직무에 개입하여 금품을 수수하는 행위를 금지함으로써 그 직무의 불가매수성을 확보하는데 입법의 취지가 있다(대법원 2008.1.31. 선고 2007도8117 판결). 특정경제범죄법위반(알선수재)죄는 특정범죄가중법 제3조의 알선수재죄와 변호사법 제111조의 죄와 유사한 측면이 있다.[14]

한편 특정경제범죄법 제7조의 죄가 신분의 제한 없이 금융기관 임·직원의 직무에 관한 사항을 알선하는 행위를 처벌하는 규정인 반면, 특정경제범죄법 제5조 제3항의 알선수재죄는 금융기관등의 임·직원이 자신의 지위를 이용하여 다른 금융기관 임·직원의 직무에 관한 사항을 알선하는 행위를 처벌하는 규정이다. 그런데 제7조가 신분의 제한 없이 금융기관 임·직원의 직무에 관한 알선행위를 처벌하는 규정이라면 주체가 금융기관 임·직원인 경우에도 여기에 포함된다고 보는 것이 타당하므로 입법론으로는 제5조 제3항을 삭제하는 것이 바람직하다.

---

14 제6장 제2절 Ⅰ. 3. 참조

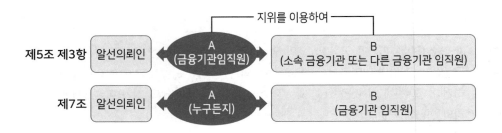

2. 주체

특정경제범죄법위반(알선수재)죄는 행위주체에 제한이 없는 비신분범이다. 따라서 금융기관등의 임·직원이 자신의 지위를 이용하여 다른 금융기관등의 임·직원의 직무에 관한 사항을 알선하는 경우는 특정경제범죄법 제5조 제3항이 적용되며, 특정경제범죄법위반(알선수재)죄와 달리 제5조 제4항에 의하여 수수액에 따라 형벌이 가중된다. 그러나 만약 금융기관등의 임·직원이라도 자신의 지위와 관계없이 알선행위를 한 것이라면 이때에는 특정경제범죄법위반(알선수재)죄가 적용된다.

3. 행위

특정경제범죄법위반(알선수재)죄의 행위는 ① 금융기관 임·직원의 직무에 속한 사항의 ② 알선에 관하여 ③ 금품이나 그 밖의 이익을 수수, 요구 또는 약속하거나 ④ 제3자에게 공여하거나 공여하게 할 것을 요구 또는 약속하는 행위이다.

[1] 금융회사 임·직원의 직무에 속한 사항

'금융기관 임·직원의 직무에 속한 사항'이라 함은 자기 자신을 제외한 모든 사람의 사건 또는 사무를 가리킨다. 예를 들어 회사의 이사가 대표이사로부터 돈을 받고 청탁을 부탁받은 내용이 자신이 이사로 있는 회사에 관한 것이고 회사의 대표이사를 대리하여 회사의 대표자로서 사무를 처리하였다고 볼 수 있는 경우라면 사건에 관한 청탁은 타인의 사건 또는 사무에 관한 청탁이라고 볼 수 없다. 반면 청탁을 명목으로 법인의 대표이사로부터 금원을 받고 로비활동을 하여 오던 중, 그 활동상의 편의를 위하여 그 법인의 통상업무에는 전혀 관여함이 없이 형식적으로 그 법인의 이사로 등기를 경료하고 그 법인의 이사 등 직함을 사용하면서 청탁 명목으로 금원을 교부받은 경우라면 사건에 관한 청탁을 타인의 사건 또는 사무에 관한 청탁이라고 볼 수 있다(대법원 2002.6.11. 선고 2000도357 판결).

[2] 알선에 관하여

1) 알선의 의미

'알선'이란 일정한 사항에 관하여 어떤 사람과 그 상대방 사이에 서서 중개하거나 편의를 도모하는 행위를 의미한다. 여기에는 어떤 사람이 청탁한 취지를 그대로 상대방에게 전하는 경우뿐만 아니라 그 사람을 대신하여 스스로 상대방에게 청탁하는 행위도 포함되고 그 알선행위가 과거의 것이나 정당한 직무행위를 대상으로 하는 경우도 포함된다. 또한 알선의 명목으로 금품 등을 수수하였다면 실제로 어떤 알선행위를 하였는지는 범죄의 성립에 영향을 미치지 않는다(대법원 2008.1.31. 선고 2007도8117 판결).

알선행위는 반드시 알선의뢰인이 먼저 능동적으로 제안하는 경우에만 성립하는 것이 아니라 알선행위자가 미리 물색, 협상한 거래를 제안받고 그 대가의 지급을 수락하는 방식으로도 행하여질 수 있다. 예를 들어 투자자에게 금융기관으로부터 주식을 매수할 수 있도록 알선하여 주는 대가로 투자자로부터 돈을 받은 경우, 금융기관이 투자자보다 먼저 주식 거래의 알선을 의뢰하였더라도 이 죄가 성립한다(대법원 2006.7.13. 선고 2006도1341 판결).

2) 알선대상·상대방의 구체성

알선의 상대방인 금융기관 등의 임·직원이 구체적으로 특정될 필요는 없으나 적어도 금융기관 등의 임·직원의 직무에 속한 사항에 대하여 상대방이 되는 사람과 금융기관 등의 임·직원 사이를 중개하여야 한다(대법원 1997.5.30. 선고 97도367 판결). 예를 들어 금융기관등의 임·직원의 직무에 속한 사항임이 명백한 은행대출을 알선한다는 명목으로 금품을 받았다면 대출해 줄 금융기관이나 임·직원이 특정되지 않았더라도 이 조의 죄는 성립한다(대법원 1988.11.22. 선고 87도2353 판결).

[3] 알선과 관련한 행위(알선대가성)

금품이나 그 밖의 이익을 알선의 대가로 수수, 요구, 약속하거나 이를 공여하게 하거나 공여하게 할 것을 요구 또는 약속하여야 한다. 알선의뢰인과 알선상대방 사이의 중개를 의뢰받은 사람이 스스로 알선행위를 하는 경우도 있지만, 알선행위를 할 자를 소개하는 경우도 있다. 이 경우 중간자가 그 소개로 인하여 실제로 알선행위를 한 사람(알선행위자)의 알선행위에 공동가공의 의사를 가지고 가담한 것으로 평가할 수 있다면, 중간자에게 특정경제범죄법위반(알선수재)죄가 성립할 수 있다. 반면, 단순히 알선할 자를 소개하거나 그 대가인 금품 기타 이익을 중간에서 전달한 것에 불과하다면 이는 특정경제범죄법위반(알선수재)죄에 해당한다고 할 수 없다(대법원 2012.12.27. 선고 2012도11200 판결).

금품수수가 알선행위와 대가관계가 있는지는 해당 알선의 내용, 알선자와 이익 제공자 사이의 친분관계 여부, 이익의 다과, 이익을 수수한 경위와 시기 등의 제반 사정을 종합하여 결정하며, 알선과 수수한 금품 사이에 전체적, 포괄적으로 대가관계가 있으면 족하다. 그리고 수재죄와 마찬가지로 알선자가 수수한 금품에 그 알선행위에 대한 대가로서의 성질과 그 외의 행위에 대한 대가로서의 성질이 불가분적으로 결합되어 있는 경우에는 그 전부가 알선행위에 대한 대가로 평가된다(대법원 2015.1.15. 선고 2012도7571 판결).

4. 처벌

특정경제범죄법 제7조의 행위를 한 자는 5년 이하의 징역 또는 5천만 원 이하의 벌금에 처한다. 범인 또는 정황을 아는 제3자가 받은 금품이나 그 밖의 이익은 필요적으로 몰수한다. 이때 회사의 대표이사로서 제7조 위반행위를 하고 그 대가로 수수료를 받은 경우, 설사 수수료에 대한 권리가 회사에 귀속된다거나 행위자가 개인적으로 실제 사용한 금품이 없더라도 행위자로부터 수수료로 받은 금품을 몰수하거나 그 가액을 추징할 수 있다(대법원 2015.1.15. 선고 2012도7571 판결).

알선행위를 한 자에 대한 처벌 규정이 있을 뿐, 알선을 의뢰한 자에 대한 처벌 규정이 없다. 필요적 공범에는 형법총칙의 공범규정이 적용되지 않으므로 알선수뢰자에게 금품이나 그 밖의 이익을 공여한 사람은 처벌되지 않는다는 점은 특정범죄가중법과 동일하다.[15]

---

15   제6장 제2절 I. 3. (4) 1) 참조.

Ⅳ. 금융회사등 임·직원의 사금융 알선 등의 죄[제8조]

> **제8조(사금융 알선 등의 죄)** 금융회사등의 임·직원이 그 지위를 이용하여 자기의 이익 또는 소속 금융회사등 외의 제3자의 이익을 위하여 자기의 계산으로 또는 소속 금융회사등 외의 제3자의 계산으로 금전의 대부, 채무의 보증 또는 인수를 하거나 이를 알선하였을 때에는 7년 이하의 징역 또는 7천만원 이하의 벌금에 처한다.

1. 의의

특정경제범죄법 제8조는 금융회사등의 임·직원이 그 지위를 이용하여 자기의 이익 또는 소속 금융회사등 외의 제3자의 이익을 위하여 자기의 계산으로 또는 소속 금융회사 외의 제3자의 계산으로 금전의 대부, 채무의 보증 또는 인수를 하거나 이를 알선하는 때에 성립하는 범죄이다. 금융회사 임·직원의 사금융 알선을 처벌하는 것은 금융회사 임·직원이라는 자신의 지위나 신분을 이용하여 표면적으로는 금융회사를 내세우면서 실질적으로는 개인적인 금융거래를 하여 금융회사의 공신력을 떨어뜨리는 것을 방지하기 위한 취지이다.16

2. 요건

[1] 그 지위를 이용하여

특정경제범죄법위반(사금융알선등)죄에서 금융회사 임·직원이 '그 지위를 이용'한다는 것은, 그 지위에 있지 않았더라면 불가능하였거나 곤란하였을 금전 대부 등의 행위가 금융기관등의 임·직원의 지위에 있음으로 인하여 가능하게 되거나 용이하게 되는 사정이 존재하는 경우를 말한다. 그와 같은 사정의 존재 여부는 그 임·직원이 소속 금융기관에 예치되거나 예치될 자금으로부터 유용함으로써 마련하였는지 여부, 자금의 대여 또는 차용을 원하는 사람을 물색하여 선정할 때 소속 금융기관 고객과의 거래관계로부터 도움이 있었는지 및 소속 금융기관이 가진 고객에 관한 정보나 기타 유형·무형의 자산을 당해 대부거래의 성립에 이용하

---

16 박상기·전지연·한상훈, 133면.

였는지 여부 등을 종합하여 판단한다(대법원 2006.11.24. 선고 2006도60 판결).

　　예를 들어 은행 지점장이 친척으로부터 자금을 안전한 방식으로 운용해 달라
는 부탁을 받아 타인 명의의 여러 예금계좌에 예치하여 보관하고 있는 상황에서
금융거래 관계로 알게 된 사람에게 금전 대부를 부탁받자 자신이 위탁받아 보관
하고 있던 예금통장과 도장으로 계좌에 있던 예금을 인출하여 대부해 준 경우, 얼
핏 보면 자신이 위탁받아 보관하고 있는 예금통장과 도장의 사용은 지점장이라는
지위 때문에 가능했던 행위가 아니라고 보이지만 구체적인 사실관계를 종합하였
을 때 지점장이 대부 상대방과 대부 여부를 결정하는 데에 소속 은행지점이 보유
하고 있는 고객거래 관계 및 고객정보가 도움이 되었다고 볼 수 있어 특정경제범
죄법위반(사금융알선등)죄가 성립된다(대법원 2000.11.28. 선고 2000도2474 판결).

　　반면 판례는 은행의 상무이사 겸 영업본부장이 계속하여 은행과 거래해 온
고객이 여신한도가 초과하여 더이상 정상적인 대출을 받을 수 없자 영업본부장실
에서 월 1푼 5리의 이자를 약정하고 은행대출 형식으로 사업자금을 빌려준 뒤 계
속해서 이자를 수령 해 온 사안에서, 약 20년 전부터 잘 알고 지내 온 고객의 자
금대부를 거절하다가 이후 거듭된 부탁에 못 이겨 돈을 대부하기에 이르렀다면
이는 금융회사 임·직원의 지위를 이용한 행위라 볼 수 없다고 판단하였다(대법원
2000.6.27. 선고 2000도1155 판결).

　　[2] 자기의 계산으로 또는 소속 금융회사 외의 제3자의 계산으로

　　특정경제범죄법위반(사금융알선등)죄는 금융기관등의 공신력을 사적으로 이용
하는 것을 처벌하는 것이므로, 소속 금융회사의 계산으로 이루어진 행위는 본 죄
를 구성하지 않는다. 따라서 대법원은 새마을금고의 임원이 금고의 직원들로 하
여금 고객들이 맡긴 정기예탁금을 정상거래시스템이 아닌 부외거래시스템에 입금
하고 이를 조합원들에게 대출해 준 경우, 부외거래시스템에 입금된 금전은 개인
재산으로 귀속되는 것이 아니라 새마을금고에 귀속되는 것이라고 전제한 다음 상
황이 이렇다면 부외거래자금을 조합원들에게 대출해 주는 행위는 임원 자신의 계
산 또는 새마을금고 이외의 제3자의 계산으로 대출하는 것으로 볼 수 없다고 판
시하였다(대법원 2010.12.9. 선고 2010도11015 판결).

　　[3] 금전의 대부, 채무의 보증 또는 인수, 그 알선

　　'금전의 대부'란 일정한 기간을 두고 장래에 일정한 액수의 금전을 돌려받을

것을 전제로 금전을 교부하는 약정을 의미한다. 또한 '채무의 보증'은 주채무자가 채무를 이행하지 않는 경우 그 이행을 책임지도록 하는 약정을 말하며 '채무의 인수'는 채무의 동일성을 유지하면서 법률규정이나 계약으로 이를 인수인에게 이전시키는 행위를 말하는데, 병존적 채무인수 또는 면책적 채무인수 여부는 관계없다. 그리고 '알선'이란 양쪽 당사자 사이에 서서 이러한 행위를 중개하거나 편의를 도모하는 것을 의미한다.

V. 저축 관련 부당행위의 죄[제9조]

제9조(저축 관련 부당행위의 죄) ① 저축을 하는 사람 또는 저축을 중개하는 사람이 금융회사등의 임·직원으로부터 그 저축에 관하여 법령 또는 약관이나 그 밖에 이에 준하는 금융회사등의 규정에 따라 정하여진 이자, 복금(福金), 보험금, 배당금, 보수 외에 어떤 명목으로든 금품이나 그 밖의 이익을 수수하거나 제3자에게 공여하게 하였을 때에는 5년 이하의 징역 또는 5천만원 이하의 벌금에 처한다.
② 저축을 하는 사람이 그 저축과 관련하여 그 저축을 중개하는 자 또는 그 저축과 관계없는 제3자에게 금융회사등으로부터 대출등을 받게 하였을 때 또는 저축을 중개하는 사람이 그 저축과 관련하여 금융회사등으로부터 대출등을 받거나 그 저축과 관계없는 제3자에게 대출등을 받게 하였을 때에는 제1항과 같은 형에 처한다.
③ 금융회사등의 임·직원이 제1항 또는 제2항에 규정된 금품이나 그 밖의 이익을 공여하거나 대출등을 하였을 때에는 제1항 또는 제2항과 같은 형에 처한다.
④ 제1항부터 제3항까지의 경우 징역과 벌금을 병과할 수 있다.
⑤ 금융회사등의 임·직원이 소속 금융회사등의 업무에 관하여 제3항의 위반행위를 하면 그 행위자를 벌하는 외에 그 소속 금융회사등에도 같은 항의 벌금형을 과(科)한다. 다만, 소속 금융회사등이 그 위반행위를 방지하기 위하여 해당 업무에 관하여 상당한 주의와 감독을 게을리하지 아니한 경우에는 그러하지 아니하다.

제10조(몰수·추징) ② 제5조부터 제7조까지 및 제9조제1항·제3항의 경우 범인 또는 정황을 아는 제3자가 받은 금품이나 그 밖의 이익은 몰수한다.
③ 제1항 또는 제2항의 경우 몰수할 수 없을 때에는 그 가액을 추징한다.

1. 저축 관련 부당한 이익의 수수(제1항)

[1] 의의

특정경제범죄법 제9조 제1항은 저축을 하는 자와 금융기관 임·직원이 결탁하여 정해진 이자를 넘는 부당한 금품 등을 수수함으로써 금융기관등의 부실이나 금융 비리를 방지하기 위한 규정이다. 제9조 제3항과 같이 저축을 유치할 목적으로 특별한 이익을 제공한 금융기관등의 임·직원을 처벌하는 것이 입법 취지를 달성하기 위한 직접적이고 효과적인 방법이지만, 금융기관 임·직원은 유치 실적을 올리기 위해 처벌을 감수하고서라도 위법행위를 감행할 가능성이 높기 때문에 그 상대방인 이익을 수수한 자까지 처벌 대상을 확대한 것이 제9조 제1항의 의의이다(대법원 2006.3.9. 선고 2003도6733 판결).

[2] 요건

1) 저축을 하는 사람

특정경제범죄법 제9조 제1항의 주체는 '저축을 하는 사람' 또는 '저축을 중개하는 사람'이다. 여기에서 말하는 '저축'이란 예금, 적금, 부금, 계금 및 신탁재산 또는 주식, 채권, 수익증권, 어음, 수표 및 채무증서 또는 보험료 그 밖에 이에 준하여 대통령령으로 정하는 것을 금융회사에 예입, 납입 또는 신탁하거나 금융회사로부터 수령 또는 매입하는 것을 말한다(제2조 제2호).

한편 규정의 취지에 비추어 '저축을 하는 사람'에는 사법상 법률효과가 귀속되는 '저축의 주체'뿐 아니라 '저축과 관련된 행위를 한 사람'도 포함되는 것으로 해석된다. 예를 들어 금융기관과 계약을 체결한 저축의 주체가 법인인 경우, '저축의 주체인 법인'이 아닌 법인의 임·직원이 공여행위를 한 경우에도 특정경제범죄법위반(저축관련부당행위)죄의 주체가 될 수 있다(대법원 2006.3.9. 선고 2003도6733 판결).

2) 관련 규정이 정한 이외의 금품이나 그 밖의 이익의 수수, 공여

특정경제범죄법 제9조 제1항은 저축과 관련하여 법령·약관·규정에 정해진 것 이외의 금품 기타 이익을 수수하거나 공여하는 행위를 처벌한다. 예를 들어 정해진 이자 외에 별도로 '차금수수료'를 수수하는 경우를 들 수 있다(대법원 2003.1.24. 선고 2002도5191 판결).

이러한 금품이나 이익을 공여받는 것 자체를 금지하고 있기 때문에, 금품이나 이익 제공의 명목이나 적법성 여부는 문제가 되지 않는다. 예를 들어 보험가입의 대가로 사모사채발행 인수 등의 대출을 하는 연계거래를 한 경우, 비록 연계거래가 관행적으로 행해지고 있고 그 절차가 적법하며, 그 이익은 간접적으로 제공 받는 것이라 하더라도 구성요건에 해당하는 행위로 보아야 한다(서울고등법원 2003.10.21. 선고 2003노125 판결).

또한 제9조 제1항의 죄는 금품 기타 이익을 수수하거나 제3자에게 이를 공여하게 하면 바로 성립되는 것이며, 저축을 하는 자가 당해 저축과 관련하여 금융기관과 맺은 계약의 유·무효는 범죄의 성립에 영향을 미치지 않는다(대법원 2001.6.29. 선고 99도5026 판결).

3) 금융회사등의 임·직원으로부터

관련 규정이 정한 이외의 금품이나 그 밖의 이익을 제공하는 상대방은 금융회사의 임·직원이어야 한다. 이때 그 임·직원이 금융기관등의 기관이나 대리인으로서 금융기관 소유의 금품을 건넨 것인지 아니면 임·직원 개인이 자기 소유의 금품을 건넨 것인지는 문제되지 않는다(대법원 2006.3.9. 선고 2003도6733 판결).

2. 저축 관련 부당한 대출(제2항)

특정경제범죄법 제9조 제2항의 죄는 저축을 하는 사람이 저축과 관련하여 저축을 중개하는 사람이나 제3자로 하여금 대출을 받게 하거나 저축을 중개하는 사람이 저축과 관련하여 직접 대출을 받거나 제3자로 하여금 대출을 받게 하면 성립한다.

제5절 무인가 단기금융업의 가중처벌

제11조(무인가 단기금융업의 가중처벌) ① 「자본시장과 금융투자업에 관한 법률」 제444조제22호(단기금융업무만 해당한다)의 죄를 범한 사람은 그 영업으로 인하여 취득한 이자, 할인 및 수입료 또는 그 밖의 수수료의 금액(이하 이 조에서 "수수료액"이라 한다)이 연 1억원 이상일 때에는 다음 각 호의 구분에 따라 가중처벌한다.
  1. 수수료액이 연 10억원 이상일 때: 3년 이상의 유기징역
  2. 수수료액이 연 1억원 이상 10억원 미만일 때: 1년 이상의 유기징역
② 제1항의 경우에 취득한 수수료액의 100분의 10 이상 수수료액 이하에 상당하는 벌금을 병과한다.

　　특정경제범죄법 제11조는 「자본시장과 금융투자업에 관한 법률」이 처벌하는 무인가 업무자에 대하여 수수료 금액에 따른 가중처벌을 규정하고 있다.

자본시장과 금융투자업에 관한 법률

제444조(벌칙) 다음 각 호의 어느 하나에 해당하는 자는 5년 이하의 징역 또는 2억원 이하의 벌금에 처한다.
  22. 제323조의21, 제335조의2, 제355조제1항 또는 제360조제1항을 위반하여 인가를 받지 아니하고 해당 업무를 영위한 자

제360조(금융기관등의 단기금융업무) ① 1년 이내에서 대통령령으로 정하는 기간 이내에 만기가 도래하는 어음의 발행·할인·매매·중개·인수 및 보증업무와 그 부대업무(附帶業務)로서 대통령령으로 정하는 업무(이하 "단기금융업무"라 한다)를 영위하려는 자는 금융위원회의 인가를 받아야 한다.

제6절   취업제한

제14조(일정 기간의 취업제한 및 인가·허가 금지 등) ① 제3조, 제4조제2항(미수범을 포함한다), 제5조제4항 또는 제8조에 따라 유죄판결을 받은 사람은 다음 각 호의 기간 동안 금융회사등, 국가·지방자치단체가 자본금의 전부 또는 일부를 출자한 기관 및 그 출연(出捐)이나 보조를 받는 기관과 유죄판결된 범죄행위와 밀접한 관련이 있는 기업체에 취업할 수 없다. 다만, 대통령령으로 정하는 바에 따라 법무부장관의 승인을 받은 경우에는 그러하지 아니하다.

1. 징역형의 집행이 종료되거나 집행을 받지 아니하기로 확정된 날부터 5년
2. 징역형의 집행유예기간이 종료된 날부터 2년
3. 징역형의 선고유예기간

② 제1항에 규정된 사람 또는 그를 대표자나 임원으로 하는 기업체는 제1항 각 호의 기간 동안 대통령령으로 정하는 관허업(官許業)의 허가·인가·면허·등록·지정 등(이하 이 조에서 "허가등"이라 한다)을 받을 수 없다. 다만, 대통령령으로 정하는 바에 따라 법무부장관의 승인을 받은 경우에는 그러하지 아니하다.

③ 제1항의 경우 국가·지방자치단체가 자본금의 전부 또는 일부를 출자한 기관 및 그 출연이나 보조를 받는 기관과 유죄판결된 범죄행위와 밀접한 관련이 있는 기업체의 범위는 대통령령으로 정한다.

④ 법무부장관은 제1항 또는 제2항을 위반한 사람이 있을 때에는 그 사람이 취업하고 있는 기관이나 기업체의 장 또는 허가등을 한 행정기관의 장에게 그의 해임(解任)이나 허가등의 취소를 요구하여야 한다.

⑤ 제4항에 따라 해임 요구를 받은 기관이나 기업체의 장은 지체 없이 그 요구에 따라야 한다.

⑥ 제1항, 제2항 또는 제5항을 위반한 자는 1년 이하의 징역 또는 500만원 이하의 벌금에 처한다.

Ⅰ. 의의

1. 입법

특정경제범죄법이 시행된 1984. 1. 1.부터 취업제한 및 인허가 금지제도가 규정되어 있다. 특정경제범죄법 제14조 제1항은 취업제한의 대상범죄, 제한기간, 그리고 법무부장관에 의한 취업승인을 규정하고 있다. 취업제한의 대상기관, 제한통지 그리고 취업승인 신청에 대해서는 특정경제범죄법 시행령 제10조, 제12조 그리고 제13조에 규정되어 있다.

그렇지만 2019년 특정경제범죄법 시행령의 개정 전까지 특정경제범죄법의 취업제한은 사실상 사문화된 제도에 불과하였는데, 2018년 국정감사에서 "불법 경영자의 경영 복귀를 제한할 수 있는 현행법상 유일한 제도를 방치"하고 있다고 문제가 제기되었다.[17] 이후 특정경제범죄법의 취업제한제도를 실질화하고자 특정경제범죄법 시행령이 개정되었고, 2019. 11. 14. '특정경제사범 관리위원회'가 출범하여 취업제한제도가 활용되고 있다.

2. 법적 성격

취업제한제도는 특정경제범죄법 이외에 청소년성보호법, 아동복지법, 노인복지법, 여객자동차법, 화물자동차법 등에도 규정되어 있는데, 특정경제범죄법에서 가장 먼저 입법되었다. 청소년성보호법 제56조[18]에 규정된 취업제한은 재범위험성을 고려하여 형벌과 별도로 선고되는 것으로서, 특별예방적 사고를 강조하며 재범의 위험성을 고려한 보안처분으로 이해할 수 있다. 그렇지만 특정경제범죄법

---

17 김정환·홍사윤, "특정경제범죄법상 취업제한제도의 형벌로서의 법적 성격의 규명", 형사정책 제32권 제3호, 2020, 13면.

18 제56조(아동·청소년 관련기관등에의 취업제한 등) ① 법원은 아동·청소년대상 성범죄 또는 성인대상 성범죄로 형 또는 치료감호를 선고하는 경우에는 판결(약식명령을 포함한다.)로 그 형 또는 치료감호의 전부 또는 일부의 집행을 종료하거나 집행이 유예·면제된 날(벌금형을 선고받은 경우에는 그 형이 확정된 날)부터 일정기간 동안 다음 각 호에 따른 시설·기관 또는 사업장을 운영하거나 아동·청소년 관련기관등에 취업 또는 사실상 노무를 제공할 수 없도록 하는 명령을 성범죄 사건의 판결과 동시에 선고(약식명령의 경우에는 고지)하여야 한다. 다만, 재범의 위험성이 현저히 낮은 경우, 그 밖에 취업을 제한하여서는 아니 되는 특별한 사정이 있다고 판단하는 경우에는 그러하지 아니한다.

제14조의 취업제한은 보안처분이 아닌 형벌(자격정지형)로 보는 것이 타당하다. 특정경제범죄법의 취업제한 유기징역에 일종의 자격정지형이 필요적으로 병과된 것으로 볼 수 있는데, 그 이유는 다음과 같다.

첫째, 특정경제범죄법에서는 법원에 재범위험성을 판단할 수 있는 절차를 마련해두지 않았다는 점에서 보안처분으로 볼 수 없다. 헌법재판소에 따르면 보안처분이란 "피감호자의 "재범의 위험성"을 방지하거나 예방하고, 이로써 공공의 안전과 이익을 보호하고자 하는 특별예방적 목적처분"이다(헌법재판소 1989.7.14. 선고 88헌가5·8, 89헌가44 결정). 보안처분은 과거 범죄에 대한 책임을 묻는 것이라기보다는 장래 위험성에 초점을 맞춰 이를 낮추고 행위자의 사회적응력을 증진하기 위한 형사제재이므로, 보안처분은 그 본질상 법원이 대상자의 재범위험성을 평가하는 과정을 수반해야 한다. 그러나 입법자는 특정경제범죄법 제14조에서 재범위험성의 판단 없이 일정 기간 취업제한이 자동 부과되도록 규정하였다.

둘째, 특정경제범죄법의 보호법익에는 개인적 법익뿐만 아니라 국가경제라는 초개인적 법익이 포함된다(제1조 참조). 기업 임직원의 사기·횡령·배임행위는 피해 회사뿐만 아니라 회사의 주주나 채권자와 같은 이해관계자에게도 경제적 타격을 입혀 경제질서 전반에 악영향을 미치기 때문이다. 연쇄적인 파급효과를 가진 대형경제범죄의 속성을 고려할 때, 특정경제사범에게 취업제한이 자동 부과되는 특정경제범죄법 제14조는 경제범죄의 특성에 부합하는 '형벌'로 이해하는 것이 타당하다.

셋째, 특정경제범죄법을 통하여 경제범죄에 대해서 법정형을 가중하고 경제사범의 직업활동을 제한하여 경제질서를 보호하겠다는 입법자의 의도 속에는 범죄자의 개별적 특성을 고려하는 특별예방이 아니라 일반예방이 강조된 것이다. 성범죄자와 특정경제범죄자의 특성을 구별한 것이다.

Ⅱ. 적용대상과 효과

1. 적용대상

특정경제범죄법의 규율을 받는 자를 '특정경제사범'이라 하는데, 그중 취업이 제한되는 경우는 '5억 원 이상의 사기, 횡령, 배임, 재산국외도피 등 경제범죄를 저지른 경제인으로서 또는 3천만 원 이상의 부정한 금품을 수수한 금융기관 임직원으로서 징역형의 선고나 선고유예의 유죄가 확정된 사람'이다(제14조 제1항).

　특정경제사범에 대한 취업제한 및 인허가의 금지되는 범죄는 크게 세 가지로 분류될 수 있다. ① '형법상의 특정 재산범죄'(제3조)가 있다. 이득액 5억 원 이상인 사기(형법 제347조), 컴퓨터등 사용사기(형법 제347조의2), 공갈(형법 제350조), 특수공갈(형법 제350조의2) 및 이에 대한 상습범(형법 제351조), 횡령·배임(형법 제355조), 그리고 업무상의 횡령·배임(형법 제356조)이 이에 해당한다. ② 국외재산도피행위자(제4조 제2항)의 취업이 제한된다. 이때 재산국외도피행위의 미수범과 기수범이 동일한 법정형으로 처벌되며 모두 취업제한의 대상이 되는데, 이에 대해선 미수와 기수의 불법성의 차이를 고려하지 않아 부당하다는 비판이 제기되기도 한다.[19] ③ 금융부패에 관한 범죄 중 '금융회사등의 임직원'이 주체가 되어 저지른 수뢰죄(제5조 제4항)와 사금융알선의 죄(제8조)가 취업제한 대상 범죄이다. 공무원이 아닌 금융회사 등의 임직원들을 일반인보다 중하게 처벌하는 것은 부당하다는 비판이 제기된다.[20]

2. 효과

[1] 취업제한

　특정경제사범은 일정기간 취업이 제한된다. 취업이 제한되는 기관은 국가·지방자치단체가 자본금의 전부 또는 일부를 출자한 기관 및 그 출연(出捐)이나 보조를 받는 기관과 유죄판결된 범죄행위와 밀접한 관련이 있는 기업체이고(제14조 제1항), 취업이 제한되는 특정경제사범이나 그를 대표자나 임원으로 하는 기업체는 대통령령으로 정하는 관허업(官許業)의 허가·인가·면허·등록·지정 등을 받을 수 없다(제14조 제2항). 이에 대한 구체적인 대상은 특정경제범죄법 시행령 제10조와 제11조에 규정되어 있다.

　취업제한의 기간은 형벌의 형태에 따라 달라지는데, 징역형의 집행이 선고된

19　손동권, 형사특별법 정비방안. 4. 특정경제범죄가중처벌법 등에 관한 법률, 한국형사정책연구원, 2008, 113면.
20　안경옥, "특정경제범죄가중처벌등에관한법률의 정비방안", 형사정책 제17권 제2호, 한국형사정책회, 2005, 22면.

경우는 그 집행이 종료되거나 집행 받지 않기로 확정된 날로부터 5년간 취업이 금지되고(제14조 제1항 제1호), 징역형의 집행유예가 선고된 경우는 집행유예기간 및 그 기간이 종료된 날로부터 2년간 취업이 금지되고(제14조 제1항 제2호), 징역형의 선고유예가 된 경우는 선고유예기간 취업이 금지된다(제14조 제1항 제3호). 이때 징역형의 집행유예가 선고된 경우와 관련하여 규정의 문언으로는 "징역형의 집행유예기간이 종료된 날부터 2년"이라고 하고 있어 집행유예의 기간에는 취업이 가능한 것인지에 대한 의문이 제기되는데, 집행유예가 선고되는 경우보다 더 경한 경우인 선고유예의 기간에 당연히 취업이 제한되도록 규정한 취지에 비추어 보면 집행유예의 기간에도 취업이 제한되고 그 이후 2년간 더 취업이 제한되도록 입법된 것이라고 볼 수 있다.

특정경제범죄법 시행령

제10조(취업제한대상인 기관 및 기업체의 범위) ① 법 제14조제1항 본문에 따른 국가·지방자치단체가 자본금의 전부 또는 일부를 출자한 기관 및 그 출연(出捐)이나 보조를 받는 기관은 별표 1부터 별표 3까지에 해당하는 기관으로 한다.

② 법 제14조제1항 본문에 따른 유죄판결된 범죄행위와 밀접한 관련이 있는 기업체는 다음 각 호의 어느 하나에 해당하는 기업체로 한다.

1. 법 제3조·법 제4조제2항(미수범을 포함한다)·법 제5조제4항 또는 법 제8조에 따라 유죄판결을 받은 사람의 공범(법 제5조제4항에 따라 유죄판결을 받은 사람에 대응하여 법 제6조의 죄를 범한 사람을 포함한다. 이하 이 항에서 같다)이나 공범의 직계 존·비속, 형제자매, 배우자가 출자한 기업체로서 그 출자한 금액의 합계액이 발행주식 또는 출자금의 총액의 100분의 5 이상인 기업체

2. 법 제3조·법 제4조제2항 (미수범을 포함한다) 법 제5조제4항 또는 법 제8조에 따라 유죄판결을 받은 사람의 공범이 그 범행 당시 임원 또는 과장급 이상의 간부직원으로 있었거나 임원 또는 과장급 이상의 간부직원으로 있는 기업체

3. 법 제3조·법 제4조제2항(미수범을 포함한다)·법 제5조제4항 또는 법 제8조에 따라 유죄판결된 범죄행위로 인하여 재산상 이득을 취득한 기업체 또는 재산상 손해를 입은 기업체

4. 법 제3조·법 제5조제4항 및 법 제8조에 따라 유죄판결을 받은 사람의 범죄행위로 인하여 재산상 이득을 취득한 제3자 또는 그 제3자의 직계 존·

비속, 형제자매, 배우자가 출자한 기업체로서 그 출자한 금액의 합계액이
제1호에 규정된 기준 이상인 기업체
5. 제4호에 따른 제3자가 범죄행위 당시 임원 또는 과장급 이상의 간부직원으
로 있었거나 임원 또는 과장급 이상의 간부직원으로 있는 기업체
6. 제1호부터 제5호까지의 어느 하나에 해당하는 기업체가 출자한 기업체로서
그 출자한 금액이 제1호에 규정된 기준 이상인 기업체

제11조(허가등이 금지되는 관허업의 범위) 법 제14조제2항에서 "대통령령으로
정하는 관허업"이란 특정한 사업·영업 또는 행위를 업으로 하기 위하여 행정기
관으로부터 허가·인가·면허·등록·지정·승인 및 특허(이하 "허가등"이라 한다)
를 받아야 할 대상으로서 그 처분청이 중앙행정기관의 장, 특별시장, 광역시장, 특
별자치시장, 도지사 또는 특별자치도지사인 경우(법령에 따라 그 허가등의 권한이
하부기관 또는 다른 기관에 위임 또는 위탁된 경우를 포함한다)의 해당 사업·영
업 또는 행위를 말한다.

[2] 법무부장관의 취업승인

취업이 제한된 특정경제사범도 법무부장관의 승인을 받으면 취업제한대상 기
관이나 기업체에 취업할 수 있다. 법무부장관이 취업제한 대상자의 재취업을 최
종적으로 승인할 수 있는 권한을 가지고 있으며, 특정경제범죄법 시행령에 그 절
차가 규정되어 있다.

취업제한 대상자가 시행령 제13조 제1항에 따라 취업승인신청을 할 경우에만
법무부장관의 취업승인권한이 발동될 수 있으며, 법무부장관이 취업승인의 주체
이지만 특정경제사범 관리위원회의 심의를 거쳐 '취업승인신청'에 대한 결정이 내
려진다. 특정경제사범 관리위원회는 법무부차관이 위원장이 되고 10인 이내의 위
원으로 구성되는데(특정경제사범 관리위원회 규정 제4조), 형법 제51조의 사항과 그
밖의 공공의 이익을 고려하여 특정경제범죄법 제14조에 따른 취업 및 인가·허가
등 승인 여부를 심의한다(동 규정 제7조의2). 동 위원회는 심의·자문의 권한만이
인정될 뿐이지만, 법무부장관은 위원회의 심의의견을 최대한 존중하여야 한다
(동 규정 제10조 제2항).

취업승인의 신청에 대해서 불승인이 된 경우에 신청자는 취업승인의 재신청
또는 불승인처분에 대한 행정소송을 제기할 수 있다. 그런데 승인의 경우에는 후
속조치가 마련되어 있지 않다. 예를 들어 기존의 경제범죄행위에 대한 예방수단

을 강구하였다면서 취업신청을 하여 취업승인이 된 경우에, 사후에 예방수단을 지키지 않더라도 현행법상 규제할 수 있는 수단이 없다. 징역형의 가석방의 경우에도 범죄예방 등을 위해 가석방의 취소를 규정하고 있듯이(형법 제75조), 취업제한의 승인에 대해서도 취소의 가능성을 규정해야 취업제한의 형벌로서의 의미가 유지될 수 있을 것이다.[21]

----

21   김정환·홍사윤, "특정경제범죄법상 취업제한제도의 형벌로서의 법적 성격의 규명", 형사정책 제 32권 제3호, 2020, 31면.

제8장   여신전문금융업법

제1절   서두

Ⅰ. 입법목적

연혁

1990년대 후반 대외 금융개방에 따른 금융업의 경쟁력 강화와 다양한 금융수요의 충족이 요구되는 가운데 당시 신용카드업, 시설대여업, 할부금융업, 신기술사업금융업 등은 수신기능 없이 여신업무만을 취급하는 유사한 성격의 금융업임에도 각각 개별법에 의하여 규율되었다. 이에 기존의 개별 근거법을 통합하여 유사한 금융업을 종합적으로 영위할 수 있도록 하고 관련 사업 진입 및 영업에 관한 규제를 완화하여 관련 금융업의 경쟁력을 높이려는 취지로 1997.8.28. 「여신전문금융업법」이 제정되어 1998.1.1. 시행되었다. 여신전문금융업법의 시행과 동시에 기존의 「신용카드업법」은 폐지되었다.

법률 제정 당시부터 제8장 벌칙규정에는 현행과 유사한 내용의 신용카드 관련 범죄가 규정되어 있었는데 벌칙 규정과 관련해서는 ① 2002.3.30. 개정법률이 신용카드 부정사용에 관하여 매출전표 작성여부에 관계없이 카드거래의 성립만으로 처벌할 수 있도록 규정하는 한편 신용카드가맹점의 카드사용거절과 차별대우를 처벌하는 구성요건을 신설하였고(제19조, 제70조), ② 2005.5.31. 개정법률은 할인매입에 의한 자금융통행위를 처벌하는 규정을 신설하였으며, ③ 2009.2.6. 개정법률은 양벌규정의 면책규정을 추가하였고(제71조), ④ 2015.1.20. 개정에서는 징역형과 벌금형의 임의적 병과 규정을 신설하는 등(제71조 제4항)의 개정이 이루어졌다.

여신전문금융업법은 신용카드업, 시설대여업, 할부금융업 및 신기술사업금융업을 하는 자의 건전하고 창의적인 발전을 지원함으로써 국민의 금융편의를 도모하고 국민경제의 발전에 이바지함을 목적으로 하는 법률이다(제1조). 따라서 다양한 형태의 여신금융업에 관한 규정이 총 망라된 관계로 이 법에는 행정법적 규제와 민사적 규제, 형사적 규제가 혼재해 있다. 이 중 흔히 신용카드범죄라고 일컫는 범죄구성요건이 제70조에 주로 규정되어 있는데 이러한 범죄의 보호법익은 신용카드를 사용한 거래의 안전 및 이에 대한 공중의 신뢰로 사회적 법익이라 할 수 있다(대법원 1996.7.12. 선고 96도1181 판결).

Ⅱ. 조문개관 및 신용카드범죄의 유형

신용카드와 관련한 범죄는 신용카드 '취득'에 관한 범죄, 신용카드 '사용'에 관한 범죄, 신용카드 '처분'에 관한 범죄와 기타 범죄로 분류해 볼 수 있다.

우선, 신용카드의 '취득'과 관련한 범죄행위에는 신용카드 자체를 객체로 하는 절도, 강도, 사기, 횡령 등의 행위와 문서인 신용카드를 객체로 하는 사문서 위·변조행위 그리고 타인의 명의를 모용한 신용카드 발급과 지불능력을 속인 자기 명의 신용카드 발급과 같은 부정한 카드발급에 관한 행위가 있다. 여신전문금융업법은 특히 신용카드의 위·변조(제70조 제1항 제1호)와 위·변조된 신용카드의 취득(제70조 제1항 제5호), 부정하게 알아낸 타인의 신용카드 정보의 보유(제70조 제1항 제6호)를 규정하고 있다.

다음으로 신용카드 '사용'과 관련한 범죄행위에는 위·변조 및 각종 재산범죄로 취득한 신용카드를 부정하게 사용하는 행위와 부정하게 알아낸 타인의 신용카드 정보를 이용하는 행위가 있다. 부정한 신용카드 사용행위는 그 방법에 따라 형법상 절도죄(제329조), 사기죄(제347조) 등 각종 재산범죄의 성립이 가능한데 여신전문금융업법은 신용카드의 부정사용에 의한 이익 취득이 아닌 부정사용 그 자체를 처벌하는 규정을 두고 있다(제70조 제1항 제2호, 제3호, 제4호). 또한 신용카드 자체가 아닌 신용카드 정보의 이용을 통한 거래를 처벌하는 별도의 구성요건이 있다(제70조 제1항 제6호).

신용카드의 '처분'과 관련한 범죄행위로 여신전문금융업법은 불법한 방법으로 취득한 신용카드의 처분(제70조 제1항 제2호, 제3호, 제4호)과 신용카드의 양도·양수를 규정하고 있다(제70조 제3항 제3호).

그 밖에도 여신전문금융업법은 신용카드를 이용한 자금융통과 이러한 행위의 중개·알선을 처벌하는 규정을 두고 있다(제70조 제3항 제2호).

구분	주요 내용	조항
신용카드 취득범죄	신용카드 위·변조	제70조 제1항 제1호
	위·변조된 신용카드 취득	제70조 제1항 제5호
	신용카드 정보 보유	제70조 제1항 제6호
신용카드 사용범죄	위조·변조 신용카드 사용	제70조 제1항 제2호
	분실·도난·강취·갈취·횡령·사취·갈취한 신용카드 사용	제70조 제1항 제3호, 제4호
	신용카드 정보 부정이용	제70조 제1항 제6호
신용카드 처분범죄	위조·변조·분실·도난·강취·갈취·횡령·사취·갈취한 신용카드 판매	제70조 제1항 제2호, 제3호, 제4호
	신용카드 양도·양수	제70조 제3항 제3호
기타 범죄	신용카드 이용 자금융통 및 중개·알선	제70조 제3항 제2호

Ⅲ. 여신전문금융업법 적용대상 카드

제2조(정의) 3. "신용카드"란 이를 제시함으로써 반복하여 신용카드가맹점에서 다음 각목을 제외한 사항을 결제할 수 있는 증표로서 신용카드업자(외국에서 신용카드업에 상당하는 영업을 영위하는 자를 포함한다)가 발행한 것을 말한다.

6. "직불카드"란 직불카드회원과 신용카드가맹점 간에 전자적 또는 자기적 방법으로 금융거래계좌에 이체하는 등의 방법으로 결제가 이루어질 수 있도록 신용카드업자가 발행한 증표{자금을 융통받을 수 있는 증표는 제외한다}를 말한다.

8. "선불카드"란 신용카드업자가 대금을 미리 받고 이에 해당하는 금액을 기록(전자적 또는 자기적 방법에 따른 기록을 말한다)하여 발행한 증표로서 선불카드소지자가 신용카드가맹점에 제시하여 그 카드에 기록된 금액의 범위에서 결제할 수 있게 한 증표를 말한다.

1. 적용대상 카드

[1] 카드의 종류

흔히 '카드'라는 이름으로 거래 수단으로 사용되는 모든 문서가 여신전문금융업법의 적용을 받는 카드는 아니다. 여신전문금융업법 제2조 제3호는 이 법의 적용을 받는 카드의 유형으로 신용카드, 직불카드, 선불카드를 제시하고 있으며 이 법이 규정한 구체적인 범죄유형에 따라서 이 중 전부 또는 일부가 적용대상이 된다. 사문서 위·변조죄의 특별규정이라 할 수 있는 위·변조와 관련한 범죄의 대상에는 세 가지 카드가 모두 포함된다. 반면 대표적인 신용카드 사용범죄인 신용카드부정사용죄(제70조 제1항 제3호, 제4호)의 적용대상은 신용카드와 직불카드 두 가지이며 신용카드정보 보유 및 부정이용죄(제70조 제1항 제6호)와 신용카드 이용 불법 자금융통죄(제70조 제2항 제2호)의 적용대상은 신용카드 한 가지에 국한된다.

우선, '신용카드'란 이를 제시함으로써 반복하여 신용카드가맹점에서 결제할 수 있는 증표로서 신용카드업자(외국에서 신용카드업에 상당하는 영업을 영위하는 자를 포함한다)가 발행한 것을 말한다(제2조 제3호). 신용카드의 유형에는 '신용카드회사―카드가맹점―신용카드회원'의 3당사자간 거래가 이루어지는 신용카드와 '백화점 등의 카드발행 기관―신용카드회원'의 2당사자간 거래가 이루어지는 신용카드가 있다.

다음으로 '직불카드'란 직불카드회원과 신용카드가맹점 간에 전자적 또는 자기적 방법으로 금융거래계좌에 이체하는 등의 방법으로 결제가 이루어질 수 있도록 신용카드업자가 발행한 증표를 말한다(제2호 제6호). 현금을 대신하는 결제기능이 있다는 점에서는 신용카드와 같으나 즉시 대금지급이 이루어지고 할부결제나 현금서비스 기능을 사용할 수 없다는 점에서는 신용카드와 구별된다. 흔히 사용되는 '체크카드'는 결제시 은행계좌에서 실시간으로 직접 대금이 인출된다는 점에서 직불카드와 같은 방식이지만 직불카드가 은행공동전산망을 통하여 결제되는 반면 체크카드는 신용카드 전산망을 통하여 결제된다는 점과 직불카드는 유효기간이 없는 반면 체크카드는 유효기간이 있다는 등의 차이가 있으나, 여신전문금융업법의 적용에 있어서는 체크카드를 직불카드로 본다(대법원 2017.2.3. 선고 2016다254924 판결).

끝으로 '선불카드'란 신용카드업자가 대금을 미리 받고 이에 해당하는 금액을 기록(전자적 또는 자기적 방법에 따른 기록을 말한다)하여 발행한 증표로서 선불카드 소지자가 신용카드가맹점에 제시하여 그 카드에 기록된 금액의 범위에서 결제할 수 있도록 한 증표를 말한다(제2조 제8호). 신용카드회사가 발급한 기프트카드, 제 휴선불카드 등이 그 예이다.

[2] 카드의 기능

신용카드의 본래적 기능에는 물품 또는 용역의 구입을 위한 결제기능과 현금 서비스를 위한 현금대출기능이 있다. 다음에서 살펴볼 현금카드의 예금인출 기능 이 신용카드에 탑재된 경우라도 이는 사용상의 편의를 위한 것일 뿐 본질적인 신 용카드의 기능이라 할 수 없다.

2. 적용제외 카드

'현금카드'는 자신의 은행계좌에서 예금을 인출하기 위한 수단으로 발급되는 카드로 신용의 공여와 관계없이 예금계약에 의한 예금인출이 이루어진다는 점에서 여신전문금융업법의 적용대상이 아니다. 다만 현실에서는 사용의 편의를 위하여 하나의 카드에 현금카드의 기능과 신용카드·직불카드의 기능을 한꺼번에 부여하 는 경우가 많은데 이 경우에는 카드가 사용된 용법에 따라 카드의 성격을 결정하 여야 한다. 따라서 신용카드의 기능이 있는 카드라도 이를 본인 계좌에서 예금을 인출하는데 사용하였다면 여신전문금융업법이 적용되지 않는다(대법원 2010.6.10. 선고 2010도3409 판결).

또한 '회원권 카드'는 일반적으로 특정한 시설 이용을 목적으로 고객이 그 시 설 경영 기업과 체결한 회원계약상의 지위를 나타내는 카드이다. 신용카드업자가 발급한 것이 아니며 회원계약에 근거하여 일정한 시설 이용의 자격을 부여한 것 이므로 신용의 공여와는 무관한 카드라 할 수 있다. 따라서 회원권카드역시 여신 전문금융업법의 적용대상에서 제외된다(대법원 2010.6.10. 선고 2010도3409 판결).

한편 기업구매실무에서는 구매기업(카드회원)과 판매기업(가맹점)이 은행과 약 정을 체결하고 판매기업으로부터 물품을 구매한 후 구매대금에 대한 카드거래승인 을 받아 물품대금을 지급하는 방식의 '기업구매전용카드'가 사용된다. 그러나 이 경우에는 실물 형태의 신용카드가 아닌 카드번호만이 부여되고 결제시에도 증표로 서 이를 제시할 것이 요구되지 않는 등 신용카드 거래가 아닌 사실상 특수한 형태 의 상거래 대금 전자결제 방식이라 할 수 있다. 따라서 기업구매전용카드는 여신 전문금융업법의 적용대상에서 제외된다(대법원 2013.7.25. 선고 2011도14687 판결).

제2절   신용카드의 취득에 관한 범죄

Ⅰ. 부정한 신용카드의 발급 신청

1. 자기명의의 카드 발급

신용카드회사의 카드발급은 일정한 금액 한도 내에서 카드사용에 의한 금전대출 또는 외상거래를 미리 포괄적으로 허용하는 신용 공여 행위라 할 수 있다. 따라서 카드발급 대상자의 결제의사와 결제능력은 카드발급을 결정짓는 가장 중요한 요소라 할 것이므로, 대출금 및 거래대금을 정상적으로 결제할 의사나 능력이 없음에도 신용카드를 발급받았다면 사기죄(형법 제347조)에 해당할 수 있다. 판례는 지불의사 없는 카드의 발급과 이후의 사용행위를 전체적으로 보아 사기죄의 포괄일죄가 성립한다는 입장이다(대법원 1996.4.9. 선고 95도2466 판결).

2. 타인명의 모용의 카드 발급

다른 사람을 가장하여 신용카드를 발급받는 경우 범죄가 성립하는지에 대해서는 견해가 대립한다. 타인 명의 모용은 신용공여의 전제가 되는 대상자의 동일성에 대한 기망이라 할 수 있으므로 사기죄가 성립하고 이후의 사용행위는 자기명의 카드발급과 같이 사기죄의 포괄일죄가 되는 것으로 보아야 한다는 입장이 있다.[1] 반면, 신용카드의 취득행위와 이후에 이루어진 사용행위를 별개의 행위로 보면서 타인 명의의 신용카드 발급은 이후의 행위에 대한 예비행위에 불과하므로 범죄로 처벌되지 않는다는 입장도 제기된다.[2] 판례는 취득 이후의 신용카드 사용에 대해서는 절도죄나 컴퓨터 사용사기죄 등이 성립한다고 보아 후자의 입장으로 보이지만(대법원 2006.7.27. 선고 2006도3126 판결), 신용카드 취득 자체에 대해서 명시적으로 판단한 바는 없다.

---

[1] 안경옥, 타인명의를 모용·발급받은 신용카드를 이용하 현금인출행위와 컴퓨터 등 사용사기죄, 형사판례연구[11], 박영사, 2003, 159면.

[2] 최관식, 타인명의를 모용하여 발급받은 신용카드 사용행위의 형사책임, 형사정책연구 제18권 제3호, 2007.

Ⅱ. 타인 명의 신용카드의 불법취득

신용카드 역시 재물성을 가지므로 절도, 강도, 횡령, 사기 등 재산범죄의 객체가 될 수 있다. 한편 신용카드를 불법취득한 후 사용하고 되돌려 주는 사용절도를 어떻게 평가할 것인지 문제되는데, 판례는 신용카드업자가 발행한 신용카드는 이를 소지함으로써 신용구매가 가능하고 금융의 편의를 받을 수 있다는 점에서 경제적 가치가 있다 하더라도 그 자체에 경제적 가치가 화체되어 있거나 특정의 재산권을 표창하는 유가증권이라고 볼 수 없고, 단지 신용카드회원이 그 제시를 통하여 신용카드회원이라는 사실을 증명하거나 현금자동지급기 등에 주입하는 등의 방법으로 신용카드업자로부터 서비스를 받을 수 있는 증표로서의 가치를 갖는다고 보았다. 따라서 이를 사용하여 현금자동지급기에서 현금을 인출 하였더라도 신용카드 자체가 가지는 경제적 가치가 인출된 예금액만큼 소모되었다고 할 수 없으므로, 이를 일시 사용하고 곧 반환한 경우는 처벌할 불법영득의사가 없다고 보았다(대법원 1999.7.9. 선고 99도857 판결).3

Ⅲ. 신용카드의 위조 및 변조

제70조(벌칙) ① 다음 각 호의 어느 하나에 해당하는 자는 7년 이하의 징역 또는 5천만원 이하의 벌금에 처한다.
　1. 신용카드등을 위조하거나 변조한 자

3　판례는 현금인출의 수단이라는 유사한 기능을 하는 '예금통장'에 대해서는 다른 입장이다. 판례는 예금통장은 예금채권을 표창하는 유가증권이 아니고 그 자체에 예금액 상당의 경제적 가치가 화체되어 있는 것도 아니지만, 이를 소지함으로써 예금채권의 행사자격을 증명할 수 있는 자격증권으로서 예금계약사실 뿐 아니라 예금액에 대한 증명기능이 있고 이러한 증명기능은 예금통장 자체가 가지는 경제적 가치라고 보아야 한다고 본다. 따라서 예금통장을 사용하여 예금을 인출하게 되면 그 인출된 예금액에 대하여는 예금통장 자체의 예금액 증명기능이 상실되고 이에 따라 그 상실된 기능에 상응한 경제적 가치도 소모된다고 할 수 있다. 그렇다면 타인의 예금통장을 무단사용하여 예금을 인출한 후 바로 예금통장을 반환하는 사용절도의 경우라도 그 사용으로 인한 경제적 가치의 소모가 무시할 수 있을 정도로 경미한 경우가 아닌 이상 예금통장 자체가 가지는 예금액 증명기능의 경제적 가치에 대한 불법영득의 의사를 인정할 수 있어 절도죄가 성립하게 된다(대법원 2010.5.27. 선고 2009도9008 판결).

⑦ 제1항제1호의 죄를 범할 목적으로 예비하거나 음모한 자는 3년 이하의 징역 또는 2천만원 이하의 벌금에 처한다. 다만, 그 목적한 죄를 실행하기 전에 자수한 자에 대하여는 그 형을 감경하거나 면제한다.

⑧ 제1항부터 제4항까지의 규정에 따른 징역형과 벌금형은 병과할 수 있다.

문서란 문자 또는 이를 대신할 수 있는 가독적 부호로 계속적으로 물체상에 기재된 사람의 의사 또는 관념의 표시를 말한다. 신용카드는 문서의 개념 요소 중 계속적 기능과 보장적 기능 이외에도 증명적 기능을 가지고 있어 문서성을 인정할 수 있다는 것이 통설의 태도이다.[4] 따라서 신용카드는 사실증명에 관한 사문서에 해당하여 이를 위·변조한 경우 사문서위·변조죄의 구성요건을 충족한다. 그런데 제70조 제1항 제1호는 신용카드를 위조 또는 변조한 자를 처벌하면서 사문서위·변조죄와 달리 '행사할 목적'을 요하지 않아 형법에 비하여 처벌을 더 강화한 규정이라 할 수 있다. 따라서 행사할 목적으로 신용카드를 위·변조한 경우에도 제70조 제1항 제1호만이 성립한다(법조경합).

신용카드의 위·변조죄는 미수범(제6항)과 예비·음모(제7항)를 처벌하는데, 예비·음모 후 목적한 범죄를 실행하기 전에 자수한 자에 대해서는 형을 필요적으로 감면한다(제7항 단서).

Ⅳ. 행사목적 위·변조 신용카드 취득

제70조(벌칙) ① 다음 각 호의 어느 하나에 해당하는 자는 7년 이하의 징역 또는 5천만원 이하의 벌금에 처한다.

5. 행사할 목적으로 위조되거나 변조된 신용카드등을 취득한 자

⑧ 제1항부터 제4항까지의 규정에 따른 징역형과 벌금형은 병과할 수 있다.

----

4 신용카드의 문서성을 인정하는 데에는 특별한 이견이 없으나 신용카드에 부착된 자기띠 부분은 어떤 형태를 가지고 물체상 표시된 것이 아니어서 문서가 아는 반론이 제기된다. 그러나 자기띠 부분이 전자기록에 해당하는 것은 맞지만 신용카드의 나머지 부분과 불가분적으로 결합된 하나의 결합문서로 해석하는 것이 타당하다(전지연, 312면). 플라스틱 전화카드의 문서성을 인정한 대법원 판례(대법원 2002.6.25. 선고 2002도461 판결)의 취지도 이와 같다.

여신전문금융업법 제70조 제1항 제5호는 행사할 목적으로 위조되거나 변조된 신용카드등을 취득하는 행위를 처벌하는 규정이다. 형법상 위·변조문서행사죄는 위·변조문서를 그 용법대로 사용할 것을 요구하지만, 여신전문금융업법 제70조 제1항 제5호의 죄는 취득만으로 범죄가 성립한다. 일종의 신용카드부정사용죄의 예비단계에 해당하는 행위를 처벌하는 구성요건이라 할 수 있다.

'취득'이란 위조 또는 변조된 신용카드에 대해 사실상의 처분권을 얻는 것을 말하므로 단순히 보관하는 것은 취득에 해당하지 않는다. 또한 신용카드를 위조·변조한 자가 위조·변조한 신용카드를 소지하는 것 역시 별도로 본 죄를 구성하지 않는다.

여기에서 타인이 위·변조한 신용카드라는 사실을 알면서도 절도, 강도, 사기, 공갈, 횡령의 방법으로 이를 취득하는 경우에 본 죄와 함께 형법상 재산범죄도 성립하는지 문제된다. 이는 금제품을 재산범죄의 객체로 볼 수 있는지에 관한 문제라 할 수 있다. 부정설은 소유권의 객체가 될 수 없는 금제품은 재산죄의 객체가 될 수 없다고 보지만, 긍정설은 금제품이라 하더라도 법에 의한 절차에 따라 몰수되기까지는 재물성을 인정해야 한다고 본다. 작성권한 없는 자에 의하여 위조된 유가증권이라도 절차에 따라 몰수되기까지는 그 소지자의 점유를 보호하여야 한다는 점에서 절도죄의 객체를 인정한 판례(대법원 1998.11.24. 98도2967 판결) 역시 긍정설의 입장에 있다. 한편 절충설은 소유와 점유가 모두 금지된 절대적 금제품과 법률에 의하지 않은 소지가 금지된 상대적 금지품을 구별하여 후자는 재물죄의 객체가 될 수 있다는 입장이다. 생각건대 절대적 금제품과 같이 소유나 점유자체가 금지된 금제품은 재산죄를 통하여 지켜야 할 보호법익이 인정되지 않으나 일정한 법적 요건 하에 소유가 허락되는 물건이라면 재산죄를 통한 법적 보호 역시 필요하다고 할 수 있다. 이러한 기준에서 본다면 위·변조 신용카드에 대한 재산죄의 성립은 부정함이 타당할 것이다.

Ⅴ. 신용카드정보 보유

> **제70조(벌칙)** ① 다음 각 호의 어느 하나에 해당하는 자는 7년 이하의 징역 또는 5천만원 이하의 벌금에 처한다.
> 6. 거짓이나 그 밖의 부정한 방법으로 알아낸 타인의 신용카드 정보를 보유하거나 이를 이용하여 신용카드로 거래한 자

여신전문금융업법 제70조 제1항 제6호 전단의 범죄는 거짓이나 그 밖의 부정한 방법으로 알아낸 신용카드 정보를 보유하는 경우 성립하는 범죄이다. 온라인상에서의 신용카드거래는 신용카드 실물이 아닌 카드정보의 입력을 통하여 이루어지므로 부정한 방법으로 신용카드 정보를 알아내는 것은 신용카드 자체를 취득하는 것과 동일하게 평가할 수 있다는 점을 고려한 규정이다.

여기서 '거짓이나 그 밖의 부정한 방법'이란 정상적인 절차에 의해서는 신용카드 정보를 얻을 수 없는 경우임에도 불구하고 위계 기타 사회통념상 부정이라고 인정되는 행위를 사용하여 정보를 알아낸 경우를 말한다. 예를 들어 신용카드 회사의 회원정보 파일을 해킹하거나 금융사기를 위한 피싱(Phishing)의 방법을 활용하거나 카드조회기와 연결된 카드판독기를 설치하여 카드 정보를 알아내는 등의 방법이 여기에 속한다.

또한 '신용카드 정보'란 신용카드의 카드번호, 비밀번호, 유효기간, CVC(card validation code)나 CVV(card verification value) 등 카드거래에 이용될 수 있는 모든 정보를 의미한다.

여신전문금융업법 제70조 제1항 제6호 신용카드정보보유죄는 계속범의 일종이다. 따라서 타인의 신용카드 정보를 자신의 메일계정에 보유한 행위로 여신전문금융업법 제70조 제1항 제6호 위반죄로 처벌받은 후 계속하여 위 신용카드 정보를 보유한 경우는 별개의 범죄로서 종전 확정판결의 기판력이 미치지 않는다(대법원 2008.5.29. 선고 2008도2099 판결).

제3절 신용카드의 사용에 관한 범죄

Ⅰ. 여신전문금융업법상 불법취득 신용카드의 부정사용

1. 위·변조 신용카드사용죄(제70조 제1항 제2호)

> **제70조(벌칙)** ① 다음 각 호의 어느 하나에 해당하는 자는 7년 이하의 징역 또는 5천만원 이하의 벌금에 처한다.
> 2. 위조되거나 변조된 신용카드등을 판매하거나 사용한 자

여신전문금융법 제70조 제1항 제2호는 위·변조된 신용카드를 판매하거나 사용한 자를 처벌하는 규정이다. 신용카드 판매 및 사용의 의미는 아래의 신용카드 부정사용죄의 경우와 동일하다.

2. 신용카드부정사용죄(제70조 제1항 제3호, 제4호)

> **제70조(벌칙)** ① 다음 각 호의 어느 하나에 해당하는 자는 7년 이하의 징역 또는 5천만원 이하의 벌금에 처한다.
> 3. 분실하거나 도난당한 신용카드나 직불카드를 판매하거나 사용한 자
> 4. 강취·횡령하거나, 사람을 기망하거나 공갈하여 취득한 신용카드나 직불카드를 판매하거나 사용한 자

〔1〕 주체

'신용카드부정사용죄'라고 불리는 여신전문금융업법 제70조 제1항 제3호와 제4호의 죄는 분실, 도난, 강취, 횡령, 편취, 갈취의 사유로 취득한 신용카드를 정당한 소지인인 것처럼 속여 카드의 본래 기능대로 사용하는 때에 성립하는 범죄로 주체에는 제한이 없다. 따라서 재산범죄로 신용카드나 직불카드를 취득한 자뿐만 아니라 이러한 정을 알면서 취득한 제3자도 주체가 될 수 있다.

[2] 객체

1) 분실하거나 도난당한 신용카드 및 직불카드(제3호)

'분실, 도난' 당한 신용카드는 점유이탈물을 습득하거나 절취한 카드를 의미한다. 판례는 분실 또는 도난된 신용카드란 소유자 또는 점유자의 의사에 기하지 않고 그의 점유를 이탈하거나 그의 의사에 반하여 점유가 배제된 신용카드를 가리키는 것으로서, 소유자 또는 점유자의 점유를 이탈한 신용카드를 취득하거나 그 점유를 배제하는 행위를 한 자가 반드시 유죄의 처벌을 받을 것을 요하지는 않는다고 판시하였다(대법원 1999.7.9. 선고 99도857 판결). 따라서 신용카드에 대한 취득행위가 친족상도례에 의하여 형이 면제되는 경우도 그 신용카드를 사용한 행위에 대해서는 본 죄가 성립한다.

2) 강취, 횡령, 기망, 공갈로 취득한 신용카드(제4호)

판례는 '강취·횡령하거나 기망·공갈'하여 취득한 신용카드 역시 제3호와 마찬가지로 소유자 또는 점유자의 의사에 기하지 않고, 그의 점유를 이탈하거나 그의 의사에 반하여 점유가 배제된 신용카드를 가리킨다고 본다(대법원 2006.7.6. 선고 2006도654 판결). '강취나 횡령'의 경우에는 '분실, 도난'과 동일하게 해석하더라도 특별한 문제가 발생하지 않는다. 그러나 '기망이나 공갈'의 경우에는 비록 하자 있는 의사표시이기는 하지만 신용카드 사용에 대한 사용자의 승낙이 있었다는 점에서(편취죄) 이러한 해석을 어떻게 볼 것인지 문제된다.

대법원과 같이 소유자 또는 점유자의 의사에 기하지 않고, 그의 점유를 이탈하거나 그의 의사에 반하여 점유가 배제된 신용카드를 가리킨다는 점을 강조하면 사실상 편취죄로 취득한 신용카드 사용에 대해서는 신용카드부정사용죄가 인정되기 어려운 결과가 된다. 이와 같은 대법원의 판시에 대하여 제70조 제1항 제3호의 해석을 성격이 다른 제4호의 해석에도 그대로 적용한 것은 잘못으로 부정사용죄의 '부정'성은 카드에 대한 사용승낙의 흠결에 있는 것이 아니라 그 사용승낙의 하자에 중점이 있다고 보아 판례의 해석을 비판하는 입장이 있다.[5] 생각건대 대법원과 같은 해석은 사실상 사기나 공갈에 의하여 취득한 신용카드에 대해서는 신용카드부정사용죄의 성립을 부정하는 것으로 신용카드부정사용죄의 입법 취지에 비추어 볼 때 타당하지 않은 결과이다. 4호 전단의 강취, 횡령과 달리 후단의

---

5   이주원 685면.

기망, 공갈하여 취득한 신용카드는 소유자 또는 점유자의 자유로운 의사에 기하지 않은 점유의 배제라고 해석하는 것이 타당하다.

다만, 대법원의 해석 대상이 된 사안은 과다한 술값 청구에 항의하는 피해자들을 폭행, 협박하여 피해자들로부터 일정 금액을 지급받기로 합의한 다음 피해자들로부터 결제하라고 건네받은 신용카드를 사용한 경우인데 이때 합의 이후 교부받은 카드를 현금서비스를 받는 데에 일시적으로 사용한 다음 즉시 반환하였고 실제 카드매출 전표에 서명을 한 것이 피해자였다는 점 등을 고려할 때 피해자들에게 카드에 대한 처분권이 그대로 남아 있어 점유가 배제되었다고 볼 수 없다는 점에서 신용카드부정사용죄의 성립을 부정한 판례의 결론 자체가 잘못된 것은 아니라 할 수 있다.6

[3] 행위

신용카드부정사용죄에서 '사용'이란 분실, 도난, 강취, 횡령, 편취, 갈취한 신용카드나 직불카드를 원래의 용법대로 사용하는 행위이다. 즉, 신용카드로 물품을 구매하거나 현금서비스를 받는 경우를 의미한다. 따라서 절취한 직불카드를 온라인 현금자동지급기에 넣고 비밀번호 등을 입력하여 피해자의 예금을 인출한 행위는 부정 '사용'의 개념에 포함될 수 없다(대법원 2003.11.14. 선고 2003도3977 판결).

신용카드의 사용행위는 ① 물품구입의 경우, 가맹점에서 신용카드를 제시하고 매출전표에 서명하여 교부하는 일련의 행위를 말하며(대법원 2008.2.14. 선고 2007도8767 판결) ② 현금서비스의 경우, 신용카드를 현금인출기에 주입하고 비밀번호를 입력하여 현금을 인출하려는 일련의 행위를 가리킨다(대법원 1995.7.28. 선고 95도997 판결).

[4] 기수

신용카드부정사용죄는 별도의 미수범 처벌 규정을 두고 있지 않다. 신용카드를 사용한 물품구입의 경우, 신용카드를 제시할 때 실행의 착수가 인정되고 가맹점에 매출전표를 교부한 때 기수가 된다. 따라서 신용카드를 절취한 사람이 대금을 결제하기 위하여 신용카드를 제시하고 카드회사의 승인까지 받았다 하더라도 매출전표에 서명한 사실이 없고 도난카드임이 밝혀져 최종적으로 매출취소로 거

---

6 이주원 688~690면.

래가 종결되었다면, 신용카드 부정사용의 미수행위에 불과하여 처벌할 수 없다(대법원 2008.2.14. 선고 2007도8767 판결).

[5] 죄수

신용카드부정사용죄는 개인의 재산권을 보호법익으로 하는 범죄가 아니라 신용카드 거래의 안전 및 공중의 신뢰라는 사회적 법익을 보호법익으로 하는 범죄이다. 따라서 신용카드의 부정사용행위는 신용카드를 취득한 이전 범죄와는 별개의 새로운 법익을 침해하는 것으로 보아야 하고 그 법익침해가 이전의 재산범죄보다 큰 것이 대부분이므로 재산범죄와의 관계에서 불가벌적 사후행위가 되는 것이 아니라 실체적 경합 관계에 있다고 보아야 한다(대법원 1996.7.12. 선고 96도1181 판결).

또한 불법하게 취득한 카드로 가맹점들로부터 물품을 구입하겠다는 단일한 범의를 가지고 그 범의가 계속된 가운데 신용카드부정사용 행위를 동종의 범행인 신용카드 부정사용행위를 동일한 방법으로 반복하여 행하였고, 또 위 신용카드의 각 부정사용의 피해법익도 모두 위 신용카드를 사용한 거래의 안전 및 이에 대한 공중의 신뢰인 것으로 동일하므로, 동일한 신용카드를 위와 같이 부정사용한 행위는 포괄하여 일죄에 해당한다는 것이 판례의 일관된 태도이다(대법원 1996.7.12. 선고 96도1181 판결).

한편 신용카드매출전표의 서명 및 교부가 별도로 사문서위조 및 동행죄의 구성요건을 충족한다고 볼 여지가 있으나 이 죄는 신용카드부정사용죄에 흡수되어 신용카드부정사용죄만이 성립하고 별도로 사문서위조 및 동행사의 죄는 성립하지 않는다(대법원 1992.6.9. 선고 92도77 판결).

3. 신용카드정보 부정이용

제70조(벌칙) ① 다음 각 호의 어느 하나에 해당하는 자는 7년 이하의 징역 또는 5천만원 이하의 벌금에 처한다.

  6. 거짓이나 그 밖의 부정한 방법으로 알아낸 타인의 신용카드 정보를 보유하거나 이를 이용하여 신용카드로 거래한 자

여신전문금융업법 제70조의 범죄는 거짓이나 그 밖의 부정한 방법으로 알아
낸 신용카드 정보를 이용하여 신용카드로 거래한 때에 성립하는 범죄이다. 앞서
살펴본 것과 같이 현물 카드를 사용하지 않더라도 정보를 이용하여 신용카드를
사용하는 것과 동일한 결과가 발생하므로 제70조 제1항 제3호, 제4호에 준하는
처벌규정을 둔 것이다.

Ⅱ. 형법상 불법취득 신용카드 사용에 대한 범죄

1. 부정발급된 카드의 사용

[1] 자기명의 카드

결제능력을 가장한 자기 명의의 신용카드 발급은 이후 결제의사와 결제능력
없는 물품구매 및 현금서비스로 이어지게 된다. 판례는 이에 대하여 이후 이루어
진 일련의 현금서비스 및 물품구입대금의 대출은 피고인에게 기망 당한 카드회사
의 하자 있는 의사표시(카드발급)에 터 잡아 이루어진 것이므로 전체가 사기죄의
포괄일죄가 성립한다고 본다(대법원 1996.4.9. 선고 95도2466 판결).

한편 부정발급된 카드가 아니라 정상적으로 발급받은 자기명의의 카드라 하더
라도 사용 당시 결제대금 지급의 의사가 없었다면 역시 사기죄가 성립한다. 즉, 신
용카드 사용으로 인한 신용카드업자의 금전채권을 발생케 하는 행위는 카드회원이
신용카드업자에 대하여 대금을 성실히 변제할 것을 전제로 하는 것이므로 카드회원
이 이미 과다한 부채의 누적 등으로 신용카드 사용으로 인한 대출금채무를 변제할
의사나 능력이 없는 상황이었음에도 신용카드를 사용하였다면 사기죄에 있어서 기
망행위 혹은 편취의 범의를 인정할 수 있다(대법원 2005.8.19. 선고 2004도6859 판결).

[2] 타인명의 카드

앞서 본 바와 같이 타인의 명의를 모용하여 신용카드를 발급받고 이를 사용
한 때에 법적으로 어떻게 평가할 것인지에 대해서는 견해가 대립한다. 판례는 타
인의 명의를 모용한 카드의 취득에 대해서는 범죄성립 여부를 명시적으로 밝힌
바 없으나 이 카드를 사용하여 현금자동지급기에서 현금대출을 받는 행위는 절도
죄를, ARS 또는 인터넷을 통하여 신용대출을 받는 행위는 컴퓨터등사용사기죄에

해당한다고 판시한다(대법원 2006.7.27. 선고 2006도3126 판결).

이러한 취득 방식은 신용카드부정사용죄가 전제한 행위 태양이 아니므로 타인 명의 모용의 카드를 사용하는 경우 신용카드부정사용죄는 성립하지 않는다.

2. 불법취득 카드 사용

[1] 물품구입

판례는 절취한 카드로 가맹점들로부터 수회 물품을 구입한 경우, 가맹점을 기망의 대상으로 하는 사기죄가 성립하여 수 개의 사기죄의 실체적 경합범이 성립한다고 본다. 이때 앞서 동일한 신용카드를 위와 같이 부정사용한 행위는 포괄하여 신용카드부정사용죄의 일죄가 성립하고 신용카드부정사용죄와 사기죄는 그 보호법익이나 행위의 태양이 전혀 달라 실체적 경합관계라고 본다(대법원 1996.7.12. 선고 96도1181 판결).

이에 대하여 가맹점을 피해자로 본 판례와 달리 카드회사가 피해자라고 보는 견해가 있다.7 가맹점은 매출전표를 카드회사에 제시하면 대금을 지급받게 되어 재산상의 손해가 발생하지 않으며 대금결제책임은 카드회사에게 있음을 근거로 한다. 그러나 우리 판례는 사기죄의 성립에 손해의 발생을 요하지 않으므로 가맹점이 결과적으로 재산상 손해를 입지 않는다는 사실은 사기죄의 성립에 영향을 미치지 않는 것으로 보아야 한다. 따라서 기수시기 역시 카드회사에 대한 매출전표를 제시한 때가 아니라 가맹점에 대하여 카드결제를 완료한 때라고 보는 것이 타당하다.

[2] 현금서비스

판례는 신용카드를 부정사용하여 현금자동인출기에서 현금을 인출하고 그 현금을 취득까지 한 행위는 현금자동인출기 관리자의 의사에 반하여 그의 지배를 배제하고 그 현금을 자기의 지배하에 옮겨 놓는 것이 되므로 별도로 절도죄를 구성한다고 본다(대법원 1995.7.28. 선고 95도997 판결).

한편, 사람이 아닌 현금자동인출기를 대상으로 한 범죄를 절도죄로 구성하는 것에 대한 비판으로 이를 컴퓨터등사용사기죄(형법 제347조의2)로 구성할 필요가 있다는 주장이 제기된다. 그러나 형법이 일반 사기죄를 재물죄 겸 이득죄로 규정

---

7 이재상, 369면.

한 것과 달리, 형법 제347조의2는 컴퓨터등사용사기죄의 객체를 재산상의 이익으로만 한정하여 규정하고 있는 점을 고려할 때 절취한 타인의 신용카드로 현금자동지급기에서 현금을 인출하는 행위를 컴퓨터등사용사기죄로 처벌할 수는 없다고 보아야 한다(대법원 2003.5.13. 선고 2003도1178 판결).

[3] 예금인출

판례는 절취 또는 강취한 현금카드를 사용하여 현금자동지급기에서 예금을 인출한 행위는 피해자의 승낙에 기한 것이라고 할 수 없으므로, 현금자동지급기 관리자의 의사에 반하여 그의 지배를 배제하고 그 현금을 자기의 지배하에 옮겨 놓는 것이 되어서 현금카드 자체에 대한 죄와는 별도로 절도죄를 구성한다고 본다(대법원 2007.5.10. 선고 2007도1375 판결).

한편 이와 달리 편취 또는 갈취한 현금카드를 사용하여 현금자동지급기에서 현금을 인출하는 것은 하자 있는 의사표시이기는 하지만 피해자의 승낙에 의하여 현금카드를 사용할 권한을 부여받아 이를 이용하여 현금을 인출한 것이므로 피해자가 그 승낙의 의사표시를 취소하기까지는 현금카드를 적법, 유효하게 사용할 수 있고, 은행 역시 피해자의 지급정지 신청이 없는 한 피해자의 의사에 따라 그의 계산으로 적법하게 예금을 지급할 수밖에 없다. 따라서 예금인출의 승낙을 받고 현금카드를 교부받은 행위와 이를 사용하여 현금자동지급기에서 예금을 여러 번 인출한 행위들은 모두 피해자의 예금을 갈취하고자 하는 피고인의 단일하고 계속된 범의 아래에서 이루어진 일련의 행위로서 포괄하여 하나의 공갈죄가 인정될 뿐 현금카드 갈취행위와 분리하여 따로 절도죄가 성립하지는 않는다(대법원 1996.9.20. 선고 95도1728 판결).

[4] 계좌이체 후 현금인출

절취한 타인의 신용카드를 이용하여 현금지급기에서 계좌이체를 한 행위는 점유를 취거하는 절취행위라고 볼 수는 없으며 다만 컴퓨터등사용사기죄에서 컴퓨터 등 정보처리장치에 권한 없이 정보를 입력하여 정보처리를 하게 한 행위에 해당할 수 있다는 것이 판례의 태도이다. 한편 위 계좌이체 후 현금지급기에서 현금을 인출한 행위는 자신의 신용카드나 현금카드를 이용한 것이어서 이러한 현금인출이 현금지급기 관리자의 의사에 반한다고 볼 수 없어 절취행위에 해당하지 않으므로 별도로 절도죄를 구성하지는 않는다(대법원 2008.6.12. 선고 2008도2440 판결).

제4절   신용카드의 처분에 관한 범죄

Ⅰ. 불법취득한 신용카드 판매[제70조 제1항 제2호, 제3호, 제4호]

> **제70조(벌칙)** 제70조(벌칙) ① 다음 각 호의 어느 하나에 해당하는 자는 7년 이하의 징역 또는 5천만원 이하의 벌금에 처한다.
> 2. 위조되거나 변조된 신용카드등을 판매하거나 사용한 자
> 3. 분실하거나 도난당한 신용카드나 직불카드를 판매하거나 사용한 자
> 4. 강취(强取)·횡령하거나, 사람을 기망(欺罔)하거나 공갈(恐喝)하여 취득한 신용카드나 직불카드를 판매하거나 사용한 자

1. 의의 및 요건

앞서 살펴본 부정사용의 대상이 되는 위조·변조·분실·도난·강취·갈취·횡령·사취·갈취 신용카드는 사용한 경우뿐 아니라 판매한 경우도 처벌의 대상이 된다. 신용카드 자체의 물질적 가치는 경미하지만 그것의 경제적 효용성은 매우 크기 때문에 신용카드가 거래의 대상이 될 수 있으며 이는 또 다른 신용카드 부정사용죄를 위한 준비행위로서의 의미를 갖기 때문에 처벌의 필요성이 있는 것이다.

여기에서 '판매'란 유상으로 양도하는 것을 말하며 반드시 불특정 또는 다수인을 대상으로 양도할 필요가 없다. 그런데 신용카드의 판매는 본 조로 처벌하고 있으나 이에 대하여 대향관계에 있는 매수를 처벌하는 규정은 여신전문금융업법에 마련되어 있지 않다. 따라서 필요적 공범의 내부참가자 사이에는 임의적 공범에 관한 형법총칙의 규정이 적용되지 않는다는 다수설과 판례(대법원 2009.6.23. 선고 2009도544 판결)의 태도에 따를 때 신용카드를 매수한 자는 신용카드부정판매죄의 공범으로 처벌되지 않는다.

본 죄는 미수범 처벌의 규정이 없어 불법취득한 신용카드를 판매하고자 실행에 착수하였으나 판매에 실패한 경우는 처벌이 불가능하다.

2. 죄수

신용카드를 위·변조한 자가 해당 신용카드를 판매하는 것은 문서를 위·변조한 자가 이를 행사하는 경우와 유사하다. 따라서 신용카드 위·변조의 성립과 별도로 불법취득 신용카드 판매죄가 성립하며 양자는 실체적 경합관계에 있다고 보아야 한다.

한편 판매 대상이 불법취득한 것임을 숨기고 신용카드를 판매한 경우에는 기망을 통한 재물 또는 재산상의 이익을 취득한 것이 되어 사기죄(형법 제347조)의 성립도 함께 문제된다. 여기에 직접 해당되는 사안은 아니나 판례는 위조통화를 행사하여 재물을 불법영득한 경우(대법원 1979.7.10. 선고 79도840 판결)나 위조한 등기서류를 등기공무원에게 제출하여 소유권이전등기를 마친 경우(대법원 1981.7.28. 선고 81도529 판결), 위조한 예금청구서를 은행원에게 체줄하여 금원을 교부받은 경우(대법원 1991.9.10. 선고 91도1722 판결) 등에서 모두 통화 및 문서의 위조행사죄와 사기죄의 실체적 경합을 인정한 취지에 비추어 볼 때 이 경우에도 양 죄의 상상적 경합을 인정할 것으로 생각된다. 다만 이에 대하여 위조통화 및 위조문서를 진정한 통화 및 문서인 것처럼 행사하는 것은 기망행위가 되어 양자의 행위동일성이 인정된다고 할 수 있고 이는 신용카드판매와 사기죄의 관계에서도 동일하다고 할 수 있어 상상적 경합이 된다는 반대의견도 제시된다.8

Ⅱ. 신용카드 양도·양수 등[제70조 제4항 제3호]

제70조(벌칙) ④ 다음 각 호의 어느 하나에 해당하는 자는 1년 이하의 징역 또는 1천만원 이하의 벌금에 처한다.

3. 제15조를 위반하여 신용카드를 양도·양수한 자

제15조(신용카드의 양도 등의 금지) 신용카드는 양도·양수하거나 질권을 설정할 수 없다.

---

8 박상기·전지연·한상훈 321면.

여신전문금융업법 제15조는 신용카드의 양도·양수와 함께 질권의 설정을 금지한다. 신용카드의 양도나 질권설정의 처분이 이루어지면 당초 신용카드회사가 신용을 공여한 신용카드 사용자가 아닌 양수인 또는 질권자가 신용카드를 사용할 경우 부정사용이 될 수 있기 때문에 이를 금지하는 취지이다. 제15조의 객체는 신용카드에 한정된다.

앞의 신용카드 판매와 달리 신용카드 양도에 관해서는 대향적 관계에 있는 양수인을 동일하게 처벌하고 있다.

제5절 불법자금융통(제70조 제3항 제2호)

> **제70조(벌칙)** ③ 다음 각 호의 어느 하나에 해당하는 자는 3년 이하의 징역 또는 2천만원 이하의 벌금에 처한다.
>
> 2. 다음 각 목의 어느 하나에 해당하는 행위를 통하여 자금을 융통하여 준 자 또는 이를 중개·알선한 자
>
>   가. 물품의 판매 또는 용역의 제공 등을 가장하거나 실제 매출금액을 넘겨 신용카드로 거래하거나 이를 대행하게 하는 행위
>
>   나. 신용카드회원으로 하여금 신용카드로 구매하도록 한 물품·용역 등을 할인하여 매입하는 행위
>
>   다. 제15조를 위반하여 신용카드에 질권을 설정하는 행위

Ⅰ. 의의

여신전문금융업법은 신용카드 거래를 가장하거나 과장하거나 신용카드로 구매한 물품·용역을 할인매입하거나 신용카드에 질권을 설정함으로써 자금을 융통하는 행위 또는 자금융통을 중개·알선하는 행위를 처벌한다(제70조 제3항 제2호). 현금융통을 위한 탈법적인 방법으로 활용되는 소위 카드깡, 현물깡 등을 처벌하기 위한 구성요건이다.

자금을 융통하여 준 자와 이를 중개·알선한 자만을 처벌하고 여기에 사용되는 신용카드를 제공한 자에 대해서는 별도의 처벌규정이 없어 처벌하지 못하므로 일종의 편면적 대향범이라고 할 수 있다.

Ⅱ. 유형

1. 신용카드의 가장거래 또는 과장거래(가목)

신용카드의 '가장거래'는 실제 신용카드를 수단으로 하는 거래가 없었음에도

있었던 것처럼 가장하여 신용카드를 사용한 외관을 만들어 내는 것이다. 따라서 실제 신용카드에 의한 물품거래가 이루어졌다면 자금융통의 수단으로 사용되었다 하더라도 제70조 제3항 제2호에 의하여 처벌되는 가장거래라 할 수 없다. 예를 들어 편의점 업주가 인근 유흥주점 업주의 부탁을 받고 유흥주점 손님의 신용카드로 술값을 결제하도록 하고 결제대금 상당의 물품을 제공하여 유흥주점 업주가 이를 다른 사람들에게 정상가격이나 할인가격으로 처분한 경우, 실제로 신용카드에 의한 물품거래가 있었으며 그 매출금액대로 매출전표가 작성된 이상 본 죄가 성립한다고 할 수는 없다(대법원 2006.7.6. 선고 2006도654 판결). 또한 법무사 사무장이 고객이 지방세의 납부 대행을 의뢰하면서 현금을 맡기자 자금의 융통을 원하는 제3자 명의의 신용카드 거래로 세금을 납부한 다음 납세의무자가 맡긴 현금에서 수수료를 공제하고 남은 최종 액수의 현금을 신용카드 명의자에게 지급하여 자금을 융통해 준 경우, 신용카드 사용의 대상인 지방세 납부 거래가 실제로 존재하고 그 원인 금액 그대로 결제가 이루어진 이상, 실질적으로는 자금 융통의 목적으로 이루어진 것이라고 하더라도 이를 가장거래로 보기는 곤란하다(대법원 2016.10.27. 선고 2015도11504 판결).

한편 신용카드의 '과장거래'는 실제 이루어진 신용카드 거래 보다 거래금액을 초과하여 신용카드를 사용한 외관을 만들어 내는 것이다.

2. 신용카드 구매 물품·용역의 할인매입(나목)

신용카드를 이용한 '할인매입'은 신용카드 거래로 구입한 물품·용역을 할인하여 매입하는 것으로 신용카드를 이용한 자금의 융통이라는 점에서는 가장거래나 과장거래와 다르지 않다. 가장거래·과장거래의 경우 허위매출 발생시 카드사의 적발이 용이한 반면, 실제 물품의 구입이 이루어지는 물품·용역의 할인매입은 적발 자체가 쉽지 않은 특징이 있다.

할인매입은 자금을 융통하여 주는 자가 직접 할인하여 매입하여 신용카드회원에게 자금을 융통하여 주는 경우뿐만 아니라, 자금을 융통하여 주는 자가 제3자로 하여금 할인하여 매입하도록 하고 그 매입대금의 전액 또는 일부를 신용카드회원에게 지급하는 방법으로 자금을 융통하여 주는 경우도 인정된다(대법원 2008.5.29. 선고 2007도1925 판결).

3. 신용카드 질권 설정(다목)

신용카드에 질권을 설정하면 신용카드의 점유가 질권자에게 넘어가므로 질권자에 의한 신용카드의 부정사용을 막기 위하여 신용카드의 질권설정이 금지되는 것은 앞서 살펴보았다(제15조). 필요적 공범 양 자 모두를 처벌하는 신용카드 양도·양수죄(제70조 제4항 제3호)와 달리 불법자금융통죄에서는 신용카드의 질권자에 대한 처벌규정만을 두고 있다. 필요적 공범의 내부참가자 사이에는 임의적 공범에 관한 형법총칙의 규정이 적용되지 않는다는 원칙에 따르면 신용카드의 질권설정자인 신용카드회원은 공범 규정을 통해서도 처벌할 수 없다.

Ⅲ. 죄수

다수인을 상대로 소위 카드깡 또는 현금깡을 계속한 경우, 포괄일죄가 성립할 것인지 문제된다. 대법원은 그 구성요건 및 보호법익에 비추어 볼 때 위 규정 위반의 죄는 신용카드를 이용한 자금융통행위 1회마다 하나의 죄가 성립한다고 할 것이고, 일정기간 다수인을 상대로 동종의 자금융통행위를 계속하였다고 하더라도 그 범의가 단일하다고 할 수 없으므로 이를 포괄하여 하나의 죄가 성립한다고 할 수 없다고 판시하였다(대법원 2001.6.12. 선고 2000도3559 판결).

한편 신용카드 가맹점주가 신용카드회사로부터 금원을 교부받을 당시 신용카드회사에게 매출전표가 용역의 제공을 가장하여 허위로 작성된 것임을 고지하지 아니한 채 제출하여 대금을 청구하였고, 신용카드회사는 매출전표에 기재된 바와 같은 가맹점의 용역의 제공이 실제로 있은 것으로 오신하여 그에게 그 대금 상당의 금원을 교부한 경우, 가맹점주가 용역의 제공을 가장한 허위의 매출전표임을 고지하지 아니한 채 신용카드회사에게 제출하여 대금을 청구한 행위는 사기죄의 실행행위로서의 기망행위에 해당한다(대법원 1999.2.12. 선고 98도3549 판결). 이 경우 여신전문금융업법상 신용카드 가장거래죄와 사기죄는 실체적 경합관계에 있는 것으로 보아야 한다.

제1절 서두

I. 입법목적

연혁

국가재건최고회의는 1950년대부터 문제된 부정수표의 남발 현상에 대한 처벌규정을 마련하여 유통증권인 수표의 기능 및 그 피지급성을 보장하려는 취지로 부정수표단속법을 1961.7.3. 제정하여 1961.9.1. 시행하였다. 부정수표단속법은 제정 이후 약 60년 동안 총 3회 개정되었다. 첫 번째 개정은 1966.2.26.에 이루어졌는데, 법률 제정 후 판례가 일관되게 부정수표의 발행죄를 고의범으로 해석하여 고의범만이 처벌될 뿐 아니라 '허위신고'에 의한 탈법행위를 규제할 별도의 구성요건이 없어 처벌의 흠결이 발생한다는 비판에 따른 것이다. 이러한 지적을 반영하여 개정법률은 과실로 인한 부정수표발행인의 형사책임(제2조 제3항)과 허위신고자의 형사책임(제4조)을 신설하는 한편 통화 단위를 '환'에서 '원'으로 현실화하였다.

이후 1993.12.10. 개정은 부정수표단속의 법기능을 그대로 유지하되 부도를 낸 기업인의 기업회생을 도모하기 위한 목적으로 이루어졌다. 이러한 취지를 반영하여 개정법률은 부도수표를 회수하거나 회수하지 못하였어도 수표소지인의 명시한 의사에 반하여 공소를 제기할 수 없도록 하고(제2조 제4항), 금융기관의 고발의무기간을 48시간에서 30일 이내로 연장하여(제7조 제1항) 부도를 수습할 수 있는 시간적 여유를 부여하였다.

2010.3.24. 이루어진 마지막 개정은 정부의 '알기 쉬운 법령 만들기 사업'의 차원에서 법률언어를 순화하는 이외에 양벌규정에 대한 헌법재판소의 위헌 결정(헌법재판소 2007.11.29. 선고 2005헌가10 결정)을 반영하여 관리·감독상 주의의무를 다한 법인의 면책에 관한 단서 규정을 추가하였다.

부정수표단속법은 1961년 국민의 경제생활의 안전과 유통증권인 수표의 기능을 보장하는 것을 목적으로 제정되었다(제1조). 제정 당시부터 부정수표발행자를 일반적으로 처벌하는 입법례를 찾기 어렵고 경제 분야의 자율적 영역에까지 법적 강제력을 행사하는 것은 수표가 갖는 경제적 기능을 저해할 우려가 있으며 같은 유통증권임에도 부도어음발행인에 대하여는 형사처벌을 하지 않는 것이 형평에 맞지 않는다는 이유 등으로 폐지론이 제기되었다.[1] 반면 민사제재의 약체화라는 우리나라의 특수한 상황을 고려하면 이 법이 수표거래의 공신력 유지에 상당한 공헌을 하고 있는 것이 사실이므로 법률 자체는 필요하다는 존치론[2]도 주장되면서 현재까지도 이 법률의 필요성에 관한 논의가 계속되고 있다.

Ⅱ. 조문개관

부정수표단속법은 총 7개의 조문으로 구성되어 있다. 제2조부터 제5조는 수표에 관한 범죄구성요건을 규정하고 있다. 제2조는 부정수표 발행인의 형사책임에 대한 조문으로 제1항은 고의에 의한 부정수표 발행 및 작성죄를, 제2항은 고의에 의한 부도수표(제1항과 구별하여 제2항의 수표를 부도수표로 칭함) 발행 및 작성죄를, 제3항은 과실로 인한 부정수표·부도수표의 발행 및 작성죄 규정하고 있으며 제4항은 제2항과 제3항의 공소제기의 조건을 규정하고 있다. 제3조는 제2조의 발행인이 법인·단체인 경우, 법인의 처벌에 관한 양벌규정이다. 제4조는 수표지급 또는 거래정지처분을 면할 목적의 허위 신고를 한 자를 처벌하는 구성요건이며 제5조는 수표의 위·변조자를 처벌하는 규정으로 형법 제214조 제1항의 특별법적 규정이다.

그 밖에 형사절차와 관련하여 제6조는 벌금 선고시 가납판결에 관한 형사소송법의 특례를, 제7조는 제2조 제1항 또는 제5조에 규정된 수표를 발견한 금융기관 종사자의 고발의무를 규정하고 있다.

---

1   윤천희, 부정수표단속법, 법률문화원, 2001, 23면.
2   조용호, 부정수표단속 제2조 제2항의 문제점, 재판자료 31집(하), 718면.

구분		주요 내용	조항
형사 책임	부정수표발행인의 형사책임	고의에 의한 부정수표 발행	제2조 제1항
		고의에 의한 부도수표 발행	제2조 제2항
		과실에 의한 부정수표·부도수표 발행	제2조 제3항
		공소제기의 조건	제2조 제4항
		양벌규정	제3조
	거짓 신고자의 형사책임	수표금액의 지급 또는 거래정지처분을 면할 목적의 허위 신고	제4조
	위조·변조자의 형사책임	수표 위조·변조	제5조
형사 절차	형사소송법의 특례	가납판결과 가납시까지의 구속	제6조
	금융기관의 고발의무	금융기관 종사자의 부정수표 발견시 고발의무	제7조

Ⅲ. 수표 관련 기본 내용

1. 수표의 의의 및 성격

수표는 발행인이 지급인(은행)에 대하여 수취인 기타 증권의 정당한 소지인에게 일정한 금액을 지급할 것을 위탁하는 증권이다. 수표는 어음과 함께 대표적인 유가증권이지만 수표는 지급증권이고 어음은 신용증권이라는 점에서 그 목적과 경제적 기능을 달리하여 법적 취급에 차이가 있다. 특히 수표가 신용증권화 되는 것을 방지하기 위하여 ① 일람지급만을 인정하고(수표법 제28조 제1항) ② 제시기간은 10일로 단기화하며(수표법 제29조 제1항) ③ 어음과 달리 인수가 금지되고(수표법 제4조) ④ 상환청구권의 시효기간은 6개월로 단축되어 있다(수표법 제51조).

2. 수표의 기본적 법률관계

수표는 지급위탁증권이므로 수표의 기본당사자는 발행인·지급인·수취인의 3자가 된다.

수표의 발행인은 자금에 관한 책임을 부담하는 한편 은행에 대해서는 지급위

탁계약상의 의무를 부담한다. 발행
인과 지급인인 은행간에는 지급위
탁을 가능하게 하는 자금관계가 존
재한다. 수표의 발행인은 소지인과
의 관계에서 주채무자가 아니라 지
급인이 지급거절을 한 경우의 상환
의무자에 불과하다.

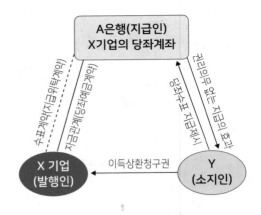

　　수표에는 1. 증권의 본문 중에
그 증권을 작성할 때 사용하는 국
어로 수표임을 표시하는 글자 2. 조건 없이 일정한 금액을 지급할 것을 위탁하는
뜻 3. 지급인의 명칭 4. 지급지 5. 발행일과 발행지 6. 발행인의 기명날인 또는 서
명을 필요적으로 기재하여야 한다(수표법 제1조). 기재사항이 기재되지 않으며 원
칙적으로 수표의 효력이 없지만 예외적으로 지급지가 적혀있지 않은 경우는 지급
인의 명칭에 부기한 장소를 지급지로 보고, 수표문구가 없는 경우, 발행지에서 지
급할 것으로 하며, 발행지가 적혀있지 않은 경우는 발행인의 명칭에 부기한 장소
를 발행지로 보아 수표의 효력을 인정한다(수표법 제2조).

3. 수표의 종류

　　수표에는 ① 발행인 자신을 지급받을 자로 하는 자기지시수표(수표법 제6조 제
1항), ② 제3자의 계산으로 발행하는 위탁수표(수표법 제6조 제2항), ③ 발행인 자
신을 지급인으로 하는 자기앞수표(수표법 제6조 제3항)가 있다.

　　수표는 은행을 지급인으로 하므로(제3조) 결국 은행이 발행인이 되는 자기앞
수표는 은행의 공신력으로 지급의 확실성이 담보되어 보증수표라고도 불린다.

　　한편 '백지수표'란 수표행위자가 후일 소지인으로 하여금 수표요건의 전부 또
는 일부를 보충시킬 의사로 이를 기재하지 않고 수표가 될 서면에 기명날인 또는
서명하여 유통시킨 미완성수표다. 보충이 예정되어 있다는 점에서 수표요건이 흠
결되어 무효인 불완전수표와는 구별된다.

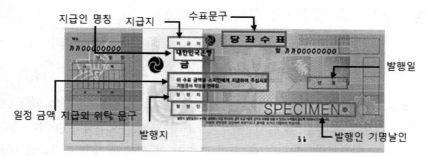

[당좌수표]

[자기앞 수표]

제2절   부정수표 발행인의 형사책임(제2조)

Ⅰ. 의의

　　부정수표단속법이 제정된 주된 취지가 부정수표의 발행을 단속·처벌함으로써 국민의 경제생활의 안전과 유통증권인 수표의 기능을 보장하려는 데에 있는 만큼 부정수표 발행인의 형사책임에 관한 규정이 이 법률의 가장 핵심적인 내용이라 할 수 있다.

　　법문은 '부정수표'라고 통칭하고 있으나 제2조의 제1항이 수표의 발행·작성 자체에 위법성이 있는 협의의 부정수표에 대한 규정이라면 동조 제2항은 수표의 발행·작성 자체에는 문제가 없었으나 예금 부족 등의 이유로 제시기일에 지급되지 않는 부도수표에 관한 규정이다. 또한 제2조 제3항은 제2조의 범죄에 대한 과실범 규정으로 비교법적으로 유사한 예가 없어 논란이 계속되고 있는 조문이다. 제2조 제4항은 제2조 제2항과 제3항의 공소제기의 조건을 규정하고 있다. 제2조의 적용 대상이 되는 수표는 당좌수표, 가계수표 등이며 은행이 발행인으로 지급이 담보되는 자기앞수표는 여기에서 제외된다.

　　제2조 제1항의 부정수표 발행·작성의 경우, 수표의 발행 작성만으로도 유통증권인 수표의 기능을 저해할 위험이 있으므로 지급제시되어 지급거절되었는지와 상관없이 범죄가 성립하는 추상적 위험범으로 해석된다. 반면 제2조 제2항의 부도수표 발행·작성의 경우에는 '수표가 지급되지 아니하게 한 때'라는 요건을 구성요건으로 볼 경우 침해범이라고 해석하게 될 여지가 있다. 그러나 부도수표의 발행 시 기수에 이른다고 보는 판례의 태도는 위험범으로 보는 입장에 가깝다.[3]

---

3   우인성, 부정수표단속법 제2조 제2항 적용의 제한, 대법원판례해설 제98호, 법원도서관, 2014, 580면.

Ⅱ. 부정수표 발행·작성[제1항]

> **제2조(부정수표 발행인의 형사책임)** ① 다음 각 호의 어느 하나에 해당하는 부정수표를 발행하거나 작성한 자는 5년 이하의 징역 또는 수표금액의 10배 이하의 벌금에 처한다.
> 1. 가공인물의 명의로 발행한 수표
> 2. 금융기관(우체국을 포함한다. 이하 같다)과의 수표계약 없이 발행하거나 금융기관으로부터 거래정지처분을 받은 후에 발행한 수표
> 3. 금융기관에 등록된 것과 다른 서명 또는 기명날인으로 발행한 수표
>
> **제3조(법인·단체 등의 형사책임)** ① 제2조의 경우에 발행인이 법인이나 그 밖의 단체일 때에는 그 수표에 적혀 있는 대표자 또는 작성자를 처벌하며, 그 법인 또는 그 밖의 단체에도 해당 조문의 벌금형을 과(科)한다. 다만, 법인 또는 그 밖의 단체가 그 위반행위를 방지하기 위하여 해당 업무에 관하여 상당한 주의와 감독을 게을리하지 아니한 경우에는 그러하지 아니하다.
> ② 대리인이 수표를 발행한 경우에는 본인을 처벌하는 외에 그 대리인도 처벌한다.

1. 주체

　부정수표단속법 제2조 제1항의 죄는 부정수표를 발행·작성하는 경우 성립하므로 주체는 수표의 발행인·작성인으로 한정되는 진정신분범이다. 수표의 발행인·작성인이 아닌 수표법상의 수표요건을 대리기입하는 것과 같은 기계적인 행위만을 한 자는 주체가 될 수 없다(대법원 1975.12.23. 선고 75도2737 판결).

　수표의 발행인·작성인이라면 자연인이든 법인이나 그 밖의 단체이든 문제되지 않는다. 발행인이 법인이나 그 밖의 단체일 때에는 그 수표에 적혀 있는 대표자 또는 작성자를 포함한다(제3조 제1항). 또한 대리인이 수표를 발행한 경우는 본인 이외에 그 대리인도 포함된다. 여기서 대리인에 의한 수표발행은 수표상에 ① 본인표시 ② 대리관계의 표시 ③ 대리인의 기명날인이 기재되어 있는 경우를 의미한다(대법원 1981.7.28. 선고 80도1603 판결).

2. 객체 - 부정수표

[1] 가공인물의 명의로 발행한 수표(제1호)

부정수표단속법 제2조 제1항 제1호에서 '가공인물의 명의로 발행'하였다는 것은 수표발행인의 명의가 개인인 경우는 주민등록표상의 성명과 일치하지 않는 것을, 법인인 경우는 법인 등기사항증명서상의 상호·명칭과 일치하지 않는 것을 의미한다(시행령 제2조 제2항). 가명이나 예명, 허무인 명의 등을 사용한 경우가 이에 해당한다. 유의할 점은 가명이나 예명 등을 사용하여 부정수표를 발행하였다 하더라도 부정수표단속법 제2조 제1항의 범죄와 달리 형법상 수표에 대한 위조죄가 당연히 성립하는 것은 아니라는 점이다.

가공인물 명의로 발행된 수표는 처음부터 무효로 이를 악용한 수표사기를 방지하기 위하여 이러한 수표의 발행 및 작성을 금지하는 것이다. 그러나 실제 금융기관의 수표계약 과정에서는 법인등기부등본과 주민등록등본 등을 통한 실명의 확인이 이루어지므로 가공인물 명의의 수표가 발행되는 경우란 현실적으로 매우 드물다.

[2] 금융기관과의 수표계약 없이 발행한 수표(제2호 전단)

부정수표단속법 제1항 제2호는 금융기관(우체국을 포함)과의 수표계약 없이 발행한 수표(이하 무거래수표)를 부정수표로 규정하고 있다. 여기에서 '금융기관'이란 수표법과 그 밖의 법령에 따라 수표의 지급 사무를 처리하는 은행 및 은행과 같이 취급되는 사람 또는 시설을 말한다(시행령 제2조 제1항). 시행령상의 정의에 비추어 볼 때 여기에서 말하는 금융기관은 국내법의 적용을 받는 금융기관을 말하며 외국의 금융기관은 「은행법」 제1조에 따라 대한민국 내에 있는 지점이나 대리점만 해당하는 것으로 보아야 한다(대법원 1974.11.12. 선고 74도2920 판결).

한편, '수표계약'이란 수표를 제시한 때에 발행인이 처분할 수 있는 자금이 있는 은행을 지급인으로 하고 발행인이 그 자금을 수표에 의하여 처분할 수 있는 명시 또는 묵시의 계약을 의미하는데 수표법은 수표계약에 따라서만 수표를 발행할 수 있다고 명시하고 있다(수표법 제3조). 주의할 점은 무거래수표라 하여 수표 자체가 무효가 되는 것은 아니며(수표법 제3조 단서) 다만 발행인이 수표법에 의한 과태료(수표법 제67조) 및 부정수표단속법에 의한 형벌을 부과받을 뿐이라는 점이

다. 무거래수표에는 아예 수표계약이 없었던 경우뿐 아니라 수표계약이 무효인
경우도 포함된다. 예를 들어 조합 명의의 당좌거래계약을 체결할 권한 없는 협동
조합의 상무이사가 조합 이사장의 명의를 모용하여 위조한 문서로 은행과 조합
간의 수표계약을 체결한 경우, 이러한 수표계약은 무효이므로 상무이사가 발행한
수표는 무거래수표에 해당한다(대법원 1983.10.25. 선고 83도2257 판결).

[3] 거래정지처분 후 발행한 수표(제2호 후단)

흔히 부도처리라고 부르는 금융기관의 거래정지처분은 어음·수표의 교환결
제를 원활히 하고 어음·수표거래의 신용안전을 도모하기 위하여 어음교환소에서
마련한 사적 제재 처분이다.4 발행인이 거래정지처분을 받게 되면 즉시 당좌거래
가 해지되고 거래정지일로부터 일정 기간 대출거래가 정지 되는 등 각종 제재가
가해진다. 따라서 거래정지처분 후 발행된 수표는 사실상 수표금의 지급이 보장
되지 않기 때문에 부정수표로 취급할 필요성이 있다.

거래정지 후 발행된 수표라 하더라도 수표가 갖는 유통증권의 실제적 기능에
는 영향이 없기 때문에 설사 발행인이 피해자와의 채권채무를 확인하기 위한 증
표로만 수표를 발행했다 하더라도 범죄의 성립에는 영향을 미치지 않는다(대법원
1993.9.28. 선고 93도1835 판결).

[4] 금융기관 등록과 다른 서명 또는 기명날인으로 발행한 수표(제3호)

은행은 발행인이 지급은행에 신고한 인감이나 서명과 다른 인감 또는 서명이
있는 경우 '인감 서명 상이'의 형식불비를 이유로 부도처리를 하게 된다. 즉, 금융
기관 등록과 다른 서명 또는 기명날인으로 발행한 수표가 지급제시 되는 경우 은
행의 부도처리는 예정된 것이다. 따라서 이와 같은 수표는 해당 수표발행의 실질
적 요건을 구비하여 금융기관과 수표계약을 체결하고 정상적으로 수표거래를 하고
있더라도 금융기관에 의한 부도가 예정되어 있기 때문에 부정수표로 취급된다.

등록된 것과 다른 기명날인에는 신고된 것과 다른 것뿐만 아니라, 수표상의
기명은 신고된 기명과 동일하더라도 날인만이 다른 경우나 반대로 수표상의 날인
은 신고된 것과 동일하더라도 기명만이 다른 경우와 같이 어느 하나라도 등록된
것이 아니면 여기에 해당된다.

---

4 윤천희, 부정수표단속법, 법률문화원, 2001, 33면.

3. 행위

부정수표단속법 제2조 제1항의 구성요건적 행위는 수표의 발행·작성이다. 우선, '수표의 발행'이란 발행인이 수표요건을 기재한 기본수표를 작성하여 상대방에게 교부하는 행위를 말한다. 수표발행의 성질은 지급인에 대하여 수취인에게 일정한 금액을 지급할 것을 지시하는 요식적 단독행위이다. 상대방에게 교부하지 않고 기본수표만을 작성하는 행위는 여기에서 말하는 발행에 해당하지 않는다. 또한 '수표의 작성'이란 발행인과 공모하거나 그의 포괄적 위임 하에 부정수표를 만드는 것을 의미하며 이때의 작성행위는 발행과 동일시할 정도의 외관을 필요로 한다(대법원 1975.12.9. 선고 74도2650 판결). 수표의 발행이나 작성이 아닌 배서나 보증과 같은 행위는 부정수표를 대상으로 하였더라도 부정수표단속법 제2조 제1항으로 처벌할 수 없다.

수표의 발행·작성인지 여부가 문제되는 대표적인 경우는 백지수표의 보충권 행사이다. 백지수표에서의 보충권은 권리자의 일방적 행사에 의하여 미완성수표를 완성수표로 되게 하여 수표행위의 효력을 발생케 하는 권한으로 통설은 그 법적 성질을 형성권으로 본다. 이미 적법하게 발행된 백지수표의 금액이나 발행일을 기입하여 완성하는 보충권의 행사는 수표의 발행이라 할 수 없다(대법원 2004.6.11. 선고 2003도6631 판결).

4. 기수시기

부정수표단속법 제2조 제1항의 행위는 부정수표를 발행·작성하는 즉시 기수가 된다. 따라서 지급제시 시에 정상적으로 결제가 되어 부도처리가 되지 않았다는 사정이 있더라도 범죄의 성립에는 영향이 없다.

Ⅲ. 부도수표 발행·작성[제2항]

> **제2조(부정수표 발행인의 형사책임)** ② 수표를 발행하거나 작성한 자가 수표를 발행한 후에 예금부족, 거래정지처분이나 수표계약의 해제 또는 해지로 인하여 제시기일에 지급되지 아니하게 한 경우에도 제1항과 같다.

1. 위헌 논란

부도수표 발행에 대하여 형사책임을 부여하는 규정(제2조 제2항)이 제정 당시부터 폐지론을 제기하게 한 주된 원인이었던 만큼 계속해서 위헌 논란이 끊이지 않았다. 헌법재판소는 ① 해당 규정이 '계약상 의무의 이행불능만을 이유로 구금'을 결정하는 것이 아니므로 국제법존중주의에 위배되지 않고 ② 같은 유가증권이라 하여도 금전지급증권이라는 수표 고유의 특성으로 인하여 수표의 피지급성이 어음 보다 더 강력히 보장되어야 한다는 점에서 평등의 원칙 위배가 아니며 ③ 수표의 유통기능을 확보함으로써 경제질서의 안정을 도모하고자 하는 입법목적의 정당성, 대체수단만으로는 위 입법목적을 궁극적으로 달성하기에 부족했다는 그동안의 경험적 자각을 고려하면 수단의 적정성과 피해의 최소성 등을 인정할 수 있어 과잉금지원칙 위반이 아니고 ④ 수표발행인의 처벌불원의사에 의하여 공소제기가 제한될 뿐 아니라 금융기관의 고발은 수사의 단서에 지나지 않아 적법절차원칙에도 반하지 않으며 ⑤ 법률규정이 다소의 역기능이 있다 해도 그것은 대부분 이용자의 변칙이용의 결과이고 그로 인하여 우리 헌법이 추구하는 시장경제질서가 왜곡된 것은 아니라는 이유에서 이 조항은 헌법에 위배되지 않는다고 계속해서 판시하였다(헌법재판소 2001.4.26. 선고 99헌가13 결정, 헌법재판소 2011.7.28. 선고 2009헌바267 결정).

2. 주체

부정수표단속법 제2조 제2항의 죄 역시 범죄 주체는 수표의 발행자 및 작성자로 제한되며 제3조가 적용되는 것은 제2조 제1항의 죄와 마찬가지이다. 수표의 발행자로 표시되어 있는 사람과 수표의 수표요건을 작성한 사람이 서로 다른 경우에는 그 수표의 지급인과의 사이에 실질상으로 자금관계가 있는 사람만을 가리킨다(대법원 1988.8.9. 선고 87도2555 판결). 형식상 대표이사로서 은행과 수표계약을 체결한 사람이라도 수표 발행 당시 제시일에 지급되지 않을 가능성이 있음을 예견할 수 있었다면 단지 명의대여자로서 회사의 경영에 전혀 관여하지 아니하였다고 하더라도 이 죄의 주체가 된다(대법원 2007.5.10. 선고 2007도1931 판결). 그리고 발행명의인이나 직접 발행자가 아니더라도 형법 제33조에 의하여 공동정범이 성립하는 것은 가능하다(대법원 1993.7.13. 선고 93도1341 판결). 예를 들어 수표발행에 있어 발행인의 기명날인 외에 자신의 날인을 요하기로 은행과 당좌거래 약정을 한 자가 발행인의 부정수표에 날인한 경우에는 부정수표 발행의 공동정범으로 볼 수 있다(대법원1973.1.16. 선고 72도2705 판결).

그러나 주식회사의 임직원이 퇴임한 대표이사 명의의 당좌거래 약정을 해지하지 않고 그의 명판과 인감을 모용하여 수표를 발행한 경우, 퇴임한 대표이사에게 묵시적 사용의 승인이 있다고 할 수 없어 수표를 발행한 책임을 물을 수 없다(대법원 1983.6.14. 선고 82도2103 판결).

3. 객체

부정수표단속법 제2조 제2항의 객체는 수표법상의 수표로, 일반인으로 하여금 진정한 수표로 오인하게 할 정도의 형식과 외관을 갖추고 유통되는 수표를 의미한다. 따라서 수표법상 유효한 수표가 아니라 하더라도 실제로 유통증권으로서의 기능에 영향이 없는 경우에는 객체가 될 수 있다(대법원 1993.9.28. 선고 93도1835 판결).

수표의 종류로는 당좌수표, 가계수표 등이 대표적이며 은행이 수표의 발행인이자 지급인이 되는 자기앞수표는 지급이 보증되는 수표이므로 여기에서 제외된다. 부정수표단속법 제2조 제2항의 객체가 되는지가 특히 문제되는 수표는 다음과 같다.

[1] 백지수표

백지수표는 보충권의 행사를 전제하여 발행된 수표이므로 적법하게 보충권이 행사되어 지급제시되는 경우는 당연히 이 죄의 객체가 된다(대법원 1973.7.10. 선고

73도1141 판결). 다만, 적법한 보충권의 행사가 이루어지지 않은 경우에도 이 죄의 객체가 될 것인지 문제된다.

우선, 보충권의 남용에 의하여 금액란이 부당하게 보충된 경우, 당초 부여된 보충권의 범위 내에서는 백지수표의 발행인이 이 죄의 주체가 될 수 있다. 이 때 보충권을 남용하여 부당보충한 보충권자의 행위가 유가증권위조죄에 해당하는 것 과는 별개의 문제이다(대법원 1999.6.11. 선고 99도1201 판결). 그러나 보충권의 범위를 넘는 금액에 관해서는 발행인이 그 금액을 보충한 것으로 볼 수 없으므로 부도수표발행죄의 책임을 지지 않는다(대법원 2013.12.26. 선고 2011도7185 판결).

다음으로 백지보충권을 행사할 수 있는 기간으로부터 6개월의 시효기간이 도과하여 백지보충권의 소멸시효가 완성된 경우, 이후에 보충권이 행사되더라도 이는 적법한 보충이라고 할 수 없으므로 이 백지수표의 발행인은 부도수표발행죄의 책임을 지지 않는다(대법원 2002.1.11. 선고 2001도206 판결).

[2] 불완전수표

앞서 수표의 기재사항에서 살펴본 것처럼 수표요건이 흠결된 수표는 지급제시되더라도 적법한 지급제시라고 볼 수 없어 제2조 제2항의 범죄가 성립할 여지가 없으나 발행지가 기재되지 않은 경우는 달리 볼 여지가 있다. 수표법 제2조는 발행지가 적혀있지 않은 경우 발행인의 명칭에 부기한 장소를 발행지로 보아 수표의 효력을 인정하며, 실제 발행지는 국내수표의 경우에 큰 의미를 가지지 못하여 수표의 유통증권으로서의 성격에 영향을 미치는 요소가 아니기 때문이다. 따라서 발행지가 흠결되어 지급제시된 수표의 발행인이라 하여도 부도수표발행죄의 책임을 지게 된다(대법원 1983.5.10. 선고 83도340 전원합의체 판결).

반면 발행일의 기재는 수표법 소정의 지급제시기간 내에 제시되었는지를 확정하는 기준이므로 발행일이 흠결된 수표는 제2조 제2항의 대상이 되지 못한다. 판례 역시 발행일란에 '월'의 기재가 없는 수표는 발행일의 기재가 없는 수표로 보아 부도수표발행죄의 구성요건을 충족시키지 못한다고 보았다(대법원 1983.5.10. 선고 83도340 전원합의체 판결).

[3] 수표요건이 정정된 수표

발행 당시 기재되었던 수표요건이 사후에 소지인의 양해를 얻어 적법하게 정정된 경우는 정정된 내용을 기준으로 제2조 제2항이 적용된다. 그러나 수표요건의

정정이 적법한 것이 아니라면 정전 전의 내용을 기준으로 이 규정이 적용된다.[5]

이러한 수표문언의 정정행위는 수표법상 발행, 배서, 보증, 지급보증 등 이른바 수표행위와는 서로 구별되는 것이므로 반드시 정정하는 곳에 기명날인이나 날인을 하여야만 그 정정행위가 유효한 것이라고 볼 수는 없다. 따라서 무인으로 발행일자와 액면을 정정하였다고 하더라도 부도수표발행죄의 대상이 되는 수표라 할 수 있다(대법원 1995.12.22. 선고 95도1263 판결).

그러나 수표요건이 정정됨으로 인하여 그 내용을 확정할 수 없게 되었다면 이는 수표요건이 흠결된 경우와 마찬가지로 볼 수 있다. 따라서 가필로 인해 발행일의 기재가 불명확한 수표나(예를 들어, 발행일 97년 1106월 6일) 발행일의 정정이 이루어졌는지가 불분명한 수표(예를 들어, 발행일의 횡서기재를 그대로 둔 상태에서 발행일란이 아닌 내부결재용 칸에 추가로 숫자를 기재한 수표)는 지급제시기간 내에 제시되었는지를 확정할 수 없게 되어 부도수표발행죄의 객체가 되지 못한다(대법원 1999.1.26. 선고 98도3013 판결, 대법원 2003.9.5. 선고 2003도3099 판결).

[4] 발행한도를 초과한 가계수표

가계수표 용지에 부동문자로 인쇄된 '00만원 이하' 등의 문언은 지급은행이 사전에 발행인과의 사이에 체결한 수표계약에 근거하여 기재한 것으로서 단지 수표계약의 일부 내용을 제3자가 알 수 있도록 수표에 기재한 것일 뿐이며 수표법 제3조 단서는 수표자금에 관한 수표계약에 위반하여 수표를 발행한 경우도 수표로서의 효력에 영향을 미치지 않는다고 규정하고 있어 발행한도액을 초과하여 발행한 가계수표도 수표로서의 효력에는 아무런 영향이 없다. 따라서 발행한도는 초과한 가계수표의 경우도 부도수표발행죄의 객체가 될 수 있다(대법원 1998.2.13. 선고 97다48319 판결).

[5] 선일자 수표(연수표)

'선일자수표'란 발행일자를 실제로 발행된 일자보다 후의 일자로 기재하여 발행한 수표이다. 선일자수표는 수표로서의 효력에 영향이 없다는 것이 통설이다.[6] 이러한 선일자수표는 실제 발행일에는 수표자금이 없으나 이후 자금마련이 기대

5　이주원 644면.

6　홍복기·박세화, 어음·수표법, 법문사, 2017. 383면.

되는 경우 지급시기를 늦추기 위하여 주로 발행된다. 따라서 발행인과 수취인 간에 발행일자 이전에는 지급제시를 하지 않겠다는 특약이 있는 것이 보통이나 수표법은 수표가 신용증권화가 되는 것을 막기 위하여 발행일자 전에 지급제시가 되더라도 지급인은 지급하여야 한다고 규정하고 있다(수표법 제28조 제2항). 따라서 선일자수표가 지급제시되었으나 예금부족 등을 이유로 지급되지 않았다면 제2조 제2항의 범죄는 성립한다(대법원 1981.9.22. 선고 81도1181 판결). 그러나 선일자수표의 특성상 수표의 발행인이 지급제시되지 않을 것이라 믿고 있었고 그러한 믿음에 정당한 이유가 있었다면 제2조 제2항의 범죄는 성립하지 않는 것으로 보아야 할 것이다(대법원 1992.9.22. 선고 92도1207 판결).

4. 행위

부정수표단속법 제2조 제2항의 구성요건적 행위는 수표의 발행 또는 작성이 아니라 ① 수표의 발행·작성 이후에 ② 제시기일에 적법한 지급제시가 있었음에도 ③ 예금 부족 등을 이유로 제시기일에 지급되지 않게 하는 것이다.

[1] 수표의 발행·작성 이후

수표의 발행 및 작성의 의미는 제2조 제1항과 동일하다. 따라서 수표소지인의 양해 아래 수표의 문언을 사후 정정하는 행위나(대법원 2000.9.5. 선고 2000도2840 판결) 정당한 권한 내의 백지수표에 대한 보충권 행사(대법원 2004.2.13. 선고 2002도2464 판결) 등은 수표의 발행이라 할 수 없다.

또한 발행인과 공모하거나 그의 위임 아래 부정수표를 만드는 것이 아니라 수표상의 요건을 대리기입하는 것과 같은 기계적인 행위는 수표의 작성이라 할 수 없다(대법원 1975.12.9. 선고 74도2650 판결).

[2] 제시기일의 적법한 지급제시

부도수표발행죄가 성립하기 위해서는 적법한 지급제시가 있어야 한다. 따라서 발행일이 보충되지 않은 채 백지수표가 지급제시되었다면 적법한 지급제시가 있다고 할 수 없어 제2조 제2항의 범죄는 성립하지 않는다(대법원 1982.9.14. 선고 82도1531 판결).

일반적으로는 지급제시기간 내에 금융기관에 지급을 받기 위하여 수표를 제시한 날이 제시기일이 되지만(수표법 제29조) 선일자수표의 경우에는 기재된 발행일이 도래하기 전에 제시되므로 수표를 제시한 날이 제시기일이 된다(수표법 제28조 제2항).

수표의 지급제시기간은 10일이다(수표법 제29조 제1항). 수표법은 수표에 적힌 발행일로부터 기산한다고 규정하는 한편(수표법 제29조) 기간의 계산에 관하여 초일은 산입하지 않는다는 별도의 규정을 두고 있는데(수표법 제61조) 판례는 초일은 산입하지 않고 수표상의 발행일자 다음날부터 기산하여 10일을 산정한다(대법원 1982.4.13. 선고 81다1000 판결).

[3] 예금 부족, 거래정지처분, 수표계약 해제·해지의 사유로 인한 지급거절

1) 지급거절 사유

제시기일에 지급되지 않게 하는 예금 부족, 거래정치처분, 수표계약의 해제·해지의 사유가 있어야 한다. '예금부족'은 발행인이 지급은행과 수표계약을 체결하였음에도 지급자금을 예치하지 않았거나 부족하게 만든 경우를 말한다. 또한 '거래정지처분'은 앞서 살펴본 것과 같이 일정한 사유가 발행한 경우 어음교환소가 참가은행에 대하여 수표발행이과 당좌계정거래를 해지하고 향후 일정기간 동안 당좌예금 및 가계당좌예금거래를 허용하지 못하도록 하는 사적인 제재조치이다. 그리고 '수표계약의 해제·해지'는 수표발행시에 존재하였던 수표계약을 수표 제시 전에 해제·해지하는 것을 말한다. 이러한 해제·해지는 은행거래정지처분에 따른 강제해지이든 당사자에 의한 임의해지 또는 합의해지이든 묻지 않는다.[7] 이러한 사유의 발생은 행위자가 예금을 인출하거나 수표계약의 해제권을 행사하는 것과 같은 작위에 의하여도 가능하지만 예금을 보충하여야 할 의무가 있음에도 입금하지 않는 것과 같은 부작위에 의하여도 가능하다.

지급거절의 사유는 예금부족, 거래정지처분, 수표계약의 해제 또는 해지로 한정된다. 따라서 당좌수표가 발행인의 허위의 사고신고서 제출 및 지급정지 의뢰로 지급되지 않았다면 '예금부족으로 인하여' 또는 '거래정지처분이나 수표계약의 해제 또는 해지로 인하여' 지급되지 않은 경우라 볼 수 없고, 설사 예금부족으로 인하여 지급이 거절될 수밖에 없었다거나 제출된 사고신고서의 내용이 허위임이

---

7 우인성, 부정수표단속법 제2조 제2항 적용의 제한, 대법원판례해설 제98호, 법원도서관, 2014, 594면.

밝혀졌다고 하더라도 제2조 제2항의 범죄는 성립하지 않는다(제4조 허위신고죄의 성립은 가능)(대법원 2006.10.26. 선고 2006도5147 판결). 이와 마찬가지로 지급거절의 사유가 회사정리법상의 보전처분의 법률적 효과에 따른 것인 때에는 비록 은행이 예금부족을 사유로 지급거절을 하였더라도 역시 부도수표발행죄는 성립하지 않는다(대법원 1990.8.14. 선고 90도1317 판결).

2) 지급거절

'수표의 지급거절'은 지급제시기일에 수표금액의 전부 또는 일부의 지급이 거절된 것을 의미하며 수표법 제39조에 따른 지급거절의 증명이 있어야 한다(시행령 제2조 제4항). 따라서 지급거절되었더라도 지급거절증명이 없으면 본죄는 성립하지 않는다. 지급거절의 증명은 공정증서(거절증서), 수표에 제시된 날을 적고 날짜를 부기한 지급인의 선언, 적법한 시기에 수표를 제시하였으나 지급받지 못하였음을 증명하고 날짜를 부기한 어음교환소의 선언의 방법에 의한다(수표법 제39조 각호).

지급거절증명이 있게 되면 즉시 제2조 제2항의 범죄가 성립하므로 지급거절증명이 있은 후에 즉시 변제하였다 하더라도 이미 성립된 범죄에는 영향이 없다(대법원 1988.12.6. 선고 88도1406 판결).

5. 고의

[1] 이중의 고의

부정수표단속법 제2조 제2항이 성립하기 위해서는 발행인·작성인이 예금부족 등으로 인하여 지급제시일에 지급되지 않을 것이라는 결과를 예견하면서 발행·작성하여야 한다. 이러한 예견은 미필적이어도 상관없다. 발행에 대한 고의와 함께 지급거절에 대한 고의 등 이중의 고의가 필요하다고 할 수 있다. 이러한 고의의 판단 기준은 수표의 발행·작성시가 된다.

[2] 고의 인정 사례

구체적 판례를 살펴보면 ① 수표금액에 상당한 예금이나 수표금지급을 위한 당좌예금의 명확한 확보책도 없이 수표를 발행한 경우(대법원 1985.12.24. 선고 85도1862 판결), ② 가계수표종합예금의 평균잔고유지조건을 지키지 못한 경우(대법원 1983.10.11. 선고 83도2088 판결), ③ 신용불량자의 부탁을 받고 자신을 대표이사로 하는 수표계약의 체결을 허락한 다음 그 계약에 따른 수표의 발행을 용인한 경우(대법원 2007.5.10. 선고 2007도1931 판결), ④ 금전을 차용하면서 차용액 이상의 고미술품을 담보로 제공하고 당좌수표를 발행하였으나 이 무렵 발행한 액면금액 합계 14억 5,500만 원의 당좌수표들이 모두 지급거절되었고 5개월 전에도 거래정지처분을 받은 사실이 있는 경우(대법원 2000.11.28. 선고 2000도1835 판결)와 같이 자금 사정 악화로 인한 지급거절에 대한 예견이 가능했던 사안에서는 고의가 인정된다.

또한 ⑤ 수표의 발행인이면서 소지인인 회사가 수표부도시 자기앞수표로 이를 막아주겠다는 은행의 말을 믿고 거래은행과의 수표대전상의 계수조정을 목적으로 수표를 발행한 경우(대법원 1980.4.8. 선고 79도2255 판결), ⑥ 당좌수표가 채무의 담보로서 발행되었는데 당사자 사이에 지급은행에 지급제시하지 않기로 한 특약이 있었던 경우(대법원 1981.9.22. 선고 81도1661 판결), ⑦ 수표가 견질담보로서 발행되었는데 이 수표가 담보하는 은행채무에 대하여 다른 인적·물적 담보가 실행된 후에 제시하기로 하는 묵시적 합의가 있었던 경우(대법원 1982.4.13. 선고 80도537 판결), ⑧ 채무를 분할상환하기로 하면서 당좌수표를 담보 명목으로 교부하였는데 수표를 지급제시하여도 민·형사상 이의를 제기하지 않기로 한 경우(대법원 2007.3.30. 선고 2007도523 판결)와 같이 명시적·묵시적인 특약이 존재하였다는 사실만으로는 고의가 부정되지 않는다.

그 밖에도 ⑨ 타인의 채무를 담보할 목적으로 수표를 발행하였거나 궁박한 상황에 처하여 수표를 발행한 사정 등(대법원 1998.6.9. 선고 98도854 판결)은 고의의 인정에 영향을 미치지 않는다.

[3] 고의 부정 사례

판례는 ① 아동급식용 식빵제조회사의 대표이사가 식빵 원료를 외상으로 매입하면서 선일자수표를 발행한 뒤 교육청으로부터 지급받은 대금으로 수표를 결제하여 왔는데 식빵에 대한 중독사고 발생으로 그 대금을 받지 못한 경우(대법원 1980.2.26. 선고 79도1198 판결), ② 10여 년간 거래관계로 발생한 수표를 정상적으로 결제하던 중에 해당 수표의 제시일 직전 화재로 점포가 전부 소실되어 영업을 하지 못한 관계로 예금이 부족하게 된 경우(대법원 1981.3.24. 선고 81도115 판결), ③ 사채업을 정상적으로 영위해 오던 수표 발행인이 레미콘 업체를 인수하면서 자금사정이 악화되어 부도가 난 경우(대법원 1997.4.11. 선고 97도249 판결)와 같이 예상하지 못한 사건·사고 등으로 인한 갑작스런 자금 악화의 경우에는 고의를 부정한다.

또한 ④ 금전 채무를 담보하기 위하여 견질용으로 수표를 발행하였으나 여러 부동산에 근저당권설정등기를 하여 충분한 담보를 제공하였고 원리금을 다 갚을 때까지 수표를 담보로만 보관하겠다는 각서를 받은 경우(대법원 1992.9.22. 선고 92도1207 판결), ⑤ 개인 채무를 담보하기 위하여 백지수표를 발행한 후 그 채무를 모두 변제하였으나 수표를 반환받지 못한 상태에서 수표소지인이 연대보증한 회사의 채무를 변제받기 위하여 수표를 지급제시한 경우(대법원 2000.9.5. 선고 2000도2190 판결)와 같이 정황상 수표가 지급제시되지 않을 것이라는 점에 정당한 믿음이 있었던 경우에도 고의가 부정된다.

그 밖에 ⑥ 회사의 형식상 대표이사로 경영에 전혀 관여하는 바가 없어 수표의 발행사실이나 회사의 자금 사정을 전혀 모르고 있었던 경우(대법원 1994.11.8. 선고 94도1799 판결)에도 고의는 부정된다.

6. 기수

이 범죄의 구성요건적 행위는 수표를 발행·작성하는 행위와 정당한 지급제시기일에 지급이 되지 않도록 하는 행위가 결합되어 있다. 따라서 범죄가 성립되는 시기를 수표를 발행·작성한 시점으로 볼 것인지 지급이 거절된 시점으로 볼 것인지 견해가 대립한다.

판례는 부정수표단속법 제2조 제2항의 범죄는 예금부족 등으로 인하여 제시기일에 지급되지 아니할 것이라는 결과발생을 예견하고 발행인이 위 '수표를 발행한 때'에 바로 성립되고, 수표소지인이 그 제시기일에 지급을 위한 제시를 하여 수표금의 지급이 되지 않은 때에 성립하는 것은 아님을 명백히 밝히고 있다(대법원 2003.9.26. 선고 2003도3394 판결). 반면 해당 구성요건이 '제시기일에 지급되지 아니하게 한 때'를 구성요건적 결과로 명백히 요구하는 이상 '지급거절시'를 공소시효의 기산점으로 보아야 일관된 해석이라는 반대의견도 제시된다.[8]

생각건대 해당 구성요건은 제2조 제1항의 부정수표발행죄와 함께 넓은 의미

---

8 하상제, 부정수표발행인의 형사책임, 형사법실무연구 제123집, 2011, 245면.

의 부정수표발행의 행위를 처벌하고자 하는 취지임이 입법 연혁에서 확인되며 제
2조 제1항의 성립시기는 수표의 발행·작성시가 명백함을 고려할 때 판례와 같이
이해하는 것이 타당하다. 여기에서 수표의 발행일은 수표상의 발행일자가 아니라
실제의 발행일이다. 한편 판례와 같이 해석하더라도 범죄의 성립 여부를 확인할
수 있는 시점은 '제시기일에 지급되지 아니한 때'라 할 수 있으므로 이러한 결과
발생을 객관적 처벌조건으로 보는 것이 합리적 해석으로 생각된다.9

7. 죄수

여러 개의 수표를 발행하여 부도처리가 되게 하였더라도 포괄일죄가 아니라
각 수표마다 하나의 죄가 성립하는 것으로 보아야 한다(대법원 1986.3.11. 선고 85
도2809 판결).

부도수표의 발행은 경제적 이익 취득의 목적에서 다른 재산범죄와 함께 이루
어지는 경우가 많은데, 판례는 사기의 수단으로 발행한 수표가 지급거절된 경우
부도수표발행죄와 사기죄는 그 행위의 태양과 보호법익을 달리하므로 실체적 경
합범의 관계에 있다고 본 반면(대법원 2004.6.25. 선고 2004도1751 판결). 수표를 발
행하여 타인의 재산상 손해를 가하게 되는 경우는 부도수표발행죄와 업무상 배임
죄는 사회적 사실관계가 기본적인 점에서 동일하여 상상적 경합관계에 있다고 보
았다(대법원 2004.5.13. 선고 2004도1299 판결).

Ⅳ. 과실에 의한 부정수표·부도수표 발행·작성[제3항]

제2조(부정수표 발행인의 형사책임) ③ 과실로 제1항과 제2항의 죄를 범한 자는 3년
이하의 금고 또는 수표금액의 5배 이하의 벌금에 처한다.

---

9 우인성, 609면.

1. 의의

부정수표단속법 제2조 제3항의 죄는 과실로 제2조 제1항의 부정수표 또는 제2조 제2항의 부도수표를 발행한 경우에 성립하는 범죄이다. 과실로 제1항의 죄를 범한다는 것은 주의의무 위반으로 인하여 제2조 제1항 각 호에 해당하는 부정수표가 발행·작성되었다는 것을 알지 못하였다는 의미이다. 또한 과실로 제2항의 죄를 범한다는 것은 주의의무 위반으로 인하여 수표발행 후 예금부족 등으로 제시기일에 지급거절될 것을 예견하지 못하였다는 의미이다.

부정수표 단속법 제2조 제1항 또는 제2항 위반의 고의에 의한 부도수표발행죄의 공소사실을 제3항 위반의 과실에 의한 부도수표발행죄의 공소사실로 변경하는 것이 가능할지와 관련하여 대법원은 기본적 사실관계가 동일하더라도 구성요건의 본질적 변화를 가져오므로 공소장 변경 없이 법원이 과실범의 성립 여부를 판단할 수 없다고 판시하였다(대법원 1981.12.8. 선고 80도2824 판결).

2. 존폐론

과실에 의한 부도수표발행을 형사법적으로 처벌하는 부정수표단속법 제2조 제3항의 존폐와 관련하여 상반된 주장이 제기된다.

폐지론은 ① 과실은 물론 고의에 의한 부도수표의 발행을 처벌하는 비교법적 예가 거의 없고 ② 과실에 의한 부도수표발행까지 처벌하게 되면 자금관리를 소홀히 하거나 좋지 않은 경기 상황 속에서 기업활동을 하는 사업자들이 형사처벌의 위험에 노출되어 가벌성이 부당하게 확대되며 ③ 부도수표발행과 그 성격이 비슷한 파산범죄가 과실범을 처벌하지 않는 것과 비교할 때 형평에 어긋난다는 점을 주된 근거로 제시한다.[10]

반면 존치론은 ① 과실범 처벌 규정은 과거 부정수표단속법이 명시적으로 고의범만 처벌하는 상황에서 수표의 공신력이 떨어지는 실질적인 문제점을 해결하기 위한 정책적 목적으로 법률개정을 통해 도입되었기 때문에 비교법적으로 유사한 예가 없다거나 파산범죄와 형평에 맞지 않다는 것은 비판의 근거가 되기 어렵

---

10 윤성승, 부도수표에 대한 법적 규제 검토 —부정수표단속법을 중심으로—, 경찰법연구 제6권 제2호, 한국경찰법학회, 2008, 306면 이하.

고 ② 경기가 좋지 않은 상황에서의 자금 악화는 조금만 주의를 기울여도 예견가능한 것이기라는 점에서 향후 글로벌스탠다드에 맞는 비범죄화의 논의가 필요하다 하더라도 우리나라 고유의 법문화 형성과정에서 도입된 본 죄를 폐지하는 것은 시기상조라고 주장한다.[11]

이에 대해 과실범 처벌규정이 도입된 1966년 이후 금융거래를 포함한 경제생활이 크게 변화한 현재의 시점[12]에서 이제는 처벌 범위의 부당한 확대의 가능성을 내포하고 있으나 실제 사회경제적으로 큰 기능을 하고 있다 보기 어려운 제2조 제3항에 대한 비범죄화의 논의가 시작되어야 한다고 생각한다.

V. 공소제기의 조건[제4항]

> **제2조(부정수표 발행인의 형사책임)** ④ 제2항과 제3항의 죄는 수표를 발행하거나 작성한 자가 그 수표를 회수한 경우 또는 회수하지 못하였더라도 수표 소지인의 명시적 의사에 반하는 경우 공소를 제기할 수 없다.

1. 의의

부정수표단속법 제2조 제4항은 협의의 부도수표의 발행(제2항)과 과실로 인한 부정·부도수표 발행(제3항)의 죄에 있어서 수표를 회수하거나 수표소지인의 처벌불원의 의사가 있는 경우 공소를 제기할 수 없도록 한 규정이다. 법률의 연혁에서 살펴본 바와 같이 부정수표단속의 법기능을 그대로 유지하면서 부도를 낸 기업인의 기업회생을 도모하기 위한 입법 취지를 가지고 있다.

주의할 점은 고의의 부정수표 발행(제2조 제1항)에 대해서는 제2조 제4항이 적용되지 않는다는 점이다.

----

11 안성조, 부정수표단속법상 과실범 처벌의 정당성, 경찰법연구 제12권 제2호, 한국경찰법학회, 2014, 130면.

12 어음교환소를 통해 교환 회부된 약속어음, 당좌수표, 가계수표, 자기앞수표 등 각종 어음 및 수표 중 지급되지 않고 부도가 난 금액을 교환금액으로 나눈 어음·수표부도율은 1960년 1.56%에서 1970년 0.58%, 1980년 0.18%, 1990년 0.05%, 200년 0.04%, 2010년 0.02%로 지속적으로 줄었으며 2020년에는 백분위로는 0%를 기록하였다(e-나라지표의 어음부도율).

2. 수표의 회수

[1] 의의

부정수표단속법 제2조 제4항은 수표발행·작성자의 수표회수를 피해자의 처벌불원의 의사와 동일하게 취급하는데 수표가 전부 회수되었다는 것은 이미 수표소지인과 발행인 사이에서 부도수표채권의 변제에 관한 합의가 이루어진 것으로 추정할 수 있으며 부도수표에 관한 민사상의 문제가 당사자 사이에서 원만히 해결된 경우까지 형사처벌의 가벌성의 범위를 확장할 필요가 없다는 취지에서 2차 개정시 도입된 규정이다. 수표의 회수는 제1심 판결선고 전까지 이루어져야 한다(대법원 1995.10.13. 선고 95도1367 판결).

[2] 공범에 의한 회수

수표가 공범에 의하여 회수된 경우, 회수하지 않은 다른 공범에 대해서도 회수의 효과를 인정할 것인지의 문제가 있다. 판례는 수표회수의 소추조건으로서의 효력은 회수 당시 소지인의 의사와 관계없이 다른 공범자에게도 당연히 미치는 것으로 본다. 그 이유는 ① 부정수표의 회수는 수표소지인이 수표를 여전히 소지하면서 처벌불원의 의사만 밝히는 것과 달리 그 회수사실 자체가 소극적 소추조건이 되고, ② 그 소지인의 의사가 구체적·개별적으로 외부에 표출되지 않으며, ③ 부정수표가 회수되면 그 회수 당시의 소지인은 더이상 수표상의 권리를 행사할 수 없게 되고, ④ 부정수표를 돌려주거나 처벌을 희망하지 아니하는 의사를 표시할 수 있는 수표소지인은 그 수표의 발행자나 작성자 및 그 공범 이외의 자를 말하는 것으로 봄이 상당하므로, 부정수표가 이미 회수된 경우는 그 수표에 관하여 처벌을 희망하지 아니하는 의사를 표시할 수 있는 수표소지인은 더이상 존재하지 아니하게 되고, ⑤ 제2조 제4항의 규정 형식상 '수표소지인의 명시한 의사'는 수표를 회수하지 못하였을 경우에 소추조건이 되도록 규정되어 있는 점 등을 들고 있다(대법원 1999.5.14. 선고 99도900 판결).

한편 공범 중 먼저 기소된 1인이 자신에 대한 제1심 판결선고 후 부도수표를 회수한 경우, 나중에 기소된 나머지 공범에게 회수의 효력이 인정될 수 있을지 문제된다. 이 죄의 입법취지에 비추어 공범 중 1인의 수표회수의 효력이 나머지 공범에도 미친다는 판례의 태도에 비추어볼 때 제1심 계속 중인 나머지 공범에 대해서 회수된 수표 부분의 공소를 기각하게 될 것이다.

3. 처벌불원의 의사

[1] 의사표시의 주체

처벌불원의사 역시 제1심 판결선고 전까지 제시되어야 하며 철회는 불가능하다(대법원 2012.2.23. 선고 2011도17264 판결). 이때 처벌을 원치 않는 의사의 표시를 할 수 있는 소지인이란 이러한 의사를 표시할 당시의 소지인을 말하는 것으로서 통상은 지급제시를 한 자가 된다. 그러나 지급거절 이후 당해 수표를 환수 받아 실제로 이를 소지하고 있는 자가 아니더라도 지급거절 당시의 소지인으로부터 지급거절 이후에 수표를 적법하게 양수받아 실제로 이를 소지하고 있는 자라면 여기에 해당할 수 있다(대법원 1999.1.26. 선고 98도3013 판결). 환수받은 수표를 분실한 경우는 분실 당시의 소지인이 처벌불원의 의사표시를 할 수 있는 자가 된다(대법원 2000.5.16. 선고 2000도123 판결).

[2] 공범에 대한 처벌불원의 의사표시

공범에 의하여 수표가 회수된 경우 법원이 명시적으로 다른 공범에 대해서도 그 소송법적 효과를 인정한다고 판시한 것과 달리 처벌불원의 의사표시가 일부 공범만을 대상으로 한 경우에는 다른 공범에 대해서 그 효과가 인정되지 않는다. 이는 형사소송법이 반의사불벌죄에 대해서는 친고죄와 같은 고소 및 고소취소의 불가분의 원칙을 준용하고 있지 않기 때문이다. 따라서 공범 중 1인에 대한 제1심판결 선고 후 아직 제1심 계속 중인 다른 공범자에 대해서 처벌불원의 의사가 이루어진 경우, 이들에 대해서만 그 효과를 인정할 수 있다.

4. 수표회수와 처벌불원의사표시 유사 행위

실제 거래계에서는 부정수표단속법위반죄를 범한 자가 형사처벌을 피하기 위하여 수표지급지인 은행에 부도수표의 액면금 상당액을 입금하였다는 내용의 입금표를 제출하거나 부도수표 액면금액 상당의 돈을 수표소지인 앞으로 변제공탁하기도 한다. 특히 수표를 회수하고자 하는 자가 수표소지인의 행방을 모르는 경우에 이를 수표회수나 처벌불원의사표시가 있는 것과 같이 볼 것인지 문제된다. 판례는 부도수표의 액면금 상당액을 변제공탁하여 수표소지인이 이를 수령하였다는 것만으로는 수표회수나 처벌불원의 의사표시가 있는 것과 동일한 법적 효과를 인정할 수 없다고 본다(대법원 1994.10.21. 선고 94도789 판결).

5. 효과

수표가 회수되거나 처벌불원의 의사표시가 있음에도 공소가 제기되면, 법원은 형사소송법 제327조 제2호에 의한 공소기각 판결을 한다(대법원 1999.5.14. 선고 99도900 판결). 또한 공소제기 후 수표가 회수되거나 처벌불원의 의사표시가 있는 경우에 법원은 형사소송법 제327조 제6호에 의한 공소기각 판결을 한다(대법원 2002.10.11. 선고 2002도1228 판결).

제3절 거짓 신고자의 형사책임

> **제4조(거짓 신고자의 형사책임)** 수표금액의 지급 또는 거래정지처분을 면할 목적으로 금융기관에 거짓 신고를 한 자는 10년 이하의 징역 또는 20만원 이하의 벌금에 처한다.

I. 의의

부정수표단속법 제4조는 수표금액의 지급 또는 거래정지처분을 면할 목적으로 금융기관에 거짓 신고를 한 자를 처벌하는 규정이다. 부정수표단속법이 처음 시행되던 과정에서 결제자금 없이 수표를 발행한 자가 미결제로 인한 형사책임을 회피하기 위하여 도난, 사취, 분실 등의 허위사유를 금융기관에 신고하는 예가 많아졌음에도 이를 처벌할 규정이 마땅하지 않음을 고려하여 1966. 2. 26. 법률개정에서 신설한 규정이다.

II. 주체

수표금액의 지급책임을 부담하는 자 또는 거래정지처분을 당하는 자는 발행인에 국한되는 점에서 제4조는 수표의 발행인만이 주체가 되는 진정신분범으로 보는 것이 일반적이다. 따라서 타인으로부터 명의를 차용하여 수표를 발행하는 경우, 수표가 제시된다고 하더라도 수표금액이 지출되거나 거래정지처분을 당하게 되는 자에 해당된다고 볼 수 없는 명의차용인은 제4조가 정한 허위신고죄의 주체가 될 수 없다(대법원 2003.1.24. 선고 2002도5939 판결).

예를 들어 주식회사 대표이사의 명의로 당좌수표를 발행한 사람이 당좌수표의 액면금이 변조되었다는 취지의 거짓신고를 하면서 지급정지를 의뢰하였다면 비록 당좌수표에 관한 거짓신고를 하였더라도 당좌수표에 기재된 대표이사가 아니어서 제4조의 주체가 될 수 없다(대법원 2014.1.23. 선고 2013도13804 판결). 다만, 타인으로부터 명의를 차용하여 수표를 발행한 자가 수표의 발행명의인과 공모한 경우는 허위신고죄의 공동정범이 될 수 있다(대법원 2007.5.11. 선고 2005도6360 판결).

그러나 대법원 판례와 다르게 부정수표단속법 제4조의 주체를 수표의 발행인에 한정할 필요가 없다는 해석론도 제기된다.13 법조문이 명문으로 주체를 한정하고 있지 않다는 점과 부정수표나 위·변조된 수표와 달리 정상 수표를 대상으로 하는 제4조 범죄는 부정수표 발행의 처벌이라는 부정수표단속법의 입법목적을 그대로 적용하기 어렵다는 점, 발행인이 아니더라도 허위신고를 통하여 유통증권인 수표의 기능을 저해한 사람을 처벌할 필요가 있다는 점을 근거로 한다.

Ⅲ. 객체

부정수표단속법 제4조의 행위는 금융기관에 허위의 신고를 하는 것이다. 신고한 사실이 객관적 진실에 반하는 허위사실이라는 점에 관하여는 적극적인 증명이 있어야 한다. 따라서 신고사실의 진실성을 인정할 수 없다는 것만으로 곧 그 신고사실이 객관적 진실에 반하는 허위사실이라고 단정하여 부정수표단속법 제4조 위반죄를 인정할 수는 없다(대법원 2014.2.13. 선고 2011도15767 판결).

거짓신고의 상대는 금융기관이 되어야 한다. 따라서 수표발행인이 수표수취인이나 현재의 소지인에게 내용증명 등의 방법으로 수표가 분실, 도난 또는 사취당한 수표라는 사실을 고지하더라도 본 죄는 성립하지 않는다.

Ⅳ. 수표금액의 지급 또는 거래정지처분을 면할 목적

부정수표단속법 제4조는 고의, 과실 이외에도 수표금액의 지급 또는 거래정지처분을 면할 목적을 필요로 하는 목적범이다. 수표의 유통기능을 보장하기 위한 구성요건이므로 이러한 목적이 없는 경우에는 제4조의 범죄가 성립하지 않는다.

'지급을 면한다'는 것은 수표가 제시됨으로써 발행인의 당좌예금구좌나 가계예금구좌에서 수표금액이 지출되지 않게 한다는 것을 말하며 '거래정지처분을 면한다'는 것은 그 수표가 제시되었으나 예금부족으로 부도되어 해당 은행에서 거

---

13 심희기·전지연 외 190면.

래정지처분을 받을 것을 면한다는 의미이다.

V. 기수시기

　　부정수표단속법 제4조는 허위신고를 한 때에 기수가 되며 반드시 수표가 적
법하게 지급제시되어 허위신고를 한 발행인이 수표금의 지급의무를 실제로 부담
하게 되는 것을 전제로 하는 것은 아니다. 따라서 수표금액의 지급 또는 거래정지
처분을 면탈할 목적으로 허위의 신고를 한 이상, 지급제시된 수표의 발행일이 보
충되지 아니하였더라도 제4조 위반죄는 성립한다(대법원 2004.7.22. 선고 2004도1168
판결).

VI. 죄수 - 무고죄와의 관계

　　부정수표단속법 제4조의 죄는 타인으로 하여금 형사처분 또는 징계처분을 받
게 할 목적으로 공무소 또는 공무원에 대하여 허위의 사실을 신고하는 때에 성립
하는 무고죄와는 행위자의 목적, 신고의 상대방, 신고 내용, 범죄의 성립시기 등
을 달리하는 별개의 범죄이다. 따라서 은행에 수표가 위조되었다는 취지의 분실
신고를 하면서 수사기관에는 수표위조에 대한 고소를 한 경우, 서로 보호법익이
다르고, 법률상 1개의 행위로 평가되지 않으므로 부정수표단속법 제4조와 무고죄
는 상상적 경합관계가 아니라 실체적 경합관계에 있다(대법원 2014.1.23. 선고 2013
도12064 판결).

제4절 위조·변조자의 형사책임

제5조(위조·변조자의 형사책임) 수표를 위조하거나 변조한 자는 1년 이상의 유기징역과 수표금액의 10배 이하의 벌금에 처한다.

I. 의의

형법이 유가증권의 위·변조에 대한 일반적인 처벌 규정(제214조)을 두고 있음에도 부정수표단속법은 별도의 위·변조에 대한 처벌 규정을 두고 있는데 양자의 차이는 ① 형법은 행사할 목적을 요구하지만 부정수표단속법은 요구하지 않는다는 점과 ② 형법은 10년 이하의 징역형만을 규정하고 있으나 부정수표단속법은 1년 이상의 유기징역형과 함께 수표금액 10배 이하 벌금의 필요적 병과를 규정하고 있다는 점이다. 결국 부정수표단속법 제5조의 죄는 수표의 강한 유통성과 거래수단으로서의 중요성을 감안한 형법상 유가증권위·변조죄에 대한 특별법 규정이라 할 수 있다(대법원 2008.2.14. 선고 2007도10100 판결).

이처럼 부정수표단속법 제5조는 형법 제214조 제1항에 대한 가중처벌 규정이므로 그 처벌범위가 지나치게 넓어지지 않도록 제한적으로 해석할 필요가 있다. 따라서 제5조에서 처벌하는 행위는 '수표의 발행'에 관한 위조·변조를 말하고, 수표의 배서를 위조·변조한 경우와 같이 '수표의 권리의무에 관한 기재'를 위조·변조한 행위는 제5조에는 해당하지 않는 것으로 해석하여야 한다(대법원 2019.11.28. 선고 2019도12022 판결).

부정수표단속법 제5조는 위조·변조에 대한 형사책임만을 별도로 규정하고 있으므로 위·변조된 수표를 행사한 경우는 제5조의 죄와 함께 형법 제217조의 위·변조유가증권행사죄로 처벌받게 될 것이다.

Ⅱ. 수표의 위·변조

1. 수표의 위조

부정수표단속법 제5조의 객체는 '수표'로 제2조와 같이 당좌수표, 가계수표 등으로 제한되지 않는다. 따라서 자기앞수표 역시 위조의 객체가 될 수 있다. 수표의 '위조'란 작성권한이 없는 자가 타인의 이름을 모용하여 수표를 작성하는 행위를 말한다. 수표거래의 안전과 유통성을 보호법익으로 하는 범죄인만큼 수표 의 외관이 일반인으로 하여금 진정한 수표라고 신용하게 할 정도라면 수표요건 을 결하여 실체법상 무효의 것이라 해도 위조죄의 성립에는 영향이 없다(대법원 1973.6.12. 선고 72도1796 판결). 반면 일반인이 진정한 것으로 오신할 정도의 형식 과 외관을 갖추지 못하였다면 위조죄는 성립하지 않는다(대법원 1985.9.10. 선고 85 도1501 판결).

형법의 유가증권위조죄(제214조)와 그 내용은 동일하므로 이를 포함한 위조 관련 판례를 유형별로 살펴보면 다음과 같다.

[1] 발행인 날인 흠결 또는 타인의 인장 날인

발행인 명의의 인장인지 명확하지 않은 수표는 외관상 일반인으로 하여금 진 정한 수표라고 신용하게 할 정도의 것이므로 발행인의 날인이라는 수표요건을 결 하여 실체법상 무효의 것이라 해도 위조죄는 성립된다(대법원 1973.6.12. 선고 72도 1796 판결).

반면, 수표에 발행인의 날인이 없는 수표는 일반인이 진정한 것으로 오신할 정도의 형식과 외관을 갖춘 수표라 할 수 없으므로 부정수표단속법 제5조의 범죄 가 성립하지 않는다(대법원 1985.9.10. 선고 85도1501 판결).

[2] 가명·허무인 명의의 수표 작성

수표에 기재되어야 할 수표행위자의 명칭은 반드시 수표행위자의 본명에 한 하는 것은 아니고 상호, 별명 그 밖의 거래상 본인을 가리키는 것으로 인식되는 칭호라면 어느 것이나 다 가능하다. 따라서 통상 자기를 표시하는 것으로 거래상 사용해 온 가명을 사용하였다고 하여 수표위조죄가 성립하는 것은 아니다(대법원 1996.5.10. 선고 96도527 판결). 그러나 부정수표단속법 제2조 제1항 제1호의 부정수표발행죄의 책임은 지게 된다는 점은 앞서 살펴본 바와 같다.

한편 유통성을 가진 유가증권의 위조를 처벌하는 것은 일반거래의 신용을 해할 위험을 방지하기 위한 것이므로 행사할 목적으로 외형상 일반인으로 하여금 진정하게 작성된 어음이라고 오신케 할 수 있을 정도로 작성된 것이라면 그 명의인이 실재하지 않은 허무인이더라도 그 위조죄가 성립한다(대법원 1971.7.27. 선고 71도905 판결). 이때 수표의 경우에는 수표위조의 죄와 함께 제2조 제1항 제1호의 부정수표발행죄가 성립할 수 있고 양 죄는 상상적 경합으로 보는 것이 타당하다.

[3] 백지수표의 보충권 남용

금액란이 백지인 백지수표의 소지인이 보충권을 남용하여 그 금액을 부당하게 보충하는 행위는 백지보충권의 범위를 초월하여 발행인의 서명날인이 있는 기존의 수표용지를 이용한 새로운 수표를 발행하는 것으로 보아야 한다. 그리고 이처럼 수표위조죄가 성립하는 경우도 백지수표의 발행인은 보충권의 범위 내에서 제2조 제2항의 죄책을 진다는 점은 앞에서 본 것과 같다(대법원 1999.6.11. 선고 99도1201 판결).

2. 수표의 변조

수표의 '변조'란 권한 없는 자가 진정하게 성립된 수표의 내용에 유가증권의 동일성을 해하지 않는 한도에서 변경을 가하는 것을 의미한다. 진정하게 성립된 수표를 전제로 하기 때문에 이미 변조된 수표의 내용을 다시 권한 없이 변조하였다고 하더라도 수표변조죄는 성립하지 않는다(대법원 2012.9.27. 선고 2010도15206 판결).

또한 유가증권변조죄는 진정하게 성립된 '타인명의'의 유가증권에 변경을 가하는 행위가 있을 때 성립하므로 타인에게 속한 자기명의의 유가증권에 무단히 변경을 가한 경우에는 문서손괴죄나 허위유가증권작성죄가 성립할 수는 있으나 유가증권변조죄는 성립하지 않는다(대법원 1978.11.14. 선고 78도1904 판결).

Ⅲ. 처벌

수표를 위·변조한 자는 1년 이상의 유기징역과 함께 수표금액 10배 이하의 벌금이 병과된다. 그런데 수표금액란이 백지인 채로 수표가 위조된 후 그 수표금액이 아직 보충되지 아니한 경우라면 벌금액수의 상한을 정하는 기준이 되는 수표금액이 정하여져 있지 않아 병과할 벌금형의 상한을 정할 수 없다. 위조수표를 교부하면서 보충권을 수여한 경우라 하더라도 그 수표의 금액이 실제로 보충되기 전까지는 수표금액이 얼마로 정하여질지 알 수 없으므로 그 보충권의 상한액을 수표금액으로 보기에도 곤란하다. 결국 이러한 경우는 벌금형을 병과할 수 없게 된다(대법원 2005.9.28. 선고 2005도3947 판결).

제5절   형사소송법의 특례

> 제6조(「형사소송법」의 특례) 이 법에 따라 벌금을 선고하는 경우 「형사소송법」 제334
> 조제1항에 따른 가납판결(假納判決)을 하여야 하며, 구속된 피고인에 대하여는 같은 법
> 제331조에도 불구하고 벌금을 가납할 때까지 계속 구속한다.

1. 필요적 가납판결

형사소송법 제334조 제1항에 따르면 법원이 벌금, 과료 또는 추징을 선고하는 경우, 판결의 확정 후에는 집행이 불가능하거나 곤란할 염려가 있다고 인정한 때에는 피고인에게 벌금, 과료 또는 추징에 상당한 금액의 가납을 명할 수 있도록 규정하고 있다(임의적 가납판결). 이러한 가납판결은 재판이 확정된 때에 가납한 금액의 한도에서 형의 집행이 된 것으로 간주된다. 따라서 벌금, 과료 또는 추징 그 자체가 확정되기 전에 형벌의 집행을 명하는 것이 아니라 벌금, 과료 또는 추징에 상당한 금액의 납부를 명하는 것이기 때문에 헌법상 재산권 침해나 죄형법정주의 위반은 아니다(대법원 2014.2.13. 선고 2013도15456 판결). 부정수표단속법 제6조는 이러한 형사소송법의 특례규정으로서 부정수표단속법 위반범죄에 대한 벌금선고 시에는 필요적으로 가납판결을 하여야 한다.

2. 가납시까지 계속 구속

형사소송법 제331조는 무죄 등이 선고된 경우와 함께 벌금이나 과료를 과하는 판결이 선고된 때에도 구속영장은 효력을 잃는다고 규정하고 있다. 그러나 부정수표단속법 위반으로 벌금형을 선고할 때는 벌금 가납시까지 구속을 계속하도록 하는 특례규정을 두고 있다.

제6절   금융기관의 고발의무

제7조(금융기관의 고발의무) ① 금융기관에 종사하는 사람이 직무상 제2조제1항(발행인이 법인이나 그 밖의 단체인 경우를 포함한다) 또는 제5조에 규정된 수표를 발견한 때에는 48시간 이내에 수사기관에 고발하여야 하며, 제2조제2항(발행인이 법인이나 그 밖의 단체인 경우를 포함한다)에 규정된 수표를 발견한 때에는 30일 이내에 수사기관에 고발하여야 한다.
② 제1항의 고발을 하지 아니하면 100만원 이하의 벌금에 처한다.

1. 부정수표발행(제2조 제1항, 제3조) 및 수표위·변조(제5조)의 고발의무

금융기관 종사자가 직무상 부정수표발행(발행인이 법인이나 그 밖의 단체인 경우 포함)이나 수표의 위·변조 사실을 발견한 때에는 48시간 이내에 수사기관에 고발하여야 한다.

이러한 고발의무를 부담하는 금융기관 종사자를 이용하여 결과적으로 수사기관에 허위의 사실을 신고하는 경우도 무고죄(형법 제156조)가 성립할 수 있다. 예를 들어 수표발행인이 은행에 지급제시된 수표가 위조되었다는 내용의 허위의 신고를 하여 그 사실을 모르는 은행 직원이 수사기관에 고발함에 따라 수사가 개시되고, 경찰에 참고인으로 출석한 수표발행인이 수표위조자로 특정인을 지목한 경우, 수사가 개시된 경위, 수사의 혐의사실과 참고인의 진술의 관련성 등을 고려할 때 발행인이 자발적으로 수사기관에 대하여 허위의 사실을 신고한 것으로 평가되어 무고죄가 성립한다(대법원 2005.12.22. 선고 2005도3203 판결).

2. 부도수표발행(제2조 제2항, 제3조)의 고발의무

부정수표단속법 제2조 제1항의 경우와 달리 금융기관 종사자가 부도수표발행의 사실을 발견한 때에는 30일 이내에 수사기관에 고발할 의무를 진다. 고발의무 기간을 상대적으로 장기로 한 것은 발행인으로 하여금 부도를 수습할 수 있는 시간적 여유를 부여하기 위한 취지이다.

제 **10** 장
정보통신망법

제10장 정보통신망법

제1절 서두

I. 입법목적

연혁

전기통신과 전자계산조직의 균형적인 발전 및 효율적인 이용을 촉진하여 정보화사회의 기반조성과 고도화에 필요한 사항을 규정하기 위하여 1987.1.1. 「전산망보급확장과이용촉진에관한법률」이 제정되었다. 그리고 전산망 보급확장사업이 「정보화촉진기본법」에 의한 정보화사업으로 전환되어 추진되고, 개인정보의 보호에 관한 제도가 신설됨에 따라 1999.2.8. 법률의 명칭을 「정보통신망이용촉진등에관한법률」로 변경한 법률개정이 이루어졌다. 그리고 2000.1.16.에는 이 법률에 정보통신망의 이용촉진 등에 관한 사항 외에도 정보통신서비스이용자의 개인정보 보호제도에 관한 사항이 대폭 규정됨에 따라 법률의 명칭을 다시 「정보통신망이용촉진및정보보호등에관한법률」로 변경하게 되었다. 그리고 2020.2.4. 개인정보 관련 법령에 산재되어 있는 유사·중복조항을 정비하기 위하여 다시 이 법에 규정된 개인정보 보호에 관한 사항을 삭제하고 이를 「개인정보보호법」으로 이관하였다. 이처럼 정보통신망과 정보보호에 관한 기술과 사회 변화, 이에 관한 정책과 제도의 급속한 변화로 인하여 2001년 법률명 변경 이후 2022년 5월까지 총 57번의 개정이 이루어졌다.

정보통신망법은 정보통신망의 이용을 촉진하고 정보통신서비스를 이용하는 자를 보호함과 아울러 정보통신망을 건전하고 안전하게 이용할 수 있는 환경을 조성하여 국민생활의 향상과 공공복리의 증진에 이바지함을 목적으로 하는 법률이다(제1조). 2020. 2. 4. 개정법률은 구법 제1조가 '정보통신서비스를 이용하는 자의 개인정보'를 보호한다고 규정한 것을 '정보통신서비스를 이용하는 자'를 보호하는 것으로 변경하였다. 이는 개인정보 관련 법령에 산재되어 있는 유사·중복 조항을 정비하기 위하여 이 법에 규정된 개인정보 보호에 관한 사항을 삭제하여 「개인정보 보호법」으로 이관하는 것을 주요 내용으로 하는 개정에 따른 것이다.

Ⅱ. 조문개관

정보통신망법은 정보통신망을 이용한 명예훼손죄를 제외하면 정보통신망과 관련하여 발생하는 금지행위에 관한 규정을 본문에 두고 벌칙에서 그 위반행위에 대한 처벌을 규정하는 입법형식을 취하고 있다.

벌칙에 규정된 대표적인 구성요건은 첫째, 정보통신망을 이용한 명예훼손 (제70조), 둘째, 정보통신망 침해행위로서 ① 악성프로그램 전달·유포(제71조의2) ② 정보통신망 침입(제71조 제1항 제9조) ③ 정보통신망 장애 유발(제71조 제1항 제 10호), 정보통신망에 의하여 처리·보관·되는 타인의 정보 훼손 및 비밀 침해(제71 조 제1항 제11호), 셋째, 불법정보의 유통행위로서 ① 음란한 영상 등 배포(제74조 제1항 제2호), ② 공포심 유발 부호 등 반복 전달(제74조 제1항 제3호), 그리고 넷째, 광고성 정보전송행위로 ① 무차별적 광고성 정보 전송 조치(제74조 제1항 제4호), ② 불법광고성 정보 전송(제74조 제1항 제6호) 등이 있다.

구분		주요 내용	조항
정보통신망 이용 명예훼손		정보통신망을 이용한 사실적시·허위 사실적시 명예훼손	제70조 제1항, 제2항
정보 통신망 침해	악성프로그램 전달·유포	악성프로그램의 전달, 유포	제48조 제2항 / 제70조의2
	정보통신망 침입	정당한 접근권한 없거나 허용된 접근 권한을 넘은 정보통신망 침입	제48조 제1항 / 제71조 제1항 제9호
	정보통신망 장애유발	대량의 신호 또는 데이터를 보내거나 부정한 명령을 처리하는 방법 등을 통하여 정보통신망 장애 유발	제48조 제3항 / 제71조 제1항 제10호
타인의 정보훼손 및 비밀침해		정보통신망에 의하여 처리·보관 또는 전송되는 타인의 정보를 훼손하거나 타인의 비밀을 침해·도용 또는 누설	제49조 / 제71조 제1항 제11호

구분		주요 내용	조항
불법 정보 유통	음란영상 등 배포	음란한 부호·문언·음향·화상 또는 영상을 배포·판매·임대·공연한 전시	제44조의7 제1항 제1호 / 제74조 제1항 제2호
	공포심 유발 부호 등 전달	공포심이나 불안감을 유발하는 부호· 문언·음향·화상 또는 영상을 반복 적으로 상대방에게 도달	제44조의7 제1항 제3호 / 제74조 제1항 제3호
광고성 정보 전송	무차별적 광고성 정보 전송	전자적 전송매체를 이용하여 영리목 적의 광고성 정보를 전송하기 위한 특정 조치	제50조 제5항 / 제74조 제1항 제4호
	불법광고성 정보 전송	정보통신망을 이용한 불법 광고성 정 보전송	제50조의8 / 제74조 제1항 제6호

제2절   정보통신망을 통한 명예훼손(제70조)

> **제70조(벌칙)** ① 사람을 비방할 목적으로 정보통신망을 통하여 공공연하게 사실을 드러내어 다른 사람의 명예를 훼손한 자는 3년 이하의 징역 또는 3천만원 이하의 벌금에 처한다.
> ② 사람을 비방할 목적으로 정보통신망을 통하여 공공연하게 거짓의 사실을 드러내어 다른 사람의 명예를 훼손한 자는 7년 이하의 징역, 10년 이하의 자격정지 또는 5천만원 이하의 벌금에 처한다.
> ③ 제1항과 제2항의 죄는 피해자가 구체적으로 밝힌 의사에 반하여 공소를 제기할 수 없다.

Ⅰ. 의의

　　형법은 사실적시와 허위사실적시에 의한 명예훼손(제307조) 이외에도 비방할 목적으로 출판물 등을 이용한 명예훼손(제309조)을 규정하고 있다. 그러나 정보통신망이 광범위하게 보급되고 그 활용행위가 일상생활이 되면서 소위 사이버 명예훼손죄에 대한 별도의 구성요건 신설의 필요성이 제기되었다. 이에 2001. 1. 16. 정보통신망법은 벌칙규정에 정보통신망을 통한 명예훼손죄를 규정하면서 정보통신망의 비대면성과 익명성, 동시성과 확산성 등의 특징으로 인한 피해의 심각성을 반영하여 형법상 명예훼손죄(제307조 제1항, 제2항)보다 법정형을 중하게 규정하였다.

　　한편 정보통신망법 제70조의 명예훼손죄와 형법 제309조의 출판물 등에 의한 명예훼손죄의 관계를 어떻게 이해할 것인지에 대해서는 상반된 견해가 존재한다. 이러한 견해 대립은 형법 제309조가 정보통신망법 제70조와 동일하게 '비방의 목적'은 요구하면서도 법문상 '공연성'을 규정하고 있지 않기 때문에 발생한다. 정보통신망법 제70조 규정을 출판물 등에 의한 명예훼손죄의 특별구성요건으로 보는 견해는 정보통신망을 이용하였으나 공연성이 없는 사실적시 행위에 대하여 제309조를 적용할 수 있다는 입장이다.[1] 반면 정보통신망법 제70조의 명예훼손죄를

1　강동범, 사이버명예훼손행위에 대한 형법적 대책, 형사정책 제19권 제1호, 한국형사정책학회, 2007,

형법 제307조에 대한 불법가중적 구성요건으로 형법 제309조와 무관한 별도의 구성요건이라고 보는 입장에서는 정보통신망을 이용하였으나 공연성이 없는 사실적시 행위는 형법 제307조에 해당하지 않으며 출판물 등에 의한 명예훼손이라고도 할 수 없어 제309조로도 처벌할 수 없다는 입장이다.2 생각건대 '비방의 목적'과 함께 '공연성'을 요하는 정보통신망법 제70조의 죄는 광범위한 전파가능성이 있는 정보통신망이라는 수단을 활용하였다는 점에서 제307조의 불법가중적 구성요건이라고 이해하는 것이 타당하다.3

이 죄는 형법상 명예훼손죄와 법적 성격을 같이하므로 추상적 위험범이자 거동범이다. 또한 피해자의 의사에 반하여 공소를 제기할 수 없는 반의사불벌죄이다(제70조 제3항).

II. 요건

1. 정보통신망의 이용과 공연성

[1] 정보통신망

'정보통신망'이란 「전기통신사업법」 제2조 제2호에 따른 전기통신설비를 이용하거나 전기통신설비와 컴퓨터 및 컴퓨터의 이용기술을 활용하여 정보를 수집·가공·저장·검색·송신 또는 수신하는 정보통신체제를 말한다(제2조 제1항 제1호). 여기에서 말하는 전기통신설비는 전기통신을 하기 위한 기계·기구·선로 또는 그 밖에 전기통신에 필요한 설비를 말한다(전기통신사업법 제2조 제2호). 여기에는 공적인 망 이외에도 전국 은행정보 통신시스템 등 사적인 망도 포함되므로 각종 인트라넷을 이용한 명예훼손 역시 이 법 제70조의 적용 대상이 된다.

52면.

2 윤종행, "사이버명예훼손죄에 있어서 비방의 목적과 공익관련성", 형사정책 제18권 제1호, 2006, 301면.

3 같은 의견, 김신규, 사이버명예훼손·모욕행위에 대한 형사규제의 개선방안, 비교형사법연구 제19권 제4호, 한국비교형사법학회, 2018, 593면.

[2] 공연성

'공연성'이란 불특정 또는 다수인이 인식가능한 상태를 의미한다. 일반적으로 정보통신망을 이용하여 누구든지 접근가능한 사이버 공간에 명예를 훼손할 만한 사실을 적시하였다면 '공연성'이 인정될 것이다. 이 경우, 적시된 사실이 이미 사회의 일부에서 다루어진 소문이라 하여도 공연성의 인정에는 영향을 미치지 않는다(대법원 2008.7.10. 선고 2008도2422 판결).

한편 최근 대법원은 그동안 일관해 온 '전파가능성의 원리'가 정보통신망을 이용한 명예훼손죄에서도 그대로 적용된다는 입장을 다시 한번 확인하였다. 정보통신망을 통한 정보유통과정은 비대면성, 접근성, 익명성 및 연결성 등을 본질적 속성으로 하고 있어 정보의 무한 저장, 재생산 및 전달이 수월하여 정보통신망을 이용한 명예훼손은 '행위 상대방'의 범위와 경계가 불분명해지고, 명예훼손 내용을 소수에게만 보냈음에도 행위 자체로 불특정 또는 다수인이 인식할 수 있는 상태를 형성하는 경우가 다수 발생하게 된다는 점을 근거로 한다. 또한 정보통신망에 의한 명예훼손의 경우 행위자가 적시한 정보에 대한 통제가능성을 쉽게 상실하게 되고, 빠른 전파성으로 인하여 피해자의 명예훼손의 정도와 범위가 광범위하여 표현에 대한 반론과 토론을 통한 자정작용이 사실상 무의미한 경우가 발생하는 것도 고려할 필요가 있다고 본다. 따라서 특정 소수에게 전달한 경우도 그로부터 불특정 또는 다수인에 대한 전파가능성 여부를 가려 개인의 사회적 평가가 침해될 일반적 위험성이 발생하였는지를 검토하는 것이 실질적인 공연성 판단에 부합되고, 공연성의 범위를 제한하는 구체적인 기준이 될 수 있다는 입장이다(대법원 2020.11.9. 선고 2020도5813 전원합의체 판결). 반면, 이 판례의 반대의견은 공연성의 개념이 오프라인과 온라인의 구별 없이 동일하다는 점에서는 다수의견과 입장이 같으면서도 전파가능성 법리 자체는 죄형법정주의가 금지하는 유추해석이며 공연음란죄(형법 제245조)나 음화 등 전시·상영죄(형법 제243조)의 공연성 해석의 통일성을 저해하고 가벌성의 범위를 지나치게 확장하여 보충성의 원칙에 반한다는 이유에서 폐기되어야 한다는 입장을 밝혔다.

2. 사실을 드러내어(제1항), 허위인 사실을 드러내어(제2항)

[1] 사실·허위인 사실

정보통신망법 제70조가 규정한 '사실'이란 시간적으로나 공간적으로 구체적인 과거 또는 현재의 사실관계를 의미하며 그 사실은 상대방의 사회적 가치 또는 평가가 침해될 가능성이 있는 구체적이어야 한다.

어떤 표현이 명예훼손의 사실인지는 그 표현에 대한 사회 통념에 따른 객관적 평가에 의하여 판단하여야 한다. 따라서 가치중립적인 표현을 사용하였다 하더라도 사회통념상 그로 인하여 특정인의 사회적 평가가 저하되었다고 판단된다면 명예훼손죄가 성립할 수 있다. 예를 들어 인터넷 사이트에 피해자가 동성애자라는 내용의 글을 게시하면, 사회에서는 그러한 사실의 공개가 사회적으로 상당한 주목을 받는 점 등을 고려할 때 타인의 명예를 훼손할 만한 사실의 적시로 정보통신망법위반(명예훼손)죄가 성립한다(대법원 2007.10.25. 선고 2007도5077 판결).

또한 구체적인 사실이 직접적으로 명시되어야 하는 것은 아니지만, 적어도 특정 표현에서 그러한 사실이 곧바로 유추될 수 있을 정도는 되어야 한다. 판례는 카카오톡 계정 프로필 상태메시지에 "학교폭력범은 접촉금지!!!"라는 글과 주먹 모양의 그림말 세 개를 게시한 경우, '학교폭력범' 자체를 표현의 대상으로 삼았을 뿐 특정인을 '학교폭력범'으로 지칭하지 않았으며 이것을 실제 일어난 학교폭력 사건에 관해 언급한 것이라고 단정할 수도 없으므로 '피해자가 특정된 사실을 드러내어 명예를 훼손한 것'이 아니라고 판단하였다(대법원 2020.5.28. 선고 2019도12750 판결).

한편 공공적·사회적인 의미에 관한 표현의 경우에는 표현의 자유를 가급적 넓게 보호하여야 하며 특히 정부 또는 국가기관의 업무수행과 관련된 사항은 항상 국민의 감시와 비판의 대상이 되어야 하므로 정부 또는 국가기관은 형법상 명예훼손죄의 피해자가 될 수 없다. 따라서 정부 또는 국가기관의 업무수행과 관련된 사항에 관한 표현으로 그 업무수행에 관여한 공직자에 대한 사회적 평가가 다소 저하될 수 있다고 하더라도 그 내용이 공직자 개인에 대한 악의적이거나 심히 경솔한 공격으로서 현저히 상당성을 잃은 것으로 평가되지 않는 한, 그로 인하여 곧바로 공직자 개인에 대한 명예훼손이 된다고 할 수 없다(대법원 2003.7.22. 선고 2002다62494 판결, 대법원 2011.9.2. 선고 2010도17237 판결 등 참조). 이와 관련하여 판례는 ① 군청 인터넷 홈페이지에 군을 비방할 목적으로 허위 내용의 글을 게시한 경우(대법원 2016.12.27 선고 2014도15290 판결), ② 해양경찰청장과 세월호 구조 담당 해양경찰을 비방할 목적으로 허위 내용의 글을 게시한 경우(대법원 2018.11.29. 선고 2016도14678 판결), ③ 세무공무원이 국세청 지식관리시스템 특정 코너에 전 국세청장을 비방할 목적으로 허위 내용의 글을 게시한 경우(대법원 2011.11.24. 선고 2010도10864 판결) 등에서 정보통신망법위반(명예훼손)죄를 인정하지 않았다.

[2] 드러내어

사실 또는 허위인 사실을 '드러내어'란 명예훼손의 사실을 보고하거나 진술하는 것을 의미한다. 그런데 정보통신망의 비대면성, 익명성을 이용하여 타인의 신분을 가장하고 그 사람인 것처럼 행세하여 사진이나 글 등을 올리는 행위를 명예훼손의 허위사실을 드러낸 것으로 볼 수 있는지가 쟁점이 된다. 판례는 인터넷 커뮤니티 '일베'에서 피해자를 사칭하여 저속한 게시글을 올린 사건에서 사실을 드러낸 것이 되기 위해서는 상대방에 대한 구체적인 사실관계를 보고하거나 진술하는 내용이어야 하므로 단순히 그 사람을 사칭하여 마치 그 사람이 직접 작성한 글인 것처럼 가장하여 게시글을 올리는 행위만으로는 그 사람에 대한 사실을 드러내는 행위에 해당하지 않는다고 보았다(대법원 2018.5.30. 선고 2017도607 판결). 이처럼 타인을 사칭한 각종 표현이 궁극적으로 사칭을 당하는 사람의 명예를 훼손하게 되는 사안(그 표현에서 제3자에 대한 구체적 사실의 적시가 이루어지는 것은 별론으로 함)을 현재의 제70조로 제재하는 것은 죄형법정주의 위반이 될 위험이 있다. 타인 사칭 문제는 처벌의 필요성에 대한 국민적 공감대와 형사정책적 검토를 전제로 입법적 논의의 대상이 되어야 할 것이다.

3. 고의

정보통신망법 제70조 제1항과 제2항 모두 고의범이다. 따라서 정보통신망법 제70조 제2항의 범죄가 성립하기 위해서는 적시 사실이 허위임을 인식하여야 하고, 이러한 허위의 점에 대한 인식 즉, 고의에 대한 입증책임은 검사에게 있다. 예를 들어, 회사의 특허발명이 진보성이 부정된다는 이유로 특허심판원에서 무효심결이 내려졌으나 아직 확정은 되지 않은 상황에서 이 회사 대표가 '00이 생산·판매한 제품은 위 특허권을 침해한 제품이다'라는 사실을 인터넷을 통하여 적시하고, 또한 그

거래처들에 같은 내용의 내용증명을 발송한 사안에서 대법원은 아직 무효심결이 확정되지 않은 상태로 무효심결이 있었다는 사실만으로는 회사 대표가 적시된 사실을 허위라고 인식했다고 보기는 어렵다고 판시하였다(대법원 2010.10.28. 선고 2009도4949 판결).

4. 비방할 목적

'사람을 비방할 목적'이란 상대방에 대한 가해의 의사 및 목적을 의미한다. 판례는 '비방할 목적'이 공공의 이익을 위한 것과는 행위자의 주관적 의도라는 방향에서 상반되므로, 드러낸 사실이 공공의 이익에 관한 것인 경우는 특별한 사정이 없는 한 비방할 목적은 부정된다고 본다. 그 사실이 공공의 이익에 관한 것인지는 명예훼손의 피해자가 공인인지 아니면 사인에 불과한지, 그 표현이 객관적으로 공공성·사회성을 갖춘 공적 관심 사안에 관한 것으로 사회의 여론형성이나 공개토론에 기여하는 것인지 아니면 순수한 사적인 영역에 속하는 것인지, 피해자가 명예훼손적 표현의 위험을 자초한 것인지 그렇지 않은지, 그리고 그 표현으로 훼손되는 명예의 성격과 침해의 정도, 표현의 방법과 동기 등 여러 사정을 고려하여 판단하여야 한다. 행위자의 주요한 동기와 목적이 공공의 이익을 위한 것이라면 부수적으로 다른 사익적 목적이나 동기가 포함되어 있더라도 비방할 목적이 있다고 보기는 어렵다(대법원 2020.12.10. 선고 2020도11471 판결).

현실에서 공공의 이익 인정 여부와 관련하여 특히 문제가 되는 것은 소위 구매후기(특정한 물품 또는 용역을 사용한 소비자의 정보 및 의견제공)와 관련된 사안이다. 국가는 건전한 소비행위를 계도하고 생산품의 품질향상을 촉구하기 위한 소비자보호운동을 법률이 정하는 바에 따라 보장하여야 하며(헌법 제124조), 소비자는 물품 또는 용역을 선택하는 데 필요한 지식 및 정보를 제공받을 권리와 사업자의 사업활동 등에 대하여 소비자의 의견을 반영시킬 권리가 있고(소비자기본법 제4조), 공급자 중심의 시장 환경이 소비자 중심으로 이전되면서 사업자와 소비자의 정보 격차를 줄이기 위해 인터넷을 통한 물품 또는 용역에 대한 정보 및 의견 제공과 교환의 필요하다는 점을 고려하여 이러한 사안에서는 명예훼손죄의 성립 여부를 더욱 신중하게 판단할 필요가 있다.

이러한 취지에서 대법원은 ① 산후조리원을 이용한 산모가 9회에 걸쳐 임신, 육아 등과 관련한 유명 인터넷 카페나 자신의 블로그 등에 자신이 직접 겪은 불편사항 등을 후기 형태로 게시한 사안(대법원 2012.11.29. 선고 2012도10392 판결), ② 인터넷 포털사이트의 지식검색 질문·답변 게시판에 성형시술 결과가 만족스럽지 못하다는 주관적인 평가를 주된 내용으로 하는 한 줄의 댓글을 게시한 사안(대법원 2009.5.28. 선고 2008도8812 판결) 등에서 비방의 목적을 부정하였다. 이 외에도 판례는 ③ 사이버대학교 법학과 학생이 밴드에 총학생회장 선거와 관련하여 특정인의 실명을 거론하며 'ㅇㅇㅇ라는 학우가 학생회비도 내지 않고 총학생회장 선거에 출마하려 했다가 상대방 후보를 비방하고 이래저래 학과를 분열시키고 개인적인 감정을 표한 사례가 있다.'고 언급한 다음 '그러한 부분은 지양했으면 한다.'는 의견을 덧붙인 사건(대법원 2020.3.2. 선고 2018도15868 판결), ④ 인터넷 사이트인 '사이버경찰청(http://www.police.go.kr)' 게시판에 "특공대 승진시험 응시자에 문제가 있습니다"라는 제목으로 경쟁 관계에 있는 특정인이 경찰특공대 의무복무기간을 채우지 못해서 응시자격에 문제가 있다는 점을 지적한 사건(대법원 2014.5.29. 선고 2013도3517 판결)에서 사실적시의 주된 이유가 공공의 이익을 위한 것이라는 취지에서 비방의 목적을 부정하였다.

5. 기수 및 종료시기

정보통신망을 이용한 명예훼손죄는 명예훼손적 사실을 드러내어 불특정 또는 다수인이 인식할 수 있는 상태에 이르면 범죄가 완성되고 상대방이 이를 인지할 것을 요구하지 않는다. 또한 정보통신망을 이용한 명예훼손죄에서 게시행위 이후 불특정 다수인의 접근가능성이 기존의 매체에 비하여 더 높다고 볼 여지가 있기는 하지만 이러한 사실만으로 형법상의 명예훼손죄와 종료시기가 달라진다고 볼 수는 없다. 따라서 이 죄 역시 기수시점이 곧 종료시점인 즉시범으로 공소시효는 명예훼손 사실의 게재행위 시점부터 기산한다(대법원 2007.10.25. 선고 2006도346 판결).

제3절　정보통신망 침해

I. 악성프로그램 전달 및 유포[제70조의2]

제70조의2(벌칙) 제48조제2항을 위반하여 악성프로그램을 전달 또는 유포하는 자는 7년 이하의 징역 또는 7천만원 이하의 벌금에 처한다.

제48조(정보통신망 침해행위 등의 금지) ② 누구든지 정당한 사유 없이 정보통신시스템, 데이터 또는 프로그램 등을 훼손·멸실·변경·위조하거나 그 운용을 방해할 수 있는 프로그램(이하 "악성프로그램"이라 한다)을 전달 또는 유포하여서는 아니 된다.

1. 의의

정당한 사유 없이 정보통신시스템, 데이터 또는 프로그램 등을 훼손·멸실·변경·위조하거나 그 운용을 방해할 수 있는 악성 프로그램을 전달 또는 유포하는 행위에 대한 처벌규정은 2001. 1. 16. 법률개정으로 신설되었다. 이 죄는 악성프로그램의 전달 및 유포 자체를 처벌하는 거동범으로 그로 인하여 정보통신시스템 등의 훼손·멸실·변경·위조 또는 그 운용을 방해하는 결과가 발생할 것이 요구되지 않는다(대법원 2019.12.12. 선고 2017도16520 판결). 결과발생이 요구되지 않는다는 점에서 「지능형전력망의 구축 및 이용촉진에 관한 법률」상의 악성프로그램 투입죄(제38조 제6호, 제29조 제3호)[4]와 유사한 반면, '주요정보통신기반시설의 교란·마비 또는 파괴'라는 결과가 요구되는 「정보통신기반 보호법」의 주요정보통신기반시설 침해죄(제12조 제2호, 제28조 제1항)[5]와는 구별된다.

4　지능형전력망의 구축 및 이용촉진에 관한 법률 제29조(지능형전력망 침해행위 등의 금지) 누구든지 다음 각 호의 어느 하나에 해당하는 행위를 하여서는 아니 된다.
　　3. 지능형전력망의 운영을 방해할 목적으로 악성프로그램(컴퓨터 바이러스 등 전력망의 안정적인 운영을 방해할 수 있는 프로그램을 말한다)을 지능형전력망에 투입하는 행위
　제38조(벌칙) 다음 각 호의 어느 하나에 해당하는 자는 5년 이하의 징역 또는 5천만원 이하의 벌금에 처한다.
　　6. 제29조제3호를 위반하여 악성프로그램을 투입한 자
5　정보통신기반 보호법 제12조(주요정보통신기반시설 침해행위 등의 금지) 누구든지 다음 각 호의 어느 하나에 해당하는 행위를 하여서는 아니된다.

2. 요건

[1] 객체

정보통신망법 제70조의2가 규정한 악성프로그램은 '정보통신시스템, 데이터 또는 프로그램 등을 훼손·멸실·변경·위조하거나 그 운용을 방해할 수 있는 프로그램'이다. 악성프로그램에 해당하는지는 프로그램 자체를 기준으로 하되, 그 사용 용도와 기술적 구성, 작동 방식, 정보통신시스템 등에 미치는 영향, 프로그램의 설치나 작동 등에 대한 운용자의 동의 여부 등을 종합적으로 고려하여 판단하여야 한다(대법원 2020.10.15. 선고 2019도2862 판결). 이러한 정의 규정에 대하여 그 범위가 상당히 포괄적이며 내용이 명확하지 않아 구체적인 사례에서 악성프로그램 여부를 판단하기 곤란한 경우가 많으므로 정보통신시스템의 정상적인 운영을 방해하기 위한 프로그램의 목적을 개념 요소로 고려하는 등 개념에 대한 재정의가 필요하다는 의견도 제기된다.[6]

판례가 정보통신망법상 악성프로그램이라고 판단한 구체적인 사안은 다음과 같다. ① 피해 컴퓨터가 작동하는 동안 사용자가 인식하지 못하는 상태에서 추가적인 명령 없이 자동으로 실행되면서 회사의 서버 컴퓨터와 주기적으로 통신을 하다가 그 서버 컴퓨터의 작업지시에 따라 인터넷 포털사이트에서 특정 검색어를 검색하거나 검색 후 나오는 결과 화면에서 특정 링크를 클릭한 것처럼 포털시스템에 허위의 신호를 발송하는 등의 작업을 하는 eWeb.exe라는 프로그램은 피해 컴퓨터 사용자가 의도하지 않은 작업이 자신도 모르는 상태에서 이루어지고 그 과정에서 피해 컴퓨터의 CPU나 네트워크의 점유율을 높여 컴퓨터의 성능 및 인터넷 속도를 저하시킬 수 있으므로 악성프로그램에 해당한다(대법원 2013.3.28. 선고 2010도14607 판결).

② 사용자가 윈도우즈 제어판의 프로그램 제거기능을 통하여 삭제 명령을 내려도 외견상 삭제되는 것처럼 보일 뿐 보호모듈 파일은 삭제되지 않고, 해당 컴퓨터가 재부팅될 때 몰래 재설치되는 플러그인 프로그램은 그 내용이 사용자들에게

---

2. 주요정보통신기반시설에 대하여 데이터를 파괴하거나 주요정보통신기반시설의 운영을 방해할 목적으로 컴퓨터바이러스·논리폭탄 등의 프로그램을 투입하는 행위
   제28조(벌칙) ①제12조의 규정을 위반하여 주요정보통신기반시설을 교란·마비 또는 파괴한 자는 10년 이하의 징역 또는 1억원 이하의 벌금에 처한다.
6 최호진, 정보통신망법의 악성프로그램에 대한 형법정책, 형사정책 제32권 제2호, 2020, 75면.

공지되지 않았고 사용자들이 ㅇㅇㅇ연구소의 치료 프로그램을 이용하여서야 프로그램을 삭제할 수 있으며 정보통신부가 '이용자가 프로그램을 제거하거나 종료시켜도 당해 프로그램이 제거되거나 종료되지 않는 행위'를 악성프로그램 판단기준으로 제시하였다는 점을 고려할 때 악성프로그램에 해당한다(대법원 2011.5.13. 선고 2008도10116 판결).

반면 판례가 정보통신망법상 악성프로그램이 아니라고 판단한 구체적인 사안은 다음과 같다. ① 온라인 슈팅게임의 이용자가 상대방을 더욱 쉽게 조준하여 사격할 수 있도록 도와주기 위한 것으로 처음 사격이 성공한 다음부터 상대방 캐릭터를 자동으로 조준해 주는 기능을 하는 프로그램은 이용자 본인의 의사에 따라 해당 이용자의 컴퓨터에 설치되어 그 컴퓨터 내에서만 실행되고 정보통신시스템이나 게임 데이터 또는 프로그램 자체를 변경시키지 않으며, 프로그램을 실행하더라도 기본적으로 일반 이용자가 직접 상대방 캐릭터를 조준하여 사격하는 것과 동일한 경로와 방법으로 작업이 수행되는 점, 프로그램이 서버를 점거함으로써 다른 이용자들의 서버 접속 시간을 지연시키거나 서버 접속을 어렵게 만들고 서버에 대량의 네트워크 트래픽을 발생시키는 등 정보통신시스템 등의 기능 수행에 장애를 일으킨다고 볼 증거가 없는 점 등을 종합할 때 악성프로그램이 아니다(대법원 2020.10.15. 선고 2019도2862 판결).

② 'IP 변경 기능', '보안문자 우회 기능', '랜덤 딜레이 설정 기능' 등을 통해 ㅇㅇㅇ 카페나 블로그, 밴드 등에 자동적으로 게시글과 덧글, 안부글을 등록하고 '좋아요'를 입력하며 쪽지와 초대장을 발송하는 등의 작업을 반복 수행하는 프로그램은 정보통신시스템 등을 훼손·멸실·변경·위조하는 등 그 기능을 물리적으로 수행하지 못하게 하는 방법으로 어뷰징 필터링 프로그램의 작동을 방해하는 것이 아니라, 그 프로그램이 예정한 대로 작동하는 범위 내에서 차단 사유에 걸리지 않고 통과할 수 있도록 도와주는 것에 불과하다는 점을 고려할 때 악성프로그램이 아니다(대법원 2020.4.9. 선고 2018도16938 판결).

③ ㅇㅇㅇ주식회사가 제공하는 포커게임에서 마우스를 클릭하거나 키보드를 누르는 것을 자동화하여 일부러 게임을 지도록 만든 한도우미 프로그램은 비록 위 회사의 보안프로그램에 적발되지는 않더라도 서버를 점거하여 정상이용자들의 서버 접속 시간을 지연시키거나 서버 접속을 어렵게 만들고 서버에 대량의 네트워크 트래픽을 발생시키는 등의 기능이 있다고는 할 수 없어 악성프로그램이 아니다(대법원 2009.10.15. 선고 2007도9334 판결).

④ 방문자 추적서비스를 신청한 유료회원들의 ○○월드 가입자 미니홈피에 설치되어 해당 미니홈피 방문자의 정보를 피고인들이 운영하는 각 방문자 추적사이트의 서버로 유출할 수 있도록 하는 프로그램은 그 설치 후에도 미니홈피의 운용이나 이용이 정상적으로 이루어지고, 위 각 방문자 추적프로그램으로 인하여 서버의 접속을 지연시키는 등 정보통신시스템의 운용을 방해하였다고 볼 만한 증거가 없어 악성프로그램이 아니다(대법원 2012.1.12. 선고 2010도2212 판결).

⑤ 레미콘 자동생산제어시스템의 정상적인 운용을 방해할 수 있는 데이터파일과 소스파일 중 데이터파일은 데이터들의 집합에 불과할 뿐 컴퓨터 프로그램이라고 할 수 없고, 소스파일은 컴퓨터 프로그램이기는 하지만 시스템 운용자의 요청에 따라 추가된 프로그램이므로 결과적으로 배합비율과 생산실적의 조작 및 허위의 배치리스트(Batch List) 출력이 가능해졌더라도 이는 운용자의 선택에 따른 것이므로 악성프로그램으로 볼 수 없다(대법원 2011.7.28. 선고 2010도4183 판결).

[2] 행위

정보통신망법 제70조의2 행위는 정당한 사유 없이 악성프로그램을 전달 또는 유포하는 것이다. '전달'이란 악성프로그램을 특정한 1인에게 건네주는 것을 말하며, '유포'란 악성프로그램을 불특정 또는 다수인에게 전파하는 것을 말한다.

전달이나 유포가 유상으로 이루어졌는지는 범죄의 성립에 영향을 미치지 않는다. 악성프로그램이 배포된 후에는 특정 컴퓨팅 플랫폼에 침투하여 실행되는 것이 일반적이지만 목적한 정보통신시스템에 직접 투입되지 않더라도 이를 사용하고자 하는 제3자에게 전달되거나 불특정·다수에게 유포되었다면 범죄는 기수에 이른 것이다.[7] 또한 정보통신망법 제70조의2 위반죄가 성립하기 위해서는 프로그램의 전달 또는 유포에 대한 정당한 사유가 없었어야 한다.

---

7   최호진, 정보통신망법의 악성프로그램에 대한 형법정책, 89면.

Ⅱ. 정보통신망침입죄[제71조 제1항 제9호]

> **제71조(벌칙)** ① 다음 각 호의 어느 하나에 해당하는 자는 5년 이하의 징역 또는 5천만원 이하의 벌금에 처한다.
>
> 　9. 제48조제1항을 위반하여 정보통신망에 침입한 자
> ② 제1항제9호의 미수범은 처벌한다.
>
> **제48조(정보통신망 침해행위 등의 금지)** ① 누구든지 정당한 접근권한 없이 또는 허용된 접근권한을 넘어 정보통신망에 침입하여서는 아니 된다.

1. 의의

　정보통신망법 제71조 제1항 제9호의 정보통신망침입죄는 정당한 권원이 없거나 허용된 접근권한을 넘어 정보통신망에 침입한 자를 처벌하는 규정이다. 소위 해킹범죄에 관한 구성요건으로 2001. 1. 16. 법률개정을 통해 신설되었다. 법률개정 전까지는 '정보통신망 보호조치를 침해·훼손(제29조)'하는 행위를 규제하였으나 해킹기술의 발전으로 보호조치를 침해하지 않고 우회하는 침입이 가능해지면서 이루어진 입법적 조치이다.

　이 죄의 보호법익은 위 규정이 속한 정보통신망법 제6장의 제목이 '정보통신망의 안정성 확보 등'인 데서 알 수 있듯이 정보통신망 이용자의 신뢰 또는 그의 이익이 아니라 정보통신망 자체의 안정성과 그 정보의 신뢰성이라 할 수 있다(대법원 2013.3.14. 선고 2010도410 판결).

2. 요건

[1] 정보통신망

　별도의 규정이 없으므로 여기에서의 정보통신망 역시 정보통신망법 제2조 제1항 제1호에 따른 정보통신망으로 이해된다. 판례는 '육군 웹메일 및 핸드오피스 계정'과 같은 정보통신망에 연결된 시스템(대법원 2005.11.25. 선고 2005도870 판결)이나 홈페이지가 운영되고 있는 서버(대법원 2013.3.14. 선고 2010도410 판결)도 정

보통신망으로 보고 있으며, 개별 컴퓨터에 접근한 경우도 '피해 컴퓨터 사용자들이 사용하는 정보통신망'에 접근한 것으로 판시하였다(대법원 2013.3.28. 선고 2010도14607 판결).

그런데 최근 스마트폰 단말기나 컴퓨터가 모두 인터넷으로 연결된 상황을 고려하여 특정 개인의 단말기나 컴퓨터에 접근한 것을 두고 이 규정이 규율하고자 한 정보통신망 침해로 보아야 하는지 의문이 제기된다. 이에 대하여 컴퓨터에 접근한 경로 또는 경위, 그 구체적인 행위태양, 그리고 접근에 따른 결과 등을 종합적으로 고려하여 해당 접근으로 인해 '정보통신망 자체의 안정성과 그 정보의 신뢰성'이라는 보호법익이 침해되었다고 평가되는 경우에 한하여 개인컴퓨터 등에 대한 침입이 인정되는 것으로 제한적인 해석을 하여야 한다는 의견이 제기된다.[8]

[2] 접근권한 없이 또는 허용된 접근권한을 넘어

정보통신망법 제71조 제1항 제9호의 정보통신망침입죄가 성립하기 위해서는 '접근권한이 없거나 허용된 접근권한을 초과'할 것이 요구된다. 형법이 컴퓨터 업무방해(제247조의2)나 컴퓨터등 사용사기(제314조의2)에서 입력하는 정보가 허위인지, 입력하는 명령이 부정한지를 요건으로 삼을 뿐 접근권한의 유무에 대해서는 문제 삼지 않는 것과 차이가 있다.

판례는 정당한 접근권한을 판단하는 기준을 '서비스제공자'고 본다. 이 규정의 입법취지가 권한 없이 정보통신망에 침입하는 것을 막아 정보통신망 자체의 안정성과 그 정보의 신뢰성을 확보하는 것이라면 이용자가 아닌 정보통신망의 관리자에 의하여 권한 유무가 판단되어야 하기 때문이다.[9] 따라서 서비스이용자가 자신의 아이디와 비밀번호를 알려주며 사용을 승낙하여 제3자로 하여금 정보통신망을 사용하도록 한 경우에는 ① 제3자의 사용이 이용자의 사자 또는 사실행위를 대행하는 자에 불과하여 사회통념상 이용자가 직접 사용하는 것으로 볼 수 있거나, ② 서비스제공자가 이용자에게 제3자로 하여금 사용할 수 있도록 승낙하는 권한을 부여하였다고 볼 수 있거나, ③ 이용자가 서비스제공자에게 제3자로 하여금 사용하도록 한 사정을 고지하였다면 서비스제공자도 동의하였을 것으로 추인

---

8 전응준·신동환, 정보통신망 침입행위 관련 연구, 문화·미디어·엔터테인먼트법 제14권 제1호, 문화미디어엔터테인컨트법연구소, 2020, 172면.

9 전지연, 사이버범죄론, 박영사, 2021, 91면.

되는 경우 등의 특별한 사정이 존재하지 않는다면, 원칙적으로 그 제3자에게는 정당한 접근권한이 없다고 보게 된다(대법원 2005.11.25. 선고 2005도870 판결).

[3] 침입

'접근권한이 없거나' '허용된 접근권한을 초과'한 접근은 침입이 된다. 침입이 인정된다면 그 목적과 행위로 인한 결과 발생의 유무는 범죄의 성립에 영향을 미치지 않는다.

판례는 ① 업무상 알게 된 직속상관의 아이디와 비밀번호를 이용하여 직속상관이 모르는 사이에 군 내부전산망 등에 접속하여 직속상관의 명의로 군사령관에게 이메일을 보낸 사안에서 '정당한 접근권한이 없는' 침입을 인정하였다(대법원 2005.11.25. 선고 2005도870 판결). ② 통신회사의 위탁대리점 계약자가 휴대전화 가입자들에 대한 서비스를 위하여 피해 회사의 전산망에 접속하여 '유심칩(USIM Chip) 읽기'를 한 사안에서는 위탁대리점 계약자가 유심칩 읽기를 할 수 있는 경우가 개통, 불통, 휴대폰개설자의 유심칩 변경 등 세 가지 경우로 한정되는데, 이 사건 위탁대리점 계약자는 휴대전화를 다량의 문자메시지 발송을 할 수 있는 상태로 조작하기 위하여 피해 회사의 정보통신망에 접속한 것이므로 '허용된 접근권한을 초과'한 침입이 성립한다고 보았다(대법원 2011.7.28. 선고 2011도5299 판결). ③ 웹사이트에서 컴퓨터 사용자들이 무료프로그램을 다운로드받는 때에 ActiveX를 필수적으로 설치하도록 유도하고 이때 몰래 숨겨진 악성프로그램이 설치되었는데 이에 대한 정확한 정보를 제공받았다면 이를 설치하지 않았을 것으로 보이는 경우, 설사 ActiveX에 대한 공지를 확인하고 프로그램을 설치하였다 하더라도 이것이 곧 악성프로그램의 설치에 대하여 동의한 것으로 볼 수 없으므로 '정당한 접근권한 없이 또는 허용된 접근권한을 초과'하여 이 사건 프로그램을 설치한 컴퓨터 사용자들이 사용하는 정보통신망을 침입한 것으로 인정하였다(대법원 2013.3.28. 선고 2010도14607 판결).

Ⅲ. 정보통신망 장애발생죄[제71조 제1항 제10호]

> **제71조(벌칙)** ① 다음 각 호의 어느 하나에 해당하는 자는 5년 이하의 징역 또는 5천만원 이하의 벌금에 처한다.
> 　10. 제48조제3항을 위반하여 정보통신망에 장애가 발생하게 한 자
>
> **제48조(정보통신망 침해행위 등의 금지)** ③ 누구든지 정보통신망의 안정적 운영을 방해할 목적으로 대량의 신호 또는 데이터를 보내거나 부정한 명령을 처리하도록 하는 등의 방법으로 정보통신망에 장애가 발생하게 하여서는 아니 된다.

1. 의의

　　정보통신망법 제71조 제1항 제10호의 정보통신망 장애발생죄는 정보통신망의 안정적 운영을 방해할 목적으로 대량의 신호 또는 데이터를 보내거나 부정한 명령을 처리하도록 하는 등의 방법으로 정보통신망에 장애가 발생하게 하면 성립하는 범죄이다.

> **형법**
>
> **제314조(업무방해)** ② 컴퓨터등 정보처리장치 또는 전자기록등 특수매체기록을 손괴하거나 정보처리장치에 허위의 정보 또는 부정한 명령을 입력하거나 기타 방법으로 정보처리에 장애를 발생하게 하여 사람의 업무를 방해한 자도 제1항의 형과 같다.

　　한편 형법은 컴퓨터등 정보처리장치 또는 전자기록등 특수매체기록을 손괴하거나 정보처리장치에 허위의 정보 또는 부정한 명령을 입력하거나 기타 방법으로 정보처리에 장애를 발생하게 하여 사람의 업무를 방해한 자를 처벌하는 규정을 두고 있다(제314조 제2항). 이때 형법상 컴퓨터등 업무방해죄의 보호대상은 정보처리를 통한 업무수행이며 보호법익은 원활한 정보처리에 의한 경제적·행정적 이익이라고 할 수 있다.

　　반면 정보통신망법 제71조 제1항 제10호의 정보통신망 장애발생죄의 보호법익은 정보통신망의 안정적 운영 내지 적정한 작동이다. 따라서 형법은 업무처리

의 수단인 '정보처리장치의 장애발생'을 요건으로 하지만, 정보통신망 장애발생죄는 보호의 대상인 '정보통신망의 장애발생'을 요건으로 한다. 두 죄 모두 장애가 현실적으로 발생할 것이 요구되지만(대법원 2009.4.9. 선고 2008도11978 판결, 대법원 2013.3.14. 선고 2010도410 판결) 보호법익의 차이에 의하여 형법상 컴퓨터등 업무방해죄는 추상적 위험범으로, 정보통신망 장애발생죄는 침해범으로 그 성격을 달리한다.

2. 요건

[1] 대량의 신호 또는 데이터 전송

정보통신망 장애발생죄의 가장 대표적인 행위 태양으로 시스템이 통상적으로 처리할 수 있는 리소스에 비해 더 많은 정보처리를 요청함으로써 시스템이 정상적으로 사용될 수 없도록 만드는 DDoS공격(분산서비스거부공격 Distributed Denial of Service Attack)을 들 수 있다. DDoS 공격은 정보통신망의 취약점을 분석하고 공격의 수단으로 사용될 봇넷(BotNet)을 구축하여 공격준비를 완료하기까지의 '준비단계'와 구축된 봇넷을 이용하여 공격대상인 정보통신망에 대한 공격을 실행하는 '공격단계'로 나누어 볼 수 있다. 공격단계에 이르러서야 대량의 신호 또는 데이터 전송이라는 요건이 충족되므로 준비단계는 그 예비단계로 볼 수 있는데 이에 대해서까지 처벌의 범위를 확장하여야 한다는 견해도 제기된다.[10]

[2] 부정한 명령 처리

'부정한 명령'은 대량의 신호 또는 정보자료를 보내는 것과 마찬가지로 정보통신망의 안정적 운영에 장애가 발생할 수 있도록 하는 방법이다. 여기에는 정보통신망의 운영을 방해하도록 ① 정보통신망을 구성하는 컴퓨터시스템에 그 시스템의 목적상 예정하고 있지 않은 프로그램을 실행하게 하거나, ② 그 시스템의 프로그램을 구성하는 개개의 명령을 부정하게 변경, 삭제, 추가하거나, ③ 프로그램 전체를 변경하게 하는 것이 해당된다.

따라서 허위의 정보자료를 처리하게 하였다고 하더라도 그것이 정보통신망에

---

10 최호진·배소연, 정보통시망장애죄에서 장애의 의미 및 예비·음모에 대한 입법론, 법학논총 제39권 제3호, 한양대학교 법학연구소, 2015, 254면.

서 처리가 예정된 종류의 정보자료인 이상 '부정한 명령'을 처리하게 한 것이라 할 수 없다. 예를 들어 웹사이트 순위조작을 위하여 피해 컴퓨터 사용자들이 모르는 사이에 컴퓨터에서 프로그램을 구동시켜 포털사이트의 검색창에 지시된 검색어를 입력하고 그 검색 결과에서 지시된 업체의 웹사이트를 클릭하도록 만든 경우, 사실과 다른 정보자료를 보냈다고 하더라도 이는 포털사이트의 관련 시스템에서 통상적인 처리가 예정된 종류의 정보자료여서 '부정한 명령'이라고 보기 어렵다(대법원 2013.3.28. 선고 2010도14607 판결).

[3] 결과

정보통신망 장애발생죄가 성립하기 위해서는 정보통신망의 장애가 발생하여야 한다. '정보통신망의 장애'는 정보통신망에서 정보를 수집·가공·저장·검색·송신 또는 수신하는 기능을 물리적으로 수행하지 못하게 하거나 그 기능의 수행을 저해하는 것을 의미한다.

DDos 공격의 경우, 공격자가 C&C서버에 공격명령을 내리게 되면 좀비PC들은 공격명령의 내용에 따라 목표 시스템에 동시다발적으로 접속하고 그로 인하여 목표 시스템 서버는 정보처리를 하는 과정에서 과부하로 인한 영구적 또는 일시적 시스템 마비가 생겨 정보처리기능에 현실적·물리적 장애가 인정된다.

정보통신망의 관리자나 이용자의 주관적 입장에서 진실에 반하는 정보처리 결과가 발생하였다 하더라도 이는 정보통신망에서 정보를 수집·가공·저장·검색·송신 또는 수신하는 기능상의 문제를 발생시킨 것이 아니므로 정보통신망의 장애가 발생하였다고 볼 수 없다. 따라서 특정 프로그램을 통하여 사실과 다른 검색어 입력이나 웹사이트 순위 향상이 이루어졌다고 하더라도 정보통신망의 장애가 발생한 것은 아니며, 다만 검색어 입력이나 순위 산정에 관한 업무를 방해하는 '정보처리 장애'가 발생한 것으로 보아 컴퓨터등 장애업무방해죄(형법 제314조 제2항)는 성립될 수 있을 것이다(대법원 2013.3.28. 선고 2010도14607 판결).

[4] 목적

정보통신망 장애발생죄는 '정보통신망의 안정적 운영을 방해할 목적'을 요하는 목적범이다. 따라서 정보통신망이 그 사용목적에 부합하는 기능을 하지 못하거나 사용목적과 다른 기능을 하는 등 정보통신망의 장애가 발생하게 한다는 의도가 있어야 한다.

제4절   정보훼손 및 비밀침해(제71조 제1항 제11호)

> **제71조(벌칙)** ① 다음 각 호의 어느 하나에 해당하는 자는 5년 이하의 징역 또는 5천만원 이하의 벌금에 처한다.
>
> 11. 제49조를 위반하여 타인의 정보를 훼손하거나 타인의 비밀을 침해·도용 또는 누설한 자
>
> **제49조(비밀 등의 보호)** 누구든지 정보통신망에 의하여 처리·보관 또는 전송되는 타인의 정보를 훼손하거나 타인의 비밀을 침해·도용 또는 누설하여서는 아니 된다.

I. 의의

정보통신망법 제71조 제1항 제11호의 범죄는 정보통신망에 의하여 처리·보관 또는 전송되는 타인의 정보를 훼손하거나 타인의 비밀을 침해·도용 또는 누설하는 행위를 처벌하는 구성요건이다.

> **형법**
>
> **제366조(재물손괴등)** 타인의 재물, 문서 또는 전자기록등 특수매체기록을 손괴 또는 은닉 기타 방법으로 기 효용을 해한 자는 3년이하의 징역 또는 700만원 이하의 벌금에 처한다.
>
> **제316조(비밀침해)** ② 봉함 기타 비밀장치한 사람의 편지, 문서, 도화 또는 전자기록등 특수매체기록을 기술적 수단을 이용하여 그 내용을 알아낸 자도 제1항의 형과 같다.

형법은 타인의 전자기록 등 특수매체기록을 손괴 또는 은닉 기타방법으로 그 효용을 해하는 손괴죄(제366조)와 비밀장치한 전자기록 등 특수매체기록을 기술적 수단을 이용하여 내용을 알아내는 비밀침해죄(제316조 제2항)를 규정하고 있다. 여기에서 전자기록 등 특수매체기록이란 일정한 정보에 관한 전자적 기록이나 광학적 기록을 의미한다. 손괴죄(형법 제366조)와 비밀침해죄(형법 제316조 제2항)는 정

보통신망법 제71조 제1항 제11호가 규정하고 있는 정보훼손죄(전단)와 비밀침해죄(후단)에 각각 대응되는 범죄라 할 수 있는데, 형법이 이미 송·수신이 종료되어 특수매체기록의 형태로 저장(처리·보관)된 정보 및 비밀로 객체를 제한하는 반면, 정보통신망법은 전송되고 있는 정보 및 비밀도 포함한다는 점에서 차이가 있다.

Ⅱ. 정보훼손(제71조 제1항 제11호 전단)

1. 객체

정보통신망법 제71조 제1항 제11호 전단의 정보훼손죄의 객체는 정보통신망에 의하여 처리·보관 또는 전송되는 타인의 정보이다. 정보통신망법은 제2조 제1항에서 법률에 사용되는 용어를 정의하는 한편 제2항에서는 그 외의 용어는 「지능정보화 기본법」에서 정하는 바에 따른다고 규정하고 있다. 따라서 제71조 제1항 제11호 전단의 '정보' 역시 지능정보화 기본법 제2조 제1호에 따라 광(光) 또는 전자적 방식으로 처리되는 부호, 문자, 음성, 음향 및 영상 등으로 표현된 모든 종류의 자료 또는 지식으로 정의된다(대법원 2011.5.13. 선고 2008도10116 판결). 이러한 정보의 개념은 제71조 제1항 제11호 후단이 규정한 비밀의 개념은 정보보다 더 넓은 것이다(대법원 2006.3.24. 선고 2005도7309 판결). 이러한 정보는 '타인'의 정보여야 하므로 타인이 지배하고 관리하고 있을 것이 요구된다.

2. 행위

정보훼손죄의 행위인 '훼손'은 정보의 가치를 해하는 모든 행위를 의미한다. 정보는 특정 목적을 위하여 광 또는 전자적 방식에 의하여 부호 등으로 표현된 것이므로 비록 정보통신망을 통하여 정보가 처리·보관 또는 전송되는 과정에 영향을 미치는 행위라고 하더라도 그 목적을 해하지 아니하는 경우는 이를 (구)정보통신망법 제49조에서 정한 타인의 정보를 '훼손'하는 행위에 해당한다고 볼 수 없다.

예를 들어 인터넷 이용자들이 주소 입력창에 단어를 입력하면 정보가 가공되어 경쟁사가 아닌 자신들의 인터넷 홈페이지 URL로 강제 이동되게 하는 플러그인 프로그램을 설치하게 한 사안에서, 인터넷 이용자들이 주소 입력창에 단어를 입력하는 목적은 그 단어에 대응하는 웹사이트가 플러그인 프로그램을 제작·배포한 업체들의 키워드 네임 서버에 등록되어 있는 경우에는 해당 웹사이트로 직접 접속하고 등록되어 있지 않은 경우는 그 단어에 관련된 웹사이트 검색결과 등을 얻고자 하는 것일 뿐 그 중 특정업체의 키워드 네임 서버를 통한 검색만을 목적으로 하고 있다고는 볼 수 없으므로 위 플러그인 프로그램 때문에 인터넷 이용자들의 정보로써 달성하려는 목적을 해한다고 볼 수 없어 타인의 정보를 훼손하는 행위에 해당한다고 보기는 어렵다(대법원 2011.5.13. 선고 2008도10116 판결).

Ⅲ. 비밀침해[제71조 제1항 제11호 후단]

1. 객체

[1] 타인의 비밀

'타인의 비밀'이란 일반적으로 알려지지 않은 사실로서 이를 다른 사람에게 알리지 않는 것이 본인에게 이익이 되는 것을 의미한다(대법원 2018.12.27. 선고 2017도15226 판결). 예를 들어 미니홈피의 방문자 접속기록은 일반회원들은 알 수 없고, 단순한 방문자의 확인 차원을 넘어선 개인적인 신상정보에 해당하는 것들로서 미니홈피 방문자들의 경우 이러한 정보가 공개되지 않을 것을 전제로 자유롭게 미니홈피를 방문하기 때문에 타인의 비밀에 해당한다(대법원 2012.1.12. 선고 2010도2212 판결). 급여명세 역시 개인의 사생활의 비밀 또는 평온의 영역에 있을 뿐 아니라 이를 다른 사람에게 알리지 않는 것이 대상자에게 이익이 있는 타인의 비밀에 해당한다고 할 수 있다(대법원 2007.6.28. 선고 2006도6389 판결). 반면 인터넷을 통해 공개되는 전화가입자들의 전화번호에 관한 정보는 타인의 비밀이라고 할 수 없다(대법원 2007.4.26. 선고 2005도9259 판결).

여기에서 '타인'에는 이미 사망한 자가 포함되는지 문제된다. 대법원은 구 정보통신망법 제2조 제1항 제6호(현행 삭제)가 '개인정보'가 생존하는 개인에 관한 정보임을 명시하고 있으나 제49조에서는 이와 명백히 구분되는 '타인의 정보·비밀'이라는 문언을 사용하고 있는 점, 정보통신서비스 이용자의 '개인정보'를 훼손·침해·누설하는 행위를 처벌하는 별도의 규정을 두고 있는 점(제24조, 제62조 제1호에서

3호, 현행 삭제), 문서위조죄에서 '타인의 문서'에는 이미 사망한 자의 명의로 작성된 문서도 포함되는 것으로 해석하는 것과 같이(대법원 2005.2.24. 선고 2002도18 전원합의체 판결 참조) 형벌법규에서 '타인'이 반드시 생존하는 사람만을 의미하는 것은 아니라는 점을 근거로 생존하는 개인뿐만 아니라 사망자도 타인의 범위에 포함된다고 판시하였다. 따라서 대구지하철역화재사고 및 김해중국민항기추락사고의 사망자 명단과 생년월일을 인터넷 메신저로 전송받아 은행 신용전산망을 검색하여 위 명단에 나와 있는 사람들의 주민등록번호를 알아낸 뒤 다시 메신저로 전송한 경우, 본 죄의 성립이 인정된다(대법원 2007.6.14. 선고 2007도2162 판결).

[2] 정보통신망에 의해 처리·보관 또는 전송되는

'정보통신망에 의해 처리·보관 또는 전송'되는 타인의 비밀에는 ① 정보통신망으로 실시간 처리·전송 중인 비밀, ② 정보통신망으로 처리·전송이 완료되어 원격지 서버에 저장·보관된 것으로 통신기능을 이용한 처리·전송을 거쳐야만 열람·검색이 가능한 비밀, ③ 정보통신망으로 처리·전송이 완료된 다음 사용자의 개인용 컴퓨터에 저장·보관되어 있더라도 그 처리·전송과 저장·보관이 서로 밀접하게 연계되어 정보통신망과 관련된 컴퓨터 프로그램을 활용해서만 열람·검색이 가능한 비밀 등 정보통신체제 내에서 저장·보관 중인 것으로 볼 수 있는 비밀이 포함된다.

이와 관련하여 판례는 자신의 뇌물수수 혐의에 대한 결백을 주장하기 위하여 제3자로부터 사건 관련자들이 주고받은 이메일 출력물을 교부받아 징계위원회에 제출한 사안에서, '이메일 출력물' 그 자체는 정보통신망에 의하여 처리·보관 또는 전송되는 타인의 비밀에 해당하지 않지만, '이메일의 내용'은 정보통신망에 의하여 처리·보관 또는 전송되는 타인의 비밀에 해당한다고 보았다(대법원 2008.4.24. 선고 2006도8644 판결)(②유형에 해당). 또한 대법원은 메신저 사용자가 메신저 프로그램을 실행시킨 채 잠시 자리를 비운 사이에 몰래 그 메신저 프로그램의 보관함에 접속한 다음 저장되어 있던 대화내용을 열람·복사하여 제3의 컴퓨터에 전송한 사안에서, 사적인 대화내용이 컴퓨터 하드디스크에 전자파일의 형태로 저장되었는데 이는 메신저 프로그램에서 제공하는 보관함 기능을 이용한 것이므로 정보통신망에 의해 처리되는 타인의 비밀에 해당한다고 보았다(대법원 2018.12.27. 선고 2017도15226 판결)(③유형에 해당).

2. 행위

[1] 침해·도용

타인의 비밀 '침해'란 정보통신망에 의하여 처리·보관 또는 전송되는 타인의 비밀을 정보통신망에 침입하는 등 부정한 수단 또는 방법으로 취득하는 행위를 말하며 '도용'이란 비밀을 침해한 사람이나 침해의 사실을 알고 있는 사람이 그 비밀을 사용하는 행위를 의미한다.

이와 관련하여 대법원은 인터넷 쇼핑몰 운영자가 회원들의 주민등록번호, ID, 비밀번호, 주소 등을 포함하여 구매게시글을 자신이 운영하는 다른 홈페이지 서버에 복사, 저장한 사안에서, 타인의 비밀에 해당하는 내용은 행위자가 인터넷 쇼핑몰 홈페이지 서버에 접근할 수 있는 정당한 권한이 있을 당시에 취득한 것이어서 타인의 비밀을 침해·도용한 것이라고 볼 수 없다고 판시하였다(대법원 2012.12.13. 선고 2010도10576 판결 참조).

[2] 누설

타인의 비밀 '누설'이란 타인의 비밀을 아직 알지 못하는 사람에게 이를 알려주는 행위를 말한다. 이때 타인의 비밀에 관한 모든 누설행위가 모두 구성요건에 해당하는 것은 아니며 정보통신망에 의하여 처리·보관 또는 전송되는 타인의 비밀을 부정한 수단 또는 방법으로 취득한 사람이나 그 비밀이 이와 같은 방법으로 취득된 것임을 알고 있는 사람이 그 비밀을 아직 알지 못하는 타인에게 이를 알려주는 행위로 제한해석 된다. 이는 정보통신망법의 입법목적과 규정의 체제, 이 조항의 입법 취지, 비밀 누설행위에 대한 형사법의 전반적 규율 체계와의 균형을 고려한 해석이라 할 수 있다(대법원 2017.6.19. 선고 2017도4240 판결).

따라서 ① 정보통신망인 국세청의 홈텍스시스템이나 자료상연계분석시스템 등에 접속할 접근권한이 있는 자는 시스템을 통하여 취득한 과세정보자료를 유출하더라도 타인의 비밀을 누설한 것이라 볼 수 없고(대법원 2017.6.19. 선고 2017도4240 판결), ② 인터넷 사이트 카페를 운영하는 자가 개인정보가 담겨 있는 '특정 종교 교인 명단' 파일을 업로드하여 다른 회원들이 다운로드 받을 수 있게 한 경우, 원래 정보통신망에 의하여 처리·보관 또는 전송되던 것을 정보통신망을 침해하는 방법 등으로 명단의 작성자나 관리자의 승낙 없이 취득한 것이라고 볼 수 없어 이 조의 누설이라 할 수 없다(대법원 2012.12.13. 선고 2010도10576 판결).

이때 전송되는 타인의 비밀을 정보통신망으로부터 직접 취득한 경우뿐 아니라 제3자를 통하여 취득한 경우라 하더라도 그 정을 알면서 비밀을 알지 못하는 제3자에게 알려주었다면 타인의 비밀누설이 될 수 있다. 제49조가 '누구든지'라고 규정하여 '타인의 비밀누설' 행위의 주체를 제한하고 있지 않고, 비밀의 침해행위와는 별도로 도용, 누설행위를 금지하고 있으며 비밀의 '누설'의 방법에는 제한이 없다는 점이 근거가 된다(대법원 2008.4.24. 선고 2006도8644 판결).

한편 2인 이상의 서로 대향된 행위의 존재를 필요로 하는 대향범에 대하여는 공범에 관한 형법총칙 규정이 적용될 수 없다. 예를 들어 형법 제127조는 공무원 또는 공무원이었던 자가 법령에 의한 직무상 비밀을 누설하는 행위만을 처벌하고 있을 뿐 직무상 비밀을 누설 받은 상대방을 처벌하는 규정이 없는 점을 볼 때 직무상 비밀을 누설 받은 자에 대하여는 공범에 관한 형법총칙 규정이 적용될 수 없는데, 이와 같은 법리는 정보통신망법 제71조 제1항 제11호 후단 비밀누설의 경우도 마찬가지이다(대법원 2017.6.19. 선고 2017도4240 판결).

제5절 음란영상등 배포죄(제74조 제1항 제2호)

제74조(벌칙) ① 다음 각 호의 어느 하나에 해당하는 자는 1년 이하의 징역 또는 1천만원 이하의 벌금에 처한다.

　2. 제44조의7제1항제1호를 위반하여 음란한 부호·문언·음향·화상 또는 영상을 배포·판매·임대하거나 공공연하게 전시한 자

제44조의7(불법정보의 유통금지 등) ① 누구든지 정보통신망을 통하여 다음 각 호의 어느 하나에 해당하는 정보를 유통하여서는 아니 된다.

　1. 음란한 부호·문언·음향·화상 또는 영상을 배포·판매·임대하거나 공공연하게 전시하는 내용의 정보

I. 의의

정보통신망법 제74조 제1항 제2호의 정보통신망법위반(음란물유포)죄는 정보통신망을 통하여 음란한 부호·문언·음향·화상 또는 영상을 배포·판매·임대하거나 공공연하게 전시하면 성립하는 범죄이다.

[형법]

제243조(음화반포등) 음란한 문서, 도화, 필름 기타 물건을 반포, 판매 또는 임대하거나 공연히 전시 또는 상영한 자는 1년 이하의 징역 또는 500만원 이하의 벌금에 처한다.

형법이 음란한 문서, 도화, 필름 기타 물건을 반포, 판매 또는 임대하거나 공연히 전시 또는 상영한 자를 처벌하는 음란물 배포에 관한 일반적인 처벌규정을 두고 있지만(형법 제243조), 특히 정보통신망을 통하여 음란영상등이 배포되는 경우를 염두에 두고 정보통신망법이 별도로 규정한 구성요건이다. 형법상 음화반포죄의 객체는 '문서, 도화, 필름 기타 물건'이 반면 정보통신망법위반(음란물유포)죄의 객체는 '부호, 문언, 음향, 화상 또는 영상'이며, 형법상 음화반포죄의 행위 태

양은 '반포, 판매, 임대 공연한 전시 또는 상영'인 반면 정보통신망법위반(음란물
유포)죄의 행위 태양은 '배포·판매·임대·공공연한 전시'로 명문상의 차이가 있
다. '음란성'의 개념은 두 죄에서 동일하다.

Ⅱ. 요건

1. 객체

[1] 음란성

'음란'이란 사회통념상 일반 보통인의 성욕을 자극하여 성적 흥분을 유발하고
정상적인 성적 수치심을 해하여 성적 도의관념에 반하는 것을 의미한다. 표현물
을 전체적으로 관찰·평가해 볼 때 단순히 저속하다거나 문란한 느낌을 준다는 정
도를 넘어서서 존중·보호되어야 할 인격을 갖춘 존재인 사람의 존엄성과 가치를
심각하게 훼손·왜곡하고, 사회적으로 유해한 영향을 끼칠 위험성이 있다고 평가
할 수 있을 정도로 노골적인 방법에 의하여 성적 부위나 행위를 적나라하게 표현
또는 묘사한 것이어야 한다. 즉, 사회통념에 비추어 전적으로 또는 지배적으로 성
적 흥미에만 호소하고 하등의 문학적·예술적·사상적·과학적·의학적·교육적 가
치를 지니지 아니하는 것이어야 한다.

이러한 음란성의 판단은 표현물을 제작한 사람의 주관적 의도가 아니라 그
사회의 평균인의 입장에서 그 시대의 건전한 사회통념에 따라 객관적이고 규범적
으로 평가하여야 한다(대법원 2008.6.12. 선고 2008도76 판결). 따라서 '음란'이라는
개념은 사회와 시대적 변화에 따라 변동하는 상대적이고도 유동적인 개념으로 그
시대에 있어서 사회의 풍속, 윤리, 종교 등과도 밀접한 관계가 있는 추상적인 것
이어서 구체적인 판단에 있어서는 사회통념상 일반 보통인의 정서를 그 판단의
기준으로 삼을 수밖에 없다고 할지라도, 이는 일정한 가치판단에 기초하여 정립
할 수 있는 규범적인 개념이라 할 것이다(대법원 1995.2.10. 선고 94도2266 판결).

음란의 개념과 관련하여 대법원은 ① 성인사이트의 초기화면에 게재한 성인
동영상물의 광고용 선전문구 및 영상이 게재된 사안에서 남녀의 성기가 직접적·
노골적으로 노출되지는 않았고 이 사이트에 회원등록을 하기 위해서는 두 차례의
성인인증절차를 거쳐서 접속을 해야한다는 점 등을 들어 음란성을 단정하기에는

부족하다고 본 반면(대법원 2008.6.12. 선고 2008도76 판결), ② 비정상적인 남녀관계를 설정하여 성행위를 저속하고 천박한 느낌을 주는 의성어·의태어 등을 동원하여 지나치게 노골적·사실적·집중적으로 묘사하거나 등장하는 남녀의 나신을 선정적·자극적으로 묘사하고 있는 인터넷 야설(야한 소설)은 오로지 독자의 성적 흥미에만 호소하여 남녀의 신체와 성 정체성, 성행위 등을 성적 쾌락의 대상과 수단에 불과한 것처럼 비하적으로 표현하였다고 보아 서비스를 제공함에 있어서 성인인증절차를 거치도록 하였더라도 음란성이 인정된다고 보았다(대법원 2008.6.12. 선고 2007도3815 판결).

[2] 부호·문언·음향·화상 또는 영상

정보통신망을 통하여 이루어지는 범죄이므로 이 죄의 객체는 유체물 형태인 문서, 도화 등이 아니라 부호·문언·음향·화상 또는 영상과 같이 컴퓨터파일 등으로 정보통신망을 통하여 유포될 수 있는 성질의 것이어야 한다.

2. 행위 - 배포·판매·임대·공공연한 전시

'배포'란 불특정·다수인에 대한 무상 교부를 의미하는 형법상 음화반포죄의 '반포'에 대응하는 개념이라 할 수 있다. 따라서 정보통신망을 통하여 이루어져야 한다는 점을 고려하면 불특정·다수인이 무상으로 다운로드 받을 수 있도록 업로드하는 것을 의미한다.

'판매'란 유상 양도를, '임대'란 유상 대여를 의미한다. 온라인이라는 특성상 판매와 대여의 개념이 유체물처럼 명확하게 구별하기는 쉽지 않은데, 유상으로 영구적 접근권을 주는 것을 판매로, 일정한 기간 내의 접근권을 주는 것을 대여로 정의해 볼 수 있을 것이다.

'공연한 전시'란 불특정 또는 다수인이 인식할 수 있는 상태로 두는 것을 의미한다. 인터넷 카페 회원과 같이 접근권한을 가진 제한적인 사람들에게 게시되어 공유되더라도 그 인원수가 다수라고 판단될 수 있으면 공연한 전시로 보아야 한다(대법원 2009.5.14. 선고 2008도10914 판결). 공연한 전시의 경우, ① 콘텐츠 자체를 직접적으로 게시하는 방식 이외에도 ② 콘텐츠를 전문적으로 제공하는 웹사이트로 연결되는 바로가기 아이콘을 컴퓨터 바탕화면에 설치 또는 미리 성인인증을 받아두거나(대법원 2008.2.1. 선고 2007도8286 판결), ③ 콘텐츠에 접근할 수 있는 웹사이트로 링크가 가능하도록 인터넷 주소를 게시하거나(대법원 2003.7.8. 선고 2001도1335 판결), ④ P2P 방식의 파일 공유 프로토콜인 토렌트 파일[11]을 웹사이트에 게시하는 방식(대법원 2019.7.25. 선고 2019도5283 판결) 등으로도 행해질 수 있다. 바로가기나 링크, 토렌트 파일 게시 등은 별다른 제한 없이 해당 음란물 영상에 바로 접할 수 있는 상태를 조성한 것으로 그 실질에 있어서 음란한 부호 등을 직접 전시하는 것과 다를 바 없다고 평가되기 때문이다.

3. 위법성

문학적·예술적·사상적·과학적·의학적·교육적 가치를 갖는 표현물과 음란물이 결합되어 있는 '결합표현물'에 대하여 정보통신망법위반(음란물유포)죄를 인정할 것인지가 문제된다. 대법원은 방송통신심의위원회 심의위원이 자신의 인터넷 블로그에 위원회에서 음란정보로 의결한 '남성의 발기된 성기 사진'과 함께 정보통신에 관한 심의규정을 게시하고 이에 관한 자신의 의견을 덧붙인 사안에서, 이는 사진과 학술적, 사상적 표현 등이 결합된 결합표현물로서, 사진은 음란물에 해당하나 결합표현물인 게시물을 통한 사진의 게시는 형법 제20조가 정한 '사회상규에 위배되지 아니하는 행위'로 위법성이 인정되지 않는다고 판단하였다(대법원 2017.10.26. 선고 2012도13352 판결). 이에 대하여 사건에서 문제된 사진과 비판적 의견표명은 양자를 함께 평가 대상으로 삼아야 하므로 위법성을 배제하는 것이 아니라 음란성 자체를 부정하는 것이 타당하다는 반대의견이 제시된다.[12]

---

11 토렌트 파일은 음란물 영상의 이름·크기·고유의 해쉬값 등의 메타데이터를 담고 있는 파일로 그 메타데이터는 수많은 토렌트 이용자들로부터 토렌트를 통해 전송받을 해당 음란물 영상을 찾아내는 색인(index)과 같은 역할을 한다. 그 토렌트 파일을 취득하여 토렌트 프로그램에서 실행하면 자동으로 다른 토렌트 이용자들로부터 그 토렌트 파일이 가리키는 해당 음란물 영상을 전송받을 수 있다(대법원 2019.7.25. 선고 2019도5283 판결).
12 정승환, 2017년 형법 중요 판례, 인권과 정의 제473권, 2018, 16면.

제6절   공포심 유발 영상등의 반복적 도달(제74조 제1항 제3호)

제74조(벌칙) ① 다음 각 호의 어느 하나에 해당하는 자는 1년 이하의 징역 또는 1천만원 이하의 벌금에 처한다.

　　3. 제44조의7제1항제3호를 위반하여 공포심이나 불안감을 유발하는 부호·문언·음향·화상 또는 영상을 반복적으로 상대방에게 도달하게 한 자

② 제1항제3호의 죄는 피해자가 구체적으로 밝힌 의사에 반하여 공소를 제기할 수 없다.

제44조의7(불법정보의 유통금지 등) ① 누구든지 정보통신망을 통하여 다음 각 호의 어느 하나에 해당하는 정보를 유통하여서는 아니 된다.

　　3. 공포심이나 불안감을 유발하는 부호·문언·음향·화상 또는 영상을 반복적으로 상대방에게 도달하도록 하는 내용의 정보

Ⅰ. 의의

　　정보통신망법 제74조 제1항 제3호의 범죄는 정보통신망을 통하여 공포심이나 불안감을 유발하는 부호·문언·음향·화상 또는 영상을 반복적으로 상대방에게 도달하도록 하는 경우 성립하는 구성요건이다. 소위 사이버 스토킹 행위를 처벌하기 위한 규정으로 반의사불벌죄이다(제74조 제2항).

　　그동안 스토킹 행위로 인한 정신적 피해의 심각성과 다른 중대 범죄로 이어지는 잠재적 위험성에도 불구하고 실제 다른 법익의 침해가 발생하기 전까지는 경범죄처벌법에 의한 지속적 괴롭힘(제3조 제1항 제41호)[13]과 정보통신망법의 이 범죄 정도로만 규제되어 일반적 스토킹 범죄의 본질에 부합하는 처벌이 가능하도록 입법적 조치가 이루어져야 한다는 요구가 계속되었다.

　　2021. 4. 20. 제정된 「스토킹처벌법」은 이러한 입법적 요청의 결과이다. 「스토킹처벌법」은 '스토킹행위'에 정보통신망법 제2조 제1항 제1호의 정보통신망을

13　경범죄처벌법 제3조(경범죄의 종류) ① 다음 각 호의 어느 하나에 해당하는 사람은 10만원 이하의 벌금, 구류 또는 과료(科料)의 형으로 처벌한다.

　　41. (지속적 괴롭힘) 상대방의 명시적 의사에 반하여 지속적으로 접근을 시도하여 면회 또는 교제를 요구하거나 지켜보기, 따라다니기, 잠복하여 기다리기 등의 행위를 반복하여 하는 사람

이용하여 물건이나 글·말·부호·음향·그림·영상·화상을 도달하게 하는 행위를 포함시키고(제2조 제1호 다목) 이러한 스토킹행위를 지속적 또는 반복적으로 하는 것을 '스토킹범죄'라고 정의하는 한편(제2조 제2호), 스토킹범죄의 법정형을 3년 이하의 징역 또는 3천만 원 이하의 벌금형으로 규정(제18조)하고 피해자의 의사에 반한 공소제기를 할 수 없도록 하고 있다. 이제 정보통신망법 제74조 제1항 제3호의 독자적 존재 의의는 없어진 것으로 보인다.[14]

정보통신망을 이용한 스토킹범죄의 처벌

스토킹처벌법 제2조(정의) 이 법에서 사용하는 용어의 뜻은 다음과 같다.
  1. "스토킹행위"란 상대방의 의사에 반(反)하여 정당한 이유 없이 상대방 또는 그의 동거인, 가족에 대하여 다음 각 목의 어느 하나에 해당하는 행위를 하여 상대방에게 불안감 또는 공포심을 일으키는 것을 말한다.
    다. 우편·전화·팩스 또는 「정보통신망 이용촉진 및 정보보호 등에 관한 법률」 제2조제1항제1호의 정보통신망을 이용하여 물건이나 글·말·부호·음향·그림·영상·화상(이하 "물건등"이라 한다)을 도달하게 하는 행위
  2. "스토킹범죄"란 지속적 또는 반복적으로 스토킹행위를 하는 것을 말한다.

제18조(스토킹범죄) ① 스토킹범죄를 저지른 사람은 3년 이하의 징역 또는 3천만 원 이하의 벌금에 처한다.
② 흉기 또는 그 밖의 위험한 물건을 휴대하거나 이용하여 스토킹범죄를 저지른 사람은 5년 이하의 징역 또는 5천만원 이하의 벌금에 처한다.
③ 제1항의 죄는 피해자가 구체적으로 밝힌 의사에 반하여 공소를 제기할 수 없다.

II. 요건

1. 공포심이나 불안감을 유발하는 부호·문언·음향·화상 또는 영상

공포심이나 불안감을 유발하는 대상은 부호·문언·음향·화상 또는 영상이어야 한다. 따라서 상대방에게 전화를 걸어 반복적으로 음향을 보내어 공포심이나 불

---

14   이를 법조경합으로 보아 스토킹처벌법이 적용된다고 하는 설명은 박상기·전지연·한상훈 380면.

안감을 유발하게 하는 경우, 상대방에게 전화를 걸 때 상대방 전화기에서 울리는 '전화기의 벨소리'는 정보통신망을 통하여 상대방에게 송신된 음향이라 할 수 없으므로 정보통신망법 제74조 제1항 제3호의 범죄가 성립하지 않는다(대법원 2005.2.25. 선고 2004도7615 판결).

2. 반복성

정보통신망법 제74조 제1항 제3호는 정보통신망을 이용한 일정 행위의 반복을 요건으로 한다. 그 입법 취지에 비추어 볼 때 정보통신망을 이용한 일련의 불안감 조성행위가 이 죄에 해당한다고 하기 위해서는 각 행위 상호 간에 일시·장소의 근접성, 방법의 유사성, 기회의 동일성, 범의의 계속성 등 밀접한 관계가 있어 그 전체를 일련의 반복적인 행위로 평가할 수 있어야 한다(대법원 2008.8.21. 선고 2008도4351 판결). 따라서 채무관계로 인한 분쟁 중 채권자의 휴대전화기에 7개월 동안 3회의 협박성 문자메시지를 발송한 행위(대법원 2008.8.21. 선고 2008도4351 판결)나 지속적인 변제독촉을 하면서 핸드폰으로 하루 간격으로 2번 문자메시지를 발송한 행위(대법원 2009.4.23. 선고 2008도11595 판결) 등은 이 규정의 반복성 요건을 충족하지 못한다.

만약 일련의 행위가 반복성을 충족하면 각 행위는 포괄일죄의 관계에 있게 된다. 따라서 위반행위 중 일부 기간의 행위에 대하여 먼저 유죄판결이 확정된 후, 확정 전의 다른 일부 기간의 행위가 다시 기소되면 여기에 확정판결의 기판력이 미친다(대법원 2009.2.26. 선고 2009도39 판결).

3. 도달하게 하는 행위

'도달하게 한다'는 것은 상대방이 공포심이나 불안감을 유발하는 문언 등을 직접 접하는 경우뿐만 아니라 상대방이 객관적으로 이를 인식할 수 있는 상태에 두는 것을 의미한다. 따라서 피고인이 상대방의 휴대전화로 공포심이나 불안감을 유발하는 문자메시지를 전송함으로써 상대방이 별다른 제한 없이 문자메시지를 바로 접할 수 있는 상태에 이르렀다면, 그러한 행위만으로 구성요건은 충족되고, 상대방이 실제로 문자메시지를 확인하였는지는 범죄성립에 영향을 미치지 않는다. 예를 들어 피해자가 수신차단을 설정하여 공포심이나 불안감을 유발하는 문자가 스팸보관함에 저장 되었라도 피해자는 언제든지 이 메시지들을 확인할 수 있는 상태이므로 이 문자들은 피해자에게 도달한 것으로 인정된다(대법원 2018.11.15. 선고 2018도14610 판결).

제7절   광고성 정보 전송(제74조 제1항 제4호, 제6호)

제74조(벌칙) ① 다음 각 호의 어느 하나에 해당하는 자는 1년 이하의 징역 또는 1천만원 이하의 벌금에 처한다.

4. 제50조제5항을 위반하여 조치를 한 자

6. 제50조의8을 위반하여 광고성 정보를 전송한 자

제50조(영리목적의 광고성 정보 전송 제한) ⑤ 전자적 전송매체를 이용하여 영리목적의 광고성 정보를 전송하는 자는 다음 각 호의 어느 하나에 해당하는 조치를 하여서는 아니 된다.

1. 광고성 정보 수신자의 수신거부 또는 수신동의의 철회를 회피·방해하는 조치
2. 숫자·부호 또는 문자를 조합하여 전화번호·전자우편주소 등 수신자의 연락처를 자동으로 만들어 내는 조치
3. 영리목적의 광고성 정보를 전송할 목적으로 전화번호 또는 전자우편주소를 자동으로 등록하는 조치
4. 광고성 정보 전송자의 신원이나 광고 전송 출처를 감추기 위한 각종 조치
5. 영리목적의 광고성 정보를 전송할 목적으로 수신자를 기망하여 회신을 유도하는 각종 조치

제50조의8(불법행위를 위한 광고성 정보 전송금지) 누구든지 정보통신망을 이용하여 이 법 또는 다른 법률에서 금지하는 재화 또는 서비스에 대한 광고성 정보를 전송하여서는 아니 된다.

전자적 전송매체를 이용하여 영리목적의 광고성 정보를 전송하기 위해서는 수신자의 명시적인 사전 동의를 받아야 하고(제50조 제1항), 동의가 있더라도 시간에 대한 별도의 동의 없이는 오후 9시부터 다음 날 오전 8시까지 전송이 제한되며(동조 제2항), 전송자의 명칭과 연락처, 수신 거부 및 수신동의의 철회를 쉽게 할 수 있는 조치 등에 관한 사항을 구체적으로 밝혀야 하는 등 일정한 제한을 받게 된다(동조 제3항).

법이 정한 이러한 제한을 회피하기 위하여 금지되는 일정한 조치(동조 제5항)를 한 경우에는 제74조 제1항 제4호에 의하여 처벌된다. 정보통신망을 이용하여

불법적인 재화 또는 서비스를 광고하는 정보를 전송하는 경우도 정보통신망법 제 74조 제1항 제6호에 의하여 처벌된다. 예를 들어 불법 성매매 광고나 불법 장기 매매 광고 등의 스팸메일을 전송하는 행위가 여기에 해당한다. 이와 같은 광고성 정보의 전송을 처벌하는 벌칙 규정(제74조 제1항, 제4호, 제6호)은 2005. 12. 31. 법 률개정에서 불법 스팸 발송행위에 대한 경각심을 높이기 위하여 마련된 것이다.

제1절　서두

Ⅰ. 입법목적

　통신비밀보호법은 통신의 자유(헌법 제18조)와 대화의 비밀과 자유를 포함한 사생활의 비밀과 자유(헌법 제17조)를 보장하기 위하여 1993. 12. 27. 제정되어 1994. 6. 28. 시행된 법률이다. 통신비밀보호법은 전기통신의 감청과 우편물의 검열에 관하여 그 대상을 한정하고 엄격한 법적 절차를 거치도록 함으로써 통신비밀을 보호하고 통신의 자유를 신장함을 목적으로 한다(제1조).

　통신비밀보호법은 과거 군사정권에서 정치사찰을 위하여 무제한적으로 남용되던 통신제한조치에 대한 법적 근거를 마련하는 데에서 시작하여, 수사기관에 의한 통신제한조치의 남용에 대한 법적 통제를 강화하는 방향으로 주된 논의가 이루어져 왔다. 특히 최근에는 인터넷을 기반으로 하는 새로운 통신방식을 전제로 통신의 자유 보장에 대한 헌법적 요청을 어떻게 관철할 것인가가 새로운 과제로 제기되고 있다.

Ⅱ. 조문개관

　통신비밀보호법은 총 30개의 조문으로 구성되어 있으며 형사처벌 규정과 형사절차에 관한 규정은 물론 감청설비의 인가 및 신고와 불법감청설비탐지업의 등록 등에 관한 행정법적 규정까지를 망라하고 있다. 이 중 제3조의 통신 및 대화비밀 보호 규정 위반에 대한 제16조 제1항의 통신 및 대화의 비밀침해죄가 가장 주요한 형사처벌 규정이라고 할 수 있다.

통신비밀보호법 제4조는 제3조를 위반한 불법검열에 의한 우편물의 내용과 불법감청에 의한 전기통신내용의 증거사용을 금지하도록 명시하고 있다. 그리고 통신제한조치에 관한 절차적 내용은 제5조부터 제9조의3까지, 그리고 통신사실확인자료제공에 관한 절차적 내용은 제13조부터 제13조의4까지 규정되어 있다.

구분		주요 내용	조항
형사처벌 규정		우편물의 검열, 전기통신 감청, 공개되지 않은 타인간 대화 녹음 또는 청취	제3조, 제16조 제1항 제1호, 제18조
		불법하게 취득한 통신 또는 대화의 내용 공개, 누설	제3조, 제16조 제1항 제2호
형사절차 관련 규정	증거사용 금지	불법검열에 의한 우편물의 내용과 불법감청에 의한 전기통신내용의 증거사용 금지	제4조
	통신제한 조치	범죄수사를 위한 통신제한조치 허가요건	제5조
		범죄수사를 위한 통신제한조치 허가절차	제6조
		국가안보를 위한 통신제한조치	제7조
		긴급통신제한조치	제8조
		통신제한조치의 집행	제9조
		통신제한조치의 집행에 관한 통지	제9조의2
		송수신 완료 전기통신에 대한 압수·수색·검증의 집행에 관한 통지	제9조의3
	통신사실 확인자료 제공	범죄수사를 위한 통신사실 확인자료제공의 절차	제13조
		법원에의 통신사실확인자료제공	제13조의2
		범죄수사를 위한 통신사실 확인자료제공의 통지	제13조의3
		국가안보를 위한 통신사실 확인자료제공의 절차	제13조의4

제2절   불법검열·감청·타인 간 대화 녹음·청취 및 공개·누설죄 (제3조, 제16조 제1항) 및 증거사용 금지(제4조)

Ⅰ. 우편물의 검열, 전기통신의 감청, 공개되지 않은 타인 간의 대화 녹음 또는 청취[제16조 제1항 제1호]

제3조(통신 및 대화비밀의 보호) ①누구든지 이 법과 형사소송법 또는 군사법원법의 규정에 의하지 아니하고는 우편물의 검열·전기통신의 감청 또는 통신사실확인자료의 제공을 하거나 공개되지 아니한 타인간의 대화를 녹음 또는 청취하지 못한다. 다만, 다음 각호의 경우에는 당해 법률이 정하는 바에 의한다. (단서 각호 생략)

제14조(타인의 대화비밀 침해금지) ①누구든지 공개되지 아니한 타인간의 대화를 녹음하거나 전자장치 또는 기계적 수단을 이용하여 청취할 수 없다.
②제4조 내지 제8조, 제9조제1항 전단 및 제3항, 제9조의2, 제11조제1항·제3항·제4항 및 제12조의 규정은 제1항의 규정에 의한 녹음 또는 청취에 관하여 이를 적용한다.

제16조(벌칙) ①다음 각 호의 어느 하나에 해당하는 자는 1년 이상 10년 이하의 징역과 5년 이하의 자격정지에 처한다.
  1. 제3조의 규정에 위반하여 우편물의 검열 또는 전기통신의 감청을 하거나 공개되지 아니한 타인간의 대화를 녹음 또는 청취한 자

제18조(미수범) 제16조 및 제17조에 규정된 죄의 미수범은 처벌한다.

1. 우편물의 검열 및 전기통신의 감청

통신비밀보호법은 법률에 의하지 않은 우편물의 검열과 전기통신의 감청을 금지하고(제3조 제1항), 이를 위반하면 1년 이상 10년 이하의 징역과 5년 이하의 자격정지에 처하도록 규정하고 있다(제16조 제1항 제1호).

[1] 우편물의 검열

우편물의 검열이란 당사자의 동의 없이 우편물을 개봉하거나 기타의 방법으로 그 내용을 지득 또는 채록하거나 유치하는 것을 말한다(제2조 제6호). 우편물이

란 우편법에 의한 통상우편물과 소포우편물을 말하며(제2조 제2호), 발송 전이나 도착 후의 편지 등은 여기에 포함되지 않는다. 발송 전이나 도착 후의 우편물은 압수·수색의 대상이 된다. 또한 당사자의 동의란 수신인과 발신인 모두의 동의를 의미한다(제2조 제4호).

[2] 전기통신의 감청

전기통신의 감청(監聽)이란 전기통신에 대하여 당사자의 동의 없이 전자장치·기계장치 등을 사용하여 통신의 음향·문언·부호·영상을 청취·공독(共讀)하여 그 내용을 지득 또는 채록하거나 전기통신의 송·수신을 방해하는 것을 말한다(제2조 제7호). 그리고 전기통신이란 전화·전자우편·회원제정보서비스·모사전송·무선호출 등과 같이 유선·무선·광선 및 기타의 전자적 방식에 의하여 모든 종류의 음향·문언·부호 또는 영상을 송신하거나 수신하는 것을 말한다(제2조 제3호).

전송 중인 이메일 등의 증거를 수집하기 위한 수사방법으로 '패킷감청'이 이용되는데,[1] 인터넷상에서 발신되어 수신되기까지의 과정 중의 내용을 증거로 수집하는 것이다. 패킷감청을 통해 수사기관은 인터넷망을 이용하는 암호화되지 않은 모든 통신내용을 감청할 수 있는데, 이메일 이외에 카카오톡과 같은 메신저, 웹서핑, 게시물 작성뿐만 아니라 인터넷 전화, IPTV 등 모든 인터넷 활동을 감청할 수 있다.

이처럼 통신비밀보호법상의 감청이란 그 대상이 되는 전기통신의 송·수신과 동시에 이루어지는 경우만을 의미하고, 이미 수신이 완료된 전기통신의 내용을 지득하는 등의 행위는 이에 포함되지 않는다(대법원 2016.10.13. 선고 2016도8137 판결). 현재 이루어지고 있는 전기통신의 내용이 아니라 수신이 완료된 전기통신의 내용을 지득하려면 형사소송법상의 압수·수색·검증의 방법에 따른다(제9조의3).

감청이란 수사기관이나 사인이 전기통신의 방법에 의하여 이루어지는 타인 간의 대화내용이나 정보를 본인의 부지(不知) 중에 청취하거나 수집하는 것을 말하는데, 흔히 도청(盜聽)이라고 불린다. 그러나 도청은 본래 법적 근거 없이 불법으로 정보를 수집하는 행위로서의 부정적인 의미를 강하게 내포하고 있었기 때문에 통신비밀보호법은 적법하게 행하여지는 경우를 예상하여 감청이라는 중립적

---

1 패킷이란 데이터 전송에서 사용되는 데이터의 묶음을 말하는데, 두 지점 사이에 데이터를 전송할 때는 데이터를 적당한 크기로 나누어 패킷의 형태로 만들어 패킷들을 하나씩 보내는 방법을 쓰고, 각 패킷에는 데이터의 내용뿐만 아니라 수신처, 주소 등의 정보까지 담고 있다.

용어를 사용하고 있다. 또한 감청은 전기통신의 송·수신을 방해하는 행위까지 그 의미에 포함함으로써 도청보다는 넓은 내용을 가지고 있다.

수사기관이 대화의 일방 당사자의 동의를 얻어 감청한 경우도 타인 간의 통신의 비밀을 침해한 것이므로 통신비밀보호법에 위반된다(대법원 2010.10.14. 선고 2010도9016 판결). 그리고 누구든지 공개되지 아니한 타인 간의 대화를 녹음하거나 전자장치 또는 기계적 수단을 이용하여 청취할 수 없으므로, 수사기관이 아닌 사인이 타인 간의 대화를 녹음·청취하는 행위도 통신비밀보호법에서 금지된다.

2. 공개되지 않은 타인 간의 대화 녹음 또는 청취

통신비밀보호법은 공개되지 아니한 타인 간 대화의 녹음과 청취를 금지하고(제3조 제1항), 이를 위반하면 1년 이상 10년 이하의 징역과 5년 이하의 자격정지에 처하도록 규정(제16조 제1항 제1호)하여, 대화의 비밀을 보장하고 있다. 통신비밀보호법이 그 규율대상을 통신과 대화로 분류하고 그 중 통신을 다시 우편물과 전기통신으로 규정하는 태도이므로, 무전기와 같은 무선전화기를 이용한 통화는 전기통신에 해당할 뿐 타인 간의 대화라고 할 수 없다. 따라서 렉카 회사가 무전기를 이용하여 한국도로공사 상황실과 순찰차 간의 무전전화통화를 정당한 절차를 밟지 않고 몰래 청취한 것은 통신비밀보호법상 '공개되지 않은 타인 간의 대화 청취'가 아니라 '감청'에 해당한다(대법원 2003.11.13. 선고 2001도6213 판결).

보호되는 대화는 '공개되지 않은' 것이어야 한다. 비록 음식점과 같은 공중출입 장소라 하더라도 감시카메라와 도청마이크를 설치하여 대화를 녹음 또는 청취하는 경우는 공개되지 않은 타인 간의 대화라 할 수 있다(대법원 2007.12.27. 선고 2007도9053 판결).

또한 타인 간의 '대화'란 원칙적으로 현장에 있는 당사자들이 육성으로 말을 주고받는 의사소통 행위를 가리킨다. 사람의 육성이 아닌 사물에서 발생하는 음향은 타인 간의 대화에 해당하지 않으므로, 사람의 목소리라고 하더라도 상대방에게 의사를 전달하는 말이 아닌 단순한 비명이나 탄식 등은 타인과 의사소통을 하기 위한 것이 아니라면 특별한 사정이 없는 한 대화에 해당한다고 볼 수 없다. 다만, 대화에 속하지 않는 사람의 목소리를 동의 없이 녹음하거나 청취하는 행위가 통신비밀보호법 위반으로 인정되지는 않더라도 그 내용을 형사절차에서 증거로 사용할 수 있는지의 문제는 형사절차상 진실발견이라는 공익과 개인의 인격적

이익 등의 보호이익을 비교형량하여 별도로 검토할 필요가 있다. 대화에 속하지 않는 사람의 목소리를 녹음하거나 청취하는 행위가 개인의 사생활의 비밀과 자유 또는 인격권을 중대하게 침해하여 사회통념상 허용되는 한도를 벗어난 것이라면, 단지 형사소추에 필요한 증거라는 사정만을 들어 곧바로 형사소송에서 진실발견 이라는 공익이 더 우월한 것으로 섣불리 단정해서는 안 되기 때문이다(대법원 2017.3.15. 선고 2016도19843 판결).

다음으로 '타인 간'의 대화여야 하므로 대화 당사자가 자신의 대화 내용을 녹음하는 것은 이 규정에 해당하지 않는다. 따라서 3인 간의 대화에 있어서 그중 한 사람이 그 대화를 녹음하는 경우는 다른 두 사람의 발언이 그 녹음자에 대한 관계에서 '타인 간의 대화'라고 할 수 없고 이와 같은 녹음행위도 통신비밀보호법 제3조 제1항에 위반되지 않는다(대법원 2006.10.12. 선고 2006도4981 판결).

3. 전자우편(e-mail)의 지득

전자우편(e-mail)을 당사자의 동의 없이 확인하여 내용을 지득하거나 채록하는 경우, 우편물의 검열 또는 전기통신의 감청에 해당할 수 있는지, 즉 전자우편을 '우편물'로 보거나, 전기통신의 '감청'에 해당한다고 볼 수 있을지가 문제된다. 판례는 '감청'은 현재 이루어지고 있는 전기통신의 내용을 지득·채록하는 경우와 통신의 송·수신을 직접적으로 방해하는 경우를 의미하므로, 이미 수신이 완료된 전기통신에 관하여 남아 있는 기록이나 내용을 열어보는 행위는 감청에 포함될 수 없다고 본다(대법원 2012.11.29. 선고 2010도9007 판결). 전자우편 검열의 행위 형태는 우편물의 검열에 가깝지만, 전자우편은 법문상 검열의 대상이 아님이 명백하여 우편물의 검열에 해당하지 않는다는 것이다.

한편, 회사 내부의 메신저 대화 내용이나 전자우편 등에 대한 회사의 검열은 형법 제316조 제2항의 비밀침해죄나 정보통신망법 제49조3에 따른 비밀침해죄가 성립될 수 있다.

4. 제3조 제1항과 제14조의 관계

통신비밀보호법 제3조 제1항 및 제14조에서는 '대화의 비밀보호'를 이중으로 규정하고 있다. 통신비밀보호법 제3조 제1항에 "누구든지 이 법과 형사소송법 또는 군사법원법의 규정에 의하지 아니하고는 공개되지 아니한 타인 간의 대화를 녹음 또는 청취하지 못한다.'"고 규정하고 있으면서도, 제14조 제1항에서 "누구든지 공개되지 아니한 타인 간의 대화를 녹음하거나 전자장치 또는 기계적 수단을 이용하여 청취할 수 없다."고 별도로 규정하고 있다.

통신비밀보호법 제3조 제1항과 제14조는 통신비밀보호법 제정 당시부터 함께 규정되어 있었는데, 제정 당시 대안 반영으로 폐기된 의안에는 ① 제3조에서는 우편물의 검열과 전기통신의 감청을, 제14조(당시 제12조)에서는 타인의 대화 비밀 침해금지로 나누어 규정하거나(박희태 의원 등 발의), ② 양자를 구별하지 않고 일반적으로 통신도청 및 우편검열을 금지하는 규정(박상천 의원 등 발의)을 두고 있었다. 제정 당시 현행과 같이 규정된 이유는 확인되지 않는다.

생각건대 통신비밀보호법 제3조 제1항과 제14조의 관계는, 대화의 비밀보장에 대해서 전자(제3조 제1항)가 일반적 규정이고 후자(제14조)가 전자장치 또는 기계적 수단을 이용하는 특별한 경우의 규정이라고 이해할 수 있다. 판례도 통신비밀보호법의 내용 및 형식, 통신비밀보호법이 공개되지 아니한 타인 간의 대화에 관한 녹음 또는 청취를 제3조 제1항에서 일반적으로 금지하고 있음에도 제14조 제1항에서 구체화하여 금지되는 행위를 제한하고 있는 입법 취지와 체계 등에 비추어보면, 통신비밀보호법 제14조 제1항의 금지를 위반하는 행위는, 법률규정 등의 특별한 사정이 없는 한 통신비밀보호법 제3조 제1항 위반행위에 해당하여 제16조 제1항 제1호의 처벌대상이 된다고 본다(대법원 2016. 5. 12. 선고 2013도15616 판결). 입법론으로는 통신비밀보호법 제14조를 삭제하고, 필요한 내용을 제3조에 포함하여 규정하는 방식이 바람직하다.

Ⅱ. 통신 또는 대화 내용의 공개 또는 누설[제16조 제1항 제2호]

제3조(통신 및 대화비밀의 보호) ① 누구든지 이 법과 형사소송법 또는 군사법원법의 규정에 의하지 아니하고는 우편물의 검열·전기통신의 감청 또는 통신사실확인자료의 제공을 하거나 공개되지 아니한 타인간의 대화를 녹음 또는 청취하지 못한다. 다만, 다음 각호의 경우에는 당해 법률이 정하는 바에 의한다. (단서 각호 생략)

제16조(벌칙) ① 다음 각 호의 어느 하나에 해당하는 자는 1년 이상 10년 이하의 징역과 5년 이하의 자격정지에 처한다.

1. 제3조의 규정에 위반하여 우편물의 검열 또는 전기통신의 감청을 하거나 공개되지 아니한 타인간의 대화를 녹음 또는 청취한 자

2. 제1호에 따라 알게 된 통신 또는 대화의 내용을 공개하거나 누설한 자

제18조(미수범) 제16조 및 제17조에 규정된 죄의 미수범은 처벌한다.

1. 의의

통신비밀보호법은 불법 검열·감청 등의 행위 이외에도 그로 인해 알게 된 통신비밀의 공개·누설행위를 동일한 법정형으로 규정하고 있다. 이는 통신비밀의 침해로 수집된 정보의 내용에 관계없이 정보 자체의 사용을 금지함으로써 애초에 존재하지 아니하였어야 할 불법의 결과를 용인하지 않겠다는 취지이고, 불법의 결과를 이용하여 이익을 얻는 것을 금지함과 아울러 그러한 행위의 유인마저 없애겠다는 정책적 고려에 기인한 것이다(대법원 2011.3.17. 선고 2006도8839 전원합의체 판결).

2. 위법성

통신 또는 대화 내용의 공개 또는 누설이 반드시 통신을 감청하거나 대화를 녹음·청취한 당사자에 의하여 이루어지는 것은 아니다. 특히 언론기관이나 국회의원 등이 정보원 등을 통하여 입수한 통신 및 대화의 비밀 내용을 공적인 목적으로 공개하는 경우 제16조 제1항 제2호의 범죄가 성립할 것인지가 위법성 인정 여부와 관련하여 문제된다.

이에 대하여 대법원은 불법 감청·녹음 등에 관여하지 아니한 언론기관이 그 통신 또는 대화의 내용이 불법 감청·녹음 등에 의하여 수집된 것이라는 사정을 알면서도 이를 보도하여 공개하는 행위가 형법 제20조의 정당행위로서 위법성이 조각될 수 있다고 전제한 뒤 그 요건으로 ① 보도의 목적이 불법 감청·녹음 등의 범죄가 저질러졌다는 사실 자체를 고발하기 위한 것으로 그 과정에서 불가피하게

통신 또는 대화의 내용을 공개할 수밖에 없는 경우이거나, 불법 감청·녹음 등에 의하여 수집된 통신 또는 대화의 내용이 이를 공개하지 아니하면 공중의 생명·신체·재산 기타 공익에 대한 중대한 침해가 발생할 가능성이 현저한 경우 등과 같이 비상한 공적 관심의 대상이 되는 경우에 해당하여야 하고, ② 언론기관이 불법 감청·녹음 등의 결과물을 취득할 때 위법한 방법을 사용하거나 적극적·주도적으로 관여하여서는 아니 되며, ③ 보도가 불법 감청·녹음 등의 사실을 고발하거나 비상한 공적 관심사항을 알리기 위한 목적을 달성하는 데 필요한 부분에 한정되는 등 통신비밀의 침해를 최소화하는 방법으로 이루어져야 하고, ④ 언론이 그 내용을 보도함으로써 얻어지는 이익 및 가치가 통신비밀의 보호에 의하여 달성되는 이익 및 가치를 초과하여야 할 것을 제시하였다. 여기서 이익의 비교·형량은, 불법 감청·녹음된 타인 간의 통신 또는 대화가 이루어진 경위와 목적, 통신 또는 대화의 내용, 통신 또는 대화 당사자의 지위 또는 공적 인물로서의 성격, 불법 감청·녹음 등의 주체와 그러한 행위의 동기 및 경위, 언론기관이 불법 감청·녹음 등의 결과물을 취득하게 된 경위와 보도의 목적, 보도의 내용 및 보도로 인하여 침해되는 이익 등 제반 사정을 종합적으로 고려하여 정하여야 한다고 하였다 (대법원 2011.3.17. 선고 2006도8839 전원합의체 판결).

　　이러한 기준에서 판례는, 방송사 기자가 (구)국가안전기획부 내 정보수집팀이 대기업 고위관계자와 모 중앙일간지 사주 간의 사적 대화를 불법 녹음하여 생성한 녹음테이프와 녹취보고서(1997년 제15대 대통령 선거를 앞두고 위 대기업의 여야 후보 진영에 대한 정치자금 지원 문제 및 정치인과 검찰 고위관계자에 대한 이른바 추석 떡값 지원 문제 등을 논의한 대화가 담겨 있음)를 입수하여 그 내용을 자사의 방송프로그램을 통해 공개한 사안(소위 안기부 X파일에 관한 MBC 보도 사건)에서, 위 대화가 보도 시점으로부터 약 8년 전에 이루어진 등 그 내용이 비상한 공적 관심의 대상이 되는 경우라고 보기 어렵고, 위 도청자료의 취득에 해당 기자가 적극적·주도적으로 관여하였다고 볼 여지가 있으며 이를 보도하면서 대화 당사자들의 실명과 구체적인 대화 내용을 그대로 공개하여 수단이나 방법의 상당성이 결여하였고, 위 보도와 관련된 모든 사정을 종합하여 볼 때 위 보도로 얻어지는 이익 및 가치가 통신비밀이 유지됨으로써 얻어지는 이익 및 가치보다 우월하다고 볼 수 없다는 이유를 들어 해당 공개행위가 형법 제20조의 정당행위에 해당하지 않는다고 보았다(대법원 2011.3.17. 선고 2006도8839 전원합의체 판결). 그리고 판례는 대기업으로부터 이른바 떡값 명목의 금품을 수수하였다는 검사들의 실명이 게재된

보도자료를 작성하여 자신의 인터넷 홈페이지에 게재한 국회의원의 행위에 대해
서도 위와 동일한 취지에서 통신비밀보호법 위반의 위법성을 인정하였다(대법원
2011.5.13. 선고 2009도14442 판결).

Ⅲ. 증거사용의 금지[제4조]

> **제3조(통신 및 대화비밀의 보호)** ① 누구든지 이 법과 형사소송법 또는 군사법원법의
> 규정에 의하지 아니하고는 우편물의 검열·전기통신의 감청 또는 통신사실확인자료의
> 제공을 하거나 공개되지 아니한 타인간의 대화를 녹음 또는 청취하지 못한다. 다만, 다
> 음 각호의 경우에는 당해 법률이 정하는 바에 의한다. (단서 각호 생략)
>
> **제4조(불법검열에 의한 우편물의 내용과 불법감청에 의한 전기통신내용의 증거사용
> 금지)** 제3조의 규정에 위반하여, 불법검열에 의하여 취득한 우편물이나 그 내용 및 불
> 법감청에 의하여 지득 또는 채록된 전기통신의 내용은 재판 또는 징계절차에서 증거로
> 사용할 수 없다.

통신비밀보호법 제3조를 위반하여 불법검열, 불법감청, 비공개 대화침해로
얻어진 통신 또는 대화의 내용은 증거로 사용하는 것이 불가능하다(제4조). 사생
활 및 통신의 불가침을 국민의 기본권의 하나로 선언하고 있는 헌법규정과 통신
비밀의 보호와 통신의 자유 신장을 목적으로 제정된 통신비밀보호법의 취지에 비
추어 볼 때 피고인이나 변호인이 이를 증거로 함에 동의하였다고 하더라도 증거
능력이 없다(대법원 2019.3.14. 선고 2015도1900 판결).

예를 들어, 수사기관이 추가적인 증거를 확보할 목적으로 구속수감되어 있는
자에게 압수된 휴대전화를 제공하여 피고인과의 통화 내용을 녹음하게 한 행위
는, 수사기관 스스로 주체가 되어 구속수감된 자의 동의만을 받고 상대방의 동의
가 없는 상태에서 통화내용을 녹음한 것으로서 수사를 위한 통신제한조치의 허가
등을 받지 않은 불법감청이라 할 수 있으므로, 그 녹음 또는 이를 근거로 작성된
녹취록이 첨부된 수사보고 등은 피고인이 증거동의를 하였더라도 증거능력이 없
다(대법원 2010.10.14. 선고 2010도9016 판결).

제3절 통신제한조치

Ⅰ. 통신제한조치의 성격

통신과 관련된 수사를 통신수사라고 하는데, 「전기통신사업법」과 「통신비밀보호법」에서 통신수사의 요건과 절차를 규정하고 있다.

「전기통신사업법」에는 '통신자료'(① 성명, ② 주민등록번호, ③ 주소, ④ 전화번호, ⑤ 아이디, ⑥ 가입일 또는 해지일)의 사실조회에 대해서 별도로 규정하고 있는데, 법원·검사·수사관서의 장·정보수사기관의 장이 이용자의 통신자료의 열람이나 제출('통신자료제공')을 요청하면 전기통신사업자는 그 요청에 따를 수 있다(제83조 제3항). 전기통신사업자는 통신자료제공의 요청에 응하지 아니하더라도 아무런 제재를 받지 아니하고, 통신자료의 제공은 임의수사라고 본다(헌법재판소 2012.8.23. 선고 2010헌마439 결정).

통신수사 중 강제수사와 관련해서는 「통신비밀보호법」에 규정되어 있는데, 우편물의 검열과 전기통신의 감청을 '통신제한조치'로서 규정하여 엄격한 법적 규제를 가하고 있다(제3조 제1항). 전기통신사업자는 검사·사법경찰관 또는 정보수사기관의 장이 통신비밀보호법에 따라 집행하는 통신제한조치 및 통신사실 확인자료제공의 요청에 협조하여야 한다(제15조의2 제1항).

통신제한조치는 영장주의가 적용되는 강제수사로, 목적에 따라 크게 범죄수사를 위한 통신제한조치(제5조)와 국가안보를 위한 통신제한조치(제7조)로 나뉜다. 이하에서는 범죄수사를 위한 통신제한조치를 중심으로 살펴본다.

Ⅱ. 통신제한조치의 허가와 통지

제5조(범죄수사를 위한 통신제한조치의 허가요건) ① 통신제한조치는 다음 각호의 범죄를 계획 또는 실행하고 있거나 실행하였다고 의심할만한 충분한 이유가 있고 다른 방법으로는 그 범죄의 실행을 저지하거나 범인의 체포 또는 증거의 수집이 어려운 경우에 한하여 허가할 수 있다. (각호 생략)
② 통신제한조치는 제1항의 요건에 해당하는 자가 발송·수취하거나 송·수신하는 특정

한 우편물이나 전기통신 또는 그 해당자가 일정한 기간에 걸쳐 발송·수취하거나 송·수신하는 우편물이나 전기통신을 대상으로 허가될 수 있다.

제6조(범죄수사를 위한 통신제한조치의 허가절차) ① 검사(군검사를 포함한다. 이하 같다)는 제5조제1항의 요건이 구비된 경우에는 법원(軍事法院을 포함한다. 이하 같다)에 대하여 각 피의자별 또는 각 피내사자별로 통신제한조치를 허가하여 줄 것을 청구할 수 있다.

② 사법경찰관(軍司法警察官을 포함한다. 이하 같다)은 제5조제1항의 요건이 구비된 경우에는 검사에 대하여 각 피의자별 또는 각 피내사자별로 통신제한조치에 대한 허가를 신청하고, 검사는 법원에 대하여 그 허가를 청구할 수 있다.

③ 제1항 및 제2항의 통신제한조치 청구사건의 관할법원은 그 통신제한조치를 받을 통신당사자의 쌍방 또는 일방의 주소지·소재지, 범죄지 또는 통신당사자와 공범관계에 있는 자의 주소지·소재지를 관할하는 지방법원 또는 지원(보통군사법원을 포함한다)으로 한다.

④ 제1항 및 제2항의 통신제한조치청구는 필요한 통신제한조치의 종류·그 목적·대상·범위·기간·집행장소·방법 및 당해 통신제한조치가 제5조제1항의 허가요건을 충족하는 사유 등의 청구이유를 기재한 서면(이하 "請求書"라 한다)으로 하여야 하며, 청구이유에 대한 소명자료를 첨부하여야 한다. 이 경우 동일한 범죄사실에 대하여 그 피의자 또는 피내사자에 대하여 통신제한조치의 허가를 청구하였거나 허가받은 사실이 있는 때에는 다시 통신제한조치를 청구하는 취지 및 이유를 기재하여야 한다.

⑤ 법원은 청구가 이유 있다고 인정하는 경우에는 각 피의자별 또는 각 피내사자별로 통신제한조치를 허가하고, 이를 증명하는 서류(이하 "허가서"라 한다)를 청구인에게 발부한다.

⑥ 제5항의 허가서에는 통신제한조치의 종류·그 목적·대상·범위·기간 및 집행장소와 방법을 특정하여 기재하여야 한다.

⑦ 통신제한조치의 기간은 2개월을 초과하지 못하고, 그 기간 중 통신제한조치의 목적이 달성되었을 경우에는 즉시 종료하여야 한다. 다만, 제5조제1항의 허가요건이 존속하는 경우에는 소명자료를 첨부하여 제1항 또는 제2항에 따라 2개월의 범위에서 통신제한조치기간의 연장을 청구할 수 있다.

⑧ 검사 또는 사법경찰관이 제7항 단서에 따라 통신제한조치의 연장을 청구하는 경우에 통신제한조치의 총 연장기간은 1년을 초과할 수 없다. 다만, 다음 각 호의 어느 하나에 해당하는 범죄의 경우에는 통신제한조치의 총 연장기간이 3년을 초과할 수 없다.

(각호 생략)

⑨ 법원은 제1항·제2항 및 제7항 단서에 따른 청구가 이유없다고 인정하는 경우에는 청구를 기각하고 이를 청구인에게 통지한다.

1. 허가요건

[1] 범죄의 혐의

통신제한조치는 통신비밀보호법 제5조 제1항 제1호에서 제11호에 열거된 중대한 범죄[2]를 계획 또는 실행하고 있거나 실행하였다고 의심할 만한 충분한 이유가 있는 경우에 허가할 수 있다(제5조 제1항). 중대한 범죄를 실행하고 있거나 실행한 경우뿐만 아니라 계획하고 있는 경우도 포함되므로 범죄가 예비·음모단계에 있는 경우라도 통신제한조치를 취할 수 있다. 다만 통신제한조치를 허가하기 위해서는 이러한 행위를 의심할 만한 충분한 이유가 있어야 하므로 범죄의 예비·음모 또는 실행을 인정할 만한 객관적 근거가 충분한 경우가 아니면 통신제한조치를 할 수 없다.

[2] 보충성

통신제한조치는 다른 방법으로는 그 범죄의 실행을 저지하거나 범인의 체포 또는 증거의 수집이 어려운 경우에 한하여 허가될 수 있다(제5조 제1항). 통신제한조치는 강제처분의 일종이므로 비례의 원칙을 엄격히 적용할 것을 명시적으로 요구하고 있다.

2. 허가절차

검사는 통신비밀보호법 제5조 제1항의 허가요건이 구비된 경우에 법원에 대

---

2 통신비밀보호법 제5조 제1항에 의하면 대상범죄는 ① 형법 및 군형법에 규정된 일부 범죄, ② 국가보안법, 군사기밀보호법, 군사시설보호법에 규정된 모든 범죄, ③ 마약류관리에 관한 법률, 총포·도검·화약류 등 단속법에 규정된 일부 범죄, ④ 폭력행위처벌법, 특정범죄가중법, 특정경제범죄법에 규정된 일부 범죄이다.

하여 각 피의자별 또는 각 피내사자별로 통신제한조치를 허가하여 줄 것을 청구할 수 있다(제6조 제1항). 사법경찰관은 검사에게 통신제한조치에 대한 허가를 신청하고 검사가 법원에 대하여 그 허가를 청구할 수 있다(제6조 제2항). 검사가 사법경찰관이 신청한 통신제한조치허가서를 정당한 이유 없이 판사에게 청구하지 아니한 경우 사법경찰관은 그 검사 소속의 지방검찰청 소재지를 관할하는 고등검찰청에 영장 청구 여부에 대한 심의를 신청할 수 있다(형사소송법 제221조의5).

법원은 검사의 청구가 이유 없다고 인정하면 청구를 기각하고 이를 청구인에게 통지하며(제6조 제8항), 청구가 이유 있다고 인정하면 각 피의자별 또는 각 피내사자별로 통신제한조치를 허가하고 이를 증명하는 서류(통신제한조치허가서)를 청구인에게 발부한다(제6조 제5항). 법원은 통신제한조치의 요건에 해당하는 자가 발송·수취하거나 송·수신하는 특정한 우편물이나 전기통신에 대해서뿐만 아니라, 그 해당자가 일정한 기간에 걸쳐 송신·수취하거나 송·수신하는 우편물이나 전기통신 일반을 대상으로 통신제한조치를 허가할 수 있다(제5조 제2항).

허가서에는 통신제한조치의 종류·그 목적·대상·범위·기간 및 집행 장소와 방법을 특정하여 기재하여야 한다(제6조 제6항). 따라서 통신제한조치의 종류를 전기통신의 감청으로 한 허가서를 가지고 타인 간의 대화를 녹음하는 행위는 위법하고 당해 녹음테이프는 증거능력이 없다(대법원 1999.9.3. 선고 99도2317 판결).

통신제한조치의 기간은 2월을 초과하지 못하고, 그 기간 중 통신제한조치의 목적이 달성되면 즉시 종료하여야 한다(제6조 제7항 본문). 다만, 통신제한조치의 허가요건이 존속하면 수사기관은 소명자료를 첨부하여 2개월의 범위에서 통신제한조치기간의 연장을 청구할 수 있는데(제6조 제7항 단서), 통신제한조치의 총 연장기간은 1년(일정한 범죄의 경우는 3년)을 초과할 수 없다(제6조 제8항). 이와 같은 총 연장기간에 관한 규정은 헌법재판소가 통신제한조치기간의 연장을 허가함에 있어 횟수나 기간제한을 두지 않는 것은 개인의 통신비밀의 보호법익을 과도하게 제한하는 것이라고 보아 (구)통신비밀보호법의 규정을 헌법불합치결정(헌법재판소 2010.12.28. 선고 2009헌가30 결정)을 한 데 따른 후속 조치로 2019. 12. 31. 법률개정에서 도입되었다.

3. 제공사실의 통지

검사는 통신제한조치를 집행한 사건에 관하여 기소, 불기소 또는 불입건 처분(기소중지결정·참고인중지결정 제외)을 한 때에는 그 처분을 한 날부터 30일 이내에 우편물의 대상자 또는 전기통신의 가입자에게 통신제한조치를 집행한 사실과 집행기관 및 그 기간 등을 서면으로 통지하여야 한다(제9조의2 제1항). 사법경찰관은 통신제한조치를 집행한 사건에 관하여 검사로부터 기소 또는 불기소의 처분(기소중지결정·참고인중지결정 제외)의 통보를 받거나 검찰송치를 하지 아니하는 처분(수사중지결정은 제외) 또는 내사사건에 관하여 입건하지 아니하는 처분을 한 때에는 그날부터 30일 이내에 우편물의 대상자 또는 전기통신의 가입자에게 통신제한조치를 집행한 사실과 집행기관 및 그 기간 등을 서면으로 통지하여야 한다(제9조의2 제2항).

다만 통신제한조치를 통지할 경우 국가의 안전보장·공공의 안녕질서를 위태롭게 할 현저한 우려가 있거나 사람의 생명·신체에 중대한 위험을 초래할 염려가 현저한 때에는 그 사유가 해소될 때까지 통지가 유예될 수 있다(제9조의2 제4항).

Ⅲ. 긴급통신제한조치

제8조(긴급통신제한조치) ① 검사, 사법경찰관 또는 정보수사기관의 장은 국가안보를 위협하는 음모행위, 직접적인 사망이나 심각한 상해의 위험을 야기할 수 있는 범죄 또는 조직범죄등 중대한 범죄의 계획이나 실행 등 긴박한 상황에 있고 제5조제1항 또는 제7조제1항제1호의 규정에 의한 요건을 구비한 자에 대하여 제6조 또는 제7조제1항 및 제3항의 규정에 의한 절차를 거칠 수 없는 긴급한 사유가 있는 때에는 법원의 허가 없이 통신제한조치를 할 수 있다.
② 검사, 사법경찰관 또는 정보수사기관의 장은 제1항의 규정에 의한 통신제한조치(이하 "긴급통신제한조치"라 한다)의 집행착수 후 지체없이 제6조 및 제7조제3항의 규정에 의하여 법원에 허가청구를 하여야 하며, 그 긴급통신제한조치를 한 때부터 36시간 이내에 법원의 허가를 받지 못한 때에는 즉시 이를 중지하여야 한다.
③ 사법경찰관이 긴급통신제한조치를 할 경우에는 미리 검사의 지휘를 받아야 한다. 다만, 특히 급속을 요하여 미리 지휘를 받을 수 없는 사유가 있는 경우에는 긴급통신제한조치의 집행착수후 지체없이 검사의 승인을 얻어야 한다.
④ 검사, 사법경찰관 또는 정보수사기관의 장이 긴급통신제한조치를 하고자 하는 경우

에는 반드시 긴급검열서 또는 긴급감청서(이하 "긴급감청서등"이라 한다)에 의하여야 하며 소속기관에 긴급통신제한조치대장을 비치하여야 한다.

⑤ 긴급통신제한조치가 단시간내에 종료되어 법원의 허가를 받을 필요가 없는 경우에는 그 종료후 7일 이내에 관할 지방검찰청검사장(제1항의 규정에 의하여 정보수사기관의 장이 제7조제1항제1호의 규정에 의한 요건을 구비한 자에 대하여 긴급통신제한조치를 한 경우에는 관할 고등검찰청검사장)은 이에 대응하는 법원장에게 긴급통신제한조치를 한 검사, 사법경찰관 또는 정보수사기관의 장이 작성한 긴급통신제한조치통보서를 송부하여야 한다. 다만, 군검사 또는 군사법경찰관이 제5조제1항의 규정에 의한 요건을 구비한 자에 대하여 긴급통신제한조치를 한 경우에는 관할 보통검찰부장이 이에 대응하는 보통군사법원 군판사에게 긴급통신제한조치통보서를 송부하여야 한다.

⑥ 제5항의 규정에 의한 통보서에는 긴급통신제한조치의 목적·대상·범위·기간·집행장소·방법 및 통신제한조치허가청구를 하지 못한 사유 등을 기재하여야 한다.

⑦ 제5항의 규정에 의하여 긴급통신제한조치통보서를 송부받은 법원 또는 보통군사법원 군판사는 긴급통신제한조치통보대장을 비치하여야 한다.

검사, 사법경찰관 또는 정보수사기관의 장은 국가안보를 위협하는 음모행위, 직접적인 사망이나 심각한 상해의 위험을 야기할 수 있는 범죄 또는 조직범죄 등 중대한 범죄의 계획이나 실행 등 긴박한 상황에 있고, 법원의 허가에 필요한 절차를 거칠 수 없는 긴급한 사유가 있는 때에는 법원의 허가 없이 통신제한조치를 할 수 있다(제8조 제1항).

검사, 사법경찰관 또는 정보수사기관의 장은 긴급통신제한조치의 집행착수 후 지체없이 법원에 허가청구를 하여야 하며, 그 긴급통신제한조치를 한 때부터 36시간 이내에 법원의 허가를 받지 못한 때에는 즉시 이를 중지하여야 한다(제8조 제2항). 법원의 허가를 받지 못한 감청은 불법감청으로 되며, 그러한 불법감청에 의하여 취득한 전기통신의 내용은 증거능력이 없다(제3조, 제4조).

Ⅳ. 취득한 자료의 보호

제11조(비밀준수의 의무) ① 통신제한조치의 허가·집행·통보 및 각종 서류작성 등에 관여한 공무원 또는 그 직에 있었던 자는 직무상 알게 된 통신제한조치에 관한 사항을 외부에 공개하거나 누설하여서는 아니된다.

② 통신제한조치에 관여한 통신기관의 직원 또는 그 직에 있었던 자는 통신제한조치에 관한 사항을 외부에 공개하거나 누설하여서는 아니된다.

③ 제1항 및 제2항에 규정된 자 외에 누구든지 이 법에 따른 통신제한조치로 알게 된 내용을 이 법에 따라 사용하는 경우 외에는 이를 외부에 공개하거나 누설하여서는 아니 된다.

제12조(통신제한조치로 취득한 자료의 사용제한) 제9조의 규정에 의한 통신제한조치의 집행으로 인하여 취득된 우편물 또는 그 내용과 전기통신의 내용은 다음 각호의 경우 외에는 사용할 수 없다.

　1. 통신제한조치의 목적이 된 제5조제1항에 규정된 범죄나 이와 관련되는 범죄를 수사·소추하거나 그 범죄를 예방하기 위하여 사용하는 경우

　2. 제1호의 범죄로 인한 징계절차에 사용하는 경우

　3. 통신의 당사자가 제기하는 손해배상소송에서 사용하는 경우

　4. 기타 다른 법률의 규정에 의하여 사용하는 경우

제12조의2(범죄수사를 위하여 인터넷 회선에 대한 통신제한조치로 취득한 자료의 관리) ① 검사는 인터넷 회선을 통하여 송신·수신하는 전기통신을 대상으로 제6조 또는 제8조(제5조제1항의 요건에 해당하는 사람에 대한 긴급통신제한조치에 한정한다)에 따른 통신제한조치를 집행한 경우 그 전기통신을 제12조제1호에 따라 사용하거나 사용을 위하여 보관하고자 하는 때에는 집행종료일부터 14일 이내에 보관등이 필요한 전기통신을 선별하여 통신제한조치를 허가한 법원에 보관등의 승인을 청구하여야 한다.

② 사법경찰관은 인터넷 회선을 통하여 송신·수신하는 전기통신을 대상으로 제6조 또는 제8조(제5조제1항의 요건에 해당하는 사람에 대한 긴급통신제한조치에 한정한다)에 따른 통신제한조치를 집행한 경우 그 전기통신의 보관등을 하고자 하는 때에는 집행종료일부터 14일 이내에 보관등이 필요한 전기통신을 선별하여 검사에게 보관등의 승인을 신청하고, 검사는 신청일부터 7일 이내에 통신제한조치를 허가한 법원에 그 승인을 청구할 수 있다.

③ 제1항 및 제2항에 따른 승인청구는 통신제한조치의 집행 경위, 취득한 결과의 요지, 보관등이 필요한 이유를 기재한 서면으로 하여야 하며, 다음 각 호의 서류를 첨부하여야 한다. (각호 생략)

④ 법원은 청구가 이유 있다고 인정하는 경우에는 보관등을 승인하고 이를 증명하는 서류를 발부하며, 청구가 이유 없다고 인정하는 경우에는 청구를 기각하고 이를 청구인에게 통지한다.

⑤ 검사 또는 사법경찰관은 제1항에 따른 청구나 제2항에 따른 신청을 하지 아니하는 경우에는 집행종료일부터 14일(검사가 사법경찰관의 신청을 기각한 경우에는 그 날부터 7일) 이내에 통신제한조치로 취득한 전기통신을 폐기하여야 하고, 법원에 승인청구를 한 경우(취득한 전기통신의 일부에 대해서만 청구한 경우를 포함한다)에는 제4항에 따라 법원으로부터 승인서를 발부받거나 청구기각의 통지를 받은 날부터 7일 이내에 승인을 받지 못한 전기통신을 폐기하여야 한다.

⑥ 검사 또는 사법경찰관은 제5항에 따라 통신제한조치로 취득한 전기통신을 폐기한 때에는 폐기의 이유와 범위 및 일시 등을 기재한 폐기결과보고서를 작성하여 피의자의 수사기록 또는 피내사자의 내사사건기록에 첨부하고, 폐기일부터 7일 이내에 통신제한조치를 허가한 법원에 송부하여야 한다.

1. 취득한 자료의 비공개와 사용 제한

누구든지 통신제한조치로 지득한 내용을 통신비밀보호법에 의하여 사용하는 경우 이외에는 이를 외부에 공개하거나 누설하여서는 아니 된다(제11조 제3항). 특히 통신제한조치의 허가·집행·통보 및 각종 서류작성 등에 관여한 공무원 또는 그 직에 있었던 자는 직무상 알게 된 통신제한조치에 관한 사항을 외부에 공개하거나 누설하여서는 아니 되며, 통신제한조치에 관여한 통신기관의 직원 또는 그 직에 있었던 자도 통신제한조치에 관한 사항을 외부에 공개하거나 누설하여서는 아니 된다(제11조 제1항, 제2항).

통신제한조치의 집행으로 인하여 취득된 우편물 또는 그 내용과 전기통신의 내용은 ① 통신제한조치의 목적이 된 범죄나 이와 관련되는 범죄를 수사·소추하거나 그 범죄를 예방하기 위하여 사용하는 경우, ② 대상범죄로 인한 징계절차에 사용하는 경우, ③ 통신의 당사자가 제기하는 손해배상소송에서 사용하는 경우,

④ 기타 다른 법률의 규정에 의하여 사용하는 경우 외에는 사용할 수 없다(제12조).

2. 인터넷 회선에 대한 통신제한조치로 취득한 자료(패킷감청자료)의 관리

패킷감청은 인터넷망을 이용하는 암호화되지 않은 모든 통신내용을 감청할 수 있는데, 일상적인 이메일, 메신저, 웹서핑, 게시물 읽기쓰기 등 모든 인터넷 활동이 감청대상이 될 수 있다. 이와 같은 패킷감청은 인터넷망을 통하여 흐르는 불특정 다수인의 정보가 패킷의 형태로 수집되므로 통신 및 사생활의 비밀과 자유를 침해할 가능성이 매우 크다. 이와 같은 피해를 최소화하기 위해서는 집행과정이나 집행이 종료된 후 수사기관에 의한 권한 남용을 적절히 통제할 법적 장치가 필요하다.

통신비밀보호법 제12조의2에서는 향후 형사소추나 수사에 증거로 사용할 가능성이 많은 패킷감청자료는 법원의 승인을 받아 보관하고, 나머지 패킷감청자료는 모두 폐기하도록 규정하고 있다. 검사는 인터넷 회선을 통하여 송신·수신하는 전기통신을 대상으로 통신제한조치를 집행한 경우 그 전기통신을 사용하거나 사용을 위하여 보관하고자 하는 때에는 집행종료일부터 14일 이내에 필요한 전기통신을 선별하여 통신제한조치를 허가한 법원에 승인을 청구하여야 한다(제12조의2 제1항). 사법경찰관은 집행종료일부터 14일 이내에 필요한 전기통신을 선별하여 검사에게 승인을 신청하고, 검사는 신청일부터 7일 이내에 통신제한조치를 허가한 법원에 그 승인을 청구할 수 있다(제12조의2 제2항).

법원은 청구가 이유 있는 경우에 승인서를 발부하며, 청구가 이유 없는 경우에는 청구를 기각하고 이를 청구인에게 통지한다(제12조의2 제4항). 검사나 사법경찰관이 사용·보관의 승인청구나 신청을 하지 않으면 집행종료일부터 14일 이내에 통신제한조치로 취득한 전기통신을 폐기하여야 하고, 법원에 청구를 하였으나 청구기각의 통지를 받거나 승인을 받지 못한 전기통신은 7일 이내에 폐기하여야 하고, 검사가 사법경찰관의 신청을 기각하면 7일 이내에 통신제한조치로 취득한 전기통신을 폐기하여야 한다(제12조의2 제5항).

제4절 통신사실 확인자료제공

제13조(범죄수사를 위한 통신사실 확인자료제공의 절차) ① 검사 또는 사법경찰관은 수사 또는 형의 집행을 위하여 필요한 경우 전기통신사업법에 의한 전기통신사업자(이하 "전기통신사업자"라 한다)에게 통신사실 확인자료의 열람이나 제출(이하 "통신사실 확인자료제공"이라 한다)을 요청할 수 있다.

② 검사 또는 사법경찰관은 제1항에도 불구하고 수사를 위하여 통신사실확인자료 중 다음 각 호의 어느 하나에 해당하는 자료가 필요한 경우에는 다른 방법으로는 범죄의 실행을 저지하기 어렵거나 범인의 발견·확보 또는 증거의 수집·보전이 어려운 경우에만 전기통신사업자에게 해당 자료의 열람이나 제출을 요청할 수 있다. 다만, 제5조제1항 각 호의 어느 하나에 해당하는 범죄 또는 전기통신을 수단으로 하는 범죄에 대한 통신사실확인자료가 필요한 경우에는 제1항에 따라 열람이나 제출을 요청할 수 있다.

1. 제2조제11호바목·사목 중 실시간 추적자료
2. 특정한 기지국에 대한 통신사실확인자료

③ 제1항 및 제2항에 따라 통신사실 확인자료제공을 요청하는 경우에는 요청사유, 해당 가입자와의 연관성 및 필요한 자료의 범위를 기록한 서면으로 관할 지방법원(보통군사법원을 포함한다. 이하 같다) 또는 지원의 허가를 받아야 한다. 다만, 관할 지방법원 또는 지원의 허가를 받을 수 없는 긴급한 사유가 있는 때에는 통신사실 확인자료제공을 요청한 후 지체 없이 그 허가를 받아 전기통신사업자에게 송부하여야 한다.

④ 제3항 단서에 따라 긴급한 사유로 통신사실확인자료를 제공받았으나 지방법원 또는 지원의 허가를 받지 못한 경우에는 지체 없이 제공받은 통신사실확인자료를 폐기하여야 한다.

제13조의2(법원에의 통신사실확인자료제공) 법원은 재판상 필요한 경우에는 민사소송법 제294조 또는 형사소송법 제272조의 규정에 의하여 전기통신사업자에게 통신사실 확인자료제공을 요청할 수 있다.

제13조의3(범죄수사를 위한 통신사실 확인자료제공의 통지) ① 검사 또는 사법경찰관은 제13조에 따라 통신사실 확인자료제공을 받은 사건에 관하여 다음 각 호의 구분에 따라 정한 기간 내에 통신사실 확인자료제공을 받은 사실과 제공요청기관 및 그 기간 등을 통신사실 확인자료제공의 대상이 된 당사자에게 서면으로 통지하여야 한다. (각호 생략)

② 제1항제2호 및 제3호에도 불구하고 다음 각 호의 어느 하나에 해당하는 사유가 있는 경우에는 그 사유가 해소될 때까지 같은 항에 따른 통지를 유예할 수 있다. (각호 생략)

③ 검사 또는 사법경찰관은 제2항에 따라 통지를 유예하려는 경우에는 소명자료를 첨부하여 미리 관할 지방검찰청 검사장의 승인을 받아야 한다. 다만, 수사처검사가 제2항에 따라 통지를 유예하려는 경우에는 소명자료를 첨부하여 미리 수사처장의 승인을 받아야 한다.

④ 검사 또는 사법경찰관은 제2항 각 호의 사유가 해소된 때에는 그 날부터 30일 이내에 제1항에 따른 통지를 하여야 한다.

⑤ 제1항 또는 제4항에 따라 검사 또는 사법경찰관으로부터 통신사실 확인자료제공을 받은 사실 등을 통지받은 당사자는 해당 통신사실 확인자료제공을 요청한 사유를 알려주도록 서면으로 신청할 수 있다.

⑥ 제5항에 따른 신청을 받은 검사 또는 사법경찰관은 제2항 각 호의 어느 하나에 해당하는 경우를 제외하고는 그 신청을 받은 날부터 30일 이내에 해당 통신사실 확인자료제공 요청의 사유를 서면으로 통지하여야 한다.

⑦ 제1항부터 제5항까지에서 규정한 사항 외에 통신사실 확인자료제공을 받은 사실 등에 관하여는 제9조의2(제3항은 제외한다)를 준용한다.

Ⅰ. 의의와 법적 성격

1. 의의

휴대전화가 단순히 통화의 수단이 아니라 개인용 컴퓨터로 발달함에 따라 수사의 모습도 변화하여, 과거 통신제한조치의 통신감청을 중심으로 행해졌던 통신수사가 '통신사실확인자료'의 취득 중심으로 변화하였다. 통신사실확인자료란 ① 가입자의 전기통신일시, ② 전기통신개시·종료시간, ③ 발·착신 통신번호 등 상대방의 가입자번호, ④ 사용도수, ⑤ 컴퓨터통신 또는 인터넷의 사용자가 전기통신역무를 이용한 사실에 관한 컴퓨터통신 또는 인터넷의 로그기록자료, ⑥ 정보통신망에 접속된 정보통신기기의 위치를 확인할 수 있는 발신기지국의 위치추적자료, ⑦ 컴퓨터통신 또는 인터넷의 사용자가 정보통신망에 접속하기 위하여 사용하는 정보통신기기의 위치를 확인할 수 있는 접속지의 추적자료를 말한다(제2조 제11호).

　휴대전화는 전원을 끄지 않는 이상 기지국과 항상 전파를 주고받는데, 복수의 기지국이 수신한 전파정보를 집약하면 휴대전화의 위치를 어느 정도 특정할 수 있다. 휴대전화의 소지자가 범행시간대에 범행장소 근처에 있었다는 사실(위치 정보 추적자료)을 확인할 수 있고, 이것은 범행에 대한 유력한 간접증거 또는 정황 증거가 될 수 있어 범죄 수사에 있어서 중요한 자료로 활용된다. 과거에는 수사기관이 범행시간대에 범행현장에 있었던 사람을 찾기 위해서 탐문수사나 잠복수사를 장기간 하였는데, 통신사실확인자료를 통해 그러한 수고를 덜 수 있게 되었다. 또한 공범과 통신한 경우는 공범의 정보까지 확보할 수 있게 되었고, 피의자의 휴대전화의 실시간 위치정보를 통해 도주한 피의자를 체포할 수 있게 되었다. 현재 통신사실확인자료는 수사에 없어서는 안 될 매우 중요한 수사의 수단이 되었다.

통신자료 vs. 통신사실확인자료

「전기통신사업법」과 「통신비밀보호법」에서 통신수사의 요건과 절차를 규정하고 있다. 「전기통신사업법」에는 '**통신자료**'(① 성명, ② 주민등록번호, ③ 주소, ④ 전화번호, ⑤ 아이디, ⑥ 가입일 또는 해지일)의 사실조회에 대해서 별도로 규정하고 있는데, 법원·검사·수사관서의 장·정보수사기관의 장이 이용자의 통신자료에 대한 열람이나 제출('통신자료제공')을 요청하면 전기통신사업자는 그 요청에 따를 수 있다(제83조 제3항). 전기통신사업자는 통신자료제공의 요청에 응하지 아니하더라도 제재를 받지 아니하고, 통신자료의 제공은 임의수사라고 본다(헌법재판소 2012.8.23. 선고 2010헌마439 결정).

반면 「통신비밀보호법」에는 수사기관의 '**통신사실확인자료**'(① 가입자의 전기통신 일시, ② 전기통신개시·종료시간, ③ 발·착신 통신번호 등 상대방의 가입자번호, ④ 사용도수, ⑤ 컴퓨터통신 또는 인터넷의 사용자가 전기통신역무를 이용한 사실에 관한 컴퓨터통신 또는 인터넷의 로그기록자료, ⑥ 정보통신망에 접속된 정보통신기기의 위치를 확인할 수 있는 발신기지국의 위치추적자료, ⑦ 컴퓨터통신 또는 인터넷의 사용자가 정보통신망에 접속하기 위하여 사용하는 정보통신기기의 위치를 확인할 수 있는 접속지의 추적자료)의 제공요청을 명백히 강제수사로 규정하여 이에 대해 엄격한 요건과 절차를 요구하고 있다(제13조의2 이하).

2. 법적 성격

통신제한조치와 마찬가지로 통신사실확인자료의 제공도 강제처분으로서 영장주의가 적용된다(헌법재판소 2018.6.28. 선고 2012헌마191, 2012헌마538 결정). 다만 통신의 내용을 대상으로 하는 수사인 통신제한조치에 비하여 통신의 이용내역을 확인할 수 있는 자료인 통신사실확인자료에 대한 수사는 규제가 상대적으로 완화되어 있는데, 모든 범죄에 대해서 통신사실확인자료가 제공될 수 있고 일부의 자료는 보충성 요건도 적용되지 않는다.

통신사실확인자료의 제공도 통신제한조치와 마찬가지로 국가안보를 위한 통신사실확인자료 제공의 경우와 범죄수사를 위한 통신사실확인자료 제공의 경우가 있다. 정보수사기관의 장은 국가안전보장에 대한 위해를 방지하기 위하여 정보수집이 필요한 경우 전기통신사업자에게 통신사실확인자료 제공을 요청할 수 있는데(제13조의4 제1항), 국가안보를 위한 통신제한조치의 규정을 준용한다(제13조의4 제2항).

Ⅱ. 제공의 절차

검사 또는 사법경찰관은 수사 또는 형의 집행을 위하여 필요한 경우 전기통신사업자에게 통신사실확인자료의 열람이나 제출을 요청할 수 있는데(제13조 제1항), 대상범죄의 제한은 없다. 검사 또는 사법경찰관은 다른 방법으로는 범죄의 실행을 저지하기 어렵거나 범인의 발견·확보 또는 증거의 수집·보전이 어려운 경우(보충성)에만 통신사실확인자료의 열람이나 제출을 요청할 수 있고(제13조 제2항 본문), 이때 검사 또는 사법경찰관은 요청사유, 해당 가입자와의 연관성 및 필요한 자료의 범위를 기록한 서면으로 관할 지방법원 또는 지원의 허가(통신사실확인자료 제공 요청허가서, 흔히 '통신영장'이라고도 함)를 받아야 한다(제13조 제3항 본문). 이것은 헌법재판소의 헌법불합치 결정으로 인하여 2019. 12. 31. 신설된 내용이다. 헌법재판소는 기지국에 대한 통신사실확인자료 요청의 근거가 되는 (구)통신비밀보호법 제13조 제1항의 해당 부분에 대하여 범죄의 의혹만으로도 특정 시간대 특정 기지국에서 발신된 불특정 다수의 통신사실 확인자료를 제공받는 수사방식을 허용하는 것은 과잉금지원칙에 반하여 청구인의 개인정보자기결정권 및 통신의 자유를 침해한다고 보아 헌법불합치결정을 내렸다(헌법재판소 2018.6.28. 선고 2012헌마538 결정).

다만 실시간 발신기지국의 위치추적자료·접속지의 추적자료(위치정보 추적수사) 및 특정한 기지국에 대한 통신사실확인자료(기지국 수사)[3]는 다른 방법으로는 범죄의 실행을 저지하기 어렵거나 범인의 발견·확보 또는 증거의 수집·보전이 어려운 경우가 아니더라도 열람이나 제출을 요청할 수 있다(제13조 제2항 단서).

한편, 관할 지방법원 또는 지원의 허가를 받을 수 없는 긴급한 사유가 있는 때에는 통신사실확인자료의 제공을 요청한 후 지체없이 그 허가를 받아 전기통신사업자에게 송부하여야 하고(제13조 제3항 단서), 허가를 받지 못한 경우에는 지체없이 제공받은 통신사실확인자료를 폐기하여야 한다(제13조 제4항). 그 외의 허가 절차에 관해서는 범죄수사를 위한 통신제한조치의 허가절차를 준용한다(제13조 제9항). 법원은 청구가 이유 있다고 인정하면 각 피의자별 또는 각 피내사자별로 통신제한조치를 허가하고, 이를 증명하는 통신사실확인자료 제공 허가서를 청구인에게 발부한다(제6항 제5호). 통신사실확인자료 제공 허가서에는 통신사실확인자료 제공의 종류·그 목적·대상·범위·기간 및 집행장소와 방법을 특정하여 기재하여야 한다(제6항 제6호). 법원은 청구가 이유없다고 인정하면 청구를 기각하고 이를 청구인에게 통지한다(제6항 제9호).

Ⅲ. 제공사실의 통지

1. 통지기간

검사 또는 사법경찰관은 공소를 제기하거나 공소제기·검찰송치를 하지 아니하는 처분(기소중지·참고인중지·수사중지 결정 제외) 또는 입건하지 아니하는 처분을 한 경우에 그 처분을 한 날부터 30일 이내에 통신사실확인자료 제공을 받은 사실과 제공요청기관 및 그 기간 등을 통신사실확인자료 제공의 대상이 된 당사자

---

3 기지국 수사란 수사기관이 특정 시간대 특정 기지국에서 발신된 모든 전화번호 등을 통신사실확인자료로 제공받는 수사를 말한다. 주로 수사기관이 용의자를 특정하기 어려운 연쇄범죄가 발생하거나 동일 사건 단서가 여러 지역에서 시차를 두고 발견된 때에 사건발생지역 기지국에서 발신된 전화번호들을 추적하여 용의자를 좁혀나가는 수사기법으로 활용된다.

에게 서면으로 통지하여야 한다(제13조의3 제1항 제1호). 사법경찰관이 검사에게 송치한 사건에서 검사로부터 공소를 제기하거나 제기하지 아니하는 처분(기소중지·참고인중지·수사중지 결정 제외)의 통보를 받은 경우는 통보를 받은 날부터 30일 이내에 통지를 하여야 한다(동항 제1호 단서).

기소중지·참고인중지 또는 수사중지 결정을 한 경우는 그 결정을 한 날부터 1년이 경과한 때부터 30일 이내에 통지하여야 하고(제13조의3 제1항 제2호), 사법경찰관이 검사에게 송치한 사건에서 검사로부터 기소중지 또는 참고인중지 결정의 통보를 받은 경우는 통보를 받은 날부터 30일 이내에 통지를 하여야 한다(동항 제2호 단서).[4] 수사가 종결되지 않고 장기간 진행 중인 경우는 통신사실확인자료 제공을 받은 날부터 1년(내란죄·외환죄 등 국가안보 관련 범죄는 3년)이 경과한 때부터 30일 이내에 통지하여야 한다(동항 제3호).

2. 통지유예

다만 검사 또는 사법경찰관은 ① 국가의 안전보장, 공공의 안녕질서를 위태롭게 할 우려가 있는 경우, ② 피해자 또는 그 밖의 사건관계인의 생명이나 신체의 안전을 위협할 우려가 있는 경우, ③ 증거인멸, 도주, 증인 위협 등 공정한 사법절차의 진행을 방해할 우려가 있는 경우, ④ 피의자, 피해자 또는 그 밖의 사건관계인의 명예나 사생활을 침해할 우려가 있는 경우는 그 사유가 해소될 때까지 같은 항에 따른 통지를 유예할 수 있다(제13조의3 제2항). 통지를 유예하려는 경우에 검사 또는 사법경찰관은 소명자료를 첨부하여 미리 관할 지방검찰청 검사장의 승인을 받아야 하고(제13조의3 제3항), 그 사유가 해소된 때에는 그날부터 30일 이내에 통지를 하여야 한다(제13조의3 제4항).

---

4 2019. 12. 31. 법률개정 이전의 통신비밀보호법 제13조의3은 "공소를 제기하거나, 공소의 제기 또는 입건을 하지 아니하는 처분(기소중지결정을 제외한다)을 한 때" 그 처분을 한 날로부터 30일 이내에 통지할 것만을 규정하고 있었다. 이에 대하여 헌법재판소는 (구)통신비밀보호법이 수사가 장기간 진행되거나 기소중지결정이 있는 경우에는 정보주체에게 통신사실 확인자료제공에 대한 통지 의무를 규정하고 있지 않으며 통지하더라도 그 제공사유가 통지되지 않도록 하고 있어 헌법상 적법절차원칙에 위배되어 개인정보자기결정권을 침해한다고 보아 헌법불합치결정을 내렸다(헌법재판소 2018.6.28. 선고 2012헌마191 결정). 2019년 개정법률 제13조의3은 이러한 헌법재판소의 판시내용을 반영하여 '기소중지결정'이 있거나 '수사가 진행 중'인 경우에도 통지의무가 있는 것으로 규정하였다.

통지제도는 개인정보자기결정권을 보호하기 위해서 규정되어 있는데, 통지유예의 사유가 광범위하고 유예의 통제도 법원이 아니라 수사기관인 검사장에게 맡기고 있어서 통지제도의 실효성에 의문이 있다.

Ⅳ. 증거능력의 제한

통신사실확인자료의 경우도 통신제한조치와 마찬가지로 목적이 된 범죄나 이와 관련되는 범죄를 수사·소추하거나 그 범죄를 예방하기 위한 경우 등에 한정하여 사용할 수 있다(제13조의5).

통신사실확인자료 제공요청의 목적이 된 범죄와 관련된 범죄란 통신사실확인자료 제공 요청허가서(통신영장)에 기재한 혐의사실과 객관적 관련성이 있고 자료제공 요청대상자와 피의자 사이에 인적 관련성이 있는 범죄를 의미하는데, 혐의사실과의 객관적 관련성은 요청허가서에 기재된 혐의사실 자체 또는 그와 기본적 사실관계가 동일한 범행과 직접 관련된 경우뿐만 아니라 범행 동기와 경위, 범행 수단 및 방법, 범행 시간과 장소 등을 증명하기 위한 간접증거나 정황증거 등으로 사용될 수 있는 경우에도 인정될 수 있고, 피의자와 사이의 인적 관련성은 요청허가서에 기재된 대상자의 공동정범이나 교사범 등 공범이나 간접정범뿐만 아니라 필요적 공범 등에 대한 사건에 대해서도 인정될 수 있다(대법원 2017.1.25. 선고 2016도13489 판결).

제 **12** 장
변호사법

제12장　변호사법

제1절　입법목적과 벌칙규정

I. 입법목적

　　민간의 입장에서 감시 또는 보좌하는 변호사제도를 확립하기 위해서 1949. 11. 7. 변호사법이 제정되었다. 제정 당시 변호사법에 변호사의 사명은 규정되지 않았고, 1973년 법률개정을 통해 비로소 변호사법에 명시되었다. 1973년 변호사법 제1조 제1항에 "변호사는 기본적 인권을 옹호하고 사회정의를 실현함을 사명으로 한다."라고 규정된 변호사의 사명은 지금도 변함없이 유지되고 있다.

　　변호사는 기본적 인권을 옹호하고 사회정의를 실현한다는 사명을 가지고(제1조 제1항), 그 사명에 따라 성실히 직무를 수행하고 사회질서 유지와 법률제도 개선에 노력하며(제1조 제2항) 공공성을 지닌 법률 전문직으로서 독립하여 자유롭게 그 직무를 수행한다(제2조). 변호사법이 정의한 변호사의 직무는 "당사자와 그 밖의 관계인의 위임이나 국가·지방자치단체와 그 밖의 공공기관의 위촉 등에 의하여 소송에 관한 행위 및 행정처분의 청구에 관한 대리행위와 일반 법률 사무"이다(제3조).

II. 벌칙규정 개관

　　변호사는 국민의 기본권을 옹호하고 사회정의를 실현할 공익적 사명을 갖고 법률사무의 처리에 대한 독점적 지위를 누리는 만큼 높은 윤리의식이 요구된다.

이에 변호사의 자격은 엄격하게 제한되고(제4조) 결격사유도 넓다(제5조). 변호사 아닌 사람이 변호사의 업무를 하는 것이 형사처벌을 통해 금지된다. 변호사가 변호사법에 규정된 의무를 위반하는 경우는 징계와 업무정지로 규제되며, 그중 중한 경우는 형사처벌로 규제하고 있다.

　　변호사법은 총 12개의 장으로 구성되어 있는데,[1] 제10장에 징계가 제11장에 형사처벌이 규정되어 있다. 제11장 벌칙에는 제109조부터 제116조까지 형벌이 규정되어 있고, 제117조에 과태료가 규정되어 있다.

　　주요한 변호사법 위반죄의 유형은 변호사 아닌 사람이 변호사업무를 하는 경우, 변호사가 변호사법의 윤리적 의무를 심히 위반하는 경우, 공무수행의 공정성을 해하는 경우 등으로 나눌 수 있다. 제13장에서 설명되는 주요한 변호사법 위반죄는 다음과 같다.

구분	주요 내용	조항
비변호사의 변호사활동	비변호사의 법률사무 유상 취급·알선	제109조 제1호
	법률사무수임의 유상 알선·유인	제109조 제2호, 제34조 제1항
	비변호사의 변호사 고용	제109조 제2호, 제34조 제4항
	비변호사의 동업	제109조 제2호, 제34조 제5항
	변호사업무의 잠탈	제112조 제1호
변호사의 의무위반	변호사의 독직행위	제109조 제2호, 제33조
	변호사의 알선 수수와 명의대여	제109조 제2호, 제34조 제2항, 제3항
교제·청탁 명목 금품수수	재판·수사기관 공무원 교제 명목 금품수수	제110조
	공무원 취급사건 청탁 명목 금품수수	제111조

1　제1장은 변호사의 사명과 직무, 제2장은 변호사의 자격, 제3장은 변호사의 등록과 개업, 제4장은 변호사의 권리와 의무, 제5장은 법무법인, 제5장의2는 법무법인(유한), 제5장의3은 법무조합, 제7장은 지방변호사회, 제8장은 대한변호사협회, 제9장은 법조윤리협의회 및 수임자료 제출, 제10장은 징계 및 업무정지, 제11장은 벌칙으로 구성되어 있다.

제2절   비변호사의 변호사활동

Ⅰ. 비변호사의 법률사무 유상 취급·알선[제109조 제1호]

1. 법률규정

제109조(벌칙) 다음 각 호의 어느 하나에 해당하는 자는 7년 이하의 징역 또는 5천만 원 이하의 벌금에 처한다. 이 경우 벌금과 징역은 병과(倂科)할 수 있다.

1. 변호사가 아니면서 금품·향응 또는 그 밖의 이익을 받거나 받을 것을 약속하고 또는 제3자에게 이를 공여하게 하거나 공여하게 할 것을 약속하고 다음 각 목의 사건에 관하여 감정·대리·중재·화해·청탁·법률상담 또는 법률 관계 문서 작성, 그 밖의 법률사무를 취급하거나 이러한 행위를 알선한 자

   가. 소송 사건, 비송 사건, 가사 조정 또는 심판 사건
   나. 행정심판 또는 심사의 청구나 이의신청, 그 밖에 행정기관에 대한 불복신청 사건
   다. 수사기관에서 취급 중인 수사 사건
   라. 법령에 따라 설치된 조사기관에서 취급 중인 조사 사건
   마. 그 밖에 일반의 법률사건

제114조(상습범) 상습적으로 제109조 제1호, 제110조 또는 제111조의 죄를 지은 자는 10년 이하의 징역에 처한다.

제116조(몰수·추징) 제34조(제57조, 제58조의16 또는 제58조의30에 따라 준용되는 경우를 포함한다)를 위반하거나 제109조 제1호, 제110조, 제111조 또는 제114조의 죄를 지은 자 또는 그 사정을 아는 제3자가 받은 금품이나 그 밖의 이익은 몰수한다. 이를 몰수할 수 없을 때에는 그 가액을 추징한다.

변호사 아닌 사람이 자신이나 제3자가 이익을 받거나 받을 것을 약속하고 법률사건에 관하여 법률사무를 취급하거나 알선하면 7년 이하의 징역 또는 5천만 원 이하의 벌금으로 처벌되고, 이때 징역과 벌금은 병과될 수 있다(제109조 제1호). 그 이익은 필요적으로 몰수·추징되고(제116조), 상습적으로 이러한 행위를 한 경우는 10년 이하의 징역에 처한다(제114조).

비변호사의 법률사무취급을 금지하여 변호사제도를 유지하는 것이 변호사법 제109조의 입법취지이다(대법원 1998.8.21. 선고 96도2340 판결). 변호사법은 변호사의 자격을 엄격히 제한하고 그 직무의 성실, 적정한 수행을 위해 필요한 규율에 따르도록 하는 등 제반의 조치를 강구하고 있는데, 그러한 자격이 없고 규율에 따르지 않는 사람이 처음부터 금품 등의 수익을 위해 타인의 법률사건에 개입함을 방치하면 당사자 기타 이해관계인의 이익을 해하고 법률생활의 공정, 원활한 운용을 방해하며 나아가 법질서를 문란케 할 우려가 있다.

이처럼 변호사법 제109조는 개인적 법익을 보호하기 위한 것이 아니라 사회적 법익을 보호하기 위한 것이다(헌법재판소 2009.11.26. 선고 2007헌마1125 결정). 변호사제도를 보호·유지하려는 변호사법 제109조 제1항의 목적은 정당하고, 변호사제도의 목적을 달성하기 위해서는 비변호사가 법률사무를 취급하는 것을 금지하는 것이 불가피하여 공익실현을 위한 기본권제한의 수단이 적정하며 단지 금품 등 이익을 얻을 목적의 법률사무 취급만을 금지하고 있으므로, 변호사법 제109조 제1항은 과잉금지의 원칙에 반하지 않는다. 또한 변호사법 제109조 제1항이 변호사 아닌 다른 법률사무 관련 직종에 종사하는 사람에게 법률사무의 일부만이 허용되는 결과를 가져왔더라도, 법무사, 변리사 및 손해사정인 등 법률사무 관련 직업에 대한 자격제도를 도입하게 된 배경과 목적, 각 전문분야가 갖는 특성 등에 비추어 볼 때 합리적인 차이에 따른 것으로서 평등원칙에 반하지 않는다 (헌법재판소 2007.8.30. 선고 2006헌바96 결정).

2. 성립요건

[1] 주체

변호사 아닌 사람만이 행위주체가 될 수 있다. 변호사는 행위주체가 될 수 없는 소극적 신분범이다.[2] 변호사가 아닌 법률사무소의 사무직원도 행위주체에 포함되므로, 법률사무소의 사무직원이 같은 법률사무소의 변호사에게 소송사건의 대리를 알선하고 그 대가로 금품을 받은 행위도 변호사법 제109조 제1호에 해당한다(대법원 2001.7.24. 선고 2000도5069 판결).

그러나 변호사의 자격은 있으나 자격등록을 하지 않은 사람은 변호사법 제

---

2 박상기·전지연·한상훈 375면.

112조 제4호에서 별도로 규정하고 있으므로,[3] 본죄의 주체에 해당하지 않는다. 또한 법무사·변리사·세무사·공인회계사·행정사 등이 법률로 허용되는 특정 법률행위를 하고 금품 등 이익을 받는 것도 허용된다. 다만 이 경우도 법률로 허용되는 법률행위만이 가능하므로, 예를 들어 "변리사는 특허, 실용신안, 디자인 또는 상표에 관한 사항의 소송대리인이 될 수 있다"는 변리사법 제8조에 의하여 변리사에게 허용되는 소송대리의 범위 역시 특허심판원의 심결에 대한 심결취소소송으로 한정되고, 특허 등의 침해를 청구원인으로 하는 침해금지청구 또는 손해배상청구 등과 같은 민사사건에서 변리사의 소송대리는 허용되지 않는다(대법원 2012.10.25. 선고 2010다108104 판결). 공인노무사가 의뢰인에게 수사절차에 적용되는 형사소송법 등에 관한 내용까지 상담하는 것은 노동관계 법령에 관한 상담을 하는 과정에서 불가피하게 이루어졌다는 등의 특별한 사정이 없는 한 공인노무사법에서 정한 직무의 범위를 벗어난 것이다(대법원 2022.1.13. 선고 2015도6326 판결).

[2] 금품·향응·이익의 수수·약속

변호사법 제109조 제1호는 변호사가 아닌 사람이 금품·향응 또는 그 밖의 이익을 받거나 받을 것을 약속하여 유상으로 법률사무를 하는 것을 금지하는 데 입법목적이 있다(대법원 2015.7.9. 선고 2014도16204 판결). 변호사 아닌 사람이 무료로 법률상담을 하거나 법률문서를 작성해 주는 것은 변호사법에 반하지 않는다.

'그 밖의 이익'이란 재산상의 이익뿐만 아니라 사람의 수요·욕망을 만족시킬 수 있는 일체의 유·무형의 이익을 말한다.[4] 다만 입법취지 등에 비추어 보면, 교통사고원인 분석 등을 위한 감정을 위하여 사고현장 예비답사에 필요한 택시 대절료, 현장측량에 필요한 택시 대절료 및 보조인건비, 현장 및 실물 촬영 등 사진대, 식비, 사고원인 분석을 위한 수사기록 열람, 실황조사서 등의 복사, 목격자 진술 수집, 분석보고서 작성 등에 사용되는 비용과 같은 단순한 '실비변상'을 받은 것은 이익을 받은 것이라고 할 수 없다(대법원 1996.5.10. 선고 95도3120 판결).

이익의 제공자에는 제한이 없으므로 법률사무의 의뢰자 이외에 제3자로부터

---

3 제112조(벌칙) 다음 각 호의 어느 하나에 해당하는 자는 3년 이하의 징역 또는 2천만원 이하의 벌금에 처한다. 이 경우 벌금과 징역은 병과할 수 있다.
    4. 대한변호사협회에 등록을 하지 아니하거나 제90조 제3호에 따른 정직 결정 또는 제102조 제2항에 따른 업무정지명령을 위반하여 변호사의 직무를 수행한 변호사
4 박상기·전지연·한상훈 375면; 이주원 742면.

받는 것도 해당하고, 이익의 수령자도 법률사무를 행하는 사람뿐만 아니라 제3자 모두 가능하다.

　이익이 현실적으로 수수되어야만 하는 것은 아니고 제공의 약속으로 충분한데, 약속은 그 방법에 아무런 제한이 없고 명시적일 필요도 없다(대법원 2002.3.15. 선고 2001도970 판결). 그러나 이익을 받을 수 있으리라고 기대한 것으로 충분하지 않다. 예를 들어, 소송수행과정에서 몸져누워 병원에 입원한 사람의 처지를 딱하게 여겨 여러 차례 소송수행을 돕자, 이를 고맙게 여겨 소송이 끝나면 섭섭하지 않게 사례를 하겠다는 말을 듣고 내심으로 약 300만 원을 주지 않을까 하고 생각한 것은 금품 등 이익을 받을 것을 약속하였다고 볼 수는 없다(대법원 1984.7.10. 선고 84도1083 판결).

[3] 법률사무의 취급 또는 알선

1) 타인의 법률사건에 대한 법률사무

　첫째, 타인의 사건이어야 한다. 매매한 부동산에 관하여 압류등기가 경료된 것이 발견되었다면 매도인은 매수인에 대하여 그 압류등기를 말소하여 아무런 처분제한이 없는 소유권을 취득케 할 의무가 있고 압류해제에 관한 일은 매도인 자신의 사무이므로, 매도인이 매수인으로부터 압류해제를 위한 제반비용을 받았더라도 타인의 사건 또는 사무를 전제로 하는 변호사법 제109조 제1호 위반죄에 해당하지 않는다(대법원 1983.3.22. 선고 83도189 판결).

　둘째, 법률사무의 대상은 법률사건인데, 폭넓게 일반적인 법률사건이 법률사무의 대상으로 인정된다. 변호사법 제109조 제1호 마목의 "그 밖에 일반의 법률사건"은 법률상의 권리·의무에 대한 다툼 또는 의문이 있거나 새로운 권리의무관계의 발생에 관한 사건 일반을 말한다. 예를 들어, 상가의 분양·임대에 관하여 분쟁이 발생한 이해관계인들 사이에 화해, 합의서, 분양계약서의 작성 및 등기사무 등을 처리한 것은 기타 일반의 법률사건에 관하여 법률사무를 취급한 것에 해당한다(대법원 1998.8.21. 선고 96도2340 판결).

　셋째, 변호사법 제109조 제1호는 금지되는 법률사무의 유형으로서 감정, 대리, 중재, 화해, 청탁, 법률상담, 법률관계문서 작성을 나열한 다음 '그 밖의 법률사무'라는 포괄적인 문구를 두고 있는데, '그 밖의 법률사무'는 법률상의 효과를 발생·변경·소멸시키는 사항의 처리와 법률상의 효과를 보전하거나 명확하게 하는 사항의 처리를 의미한다. 직접적으로 법률상의 효과를 발생·변경·소멸·보전·명확화하는 행위는 물론이고, 위 행위와 관련된 행위도 해당한다(대법원 2015.7.9. 선고 2014도16204 판결). 부동산 권리관계의 법적 효과에 해당하는 권리의 득실·변경이나 충돌 여부, 우열관계 등을 분석하는 '권리분석업무'는 변호사법 제109조 제1호의 법률사무에 해당하는 반면, 단지 부동산등기부등본을 열람하여 등기부상에 근저당권, 전세권, 임차권, 가압류, 가처분 등이 등재되어 있는지를 확인·조사하거나 그 내용을 그대로 보고서 등의 문서에 옮겨 적는 행위는 '사실행위'에 불과하여 변호사법 제109조 제1호의 법률사무가 아니다(대법원 2008.2.28. 선고 2007도1039 판결). 그리고 변호사법 제109조 제1호가 금지하고 있는 비변호사의 행위는 입법취지를 고려할 때 변호사라면 할 수 있는 법률사무에 한정된다고 해석되는데, 예를 들어 지구대 소속 경찰관이 피해자들을 조사하고 피의자들을 지구대로 임의동행한 다음 그 사건을 경찰서로 인계하는 행위는, 경찰관의 업무행위라고 볼 수 있을 뿐 변호사가 할 수 있는 법률사무에는 해당하지 않으므로 변호사법 위반죄로 처벌할 수는 없다(대법원 2010.7.15. 선고 2010도2527 판결).

이와 같은 '법률사무'와 '법률사건'이라는 개념은 그 의미내용의 구체화가 필요한 개념이므로, 죄형법정주의 명확성원칙에 반한다는 주장이 있다. 이에 대해서 헌법재판소는 변호사법 제109조 제1항에 규정된 '일반의 법률사건'과 '법률사무'는 건전한 상식과 통상적인 법감정을 가진 일반인이 구체적으로 어떤 사건 또는 사무가 이에 해당하는지 알 수 있고 법관의 자의적인 해석으로 확대될 염려가 없으므로 죄형법정주의에서 요구하는 형벌법규의 명확성원칙에 반하지 않는다고 보았다(헌법재판소 2007.8.30. 선고 2006헌바96 결정).

2) 법률사무의 형태

법률사무의 형태는 제한이 없다. 감정, 대리, 중재, 화해, 청탁, 법률상담, 법률관계문서 작성, 그 밖의 법률사무를 한 경우에 변호사법 위반죄가 성립한다. 감정, 대리, 중재, 화해, 청탁, 법률상담, 법률관계문서 작성은 법률사무의 예시이다.5

변호사법 제109조가 '법률사건'에 관한 '법률사무'의 한 형태로 감정·대리 등을 규정한 것을 고려하면, 변호사법 제109조 제1호의 감정·대리 등은 민·형사소송에서의 감정·대리 등과 동일한 개념으로 볼 수 없고, 법률상의 권리·의무에 대

---

5 정형근 845면.

한 다툼이나 의문이 있거나 새로운 권리의무관계의 발생에 관한 사건 일반에 있어서 그 분쟁이나 논의의 해결을 위하여 행하여지는 법률사무의 한 형태라고 할 수 있다(대법원 1995.2.14. 선고 93도3453 판결).

법률사무의 예시

(a) 감정

변호사법 제109조 제1호의 '감정'은 법률상의 권리의무에 관하여 다툼·의문이 있거나 새로운 권리의무관계의 발생에 관한 사건 일반에 있어서 분쟁·논의의 해결을 위하여 행하여지는 법률사무의 한 형태로 이해되어야 하므로, '법률상의 전문지식'에 기하여 구체적인 사안에 관하여 판단을 내리는 행위이고, '법률 외의 전문지식'에 기한 판단은 제외된다(대법원 1999.12.24. 선고 99도771 판결).

예를 들어, 아파트 입주민들의 아파트건설사업주체에 대한 손해배상청구에 필요한 자료제공의 일환으로 실시한 '하자감정행위'는 구체적인 법률사건에 관하여 건축관계 전문지식에 기한 판단의 성질뿐만 아니라, 감정행위자의 경험을 토대로 한 법률적 지식에 기초하여 장차 아파트 입주민들의 청구가능한 손해배상액에 관한 법률적 견해의 표명을 겸하고 있으므로 변호사법 제109조의 감정에 해당한다(대법원 1999.12.24. 선고 99도771 판결). 그러나 아파트관리 및 하자보수공사 등을 목적으로 하는 회사가 아파트 입주자대표회의와 아파트 하자보수에 관한 손해배상청구소송을 대신 수행하여 주기로 하는 소송약정을 체결한 다음 하자보수비용을 산출하여 하자보고서를 작성한 것은 회사의 통상적 업무수행에 불과하여 변호사법 제109조 제1호의 '감정'에 해당하지 않는다(대법원 2007.9.6. 선고 2005도9521 판결).

(b) 대리

변호사법 제109조 제1호의 '대리'는 본인의 위임을 받아 대리인의 이름으로 법률사건을 처리하는 법률상의 대리뿐만 아니라 대리의 형식을 취하지 않고 실질적으로 대리가 행하여지는 것과 동일한 효과를 발생시키고자 하는 경우(법률적 지식을 이용하는 것이 필요한 행위를 본인을 대신하여 행하거나, 법률적 지식이 없거나 부족한 본인을 위하여 사실상 사건의 처리를 주도하면서 그 외부적인 형식만 본인이 직접 행하는 것처럼 하는 등)도 포함된다(대법원 2007.6.28. 선고 2006도4356 판결).

예를 들어, ① 경찰의 현장검증 등에서 의뢰인을 대신하여 참가하고 의견을 개진한 것은 사실상의 변호행위로서 대리에 해당하고, 의뢰인의 명의로 고소, 항고, 재항고 등을 하였다면 그 비용을 누가 부담하였든지 그것은 사실상 사건해결을 주도하고 법률사건에 변호사가 아니면서 개입한 것으로서 변호사법의 대리에 해당한다(대법원 1995.2.14. 선고 93도3453 판결). ② 변호사가 아닌 사람이 의뢰인으로부터 법률사건을 수임하여 사실상 그 사건의 처리를 주도하면서 의뢰인을 위하여 그 사건의 신청 및 수행에 필요한 모든 절차를 실질적으로 대리한 행위를 하였다면, 비록 그 중 일부 사무를 처리할 자격이 있었더라도 위 행위는 사무 범위를 초과한 것으로서 변호사법 위반죄에 해당한다(대법원 2016.12.15. 선고 2012도9672 판결). ③ (구)법무사법에 의하면 법무사의 업무가 법원과 검찰청에 제출하는 서류의 작성이나 법원과 검찰청의 업무에 관련된 서류의 작성 등을 대신하는 것에 국한되기 때문에 개인회생신청서 작성 대리 외에 채권자목록 등의 작성 대리업무를 하기 위해서는 각 절차나 단계마다 의뢰인으로부터 위임을 다시 받아야 하는데,6 법무사가 개인회생, 파산 등 비송사건에서 의뢰인으로부터 한 번의 의뢰만 받고 관련 서류작성·대리업무를 원스톱으로 처리해준 것(서류별이 아니라 건별로 수임료를 받고 그 사건의 신청과 수행에 필요한 모든 절차를 실질적으로 대리한 것)은 법무사의 업무 범위를 초과한 것으로서 변호사만 할 수 있는 법률사무에 대한 포괄적 대리에 해당해 변호사법 위반에 해당한다(대법원 2022.2.10. 선고 2018도17737 판결).

(c) 중재

'중재'는 당사자 사이의 합의로 재산권상의 분쟁 및 당사자가 화해로 해결할 수 있는 비재산권상의 분쟁을 법원의 재판에 의하지 아니하고 중재인의 판정으로 해결하는 절차를 말한다(중재법 제3조 제1호). 중재법이 적용되는 중재합의란 계약상의 분쟁인지의 여부와 무관하게 일정한 법률관계에 관하여 당사자 간에 이미 발생하였거나 장래 발생할 수 있는 분쟁의 전부 또는 일부를 중재로 해결하도록 하는 당사자 간의 합의를 말하는 것이므로, 장래 분쟁을 중재로 해결하겠다는 명시적인 의사표시가 있는 한 비록 중재기관, 준거법, 중재지가 명시가 되어 있지 않더라도 유효한 중재합의이다(대법원 2007.5.31. 선고 2005다74344 판결).

중재법이 적용되는 중재인의 선정절차는 당사자 사이의 합의로 정하므로(중재법 제12조 제2항), 변호사법 제109조 제1호의 '중재'는 변호사 아닌 사람이 법률사건의 당사자들에게 먼저 적극적으로 접근하여 중재해 주겠다고 하거나 중재를 한 경우를 의미한다.7

---

6 이 사건의 항소심(수원지방법원 2018.10.19. 선고 2018노524 판결)에서 유죄 판결이 선고되자 법무사업계는 개인회생·파산사건 신청 대리를 법무사 업무에 명시적으로 규정하는 법무사법의 개정을 촉구했고, 2020. 2. 4. 법무사법이 일부개정(제2조 제1항 제6호)되어 법무사의 업무에 「채무자 회생 및 파산에 관한 법률」에 따른 개인의 파산사건 및 개인회생사건 신청의 대리(각종 기일에서의 진술의 대리는 제외)가 포함되었고, 현재 법무사들은 개인파산·회생 사건 신청대리권을 명시적으로 갖게 되었다.

7 정형근 843면.

(d) 화해

'화해'는 당사자가 상호 양보하여 당사자 간의 분쟁을 종지할 것을 약정하는 것인데 (민법 제731조), 변호사법 제109조 제1호의 '화해'에는 민법상 화해뿐만 아니라 재판상 화해도 포함된다(대법원 2001.11.27. 선고 2000도513 판결).

예를 들어, 변호사 아닌 사람이 금품을 받기로 하고 민사소송사건에 관하여 재판외 화해가 이루어지도록 주선한 행위도 변호사법에 위반되고(대법원 1981.3.10. 선고 80도628 판결), 손해사정인이 금품을 받거나 보수를 받기로 하고 교통사고의 피해자 측을 대리·대행하여 보험회사에 보험금을 청구하거나 피해자 측과 가해자 측 자동차보험회사 사이에서 이루어질 손해배상액의 결정에 관하여 중재나 화해를 하도록 주선하거나 편의를 도모하는 것도 변호사법에 위반된다(대법원 2001.11.27. 선고 2000도513 판결).

(e) 청탁

'청탁'은 일정한 행위를 할 것을 부탁하는 것을 말하는데, 변호사법 제109조 제1호의 청탁은 상대방이 공무원으로 제한되어 있지 않다. 형사사건의 피해자의 지인에게 화해를 주선해 달라고 부탁하는 것도 청탁에 해당한다.[8] 그리고 청탁을 받은 사람이 법령에 반하여 직무수행을 하는 것도 요건이 아니다.

(f) 법률상담 또는 법률관계문서 작성

'법률상담'은 법적 분쟁에 관련되는 실체적·절차적 사항에 관하여 조언·정보를 제공하거나 그 해결에 필요한 법적, 사실상의 문제에 관하여 조언하거나 조력하는 행위를 말한다. 예를 들어, 민사소송의 당사자로부터 소송에 관한 법률적인 지원을 부탁받고 당사자를 만나 변호사선임 문제 등을 논의한 후 소송 관련 서류와 함께 착수금 명목의 금원을 받은 것은 변호사법 위반죄에 해당한다(대법원 2005.5.27. 선고 2004도6676 판결).

'법률관계문서 작성'은 법률상의 권리의무에 관한 사건이나 사무를 처리하기 위해서 소장이나 준비서면, 고소장, 내용증명 등과 같은 문서를 작성해 주는 행위이다.

3) 법률사무의 알선

변호사가 아닌 사람이 타인의 법률사건의 법률사무를 직접 취급하는 경우뿐만 아니라 '알선'하는 것도 변호사법 제109조 제1호에 위반된다(제109조 제1호 후단). 여기서 '알선'은 법률사건의 당사자와 그 사건에 관하여 대리 등의 법률사무

---

8   정형근 845면.

를 취급하는 상대방 사이에서 법률사건이나 법률사무에 관한 위임계약 등의 체결을 중개하거나 그 편의를 도모하는 행위를 말한다.

현실적으로 위임계약 등이 성립하지 않아도 무방하고, 비변호사가 법률사건의 대리를 다른 비변호사에게 알선하는 경우뿐만 아니라 변호사에게 알선하는 경우까지 포함되고, 그 대가로 보수(이익)를 알선을 의뢰하는 자뿐만 아니라 그 상대방 또는 쌍방으로부터 받거나 받을 것을 약속한 경우도 포함하며, 이러한 보수의 지급에 관한 약속은 방법에 제한이 없고 명시적일 필요도 없다(대법원 2002.3.15. 선고 2001도970 판결).

판례가 변호사법 제109조 제1호를 적용하는 대표적인 예는 법률사무소의 사무직원이 그 소속 변호사에게 소송사건의 대리를 알선하고 그 대가로 금품을 받은 경우(대법원 2001.7.24. 선고 2000도5069 판결), 경찰관이나 법원·검찰의 직원 등이 변호사에게 소송사건의 대리를 알선하고 그 대가로 금품을 받는 경우이다(대법원 2002.3.15. 선고 2001도970 판결).

그런데 이처럼 비변호사가 금품 등 이익을 받고 법률사건의 수임을 알선한 상대방이 '변호사'인 경우도 변호사법 제109조 제1호의 위반죄에 해당하는지가 문제된다. 비록 변호사법 제109조 제1호는 알선의 상대방을 제한하고 있지 않지만, 금품 제공의 대가로 당사자를 변호사에게 알선하는 행위를 금지하는 변호사법 제34조 제1항이 존재하고 이를 위반한 경우는 변호사법 제109조 제2호에서 처벌하기 때문이다.9

이와 같은 중복 적용이 문제 되는 이유는 다음과 같다. 변호사법 제109조 제1호는 1973. 1. 25.에 입법되었고 변호사법 제34조 제1항은 1993. 3. 10.에 입법되었는데, 제34조 제1항이 입법되기 이전의 상황에서 제109조 제1호 후단에 규정된 알선의 해석에 있어서 알선의 상대방에서 변호사를 제외하면 알선받은 변호사를 처벌할 수 없게 되므로, 제109조 제1호의 해석·적용에 있어서 변호사도 알선의 상대방에 포함하였다.10 그런데 변호사법 제34조 제1항이 신설된 1993년 이후에도 판례는 동일한 법률에서 하나의 행위에 대하여 2개의 처벌규정이 병존하여 중첩적으로 적용된다는 점을 인정하면서도 변호사에게 법률사건의 수임을 알선하

---

9   이에 대해서는 제12장 제3절 II 참조.
10   최상욱, 변호사법 제109조 제1호 후단의 '이러한 행위를 알선한 자'의 의미, 형사법연구 제28권 제4호, 2016, 160면.

고 그 대가로 금품을 받는 행위를 제34조 제1항과 제109조 제2호에서 별도로 처벌하고 있다고 하여 달리 볼 것이 아니라고 하면서 과거의 해석을 유지하는 상황이다(대법원 2000.6.15. 선고 98도3697 전원합의체 판결). 이러한 모순을 해결하기 위해서 변호사법 제109조 제1호의 후단을 '비변호사에게 이러한 행위를 알선한 자'로 개정하자는 의견이 제시된다.[11]

3. 공범

변호사법 제109조 제1호의 법률사건에 관한 법률사무 알선 등을 공동으로 한 공범자들 사이에 알선 등과 관련하여 금품이나 이익을 수수하기로 명시적·암묵적인 공모관계가 성립하고 그 공모 내용에 따라 공범자 중 1인이 금품이나 이익을 수수하였다면, 사전에 특정 금액 이하로만 받기로 약정하였다든가 수수한 금액이 공모 과정에서 도저히 예상할 수 없는 고액이라는 등과 같은 특별한 사정이 없는 한, 수수한 금품 등의 이익 전부에 관하여 공동정범이 성립하며, 수수할 금품·이익의 규모나 정도 등에 대하여 사전에 서로 의사의 연락이 있거나 수수한 금품 등의 구체적 금액을 공범자가 알아야 공동정범이 성립하는 것은 아니다(대법원 2010.10.14. 선고 2010도387 판결).

4. 죄수

동일한 사람의 각기 다른 내용의 법률사건에 관한 법률사무를 취급하는 것은 사건의 주체가 동일하더라도 별개의 행위이다. 이처럼 변호사 아닌 사람이 동일한 사람의 각기 다른 법률사건에 관한 법률사무를 취급하여 저지르는 변호사법 위반의 각 범행은 특별한 사정이 없는 한 실체적 경합범이 되는 것이지 포괄일죄가 되는 것이 아니다(대법원 2015.1.15. 선고 2011도14198 판결). 따라서 변호사 아닌 사람이 동일한 당사자에 대해서 다수의 법률사무를 취급하였고 그중 일부의 법률사무 취급에 대하여 확정판결을 받았더라도 나머지 법률사무 취급에 대해서 확정판결의 일사부재리 효력이 인정되지 않는다.

---

11   최상욱, 변호사법 제109조 제1호 후단의 '이러한 행위를 알선한 자'의 의미, 형사법연구 제28권 제4호, 2016, 170면.

5. 몰수·추징

변호사법 위반죄를 범한 사람 또는 그 정을 아는 제3자가 받은 금품 기타 이익을 그들로부터 박탈하여 부정한 이익을 보유하지 못하도록, 변호사법 제109조 제1호의 죄를 지은 사람이나 그 사정을 아는 제3자가 받은 금품이나 그 밖의 이익은 몰수되고, 이를 몰수할 수 없을 때는 그 가액을 추징한다(제116조).

변호사법 제109조 제1호 위반죄를 범하고 이자 및 반환에 관한 약정을 하지 아니하고 금원을 차용한 경우에 범죄자가 받은 실질적 이익은 이자 없는 차용금에 대한 금융이익 상당액이므로 몰수·추징의 대상이 되는 것은 차용한 금원 자체가 아니라 금융이익 상당액이다(대법원 2001.5.29. 선고 2001도1570 판결). 변호사가 아닌 사람이 단순히 법률사무와 관련한 실비의 변상을 받았을 때는 변호사법 제109조 제1호 위반에 해당하는 이익을 수수하였다고 볼 수 없지만, 실비변상을 빙자하여 법률사무의 대가로서 경제적 이익을 취득하였다고 볼 수 있는 경우는 이익 수수가 외형상 실비변상의 형식을 취하고 있더라도 변호사법 위반죄에 해당한다. 이때 일부 비용을 지출하였더라도 비용이 변호사법 위반죄의 범행을 위하여 지출한 비용에 불과하다면 이익에서 지출한 비용을 공제한 나머지 부분만을 법률사무의 대가로 보는 것이 아니라 수수한 이익 전부를 법률사무의 대가로 보아야 한다(대법원 2015.7.9. 선고 2014도16204 판결).

다수의 사람이 공동하여 변호사법 제109조 제1호에 규정한 죄를 범하고 교부받은 금품을 분배하는 경우는 각자가 실제로 분배받은 금품만을 개별적으로 몰수하거나 그 가액을 추징한다(대법원 1999.4.9. 선고 98도4374 판결).

Ⅱ. 법률사무수임의 유상 알선·유인[제109조 제2호, 제34조 제1항]

1. 법률규정

제109조(벌칙) 다음 각 호의 어느 하나에 해당하는 자는 7년 이하의 징역 또는 5천만원 이하의 벌금에 처한다. 이 경우 벌금과 징역은 병과(併科)할 수 있다.
  2. 제33조 또는 제34조(제57조, 제58조의16 또는 제58조의30에 따라 준용되는

> 경우를 포함한다)를 위반한 자
>
> **제34조(변호사가 아닌 자와의 동업 금지 등)** ① 누구든지 법률사건이나 법률사무의 수임에 관하여 다음 각 호의 행위를 하여서는 아니 된다.
> 1. 사전에 금품·향응 또는 그 밖의 이익을 받거나 받기로 약속하고 당사자 또는 그 밖의 관계인을 특정한 변호사나 그 사무직원에게 소개·알선 또는 유인하는 행위
> 2. 당사자 또는 그 밖의 관계인을 특정한 변호사나 그 사무직원에게 소개·알선 또는 유인한 후 그 대가로 금품·향응 또는 그 밖의 이익을 받거나 요구하는 행위

당사자 또는 그 밖의 관계인을 특정한 변호사나 그 사무직원에게 소개·알선 또는 유인하는 행위를 하면서, 사전에 금품·향응·그 밖의 이익을 받거나 받기로 약속(제34조 제1항 제1호) 또는 사후에 금품·향응 또는 그 밖의 이익을 받거나 요구(제34조 제1항 제2호)한 사람은 7년 이하의 징역 또는 5천만 원 이하의 벌금에 처하고 이때 벌금과 징역은 병과할 수 있다(제109조 제2호). 변호사법 제34조 제1항은 변호사 등에게 사건을 알선해 주고 금품을 수수하는 브로커의 행위를 금지하는 규정으로서, 그 입법목적은 변호사 등에게 사건을 알선해 주고 금품을 수수하는 법조주변의 부조리를 척결하여 법조계의 투명성과 도덕성을 보장하기 위한 것이다(헌법재판소 2005.11.24. 선고 2004헌바83 결정).

2. 성립요건

[1] 행위 주체와 상대방

변호사법 제34조 제1항의 행위 주체는 제한이 없다. 변호사에게 고용된 사무직원도 변호사에게 위와 같은 사건 알선행위를 하는 것이 금지된다(헌법재판소 2005.11.24. 선고 2004헌바83 결정).

알선의 상대방은 변호사 또는 그 사무직원이다. 알선의 상대방인 변호사와 사무직원에 대해서는 변호사법 제34조 제2항에서 형사처벌을 규정하고 있다.[12] 사무직원에게 사건관계인을 소개한 이후 그 대가로 금품을 수수한 경우에 소개된

---

12 이에 대해서는 제12장 제3절 II 참조.

사무직원이 금품 등이 수수될 때까지 사무직원으로서 지위를 유지하고 있어야 하는 것은 아니다(대법원 2009.5.14. 선고 2008도4377 판결).

[2] 소개·알선·유인

'소개·알선'은 법률사건이나 법률사무의 당사자 등과 특정한 변호사 또는 그 사무직원 사이에서 상대방을 알게 하는 등의 방법으로 그 법률사건 또는 법률사무에 관한 위임계약의 체결을 주선, 중재하거나 그 편의를 도모하는 행위를 말한다(대법원 2013.1.31. 선고 2012도2409 판결).

'유인'은 법률사건 또는 법률사무에 관한 위임계약을 원하는 당사자를 특정한 변호사 또는 그 사무직원에게 인도하여 만나게 하는 행위를 말한다.

[3] 금품·향응 등 이익의 수수·요구·약속

이익의 제공이나 약속 없이 사건을 변호사 등에게 소개하는 것은 금지되지 않는다. 금품 등 이익의 대가로 사건을 알선하는 경우를 금지하고 있는데, 금품 등 이익은 실제로 제공되지 않더라도 제공의 약속만 있어도 변호사법 위반죄는 성립한다.

그리고 사전에 소개료 등에 관한 약정이 없더라도, 금품 등을 받을 고의를 가지고 법률사건 등을 변호사 또는 그 사무직원에게 소개하는 등의 행위를 한 후 그 대가로 금품 등을 받거나 요구하면 변호사법위반죄는 성립한다(대법원 2009.5.14. 선고 2008도4377 판결).

Ⅲ. 비변호사의 변호사 고용[제109조 제2호, 제34조 제4항]

1. 법률규정

제109조(벌칙) 다음 각 호의 어느 하나에 해당하는 자는 7년 이하의 징역 또는 5천만원 이하의 벌금에 처한다. 이 경우 벌금과 징역은 병과(倂科)할 수 있다.

　2. 제33조 또는 제34조(제57조, 제58조의16 또는 제58조의30에 따라 준용되는 경우를 포함한다)를 위반한 자

> 제34조(변호사가 아닌 자와의 동업 금지 등) ④ 변호사가 아닌 자는 변호사를 고용하여 법률사무소를 개설·운영하여서는 아니 된다.

변호사 아닌 사람이 변호사를 고용하여 법률사무소를 개설·운영하면(제34조 제4항), 7년 이하의 징역 또는 5천만 원 이하의 벌금에 처하고 이때 벌금과 징역은 병과될 수 있다(제109조 제2호). 법률사무소는 변호사가 개설할 수 있는데(제21조 제1항), 변호사 아닌 사람이 변호사를 고용하여 법률사무소를 영리사업으로 운영하여 발생하는 폐해를 방지하기 위해서 제34조 제4항이 존재한다.[13]

기업체가 사내변호사를 고용하는 것도 변호사법 제34조 제4항에 해당하는지가 문제될 수 있다. 비록 변호사를 고용한 정부, 공공기관, 기업체 등은 변호사가 아닌 사람에 해당하지만, 이들이 변호사를 고용하더라도 법률사무소를 개설·운영하지 않는다면 제34조 제4항에 위반되지 않는다.[14]

2. 공범

변호사법은 대향범 형태의 필요적 공범에 대해서 각각 처벌하는 규정을 다수 두고 있는데, 변호사 아닌 사람에게 고용된 변호사에 대한 처벌규정은 존재하지 않는다. 이에 변호사 아닌 사람이 개설·운영하는 법률사무소에 고용된 변호사를 고용한 사람의 공범으로 처벌할 수 있는지가 문제된다.

판례는 변호사법 제34조 제4항을 위반하기 위해서는 변호사가 변호사 아닌 자에게 고용되어 법률사무소의 개설·운영에 관여하는 행위가 당연히 예상되고 범죄의 성립에 필수적임에도 이를 처벌하는 규정이 없는 이상, 변호사 아닌 사람에게 고용되어 법률사무소의 개설·운영에 관여한 변호사를 변호사 아닌 사람의 공범(공동정범, 교사범, 방조범)으로 처벌할 수 없다고 본다(대법원 2004.10.28. 선고 2004도3994 판결).

생각건대, 고용된 변호사를 처벌하는 것이 필요한지에 대한 입법론과 별개로, 현행 변호사법의 해석상 판례의 해석은 타당하다. 변호사제도를 유지하기 위해서

13　정형근 294면.
14　정형근 297면.

비변호사의 변호사업무를 제한하는 처벌규정이 변호사법에 다수 존재하는데, 이 중 대향범에 해당하는 변호사에 대해서 처벌규정이 존재하는 경우와 그렇지 않은 경우가 있다. 그렇다면 처벌규정이 없는 경우는 대향범을 처벌하지 않는 것이 입법자의 의사에 부합하고, 체계적 해석에도 부합한다.

Ⅳ. 비변호사의 동업[제109조 제2호, 제34조 제5항]

> **제109조(벌칙)** 다음 각 호의 어느 하나에 해당하는 자는 7년 이하의 징역 또는 5천만 원 이하의 벌금에 처한다. 이 경우 벌금과 징역은 병과(倂科)할 수 있다.
>   2. 제33조 또는 제34조(제57조, 제58조의16 또는 제58조의30에 따라 준용되는 경우를 포함한다)를 위반한 자
>
> **제34조(변호사가 아닌 자와의 동업 금지 등)** ⑤ 변호사가 아닌 자는 변호사가 아니면 할 수 없는 업무를 통하여 보수나 그 밖의 이익을 분배받아서는 아니 된다.

변호사 아닌 사람이 변호사가 아니면 할 수 없는 업무를 통하여 보수나 그 밖의 이익을 분배받으면(제34조 제5항), 7년 이하의 징역 또는 5천만 원 이하의 벌금에 처하고 이때 벌금과 징역은 병과될 수 있다(제109조 제2호). 변호사와 비변호사의 동업을 금지하는 규정이다.

예를 들어, 국가 등을 상대로 하는 손해배상청구소송과 관련하여 사무장이 주민을 상대로 소송위임장을 받아오는 대가로 변호사로부터 수임료의 일부를 받기로 약속하고 소송위임장을 받는 경우는 변호사법 제34조 제5항에 위반된다(대법원 2007.12.13. 선고 2007두21662 판결).

변호사 아닌 사람에게 이익을 분배한 변호사도 처벌되는지가 문제될 수 있다. 이 경우도 위의 변호사법 제34조 제4항과 마찬가지로, 현행 변호사법의 해석상 변호사는 공범으로 처벌되지 않는다,

Ⅴ. 변호사업무의 잠탈[제112조 제1호]

1. 법률규정

> **제112조(벌칙)** 다음 각 호의 어느 하나에 해당하는 자는 3년 이하의 징역 또는 2천만 원 이하의 벌금에 처한다. 이 경우 벌금과 징역은 병과할 수 있다.
>   1. 타인의 권리를 양수하거나 양수를 가장하여 소송·조정 또는 화해, 그 밖의 방법으로 그 권리를 실행함을 업(業)으로 한 자

타인의 권리를 양수하거나 양수를 가장하여 소송·조정 또는 화해, 그 밖의 방법으로 그 권리를 실행하는 것을 업(業)으로 한 사람은 3년 이하의 징역 또는 2천만 원 이하의 벌금에 처하고, 이때 벌금과 징역은 병과할 수 있다(제112조 제1호). 변호사법 제112조 제1호는 변호사법 제109조 제1호를 잠탈하는 탈법행위를 규제하고, 국민의 법률생활상의 이익에 대한 폐해를 방지하며, 민사 사법제도의 공정하고 원활한 운영을 확보하는 것에 입법의 목적이 있다(헌법재판소 2004.1.29. 선고 2002헌바36 결정). 법률에 밝은 사람이 업무로서 법원을 이용하여 소송, 조정 또는 화해 기타의 수단을 취하는 것을 금지하면 남소(濫訴)의 폐단을 방지하는 기능도 있다(대법원 1994.4.12. 선고 93도1735 판결).

변호사법 제112조 제1호는 이와 같은 공익을 달성하기 위한 것이므로, 비록 어떠한 행위가 형식적으로는 변호사법 제112조 제1호의 구성요건에 해당하더라도 실질적으로는 새로운 사회·경제적인 필요에 따른 정당한 업무 범위 내의 행위로서 그 입법목적을 해할 우려가 없다면 변호사법 위반죄로 보지 않는다(대법원 2011.11.24. 선고 2009도11468 판결).

2. 성립요건

[1] 주체

행위의 주체는 제한이 없다. 변호사의 자격이 없는 사람뿐만 아니라 변호사도 수임 약정을 통한 정상적인 직무수행을 하지 않고 타인의 권리를 양수하거나

양수를 가장하여 그 권리실행을 업으로 하는 경우는 변호사법 제112조 제1호 위반에 해당한다.15

[2] 업(業)으로

'업(業)으로' 한다는 것은 행위가 상당기간 계속적·반복적으로 행해지거나 계속적·반복적 의사로 행해진 경우를 말한다.16 예를 들어, 도로 부지의 점용 주체에 대하여 점용 대가의 지급을 구하거나 협의매수의 방법에 의한 보상금을 취득할 목적으로 타인의 권리를 양수한 후 29회에 걸쳐 소송 등을 제기하고 그 밖에 소송 등을 통하여 관공서로부터 152회에 걸쳐 보상금 등의 명목으로 36억 원을 초과하는 금액을 수령하였다면, 변호사법 제112조 제1호에 해당한다(대법원 2011.11.24. 선고 2009도11468 판결).

그러나 회사가 타인의 기존의 권리를 양수한 것이 아니고 물품할부판매계약의 성립단계에서부터 금융을 제공하는 당사자로서 개입하여 사실상 채권발생과 동시에 채권양도가 이루어지며 타인의 권리를 양수하더라도 처음부터 소송수행을 주된 목적으로 하지 않고 소송 등의 수단에 의한 것이 다수의 양수권리 중 적은 일부에 지나지 않았다면, 계속적·반복적으로 소송을 할 것을 예정하고 있었다고 보기 어려우므로 변호사법 제112조 제1호가 성립하지 않는다(대법원 1994.4.12. 선고 93도1735 판결).

15　정형근 864면.
16　이주원 763면.

제3절 변호사의 의무위반

I. 변호사의 독직행위[제109조 제2호, 제33조]

1. 법률규정

> **제109조(벌칙)** 다음 각 호의 어느 하나에 해당하는 자는 7년 이하의 징역 또는 5천만 원 이하의 벌금에 처한다. 이 경우 벌금과 징역은 병과(倂科)할 수 있다.
>   2. 제33조 또는 제34조(제57조, 제58조의16 또는 제58조의30에 따라 준용되는 경우를 포함한다)를 위반한 자
>
> **제33조(독직행위의 금지)** 변호사는 수임하고 있는 사건에 관하여 상대방으로부터 이익을 받거나 이를 요구 또는 약속하여서는 아니 된다.

변호사가 수임하고 있는 사건에 관하여 상대방으로부터 이익을 받거나 이익을 요구·약속한 때에는 7년 이하의 징역 또는 5천만 원 이하의 벌금에 처하고, 이때 벌금과 징역은 병과할 수 있다(제109조 제2호). 이와 같은 행위는 변호사의 의뢰인에 대한 배신으로 이어질 수 있고 변호사제도의 신뢰와 공정성을 해할 수 있으므로 이를 막기 위해서 입법되었다.[17]

'독직(瀆職)'이란 어떤 직책에 있는 사람이 그 직책을 더럽히는 것을 말하는데, 특히 공무원 등이 그 지위나 직권을 남용하여 부정한 행위를 저지르는 것을 말한다. 변호사법 제33조는 변호사의 직무집행의 공정성과 성실성을 담보하기 위한 목적에서 규정된 것이므로, 법조문의 표제가 '독직행위의 금지'라고 하고 있다.

2. 성립요건

변호사가 수임하고 있는 사건에 관하여 상대방으로부터 이익을 받거나 이익을 요구·약속하는 독직행위를 하여야 한다. 변호사만 행위의 주체가 될 수 있고, 진정신분범이다.

---

17   박상기·전지연·한상훈 385면.

상대방으로부터 이익을 받거나 이익을 요구·약속한다는 독직행위 자체만으로 변호사 직무의 공정성이 저해되므로 변호사법 위반죄는 성립하고, 독직행위의 결과 현실적으로 의뢰인에게 손해가 발생할 것까지 요구되지는 않는다.[18]

변호사에게 이익을 제공하거나 이익을 약속한 상대방은 처벌되지 않는다.[19] 2인 이상 서로 대향된 행위의 존재를 필요로 하는 대향범에 대해서는 공범에 관한 형법총칙 규정이 적용되지 않는다. 변호사법 제109조 제2호와 제33조는 수임한 사건에 관해서 독직행위(상대방으로부터 이익을 받거나 이익을 요구·약속)를 하는 변호사만을 처벌하고 있을 뿐 이익을 제공하거나 약속하는 상대방을 처벌하는 규정이 없으므로, 변호사에게 이익을 제공하거나 이익을 약속한 상대방에게 공범에 관한 형법총칙 규정은 적용되지 않는다.

Ⅱ. 변호사의 알선 수수와 명의대여[제109조 제2호, 제34조 제2항·제3항]

제109조(벌칙) 다음 각 호의 어느 하나에 해당하는 자는 7년 이하의 징역 또는 5천만 원 이하의 벌금에 처한다. 이 경우 벌금과 징역은 병과(倂科)할 수 있다.

　2. 제33조 또는 제34조(제57조, 제58조의16 또는 제58조의30에 따라 준용되는 경우를 포함한다)를 위반한 자

제34조(변호사가 아닌 자와의 동업 금지 등) ② 변호사나 그 사무직원은 법률사건이나 법률사무의 수임에 관하여 소개·알선 또는 유인의 대가로 금품·향응 또는 그 밖의 이익을 제공하거나 제공하기로 약속하여서는 아니 된다.

③ 변호사나 그 사무직원은 제109조 제1호, 제111조 또는 제112조 제1호에 규정된 자로부터 법률사건이나 법률사무의 수임을 알선받거나 이러한 자에게 자기의 명의를 이용하게 하여서는 아니 된다.

18　정형근 280면.
19　정형근 283면.

1. 변호사의 알선 수수(제34조 제3항 전단)

변호사 아닌 사람이 자신이나 제3자가 이익을 받거나 받을 것을 약속하고 법률사건에 관하여 법률사무를 취급하거나 알선하면 7년 이하의 징역 또는 5천만 원 이하의 벌금으로 처벌되고(제109조 제1호),[20] 공무원이 취급하는 사건 또는 사무에 관하여 청탁·알선의 명목으로 금품 등의 이익을 받거나 받을 것을 약속한 사람은 5년 이하의 징역 또는 1천만 원 이하의 벌금으로 처벌되고(제111조 제1항),[21] 타인의 권리를 양수하거나 양수를 가장하여 소송·조정 또는 화해, 그 밖의 방법으로 그 권리를 실행하는 것을 업(業)으로 한 사람은 3년 이하의 징역 또는 2천만 원 이하의 벌금으로 처벌된다(제112조 제1호).[22] 이러한 사람들로부터 법률사건이나 법률사무의 수임을 알선받은 변호사와 사무직원은 7년 이하의 징역 또는 5천만 원 이하의 벌금에 처하고, 이때 벌금과 징역은 병과할 수 있다(제34조 제3항 전단, 제109조 제2호). 변호사나 사무직원이 알선을 받을 때 금품 등 이익의 제공이나 약속이 있어야만 하는 것은 아니다.

변호사나 사무직원이 이익을 받거나 받을 것을 약속하고 법률사건에 관하여 법률사무를 취급하거나 알선하는 브로커로부터 사건을 알선받아 수임하면, 브로커와 제휴·결탁하여 이러한 행위를 직·간접적으로 조장하는 것이어서 변호사법 제34조 제3항 전단이 이를 금지하고 있다. 변호사와 사무직원만 행위의 주체가 될 수 있다.

2. 알선에 대한 변호사의 이익 제공(제34조 제2항)

[1] 의의

변호사법 제34조 제1항은 변호사 등에게 사건을 알선해 주고 금품을 수수하는 법조 주변의 부조리를 척결하여 법조계의 투명성과 도덕성을 보장하기 위한 목적에서 변호사 등에게 사건을 알선해 주고 금품을 수수하는 브로커의 행위를 금지하고 있는데,[23] 브로커와 제휴·결탁하여 이러한 행위를 직·간접적으로 조장

---

20   이에 대해서는 제12장 제2절 I 참조.
21   이에 대해서는 제12장 제4절 II 참조.
22   이에 대해서는 제12장 제2절 V 참조.
23   이에 대해서는 제12장 제2절 II 참조.

하는 변호사의 행위를 변호사법 제34조 제2항이 금지하고 있다. 변호사법 제34조 제2항은 사건 브로커 등의 알선행위를 조장할 우려가 큰 변호사의 행위를 금지하고 이를 위반하면 형사처벌하도록 하여, 변호사에게 요구되는 윤리성을 담보하고 비변호사의 법률사무 취급행위를 방지하며, 법률사무 취급의 전문성·공정성·신뢰성 등을 확보하기 위한 것이다(헌법재판소 2013.2.28. 선고 2012헌바62 결정).

변호사법 제34조 제1항과 제2항은 대향범 형태의 필요적 공범이고, 변호사법 제109조 제2항은 대향범 모두에 대해서 동일한 법정형으로 처벌한다. 법률사건이나 법률사무의 수임에 관하여 소개·알선 또는 유인의 대가로 금품·향응 또는 그 밖의 이익을 제공하거나 제공하기로 약속한 변호사나 그 사무직원(제34조 제2항)은 7년 이하의 징역 또는 5천만 원 이하의 벌금에 처하고 이때 벌금과 징역은 병과할 수 있다(제109조 제2호).

변호사법 제34조 제2항의 행위의 주체는 변호사나 그 사무직원으로 제한된다. 변호사는 변호사법 제34조 제2항의 사건수임의 알선에 대한 이익제공의 금지로 인하여 수임 기회가 제한되는 불이익을 받는데, 이것은 변호사제도가 변호사에게 법률사무 전반을 독점시키고 있음에 따라 필연적으로 발생하는 규제로서 변호사를 직업으로 선택한 사람으로서 감수하여야 할 부분이다(헌법재판소 2013.2.28. 선고 2012헌바62 결정).

[2] 제34조 제2항과 제3항 전단의 중복적용

변호사법 제34조 제2항과 제3항이 중복되어 적용되는지가 문제 된다. 예를 들어, 변호사 아닌 사람이 자신에게 소송사건의 대리를 알선하고 그 대가로 금품을 받는 것을 알면서 그들로부터 법률사건의 수임을 알선받은 변호사의 행위가 변호사법 제34조 제2항 및 제3항 전단에 모두에 해당하는지가 문제 된다.

판례는 변호사가 아닌 경찰관, 법원·검찰의 직원 등이 변호사에게 소송사건의 대리를 알선하고 그 대가로 금품을 받았다면, 그러한 사정을 알면서 그들로부터 법률사건의 수임을 알선받은 변호사의 행위는 변호사법 제34조 제2항 및 제3항에 모두에 해당한다고 본다(대법원 2000.6.5. 선고 98도3697 전원합의체 판결). 이때 판례는 동일한 법률에서 하나의 행위에 대하여 2개의 처벌규정이 병존하는 것이어서 부적절한 입법이라고 보면서, 이를 법조경합의 특별관계 또는 상상적 경합관계로 볼 것은 아니라고 한다(대법원 2000.9.29. 선고 2000도2253 판결).

입법론상 변호사법 제34조 제2항과 제3항의 중복 적용의 문제를 개선하는 것이 필요하다. 다만 법률개정 전까지는 문언과 체계에 부합하도록 현행 규정을 해석하여 적용하는 것이 필요하다. 변호사법 제34조 제2항에서는 변호사나 사무직원이 법률사무의 수임에 관하여 알선을 받고 그 대가로 금품 등 이익을 제공하거나 약속하는 경우이지만, 변호사법 제34조 제1항에서는 알선을 받을 때 금품 등 이익의 제공이나 약속이 있어야만 하지는 않는다. 따라서 변호사나 사무직원이 브로커에게 금품 등 이익을 제공·약속했는지에 따라 구별하여, 금품 이익을 제공·약속한 경우는 제34조 제2항을 적용하고 그렇지 않은 경우는 제34조 제3항을 적용하는 것이 타당하다.

3. 변호사의 명의대여(제34조 제3항 후단)

변호사 아닌 사람이 자신이나 제3자가 이익을 받거나 받을 것을 약속하고 법률사건에 관하여 법률사무를 취급하거나 알선하면 7년 이하의 징역 또는 5천만 원 이하의 벌금으로 처벌되고(제109조 제1호),[24] 공무원이 취급하는 사건 또는 사무에 관하여 청탁·알선의 명목으로 금품 등의 이익을 받거나 받을 것을 약속한 사람은 5년 이하의 징역 또는 1천만 원 이하의 벌금으로 처벌되고(제111조 제1항),[25] 타인의 권리를 양수하거나 양수를 가장하여 소송·조정 또는 화해, 그 밖의 방법으로 그 권리를 실행하는 것을 업(業)으로 한 사람은 3년 이하의 징역 또는 2천만 원 이하의 벌금으로 처벌된다(제112조 제1호).[26] 이러한 사람들에게 자신의 명의를 이용하게 한 변호사 또는 그 사무직원은 7년 이하의 징역 또는 5천만 원 이하의 벌금에 처하고 이때 벌금과 징역은 병과할 수 있다(제34조 제3항 후단, 제109조 제2호). 변호사와 그 사무직원만 행위의 주체가 될 수 있다.

'명의대여'란 다른 사람에게 변호사의 성명 또는 법률사무소의 명칭을 사용하여 변호사 직무를 행하게 하거나 변호사업무를 행하도록 자격증을 빌려주는 것을 말한다.[27] 예를 들어, 명목은 변호사의 사무원으로 되어 있는 사람이 법률사무소의 사건 중 국가배상의 사건만을 전담하되 변호사의 지휘·감독을 받지 않고 자기 계산하에 독자적으로 사건을 처리하고 변호사에게는 배상결정액의 10%를 지급하

---

24   이에 대해서는 제12장 제2절 I 참조.
25   이에 대해서는 제12장 제4절 II 참조.
26   이에 대해서는 제12장 제2절 V 참조.
27   정형근 291면.

는 경우이다(대법원 1978.5.23. 선고 78도609 판결). 이처럼 법률사무소 사무직원이 법률사무소의 업무 전체가 아니라 일정 부분의 업무에 관하여 실질적으로 변호사의 지휘·감독을 받지 않고 자신의 책임과 계산으로 해당 법률사무를 변호사 명의로 취급·처리하였다면, 설령 변호사가 나머지 업무에 관하여 정상적인 활동을 하더라도 사무직원은 변호사법 제109조 제1호 위반죄, 변호사는 제109조 제2호 위반죄가 성립한다(대법원 2015.2.12. 선고 2012도9571 판결).

한편 변호사가 아니면서 변호사나 법률사무소를 표시·기재하거나 이익의 목적으로 법률 상담이나 법률사무를 취급하는 뜻을 표시·기재한 사람은 3년 이하의 징역 또는 2천만 원 이하의 벌금에 처하고, 벌금과 징역은 병과될 수 있다(제112조 제3호).[28]

---

28 제112조(벌칙) 다음 각 호의 어느 하나에 해당하는 자는 3년 이하의 징역 또는 2천만원 이하의 벌금에 처한다. 이 경우 벌금과 징역은 병과할 수 있다.
    3. 변호사가 아니면서 변호사나 법률사무소를 표시 또는 기재하거나 이익을 얻을 목적으로 법률 상담이나 그 밖의 법률사무를 취급하는 뜻을 표시 또는 기재한 자

제4절　교제·청탁 명목 금품수수

Ⅰ. 재판·수사기관 공무원 교제 명목 금품수수[제110조]

1. 법률규정

> 제110조(벌칙) 변호사나 그 사무직원이 다음 각 호의 어느 하나에 해당하는 행위를 한 경우에는 5년 이하의 징역 또는 3천만원 이하의 벌금에 처한다. 이 경우 벌금과 징역은 병과할 수 있다.
> 1. 판사·검사, 그 밖에 재판·수사기관의 공무원에게 제공하거나 그 공무원과 교제한다는 명목으로 금품이나 그 밖의 이익을 받거나 받기로 한 행위
> 2. 제1호에 규정된 공무원에게 제공하거나 그 공무원과 교제한다는 명목의 비용을 변호사 선임료·성공사례금에 명시적으로 포함시키는 행위
>
> 제114조(상습범) 상습적으로 제109조 제1호, 제110조 또는 제111조의 죄를 지은 자는 10년 이하의 징역에 처한다.
>
> 제116조(몰수·추징) 제34조(제57조, 제58조의16 또는 제58조의30에 따라 준용되는 경우를 포함한다)를 위반하거나 제109조 제1호, 제110조, 제111조 또는 제114조의 죄를 지은 자 또는 그 사정을 아는 제3자가 받은 금품이나 그 밖의 이익은 몰수한다. 이를 몰수할 수 없을 때에는 그 가액을 추징한다.

　　변호사나 사무직원이 판사·검사, 그 밖에 재판·수사기관의 공무원에게 제공하거나 그와 교제한다는 명목으로 금품 등 이익을 받거나 받기로 하거나 그러한 명목의 비용을 변호사 선임료·성공사례금에 명시적으로 포함하면 5년 이하의 징역 또는 3천만 원 이하의 벌금으로 처벌되고, 이때 징역과 벌금은 병과될 수 있다(제109조 제1호). 그 이익은 필요적으로 몰수·추징되고(제116조), 상습적으로 이러한 행위를 한 경우는 10년 이하의 징역에 처한다(제114조).

　　변호사법 제110조는 2000. 1. 28. 법률개정을 통해 신설되었다. 당시 법조비리 사건이 심각하게 대두되면서 형사사법기관 종사자들과 변호사의 유착관계가 드러났고, 이에 법조비리의 척결을 위한 제도적 장치로서 신설되었다.[29]

29 　박상기·전지연·한상훈 387면.

2. 성립요건

[1] 제공·교제 명목

변호사와 그 사무직원만 행위의 주체가 될 수 있고, 진정신분범이다. 변호사나 사무직원이 금품을 받거나 약속한 것은 재판·수사기관의 공무원에게 제공하거나 그와 교제한다는 명목'이어야 한다.

변호사법 제110조의 입법취지에 비추어 보면, 재판·수사기관의 공무원이 의뢰인의 사건을 직무상 처리하는 지위에 있어야 하거나 공무원이 소속한 재판·수사기관에 의뢰인의 사건이 계류 중이어야 할 필요가 없다.[30]

'교제'란 의뢰받은 사건의 해결을 위하여 접대나 향응은 물론 사적인 연고관계나 친분관계를 이용하는 등 이른바 공공성을 지닌 법률전문직으로서의 정상적인 활동이라고 보기 어려운 방법으로 당해 공무원과 직접·간접으로 접촉하는 것을 말한다(대법원 2006.11.23. 선고 2005도3255 판결). 실제로 공무원에게 이익을 제공하거나 교제할 의사가 있어야 하는 것은 아니며, 교부받은 금품을 공무원에게 제공하였거나 교제비용으로 사용했는지는 요건이 아니다.[31]

[2] 금품 등의 수수 또는 약속

변호사나 사무직원이 재판·수사기관의 공무원에게 제공하거나 교제한다는 명목으로 금품 등을 '받거나 받기로 한' 경우이다. 교제비 명목으로 금품을 수수했다면 이후에 받은 금품을 반환하더라도 범죄는 성립한다.

다만 '요구'는 행위태양으로 규정되어 있지 않으므로, 금품 제공을 요청하였지만 거절당한 경우는 변호사법 제110조가 적용되지 않아 처벌되지 않는다.[32]

[3] 공범

변호사나 사무직원이 재판·수사기관의 공무원에게 제공하거나 교제한다는 명목으로 금품을 수수하거나 약속하기 위해서는 금품의 제공하거나 약속하는 상대방의 행위가 필요하다. 변호사법은 대향범 형태의 필요적 공범에 대해서 각각 처벌하는 규정을 다수 두고 있는데, 변호사나 사무직원에게 금품을 제공하거나

---

30 정형근 852면.
31 정형근 853면.
32 정형근 854면.

약속한 사람에 대한 처벌규정을 두고 있지 않다. 따라서 금품 등을 제공하거나 약속한 사람은 변호사법 제110조 위반죄의 공범으로 처벌되지 않는다.

3. 몰수·추징

변호사법 제110조의 금품이나 그 밖의 이익은 몰수하고, 몰수할 수 없을 때는 그 가액을 추징한다(제116조). 변호사가 피고인 등으로부터 담당 판사나 수사기관 등에 대한 교제 명목으로 받은 금품 일부를 공동 변호 명목으로 다른 변호사에게 지급한 경우, 금품을 받을 당시 그와 같이 사용하기로 예정되어 있어서 그 받은 취지에 따라 그와 같이 사용한 것이 아니라 자신의 독자적인 판단에 따라 사용한 것이라면, 이는 변호사법 위반으로 취득한 재물의 소비방법에 불과하여 그 비용 상당액이 추징에서 제외되지 않는다(대법원 2017.12.22. 선고 2017도15538 판결).

Ⅱ. 공무원 취급사건 청탁 명목 금품수수[제111조]

1. 법률규정

제111조(벌칙) ① 공무원이 취급하는 사건 또는 사무에 관하여 청탁 또는 알선을 한다는 명목으로 금품·향응, 그 밖의 이익을 받거나 받을 것을 약속한 자 또는 제3자에게 이를 공여하게 하거나 공여하게 할 것을 약속한 자는 5년 이하의 징역 또는 1천만원 이하의 벌금에 처한다. 이 경우 벌금과 징역은 병과할 수 있다.
② 다른 법률에 따라 「형법」 제129조부터 제132조까지의 규정에 따른 벌칙을 적용할 때에 공무원으로 보는 자는 제1항의 공무원으로 본다.

제114조(상습범) 상습적으로 제109조 제1호, 제110조 또는 제111조의 죄를 지은 자는 10년 이하의 징역에 처한다.

제116조(몰수·추징) 제34조(제57조, 제58조의16 또는 제58조의30에 따라 준용되는 경우를 포함한다)를 위반하거나 제109조 제1호, 제110조, 제111조 또는 제114조의 죄를 지은 자 또는 그 사정을 아는 제3자가 받은 금품이나 그 밖의 이익은 몰수한다. 이를 몰수할 수 없을 때에는 그 가액을 추징한다.

공무원이 취급하는 사건·사무에 관하여 청탁·알선의 명목으로 금품 등의 이익을 받거나 받을 것을 약속하거나 제3자에게 이를 공여하게 하거나 공여하게 할 것을 약속한 사람은 5년 이하의 징역 또는 1천만 원 이하의 벌금으로 처벌되고, 이때 징역과 벌금은 병과될 수 있다(제111조 제1항). 그 이익은 필요적으로 몰수·추징되고(제116조), 상습적으로 이러한 행위를 한 경우는 10년 이하의 징역에 처한다(제114조 제1항). 다른 법률의 공무원 의제규정에 따라 형법 제129조부터 제132조까지의 규정에 따른 벌칙을 적용할 때 공무원으로 보는 자도 포함한다(제114조 제2항).

변호사법 제111조는 특정범죄가중법 제3조(알선수재)와 마찬가지로 공무원의 직무집행의 공정과 이에 대한 사회의 신뢰 및 직무행위의 불가매수성을 보호하기 위해서 존재하고, 금품을 수수하면서 공무원의 직무사항에 대해서 알선하는 행위를 처벌한다는 점에서 양 죄는 유사하다. 다만 변호사법 제111조는 특정범죄가중법위반(알선수재)죄와 달리 형벌의 측면에서 벌금과 징역을 병과할 수 있도록 하였으며, 행위의 측면에서 ① 알선뿐만 아니라 청탁도 포함하고, ② 제3자에게 공여하는 것도 포함하고, ③ 알선의 상대방에 의제공무원도 포함하고 있으나, ④ 금품 등의 수수·약속만 규정되어 있고 요구는 제외되어 있다.

특정범죄가중법

제3조(알선수재) 공무원의 직무에 속한 사항의 알선에 관하여 금품이나 이익을 수수·요구 또는 약속한 사람은 5년 이하의 징역 또는 1천만원 이하의 벌금에 처한다.

변호사법 제111조 위반죄의 적용범위가 특정범죄가중법위반(알선수재)죄의 적용범위보다 조금 넓지만, 양 죄는 본질적인 차이가 없어 동일한 사항을 규율대상으로 삼고 있는 병존적인 규정이라고 할 수 있다(대법원 1983.3.8. 선고 82도2873 판결 참조). 입법론으로는 특정범죄가중법위반(알선수재)죄에 정부관리기업체 간부직원에 대한 공무원의제를 신설하고, 변호사법 제111조는 삭제하는 것이 바람직하다.

한편 고위공직자가 변호사법 제111조 위반죄를 범한 경우는 공수처법에 따라 공수처검사가 수사를 하게 된다(공수처법 제2조 제3호 라목, 제23조).

공수처법

제2조(정의) 이 법에서 사용하는 용어의 정의는 다음과 같다.

1. "고위공직자"란 다음 각 목의 어느 하나의 직(職)에 재직 중인 사람 또는 그 직에서 퇴직한 사람을 말한다. 다만, 장성급 장교는 현역을 면한 이후도 포함된다.

   가. 대통령 나. 국회의장 및 국회의원

   다. 대법원장 및 대법관 라. 헌법재판소장 및 헌법재판관

   마. 국무총리와 국무총리비서실 소속의 정무직공무원

   바. 중앙선거관리위원회의 정무직공무원

   사. 「공공감사에 관한 법률」 제2조 제2호에 따른 중앙행정기관의 정무직공무원

   아. 대통령비서실·국가안보실·대통령경호처·국가정보원 소속의 3급 이상 공무원

   자. 국회사무처, 국회도서관, 국회예산정책처, 국회입법조사처의 정무직공무원

   차. 대법원장비서실, 사법정책연구원, 법원공무원교육원, 헌법재판소사무처의 정무직공무원

   카. 검찰총장

   타. 특별시장·광역시장·특별자치시장·도지사·특별자치도지사 및 교육감

   파. 판사 및 검사 하. 경무관 이상 경찰공무원

   거. 장성급 장교 너. 금융감독원 원장·부원장·감사

   더. 감사원·국세청·공정거래위원회·금융위원회 소속의 3급 이상 공무원

3. "고위공직자범죄"란 고위공직자로 재직 중에 본인 또는 본인의 가족이 범한 다음 각 목의 어느 하나에 해당하는 죄를 말한다. 다만, 가족의 경우에는 고위공직자의 직무와 관련하여 범한 죄에 한정한다.

   라. 「변호사법」 제111조의 죄

2. 성립요건

〔1〕 행위주체

알선수뢰죄(형법 제132조)의 주체는 공무원으로 제한되고, 변호사법 제110조 위반죄의 주체는 변호사와 사무직원으로 제한되지만, 변호사법 제111조의 주체는 제한이 없다. 공무원이나 변호사도 주체가 될 수 있다.

다만 변호사법 제111조는 변호사가 소송사건 위임의 취지에 따라 수행하는 적법한 청탁이나 알선행위까지 처벌하는 규정이라고는 볼 수 없고, 접대나 향응, 뇌물의 제공 등 공공성을 지닌 법률전문직의 정상적인 활동이라고 보기 어려운 방법을 내세워 의뢰인의 청탁 취지를 공무원에게 전하거나 의뢰인을 대신하여 스스로 공무원에게 청탁하는 등을 명목으로 금품을 받거나 받을 것을 약속하는 것과 같이, 금품수수의 명목이 변호사의 지위 및 직무범위와 무관하다고 평가할 수 있는 경우에만 변호사법 제111조 위반죄가 성립한다(대법원 2010.10.14. 선고 2010도387 판결).

[2] 공무원이 취급하는 사건 또는 사무

공무원이 취급하는 '사건 또는 사무'는 법률사무로 제한되지 않고 널리 공무원의 직무를 의미한다. '공무원'은 법률에 규정된 공무원의 신분을 가진 사람을 말하고, 재판·수사기관의 공무원뿐만 아니라 모든 공무원을 포함한다. 다른 법률에 따라 형법 제129조부터 제132조를 적용할 때 공무원으로 의제되는 사람도 공무원으로 본다(제111조 제2항).[33] 그러나 집행관사무소의 사무원과 같이 집행관에게 채용되어 업무를 보조하는 사람에 불과할 뿐이고 집행관을 대신하거나 그와 독립하여 집행에 관한 업무를 수행하는 지위에 있지 않다면 변호사법 제111조의 공무원으로 볼 수 없다(대법원 2011.3.10. 선고 2010도14394 판결).

그리고 자기 자신을 제외한 모든 사람의 사건 또는 사무를 가리키는 것으로서(대법원 2006.4.14. 선고 2005도7050 판결), 자신의 정당한 사무는 포함되지 않는다. 예를 들어, 도로 부지로 편입된 토지의 소유자 중 한 사람이 다른 토지의 소유자들과 함께 정당한 보상금의 조속한 수령이라는 공동의 목적을 실현하기 위하여 추진위원의 대표자로 뽑혀 보상금지급추진활동을 전개하면서 그 활동에 필요한 경비를 우선 지급한 다음, 보상금을 지급받는 토지의 소유자들로부터 자신이 지급한 보상금지급추진활동의 경비명목으로 돈을 받았다면, 공무원이 취급하는 사무에 관하여 청탁을 한다는 명목으로 금품을 받은 행위에 해당하지 않는다(대법원 1991.4.23. 선고 91도416 판결). 반면 진정·고소한 사건의 피진정인·피고소인이

---

33 다른 법률에는 국가공무원법 제10조(소청심사위원회위원의 자격과 임명) 제5항; 노동위원회법 제29조(벌칙 적용에서 공무원 의제); 민사조정법 제40조의2(상임 조정위원의 공무원 의제); 변호사시험법 제21조(벌칙 적용 시의 공무원 의제); 특정범죄가중법 제4조(뇌물죄 적용대상의 확대); 행정심판법 제11조(벌칙 적용 시의 공무원 의제) 등이 있다.

구속되도록 수사기관에 청탁한다는 명목으로 제3자로부터 금원을 수령한 경우는 비록 자신이 진정인·고소인·피해자 중의 한 사람이더라도 다른 사람에게 강제수사의 불이익을 주도록 하려는 청탁일 뿐이어서 자신을 위한 사건·사무라고 볼 수 없다(대법원 2000.9.8. 선고 99도590 판결).

[3] 청탁 또는 알선의 명목

'청탁'은 공무원에게 일정한 직무행위를 할 것을 의뢰하는 것을 의미하고,[34] '알선'은 일정한 사항에 관하여 어떤 사람과 상대방 사이에서 중개하거나 편의를 도모하는 것을 말한다(대법원 2018.6.28. 선고 2018도1629 판결). 알선행위가 과거의 것이나 정당한 직무행위를 대상으로 하는 경우도 포함되지만(대법원 2018.6.28. 선고 2018도1629 판결), 금품수수의 명목이 단지 알선행위를 할 사람을 소개한다는 것에 제한되었다면 알선으로 보지 않는 것이 판례의 입장이다(대법원 2007.6.28. 선고 2002도3600 판결).

비록 변호사법 제111조는 특정범죄가중법 제3조와 달리 청탁 또는 알선에 '관하여'가 아니라 청탁 또는 알선의 '명목으로'라고 규정하고 있지만, 공무원의 직무집행의 공정과 이에 대한 사회의 신뢰 및 직무행위의 불가매수성을 보호하기 위한 것이라는 입법취지를 고려하면, '명목으로'는 청탁 또는 알선을 내세우는 경우로 제한되지 않고 널리 청탁 또는 명목에 '관하여'로 해석된다(대법원 2018.6.28. 선고 2018도1629 판결). 단순히 공무원이 취급하는 사건 또는 사무와 관련하여 노무를 제공하고 그 대가로서 금품을 수수하였을 뿐이라면, 공무원이 취급하는 사건 또는 사무에 관하여 공무원과 의뢰인 사이를 중개한다는 명목으로 금품을 수수한 것이 아니므로 변호사법 제111조 위반죄가 성립하지 않는다(대법원 1997.12.23. 선고 97도547 판결).

변호사법 제111조는 공무원의 직무집행의 공정과 이에 대한 사회의 신뢰 및 직무행위의 불가매수성을 보호하기 위해서 존재하므로, 관계 공무원에게 청탁한다는 명목으로 금원을 수수하면 비록 청탁할 공무원을 특정하지 않았더라도 무방하다(대법원 1995.9.5. 선고 94도940 판결). 예를 들어, 토지개발공사에서 조성 중인 공원묘지를 건설부, 경기도, 토지개발공사 등 관계 공무원에게 청탁하여 수의계약에 의하여 불하받을 수 있도록 청탁한다는 명목으로 금원을 수수하였다면, 공무원

---

34   박상기·전지연·한상훈 392면.

을 특정하지 않았더라도 공원묘지를 민간업자에게 불하하는 사무를 담당하는 공무원이나 공원묘지 인·허가사무를 취급하는 공무원에 대한 청탁명목으로 금품을 수수한 것으로서 변호사법 위반죄가 성립한다(대법원 1995.9.15. 선고 94도940 판결).

청탁·알선 명목으로 금품 등을 주고받았다면 실제로 청탁·알선행위를 하였는지와 관계없이 범죄가 성립하며(대법원 2018.6.28. 선고 2018도1629 판결), 금품의 교부를 받은 사람이 실제로 청탁·알선할 생각이 없었더라도 이득을 취하기 위해서 청탁의 명목으로 금품의 교부를 받았다면 변호사법 제111조 위반죄는 성립한다(대법원 2007.6.29. 선고 2007도2181 판결). 그리고 피해자로부터 변호사 보수비용이 아니라 공무원에게 청탁하는 명목으로 금원의 교부를 받은 이상 실제로 그 금원 중 일부를 변호사 선임비용으로 사용하였더라도 변호사법 제111조 위반죄가 성립한다(대법원 1996.5.31. 선고 94도2119 판결).

한편 공무원이 취급하는 사무에 관한 청탁을 받고 청탁상대방인 공무원에게 제공할 금품을 받아 그 공무원에게 단순히 전달한 행위는 알선수뢰죄(형법 제132조)나 증뢰물전달죄(형법 제133조 제2항)만이 성립하고, 변호사법 제111조 위반죄는 성립하지 않는다(대법원 1997.6.27. 선고 97도439 판결).

[4] 금품의 수수·약속

금품 등의 이익은 청탁·알선의 대가라는 명목으로 수수되거나 약속되어야 하고, 청탁·알선과 금품수수 사이에 대가성이나 관련성이 있는지는 알선의 내용, 알선자와 이익 제공자 사이의 친분관계, 이익의 다과, 이익을 주고받은 경위와 시기 등 여러 사정을 종합하여 결정한다(대법원 2018.6.28. 선고 2018도1629 판결).

변호사법 제111조에서 정하고 있는 '이익'의 의미는 뇌물죄에서의 뇌물의 내용인 이익과 마찬가지로 금전, 물품 기타의 재산적 이익뿐만 아니라, 사람의 수요나 욕망을 충족시키기에 충분한 모든 유·무형의 이익을 포함하고 투기적 사업에 참여하거나 어떤 이익을 얻을 수 있는 사업에 투자할 기회를 얻는 것도 이익에 해당한다(대법원 2006.4.14. 선고 2005도7050 판결).

3. 공범

변호사법은 대향범 형태의 필요적 공범에 대해서 각각 처벌하는 규정을 다수 두고 있는데, 청탁·알선의 명목으로 금품 등을 제공하거나 제공할 것을 약속한 사람에 대한 처벌규정을 두고 있지 않다. 따라서 청탁·알선의 명목으로 금품 등을 제공하거나 제공할 것을 약속한 사람은 변호사법 제111조 위반죄의 공범으로 처벌되지 않는다.[35]

4. 죄수

[1] 특정범죄가중법위반(알선수재)죄와의 관계

일반인이 공무원이 취급하는 사무의 알선에 관하여 금품을 수수하면 특정범죄가중법위반(알선수재)죄와 변호사법 제111조 위반죄가 동시에 성립할 수 있다. 양 규정은 행위형태와 행위주체 및 법정형의 차이가 사실상 존재하지 않으므로 입법론으로는 변호사법 제111조는 삭제하는 것이 바람직하지만, 양 규정이 존재하는 현재의 해석론으로는 특정범죄가중법과 변호사법의 목적이 병존할 수 있으므로 양 죄는 상상적 경합의 관계라고 이해하는 것이 타당하다.[36]

한편 공무원이 지위를 이용하여 다른 공무원의 직무에 속한 사항의 알선에 관하여 금품을 수수하면, 알선수뢰죄(형법 제132조), 특정범죄가중법위반(알선수재)죄, 변호사법 제111조 위반죄가 동시에 성립할 수 있다. 행위주체를 보면 알선수뢰죄만 신분범이어서 알선수뢰죄가 특별법의 관계에 있다고 볼 여지가 있고, 법정형을 보면 반대로 알선수뢰죄가 처벌이 경하게 되어 있어서 알선수뢰죄가 일반법의 관계에 있다고 볼 여지도 있다.[37] 생각건대 알선수뢰죄는 형법에 규정되어 있고 법정형도 경하게 되어 있으므로, 특정범죄가중법위반(알선수재)죄와 변호사법 제111조 위반죄가 형법 제132조의 알선수뢰죄에 대해서는 특별관계로 이해하는 것이 타당하다. 따라서 특정범죄가중법위반(알선수재)죄와 변호사법 제111조 위반죄가 성립하고 양 죄는 상상적 경합의 관계에 있다.

[2] 사기죄와의 관계

공무원이 취급하는 사건에 관하여 청탁·알선의 의사와 능력이 없음에도 청탁·알선행위를 한다고 기망하고, 이에 속은 피해자로부터 로비자금 명목으로 금

---

35 이주원 762면.
36 이동희·류부곤 130면.
37 이동희·류부곤 129면.

원을 받았다면, 사기죄와 변호사법 제111조 위반죄가 성립하고 양 죄는 상상적 경합의 관계에 있다(대법원 2006.1.27. 선고 2005도8704 판결).

상상적 경합의 경우는 '가장 중한 죄에 정한 형으로 처벌'하는데, 이것은 각 법률규정의 상한과 하한을 모두 중한 형의 범위 내에서 처단한다는 것을 의미하므로 상상적 경합의 관계에 있는 사기죄와 변호사법 제111조 위반죄에 대하여 형이 더 무거운 사기죄에 정한 형으로 처벌하면서 동시에 변호사법 제116조와 제111조에 의하여 수수한 금품은 몰수·추징한다(대법원 2006.1.27. 선고 2005도8704 판결).

5. 심판범위

변호사법 제111조와 제109조 제1호는 구성요건이 다르므로, 변호사법 제111조 위반으로 기소된 사건에서 법원이 공소장변경 없이 적용법조를 바꾸어 변호사법 제109조 제1호 위반으로 처벌하게 되면 피고인의 방어권행사에 실질적 불이익을 초래할 염려가 있다. 판례는 법원이 변호사법 제111조 위반으로 기소된 공소사실을 공소장변경 없이 변호사법 제109조 제1항 위반의 유죄로 인정하지 않더라도 현저히 정의와 형평에 반하지 않는다고 본다(대법원 2007.6.28. 선고 2007도2737 판결).

6. 몰수·추징

변호사법 제111조의 금품이나 그 밖의 이익은 몰수하고, 몰수할 수 없을 때는 그 가액을 추징한다(제116조). 이것은 변호사법 제111조를 위반한 사람이나 그 정을 아는 제3자가 받은 금품 등을 박탈하여 불법한 이익을 보유하지 못하도록 한 것이므로, 금품 등이 개별적으로 귀속한 경우는 그 이익의 한도 내에서 개별적으로 추징하여야 하고 그 이익의 한도를 넘어서 추징할 수 없다. 다수의 사람이 공동하여 공무원이 취급하는 사건 또는 사무에 관하여 청탁을 한다는 명목으로 받은 금품을 분배한 경우는 각자가 실제로 분배받은 금품만을 개별적으로 몰수하거나 그 가액을 추징하여야 한다.

변호사법 제111조를 위반한 사람이 불법한 이득을 보유하고 있지 않다면 그로부터 해당 금품을 몰수·추징할 수 없고, 공무원이 취급하는 사건 또는 사무에 관하여 청탁 또는 알선의 명목으로 제3자에게 금품을 공여하게 한 경우는 알선자가 그 제3자로부터 그 금품을 건네받아 보유한 때를 제외하고는 알선자로부터 그 금품 상당액을 추징할 수 없다(대법원 1999.3.9. 선고 98도4313 판결). 공무원이 취급하는 사건 또는 사무에 관하여 청탁한다는 명목의 성질과 단순히 공무원이 취급하는 사건 또는 사무와 관련하여 노무나 편의를 제공하고 그 대가의 성질이 불가분적으로 결합되어 금품이 수수된 경우는 그 전부가 공무원이 취급하는 사건 또는 사무에 관하여 청탁한다는 명목의 금품수수라고 본다(대법원 2017.11.9. 선고 2017도9746 판결).

그리고 여러 사람이 공동하여 변호사법 제111조의 죄를 범하고 금품을 수수한 경우에, 공범 상호 간에 진술 내용이 일치하지 아니하는 등의 사유로 그 공범 사이에 실제로 수수한 가액을 알 수 없는 때에는 평등하게 추징할 수밖에 없다(대법원 2017.12.22. 선고 2017도15538 판결).

판례색인

사항색인

[저자 약력]

김정환

현재 연세대학교 법학전문대학원 교수
(전)서울시립대학교 법학전문대학원 부교수·조교수
(전)국민대학교 법과대학 조교수·전임강사
한국형사법학회 정암형사법학술상, 한국보호관찰학회 학술상
연세대학교 법학전문대학원 우수교육자상, 서울시립대학교 강의우수교수상
대법원 사법행정자문회의 재판제도분과위원회 위원
법무부 특정경제사범 관리위원회 위원
대검찰청 검찰과거사진상조사단 조사단원
서울경찰청 경찰수사 심의위원회 위원
변호사시험, 법학적성시험, 입법고시, 국가공무원채용시험, 경찰공무원채용시험 출제위원
독일 괴팅엔대학교 법학박사·법학석사
연세대학교 법학석사·법학사

김슬기

현재 대전대학교 법학과 부교수
연세대학교 법학전문대학원 연구교수
미국 Washington University in St. Louis 방문학자(한국연구재단 박사 후 과정)
마약류 퇴치 유공 수상(식품의약품안전처장 표창)
법무부 변호사징계위원회 위원
병무청 자체평가위원회 위원
충청남도 행정심판위원회 위원, 대전광역시 행정심판위원회 위원
대전고등검찰청 형사상고심의위원회 위원
법학적성시험, 국가공무원채용시험 출제 및 면접위원
연세대학교 법학박사·법학석사·법학사

제2판
형사특별법

초판발행	2021년 8월 15일
제2판발행	2022년 6월 20일
지은이	김정환·김슬기
펴낸이	안종만·안상준
편　집	김선민
기획/마케팅	조성호
디자인	이수빈
제　작	고철민·조영환
펴낸곳	(주) **박영사**
	서울특별시 금천구 가산디지털2로 53, 210호(가산동, 한라시그마밸리)
	등록 1959. 3. 11. 제300-1959-1호(倫)
전　화	02)733-6771
f a x	02)736-4818
e-mail	pys@pybook.co.kr
homepage	www.pybook.co.kr
ISBN	979-11-303-4209-2　93360

copyright©김정환·김슬기 , 2022, Printed in Korea

정　가　　39,000원